中国共产党历史（地方卷）集成　新民主主义革命时期

中国共产党河北历史

第一卷（1921—1949）

中共河北省委党史研究室　著

中共党史出版社

图书在版编目（CIP）数据

中国共产党河北历史．第一卷，1921—1949 / 中共河北省委党史研究室著．-- 北京：中共党史出版社，2021.3（2022.1 重印）

（中国共产党历史（地方卷）集成．新民主主义革命时期）

ISBN 978-7-5098-5748-9

Ⅰ．①中… Ⅱ．①中… Ⅲ．①中国共产党—地方组织—党史—河北—1921—1949 Ⅳ．① D235.22

中国版本图书馆 CIP 数据核字 (2021) 第 012503 号

出版发行：中共党史出版社
责任编辑：韩冬梅
责任校对：申宁
责任印制：段文超
社　　址：北京市海淀区芙蓉里南街 6 号院 1 号楼
邮　　编：100080
网　　址：www.dscbs.com
经　　销：新华书店
印　　刷：保定市中画美凯印刷有限公司
开　　本：170mm×240mm　1/16
字　　数：613 千字
印　　张：44.25　插页 10 面
印　　数：1501—3000 册
版　　次：2021 年 3 月第 1 版
印　　次：2022 年 1 月第 2 次印刷

ISBN 978-7-5098-5748-9
定　　价：106.00 元

《中国共产党河北历史》
第一卷编委会

主　　　编： 孙增武

副　主　编： 赵胜军　宋学民　姚建敏

执 行 主 编： 贾景辉

执行副主编： 王林芳　王晓平

执　　　笔（按姓氏笔画顺序）：

王林芳　王晓平　王晓梅　张伟良　贾景辉　谢忠厚

1919 年 5 月 4 日，五四运动爆发。图为在天安门前游行的学生队伍。

李大钊（1889—1927），字守常，河北省乐亭县人，中国共产党主要创始人之一。

1927年10月，中共顺直省委、京东特委领导发动了玉田暴动。图为玉田暴动纪念碑。

1930年8月，中共保属特委和保定行动委员会发动五里岗农民武装暴动。图为五里岗暴动纪念碑。

1932年8月27日，在中共保属特委领导下，高阳、蠡县等地群众发动了高蠡暴动，并成立了河北红军游击队第一支队和地方苏维埃政府。图为高蠡暴动殉难烈士纪念塔。

1933年12月，兴隆县孙杖子村农民孙永勤组建“反满抗日”民众军（后在共产党的建议下改为“抗日救国军”），抗击日伪军。图为孙永勤塑像。

1937年11月18日，聂荣臻率领晋察冀军区机关到达阜平，之后，创建了第一块敌后抗日根据地——晋察冀抗日根据地。图为聂荣臻率部行军。

晋冀鲁豫抗日根据地创建者、八路军一二九师主要领导人合影，左起：参谋长李达、政委邓小平、师长刘伯承、政治部主任蔡树藩。

1940 年 8 月 20 日至 12 月 5 日，八路军对华北日军各主要交通线和通信设备进行了大规模破袭。因参战八路军达到 105 个团，故称“百团大战”。图为百团大战中晋察冀一分区三团战士向井陉矿区日军发起进攻。

在抗战期间，冀中军民创造性地开展地道战抗击日军。图为冀中抗日根据地群众在挖地道。

河北各抗日根据地军民普遍开展地雷战，打击日伪军。图为晋察冀边区民兵埋地雷。

白洋淀一带的群众组织起水上游击队——雁翎队，打击日伪军。图为雁翎队队员在白洋淀芦苇荡中埋伏，准备伏击日军运输船。

1945年8月，晋察冀军区部队从日伪军手中收复张家口。

1945年10月中旬，国民党军队进攻邯郸，晋冀鲁豫军区部队于24日发起邯郸战役，并争取国民党第十一战区副司令长官兼新八军军长高树勋率部起义。图为在武安召开的庆祝高树勋部队起义大会。

1947年7月至9月全国土地会议在西柏坡召开，通过了《中国土地法大纲》。图为刘少奇在全国土地会议上作报告。

1947年11月6日，晋察冀野战军和地方部队发起石家庄战役，并于11月12日解放石家庄。图为人民解放军向石家庄国民党军核心工事发起进攻。

1948年4月23日，周恩来、任弼时等先期到达西柏坡与刘少奇、朱德会合，5月27日，毛泽东到达西柏坡，西柏坡成为中共中央所在地。图为西柏坡中共中央旧址。

1948年9月26日，华北人民政府正式成立。图为董必武在华北人民政府主席就职典礼上讲话。

1949年3月5日至13日，中国共产党的七届二中全会在西柏坡召开。图为毛泽东在七届二中全会上作报告。

第一卷

目录

第一编
建党及大革命时期

（1919年5月—1927年7月）

第 二 编
土地革命战争时期

（1927年8月—1937年7月）

第 三 编
全民族抗日战争时期

（1937年7月—1945年8月）

第　四　编
解放战争时期

（1945 年 8 月—1949 年 10 月）

导　言

河北省历史悠久，其行政区划可追溯到远古时期。相传大禹时，划中国为九州，今河北地域属冀州。商代“邦畿千里”，包括河北部分地区，而商祖乙还曾建都于邢（今邢台市）。西周初期，封召公于燕，辖有今河北北部。春秋时期，河北分属燕、晋、卫、齐诸国。战国时代，群雄角逐，诸侯割据，在今河北建都的有燕、赵、中山三大诸侯国。燕国建下都于易县，赵国建都于邯郸，中山国建都于灵寿，所以河北又有“燕赵”之称。

秦统一后，实行郡县制，分全国为36郡，今河北省主要分属于右北平、渔阳、上谷、代、邯郸、巨鹿、广阳、恒山等郡。汉兴，始划幽、冀等州，幽州、冀州作为正式行政区域自此始。三国和魏晋时期，河北主要分属于幽州、冀州及司州所辖魏郡、广平、阳平三郡之地。北朝时河北主要分属平、安、幽、燕、瀛、定、冀、相等州。隋朝，河北主要分属涿、上谷、渔阳、北平、赵郡、河间、博陵、恒山、信都、襄国、武安、清河、武阳、渤海等郡。唐朝设河北道，河北作为正式行政区域自此始。

北宋时期，分河北为东西两路。辽朝时，在幽州设南京，辖有今河北省的北部和东北部。当时，宋辽连年征战，河北成为双方对峙的前沿地区。金灭辽以后，在幽州建立中都，宋王朝南迁，河北全境为金所统一。元朝在今河北地区置大都、永平、兴和、保定、真定、河间、顺德、广平、大名等路，直属中书省。明朝洪武年置顺天府，各府、州直隶京师，称北直隶。清朝置直隶省。直隶省是多民族杂居省份，除汉族以外，全省有满、汉、蒙古、壮、朝鲜等40多个民族。元、明、清三朝先后建都北京，直隶作为京畿、藩屏之地，直接受封建王朝中央政府管辖，政治、经济、军事地位十分重要，故有“畿辅”之誉。

中华民国初年，政区设置沿袭清制，省会天津。1914年，以直隶省东北部承德、朝阳两府及赤峰州所属15县置热河特别区，以原口北3厅及山西省5县置察哈尔特别区。据1924年统计，全省总面积22.0347万平方公里，人口2093万。1928年6月，直隶省改称河北省，共139个县，省会迁到北平，1930年复迁天津，1935年迁至保定。至1937年3月，河北省辖有17个督察区。

1937年七七事变后，今河北省辖区基本上被日本侵略军占领。与此同时，中国共产党领导的八路军深入河北敌后，进行了长期艰苦卓绝的斗争，抗日根据地不断扩大。1945年，抗日战争胜利后，今河北省辖区北、中部属晋察冀解放区，南部属晋冀鲁豫解放区。1948年，晋察冀和晋冀鲁豫两个解放区合并为华北区，并成立华北人民政府，今河北省区域为华北人民政府所辖。1949年8月1日，河北省人民政府成立，以保定市为省会。

中华人民共和国成立以后，随着国内政治经济的发展，中央人民政府先后对全国各地的行政区划作了相应的调整。1952年，中央人民政府把山东省的吴桥、东光、南皮、宁津、盐山、庆云6县及辽西省的山海关市划归河北省。同年，撤销察哈尔省，将张家口、宣化两市及察南、察北两个专区划归河北省，合并为张家口专区。1956年，撤销热河省，将所辖的承德、围场、隆化、丰宁等8县和承德市划归河北省，设置承德专区。至此，河北省的区划与今已大致相同。

河北省东南部和南部衔山东省和河南省，西倚太行山与山西省为邻，西北部、北部与内蒙古交界，东临渤海，东北部与辽宁省接壤。地势西北高，东南低，有坝上高原、太行山脉、燕山山脉和河北平原。雄伟的万里长城沿着燕山和军都山脉横贯东西。省内河流众多，长度在 18 公里以上的有 300 多条。主要河流有滹沱河、漳卫南运河、子牙河、大清河、永定河、潮白河、蓟运河和滦河等。

河北省位于中纬度欧亚大陆东岸，属温带大陆性季风气候区，四季分明，寒暑悬殊，雨量集中，干湿期明显。平原占全省总面积的40%以上，土地肥沃，物产丰富，盛产小麦、棉花、玉米、大豆、高粱和花生。沿海一带，盐田绵延，盛产鱼虾。矿产资源丰富，铁、钒、钛、锌、钼、金、银矿和石油、天然气的储量均位居全国前列。

由于物产丰富、交通便利和战略地位重要，近代以来河北成为资本主义列强对中国进行经济掠夺和军事、文化侵略的重要地区之一。

1840 年以后，外国资本主义、帝国主义发动了多次侵华战争，其结果是清军战败，清廷被迫割地赔款。大量的赔款、名目繁多的苛捐杂税、频繁的自然灾害，以及帝国主义和封建主义残酷的剥削和压迫，使河北人民不堪重负。自古燕赵多慷慨悲歌之士，广大人民为了生存，不得不起来反抗。从鸦片战争到辛亥革命，河北人民的反帝反封建斗争主要有：1845 年至 1850 年直鲁豫三省交界地带捻军的反清斗争；1853 年支援太平天国北伐军的斗争；1859 年反抗英、法联军入侵的斗争；1860 年至 1861 年直隶东南地区和东北地区群众的反清斗争；1861 年的白莲教起义；1867 年至 1868 年青县、沧州等地盐民的反清斗争；1891 年在理教、金丹道教和武圣教起义；等等。

在这一时期的斗争中，规模最大、影响最深远的是义和团运动。直隶是帝国主义在华侵略势力强大的地区之一，天主教遍布全省，共有教堂 2200 多所。帝国主义的侵略和封建主义的统治，使河北人民的生活异常困苦。天主教及其教徒的横行霸道，使广大农民产生了仇视洋人、洋教的心理，他们把一切祸害笼统地归结到“洋教”上。1898 年 10 月 3 日，赵三多与姚洛起集合义和拳在威县蒋家庄祭旗起义，揭开了义和团运动的帷幕。在赵三多起义以后，清廷派遣直隶和山东的清军前去围剿，赵三多等则将义和团化整为零，向周围各州县发展，运动很快蔓延到邢台、邯郸、衡水、沧州、廊坊、保定、石家庄、张家口、唐山、秦皇岛等地区的50多个县和天津、北京等城市。广大团众设立坛口，焚香练拳，烧教堂，杀洋人，进行反对帝国主义侵略和反洋教的斗争。与此同时，保定城内和安次县的妇女组织起“红灯照”，与义和团配合，积极参加反帝爱国斗争。

虽然义和团运动在中外反动派的联合绞杀下失败了，但它却是直隶人民革命斗争史上重要的一页，显示了直隶人民不畏强暴、反抗侵略的优良传统和爱国主义精神，震撼了清廷的统治，打击了侵华帝国主义的气焰，同时也证明了农民不仅是反封建的主力军，也是反抗外国侵略的主力军。

从1901年义和团运动失败到1911年辛亥革命爆发前，河北又有较大的反抗斗争80余次，其中有直接反抗帝国主义侵略的斗争，也有反抗清政府残酷压迫和剥削的斗争。

直隶人民对封建统治和帝国主义侵略，进行了不屈不挠的斗争，这一时期的斗争主要是农民运动。由于历史和政治的局限性，农民自发的斗争难以取得彻底的胜利。要推翻封建统治、摆脱帝国主义侵略，还需要更先进的阶级领导人民进行彻底的革命。

第　一　编

建党及大革命时期

（1919 年 5 月—1927 年 7 月）

1911 年辛亥革命爆发，推翻了清王朝的统治，结束了中国长达两千多年的封建君主专制制度。1919 年，五四运动爆发，在爱国学生的带动下，中国工人阶级开始登上政治舞台。随着工人阶级的不断发展壮大以及马克思主义在中国的传播，1921 年 7 月，中国共产党成立，开始为争取民族独立和人民解放进行不屈不挠的革命斗争。

在河北，五四运动爆发后，唐山、保定、承德等地青年学生积极响应。李大钊派罗章龙、邓中夏等人到唐山、保定、石家庄、张家口等地传播马克思主义，开展工人运动，发展党的组织。1922 年 4 月，河北第一个中共地方党组织——中共唐山地方委员会成立。保定、石家庄、张家口、正定、饶阳、顺德（今邢台）等地党组织相继建立。1923 年 8 月建立的安平县台城特别支部是全国第一个农村党支部。中共河北地方党组织先后发动了京奉路山海关造桥厂工人大罢工、开滦五矿工人大罢工、正太铁路工人大罢工等工人运动，沉重地打击了北洋军阀在北方的统治。

1924 年国共开始第一次合作后，中共地方党组织进一步发展壮大，组织开展了一系列反帝反封建斗争。1927 年 4 月，奉系军阀抓捕并悍然杀害了李大钊及数十名共产党员和国民党左派。面对白色恐怖，中共积极恢复北方党组织，建立了顺直省委，领导了反“旗地变民”、玉田暴动等革命斗争，极大地鼓舞了人民的斗志。

第　一　章

五四运动和马克思主义的传播

一、辛亥革命前后河北社会状况

辛亥革命前后河北经济状况

鸦片战争以后封建农业经济仍然占据着主导地位，但在直隶逐渐开始出现近代工业的启蒙与拓展。从工业化的角度讲，直隶在整个近代史上一直是全国最先进的省份之一。1867 年，三口通商大臣崇厚在天津兴办兵工企业——天津机器局。1870 年，李鸿章接替曾国藩担任直隶总督，成为近代直隶转变的一个契机。在李鸿章督直的 20 多年间，直隶建立起多个近代化的企业，而且它们大都在当时居于全国领先地位。1875 年，李鸿章在河北南部兴建磁州煤铁矿。1878 年，在唐山建立开平矿务局。开平矿务局煤炭日产量达到 2000 吨，是当时中国最大的现代化的煤炭企业。周学熙资本集团投资唐山、天津、秦皇岛等地，建立启新洋灰公司、华新纺织公司、秦皇岛耀华玻璃公司，以及中国实业银行、华新银行等，它们大多成为直隶近代新式企业的楷模。另一项带动近代直隶工业化进程的重要因素是铁路的兴建：一是京汉铁路的修建，铁路穿越了大半个直隶，直接刺激了近代城市石家庄、邢台、邯郸的产生和周边地区工业、农业的发展；二是京张铁路的修建，使张家口成为北方著名的集贸城市。这两条当时全国最重要的铁路的修建，使直隶成为当时全国铁路资源最丰富的省份。到 20 世纪初期，直隶已成为近代中国工业化最发达的省份。

从 19 世纪 60 年代起，清朝政府及其当权的洋务派官僚李鸿章、曾国藩等人提出“自强”“求富”的口号，开展洋务运动，内容包括军事、政治、经济、外交等方面。就其经济方面来说，就是以购买西方新式武器和船舰、创办军用工业为发端，继之初步建立了一批与之相适应的近代民用工业。洋务运动中的直隶企业以官办和官督商办性质的居多（所谓官督商办，名义上招有商股，实质上仍为封建官僚买办所控制）。这些近代企业包括军工、矿山、磨坊、币制、书局等，其经营状况在全国同行业生产中一直处在领先地位。

1895 年至 1914 年是我国民族资本主义初步发展的时期。直隶的民族工业同全国一样，也进入了一个短期的蓬勃发展时期。

总的来说，鸦片战争后外国资本主义的入侵，刺激了中国民族工商业的发展，同时，又对这种发展起了阻碍作用。1914 年至 1919 年，由于帝国主义大战的爆发，西欧各资本主义国家忙于战争，无暇东顾，我国的民族工业发展极其迅速。据统计，在这一时期中，直隶的民族工业发展到 100 多家。近代直隶的经济呈现出向工业化转变的趋势，而且各地都有不同规模的企业。但这些企业仍属半殖民地半封建性质。鸦片战争前，中国是以封建经济为基础的君主专制国家。1840 年鸦片战争以后的几十年间，西方帝国主义列强发动一系列侵华战争，致使中国主权丧失，到 19 世纪末沦为半殖民地半封建社会，中国自给自足的封建经济遭到破坏，逐步形成了半殖民地半封建经济。其基本特点是：虽然有了资本主义工商业，但封建的农业经济在社会经济生活中仍占显著的优势；帝国主义在华资本和依附于帝国主义的官僚买办资本垄断了国民经济的命脉；民族资本主义很难独立发展，在整个社会经济中所占比重很小；社会生产力发展水平十分落后，而且各地区间很不平衡。

辛亥革命后河北政治状况

辛亥革命推翻了统治中国 200 余年的清王朝，结束了持续两千多年的君主专制制度，解放了人民的思想，使民主共和观念深入人心。但是，由于中国民族资产阶级自身所具有的软弱性和妥协性，他们没有也不可能提出一个彻底反帝反封建的革命纲领，革命成果被袁世凯篡夺，使资产阶级革命遭受失败。辛亥革命没有完成反帝反封建的历史任务，中国仍然处于半殖民地半封建社会。在政治上，由帝国主义扶植操纵下的封建军阀统治取代了清王朝的统治，政治上更加黑暗，半殖民化进一步加深。

直隶省成为资本帝国主义列强对中国进行经济掠夺和军事、文化侵略的重要地区之一。它们在直隶办工厂，设银行，开矿山，修铁路，无所不及。

在石家庄：从1901年开始，德国人获取了井陉煤矿的开发权。1903年，法国和比利时攫取了京汉、正太铁路的修筑权，同时还在石家庄修建正太铁路总机器厂作为其配套工程。之后，它们利用便利的水路、陆路交通，大肆掠夺白银、粮棉、矿藏等物资，运回本国加工后，又将大量的布匹、百货等轻工产品运输到石家庄倾销，如洋布、洋火、洋油等。洋货的不断涌入，极大地冲击和破坏了石家庄的地方民族工商业和手工业，使大多数工商业日渐萧条，甚至倒闭。资本帝国主义对华进行军事、经济侵略的同时，又实施文化侵略。它们在石家庄设立教堂，发展教徒；宣传西方的“文明”，散布奴化思想，企图从精神上解除中国人民的武装；以建立学校、医院等慈善机构为名，蒙骗麻痹人民，以达到其思想文化侵略的目的。

在唐山、秦皇岛：1912年，英国迫使中国北洋政府同意滦州煤矿公司与开平矿务局“合并”为开滦矿务局。至此，先后建成的唐山、林西、马家沟、赵各庄4个煤矿（1918年又建唐家庄矿）和秦皇岛港、山海关造桥厂、唐山修车厂完全为英帝国主义所霸占。与此同时，沿海的盐业也因北洋政府对外抵押借款而成为中外“合办”。

在邯郸：被誉为全国十大煤矿之一的磁县六河沟煤矿公司先后被德国人和比利时人霸占。

在张家口：作为中外商路上的重要商埠，它早就成为帝国主义扩张势力的地区。帝国主义染指张家口的第一步，就是利用宗教文化侵略的形式，派出传教士深入各地建会传教。据《张家口市志》记载，宣化教区有教堂230座，西湾子教区有教堂152座，这两个教区管辖21个县，形成了外国宗教势力范围。在大肆进行文化侵略、宗教渗透的同时，各帝国主义国家还竭尽全力，将经济势力打入张家口。外国商人把鸦片和商品从大连、天津等港口运至张家口，再输入蒙古地区。到19世纪末20世纪初，张家口的集散市场已基本被外国资本主义势力所控制。

在直隶其他地区，帝国主义的掠夺也不同程度地存在。

1916年袁世凯死后，北洋军阀分化为直、皖、奉三系。以段祺瑞为首的皖系，以日本帝国主义为靠山，掌握北京的中央政权，并统治山东、河南、安徽、福建、浙江等省。以冯国璋及曹锟、吴佩孚为首的直系，凭借英、美帝国主义势力为后台，统治直隶、江苏、江西、湖北等省，并同皖系争夺对北京政府的控制权。奉系的张作霖，统治东北三省，并在日本帝国主义的扶植下，同直、皖两系争夺北京中央政权。除此以外，各地还有一些不属于北洋系统的军阀，如两广的桂系、云贵的滇系，以及山西、四川等大大小小的军阀。他们为了巩固和扩大自己的地盘，争夺对北京政府的控制权，彼此之间进行着频繁的战争，使国家陷于长期的分裂和动乱之中。这是军阀统治造成的主要祸害，也是辛亥革命后中国政治的一个重要特点。

保定是北洋军阀的主要首领曹锟的大本营。曹锟统治保定时期，适值辛亥革命后，以同盟会（国民党）为代表的革命党人，在保定育德中学、农业学堂、甲种工业学校多有活动，他们结成政治团体，提出“拥戴共和、反对复辟”的政治主张，并联络平、津及各地的革命志士，策划革命运动，颇具影响。曹锟为维护其军阀统治，在政治上压制民主；在思想上大肆宣扬孔孟之道，禁止进步书刊，妄图以此禁锢学生们的思想；同时作出了很多规定，不允许各校学生互相交往，禁止学生们接触社会上的人。随着各派系军阀对北京政府控制权的争夺，衡水各县政权频繁变换，各派系军队过境时，无不行抢夺、杀戮之事，衡水人民饱受战乱之苦。1920年直奉战争中，直军败北，在运河沿岸村庄大肆抢掠，动辄杀人，百姓死伤无数。为了应付过往军队，衡水各县大都成立了支应局，筹办军需粮饷，加重了民众负担。由于军阀混战，政府统治不力，衡水一带成为土匪、会道门滋生蔓延的“沃土”，时有“土皇帝”出现，他们打着保家护村的旗号，到处勒索钱财、横行乡里。人民不堪其苦。在廊坊，从1920年到1926年，北洋军阀各派系之间发生的波及廊坊的大的战争就有5次。

历次军阀战争，给直隶人民生命财产造成的损失是无法估量的。长期的战争使直隶人民陷于动乱之中，社会经济遭受严重破坏。反动军阀部队所到之处，奸淫掳掠，残害百姓，而人们因恐惧战争，抛家别舍，迁徙流离，无法从事正常的生产活动，造成田园荒芜、商贾停业，社会生产力遭受严重破坏。连绵的战争更是加剧了对人民的经济掠夺。军阀要争权夺利就必须打仗，要打仗就必须有军队和武器弹药，要养军队和购买武器弹药就必须有钱，要钱就找老百姓。1914年全国陆军45.7万人，到1919年初达到138万人。1910年，清政府军费开支为1.02亿元。而到1918年，北洋政府军费开支达2.03亿元，占财政支出的70%，这还不包括各地方军阀的实际开支。有些地方军阀的军费开支占地方财政支出的90%。因此在北洋军阀统治时期，人民不仅要承受原来清朝政府规定的全部捐税，还要承受北洋军阀附加的五花八门、名目繁多的新税，如生产税、销场税、印花税、肉税、注册税、谷捐、米捐、屠捐、路捐、河捐、城门捐、码头捐等，几乎无物不课，无处不征。在这些数不清的苛捐杂税之外，北洋军阀还滥发公债，滥印纸币，变相对人民进行经济掠夺。连年的战争还造成了连年的匪患。历次战争后，均有大批散兵游勇溃散乡间，他们三五成群，结成股匪，打家劫舍。因战乱和其他原因无以为生的农民，亦被迫铤而走险，啸聚山林，抢劫掳掠，百姓苦不堪言。

辛亥革命前后，封建农业经济在直隶经济中仍占据着主导地位。地主阶级占有大量土地，而占人口绝大多数的贫苦农民仅占有少量土地，不少贫民以租佃地主的土地为生。随着新兴地主的增加，出现了土地更加集中的趋势。封建地主豪绅把大量土地集中到自己手中，占有大量的生产资料，兼并土地的现象愈加严重，盘剥农民的手段更加残酷。

在衡水：枣强县城南关王氏家族，在清朝道光年间即为该县最大的地主家族之一，虽不足百户千人，却占有18万亩土地，在德县（今山东省德州市）、故城县还有数处庄园，家有清廷御赐的“双千顷”牌匾，享有不纳捐税之特权。饶阳县大迁民庄常氏，曾有土地4000余亩，车马近50套，房屋数百间，且开着两个镖局，在内蒙古等地还有几处大商号，有“肃宁三王（即肃宁县三户王姓地主），不如饶阳一常”之说。随着土地兼并愈演愈烈，许多贫苦农民失去土地，佃农数量迅猛增长，他们长年租种地主的土地，遭受地主阶级的残酷剥削。

在直南地区：一些大地主把大量的土地集中到自己手中，出现了一批拥有千亩以上土地的大地主，占地三五百亩的地主几乎各大村庄都有。地主和富农的人口占直南地区总人口的10%以下，而他们所占有的土地却在80%以上。

在廊坊：20世纪初叶，地主官僚买办阶级垄断了国民经济的命脉，特别是对土地的兼并和垄断十分严重。廊坊所属各县中，三河县共有耕地66.8万亩、农户2.6万户、人口19.2万人，地主阶级约占总户数的7%，而占有土地为总数的67.9%。大厂地区共有19万亩土地，地主、富农人口只占总数的4%，却占有50%以上的土地。文安占全县人口5%的地主、富农，就占有全县80%左右的土地，而占全县85%的农民，却仅占有20%左右的土地。香河全县约有土地44万亩，占人口15%的地主、富农却占有70%以上的土地，达30万亩。霸县共有耕地76.3万亩，地主就占去近30万亩。据不完全统计，廊坊各县占人口约8%的地主、富农，却占有约77%的土地，大量土地掌握在地主阶级手里。而土地是农民最基本的生产资料，失去土地的农民不得不靠租种土地或出卖劳动力来维持生计。

在唐山：原为清廷或清贵族所有的大量旗地转移到汉人地主、官僚和巨商手中，土地越来越集中，农村两极分化越来越严重。不足农村人口10%的地主、富农占全部土地的70%～80%，而占农村人口90%以上的贫下中农仅占有全部土地的20%～30%。

封建地主豪绅利用雇工、出租土地、放高利贷等手段残酷地盘剥农民。

辛亥革命后河北文化状况

中国传统文化，作为一个成熟的形态，形成于春秋战国时期。在此后的历史中，有的地域文化消失了，有的地域文化被融解了，而燕赵文化辉煌卓越，绵延流长，不绝如缕，不仅保存了自己的特色，而且不断充实发展。其慷慨悲歌的任侠精神、厚重质朴的生命意识和亲情浓烈的乡土观念，在先秦时期，在中古历史，都有生动卓越的表现。到了近代，在中国文化面临重大的历史转型的关键时刻，燕赵人文精神也有和时代相匹配的发展与进步。在这中间，新文化运动功不可没。

新文化运动，是1915年在中国大地上兴起的一场以民主和科学为旗帜，向封建传统的思想、道德和文化宣战的运动。在这场运动中，以陈独秀、李大钊为代表的一批具有民主思想的知识分子不断在《新青年》杂志上发表文章，痛切揭露中国社会黑暗腐败的现状和封建专制制度的罪恶，对统治阶级所极力推崇的封建礼教进行无情的鞭挞。他们大力倡导民主和科学，反对旧思想、旧文化，反对封建专制和愚昧迷信，使中国的知识分子和青年学生受到了一次西方民主和科学思想的洗礼，也使人们的思想得到了前所未有的大解放。

直隶文化发展在中国近代尤其在20世纪之初是比较复杂的，新旧杂糅、开新去陈的特征较为明显。

在保定：鸦片战争以后，新式教育开始兴起。到1905年，清政府先后在保定建起了畿辅大学堂（直隶高等学堂）、直隶农务学堂（今河北农业大学前身）、直隶师范学堂（直隶高师）、保定医学堂、直隶法政学堂、法律学堂等6所高校，出现了高等教育先声夺人的态势。与此同时，各类军事学堂也开始在保定建立。1902 年 6 月，袁世凯在保定设立北洋军政司，下设兵备、教练、参谋三处，隶属各处的学堂有参谋、测绘、军械、经理、马医以及北洋行营将弁学堂和练官营等。大型军事学堂有北洋（后改陆军）速成武备学堂和保定军官学堂。保定军官学堂在中国军事教育史上占有重要地位，培养了众多的军事人才，一些现代史上的著名人物，如蒋介石、吴佩孚、张群、齐燮元、叶挺、董振堂、赵博生等均毕业于该校。

这一时期，保定所建学堂层次多，门类齐全。有普通的大、中、小学及幼稚园，有各级师范及女子学堂，有工商实业学堂及警务、警察学堂，有专修外语的东文学堂、法文学社，除此以外，还有科学馆、工艺局习艺所及保姆养成所和聋哑学堂等。据 1906 年《直隶教育杂志》载，保定城内各类学堂就有 33 所（不含私立），在堂学生 3010 人，到 1910 年，各类学堂增至 40 多所，在堂学生达 8000 余人。辛亥革命后，保定教育事业又有长足发展。特别是中等学校，除清代保留下来的男女师范、直隶六中、育德、甲种工业（后改为高职）外，新增了同仁、志存、景仁（烈士田中学改）、培德、民生、崇贞（后改淑慎）、达仁、农职、四存、社教、师范、定县中学、易县农职、博野民众教育实验学校等中等学校。据统计，属县有简师或乡村师范 21 所，职业学校 5 所，完小 154 所，初小 3571 所。

丰厚的文化教育土壤，哺育了众多的“燕赵慷慨悲歌之士”。新文化运动兴起后，又使众多青年学生在接受新文化教育的同时，受到新思潮的影响，开始探索救国救民的真理。随着马克思主义的传播，青年学生最早接受了马克思主义的启蒙教育，他们中的先进分子在社会实践中率先走上了反帝反封建的革命道路，成为保定地方党组织创建的先驱者。

在邯郸：辛亥革命后，邯郸的文化教育有了较大发展。民俗日变，男子剪辫，女子放足，下级官吏不再跪拜上司而改为鞠躬，丧事由守丧 3 年改为 27 天，小书店、小型图书馆、照相馆零零星星地出现。传播资产阶级民主思想的《直说》《直隶白话报》等报刊开始在知识分子中流行。邯郸各县的学校在数量上也有所增加，尤其是小学增幅较大，每县还增设一所简易师范学校，其他如扫盲性质的民众学校也有不少。中学则只有直隶省第十一中学（原大名府官立中学堂）、直隶省第十三中学（原广平府官立中学堂）两所。直到1920年代末叶，其他个别县才始有中学。

1915年，以民主与科学为旗帜的新文化运动为马克思主义的传播和五四运动的发动做了思想准备。在外地大城市求学的邯郸学子将《新青年》《每周评论》《国民》等进步书刊源源不断传入邯郸。此时，邯郸的工人阶级还没有登上历史政治舞台，觉悟较早的革命知识分子站在了反帝反封建斗争的前列，在邯郸的近代化进程中，起着催化剂作用。

在唐山：早在新文化运动时期，中国共产主义运动的先驱——李大钊就利用节假日回乐亭探亲的机会，向家乡人民宣传妇女放足、男人剪辫子等新思想，并带领群众破除封建迷信，推倒村头华严寺偶像，办起新学堂。此后，乐亭许多村庄也拆毁旧寺庙，建起新学堂。李大钊反封建的思想在冀东地区产生了很大的影响。五四运动前后，一批宣传新思潮、新文学，提倡科学的书刊在青年学生中渐渐传开，一些进步社团应运而生。唐山和冀东各县城的青年学生深入群众中进行爱国宣传，促进了新文化思想的传播。唐山工业专门学校青年学生以改造社会为己任，热情向人民宣传民主与科学的思想，进行平民教育。他们先后创办《救国报》和《科学的唐山》，宣传反帝爱国思想，提倡平民教育，普及科学知识。1919年7月初，又创办注音字母传习所，推广注音字母，帮助劳动群众识读汉字，学习文化。他们还利用下午或晚上的时间到附近农村，帮助青年农民学习注音字母。注音字母传习所发展很快，最多时达到27处。传习所提高了工人、农民的文化水平，促进了青年学生同劳动人民的联系和结合，为马克思主义在唐山的传播创造了有利的条件。在唐山附近的一些村庄，还设立了阅报室，组织了“天足会”，提倡妇女放足以及讲究卫生等。所有这些活动，都有力地冲击了封建主义的思想文化和道德观念。

在衡水：鸦片战争后，新式教育开始兴起。1904 年，深州建立教师讲习所，安平县建速成师范传习所。1905 年清政府废科举，将私塾、书院、官学改为小学堂、中学堂。1905 年，冀州建立初级师范学堂。1906 年，景州建师范学堂。1907 年，枣强建初级师范学校。1909 年，衡水县建师范传习所。辛亥革命后，枣强县将伦才教会学校改建为育德中学。女子教育也应运而生。1916 年，在冀州女子初高级小学设女子师范讲习所。衡水新式教育相对旧式教育发展较快，初等教育已有普及趋势，中等教育已初具规模，职业教育也已起步。新式教育的兴起和发展，使封建传统思想、文化、习俗受到冲击，为进步思想和马克思主义在衡水的传播创造了条件。

这一时期在河北大地还有一个独特的文化景象，那就是留法勤工俭学运动与勤工俭学教育。留法勤工俭学运动起源于清末直隶高阳人李石曾等组织的高阳一带赴法华工的工余求学。1912 年 4 月，李石曾等 7 人在北京发起成立了留法俭学会，以纳最俭之费用、求达留学之目的为宗旨。留法俭学会在教育总长蔡元培的支持下，在北京设立了一所留法预备学校，由高阳人齐竺山、齐如山等主持，一年内经其培训有百余名青年赴法留学。此后，留法俭学会和学校均被袁世凯解散。

1913 年留法华工根据工余求学的经验，正式提出“以工兼学”的办法，收到了良好的效果。在李石曾、蔡元培等人的支持下，他们于 1915 年 6 月在巴黎成立了勤工俭学会，以勤于工作、俭以求学、增进劳动者之智识为宗旨。

从 1916 年开始，大批华工陆续涌入因受战争影响劳动力极度缺乏的法国。同年 3 月 29 日，蔡元培、李石曾等与法国友人共同组织成立了华法教育会，以促进中法文化交流、介绍中国学生留法和组织旅法华工教育为主要工作。4 月 5 日，华法教育会创办的华工学校正式开学，学校开设法文、中文、算术、物理、化学、国画、工艺、卫生、修身等课程。第一期学员 24 人，全部是第一次世界大战前来法的高阳、蠡县一带的华工。他们经过半年学习，成为大批来法华工进行文化教育的师资和译员。

1916年底，蔡元培、李石曾、吴玉章等人回国后，在北京等地先后建立了留法勤工俭学会和华法教育会，大力推行、宣传留法勤工俭学。在不到3年的时间内，他们先后在北京、保定、布里、长辛店、济南、上海、成都、重庆等地开设了20余所留法预备学校（班），掀起了留法勤工俭学运动的高潮。

在这20多所留法预备学校（班）中，有4所在直隶境内，依次是蠡县布里村（今属高阳）留法工艺学校、保定育德中学高级工艺留法预备班、保定农业专门学校留法勤工俭学预备班和长辛店机车车辆厂留法勤工俭学班。其中前二者是国内最早、设备最佳、教员最好、教学质量最高的预备学校（班），为各地建立留法勤工俭学预备学校（班）提供了经验和模式，有力地推动了留法勤工俭学运动的发展。

二、工人阶级的产生和早期工人运动

工人阶级的产生及发展壮大

工人队伍，特别是产业工人，是随着外国资本主义的入侵和清政府、洋务派官僚创办近代工业产生发展起来的。从19世纪60年代起，清政府为维护和巩固自己的统治，打着“富国强兵”的旗号创办了一批军用工业和民用工业企业。在这些企业中，产生了直隶的第一批工人。随着民族工业的发展，工人阶级的队伍进一步壮大。

1866年，清朝贵族崇厚在天津创办北洋机器局。两年后，在海光寺建起了一座小的枪炮厂，“雇佣着本地工人约五十人”①。1870年，李鸿章调任直隶总督后，对该局进一步整顿和扩充，建立了东、

① 孙毓棠编：《中国近代工业史资料》第一辑（下），科学出版社1957年版，第1185—1245页。

西两局。1890 年初，两局雇佣工人约 1400 至 2500 人①。为了满足清政府的军用炮船和招商局轮船燃料的需要，1875 年，李鸿章在试采直隶磁州煤矿失败后，于次年派人对开平煤矿进行勘察。1878 年开平煤矿凿井，1881 年出煤，雇佣矿工 500 多人。到 1889 年，开平煤矿拥有矿工 3000 多人②。自开平煤矿创办后至 1894 年，清政府和洋务派官僚李鸿章等人又在直隶创办了大沽造船厂、热河承德平泉铜矿、临城煤矿、承德三山银矿、热河土槽子遍山线银铅矿、天津造船厂、热河建平金矿等官办、官督商办或官商合办性质的工矿企业 12 家③。加上直隶当时的 2 家民族资本经营的企业和 7 家外国资本经营的企业，1894 年全省共有工人 9000 多人，占全国工人总数的十分之一④。

1895 年甲午中日战争之后，由于《马关条约》正式确定了帝国主义国家在华的设厂权，它们的投资成倍增长。在清政府“救国图存”“发展实业”的口号下，民族工业也得到了发展。从 1895 年到 1913 年，外国资本在直隶经营的厂矿增加了 13 个，所投资本增加了 28954 千元⑤。具备 1 万元资本以上的民族企业增加了 38 家。仅以 1900 年至 1910 年间，直隶雇佣 500 人以上的 9 家大厂矿（包括外国资本经营的厂矿）计算，工人就有 18819 人⑥，相当于前期工人总数的 2 倍。1914 年之后，由于欧美各帝国主义国家都忙于战争，无暇东顾而暂时放松了对中国的侵略，我国的民族工业，特别是纺织业和面

---

① 孙毓棠编:《中国近代工业史资料》第一辑（上）“序”，科学出版社 1957 年版，第 22 页。

② 《捷报》，1889 年 4 月 12 日。

③ 据孙毓棠编《中国近代工业史资料》第一辑（下）第 1170—1174 页和河北省档案资料统计。

④ 据孙毓棠编《中国近代工业史资料》第一辑（上）第 60 页估计，当时中国工人总数将近 10 万人。

⑤ 汪敬虞编:《中国近代工业史资料》第二辑（上），科学出版社 1957 年版，第 5 页。

⑥ 汪敬虞编:《中国近代工业史资料》第二辑（下），科学出版社 1957 年版，第 870 页。

粉业得以迅速发展。直隶的民族工业也一度出现了“黄金时代”。仅天津一地，1918 年到 1922 年建立了 6 家大纱厂，计有职工 11500 余人，成为我国北方纺织工业的中心。在省内其他各地，民族工业也有一定的发展。比如，唐山的华新纺织厂、秦皇岛的耀华玻璃厂、石景山炼钢厂、宣化龙烟铁矿、石家庄大兴纺织厂等就是在这一时期建立起来的。随着民族工业的发展，工人队伍壮大了，仅唐山一地，1920 年就有工人 65000 左右①。

到 1919 年五四运动前后，全省的产业工人大约有 20 万人。工人阶级与最先进的生产方式相联系，他们高度集中，便于组织起来开展斗争，从而形成强大的政治力量。

早期工人生活状况和自发斗争

直隶工人队伍绝大多数来自于农村。开平煤矿创办之前，“穷民无地可耕，惟有藉凿石挖煤、作工糊口”者数以千计②。承德平泉铜矿于 1881 年开创时，就是“雇工匠及附近民夫开挖”③。仅从石家庄大兴纱厂的统计数字看，工人中来自石家庄周围农村的就占 90%以上④。破产的农民加入到工人队伍中来，使我国的工人阶级同农民阶级能够保持天然的联系，并能够结成兄弟般的牢不可破的联盟。

直隶工人同全国各地的工人一样，深受帝国主义、封建主义和资本主义的残酷压迫和剥削，过着十分艰苦的生活。

直隶工人劳动力的价值非常低廉。以煤矿工人为例，在开平，本地的技术工人每月工资 3 元至 8 元，日工资仅有 1 角至 2 角多一点。这点微薄的工资很难维持当地一个壮年男工的生活，更谈不上养活妻子儿女了。有的矿一年除纳税及开销外，要净落百余万的利润，却十多年不给工人加薪⑤，甚至有些资本家倚仗其政治和经济的权势，往

① 河北省档案资料。

② 盛康编：《皇朝经世文续编》 第五七卷， 第 18 页。

③ （清） 吴汝纶编：《李文忠公全书》 第四十卷， 同治金陵书局刻本， 第 46 页。

④ 河北省档案资料。

⑤ 《中国工运史料》 1960 年第 2 辑， 第 80—101 页。

往长期拖欠工人工资。为了如此微薄的工资收入，工人们的劳动十分繁重。天津机器局的工人每天“卯正上班，酉初停息”，工作长达十一个半小时①。开平煤矿名义上是昼夜“分为 3 班，每班工作 8 小时”②，但因工资过低，许多工人不得不加班加点，连作两班，延长到 16 小时。工资之低、劳动强度之高和劳动日之长，严重地损害了工人的身体，资本家从榨取工人的脂膏中获得了丰厚的利润。

工人经常是在极度危险的环境中工作。资本家根本不顾工人的死活，厂矿毫无安全设备，伤亡事故不断发生。据开滦煤矿 1920 年的调查，每月平均有 4 人死于矿内，有时十几人、几十人③。工人不仅生活上十分艰苦，工作上没有安全保障，而且在政治上也毫无民主权利。

中国共产主义运动的先驱李大钊以“明明”为笔名发表的《唐山煤厂的工人生活》，以追记的形式，及时、生动地记录了当时唐山煤厂工人的斗争和悲惨生活，反映了直隶工人真实的工作及生活状况。李大钊以精确的数据作对比，揭露了在英国资本家控制下唐山煤厂的工人生活不如骡马、工人生命不如骡马的悲惨状况；以翔实的调查资料，揭露了英国资本家对工人的残酷剥削，诉说了工人在井下恶劣劳动条件下，受到“人间地狱”般的折磨；揭露了资本家与封建把头相勾结残酷地统治、压榨工人的“包工制”。这篇报告文学是直隶工人生活的真实写照。

总之，近代直隶工人在经济上、政治上所受的压迫和剥削是十分残酷的。他们生活上饥寒交迫，朝不保夕，在政治上、法律上没有丝毫的人身自由和人身保障。所以，他们在反帝反封建的斗争中，和全国的工人一样，革命性比其他任何阶级都坚决、彻底。

马克思、恩格斯指出，“资产阶级不仅锻造了置自身于死地的武

---

① 孙毓棠编：《中国近代工业史资料》第一辑（下），科学出版社 1957 年版，第 1185—1245 页。

② 《捷报》，1889 年 4 月 12 日。

③ 河北省档案资料。

器，它还产生了将要运用这种武器的工人——现代工人，即无产者”①。近代直隶工人队伍是清政府和外国侵略者创办近代工业的产物，而直隶工人为了生存，从诞生的那一天起，就不断地同帝国主义、封建主义展开斗争。

早在甲午中日战争之前，开平煤矿工人就揭开了全国工人阶级反对帝国主义、封建主义斗争的序幕，举行了两次规模较大的罢工斗争。1883年，开平矿工为反歧视、反压迫，要求平等的工资待遇举行了罢工。当时，矿主为了破坏工人之间的团结，故意在南方、北方工人之间发给高低悬殊的工资，激起了工人们的不满。开始，工人破坏工具，将煤块砸烂使资本家少赚钱，并且采用消极怠工的办法同矿主斗争。到7月发展为罢工斗争，使“矿厂大半陷于停工状态”②。1891年，开平矿工因外国技师欺压他们又举行了一次规模较大的罢工。矿局和路局的外国雇员不得不“集体撤退到天津”。除开平矿工的两次罢工外，几乎同时，在石家庄正太铁路机器厂，工人曾自动组织起来，监视工头和洋人，他们相互传递消息，共同抵御资本家及其走狗工头的打骂③。从这些斗争来看，工人初期的罢工斗争主要的还不是要求提高工资，改善待遇，而是反对外国技师、封建把头的专制蛮横，要求维护最低限度的一点人权。

辛亥革命后，随着民族工业的迅速发展和资产阶级民主革命思想的广泛传播，直隶工人的罢工斗争无论是在经济上，还是在政治上，觉悟程度都较前有所提高，斗争的形式也有新的变化。比如，辛亥革命爆发后，1912年4月，唐山工党宣告成立，“当时入党的有七百多人”④。工党组织工人阅读书报、上工余夜课、搞演出队等，开展了不少的活动。虽然唐山工党在二次革命时就解散了，但这说明，工人由于受到了辛亥革命时期资产阶级民主革命思想的影响，组织观念有

① 《马克思恩格斯选集》第一卷，人民出版社1995年版，第251页。

② 《捷报》，1882年7月21日。

③ 河北省档案资料。

④ 《新青年》第七卷第六号，唐山劳动状况（二），第7—8页。

了较大的提高。在罢工斗争中，工人提出了要求增加工资的明确经济要求，开展了直接打击外国侵略者的斗争。1916年3月，北京政府财政部印刷局的工人为要求增加工资举行罢工。同年11月，天津法租界的工人为反对法帝国主义侵占老西开开展了斗争。由于法帝国主义者不断扩大租界的面积，并提出把面积扩充到4000余亩的强盗要求，激起了天津人民的愤怒。11月12日，天津法租界法商仪品公司和义善铁厂等单位工人首先罢工。随后受雇于法商各厂的工人以及法租界的“苦力”“夫役”“女佣人”等罢工。在工人罢工的影响下，居民大部分迁出了法租界，法汉学堂学生罢课、法租界的华岗罢岗，使租界内法国的各行各业陷于停顿状态。参加这次罢工的工人达1700余人，一直坚持了三四个月①。虽然罢工没有能够完全达到保护老西开的目的，但使老西开不得不由法帝国主义独占改为中法共管。

俄国十月革命的胜利给直隶工人以很大的影响。1917年11月10日，北京、天津的《大公报》《益世报》等报纸都以“俄国克伦司基政府已被激进党政府推翻，现正组织纯粹社会党政府与中欧诸国提出媾和”等透露了这一消息。尽管这些报纸极力歪曲事实，但直隶工人很快得到了这一胜利的消息。而后不久，部分华工由苏俄回到了唐山，他们对矿厂工人介绍说，“革命后的俄国，赶走资本家，工厂归工人了，我们进行斗争，也可以那样”。② 这就使唐山工人对俄国十月革命的道路有了一个朴素的认识和理解。

上述近代直隶工人的罢工斗争表明，他们的斗争是由最初自发地要求获得最低人权的斗争，逐步地向政治自觉的方向发展，即提高工资待遇，推翻反动的压迫者，斗争的目标越来越明确，组织纪律性越来越强，思想觉悟不断提高，这是近代直隶工人运动发展的总趋势。但是，在这一时期，直隶工人阶级毕竟是一个自在的阶级，还不能作为一个独立的阶级力量登上政治舞台，明确提出自己的政治斗争纲领，求得彻底的解放。直隶工人迫切需要一个先进的政党来领导，在

---

① 河北省档案资料。
② 同上。

中国共产党成立之后，直隶的工人运动才进入到一个崭新的阶段。

三、五四运动席卷河北

五四爱国运动的爆发

五四爱国运动的爆发，一方面是由于帝国主义加紧对中国的侵略和北洋军阀政府的丧权辱国，另一方面则是由于俄国十月革命促进了中国人民的觉醒，而在巴黎和会上中国外交的失败，则是五四运动爆发的直接导火线。

1918 年 11 月，第一次世界大战以德奥同盟国的失败而宣告结束。1919 年 1 月，战胜国在巴黎的凡尔赛宫召开和平会议。北洋军阀政府在国内舆论的压力下，向和会提出了废除帝国主义在华特权，取消“二十一条”和德国在山东攫取的权益等要求。巴黎和会不仅拒绝了中国的正当要求，而且蛮横地决定由日本接管德国在山东的各种特权。中国虽然以战胜国的资格参加和会，但得到的却是战败国的待遇。中国在巴黎和会上外交失败的消息传到北京，好像晴天霹雳，震惊了中国人民。蕴藏在人民心中的爱国热情，像火山一样爆发了。

1919 年 5 月 3 日晚，北京大学全体学生及高师、工专、法政等学校的学生代表在北大法科礼堂集会。进步记者邵飘萍向学生们报告了中国在巴黎和会上外交失败的经过和原因，号召爱国学生挺身而出，救亡图存，奋起抗争。会议决定采取行动，夺回丧失的权益，并通电中国出席巴黎和会的代表，拒绝在和约上签字。5 月 4 日中午，北大、高师、工专、农专、法政和朝阳大学等 13 所学校 3000 余名学生，手持写有“废除二十一条”“还我青岛”“保我主权”“拒绝和约签字”等口号的旗帜，在天安门前集会，抗议巴黎和会对中国问题的决定。北大学生代表在会上宣读了《北京学生界宣言》，强烈谴责日本强占中国领土，坚决要求收回青岛。会后举行示威游行，学生队伍奔向东交民巷使馆区，在遭到中国警察阻止后，游行队伍奔向曹汝霖（北洋军阀政府的交通总长，“二十一条”签字时的外交次长）的住处赵家楼。学生沿途高呼“打倒卖国贼”的口号，不少群众自动加入游行队伍。游行队伍到达赵家楼前街时，曹宅铁门紧闭。有几名勇敢的学生跳墙进入曹宅，打开大门，大批学生涌了进去。但此时曹汝霖已经躲藏起来。正在曹宅而未及藏匿的章宗祥（驻日公使，将山东权益让给日本的签字者）被学生认出，遭到一顿痛打。而后，学生们放火烧了曹宅。北洋军阀政府闻讯后，出动大批军警，逮捕了 32 名学生。

北京爆发五四爱国运动的消息，迅速传遍直隶全省，各地学生首先行动起来，开展了轰轰烈烈的反帝爱国运动。

五四运动在唐山

在北京学生斗争的影响下，唐山学生首先起来参加反帝爱国斗争。5 月 5 日下午，唐山工业专门学校的学生聚集在学校图书馆前，议论如何响应北京学生的爱国行动。7 日，部分学生在校内集会，起草宣言、通电，并制作标语、小旗，准备上街游行讲演。随后成立了学生救国团，并发表宣言，号召同学们以北京大学等校学生为榜样，投入到反帝爱国运动中去。5 月 12 日，唐山工业专门学校召开全体学生大会。大会选举成立学生联合会，由李中襄任会长，吕季方、陆庭俊任副会长。决议：（一）派李中襄、吕季方、刘金声、吴国柄 4 人赴天津、北京参加学生会议；（二）通电全国，要求中国参加巴黎和会的代表立即退出会议，要求政府严惩卖国贼，并与日本严重交涉，释放被拘的留日学生，提倡抵制日货；（三）发行白话文的《救国报》，组织讲演团。

李中襄等 4 名学生代表与天津、北京爱国学生建立联系，回到唐山后立即召集各学校学生代表开会，根据京津等地的经验，组织唐山的爱国斗争。组建了唐山学生救国团干事会，下设通俗演讲、维持国货、发刊、交际等 6 个部。通俗演讲部分 9 队，计 101 人，每日下午出发，开展讲演活动。维持国货部到各商店调查国货、日货，登记造册，作为日后调换日货的依据。交际部一面派人分赴卢龙、开平、滦县等地，联络各校筹备成立冀东地区的学生联合会组织，一面在唐山镇联络工商各界，酝酿召开公民大会。

5 月 24 日，唐山工业专门学校学生召开全体大会，宣布罢课，与京津学生一致行动，将事先拟好的罢课宣言四处张贴，并通电全国。罢课期间，学生演讲队进一步扩大，几十批演讲队员深入唐山的大街小巷和近郊农村。他们手持标语和小旗进行宣传，广大群众热烈欢迎，全力支持，踊跃听讲，整个唐山沉浸在救国氛围之中。

5 月下旬，唐山各县学生也迅速投入斗争。滦县学生联合会发出通告，号召滦县学生“罢课讲演，唤醒同胞，联络各界”，得到中学和师范学校学生响应。遵化直隶省立第五中学学生成立学生自治会，组织罢课游行、散发传单。玉田、丰润、迁安等地的爱国学生也相继开展爱国反帝运动。6 月 1 日，在唐山工业专门学校学生自治会的联络下，山海关、昌黎、滦县、宁河、蓟县等地中等学校学生代表，在唐山工业专门学校成立了蓟榆中等以上学校学生联合会。决定京东地区各学校即日起一律罢课，组织讲演员，下乡讲演，宣传抵制日货，共谋挽回山东权利。会议决定选派李中襄、何允武、吴鸿照赴上海参加定于当月 16 日召开的全国学生联合会成立大会。蓟榆学生联合会的建立，标志着京东地区学生联合阵线的形成，进一步推动了京东学生爱国运动的发展。7 月 6 日，绅、商、学、工、农、教各界代表 115 人和列席代表 30 余人在广东会馆开会，成立各界联合会。会议通过唐山各界联合会章程，选举郭友三为评议部长、刘硕忱为副部长，刘锡嘏为总务部长、张佐庭为副部长。8 月 10 日，唐山各界联合会发出的《惩办私购仇货通告书》中称“凡我唐山商界，其有私购仇货者即属有意破坏”①，并规定了对私购日货者的三种处罚办法。唐山的工厂、商店及部分农村建立的同仁联合会、救国十人团和乡农爱国会等组织的成员，相约不用日货，并督促家人不用日货。为了抵制日货，唐山各界人士集资开设国货公司。赵各庄矿的同仁联合会成立国货售品所。天津救国十人团国货公司与唐山救国十人团联合会合资在

① 天津《益世报》，1919 年 8 月 10 日。

唐山广东街开办国货公司。

五四运动在保定

在保定，直隶高等师范学校、育德中学、直隶省立第二师范学校、农业专科学校、直隶省立第六中学、甲种工业学校的学生，于5月5日组织游行示威，并在西大街、督署前街、天华市场、南大街等处向市民、商人讲演，散发传单，揭露巴黎和会黑幕，谴责北洋政府的卖国罪行，抗议当局拘捕爱国学生。保定育德中学的演说团，还深入到保定周围各县城和村庄，进行爱国宣传。5月19日，保定中等以上学校的学生代表在育德中学礼堂召开会议，成立保定学生联合会，通过了《保定学生联合会会纲》。大会还决定各校统一成立“中华救国十人团”，并通过了《中华救国十人团宣言》。

在宣言感召下，所有罢课学生每十人一组组织起来，十组成百，百组成千，大规模地开展活动，迫使政府尊重人民的爱国要求。高师还代表学联起草了电稿，通电全国。由此，保定的学生运动越发高涨。

其他地区的响应

直隶其他地区的爱国师生也纷纷行动起来开展各种形式的反帝爱国宣传活动。山海关田氏中学、汇文中学和宁河中学的师生走上街头，游行、讲演，散发传单；宣化直隶省立第十六中学成立救国团，并和直隶省立第五师范学校、职业学校的学生一起上街示威游行，抗议帝国主义的侵略罪行；顺德、隆平、磁县、永年等地的学校师生上街示威游行；沧县直隶省立第二中学学生走上街头，开展反帝爱国宣传活动；承德的学生和商界在演武厅广场集会，抗议军阀政府暴行，声援北京学生的爱国斗争，会后举行示威游行。

在此期间，直隶各地的学联还组织学生到工农群众中去，进行爱国反帝宣传：天津北洋大学组成30多个普通演讲团和14个特别演讲团，到工农群众中进行爱国宣传；以张太雷为首的社会改造社成员在天津东大沽、西大沽和天津东站进行了多次演讲，受到热烈欢迎。这些讲演活动，不仅宣传了群众，也使广大学生受到深刻的教育。

在爱国学生的广泛宣传下，各地群众联合起来，开展了更大规模的反帝爱国斗争。石家庄的工人、学生除到农村、交通要道和戏院演讲以外，还挨户调查商店货物，鉴定出敌货与国货，并加签戳记，以备下星期复查。对不听劝阻私售敌货的奸商，则处以重罚，基本上杜绝了私购敌货现象。

四、马克思主义的传播

李大钊对马克思主义传播的贡献

李大钊，字守常，1889 年 10 月 29 日出生于直隶省乐亭县大黑坨村。1907 年夏入天津北洋法政专门学校学习，1914 年春考入日本东京早稻田大学政治本科学习。在日留学期间，曾参加反袁斗争。1916 年 5 月回国，任北京《晨钟报》主编和《甲寅》日刊编辑。1918 年 1 月，任北京大学图书馆主任，参与编辑《新青年》，并先后任北京大学评议员和经济、历史等系教授。他是在中国高举马克思列宁主义旗帜的第一人。早在 1918 年 7 月，他发表《法俄革命之比较观》，对俄国十月革命进行了深刻的分析，认为十月革命是“立于社会主义上之革命”，号召人们“翘首以迎其世界的新文明之曙光”。① 同年 11 月，他在《新青年》第五卷第五号上发表《庶民的胜利》和《Bolshevism 的胜利》，指出，俄国十月革命的胜利，是“庶民的胜利”，是“社会主义的胜利”，是“世界劳工阶级的胜利”，他预言十月革命的潮流是任何力量也阻挡不了的，“试看将来的环球，必是赤旗的世界!”1918 年 12 月，他和陈独秀创办了《每周评论》，抨击北洋军阀政府的反动统治，揭露日本帝国主义的侵略阴谋，宣传马克思主义。他还在 1919

① 《李大钊全集》 第三卷， 河北教育出版社 1999 年版， 第 56、59 页。

年元旦写了《新纪元》，认为俄国十月革命开辟了“世界革命的新纪元”，号召中国人民迎接这个新纪元，走俄国十月革命的道路。

1919 年 5 月，李大钊在《新青年》第五、第六号（马克思研究专号）上发表了《我的马克思主义观》，系统地介绍了马克思主义的三个组成部分——唯物史观、政治经济学和科学社会主义，指出“阶级竞争说恰如一条金线，把这三大原理从根本上联络起来”。这篇文章的发表对于帮助进步青年学习和掌握马克思主义理论，促进中国人民的新觉醒，具有极为重要的意义。

1919 年 7 月，胡适利用陈独秀被捕和李大钊被迫离京到昌黎避难的机会，在《每周评论》上发表《多研究些问题，少谈些主义》一文，反对“外来进口主义”，鼓吹对中国的社会问题只能进行一点一滴的改良。其实质是反对中国人接受马克思主义，反对中国走革命的道路。李大钊看到胡适的文章后，于 1919 年 8 月 17 日，从昌黎的五峰山寄给胡适一封题为《再论问题与主义》的公开信，论证了“问题”与“主义”的关系，指出：“一个社会问题的解决，必须靠着社会上多数人共同的运动”，“我们的社会运动，一方面固然要研究实际的问题，一方面也要宣传理想的主义”，“我总觉得布尔扎维主义的流行，实在是世界文化上的一大变动。我们应该研究他，介绍他，把他的实象昭布在人类社会”。他认为，社会问题“必须有一个根本解决，才有把一个一个的具体问题都解决了的希望。……经济问题的解决，是根本解决。经济问题一旦解决，什么政治问题、法律问题、家族制度问题、女子解放问题、工人解放问题，都可以解决”。[①] 为了使问题得到根本解决，必须用主义去教育和组织群众，开展斗争。问题与主义之争，说明中国革命运动的深入，阶级阵线的分化和马克思主义的深入人心。李大钊对胡适改良主义的批驳，扩大了马克思主义在中国的影响，对推动人们探索中国革命正确道路起到了积极作用。

李大钊等通过介绍十月革命和宣传马克思主义，在周围团结了一大批先进的知识分子和爱国人士，这些先进知识分子与李大钊一道奔

① 《李大钊全集》 第三卷， 河北教育出版社 1999 年版， 第 304—310 页。

赴直隶各地宣传马克思主义，从而直接推动了直隶各地马克思主义的传播和发展。

先进知识分子在河北各地传播马克思主义

在李大钊指导下，北京大学的部分先进青年于1920年3月发起成立了马克思学说研究会。经过一年多的酝酿和筹备，到1921年11月17日，由邓中夏、罗章龙、高君宇（高尚德）、黄日葵、何孟雄、刘仁静、范鸿劼、王复生、李梅羹、朱务善等19人署名，在《北京大学日刊》上登出启事，公布马克思学说研究会的规约，招收会员。其后，经校长蔡元培同意，在北大红楼设立了一个小型图书馆，即“亢慕义①斋”。研究会开展讨论研究和讲演等活动，扩大马克思主义的宣传，到1922年会员发展到150人左右，分布在全国各地。天津的张太雷、于方舟、韩麟符、安幸生等为通讯会员。研究会派其成员到直隶各地进行社会调查，传送革命书刊，建立社会团体，传播马克思主义。

早在五四运动前夕，李大钊就注意研究唐山工人阶级的状况。北大马克思学说研究会成立以后，李大钊多次派遣马克思学说研究会成员到唐山进行社会调查，宣传马克思主义。1921年3月，北京共产党小组利用交通部在唐山开办职工学校在北京招聘教员的机会，派遣北京大学旁听生、社会主义青年团团员李树彝应聘任教。李树彝利用讲授文化课的机会，向工人通俗地讲解科学社会主义常识，启发工人的觉悟。马克思主义在唐山的传播还有一个特殊途径，那就是一大批由苏俄回国的华工对马克思主义革命思想和十月革命的广泛宣传。在第一次世界大战期间，从1916年9月，沙俄以三年为期从开滦煤矿招募600多名矿工，去俄国一些煤矿做苦工。这些华工亲身经历了俄国十月社会主义革命，大部分华工参加了苏俄的工会组织，唐山华工张森还亲自听到过列宁宣传无产阶级革命的讲演，大批旅俄华工参加了红军。1920年前后，张森、欧阳强、王德振等华工相继回到唐山，

---

① 英文 communism：即共产主义。

为唐山工人讲授俄国工人的罢工斗争、十月革命的伟大胜利以及革命前后俄国工人生活的变化。这些亲历亲闻者的讲授，使唐山工人备受鼓舞，激发了他们的革命斗争热情。

在保定，育德中学学生王锡疆等人于1920年组织成立了“文学研究会”。该会广泛吸收赞成反帝反封建的青年入会，组织会员阅读新文学作品和进步书刊，并召开各种专题辩论会和讲演会。1921年3月，受北京共产党小组的委派，邓中夏应聘到保定直隶高等师范学校任新文化教授。其后，邓中夏一方面选用五四以后介绍新思潮的论著作为教材，讲授新文化和革命文学，并在教学过程中联系“穷和富”“民和吏”“民和匪”以及“民和军阀”等社会问题引导学生从中国社会的实际认识阶级和阶级斗争，领会马克思主义的基本观点。另一方面，他还指导王锡疆等人集中“文学研究会”中的先进分子成立“社会问题研究会”，专门研究马克思主义和社会改造问题，进行马克思主义宣传。在邓中夏等人引导下，1922年春，何孟雄到保定育德中学担任国文教员，公开讲授《共产党宣言》，介绍俄国十月革命，在学生中传播马克思主义。在此期间，保定直隶省立第二女子师范学校和保定育德中学“读书会”成立了“书报贩卖部”，除出售一般书籍以外，还秘密出售马克思主义书籍。

石家庄是直隶省最大的交通枢纽。1920年前后，邓中夏和朱务善等曾多次到石家庄向铁路工人讲演，鼓动工人团结起来与资本家进行斗争。1921年下半年，北京共产党小组成员罗章龙、史文彬、朱务善到石家庄，向正太铁路工人孙云鹏等人宣传共产党的性质，以及工人要求得解放必须走俄国十月革命的道路等问题，启发了他们的觉悟。1922年5月，为了加强对铁路工人的领导，李大钊派张昆弟到石家庄，以北洋政府正太铁路密查员的身份开展工人运动。他随身带来劳动组合书记部指导工人运动的总机关报《工人周刊》，该刊不仅具体地反映工人运动的详细情况，而且通过实际斗争向工人进行马克思主义的教育。到石家庄后，张昆弟经常与工人座谈，宣传俄国十月革命的伟大胜利，鼓励工人团结起来，组织自己的团体。1922年10月，石家庄最早的工人团体——石家庄正太铁路工业研究会传习所成立。不久，改为“石家庄正太铁路总工会”。总工会经常利用晚上时间举行学习会和讲演会，宣传马克思主义，并在总工会院内开设图书馆，摆设进步书刊《劳动周报》《工人周报》《向导》《星火》等等，进步工人经常到图书馆阅读这些刊物，逐步接受马克思主义，成为工人中的先进分子。

工人补习学校是直隶各地工人群众接受马克思主义的重要场所。1920年底至1921年初，李大钊派邓中夏、张国焘、张太雷、杨人杞等到长辛店筹建劳动补习学校。教员们深入浅出地向工人传播马克思主义原理，使他们明白自己受剥削的根源和铲除剥削的途径，大大提高了工人的阶级觉悟。它的创办对北方地区工人运动的发展起了重要作用。在长辛店工人补习学校初见成效之后，唐山、山海关、丰台、张家口等地也先后建立了工人补习学校，在工人中传播马克思主义，使进步工人队伍日益壮大。1921年12月，受李大钊派遣，何孟雄到达张家口。之后，何孟雄在张家口先后举办了工人夜校、文化补习学校、读报组和报告会，并深入工棚和工人交朋友，通过谈心、讲故事、读报纸、讨论时事等方式启发工人觉悟，积极宣传马克思主义。除此以外，在直隶各地出现的进步团体还有唐山工业专门学校学生许元启、何允武、李中襄等人发起成立的以科学救国为宗旨的“人社”、顺德直隶省立第十二中学等学校组织的“读书会”等。上述进步团体的出现，对马克思主义在直隶各地的广泛传播发挥了一定作用。

邓培在唐山工人队伍中传播革命思想

邓培是中国工人运动的先驱者之一，中国工人运动的优秀活动家，中国共产党创建时期的党员，中共唐山地方组织的创建人。

邓培，号少山，生于1883年4月8日，广东省三水县石湖洲邓关村人。他出身农民家庭，14岁为了谋生来到北方，在天津泰德机器厂当学徒。1901年冬徒满出师，到唐山制造厂当旋工。辛亥革命后，他关心国家和民族的命运，立志变革现实，加入过同盟会，参加过工党活动。

五四运动中，邓培在唐山制造厂积极进行爱国宣传活动。他经常向工人揭露日本帝国主义拒不交还中国山东权利的强盗行径，揭露卖国的“二十一条”。他大声疾呼：“‘二十一条’要叫咱们亡国灭种，咱们工人不能不管!”“大家必须团结起来进行斗争，才能取得胜利。”随后，他联络本厂的工人和部分职员，组织了职工同人联合会，被推举为会长，又以抵制日货、提倡国货为宗旨，在各场房（相当于现在的车间或分厂）组织了救国十人团。救国十人团组成讲演队，分别到街头和附近乡村讲演。还捐钱买来纸张，书写标语，宣传爱国主张，提倡抵制日货，反对卖国条约。

五四运动以后，邓培一直在北京大学马克思学说研究会和北京早期党组织领导下从事革命工作，共产主义觉悟迅速提高，对无产阶级解放事业表现出极大的热情和忠诚。1921 年 8 月，中国劳动组合书记部①在北京设立北方分部，邓培和北方各地的工人运动领袖先后被吸收为北方分部的领导成员。9 月，中央局②扩大会议在上海新闸路三元里召开，讨论发展工人运动的问题。会议听取了共产国际代表关于工人运动的报告和各地代表关于当地工人生活的报告，讨论制定了领导全国工人运动的工作计划。邓培作为北方产业工人代表出席了会议。通过听报告、参加讨论，邓培的思想觉悟大为提高，政治上迅速成熟起来。

为对抗帝国主义国家重新瓜分远东的华盛顿会议③，共产国际决定召开远东各国共产党及民族革命团体第一次代表大会（又称远东民族大会），邀请中国共产党、中国国民党和其他民族革命团体派代表

---

① 中国劳动组合书记部，是中国共产党早期领导工人运动的公开机关，1921 年 8 月成立于上海，在北京、汉口、长沙等地设立分部。1922 年 8 月总部迁至北京。

② 党的一大考虑到党员数量少和地方组织尚不健全的情况，决定暂不成立中央执行委员会，只设立中央局作为中央的临时领导机构。

③ 1921 年 11 月 12 日至 1922 年 2 月 6 日，召开了由美、英、日、法、意、比、荷、葡和中国 9 国参加的华盛顿会议，主要议题是限制军备和远东及太平洋问题。这次会议实质是 1919 年分赃的巴黎和会的继续和发展，被称为“强盗晚餐会”。

参加。少年共产国际书记处也要求中国社会主义青年团派代表出席会议。李大钊领导的中共北京地委决定派邓培和梁鹏万分别作为中国产业工人的代表和社会主义青年团的代表参加中国代表团。1922 年 1 月 21 日，远东民族大会在莫斯科召开。出席这次会议的有中国、朝鲜、日本、蒙古、爪哇等远东各国代表 148 名。邓培代表中国产业工人在大会上报告了“中国的工会、铁路和冶金工人罢工情况”，受到了与会代表的重视。中国工人罢工的情况传到了国际社会，受到普遍关注。会议期间，邓培还受到因病未能出席大会的列宁的亲切接见。列宁非常关心中国革命，重视中国国共两党合作问题，对中国革命提出了宝贵的指导意见。

邓培此次赴苏俄，一共停留了 3 个多月，目睹了世界上第一个社会主义国家翻天覆地的巨大变化，受到了极大的鼓舞和启发。回到唐山后，邓培首先在唐山社会主义青年团的常会上传达了远东民族大会的精神，然后去北京向中共北京地委详细汇报了赴苏俄开会的情况。其后，邓培更是加快了在唐山工人队伍中宣传马克思主义的步伐。

第 二 章

河北党组织的创建和第一次工人运动高潮

一、河北党组织的创建

李大钊与北京共产党小组

最早酝酿成立中国共产党的是李大钊和陈独秀。1920 年 2 月，为了避开北京当局对陈独秀的监视，李大钊护送陈独秀去天津，他们俩在路上讨论了扩大马克思主义传播和建立中国共产党的问题。在宣传俄国十月革命经验和马克思主义的过程中，李大钊逐渐认识到：中国要走俄国十月革命的道路必须建立共产党。他在《曙光》杂志上发表的《团体的训练与革新的事业》一文中指出："改革的事业，亦断非一手一足之力。"自然还要靠着民众的势力，但"毫无团体训练的人民，也不能产生有力的民众运动"。"最近时代的劳动团体，以及各种社会党，组织更精密，势力更强大。……俄罗斯共产党，党员六十万人，以六十万人之活跃，而建设了一个赤色国家。"而要彻底改造中国，就"要急急组织一个团体。这个团体不是政客组织的政党，也不是中产阶级的民主党，乃是平民的劳动家的政党"①，即共产党。李大钊关于在中国建立一个无产阶级政党的思想，推动了中国共产党的创立。

在筹建中国共产党的实践中，李大钊十分注意把马克思主义和工

① 《李大钊全集》 第三卷， 河北教育出版社 1999 年版， 第 613—615 页。

人运动结合起来，在他的影响和带动下，一大批先进知识分子深入到工人中去，开展调查工作，宣传马克思主义。1920 年 4 月，邓中夏率北京大学平民教育演讲团到长辛店，与工人建立联系，为长辛店工人运动的开展打下了基础。同月，北京大学马克思学说研究会成员罗章龙和另外两名北京学生抵达唐山。随后，他们即与唐山工业专门学校学生许元启等一起调查唐山工人的劳动和生活状况，并撰写了《唐山劳动状况》，刊登在《新青年》第七卷第六号上。同月，北京高等师范学校的部分师生到京奉路唐山制造厂和开滦煤矿进行社会调查，与工人建立联系，获得大量有关唐山社会和工人生活状况的材料，为北京革命知识分子到唐山传播马克思主义提供了线索和依据。

1920 年 5 月 1 日，李大钊、邓中夏、何孟雄等在北京组织了第一次纪念五一国际劳动节活动：《北京大学学生周刊》和《晨报》出版了纪念五一国际劳动节专号；李大钊在《新青年》第七卷第六号上发表了《“五一”May Day 运动史》，详细介绍了五一国际劳动节的起源，号召工人阶级起来斗争；北京大学召开了有 500 多名工友和学生参加的纪念会，李大钊在会上发表演说，宣传了八小时工作制，称赞俄国十月革命取得的成绩；北京大学平民教育演讲团有 50 人上街讲演，介绍五一国际劳动节的由来和历史意义；北京大学工读互助团何孟雄等 8 人分乘两辆汽车上街游行，散发《五月一日劳动节宣言》，宣言提出驱逐那些“凡不做工而吃饭的官僚、政客、资本家”，“把一切的土地田园、工厂、机器、物料通通取回在我们手里”①，实现有工大家做、有饭大家吃的美好社会；长辛店机车车辆厂“救国十人团”的积极分子举行纪念五一劳动节活动，当天邓中夏等人到长辛店机车厂散发传单，发表演说，受到工人们的欢迎。

1920 年在北京开展的五一国际劳动节纪念活动，不仅表明中国知识分子的觉悟有了新的提高，而且也表明这些具有初步共产主义思想的知识分子开始转向工人阶级，试图从工人中寻找社会力量。他们在转向工人阶级的过程中，也促使他们自己的思想进行转变，使他们

① 《民国日报》，1920 年 5 月 5 日。

由初步具有共产主义思想的知识分子转变成为马克思主义者。

李大钊等人在探讨建党问题时得到了列宁领导的共产国际的帮助。1920 年 4 月，经共产国际批准，俄共远东局符拉迪沃斯托克分局派出由维经斯基、马迈耶夫和杨明斋等人组成的俄共党员小组来到中国。他们通过北京大学俄籍教授鲍立维和伊万诺夫（伊凡阁、伊文）的介绍，在北京会见了李大钊。在他们了解了中国的工人运动和马克思主义的传播状况以后，认为在中国建立共产党的条件已经成熟，并对李大钊的建党准备工作给予帮助。之后，李大钊介绍他们到上海会见了陈独秀。

1920 年 10 月，继陈独秀在上海成立共产党早期组织后，李大钊、张申府、张国焘在李大钊的办公室里正式成立了北京共产党小组。不久，又发展了黄凌霜等 6 名无政府主义者和刘仁静、罗章龙等人加入小组。11 月，在共产党小组内，共产主义者与无政府主义者产生分歧，6 名无政府主义者全部退出党小组。之后，李大钊将社会主义青年团中的骨干邓中夏、高君宇、何孟雄、缪伯英等人转为共产党员。到 1921 年 7 月中共一大召开前，北京党组织成员有李大钊、张国焘、邓中夏、罗章龙、刘仁静、高君宇、缪伯英、何孟雄、范鸿劼、张太雷、宋介、李梅羹、陈德荣等人。

北京共产党小组成立以后，即着手筹备建立社会主义青年团。1920 年 10 月，李大钊指派北京共产党小组成员、原北洋大学学生张太雷回天津建立社会主义青年团。10 月，天津社会主义青年团在特别二区大马路一家裁缝店的楼上成立，张太雷为书记。成员有谌小岑、胡维宪、吴南如、姜般若、郑德等 10 余人。团组织成立后出版了报纸，并注意在工人中宣传马克思主义。11 月上旬，张太雷因公外出，由吴南如代理书记。

1920 年 11 月，北京社会主义青年团成立大会在沙滩红楼北京大学学生会办公室举行。参加会议的有邓中夏、高君宇、何孟雄、缪伯英、罗章龙、刘仁静等 40 人左右。高君宇被推举为书记。北京团组织成立后的主要工作是宣传马克思主义，联络进步青年，发展团员和筹备参加国际会议。由于发展团员时审查不严格，在团员中不仅有马克思主义者，而且有无政府主义者，甚至北洋军阀政府的特务也混了进来。1921 年 5 月，为了纯洁组织，中共北京支部①决定解散北京社会主义青年团，并于同年 11 月予以重新组建。

1921 年 7 月 6 日，邓培和李树彝以京奉路唐山制造厂工会为基础，参照北京社会主义青年团章程，成立了唐山社会主义青年团。李树彝担任代理书记，团员有邓培、阮章、梁鹏万、许作彬、陈洪、陆振轩。此外还有候补团员六七人。除李树彝以外，其他人都是唐山制造厂的工人和练习生。

北京共产党小组成立以后，为了进一步开展对马克思主义的宣传和研究，1920 年 12 月 2 日，李大钊等人在北京大学发起成立了社会主义研究会。其宗旨是“集合信仰或有能力研究社会主义的同志，互助来研究并传播社会主义思想”②。李大钊被聘请为北京大学教授以后，在北京大学政治系开设了《现代政治》讲座，介绍世界工人运动和俄国十月革命后的政治、经济状况。他在北京大学史学系、经济系、法律系开设《唯物史观研究》《史学思想史》《史学要论》《社会主义与社会运动》等课程。他还到女子高等师范学校、师范大学、朝阳大学、中国大学等学校讲授《女权运动史》《史学要论》和《社会学》等课程。通过上述课程，李大钊阐述了生产力与生产关系、经济基础与上层建筑的辩证关系原理，批判了唯心史观，宣传了唯物史观。同年 12 月，李大钊在《新青年》第八卷第四号上发表了《唯物史观在现代史学上的价值》。他指出：“一切过去的历史，都是靠我们本身具有的人力创造出来的，不是那个伟人圣人给我们造的，亦不是上帝赐予我们。将来的历史，亦还是如此。”我们应该“赶快联合起来，应我们生活上的需要，创造一种世界的平民的新历史”③。这些

---

① 1920 年 11 月，北京共产党小组举行会议，决定将北京共产党小组命名为中国共产党北京支部。

② 《北京大学日刊》，1920 年 12 月 4 日。

③ 《李大钊全集》第三卷，河北教育出版社 1999 年版，第 543 页。

思想，对进步青年学习马克思主义有极大帮助。

在传播马克思主义的过程中，李大钊等人同反马克思主义思潮进行了斗争。1920年10月，英国哲学家罗素来华讲演，宣扬基尔特社会主义（行会社会主义），梁启超、张东荪等人以上海的《时事新报》和北京的《改造》为阵地，极力宣扬罗素的主张。李大钊领导的北京共产党小组同他们进行了论争。1921年3月，李大钊在《曙光》第二卷第二号上发表《社会主义下之实业》一文，针对基尔特社会主义者的“中国需要振兴实业”的观点，指出：“中国不欲振兴实业则已，如欲振兴实业，非先实行社会主义不可。”① 同年3月20日，李大钊在《评论之评论》第一卷第二号上发表《中国社会主义与世界资本主义》一文，指出：“今日在中国想发展实业，非由纯粹生产者组织政府，以铲除国内的掠夺阶级，抵抗此世界的资本主义，依社会主义的组织经营实业不可。”② 与此同时，何孟雄也在《曙光》杂志上发表了《发展中国的实业究竟要采用什么办法》一文，对张东荪等人企图要在中国实行资本主义的观点进行了批判。

北京共产党小组成员在组内同无政府主义者进行了激烈的斗争。当无政府主义者退出小组以后，1921年1月15日，李大钊在《少年中国》第二卷第一期上发表了《自由与秩序》一文，针对无政府主义者鼓吹绝对自由，不要纪律和秩序的谬论，阐明了自由与纪律、个人与社会的辩证关系，指出：“个人与社会，不是不能相容的二个事实”，“真正合理的个人主义，没有不顾社会秩序的”，“真正合理的社会主义，没有不顾个人自由的”。最后，他得出结论：“我们所要求的自由，是秩序中的自由；我们所顾全的秩序，是自由间的秩序。只有从秩序中得来的是自由，只有在自由上建设的是秩序。个人与社会、自由与秩序，原是不可分的东西。”③ 这次斗争划清了马克思主义与无政府主义之间的界限，帮助受无政府主义思潮影响的知识分子正确

---

①《李大钊全集》第三卷，河北教育出版社1999年版，第618页。

② 同上书，第604页。

③ 同上书，第578—579页。

认识了马克思主义。

1920年11月，北京共产党小组出版了《劳动音》周刊，每期发行数千份。邓中夏在其撰写的发刊词中指出，出版《劳动音》的目的在于“阐明真理，增进一般劳动同胞的智识，研究些方法”，“改良社会的组织”，“记述世界劳动者的运动状况，以促进国内劳动同胞的团结，及与世界劳动者携手，共同去干社会改造的事情”①。《劳动音》出版以后，通过京汉、京奉、京绥、正太和津浦等铁路，很快在直隶各地工人中流传开来，启发了工人们的觉悟。1920年11月中共北京支部成立后，创办了以罗章龙为主编的《工人周刊》。该刊除报道各地工人受剥削受压迫的状况以外，还号召工人组织起来，为维护自身的权益而斗争。

1920年12月，中共北京支部委托邓中夏、张国焘等人到长辛店筹办劳动补习学校。1921年1月，劳动补习学校正式开学，由邓中夏主持校务。该校分日夜两班，白天工人子弟上课，晚上工人上课。教员大都由北京大学师生担任，驻校教员是吴汝明（吴雨明）。李大钊和北京共产党小组的其他成员也都曾去该校视察和讲课。教材由教员自己编写，他们先教识字，再讲革命道理，把提高工人文化水平与传播革命思想结合起来。该校的创建，对直隶各地工人运动的发展产生了重要影响。

1921年春，中共北京支部派吴汝明到保定，同铁路工人何立泉、白月岳、吴明科等人共同筹建了铁路工人夜校和铁路工人子弟学校。保定社会主义青年团建立以后，派团员到工人夜校担任义务教员，他们不仅教工人文化，而且向工人介绍《劳动音》上的文章，讲解“穷人为什么穷”“富人为什么富”以及“工人怎样才能不受苦”等革命道理，并向工人介绍俄国十月革命和苏维埃制度，使工人夜校成为向工人传授马克思主义基本知识的场所。

北京共产党小组成立以后，由于小组成员在各地宣传马克思主义

---

① 中国社会科学院现代史研究室、中国革命博物馆党史研究室选编：《“一大”前后——中国共产党第一次代表大会前后资料选编》（一），人民出版社1980年版，第72—73页。

以及通过各地工人夜校的工作，促进了直隶各地工人觉悟的提高，他们迫切要求建立工会组织。1921 年 5 月 1 日，在以李大钊为领导人的北京共产党小组的领导下，长辛店机车厂的 1000 多名工人举行纪念五一国际劳动节大会，天津、保定、石家庄、唐山、张家口等地的铁路工人代表应邀参加了会议。大会决定建立工人组织。经过几天的筹备，5 月 5 日长辛店机车厂工会正式成立。为了与原先有工头参加的工会加以区别，工会改名为长辛店机车厂工人俱乐部。史文彬被推选为委员长。各地仿照长辛店的经验，先后成立工会。长辛店工人俱乐部的成立，使保定铁路工人受到很大鼓舞，经过酝酿，在保定成立了保定铁路工人俱乐部。同年 8 月，俱乐部改名为保定铁路工会。唐山、正定、顺德等地的铁路工人也先后建立了工会组织。

北京共产党小组在工人中所做的大量工作，有力地推动了新的工人运动的兴起。1920 年至 1921 年，开滦矿工发动了 7 次罢工斗争。此外，1921 年 3 月，唐山启新洋灰公司工人举行罢工斗争；1921 年 5 月和 6 月，京绥铁路工人举行两次罢工斗争；1921 年 7 月，长辛店铁路修车厂工人举行罢工斗争，并都取得了胜利。这充分说明，经过五四运动的洗礼和马克思主义的传播，直隶工人阶级的觉悟大为提高，组织性、战斗性大为增强。为了斗争的胜利，他们迫切地要求建立本阶级的组织，从而为直隶各地党组织的建立奠定了阶级基础。

中共唐山地方委员会的建立

中共唐山地方委员会，是由邓培负责组建的。1920 年春至 1921 年春，李大钊多次派遣罗章龙等人到唐山进行社会调查，开展工人运动。在北京共产党小组的帮助下，邓培的觉悟迅速提高，并于 1921 年秋加入中国共产党①。邓培入党以后，根据中共北京地委关于发展党员、建立组织的指示，在京奉铁路唐山制造厂中的社会主义青年团

---

① 一说邓培系 1922 年春加入中国共产党。参见刘金田等编：《历届中共中央委员人名词典 1921—1987》，中共党史出版社 1992 年版，第 49 页；中共党史人物研究会编：《中共党史人物传》第九卷，陕西人民出版社 1983 年版，第 144 页。

和工人骨干中发展了阮章、王麟书、许作彬等人入党。在此基础上，邓培发起成立了中共京奉铁路唐山制造厂支部，自任书记，支部隶属于中共北京地委。1922 年 4 月，经中共北京区委批准，中共唐山地方委员会成立，邓培任书记，隶属于中共北京地委。

中共台城特别支部——全国第一个农村党支部的建立

安平县是直隶农村最早建党的地方。安平县最早的党员弓仲韬、李锡九都是李大钊亲自介绍入党的。1919 年，弓仲韬在北京沙滩的一所小学任教。其间，他经常到北京大学图书馆阅读进步报刊，因而结识了李大钊。1923 年 4 月，经李大钊介绍，弓仲韬加入中国共产党。同年暑期，受李大钊派遣，弓仲韬回原籍安平县传播马克思主义，建立党的组织。弓仲韬在安平县台城村，创办了“平民夜校”，宣传马克思主义，发展弓凤州、弓成山等人入党，并于 1923 年 8 月建立了中共安平县台城特别支部（简称台城特支），弓仲韬任书记，弓凤州任组织委员，弓成山任宣传委员。党支部设在弓仲韬家，直接受中共北京区委领导。① 台城特支是全国第一个农村党支部。

张家口、保定、石家庄、山海关、磁县党团组织的建立

1920 年，李大钊派遣北京共产党小组成员到铁路工人集中的张家口、石家庄等地传播马克思主义，建立工会组织，发展党团员。1922 年，李大钊利用直系军阀与奉系军阀的矛盾，经北京政府交通总长高恩洪允许，派遣张昆弟、安体诚、陈为人、何孟雄、包惠僧、袁子贞等共产党员到京汉、京奉、京绥、陇海、正太、津浦等铁路以密查员的身份开展工人运动，建立党的组织。1922 年春，何孟雄以京绥铁路密查员的身份到张家口，他和共产党员张隐韬等一起在铁路工人中组织了“车务工人同人会”，并介绍先进工人李泽入党，建立了张家口的第一个党小组，小组称为“中国劳动组合书记部张家口铁路工人小组”。10 月，又发展张树珊、张小珊、魏华池、付国忠 4 人

① 安平县档案馆档案：《安平初期党组织的建立和发展》。

入党，小组改名为“中共张家口铁路工人小组”。到1923年，已在张家口的铁路系统中建立了3个党员小组。二七惨案以后，工人运动转入低潮，何孟雄根据李大钊的指示，采取隐蔽斗争、秘密联络的方针，使党组织得到进一步发展。1924年春，中共京绥铁路支部建立，书记何孟雄，隶属于中共北京区委。1925年，王仲一、江浩等人根据李大钊的指示，为了统一张家口地区的党组织，建立了中共张家口特别支部，由王仲一任书记。

1921年3月，邓中夏由北京共产党小组派遣到保定传播马克思主义。经过一段时间的了解，邓中夏介绍直隶高等师范学校进步学生张仲毅（张毅先）、阎仲拥、余世清、王新邦等人加入社会主义青年团。1921年10月，张仲毅介绍育德中学的安志成、王锡疆、杨其纲入团，并建立组织，由安志成负责。以后又发展刘承皓、王其彭、张廷瑞、陶永立、彭桂生、孙有曾等人入团。1922年2月，直隶高等师范学校团组织和育德中学团组织合并，成立保定社会主义青年团，共有团员23名，直属中国社会主义青年团上海临时中央局领导。1922年5月，王锡疆、张仲毅代表保定团组织参加了在广州召开的中国社会主义青年团第一次全国代表大会。6月初，在育德中学礼堂召开全市团员大会，王锡疆和张仲毅传达了社会主义青年团一大的六项决议案，并按团章的有关规定，改组了保定团组织，成立中国社会主义青年团保定地方执行委员会。书记：张仲毅、杨其纲；宣传：安志成、李德荫；出版：彭桂生、石学曾；研究：王锡疆、张廷瑞。1922年12月，经中共北京地委批准，育德中学的王锡疆、杨其纲、安志成和彭桂生4人由团员转为共产党员，建立了中共保定小组，组长王锡疆，小组隶属于中共北京地委。1923年上半年，育德中学的青年团员张廷瑞、刘承皓、陶永立转为共产党员。同年7月，王锡疆、杨其纲、彭桂生从育德中学毕业，离开保定。党小组由张廷瑞负责。

石家庄的党组织也是李大钊派人建立起来的。1920年下半年，李大钊派遣邓中夏、朱务善等率“平民教育演讲团”到石家庄工人中演讲，启发了石家庄铁路工人的觉悟。在此基础上，1921年冬，经罗章龙介绍，铁路工人孙云鹏在北大西斋入党。1922 年 8 月，李大钊派共产党员张昆弟以正太铁路密查员的身份到石家庄开展工人运动。10 月，建立了正太铁路工业研究会传习所——当时石家庄最大的工会组织。约在 1923 年下半年建立了中共石家庄地方执行委员会。1924 年冬，袁子贞任书记（1925 年 9 月调离）。

1921 年 10 月，中国劳动组合书记部北方分部派长辛店铁路机厂工人、共产党员杨宝昆到山海关造桥厂从事工人运动。1922 年 8 月，中共北京地委派遣共产党员王尽美到山海关领导工人运动，建立党的组织。同年 11 月，发展刘武、佟惠亭参加共产党，成立秘密的党小组，由杨宝昆任组长。党小组成立后，陆续发展杜希林、李连生、任荣华入党。到 1923 年 2 月，小组共有党员 13 名。二七惨案以后，北洋军阀政府加紧镇压共产党。根据上级党组织的指示，已暴露身份的党员到外地活动，只留王桂林等 6 人尚未暴露身份的共产党员继续坚持地下活动。

1921 年底，原籍磁县岳城镇的王子清，在北京加入共产党。1922 年，王子清回到岳城镇后，组织了“人生改进社”，作为党的外围组织。该社吸收的成员大多是在顺德等地读书的中学生和小学教员中的积极分子。1922 年冬，王子清介绍“人生改进社”的范志连、赵迎和、王思孝 3 人入党，成立了党小组，由王子清担任组长，范志连负责宣传。而后，王子清又介绍蔺笑秦（蔺朝杰）、蔺子瞻、王邦彦等人加入社会主义青年团。从此以后，党团组织在磁县的活动逐渐活跃起来。

总之，党的一大以后，在以李大钊为主要领导人的中共北京地委（区委）领导下，直隶各地党团组织不断创建，并呈现蓬勃发展的良好态势。直隶各地党团组织的创建有以下特点：第一，在产业工人集中的唐山、山海关、石家庄、张家口等地，首先在产业工人中发展党员，建立组织，而在产业工人较少的保定、磁县等地则首先在知识分子中发展党员，建立组织；第二，唐山、安平、石家庄、磁县等地的第一名党员都是在北京加入共产党以后，回到各地发展党员，建立组织，而张家口、保定等地的党组织则是由李大钊和中共北京地委（区委）派人组建的；第三，着重在工人中发展党员的同时，也注意到农村去开展工作，建立党组织，将农民组织起来参加革命。各地党组织的创建，为迎接各地工人运动的兴起和第一次工人运动高潮，作了组织领导方面的准备。

二、第一次工人运动高潮

各地工会组织的建立及劳动立法运动

中共一大以后，党以主要力量领导工人运动。1921 年 8 月，在上海成立了中国劳动组合书记部，作为党领导工人运动的公开机关。随后，在北京、武汉、长沙、广州、济南设立分部。罗章龙、王尽美为北方分部主要负责人，领导直隶、山东、山西、河南、陕西、热河、察哈尔、绥远、甘肃及东北三省的工人运动。其工作重点是北方的铁路工人和开滦煤矿工人。

第一次直奉战争以后，中共北京区委利用直系军阀吴佩孚提出“保护劳工”口号的机会，“经过李守常同志向吴佩孚御用内阁交通部长高恩洪建议每路派一密查员，得其允许，于是京汉、京奉、京绥、陇海、正太、津浦六条铁路都有一密查员（守常同志荐去的共产党员）”。“这样一来，我们在铁路上的工作得到顺利的发展，差不多六条铁路都建立了相当的基础”①。并在长辛店建立工人俱乐部，作为中国共产党领导启发工人觉悟、开展铁路工人斗争的有力武器。

根据中共一大通过的《关于当前实际工作的决议》要全力组织工人运动的方针，中国劳动组合书记部北方分部（简称北方劳动组合书记部）根据在长辛店组织工人俱乐部的经验，在唐山创办了工人图书馆，并派专人做图书馆的管理员。1921 年 12 月，唐山团和工会的负

① 邓中夏著：《中国职工运动简史》，新华书店 1949 年版，第 28—29 页。

责人李树彝、阮章等联络工人积极分子，以 31 名发起人的名义，在《工人周刊》上发表启事，宣布唐山工人图书馆正式成立。图书馆除公开陈列一般报刊书籍外，还藏有马克思、恩格斯、列宁的著作和党团组织及书记部赠送的《新青年》《先驱》《劳动周刊》《工人周刊》等革命刊物，供工人秘密阅读。唐山工人图书馆，是中国共产党在领导北方工人运动中创办的第一个工人图书馆，同长辛店铁路工人学校及俱乐部、天津工人补习学校一样，都是向工人进行革命宣传的阵地。

工人图书馆是团和工会组织联系工人群众的纽带和活动场所，更重要的它还是一个工人的群众组织。图书馆有一套严格的组织管理制度，规定会员应是“热心工人教育和工人组织之人”，“须有会员 2 人以上之介绍，经干事会议认可，并得填具志愿书，方能入会。”会员每月交会费两角，如有违犯规章纪律的行为，即取消其会员资格。工人图书馆会员实际上就是秘密工会的会员。在不到半年的时间里，会员就达到 200 多名，除唐山制造厂的工人外，还包括开滦、启新等厂矿的工人。

何孟雄是早期到张家口宣传马克思主义学说、把马克思主义和张家口工人运动结合起来的重要领导人。在张家口期间，他陆续在铁路工人中间开办工人夜校、文化补习学校、读报组、报告会等学习组织，从提高工人文化素质做起，逐步地向工人群众传播马克思主义，传播团结起来展开斗争、反抗阶级压迫的革命道理。

1921 年秋，长辛店工人、共产党员康景星受中国劳动组合书记部派遣来京汉铁路正定火车站，串连部分工人，按照长辛店的经验，于次年 1 月率先在这里成立了石家庄地区第一个工人俱乐部——京汉铁路正定火车站工人俱乐部，康景星任部长。俱乐部准备了胡琴、弦子、大鼓等乐器，供工友们娱乐。业余时间工人们经常到这里吹拉弹唱、进行聚会活动。康景星便以此为阵地宣传革命道理，介绍革命经验，筹备成立工会，深受工人的欢迎，俱乐部会员很快发展到 53 名。正太铁路工人、共产党员孙云鹏根据中国劳动组合书记部的指示，吸取长辛店、京绥、陇海等工厂、铁路的成功经验，带领工人积极分子滕邦忠、施恒清等人，在总机器厂工人中积极活动，串连成立工会组织。1922 年 2 月 12 日（农历正月十六），在石家庄同乐戏院召开成立正太铁路工业研究会大会。工人陈顺来任会长，孙云鹏任交际员，负责与中国劳动组合书记部及其他铁路工会的联络工作。正太铁路工业研究会的成立，在北方乃至全国铁路工人中产生了广泛影响。

为了推动马克思主义在工人群众中的广泛传播，1921 年春，中共北京支部派吴汝明到保定，与保定团组织和铁路工人积极分子何立泉、白月岳、吴明科等人，共同筹建了铁路工人夜校和铁路工人子弟小学。吴明科任校长，用车站老火车房做教室。白天子弟小学上课，晚上工人夜校讲学。保定社会主义青年团派团员到工人夜校担任教师，他们不仅教工人识字学文化，而且向工人们介绍革命道理。这样，工人夜校就成为革命知识分子联系工人群众的桥梁，成为团结教育工人、向工人传播马克思主义思想的场所。

1920 年 12 月，中共北京支部派遣张国焘到唐山从事工会组织工作。他在天津社会主义青年团员谌小岑的陪同下，在唐山停留三天，与唐山制造厂工人邓培具体商议了建立工会问题。在北京共产党小组的指导下，1921 年春，邓培对五四运动期间建立的唐山制造厂职工同人联合会进行整顿，清除了工头、员司和警务人员，严密了组织，消除了工会中的地方帮派观念，将其改组为以谋求工人阶级利益为宗旨的现代工会，改称京奉路唐山制造厂工会。选举邓培、阮章、王麟书、许作彬等 9 人为委员，邓培为会长。1922 年 12 月，在京奉铁路各站建立工会的基础上，根据中国劳动组合书记部北方分部的通知，邓培邀请各工会代表在唐山开会，秘密成立京奉路职工总会。邓培被推选为委员长，王麟书为秘书，总会设在唐山制造厂。

1922 年初，京绥路曾建立车务工人同人会，由于该会被上层员司所把持，广大工人利益被侵害。同年 5 月，中共北京区委派遣何孟雄到张家口，以京绥路密查员的身份，从事工人运动。为了维护广大工人的利益，他在发展一批党员以后，于 1922 年七八月间建立了没有员司参加的京绥路车务工人同人会。推选李连升为会长，李泽为副会长，何孟雄为秘书。并在京绥路沿线的西直门、南口、康庄、张家口、大同、平地泉（今集宁）、归绥（今呼和浩特）、包头等车站设立了分会。

1922年8月，中国劳动组合书记部北方分部副主任王尽美被派到山海关、秦皇岛等地领导工人运动。他住在工人家里，经常深入到工人群众中去，向他们宣传革命道理，对工人中存在的帮派现象，进行耐心的说服教育，号召工人精诚团结，共同奋斗。他还代表工人向临榆县政府递交了建立工友俱乐部的“禀帖”，经过他的据理力争，得到批准。1922年8月15日，在山海关南门外庆福里，正式成立山海关京奉路工友俱乐部。工人选出17名委员，委员长佟惠亭、副委员长景树庭。在工友俱乐部内还组织了由5名委员组成的秘密工会，委员长佟惠亭，委员杨宝昆、鲁懋堂、杜希林、李跃东。参加工友俱乐部的，除山海关造桥厂的工人外，还有本地区其他单位的铁路职工。

石家庄正太铁路工业研究会会长陈顺来，原为正太路火车房总管，在窃取工会的领导权以后，利用工会控制工人，效忠洋人，谋取私利。为了建立工人自己的工会，孙云鹏四上北京，向中共北京区委汇报情况，要求派人到石家庄加强对工人运动的领导。1922年七八月间，中共北京区委派遣共产党员张昆弟以正太路密查员的身份到石家庄工作。他了解到陈顺来、王纯等人篡夺工会领导权的情况以后，提出另建工会。随后，中国劳动组合书记部北方分部派共产党员刘明俨到石家庄开展工作。1922年10月8日，在石家庄同乐戏院召开石家庄正太铁路工业研究会传习所成立大会，选举滕帮忠和孙云鹏为正副会长，刘明俨为秘书。张昆弟代表中国劳动组合书记部北方分部向大会赠送了绣着“劳动万岁”四个金光闪闪大字的锦旗。正定、长辛店、琉璃河等地工会代表也在会上讲了话。会后，中共北京区委又派共产党员贾纾青和吴先瑞到石家庄工作。1922年12月，根据全国铁路工人代表会议的要求和中国劳动组合书记部北方分部关于每路设一总工会的通知，在石家庄成立正太铁路总工会，推举滕帮忠为委员长，孙云鹏为副委员长，贾纾青为秘书。下设石家庄、阳泉、太原三个分会。张昆弟任正太铁路总工会党团书记，直属铁总党团领导。

1922 年 5 月 1 日，中国劳动组合书记部在广州召开了第一次全国劳动大会。邓中夏作为长辛店工会代表，邓培作为京奉路工会代表，孙云鹏作为正太路工会代表，邓汝铭作为开滦煤矿工会代表，参加了会议。会议提出了“打倒帝国主义”“打倒军阀”的政治口号。会议决定在全国总工会成立之前，中国劳动组合书记部作为全国总通讯机关。会议通过了由邓中夏代表长辛店工会提出的《工会组织原则案》，它确定了工会组织以产业组合为原则。这次大会的成功，在于它“引导工人阶级开始走向全国团结的道路”。这次大会的缺点，“就是没有对准着罢工高潮制定一个目前斗争纲领”①。

为了弥补第一次全国劳动大会的不足，在直系军阀控制北京政权，提出“保护劳工”口号，并准备于 1922 年 8 月召开国会酝酿制定《宪法》的情况下，中国劳动组合书记部提出了劳动立法四项原则和《劳动法案大纲》19 条。四项原则是：（一）保障政治上自由；（二）改良经济生活；（三）参加劳动管理；（四）劳动补习教育。《劳动法案大纲》的主要内容是：承认劳动者有集会、结社、同盟罢工、缔结团体契约和国际联合的权利，实行八小时工作制、改善劳动待遇、保护女工等。1922 年 8 月，中国劳动组合书记部北方分部发出通告，号召全国各地工会团体开展劳动立法运动。中国劳动组合书记部北方分部还邀集北方各铁路工会代表，在北京举行国会议员和新闻记者招待会，宣传《劳动法案大纲》，并要求国会通过这一法案。针对一些国会议员的欺骗伎俩，与会的工人代表对其进行了严厉的批评，“以致议员不得不当面谢过”②。

在全国，首先起来响应劳动立法运动的是唐山工人阶级。1922 年 8 月下旬，中国劳动组合书记部主任邓中夏，在胜利地领导了长辛店铁路工人罢工之后，风尘仆仆地赶到唐山，会同中共唐山地委书记

① 邓中夏著：《中国职工运动简史》，新华书店 1949 年版，第 84—85 页。

② 同上书，第 89 页。

邓培，以唐山制造厂为中心，进行宣传发动工作。唐山制造厂3000多工人热烈拥护书记部的主张，通电参众两院及全国，表示要求实现劳动立法的决心。9月3日，唐山制造厂职工会以全厂工人的名义在天津《益世报》上发表《宣言》，阐述了进行劳动立法运动的意义和奋斗目标，表示“做劳动组合书记部的后盾”，“誓必达到劳动法已列入宪法了，劳动法已完全采纳劳动组合书记部所拟定的劳动法案了，那我们才能休止”。《宣言》还激励各地工友为彻底摆脱资产阶级的剥削和奴役，为本阶级的根本利益而努力奋斗，并呼吁全国各界人士和社会舆论支持工人进行劳动立法运动的正义行动。

唐山制造厂职工会还在唐山其他厂矿工人中积极进行宣传鼓动，发起成立唐山劳动立法大同盟，“以图联合唐山所有工人结合一个大团体去奋斗”。他们在各工厂内散发传单，宣传劳动立法的意义。并以“生死关头的一桩事”的醒目标题写了一张一丈见方的宣传告示，张贴在工厂门前，号召工友们团结起来，做劳动组合书记部的后援，掀起“一个轰轰烈烈的示威运动”。“观者人山人海”①，造成巨大影响。

8月30日，在唐山制造厂职工会的召集下，各厂矿的工人代表聚集一起，举行了唐山劳动立法大同盟筹备会议。9月3日晚，唐山制造厂、开滦煤矿、启新洋灰公司、华新纺纱厂等厂矿工人代表近50人集会，推举16人组成执行委员会，正式建立了唐山劳动立法大同盟。

在此期间，唐山各厂矿工人还举行了大规模的游行示威，劳动立法运动达到高潮。

全国许多地方也纷纷举行与唐山类似的各种活动，劳动立法运动蓬勃而起。郑州、武汉等地工会发表通电，向国会请愿。湖南各地工会代表举行大会，议决组织湖南劳动立法同盟。上海、广州、天津等地也准备成立劳动立法运动大同盟。后来，《劳动法案大纲》虽未被国会通过，但是19条的《劳动法案大纲》已深入人心，受到广大工

---

① 北京《晨报》，1922年9月5日。

人群众的衷心拥护，成为以后工人运动的斗争纲领。

经过劳动立法运动，京奉路和唐山的工人进一步明确了斗争的目标。各厂矿的工会组织根据《劳动法案大纲》和本行业的实际情况，酝酿提出增加工资、维护工人合法权益的要求，准备发动罢工斗争。

劳动立法运动是唐山工人在中国共产党的领导下进行的第一次有组织的联合斗争，是冀东地区第一次工人运动高潮的开始。从此，唐山工人阶级踏上了有组织的自觉斗争的道路。

与此同时，在直隶省的其他地方也开展了劳动立法运动。中国劳动组合书记部天津支部在工人中广泛发动劳动立法运动，并于8月27日致电国会参众两院议员，指出："中国劳动组合书记部曾提出劳动法大纲，请两议院通过施行，天津工界同人对该法案大纲，极表赞成，且以为非如此，不足以拯救我们千万劳动同胞倒悬之急！"① 长辛店工人也致电国会参众两院，要求通过《劳动法案大纲》。

《劳动法案大纲》反映了工人阶级的根本利益和迫切要求，北洋军阀政府当然不会承认它，更不可能把它列入《宪法》，但它已深入人心，得到社会各界的广泛认同。劳动立法运动，彻底揭露了北洋军阀政府高喊"保护劳工"口号的虚伪性和欺骗性。《劳动法案大纲》成为即将爆发的工人运动高潮的行动纲领。

声援香港海员工人罢工

长期以来，香港海员身受外国资本家和中国封建把头的剥削和压迫，生活极端困苦。为了增加工资，取消包工制，1922年1月12日，在中华海员工业联合总会的领导下，香港1500多名海员举行罢工。1月底，香港运输工人举行同情罢工。港英当局对罢工采取的高压态度以及妄图扼杀罢工的强硬措施，引起全港工人的愤怒。3月1日，香港全市实行总同盟罢工，罢工人数增加到10万余人。全港关门闭户，一片死寂，陷于瘫痪状态。在中共广东支部和全国各地工人的支持

① 中共天津市委党史资料征集委员会编：《中共天津党史大事记（1919—1949）》，天津人民出版社1991年版，第33页。

下，港英政府被迫于 3 月 8 日接受海员提出的全部条件。至此，历时 56 天的罢工取得了完全胜利。这次罢工的胜利，拉开了第一次全国工人运动高潮的帷幕。

罢工爆发以后，香港海员工会派代表到长辛店，要求北方工人对海员罢工予以协助。长辛店工人俱乐部欣然同意，并表示愿意同北方各铁路工会联系，发起组织“香港海员罢工北方后援会”。京汉、京奉、京绥、正太等铁路工人都踊跃参加后援会。各地举行多次集会，纷纷发出支援香港海员罢工的通电和文告。各路共捐款几千元，由长辛店工人俱乐部派人送到香港海员工会。2 月 7 日，长辛店工人俱乐部在其发表的《援助香港海员罢工宣言》中指出：“我们现在郑重宣言，充分地对香港罢工海员表示同情，尽力地援助他们达到目的——在这些目的未达到以前，我们愿随同他们向外国的资本家宣战。”① 2 月 11 日下午，长辛店工人俱乐部派人带着几十面用白布做的写有“援助海员罢工”字样的三角小旗，来到由北京开往汉口的列车上，并把这些小旗拴在每节车厢外面的栏杆上。列车到达江岸车站以后，江岸工人俱乐部又把写有“响应长辛店工人援助海员罢工”字样的大白旗，插在由汉口开往北京的列车的车头上。沿途各站都在大白旗上签字，并盖上本站的公章。列车一直开到北京。“这是北洋军阀专制政府下破天荒的英勇的一举”②。

1922 年 7 月，中国劳动组合书记部由上海迁至北京，邓中夏担任主任。中共北京区委和中国劳动组合书记部北方分部派人到直隶各地的铁路和煤矿，在工人中进行宣传和组织工作，掀起了工人运动高潮。

京汉路工人罢工

这一时期，京汉路主要发生了两次较具影响的工人罢工，一是发生于 1922 年，主要限于京汉路北段；二是发生于 1923 年，这次的规

---

① 《北京工运史料》 第 3 期（总第 20 期）， 工人出版社 1982 年版， 第 115 页。

② 邓中夏著：《中国职工运动简史》， 新华书店 1949 年版， 第 69 页。

模和范围均较大①。

1922年7月，为了反抗法国资本家和工头的剥削与压迫，长辛店铁路工人在中共北京区委和中国劳动组合书记部北方分部的领导下，向京汉铁路局局长赵继贤提出了增加工资和保障工人政治权利的要求。但时至8月下旬，京汉铁路局对工人提出的要求仍然置之不理。在工人俱乐部向中共北京区委汇报以后，中国劳动组合书记部主任邓中夏来到长辛店，在经过与工人俱乐部成员反复研究以后，决定向京汉铁路局提出革除无端虐待工人的火车房总领班郭福祥、电务科长黄绵绵、书记（文书）王龙山、机务处电器司事谈荫棠、科长徐家楣等五霸，以及工人俱乐部有推荐工人的权利、增加工资、盖工人宿舍、工人因公受伤工资照发等八项具体条件。并限在24小时内答复，否则立即罢工。

8月23日晚，在京汉铁路局对工人提出的要求未作任何答复的情况下，工人俱乐部决定从第二天早晨开始罢工。翌日早晨，长辛店铁路机车厂汽笛长鸣，3000多名工人一齐出动。工人纠察队员手拿月牙斧等武器迅速占领了工厂和车站的重要部门。一部分工人纠察队员和工人到车站去截车。火车一进站，即被截住，造成南北交通断绝。当天，根据赵继贤的要求，从北京开来一列载有200多名士兵的火车。工人纠察队员们卧在铁轨上，宁被轧死，也不放过火车。这一英勇行动，使火车司机深受感动，他不顾军警的威胁，毅然把火车停在站外。这时，讲演团向士兵们喊话，说明罢工的原因。士兵们被说服了，没有下车就又返回北京。

京汉路北段的琉璃河、高碑店、保定、正定、顺德、邯郸等车站工人积极参加了这次罢工。

得到长辛店工人罢工消息以后，京绥、京奉、正太、津浦等路的工人代表到了长辛店，并表示如果在一二日内京汉铁路局不作圆满的答复，就一致罢工援助。

① 对于此次罢工，这里仅介绍直隶地区的罢工情况。

经过一天多的谈判斗争，工人代表挫败了赵继贤的骗局，京汉铁路局答应了工人的要求：开除总管郭福祥，另有数人查实撤革；工人俱乐部有推荐工人之权利；京汉路北段从9月起，中段从10月起，南段从11月起，工人每日加薪一角。坚持两天的罢工取得胜利。

京汉路北段工人罢工，是中国共产党领导的北方铁路工人的第一次罢工。这次罢工的胜利，显示了工人阶级团结战斗的伟大力量。“使全路工人发生休戚相关的深刻印象”①，使工人更加信赖工会，为以后开展更大规模的斗争，奠定了基础。

1923年2月1日，京汉铁路各分工会和各地代表近300人齐集郑州，出席京汉铁路总工会成立大会，但遭到了反动军警的阻挠和镇压。京汉路总工会决定，从2月4日起，实行全路总罢工，并发表了《罢工宣言》，提出撤革京汉铁路局局长赵继贤和郑州警察局局长黄殿臣、赔偿损失、送还被军警扣留的一切物品和郑州的地方官向工人道歉等五项要求。根据总工会的决定，各分工会代表分头进行罢工的准备工作。

长辛店分工会代表史文彬、吴汝明、陈励茂于2月3日返回长辛店以后，立即召开工会委员会议，报告了总工会成立大会被反动军警阻挠、镇压的情况和总工会关于罢工的决定，并积极做好罢工的准备工作。与此同时，京汉路北段其他各车站的分工会也都积极进行罢工的准备工作。

根据总工会的命令，2月4日上午11时，长辛店铁路机车厂工会和火车站、电报房的工人共3000多人，在分工会的组织下，一律停止工作，实行罢工。与此同时，琉璃河、高碑店、保定、正定、顺德、邯郸等车站的工人也都于2月4日中午实行罢工。

在帝国主义国家的支持下，北洋军阀政府决定对京汉路工人大罢工实行武力镇压。2月5日晚，反动军警开始在郑州拘捕工人，随后在京汉路各站进行大搜捕、大屠杀。2月6日晨，京汉铁路局局长赵继贤下令严拿工会委员和职员。驻守在长辛店的陆军第十四混成旅旅

① 邓中夏著：《中国职工运动简史》，新华书店1949年版，第31页。

长时全盛宣布全镇戒严，禁止工人集会。这时，工会干部预感到必有大悲剧到来。可是大家都怀着“头顶共产党，怀揣革命心，手拿团结刀，别妻离子，死也光荣”和“为自由而死，死亦何憾”的决心，坚持斗争到底。当晚，第十四混成旅的一个姓迟的营长带领一个排的士兵，逮捕了工会干部史文彬、陈励茂、吴春溪、吴祯、李玉和劳动补习学校教员吴汝明、卜润舟（卜世润）等 11 人。被捕者在遭受一阵毒打以后，被押送当地军营，准备解往保定监狱。2 月 7 日凌晨，由工人纠察队副队长葛树贵和工会干事杨诗田率领的 2000 多名工人，高呼“还我们自由”“还我们的战友”等口号，到火神庙警察局要求释放被捕工人。时全盛见工人声势浩大，遂令部队向工人冲击。葛树贵、辛可红和杨诗田当场壮烈牺牲，刘宝善、赵长润、刘川田因伤势过重，反动派不准医治而牺牲，受轻伤者和当场被捕者各 30 多人。与此同时，直系军阀曹锟调动大批军警包围了保定车站和铁路分工会，警察局长王恺臣、铁路警务段巡官王贵山带领军警在张公祠和铁路招待所逮捕了保定分工会会长何立泉和白月岳，并抢走了部分会款。2 月 7 日下午 5 时，陆军第十二混成旅旅长葛树屏带领一个营的部队进驻正定车站，威吓工人开工。8 日中午，赵继贤以直鲁豫巡阅使署军法处长的身份，带领武装士兵到正定，查封了分工会，逮捕了康景星，并将其押送保定监狱。此外，在琉璃河、高碑店、高邑、顺德等车站，均有工人、工人积极分子和车站分工会干部被捕。

京汉路工人大罢工是中国共产党领导的第一次工人运动高潮的最后一个怒涛。二七惨案以后，直隶各地的工会组织被反动军阀捣毁和封闭，工人运动领袖受到通缉，工人情绪一时趋于消沉，工人运动转入低潮。

京奉路山海关造桥厂工人罢工

山海关造桥厂名义上虽为官商合办，实际上为英国人管制。工人们遭受帝国主义和封建把头的残酷剥削和压迫，过着地狱般的生活。自从中共北京区委派遣共产党员王尽美到山海关工作以后，工人的党悟有了一定提高。在全国工运高潮的影响下，工人们开始酝酿罢工。

山海关造桥厂工人大规模的群众性斗争，是从反对封建把头赵璧开始的。赵璧是配机房监工，经常欺压工人，作恶多端。工友俱乐部成立以后，他又百般破坏，工人对其恨之入骨。赵璧营私舞弊，吃年终空额的恶行暴露以后，1922 年 8 月，共产党员杨宝昆会同工友俱乐部委员长佟惠亭和副委员长景树庭等 15 名工人，联名向京奉铁路局写了一份要求开除赵璧的呈状。设在天津的京奉铁路局慑于工人运动的压力，被迫批准了这一呈状。但英国总管和机械工程师陈宏经却拒不执行。王尽美在和工友俱乐部委员们研究以后，决定派工人代表第二次去天津告状。京奉铁路局被迫派人督办此事。9 月 14 日，赵璧被开除出厂。工人们取得的胜利，使厂方异常恼怒。

机械工程师陈宏经和赵璧的余党勾结在一起，借故开除了工人代表佟惠亭、景树庭。工人们闻讯后非常激愤，一致要求由工友俱乐部出面，让厂方收回成命。工友俱乐部研究以后，决定学习长辛店工人的经验，把这场斗争引导到改善工人的生活待遇和争取工人的基本权利方面来。首先向厂方提出开除陈宏经，恢复佟惠亭、景树庭的工作和改善生活待遇等六项要求。工人们还将上述要求送到京奉铁路局，并在各报发表。9 月 25 日下午 6 时，工友俱乐部在工厂北门外空地上举行露天大会。参加会议的有 1000 多人，除本厂工人以外，还有铁路车头房、工务、工程等单位的部分工人参加。工人一致表示：当局不承认我们的条件，我们就罢工！

在工人们的强烈要求下，京奉铁路局对六项要求作了批复。但批文对开除陈宏经和恢复佟惠亭、景树庭的工作问题只字未提。对于工人们提出的经济条件，大部分也未答复，并且还以关厂威胁工人。对此，10 月 1 日下午，工友俱乐部召开第二次露天大会。会议决定，如京奉铁路局在 10 月 3 日晚不圆满答复工人的要求，就实行罢工。会议推举杨宝昆、佟惠亭为代表，再次同京奉铁路局谈判。京奉铁路局毫无诚意，致使谈判破裂。京奉铁路局派警务处长吴大挺到山海关“调停”。吴在与工人代表谈判时，掏出手枪相威胁。消息传出，工人们义愤填膺，他们抱着“与其受辱死，不若奋斗死”的坚强信念，决定举行全体罢工。

1922年10月4日，山海关造桥厂的东西两厂同时罢工。罢工开始后，京奉铁路局一方面派军警干涉，另一方面则采取以收买俱乐部委员的办法，引诱工人复工，还企图通过制造谣言破坏罢工。为了表达工人的罢工决心，向社会揭露京奉铁路局的欺骗行为，王尽美为工友俱乐部起草了《罢工宣言》。《宣言》在原来六项要求的基础上，又增加了京奉铁路局必须正式承认工友俱乐部为正式团体、罢工期间的工资必须完全发给和罢工以后不得借端开除工人等三项条件。

为了给京奉铁路局以更大的压力，使其迅速答应复工条件，工友俱乐部决定组织工友卧轨截车。10月9日上午8时，在刘武的带领下，包括部分工程、工务和车头房工人在内的1100多人，来到造桥厂道口，有的卧在铁轨上，有的坐在铁轨上。路过山海关的火车都被截停。卧轨斗争给京奉铁路局以致命的威胁，他们又怕唐山工人也卷入这一工潮，只好在10月12日作出如下答复：（一）陈宏经立时开革，佟惠亭、景树庭二君复职，并将佟、景二君停工期间的工资完全发给；（二）大礼拜及放假日均发工资；（三）普遍增加工资；（四）每年增加工资一次；（五）每年有两星期例假，每三年有两月例假，假中均发工资；（六）病假有医生证明书者，第一月发全薪，第二、第三月发半薪，以后停发；（七）工人家眷来往车票完全免费；（八）承认俱乐部为正当团体；（九）罢工期间的工资完全发给；（十）上工后俱乐部职员或部员不得无故开除。① 至此，历时9天的京奉路山海关造桥厂工人罢工胜利结束。

山海关造桥厂工人罢工，是京奉路工人的第一次罢工，它为京奉路工人树立了一面胜利的旗帜。这次罢工是在中共北京区委与劳动组合书记部的领导下进行的。罢工期间，邓中夏、邓培、王仲一等先后到山海关检查指导。罢工中又得到各地工人的支援。这次罢工不仅改善了工人的经济待遇，也从政治上打击了外国资本家和封建把头的反

① 上海《民国日报》，1922年10月18日。

动气焰，显示了中国铁路工人的强大力量，工人骨干经受了锻炼，在中国铁路工运史上写下了光辉的一页。

京奉路唐山制造厂工人罢工

唐山制造厂的外国资本家为了控制工人，在职员和工人的待遇方面，制造了许多矛盾。职员工作时间短，工人工作时间长；职员有休假，工人没有；职员冬夏都发煤，工人没有；职员有病可上开滦医院诊治，工人有病不仅不给治，而且还扣工资。特别是 1922 年发生直奉战争，物价飞涨，工人的生活越发困难，他们纷纷要求改善待遇。

1922 年 9 月 13 日，中共唐山地委书记、唐山制造厂职工会委员长邓培，代表全厂工人向厂方和京奉铁路局提出了五项要求，即对入厂七八年以上的工人增加工资、例假和病假发全薪、厂内发煤时工人应和员司同等待遇以及每年发一次五路乘车免票。在遭到厂方拒绝后，9 月 14 日下午，全厂 3000 多名工人在厂门前召开大会，邓培向大家报告了五项要求的具体内容以及遭到厂方拒绝的情况。15 日下午 2 时，工人们不顾唐山警察局关于禁止集会结社的布告，齐集工厂门前集会示威。工人们争先发表演说，工人纠察队环列四周，秩序井然。警察见状未敢干预。

由于全厂工人团结一致，坚持斗争，厂方被迫于 9 月底贴出布告，对工人提出的要求，作了部分允诺。广大工人对厂方的答复甚为不满。邓培、李树彝、吴先瑞等又召集工人代表开会研究，向厂方提出包括工会的地位和权利、工人住房、对伤亡工友的抚恤、取消包工制和罢工期间工资照发等六项条件。限京奉铁路局在 10 月 12 日以前连同上次所提五条一并答复，否则即行罢工。对于工人提出的合理要求，厂方推给京奉铁路局，京奉铁路局推给交通部，迟迟不予答复。为了取得斗争的胜利，中共北京区委和劳动组合书记部派遣罗章龙、王尽美、李树彝、吴先瑞、王仲一等人先后到唐山领导这次罢工斗争。

10 月 12 日晚，中共唐山地委召开各场（车间）代表和积极分子参加的紧急会议，决定13日早晨唐山制造厂全厂开始罢工。会议还通过了《罢工宣言》，成立了罢工事务所。选举邓培、王麟书、刘玉堂、许作彬、罗占先等25人组成罢工委员会，邓培为委员长。罢工委员会以“十人团”为基础，组织了庞大的纠察队，由50名骨干分任纠察队长，刘玉堂为总队长。还组织了调查队、守望队，防止坏人破坏。

10月13日早晨7时40分，罢工委员会宣布罢工令。顿时，3000多名工人有秩序地走出厂门，在工厂旁边的马家圪召开大会，宣布罢工组织和罢工纪律。刘玉堂代表全厂工人向厂方递交了《罢工宣言》。罢工委员会还向北京政府和京奉铁路局发出快邮代电，申诉罢工理由。向京汉路、京绥路、津浦路工会发出函电，请求支援。

唐山制造厂工人的罢工，使京奉铁路局甚为恐慌，急忙调来大批军警监视罢工工人。罢工的当天，直隶警察厅派来300名警察，分赴唐山、开平两地待命。14日晚，芦台驻军第十三混成旅旅长董政国奉命率领一个营的士兵进驻唐山。厂方还请来商团和开滦矿务局稽查队在厂门口站岗，胁迫工人上工。

10月14日，军阀政府秘密逮捕了去长辛店联系的工人代表罗占先，并将其拘押在天津直隶警察厅。邓培得到消息后，发动全厂工人签名，并举行游行示威，抗议直隶警察厅的非法行径，并要求立即释放罗占先代表。

唐山制造厂工人大罢工，得到了各地工友的大力支援。开滦煤矿和启新洋灰公司的工人送来200元捐款和许多食物，并表示：如果铁路局不接受工人的要求，他们将采取一致的行动。长辛店、山海关、秦皇岛、郑州、济南等地的工人和香港海员相继来电声援，寄来捐款。

厂方和京奉铁路局使尽了各种手段都未能达到目的，不得不同工人谈判。经过谈判，京奉铁路局被迫让步，答应了工人提出的部分条件：释放罗占先代表、增加工资、改善待遇、废除大包工制度、不准无故开除工人、罢工期间工资照发。但对于承认工会和开除工人须经工会同意两条，未作答复。中国劳动组合书记部北方分部和中共唐山地委考虑到罢工的目的基本达到，同意复工。10 月 20 日，罢工委员会和厂方代表签订了复工协议。全厂工人齐集车站，敲锣打鼓，燃放鞭炮，欢迎罗占先归来，欢庆罢工胜利。为时 8 天的唐山制造厂工人罢工的胜利，提高了共产党和工会的威望，促进了唐山地区工人运动的发展。

开滦五矿工人罢工

开滦煤矿由唐山、赵各庄、林西、马家沟、唐家庄五个矿区组成。开滦五矿在被英帝国主义强夺以后，英国资本家利用封建的包工制对矿工进行盘剥和压榨。在矿工中虽有过自发的反抗斗争，但都遭到残酷的镇压。只有在中国共产党领导下，才能开展有组织的罢工斗争并取得胜利。

中共北京区委和中国劳动组合书记部北方分部在领导唐山制造厂工人罢工的同时，也在开滦工人中进行宣传和组织工作。1922 年 9 月下旬，在各矿成立工人俱乐部的基础上，成立了开滦五矿工人俱乐部，也称开滦五矿工人联合会，罢工期间改称罢工委员会，由中国劳动组合书记部北方分部和中共唐山地委成员罗章龙、王尽美、邓培、吴先瑞、彭礼和、梁鹏万、阮章、王麟书、只奎元、李星昌、黄宏猷等 20 余人组成。10 月 15 日，中共唐山地委召开了由各厂矿代表参加的联席会议，研究了组织联合斗争和斗争策略问题。16 日，在开滦五矿工人联合会的组织下，唐山矿、林西矿、赵各庄矿和秦皇岛煤码头工人的 8 名代表向开滦总矿师杜克茹递交了《请愿书》，提出增加工资、改善待遇等 6 项要求，限期答复。同日，秦皇岛港务局工友俱乐部也将上述 6 项要求递交到港务局经理处，并于散工后在厂西门外召开了有千余人参加的露天大会。会后，在王尽美等人领导下，工人们组织了声势浩大的游行示威。

在接到工人《请愿书》的第二天，开滦总矿师杜克茹匆忙赶到天津，与开滦总矿经理杨嘉立密谋对策。由于当时正处于全国工人运动高潮，英国资本家不得不作出一定让步。但他们认为必须辅之以武力威胁。于是，要求直隶警务处长杨以德帮助平息工潮，杨以德慷慨允诺。10 月 19 日，杜克茹随同杨以德派出的 200 名警察来到唐山。20 日，开滦矿务局在各处张贴《告工人书》，矿方一方面答应，“从本月起，所有每月赚 30 元以下的工人，无论是本局自雇或是包工头雇用的，都照加一成”，另一方面，则对工人进行恫吓。22 日，五矿工人联合会在林西召开各矿代表联席会议，研究对策。开滦总矿师竟指使矿警队逮捕 6 名工人代表。英国资本家的挑衅，激起工人的义愤。五矿工人联合会决定，从 23 日起，举行五矿同盟大罢工。

10 月 23 日早晨 6 时，唐山矿、林西矿（包括正在建设的唐家庄矿）、赵各庄矿和秦皇岛码头工人同时宣布罢工。罢工以后，英国资本家勾结军阀政府调集武装军警，妄图对罢工工人进行武力镇压。26 日上午，唐山矿工人举行大会。警察逮捕了张景隆等 7 名纠察队员。罢工委员会决定动员唐山矿全体工人游行示威，抗议警察的暴行，要求释放被捕工人。游行队伍行进到广东街（今新华东路）时，被全副武装的保安队和警察截住去路，警察所长刘崇富鸣枪恫吓工人。罢工工人不畏恫吓继续前进。这时，丧心病狂的保安队竟然向工人队伍开枪，当即有 3 名工人倒下。但英勇、顽强的开滦矿工并没有被枪声吓倒，他们高举“开滦五矿工人俱乐部总部”的大旗，高喊“打倒帝国主义”“打倒军阀”的口号，冒死向前冲击，与保安队、警察展开搏斗。搏斗相持约 3 个小时，工人被打死 1 人，重伤 7 人，轻伤 57 人。消息传出，全国震动。

军阀政府的镇压，激起了唐山工人阶级的更大义愤。在罢工委员会组织下，10 月 28 日，启新洋灰公司和华新纺纱厂工人举行同情罢工。11 月 1 日，马家沟矿工人宣布罢工。至此，开滦五矿同盟大罢工的局面正式形成。

为镇压开滦五矿同盟罢工，杨以德率领 50 名保安队员于 11 月 1 日到达唐山。4 日，杨以德指使保安队逮捕 8 名工人代表，查封启新洋灰公司工友总会，强占开滦五矿工人俱乐部。5 日，查封唐山制造厂职工会和唐山工人图书馆，逮捕了中国劳动组合书记部北方分部特派员、开滦五矿罢工总代表彭礼和。

军阀当局的镇压，并没有吓倒英勇顽强的罢工工人，罢工委员会采取隐蔽的方式，继续领导罢工斗争。根据中共北京区委和中国劳动组合书记部北方分部关于揭露帝国主义和封建军阀狼狈为奸镇压工人运动的罪行和铲除杨以德的决定，罢工委员会领导各厂矿工人开展了“驱杨”运动。在唐山人民的声讨声中，杨以德不得已于8日溜回天津。

11月9日和10日，开滦五矿罢工工人代表请愿团和唐山启新洋灰公司罢工工人代表请愿团赴京，分别向总统府、国务院、内务部请愿，并递交了《请愿书》，强烈要求“将杨以德予以撤职，并治以杀人抢劫之罪”①。与此同时，京汉铁路总工会筹备处向全国同胞、政府阁员、国会议员分别发出快电，要求弹劾杨以德。津浦铁路工人致电大总统、国务院、内务部和参众两院，要求“速治杨以德以杀人抢劫之罪”②。

开滦五矿工人罢工以后，中共北京区委和中国劳动组合书记部北方分部积极开展宣传工作，发动各地工会以发表通电和捐款、捐物等形式支援罢工工人。在李大钊和中共北京区委指导下，北京大学马克思学说研究会成立了北京开滦矿工罢工经济后援会，并发表宣言，组织募捐队上街募捐，举行同情示威游行。在他们的努力下，北京共募集捐款3800元。其中，马克思学说研究会成员捐款30元。山海关工友俱乐部、长辛店工人俱乐部、安源路矿工人俱乐部、京汉路总工会筹备处等10个工会组织以发表通电、快邮代电、告同胞书和声援电等形式，抗议军阀镇压工人罢工的罪行，呼吁全国各界人士援助开滦罢工工人。到罢工结束前夕，各地工人和各界人士的捐款达3万多元。

旷日持久的罢工，使英国资本家的经济损失达70多万元。更使

---

① 北京《晨报》，1922年11月11日。

② 《新民意报》，1922年11月18日。

他们忧虑的是，十几艘外地的运煤船只停泊在秦皇岛港口，因无煤可运而不能起航，致使一些销售合同不能兑现，开滦股票在伦敦交易市场上连续下跌。因此，他们不得不考虑放弃强硬手段，向工人作些让步，以寻求罢工的结束。

在各方面的压力下，11 月 13 日，直隶省长王承斌电令唐山警察局局长姚彤章和防务专员殷本浩等从速终结工潮。在大批军警进入矿区以后，开滦矿务局于 15 日上午贴出布告，公布了退让条件。

罢工时间的延长，也使工人队伍面临困难的局面。虽有各地的经济援助，但不能完全解决工人的生活困难。在杨以德查封工会、抢走财物以后，罢工委员会的财源已经断绝。由于受到通缉，主持罢工委员会日常工作的只奎元不能公开露面。罢工很难再坚持下去。在这种情况下，罢工委员会决定由各矿代表自行安排复工事宜。16 日，赵各庄矿开始复工。17 日，林西矿和唐山矿复工。在资方答复大部分条件后，启新洋灰公司工人于 17 日复工，华新纺纱厂工人也随之复工。马家沟矿工人于 16 日后陆续复工。19 日，秦皇岛港务局工人复工。至此，历时 28 天的开滦五矿同盟大罢工结束。

开滦五矿同盟大罢工，是在中国共产党领导下的一次大规模的罢工。广大工人在罢工中表现出非凡的组织才能和英勇、顽强的斗争精神，是一次震惊中外的反帝反封建的壮举，在中国现代史上具有重要的政治意义和历史意义。

京绥路车务工人罢工

1922 年四五月间第一次直奉战争爆发后，物价飞涨，而京绥路车务工人却整整 8 个月没有领到工资，生活苦到了极点。9 月，京绥铁路局局长下令全路的员司每人每月增薪 5 元，而工人却分文不增。获悉这一消息后，工人们极为不满。在何孟雄的领导下，车务工人同人会派出代表到北京，递交了要求发给欠薪和增加工资的《请愿书》，京绥路局却对此置之不理。接着，车务工人同人会又代表工人向京绥铁路局递交了第二份《请愿书》，请愿再一次被拒绝。于是车务工人同人会召集沿线各大车站代表开会，请愿又一次被拒绝。

三次请愿均被拒绝，激起了车务工人的极大愤怒。车务工人同人会召集沿线柴沟堡、孔家庄、郭磊庄、沙岭子、宣化、下花园、辛庄子等车站代表，在张家口会馆开会，决定举行全线索薪罢工斗争。

10月26日，车务工人同人会代表全体车务工人提出了“争平等、争人权、争自由、争待遇”“不拿工人当牛马”“允许工人组织的工会合法存在”“反对军阀卖国、祸国殃民”等口号，发表了《京绥铁路车务工人为罢工告各界同胞书》和《京绥铁路车务工人罢工宣言》，并提出7项罢工要求。当天，工人代表再次到京绥铁路局，限路局在24小时以内对罢工要求予以明确答复，否则全路罢工。京绥铁路局认为工人翻不了天，对工人的要求仍持置之不理的态度。车务工人同人会，便推选工人代表刘宝山携公函到察哈尔都统衙门，向都统张锡元陈述了罢工理由。张锡元对工人的要求不明确表态，只在公函的回执上写了“你们提出的条件收到了”几个字。面对这种情况，车务工人同人会认为，只有团结起来，斗争到底，才能得到工人的权利和自由。于是，立即通知西直门、南口、康庄、大同等八大分会，向全线60多个车站和1500名车务工人下达罢工命令。

10月27日，声势浩大的京绥路车务工人罢工开始了。预定早7时开往北京的四次旅客列车停在张家口车站上。工人组成的宣传队一方面向旅客说明列车停开的原因，另一方面，他们又到张家口市各街道贴标语，撒传单，向行人讲述罢工的理由，还高唱由何孟雄编写的“不做工的大肚皮，反把我们欺，起来，起来，努力结团体，最后胜利是我们的”歌曲。人们看到这种激动人心的场面，对罢工工人产生了由衷的同情。当天，罢工工人还粉碎了路局企图收买工贼破坏罢工的阴谋和美、日领事馆的威胁，继续坚持罢工。28日，在帝国主义支持下，察哈尔都统派出500名士兵和大批宪兵、警察包围张家口车站，并逮捕工人领袖李连升。经过工人代表的说理斗争，驻军参谋长孟士魁不得不将李连升释放。当天夜晚，工人代表李连升等人与军队代表孟士魁一起乘专车去北京，同京绥铁路局进行谈判。罢工斗争的巨大声威，迫使交通部长高恩洪答应了工人提出的加薪、假日工作发双薪、因公身亡者发一年恤薪、伤病假不扣工资和工人发制服等要求。

京绥路车务工人大罢工，是由中共北京区委派到京绥路工作的何孟雄领导的。这次罢工吸取了前几次罢工的经验教训，计划周密，准备充分，通过车务工人同人会团结全体工人，粉碎了反动派的恫吓和破坏，取得了罢工的胜利。罢工胜利，提高了共产党和中国劳动组合书记部在工人中的威望和影响。

正太路工人罢工

正太铁路职工大都来自破产的农民，他们不仅要受法国资本家的政治压迫、经济剥削和人身侮辱，还要遭受工头的盘剥和欺压。工人每天要劳动十个半小时，工资很低，而且十几年没有增加工资。微薄的收入被层层盘剥以后，所剩无几，工人生活非常困苦。

1922 年七八月间，中共北京区委和中国劳动组合书记部北方分部派遣张昆弟以正太路密查员的身份到石家庄工作。在他的领导下，工会摆脱了工头的控制，建立了代表工人利益的正太路总工会。根据广大工人的要求，正太路总工会向正太铁路局提出了增加工资、实行 8 小时工作制和改善工人福利待遇等 9 项要求。法国资本家不仅不答应工人的要求，反而唆使工头王纯殴打并开除了工会会员赵永庆，引起了工人的极大不满。工人包围了正太铁路局办公楼，同法国资本家进行说理斗争。在愤怒的工人面前，法国资本家沙革只好答应将工人的工作时间改为 10 小时，每人增加工资 1/10，并扣押工头王纯。

在取得初步胜利以后，正太铁路总工会要求正太路局答复工人提出的 9 项要求，但路局却置之不理。12 月 4 日，正太路总工会再次派代表与路局交涉，又遭到拒绝。法国资本家的蛮横态度，激怒了正太路工人。正太路总工会决定在 12 月 15 日实行全路罢工。

12 月 15 日早晨 6 时，正太铁路总机厂汽笛长鸣，发出了罢工的信号。工人们按指定的地点集合。纠察队员手持木棒，臂戴袖章，占领了工厂和车站的重要部位。正太路总工会发表了《罢工宣言》，重申了罢工理由和改善工人生活的 9 项条件。顷刻间，水泵停水，发电机停转，火车停运，从石家庄到太原实现了全路罢工。

正太路全线罢工以后，法国资本家沙革立即电告法国驻华使馆，请其向北京政府“严重交涉”①。正太路局局长丁平澜也向北京政府交通部发加急电报，告急呼救。直系军阀吴佩孚、山西督军阎锡山和直隶督军曹锟都发来电报，要求工人早日开工。与此同时，直隶省长王承斌派来 300 余人的保安队，曹锟派来陆军第十二混成旅一个团，准备对罢工工人进行武力镇压。

罢工工人面对重兵，毫不妥协。在数九寒天，他们吃住在席棚，严守岗位，坚持罢工。12 月 17 日，正太路总工会发表第二次《罢工宣言》，除坚持 9 项条件以外，又提出 5 项要求：（一）路局应承认正太铁路总工会有代表全路工友之权；（二）罢工期间不得扣薪；（三）不得因罢工而借故开革工人，以后路局处罚工人，亦须先得工会同意；（四）本会会员因有小故而被革除者应即复职；（五）短工均改长工，以后新上短工，满一年后，亦须改为长工。并提出“倘铁路当局不予我们满意答复，我们决不上工”②。

罢工 3 天以后，沙革一方面要求曹锟再次出兵镇压罢工，另一方面，多方请人调停。罢工 10 天，使法国资本家损失 30 万银元，沙革心急如焚。经过调停，他只好同意总工会提出的 14 项条件，并将这些条件印刷数千份，通告全国。经过 12 天的激烈斗争，正太路工人的罢工斗争终于取得了胜利。

正太路工人罢工的胜利，是与各路工人的有力支援分不开的。京汉路长辛店、琉璃河、高碑店、正定等分工会在罢工的第二天，送来旗、匾和物资，并派代表常驻石家庄，准备采取一致行动。唐山京奉路职工总会、汉冶萍总工会、津浦路工会、京汉路总工会筹备处纷纷发来电报，表示要一致起来作实力援助。京汉路总工会筹备处还给北

---

① 北京《晨报》，1922 年 12 月 17 日。

② 北京《晨报》，1922 年 12 月 20 日。

洋政府国务院、国会参众两院、交通部、全国各工团、各报馆以及吴佩孚、曹锟、阎锡山发出电报，要求他们敦促正太铁路局和法国资本家答应工人提出的条件。中华全国铁路总工会筹委会也向全国发出通电，呼吁“凡属工人阶级的队伍，尤望本同一阶级切肤之痛，实力援助”①。

① 北京《晨报》，1922 年 12 月 24 日。

第 三 章

第一次国共合作与革命斗争的发展

一、第一次国共合作在河北的实现

革命统一战线的建立

在半殖民地半封建的中国，帝国主义和封建军阀势力十分强大，仅仅靠无产阶级的力量是不能把它们打倒的，而必须联合一切可以联合的力量，结成广泛的革命统一战线。京汉铁路工人大罢工的失败已经使共产党人认识到了这一点。在共产国际积极推动下，中国共产党开始与孙中山接触。孙中山领导的国民党是一个成分复杂、组织松散的资产阶级民主主义的革命政党。由于其阶级的局限，在革命运动中鲜有作为，孙中山也因连遭挫折而陷于困境。因此，他真诚地欢迎共产党同他合作，欢迎苏俄政府对中国革命的援助。

1922 年 8 月，中共中央在杭州西湖召开特别会议。马林传达了共产国际关于要求中共党员以个人身份加入国民党的指示精神。参加会议的大多数人原则上接受了共产国际的建议。

1923 年 6 月，中国共产党在广州召开第三次全国代表大会。会议根据马克思列宁主义的策略原则和共产国际的指示，结合中国革命的具体情况，在分析中国社会矛盾和明确中国革命性质的基础上，正式确定了共产党员以个人身份加入国民党，与国民党进行党内合作的策略方针，使党能够团结一切可能联合的力量，共同完成反帝反封建的民主革命任务。中共北京区委指派李大钊、张国焘、何孟雄、罗章龙等人出席了大会。

1924 年 1 月 20 日，中国国民党第一次全国代表大会在广州举行。大会审议并通过了《中国国民党第一次全国代表大会宣言》草案。草案对三民主义作了适应时代潮流的新解释，后人称之为新三民主义。新三民主义的政纲同中国共产党的民主革命纲领在基本原则方面是一致的，因而成为国共合作的共同纲领。大会通过了《中国国民党章程》，同意共产党员和社会主义青年团员以个人资格加入国民党，并提出改组国民党的各项具体办法。这次大会以后，国民党实际上成为工人、农民、城市小资产阶级和民族资产阶级的革命联盟，标志着以第一次国共合作为基础的革命统一战线正式建立。会议还决定在上海、北京、汉口等地建立国民党地方执行部，李大钊负责领导北京执行部的工作。

国民党北京执行部的成立

国民党一大以后，北京和直隶代表李大钊、于树德、李锡九、于方舟、韩麟符、陈镜湖等回到北京。根据中共三届一中全会通过的关于进一步促进国民党改组，在全国扩大国民党组织，凡有国民党组织的地方，中国共产党党员、社会主义青年团团员“一并加入”，凡国民党无组织的地方，中共则为之建立的决定和国民党一大决议，中共北京区委积极帮助国民党筹建北京执行部。1924 年 4 月 20 日，国民党北京执行部正式成立。执行部下设组织、宣传、青年、工人、农民、调查、妇女 7 部，李大钊、于树德、丁惟汾等人担任各部部长，何孟雄、蔡和森、朱务善、张昆弟、王尽美、缪伯英等共产党员参加了执行部的工作。该部负责领导北京、直隶、山西、山东、热河、察哈尔、绥远、内蒙古以及西北和东北等十几个省市国民党部的工作。国民党北京执行部的建立，为北方国共合作的展开，提供了重要的组织保证。到 1925 年 10 月，国民党北京执行部所属各地的党员总数已达 1.4 万多人，为开展革命活动打下了坚实的组织基础。

帮助国民党建立直隶省各级党部

地处京畿的直隶省是各派军阀争夺的战略要地。当时，国民党在直隶省处于半合法地位，没有统一的组织，只有少数国民党员在北京、天津等大城市的上层人士中活动，力量很弱，而共产党则在全省的许多地方建立了组织。李大钊认为："国民党从前的政治革命的运动，所以没有完全成功的原故，就是因为国民党在中国中部及北部，没有在社会上植有根柢的组织。"① 国民党一大以后，以李大钊为主要领导人的中共北京区委根据中共中央《第十三号通告》的精神，派遣共产党员到直隶各地，帮助国民党建立地方党部。

为了加快各省党部的建立，国民党中央执行委员会往各省派筹备专员，负责组织该省党部。共产党员于方舟、李锡九被指定为直隶省国民党党部的筹备员。

经过短暂的筹备，国民党直隶省临时执行委员会于 1924 年 2 月在天津英租界义庆里 40 号成立。执行委员为：江著元（江浩）、王贞行、崔溥、李永声（李锡九）、李廉棋、郝久亭、王兰渚、张儒林、王心邦。候补委员为：邓培、韩子木、吕贺先、汪盛荻、张廷瑞、冯培我、张兆丰、张宝泉、张仲毅。党部内分设常务部、组织部、宣传部、青年部、农工部和妇女部。党部领导人分工是：常务部长江浩，组织部长李锡九，宣传部长于方舟，青年部长李逸，农工部长张兆丰，妇女部长邓颖超。

1925 年 6 月，国民党直隶省临时执行委员会在北京举行全省第一次代表大会，正式成立了直隶省党部。选举江著元、吕职人、邓颖超、于方舟、王德舟、黄钟瑞、叶善之、李逸、阎浚钟为执行委员，王应生、郭清华、刘宪声、胡超尘、刘治熙、张廷瑞、翟少痴、裘树藩、何志善为候补委员。监察委员李立三、宋之翰、王心邦，候补监察委员江韵清、赵云蓉、张福堂。

---

① 《李大钊全集》第四卷，河北教育出版社 1999 年版，第 220 页。

1924年春，中共唐山地委成立了唐山国民党改组委员会，由邓培担任主任。邓培向全体共产党员和社会主义青年团员传达了中共中央关于以个人名义加入国民党和帮助国民党建立地方组织的决议。唐山大学20多名社会主义青年团员以个人名义加入国民党，并建立了国民党区分部。随后，又在唐山制造厂建立了国民党区分部。同年12月，唐山大学和唐山制造厂两个国民党区分部合并，成立了国民党唐山区党部。

1925年初，中共乐亭支部动员共产党员和社会主义青年团员加入国民党。经中共北京区委国民运动委员会批准，成立国民党乐亭县党部，下设区分部，国民党县党部的骨干都是共产党员。

1925年七八月，江浩以国民党直隶省党部负责人的身份，组织在京、津读书的玉田籍进步学生回原籍开展革命活动。他利用与县教育局长王锦堂是世交的关系，征得王的同意，开办小学教师暑期讲习会，切磋教学业务，传播革命思想。在讲习会的中后期，介绍一部分进步小学教师以集体开会的形式加入国民党，并履行了入党手续，使玉田的国民党员达到20多人，建立了国民党玉田县临时党部。

中共保定地方组织根据中共北京区委的指示，利用暑假、寒假和课余时间，派遣共产党员深入铁路、工厂、学校、县城、农村，宣传中共关于革命统一战线的方针、政策，帮助国民党建立组织。直隶省立第二师范学校学生王志远（共产党员）在博野县小庄头、东墟等农村发展了一批国民党员，并在东墟村建立了国民党区分部。1925年冬，直隶省立第二师范学校学生、共产党员、国民党保定市党部负责人刘宪曾，利用寒假回家的机会，先后在蠡县高小和李岗、洪善堡等20多个村庄发展一批国民党员，并于1927年春天，在城内高小学校，建立了国民党蠡县党部；直隶省立第二师范学校学生王之平（共产党员）与何厚之、陈观民等人建立了国民党满城县党部；阎振熙等人建立了国民党清苑县党部。

1925年5月，中共天津地委书记、国民党直隶省党部负责人于方舟到容城县从事革命活动。当时，容城县的白龙村敬业两级小学基础较好，人称“小育德”。县教育局把于方舟介绍到这所学校。他通过向师生介绍国民党一大的情况，宣传新三民主义和联俄、联共、扶助农工三大政策，并把孙中山的《建国方略》《建国大纲》以及《列宁政治生活》《中国农民》和《向导》等进步书刊送给师生阅读。他还以聊天、讲故事的方式接近群众，宣传共产主义思想，通过七八天的工作，发现并掌握了一部分思想进步分子，在此基础上发展了一批国民党员，建立了国民党容城县党部。

在石家庄，自国民军第三混成旅进驻石家庄、正定等地后，为石家庄地区的革命统一战线的形成创造了有利条件。驻正定七中的第三混成旅参谋长、共产党员张兆丰，军需处长、共产党员郝久亭，在七中发展党团员，建立党团组织的同时，按照上级党组织的指示，号召党团员以个人身份加入国民党，于 1925 年初，建立中国国民党正定县党部。① 这是第一次国共合作时，共产党在石家庄地区帮助国民党建立的最早的县党部。1926 年秋，在共产党帮助下，石家庄地区的获鹿、晋县、深泽等县都建起了国民党组织。元氏县部分共产党员、青年团员还以中山学会的名义，参与了国民党县党部的竞选，宣传三民主义。这样，中国共产党在石家庄地区不仅建立和发展了国民党组织，而且还利用这一时机发展壮大了中国共产党的组织力量，扩大了共产党在石家庄的影响。

1926 年 4 月初，中共磁县特支在磁县岳城镇召开国共两党联席会议，成立了国民党磁县党部。1926 年 8 月，共产党员李相虞根据中共北京区委指示，在彭城发展国民党员，建立了国民党彭城区分部，由李相虞负责区分部工作。1927 年 5 月至 6 月间，国民党彭城区分部改为区党部。1926 年 7 月，刘格平在天津由共产主义青年团员转为共产党员以后，被委任为中共津南特派员兼国民党特派员。他在沧县直隶省立第二中学介绍郝树模、王佩琪、曲作民等人加入共产党，建立中共直隶省立第二中学支部，然后又在泊头直隶省立第九师范学校介绍

① 中共正定县委党史资料征集编审办公室编：《正定党的诞生和成长（1921—1937）》，1986 年内部印刷，第 12 页。

郝兰、傅炳瑞等人入党，建立中共直隶省立第九师范学校支部。为了便于开展工作，把沧县直隶省立第二中学和泊头直隶省立第九师范学校的共产党员发展为国民党员，并明确两个学校的支部，既是共产党支部，也是国民党支部。此外，李锡九在安平县和饶阳县发展了一批国民党员，建立了国民党县党部。

在中共北京（北方）区委和李大钊的领导下，直隶省的国民党组织发展很快，到1925年10月，直隶有国民党员1500多人。1926年5月，据国民党第二届中央委员会全体委员会统计，直隶省共有县、市党部53个，区党部60个，区分部244个，党员5300多人。从省党部到大多数市、县党部均由共产党员和共产主义青年团员担任领导工作。

国民党热河和察哈尔特别党部的建立

1924年，中共北京区委派遣共产党员韩麟符回热河原籍建立国民党党部。韩麟符到热河首府承德以后，以陈镜湖、郑丕烈、杜真生等热河早期共产党员为骨干，发动热河师范和热河中学的学生，建立两校学生联合会，宣传三民主义，并在两校师生中散发有关革命活动的小册子，提高青年学生的觉悟，使何柏寿、王锡福、王兴国等一大批进步青年追随在他们左右。在此基础上，1925年3月，陈镜湖、杜真生以共产党员的身份，在承德南营子大街三条胡同的一个大院里，建立了国民党热河特别区党部。陈镜湖、杜真生等担任执行委员。到1925年10月，热河特别区有国民党员800多人。1926年5月，热河特别区有国民党县、市党部8个，党员3500多人。

1925年10月，李大钊以国民党驻华北特派员的身份第四次到张家口组织成立国民党察哈尔特别区党部。由中共张家口地委国民运动委员会负责人张良翰担任执行委员，共产党员王仲一、江浩、乐天宇先后担任工人部长和青年部长，国民党察哈尔特别区党部设在张家口桥东宝善街工人俱乐部隔壁。当时中共组织处于秘密状态，中共张家口地委及下属组织是以国民党的名义公开做群众工作的，1925年10

月，察哈尔特别区有国民党员400余人，到1926年5月，共有县、市党部6个，党员3200余人。

国共两党的合作并不是一帆风顺的。从国共合作的第一天开始，国民党内的右派分子就处心积虑地进行反共分裂活动，破坏革命统一战线。当“国民党同志俱乐部”和西山会议派出现以后，以李大钊为首的中共北京（北方）区委团结国民党左派，与右派分子的分裂活动进行坚决的斗争，并使国民党二大通过了《弹劾西山会议派决议案》和《处分违犯本党纪律党员决议案》，将邹鲁、谢持等右派永远开除党籍。与此同时，中共天津地委同国民党直隶省党部内国民党右派的反共分裂活动也进行了坚决斗争。在召开直隶全省共产党员代表和天津党团员（有国民党员参加）代表会议以后，于1926年3月10日，在北京召开了国民党直隶省代表大会，选举江浩、李锡九、于方舟、王积衡、李逸等9名共产党员为执行委员，江浩、李锡九、于方舟为常务委员，于方舟为常务部长，从组织上粉碎了国民党右派企图通过改选省党部篡夺领导权，排挤共产党的阴谋，巩固了以国共合作为基础的革命统一战线。

总之，在国共合作时期，在共产党的帮助下，直隶省和热河、察哈尔特别区的国民党组织有了很大的发展。青年学生、青年工人和青年农民加入国民党以后，改变了国民党仅从军政上层人士中吸收党员的做法，消除了直隶国民党的沉寂气氛。特别是共产党员和社会主义青年团员加入国民党以后，使其吸收了新鲜血液，充满了生机，为在直隶、热河和察哈尔开展国民运动和反帝反军阀的革命斗争，奠定了组织基础和群众基础。

二、迎接孙中山北上与国民会议运动

迎接孙中山北上

冯玉祥在1924年10月发动北京政变，推翻直系军阀曹锟、吴佩孚的北京政府，组成以皖系军阀段祺瑞为“临时执政”的北京政府。他将自己的部队改称为国民军，同情共产党人的革命，并电请孙中山北上，共商国事。这一举动，在客观上为国共两党在北方的合作，促进工农运动的发展，创造了有利条件。在共产党组织的支持和推动下，孙中山决定北上。1924 年 11 月 10 日，孙中山在《北上宣言》中重申反对军阀和反对帝国主义的政治立场与国民革命的目的，响应中共中央关于召开国民会议的主张，准备以国民党一大宣言及所附之政纲作为《建国议案》提交国民会议。13 日，孙中山偕夫人宋庆龄乘永丰舰北上。他在途经上海、长崎、神户等地发表演讲时指出，他北上的目的是召开“国民会议，由全体国民自动的去解决国事”[①]。并表示在国民会议上，“第一点就要打破军阀，第二点就要打破援助军阀的帝国主义者”[②]。鉴于孙中山北上的政治立场，中共中央支持孙中山北上。在李大钊主持下，国民党北京执行部组织了“筹备欢迎总理委员会”。

11 月 24 日，在中共北京区委领导下，中共天津地委召集天津反帝大联盟、京奉铁路职工总会、国民党直隶省党部和天津市党部等 41 个团体的代表 50 余人，在天津县教育会召开第一次欢迎孙中山筹备会。会议由江浩主持，于方舟担任书记。会议公推邓颖超、宋朝义等 8 人为联络员，谢宝光、史汉青等 8 人为庶务员，积极从事欢迎孙中山的各项准备工作。公推江浩、马千里负责与孙中山接洽，于方舟负责起草传单事宜。[③] 29 日，中共天津地委组织各界代表在学界俱乐部召开第二次欢迎孙中山筹备会。江浩向与会代表报告了孙中山到达天津的日期及欢迎孙中山的准备情况，与会代表讨论了召开欢迎会的具体事宜。12 月 1 日，中共天津地委书记、国民党直隶省党部负责人于方舟主持召开国民党天津市党部党员大会，讨论了欢迎孙中山的准备

① 《孙中山选集》（下），人民出版社 1956 年版，第 897 页。

② 同上书，第 891 页。

③ 中共天津市委党史资料征集委员会编：《中共天津党史大事记（1919—1949）》，天津人民出版社 1991 年版，第 58 页。

工作，为便于宣传和组织群众，决定将全体国民党员分为维持队和宣传队。共产党员也以国民党员的身份进行活动。

12 月 4 日，孙中山和夫人宋庆龄及随行人员一行到达天津法租界码头。李大钊派中共北京区委负责人赵世炎专程前往天津迎接孙中山。中共天津地委动员和组织全市 50 多个团体的工人、学生、市民两万人前去欢迎。于方舟、江浩、李锡九、邓颖超等上船向孙中山表示欢迎。孙中山激动地说："兄弟为谋救国之策曾两次来天津，这次抱病北来，不是争权力的，而是为了消除内战主张南北议和，促进国民会议，废除各列强不平等条约。"[①] 孙中山一行下船后，乘汽车到日租界张园住下。当天下午，江浩、于方舟、马千里等前往张园会见孙中山代表张继、徐谦、王法勤、汪兆铭（汪精卫）等，商议邀请孙中山讲演和会见群众等事宜。

12 月 8 日，孙中山抱病接见于方舟、江浩等天津代表，他说："帝国主义者陷我国为半殖民地，吾人起而反抗之，则抱负此种志愿，实属必须也。"他在历数帝国主义和军阀的罪行后，明确表示：国民革命的目的是在于人民的利益，谋求中国的自由与独立，善后会议是段祺瑞欺世盗名的御用工具，是完全非法的；天津国民革命的兴起，打破了北方封建军阀、帝国主义统治最牢固的堡垒，使我看到了三民主义、五权宪法的曙光，这是同诸君精诚努力分不开的，希望全党上下更加勠力同心，促成国民会议的召开。与此同时，他还接见了热河代表韩麟符、陈镜湖、杜真生等人。

12 月 18 日，江浩主持召开了天津各团体代表欢迎孙中山大会。因孙中山到天津以后肝病发作，江浩向大会报告了孙中山的病情，说明孙中山因病不能在群众大会上讲演。大会发起成立天津国民会议促成会。中共天津地委还组织讲演队，以"中国之现状""为什么欢迎孙中山先生呢?""国民应当怎样拥护中山先生的主张?"为题，开展宣传活动。

12 月 31 日，孙中山抱病赴京。中共天津地委和各界代表于方舟、

---

① 天津《大公报》，1924 年 12 月 5 日。

江浩、马千里、邓颖超、安幸生、卢绍亭等200多人到东车站热烈欢送。天津各界人民对孙中山的热烈欢迎和欢送，表达了直隶人民对孙中山从事革命事业的有力支持。孙中山在天津期间所表现的反帝反封建的原则立场，使直隶人民受到了鼓舞。

孙中山一行到达北京以后，在北京火车站受到各界群众10万余人的热烈欢迎。李大钊率领北京的共产党员和青年团员加入了欢迎的行列，他们高举大旗作为欢迎群众的前导，一直将孙中山一行送到北京饭店。孙中山亲手缔造了中华民国，担任过临时大总统，但受到如此热烈隆重的欢迎，还是有生以来的第一次。他在《入京宣言》中指出，虽然推翻了清王朝的封建统治，但“吾人今日仍处帝国主义各国殖民地之地位”，他强调此次来京“非争地位权利，乃为救国”①。孙中山到京以后，陈镜湖、杜真生等人受中共北京区委的指派，作为孙中山北上的特派宣传员，到热河宣传孙中山的《北上宣言》。

组织国民会议运动

1923年8月，《先驱》第24号发表《中国共产党对于时局之主张》，提出召开国民会议的主张，指出，由工农商学及其他职业团体“推举多数代表在适当地点，开一国民会议”，又说“只有国民会议才真能代表国民，才能够制定宪法，才能够建设新政府统一中国”②。后来，召开国民会议的主张被孙中山接受，他在《北上宣言》中提出：对于时局，主张召集国民会议，以谋中国统一与建设。1924年10月19日，在《中国共产党第四次对于时局之主张》中，中共中央号召全国人民团结起来，努力促进国民会议的召开。这实际上是要开展一次对内推翻军阀统治、成立人民政府，对外反对帝国主义侵略、废除一切不平等条约的反帝反封建的国民运动。在国共两党的共同推动下，掀起了全国规模的国民会议运动。由于孙中山北上，确定在北

① 《孙中山选集》（下），人民出版社1956年版，第917页。

② 中央档案馆编：《中共中央文件选集》第一册，中共中央党校出版社1989年版，第177—178页。

京召开国民会议促成会。

1925 年 1 月，李大钊被中共四大选举为中央执行委员，分工驻北京。2 月，李大钊被孙中山指任为国民党政治会议委员，参与国民党中央核心领导工作。作为国共两党在北方的主要领导人，李大钊主持中共北京区委认真研究了中共在国民会议运动中的策略，并以主要精力投入国民会议运动。在中共北京区委的领导下，北京和直隶各地出现了国民会议运动热潮。

在北京，1924 年 12 月 27 日，在虎坊桥阅微草堂成立北京国民会议促成会筹备处。参加促成会的有反帝大联盟、《政治生活》社、民权运动大同盟、中华救国学生总会等 200 多个团体。1925 年 1 月 4 日，北京国民会议促成会成立大会在北河沿北大三院举行。会议通电各省，发起组织国民会议促成会全国代表大会。

在天津，在中共天津地委的组织下，天津国民会议促成会于 1925 年 1 月 3 日在天津县教育会宣布成立。1 月 30 日，天津国民会议促成会派遣邓颖超、江韵清赴北京参加国民会议促成会妇女代表团的工作。2 月 20 日，又派遣于方舟、江浩、张寺晨、马千里、辛璞田到北京参加国民会议促成会总会的工作。在此期间，中共天津地委派遣共产党员先后到清苑、安新、容城、正定、藁城、石家庄、邢台、磁县、安平、饶阳等地开展宣传工作，使国民会议运动很快在这些地区开展起来。①

在保定，1925 年 1 月 4 日，保定党组织派遣李培之去北京参加国民会议促成会成立大会。李回保后，以国民党保定市党部的名义，在西大街贤良祠成立保定国民会议促成会，由共产党员陶永立、唐朴农、郭嘉章负责领导工作。而后，保定党组织以保定国民会议促成会的名义，印刷了许多传单和标语，在工厂、学校、街道、店铺散发和张贴，号召民众行动起来，促成国民会议的召开。1 月 24 日（农历正月初一），保定党组织利用曹锟花园（今南关公园）开放之机，由保

---

① 中共天津市委党史资料征集委员会编：《中共天津党史大事记（1919—1949）》，天津人民出版社 1991 年版，第 64 页。

定国民会议促成会负责人陶永立等组织学生在公园的各个角落撒传单贴标语，发表演说，宣传召开国民会议的意义。与此同时，保定党组织利用学校放寒假的机会，组织育德中学和直隶二师的进步学生到保定周围开展宣传活动，使召开国民会议成为保定城乡各界人民的一致呼声。

在唐山，1925 年 2 月，中共唐山地委以国民党唐山区党部的名义，发起成立由各界爱国人士参加的唐山国民会议促成会，并通过以下四项决议：（一）各团体组织长期的讲演队，深入工厂、农村宣传召开国民会议的意义；（二）组织通讯社，及时报道国民会议促成运动的情况；（三）赞许并加入全国国民会议促成会联合会；（四）择期召开唐山市民大会。

孙中山北上和声势浩大的国民会议运动，引起了帝国主义的恐惧和仇恨。帝国主义为了维持其在华利益，抵制国民会议，操纵段祺瑞政府提出召开“善后会议”。《善后会议条例》规定，出席会议的人，主要是军阀、政客和官僚，解决驱逐曹锟、吴佩孚以后各派军阀的分赃问题。“善后会议”同中国共产党和孙中山所主张的国民会议是完全对立的，因而遭到了国共两党和全国人民的一致反对。国民党和共产党分别于 1924 年 12 月和 1925 年 1 月发表通电和宣言，反对召开和拒绝参加“善后会议”。在全国人民的一片唾骂声中，“善后会议”于 1925 年 2 月 1 日开场，经过一番争吵，于 4 月 21 日闭幕。

为了对抗“善后会议”，中国共产党联合国民党于 3 月 1 日在北大三院召开了国民会议促成会全国代表大会。到会代表 200 余人，来自 20 多个省 100 多个地区。代表中有工人、农民、教职员、学生、新闻记者、律师和民族资本家。其中共产党员和社会主义青年团员达 100 多人。这次大会讨论了中国革命的基本问题，包括国际问题（不平等条约、租借地、关税自主等问题）、国内问题（联省自治、人民言论自由、发展本国实业等问题）、财政问题（外债、内债、租税等问题）以及国民会议的方针等问题。大会最后选举的执委会常务委员有顾孟余、朱务善、王乐平、苏兆征、刘清扬等 7 人，其中有共产党员 4 人。4 月 15 日下午 1 时，大会在北长街教育会场举行闭幕式。会后，代表们分赴各地，继续为国民会议的召开而斗争。

国民会议促成会全国代表大会虽然是以国民党的名义发动和组织的，但中共北京区委和李大钊发挥了核心领导作用。会前，李大钊召集中共北京区委研究了会议的各项工作，为了实现中共的主张，李大钊召集出席会议的各地中共组织的负责人组成大会党团，由赵世炎任书记。党团事先讨论了大会的每一项重大问题，保证大会的主要议题都能接受中共的正确主张，使大会获得圆满成功。

国民会议促成会全国代表大会虽然没有达到召开国民会议改组政府的目的，但它在中国历史上是空前的。这次会议揭露了“善后会议”的反人民性质，宣传了中国共产党的民主革命纲领，显示了国共合作的巨大组织力量，巩固了革命统一战线，对直隶革命形势的发展，产生了巨大的影响。

悼念孙中山

孙中山入京以后，由于连日劳累，病情加重。1925 年 1 月 26 日入协和医院手术，确诊为肝癌。孙中山在病重之际，念念不忘召开国民会议和废除不平等条约。3 月 12 日，孙中山在北京逝世。他在《遗嘱》和《致苏俄遗书》中指出：为使中国达到自由平等之目的，“必须唤起民众，及联合世界上以平等待我之民族，共同奋斗”，“最近主张开国民会议及废除不平等条约，尤须于最短期间，促其实现”①。号召全国人民坚持联俄、联共和扶助农工三大政策，开展反帝、反封建的斗争，完成他未竟的事业。

3 月 15 日，中国共产党发表《为孙中山之死告中国民众》和《中国共产党致唁中国国民党》，号召全国人民“忠实的承继中山先生的遗产，积极进行打倒帝国主义打倒军阀的伟大事业”②。

---

① 《孙中山选集》（下），人民出版社 1956 年版，第 921—922 页。

② 中央档案馆编：《中共中央文件选集》第一册，中共中央党校出版社 1989 年版，第 403 页。

李大钊和孙中山在促进国共两党的联合工作中，结下了深厚的友谊。他是孙中山治丧委员会的主要成员之一，还参加了治丧秘书股的中文定稿工作。为了深切悼念孙中山，李大钊以国民党员的身份，撰写了《挽孙中山联》。他称颂孙中山“砥柱于革命中流，启后承先，涤新淘旧，扬民族大义，决将再造乾坤；四十余年，殚心瘁力，誓以青天白日，满地红旗，唤起自由独立之精神，要为人间留正气”。并决心遵依中山先生之遗训，本三民五权，依靠亿万工农，“成厥大业慰英灵”①。

3 月 19 日，孙中山的灵柩由协和医院移至中央公园社稷坛畔的灵堂。李大钊、林伯渠等共产党员参加了抬棺仪式。许多共产党员、国民党员和各界群众参加了悼念仪式。4 月 2 日，孙中山灵柩再由中央公园移厝西山碧云寺。在国共两党负责人的发动下，北京 10 多万各界群众参加送灵活动。参加国民会议促成会全国代表大会的直隶省各地的代表也参加了送灵行列。根据李大钊的指示，陈毅率领中法大学挽灵队把孙中山的灵柩安放在碧云寺金刚宝座的最高层。

在此期间，直隶各地也举行了隆重的悼念活动。

在天津，4 月 18 日，中共天津地委联合 47 个爱国团体在安徽会馆召开追悼孙中山大会。会议由江浩主持。会上散发孙中山遗像和传单数十万份，有 30 多人登台发言，称颂孙中山的伟大功绩和新三民主义，有 10 万多人前往致祭。会后举行环城游行，表达天津人民为国民革命而斗争的坚强意志。

在保定，3 月 15 日，中共保定小组、国民党保定市党部和保定国民会议促成会，在保定直隶省立第二师范学校附属小学礼堂隆重举行追悼孙中山大会。到会的各界代表 400 多人。中共保定小组负责人张廷瑞主持大会并致悼词。中共北京区委代表刘志坚作了题为《孙中山先生在中国民族革命史上的地位和作用》的讲演，阐述了国民革命的伟大意义和孙中山的历史功绩。会后，中共保定小组以“保定市追悼孙中山先生大会”的名义，印发了孙中山的《遗嘱》《孙中山主义的原则》

① 《李大钊全集》第四卷，河北教育出版社 1999 年版，第 576 页。

等传单，号召人民群众团结起来，打倒帝国主义，铲除封建军阀。

在正定，中共直隶省立第七中学支部、国民军第三混成旅和正太路总工会在直隶省立第七中学操场联合举行孙中山追悼会。工商学兵各界代表1000多人参加了大会。中共天津地委书记、国民党直隶省党部负责人于方舟，正太路总工会秘书、共产党员袁子贞和国民军第三混成旅旅长刘月溪先后在会上发表演说，表示要继承孙中山的遗志，将国民革命进行到底。

在唐山，中共唐山地委和国民党唐山区党部在原工人图书馆召开会议，沉痛悼念孙中山。3月29日下午1时，唐山各界人士3000余人，在唐山大学操场举行追悼孙中山大会，各界代表相继发表演说，悼念伟大的革命先行者，在悼词中指出，“中山先生譬之一工程师，虽未将理想中之建筑完成，然遗吾人精美之图样与伟大之计划，此庄严灿烂之建筑成功，则在吾人之努力也”①。

承德举行了隆重的悼念孙中山活动。热河师范的全体师生参加了追悼大会，会后推举陈镜湖、杜真生代表热河人民到北京致祭。

北京和直隶各地声势浩大的悼念孙中山的群众活动，成为新三民主义的教育活动，显示了国共合作后人民群众的力量。

三、中共组织的发展

中共北方区委的建立

北京是中国共产党发起地之一，是中国共产党领导北方革命的中心。北方共产党组织的诞生和中共北方区委的建立发展是与李大钊最早在这里做了大量的开创性奠基工作分不开的。1920年10月，北京最早的共产党萌芽组织之一——“共产党小组”成立，同年底，改为“北京支部”。1921年8月，随着党员力量的逐渐壮大，在北京共产主

① 《唐大月刊》 第4期，1925年5月出版。

义小组基础上成立了中共北京地方委员会，李大钊任书记。[①] 1923年6月，李大钊在中共三大上当选为中共中央执行委员，会后被任命为中共中央驻北京委员。1923年7月中共北京地委改组，成立中共北京区执行委员会兼中共北京地方执行委员会，为了加强对北方党组织的领导，中共三大决定派李大钊为中共中央驻北京代表，成立中共北京区执行委员会（简称中共北京区委），与中共北京地委合并。

中共北京区委由5名委员组成，何孟雄担任委员长。1923年10月，中共北京区委兼地委改组，由范鸿劼担任委员长，何孟雄调任团地委委员长。1924年3月8日，根据中共中央指示，中共北京区委兼地委再次改组。由李大钊、蔡和森、张昆弟、何孟雄、范鸿劼为区委委员，李大钊担任委员长，蔡和森担任秘书，张昆弟主管劳动运动，何孟雄为国民运动委员会秘书，范鸿劼为会计。改组后的中共北京区委设立了国民运动委员会，作为处理与国民党合作事务的机构。6月17日至7月8日，共产国际第五次代表大会在莫斯科召开。李大钊率中共代表团出席会议。在李大钊去苏联期间，中共北京区委兼地委改称北京地委，由赵世炎任书记兼宣传部长，陈乔年任组织部长，张昆弟任工农部长。

1925年5月7日至8日召开了中共中央局会议。根据中央局决议，中共北京区委成立，并兼中共北京地委工作，由李大钊任区委书记。

1925年10月，为了总结党的四大以来特别是五卅运动以来的革命斗争经验，进一步壮大党的组织和开展工农运动，中共中央在北京召开第四届中央执行委员会第二次扩大会议。会议讨论了当前的形势和党的任务。在会议通过的《京区报告议决案》中指出："扩大会议后，北京市地委应立即组织，不由区委兼任，以使区委能够注意全区的工作。"[②] 据此，中共北京区委兼地委于10月初改组成为中共北方

① 参见中共中央组织部、中共中央党史研究室、中央档案馆：《中国共产党组织史资料》第一卷，中共党史出版社2000年版。

② 中央档案馆编：《中共中央文件选集》第一册，中共中央党校出版社1989年版，第497页。

区执行委员会（简称中共北方区委），直属中共中央。另外成立中共北京地委，隶属于中共北方区委。中共北方区委由李大钊、赵世炎、陈乔年、邓培、李逸为区委委员，范鸿劼、于方舟、彭建华为候补委员，李大钊任中共北方区委书记。下设组织部、宣传部和职工运动委员会、国民运动委员会、军事运动委员会和农民运动委员会等工作机构，陈乔年为组织部长，赵世炎为宣传部长。中共北方区委领导范围包括北京、天津、直隶、山西、察哈尔、热河、绥远以及东北、西北等地。

各地党组织的发展

国民党一大以后，根据李大钊的指示，于树德、于方舟、江浩、李锡九等回到天津筹建党的组织。1924 年 3 月，成立了中共天津小组，成员有于树德、于方舟、江浩、李锡九、安幸生、李培良等人，于树德为党小组组长。

以国共合作为基础的革命统一战线建立以后，天津已有社会主义青年团员 45 人。1924 年 3 月，团中央决定在天津设立团的地方执行委员会，并派韩麟符为特派员，指导天津团地委的筹建工作。3 月 9 日，在韩麟符的主持下，在天津高等工业学校召开了中国社会主义青年团天津地方执行委员会成立大会，选举于方舟为委员长，李逸为秘书，张宝泉为会计，崔溥为宣传部主任，王乃宽为教育部主任，选举王贞儒、卢绍亭、谢犧、邓颖超为候补委员。

天津团地委成立以后，天津的党团组织仍然混编在一起。1924 年 6 月，根据中共中央和社会主义青年团中央联合通知的精神，决定党团组织彻底分开。在中共北京区委代表赵世炎的指导下，通过审查，将邓颖超、卢绍亭、郝久亭、王贞儒等 9 名超龄团员转为共产党员，使天津的共产党员人数接近 20 人，1924 年 7 月，在天津法租界 24 号路普爱里 34 号召开了全体党员大会，成立中共天津地方执行委员会（简称中共天津地委），选举于方舟为委员长，江浩为组织部主任，李锡九为宣传部主任。

为了加强对天津工人运动和市民运动的领导，1925 年 6 月，中共北京区委派遣从法国勤工俭学归来的共产党员李季达（李吉荣）到天津，改组中共天津地委，由李季达任书记，于方舟任组织部长，李逸任宣传部长，李培良任农工部长，邓颖超任妇女部长。原农工委员会改为职工运动委员会，由李培良、安幸生、卢绍亭负责。原教育宣传委员会改为国民运动委员会，由江浩、李锡九负责。地委机关设在天津英租界义庆里 17 号。在此期间，中共天津地委派出共产党员帮助直隶各县建立党团组织。

1925 年上半年，保定已有共产党员 25 人。经中共北京区委批准，决定在中共保定小组的基础上建立中共保定支部。中共保定支部成立大会在保定西大街贤良祠举行。中共北京区委委派李震瀛代表区委参加成立大会，并宣读了支部委员会组成人员名单。支部委员有史文彬、张廷瑞、李培之，候补委员有张福堂、戴培源，史文彬任书记，张廷瑞负责党务工作（史不在时代理书记），李培之负责妇女工作，张福堂负责共青团工作，戴培源负责工运工作。

中共保定支部建立以后，研究制定了贯彻党的革命统一战线方针、发展党团组织和开展革命运动的措施。随着革命形势的发展，党的组织不断扩大，到 1925 年底，保定党组织已有党员 128 人，先后建立了中共保定育德中学支部、直隶省立第二师范学校支部、直隶省立第二女子师范学校支部、保定铁路支部、蠡县大庄头村支部、博野县小庄头村支部和博野县同仁高级小学支部。为了适应革命形势发展的需要，中共北方区委决定建立中共保定地方执行委员会（简称中共保定地委），1926 年初，中共保定地委正式建立，彭秀纶担任书记，王志远负责组织，张秉钧负责宣传，王佩珊负责妇女工作。

1926 年 3 月，国民军北撤，直奉联军进驻保定后，疯狂镇压革命活动，党组织由半公开转入地下。彭秀纶被中共北方区委调走后，中共保定地委书记先后由贾纾青和高风担任。高风到任后，恢复和健全了中共保定地委的领导机构，由王志远任组织部长，谢光沛任宣传部长，武述文负责统战工作，王秀峰负责妇女工作，丁春元负责青年工作，刘秀峰担任机关支部书记。此外，还建立了工运、学运、农运和妇运专门委员会。在严重的白色恐怖形势下，中共保定地委派出党员在清苑、唐县、完县（今顺平县）、满城、博野、蠡县、安平、饶阳、深泽等县农村宣传群众，组织农会，发展党员，建立党组织。

保定直隶省立第二师范学校唐县籍学生刘墨精，由共青团员转为共产党员以后，受中共保定地委派遣，于1926年春回唐县开展农民运动，发展党的组织，先后介绍小学教员田馨山和农民胡和尚等人入党。是年6月，经中共保定地委批准，建立中共唐县特支。刘墨精任书记，隶属于中共保定地委。

满城县王辛庄村人王茂臣（王之平、王如松）1925年初在保定加入共青团，同年3月转为共产党员。1926年，王茂臣回到王辛庄村，以教书为掩护开展革命活动，并介绍他的两个侄子王永昌（王耀武）、王永谦入党。1926年8月，经中共保定地委批准，建立中共王辛庄支部，书记王茂臣。

1924年3月，完县籍学生韩永录在保定育德中学加入中国共产党。1926年9月底，韩永录从广州农民运动讲习所毕业后回到家乡，先后介绍本村农民赵洛芝、李洛海、赵洛兴和葛洛尚入党，并于同年秋建立了中共完县西五里岗支部，书记赵洛芝，隶属于中共保定地委。保定石家花园惨案发生以后，中共保定地委成员刘秀峰（刘法昌）回到家乡完县，以在龙堂高小代课作掩护，从事建党等革命活动。到1926年12月，完县先后建立了西五里岗、寨子村、大恩村和协义村4个中共支部，在此基础上建立了中共完县特支，由韩永录任书记，刘元士任组织委员，李永茂任宣传委员，隶属于中共北方区委。1927年初，刘秀峰与韩永录、王茂臣共同在上辛庄村建立了中共完满联合县委，刘秀峰任书记，韩永录任组织委员，王茂臣任宣传委员。

1925年夏，中共天津地委负责人于方舟和共产党员翟少痴到达容城县，在他们的帮助下，建立了中共容城特别支部，该特支主要在容城县城内和东牛村一带活动，隶属于中共天津地委。

1926 年 9 月 18 日晚，中共保定地委在清苑苗圃召开扩大会议后，由于叛徒告密，地委领导人住地石家花园和清苑苗圃被反动军警包围，武述文在突围时中弹牺牲，高风、王志远、谢光沛、刘秀峰等人被捕，党内机密文件以及李大钊给高风的亲笔信均被抄走。

高风被捕后，为了保存革命力量，使年轻的同志出狱后继续为党工作，在敌人审讯时，他承担了全部责任，被敌人判处死刑。高风用自己的生命掩护了被捕的战友，表现了共产党人的崇高品质。中共保定地委被破坏以后，市内只有少数基层组织秘密活动，党的工作重点开始转向农村。

安平党组织建立较早，到 1924 年 8 月，全县共有党员 20 人。为了加强对全县党组织的统一领导，8 月 15 日，在敬思村召开了中共安平县第一次党员大会，选举产生了中共安平县委员会，由弓仲韬任委员长，张麟阁任组织委员，李少楼任宣传委员，隶属中共北京区委。会议确定以后的工作任务是发展党的组织，壮大革命力量，启发群众觉悟，领导群众开展反帝反封建斗争，并决定县委机关设在台城弓仲韬家。

1924 年春，李锡九在饶阳一带发展党员，根据李大钊来信的指示精神，发展了他的好友、饶阳进步知识分子韩子木（曾任直隶省议会议员）入党。韩入党后发展了倾向进步的饶阳城内青年教师翟少痴、张来欣、李永昌、刘金玉及韩子木的族弟韩毅男等人入党，并于 1925 年春，建立中共饶阳城内支部，由刘金玉任书记，韩子木担任组织委员，张来欣担任宣传委员，机关设在韩子木家中，隶属于中共北京区委。

1925 年冬，根据中共保定支部的指示，中共安平县委和饶阳县党组织合并，建立中共安（平）饶（阳）联合县委员会，由弓仲韬任书记，王春晖、韩子木、刘金玉、张鹤亭、张来欣、李少楼任委员。联合县委机关设在台城弓仲韬家中。该联合县委先后隶属于中共保定支部和中共保定地委。到 1926 年上半年，中共安饶联合县委先后建立了任庄、台城女支两个党支部和安平北关高小、安平任庄、安平赵庄、安平台城等 4 个团支部。深泽县也于同年三四月间建立了特别支部。至1926年夏，安平、饶阳、深泽3县共发展党员105名。1926年6月，中共北方区委委员王若郁（王斐然）到饶阳县，以城内党支部为基础，建立了中共饶阳地方委员会，韩毅男任书记，王若郁任组织委员，刘金玉任宣传委员，直属北方区委领导。下辖饶阳、安平、深县、武强4县党组织（实际上只领导饶阳一个县），县委机关代号"姚光华"，驻县城内韩子木家。饶阳地方委员会建立后，撤销了城内党支部，随即着手发展党团组织。到1926年底，饶阳县党员发展到26名，并建立了大送驾庄、西段村、屯里3个党支部；建立了男子高级小学、北师钦、屯里3个团支部，团员发展到70名。1926年底，饶阳地方委员会遭到破坏，饶阳基层党组织改归安（平）饶（阳）深（泽）中心县委领导。为了加强对安平、饶阳、深泽3县党组织的领导，张鹤亭根据中共保定地委指示，于1926年6月在安平县弓仲韬家召开了3县党团组织负责人会议，参加会议的有安平县的弓仲韬、弓浦，饶阳县的王春晖、张来欣，深泽县的王子益，成立了中共安（平）饶（阳）深（泽）中心县委员会，弓仲韬任书记，王春晖任组织委员，王子益任宣传委员，弓浦任妇女委员，张鹤亭任青年委员。下辖3个县的党团组织，隶属中共保定地委领导。1927年春迁往深泽县王河疃村（今西河疃村）王子益家。下属组织有安平县台城、女支、任庄等11个支部。

乐亭县是李大钊的故乡。1924年初，李大钊派共产党员、北京工业大学毕业生王德周（王佩环）回原籍乐亭中学任教。乐亭中学校长王岑伯和王德周进行教育改革，用科学和民主的新思想教育学生，提高了学生的觉悟。1924年暑假前，王德周吸收徐凌汉、贾坤普（贾焕生）、李运昌（李芳歧）、宋匡我（宋永萃）、葛玉田、孙洪祥、王成奎7名学生入团。7月，经中共北京区委批准，建立了社会主义青年团乐亭中学支部，由王德周任书记。是年冬，经中共北京区委批准，王德周将社会主义青年团员中满18周岁的徐凌汉、贾坤普、葛玉田、王成奎4人转为共产党员，建立中共乐亭中学支部，书记王德周，隶属于中共北京区委。中共乐亭中学支部建立以后，一方面利用国共合作的有利形势，争取和团结各界进步人士，开展革命运动；另一方面，加强了在农村的宣传和组织工作。到1925年6月，在小米庄子、南店、泥滩、陶庄、王栋庄子等村发展了党员，在徐烧纸庄、木瓜口村分别建立党支部。并经中共北京区委批准，建立中共乐亭地委，书记王德周，组织委员贾坤普，宣传委员徐凌汉，地委机关设在乐亭中学。该地委先后隶属于中共北京区委和北方区委。

1924年秋，鲁懋堂从哈尔滨回到山海关，并与中共北京区委取得联系。同年11月，中共北京区委派吴汝明、张昆弟到山海关，建立中共山海关特别支部。书记鲁懋堂，组织委员王桂林，宣传委员刘朋、寇文德，厂方委员宁潜湘，联络委员徐金明，特支共有8名党员。

1926年5月，玉田县中共党员肖质斋、王佩青、李立元等人秘密召开会议，成立了中共玉田支部，支部化名“玉芝”，肖质斋任支部书记，王佩青任组织委员，李立元任宣传委员，隶属于中共天津地委。中共玉田支部建立后，发展了县教育局长王秀江入党，并有计划地向全县小学教师和县师范讲习所的师生传播革命思想，使玉田教育界、知识界革命活动活跃起来。但活动很快就被县议会议长赵振川等向奉系军阀告发：宣传“共产”，“赤化”青年。为了不暴露党组织，王秀江、王佩青、肖质斋向县长提交了辞职书后转移到天津。“玉芝”停止活动，刚刚建立起来的中共玉田支部解体。为配合北伐，恢复玉田县党组织，1926年9月，中共北方区委派刚从广州农讲所学习回来的中共党员张明远，以农委特派员的身份回玉田开展工作。10月，又调曾在开滦煤矿工作的中共党员杨春霖，以农委特派员的身份回玉田，同张明远一道工作。这时，玉田县已有张明远、杨春霖、李立元、张洪、宋哲三等8名共产党员。10月底，在玉田县珠树坞小学召开全体党员会议，成立中共玉田特别支部，由张明远任书记，李立元任组织委员，杨春霖任宣传委员，隶属于中共北方区委。到1926年12月底，玉田已有党员30人，共建立了9个支部。1927年1月中旬，中共玉田特支派遣张明远到北京向中共北方区委汇报工作，并要求建立县委。李大钊、陈乔年听了汇报以后，对玉田特支的工作给予充分的肯定，并同意建立玉田县委，指定张明远任县委书记，杨春霖任组织委员，李立元任宣传委员，宋哲三、张洪为县委委员，隶属于中共北方区委。张明远回县传达中共北方区委的指示后，县委随即成立。下属组织有玉田县的独树村、郭家屯、鸦鸿桥、珠树坞、丁家桥、六里屯、果各庄、吉家行、彩亭桥，丰润县的杨义口头村和遵化县的西纪各庄 11 个支部。县委建立后，该县的农民运动得到了迅速发展。1927 年 4 月，中共北方区委遭到破坏以后，该县委改属中共天津地委领导。

此外，滦县中学学生秦芝和在乐亭中学读书的滦县籍学生徐德瑞、杜宗周，于 1925 年 9 月在乐亭中学加入中国共产党。他们于同年 12 月在乐亭县成立了中共滦县支部，隶属中共乐亭地委。1926 年冬，中共滦县支部迁回滦县县城，仍归中共乐亭地委领导。

中共北方区委建立以后，李大钊很重视石家庄的工作，他认为石家庄有现代纺织工业，又系东西南北的交通枢纽，战略地位很重要，这些地区的工作应加以重视。根据李大钊的意见，1925 年 12 月，中共北方区委决定在石家庄建立党的特支。中共北方区委组织部长陈乔年派遣在北京中法大学学习的共产党员王光宇（王斐然）到石家庄进行筹建工作。12 月底，王光宇与先期由中华全国铁路总工会派到石家庄从事工运工作的傅茂公（彭真）、王警昆（王鹤寿）一起建立了中共石家庄特别支部，由王光宇任书记，傅茂公和王警昆担任委员，隶属于中共北方区委，机关设在石家庄桥东。1926 年下半年以后，特支负责人先后为张浩古和阎怀聘。1925 年底，王警昆在从事工人运动的同时，建立共青团京汉铁路石家庄特别支部，并任书记。该特支活动范围在正太铁路总机厂、石家庄火车站和大兴纱厂等单位。1926 年 5 月以后，该特支停止活动。

1924 年 11 月，国民军三军第三混成旅进驻正定，旅部驻在直隶省立第七中学。该旅中的共产党员张兆丰、郝梦九、郝久亭根据中共北京区委的指示，在七中学生中发展党员，不久，他们介绍杨天然、尹玉峰、高克谦、裘树藩、于华峰 5 人加入共产党。1925 年夏，建立中共直隶省立第七中学支部，杨天然任书记，尹玉峰任组织委员，高克谦任宣传委员。后来根据中共天津地委的指示，改称中共正定特别支部。到1927年2月，中共正定特支的下属组织有中共正定县吴兴高级小学支部、北豆村支部、直隶省立第八师范学校支部、玉华鞋庄支部等10个支部，为了加强党的领导，根据中共北方区委的指示，将中共正定特别支部改建为中共正定地方执行委员会。1927年6月，中共顺直临时省委决定，在中共正定地方执行委员会的基础上，建立中共正定县委员会，书记尹玉峰，组织委员阎步洲，宣传委员周克敏。隶属于中共顺直临时省委，县委机关设在正定城内玉华鞋庄。该县共有100余名党员。

1925年8月，在保定直隶省立第二师范学校读书的共青团员姜宪周向中共保定支部请示在其原籍元氏县建立党团组织问题。经中共保定支部书记张廷瑞批准，姜宪周由共青团员转为共产党员，并决定由姜宪周在元氏县建立党团支部。9月初，姜宪周回到元氏县，发展了4名党员，并建立了中共元氏县小组和团组织。1926年春，经中共保定地委批准，在中共元氏县小组的基础上建立了中共元氏县特别支部，书记姜宪周，开始时隶属于中共保定地委，后隶属于中共北方区委。

1925年，在保定直隶省立第二师范学校入党的冯荫棠（冯化南）、在正定直隶七中入党的李廷政（李明堂）、在保定育德中学入党的翟克良、王荫棠等人先后回到原籍晋县，传播马克思主义，秘密发展党员。他们先后介绍冯荫槐、侯浩平等5人加入中国共产党。1926年11月，冯荫棠与中共天津地方执行委员会接上关系后，中共天津地委即派巡视员翟少痴到晋县指导工作。12月，中共天津地委再次派人来晋县，主持第一次党员大会，建立了中共晋县特别支部，书记冯荫棠，组织委员刘国选，宣传委员李廷政，受天津地委领导。到1927年3月，晋县已有党员15名。在原特支的基础上建立中共晋县委员会，书记冯荫棠，组织委员刘国选，宣传委员李廷政，农运委员冯荫槐，隶属于中共天津地委，县委机关设在晋县东关李廷政家。县委成立后，党的组织和农会组织都有较快的发展，很快在东关、城内、丁家庄、周家庄、安家庄等17个村建立了党支部，发展党员80多名。同时建立起农民协会20多个，会员发展到1000多名。

1925年7月，井陉县东元村赵玉祥在正定直隶省立第七中学学习期间，由尹玉峰介绍加入中国共产党。1926年7月，赵玉祥毕业后，受党组织派遣回原籍建立党的组织。他通过开办“平民夜校”，启发劳动群众的觉悟，先后介绍本村的贾德功、赵金山等5位农民加入共产党，并于1926年秋末冬初，建立中共井陉县东元村支部，赵玉祥任书记，隶属于中共正定地委。此后，赵玉祥又介绍李悦民、董希儒、王升甫等一批知识分子和李玉、张千栋、曾怀德等煤矿工人加入共产党。到1927年初，井陉县的党员发展到20多名。同年春，在中共东元村支部的基础上，建立了中共井陉县特别支部，书记赵玉祥，仍由中共正定地委领导。该特支负责领导井陉煤矿、正丰煤矿和威州、冶里、东西冶、台头、贵泉等村镇党的工作。

1927年上半年建立的党组织，还有以刘玉生为书记的中共高邑县特支，以张静轩为书记的中共行唐县庄头村支部等。

李大钊非常重视和关心民族问题，亲自主持成立了民族问题研究小组，指出：应该把研究民族问题当做研究马克思主义的重要内容。李大钊在领导北方革命运动的同时，即着手内蒙古地区的建党工作。1923年夏，一批蒙古族有志青年到北洋军阀政府开办的北京蒙藏学校学习。为了培养少数民族干部，李大钊和邓中夏、赵世炎、韩麟符等人多次到蒙藏学校宣传马克思主义，并组织蒙藏学校的进步学生参加北京大学的革命活动，使这些蒙古族青年逐渐懂得了民族斗争与阶级斗争的关系，认识到了蒙古族人民的解放斗争和全国各民族解放斗争的一致性。到1924年底，该校的进步学生多松年、张良翰、吉雅泰、云浮（乌兰夫）等38人加入共产党。在实现国共合作，建立革命统一战线以后，为了开展察哈尔地区的革命运动，中共北京区委先后派遣蒙藏学校学生中的共产党员张良翰、多松年等赴察哈尔特别区开展工作，在建立国民党组织的同时，秘密发展共产党员。1925年5月，中共察哈尔特别区工作委员会建立，先后由张良翰、多松年担任书记，机关驻在张家口，隶属于中共北京区委，1925 年 10 月以后，改属中共张家口地委领导。

热河位于内蒙古东部，故有东部内蒙古之称。1923 年 1 月，热河进步青年韩麟符、陈镜湖等经李大钊介绍加入中国共产党。后来，在李大钊的关怀下，又吸收部分热河蒙古族、汉族青年入党，并派遣这些共产党员回热河开展革命运动，建立国共两党组织。1925 年初，经中共北京区委批准，中共热河特别区工作委员会成立，先后由陈镜湖、杜真生担任书记，隶属于中共北京区委，机关设在承德南营子大街三条胡同。

中共北京区委和李大钊认为，张家口是西北革命的枢纽和关键，是通向内蒙古草原的“码头”和“桥头堡”。从张家口、京绥路打通与苏联、蒙古的联系，争取国际合作和帮助，将会推动革命的发展。根据中共北京区委和李大钊的指示，由中共张家口特支负责人王仲一、江浩筹建中共张家口地委。在国民军进驻张家口以后，利用国民军同情革命的有利条件，中共北京区委派遣共产党员虞和卿、余大奎、宣侠父、孙荩萱、张兆丰等到张家口从事革命活动，发展党的组织。先后建立了中共张家口工人俱乐部支部、中共京绥铁路总工会张家口分会支部以及中共国民军第三军第三旅军事干部学校支部和西北陆军干部学校支部。1925 年 10 月，中共北方区委派遣萧子暲（萧三）等人到张家口，与张家口特支负责人王仲一、江浩等一起建立了中共张家口地方执行委员会，隶属于中共北方区委。书记先后由萧子暲、王仲一、丁孜孜担任；组织部长先后由王仲一、王藻文担任；宣传部长先后由江浩、乐天宇担任；国民运动委员会书记由张良翰担任；职工运动委员会书记先后由虞和卿、王仲一兼任；农民运动委员会书记先后由乐天宇、李怀才担任；青年运动委员会书记先后由杨洪涛（杨波清）、穆秉衡（穆雨琴）担任；妇女运动委员会书记由张书香担任。1926 年 3 月，地委增设军事委员会和党校。由王一飞担任军事委员会书记，张兆丰任军委委员，苏联顾问团炮兵专家嘉尔宾果（李海梁）参加军委工作，王仲一、丁孜孜、穆秉衡担任党校负责人，蒋听松为地委机关刊物《西北向导》负责人，地委机关设在张家口市桥东宝善街41号，代号“章迪芳、张棣芳”。李大钊多次指出，张家口地委是内蒙古建党的基地，要求把张家口地委建成党的塞外核心堡垒，并确定张家口地委除领导张家口附近的12个支部和南口、绥远两个特支以外，还要领导察哈尔、热河、绥远三特区和包头工作委员会，所属党员300余名。

大名县党组织的建立与大名七师有着极为密切的关系。1926年暑假，大名直隶省立第七师范学校校长谢台臣聘请中共党员冯品毅到七师任英语教师。1926年10月，冯品毅奉组织指示离开七师前夕，介绍进步学生刘大风（安明）、赵纪彬（赵济焱）、李世玮（李大山）入党。随后，刘大风、赵纪彬又介绍成润（成滋）、吴益普加入共产党。并建立了党、团两个特别支部，刘大风任党的特支书记，成润任团的特支书记。这几名共产党员后来成为大名县乃至直南党组织发展的骨干力量。1927年春，七师党组织又相继发展学生解蕴山、裴志耕、曾则西、董佩玉、李亚光、石仙州、朱子欣、王师韩、郭似安、李青阳等10多人加入共产党。这时，中共中央已将大名特支的组织关系转到中共北方区委，刘大风、赵纪彬、李大山在校长谢台臣和教务主任晁哲甫等人的资助下，到北京找中共北方区委，要求去武汉参加革命斗争。北方区委考虑到大名地区革命斗争的情况，派刘大风一人去武汉农讲所学习，赵纪彬和李大山仍回大名开展工作。1927年4月初，北方区委委派李素若任大名特支书记。不久，建立中共大名县执委会（中共五大以后改称大名县委），李素若任执委会书记，李大山任组织委员，赵纪彬任宣传委员。同时成立共青团大名县执委会，成润仍负责团的工作。除大名县外，执委会还负责清丰、南乐、濮阳等县的建党工作。不久，七师校长谢台臣，教务主任晁哲甫，训育主任王振华，教员高韶亭、李柳范，学生李调元、李大磊、李尊荣等相继加入共产党。七师党员人数达到30多人。

顺德因交通便利，是直南政治、经济、文化比较发达的地方。1925年4月，中共北京区委派遣共产党员于方舟、张仲毅到顺德开展建党活动。他们首先在直隶省立第十二中学发展了磁县籍学生史天和、薛金吾、吕良弼和柏乡籍学生高鸣鹿、南和籍学生苏本立等加入共产党。同年8月，国民军二军陕西骑兵一旅移驻顺德以后，该旅的共产党员王怀新（骑兵旅宣传队长）、杨子江、李长太等为了与北方党组织建立联系，经常到直隶省立第十二中学活动，不久，发展了该校学生沈国华（南和人）、蔺朝杰（磁县人）和职员鲍济生（南宫人）等入党，并建立中共直隶省立第十二中学支部，蔺朝杰任书记（后由鲍济生接替），沈国华、鲍济生为支部委员，隶属于中共北方区委。同年11月，沈国华到顺德直隶省立第四师范学校发展党组织，先后介绍黄伯梁、王帮彦、刁梦申、王福堂（王亦民）、史联甲（刘宁一）、治温等人入党，并建立中共顺德直隶省立第四师范学校支部，书记王亦民，隶属于中共北方区委。为了适应革命斗争的需要，加强和统一领导顺德地区的党组织，中共北方区委决定，建立中共顺德特别支部，鲍济生任书记，沈国华、高鸣鹿为委员。特支代号为“邢佐龙”。特支负责领导顺德、南和、巨鹿、柏乡、隆平、尧山、任县、平乡等县党的工作。1926年9月，沈国华担任冀南党务特派员以后，加强了党员的发展工作。在邢台县陈村、东侯兰高小和直隶省立第四范师学校附属小学（翟村小学）教师中，发展张信卿、张笑宇、张箕南、王玉宾、郭沛轩等人加入共产党，以后，又在邢台县立师范和宏道中学学生中，发展赵西山、赵清正、殷鸿义加入共产党。到1926年底，顺德已有共产党员29名。1927年2月，中共顺德特别支部在邢台县西郭庄村张信卿的家中召开秘密会议，根据中共北方区委指示，决定将中共顺德特支改组为中共顺德临时地方委员会，其活动范围与中共顺德特支相同。书记沈国华，组织委员兼学运委员何子箴，宣传委员张笑宇，农运委员张信卿，工运委员赵西山，隶属于中共北方区委，地委机关设在邢台县西郭庄村。

1924年，隆平籍学生朱林森、郭慕文、李培淮、侯薪先后在保定直隶省立第二师范学校加入社会主义青年团。1925年秋，他们利用学校放假的机会，回到家乡隆平县发展团组织，组成临时团小组。

随后，朱林森和郭慕文介绍张芥士、高爽秋等人加入共青团，并建立共青团隆平县支部，书记朱林森，代号“龙芝”。团支部建立以后，继续扩大组织，吸收一些先进知识分子和农民入团。到 1926 年初，全县的团员发展到 50 多人，建立了 16 个团支部。同年夏，共青团北方区委巡视员刘子骐到隆平视察，经其同意，8 月份在隆平县陈村大庙召开全县活动分子会议。会议决定：凡年满 18 岁的思想进步、工作积极的共青团员，均可转为共产党员，并将王尹村、魏家庄、肖庄村等 13 个团支部改为党支部。会议选举产生了中共隆平县第一届委员会，书记朱林森，组织委员高爽秋，宣传委员阎登高，统战兼农运委员张芥士，青年委员薛计田，隶属于中共北方区委，县委机关设在隆平县城西里。

1926 年 7 月，刘格平经中共天津地委负责人于方舟、李季达介绍，在天津由共青团员转为共产党员。9 月，中共天津地委和国民党直隶省党部派遣刘格平到津南，以中共津南特派员和国民党特派员的双重身份，回津南地区创建国共两党组织。刘格平回到沧州后，首先在沧县二中发展党员，介绍郝树模、曲作民、王佩琪、戈本捷、卢冠英等进步学生加入中国共产党，创建了沧州第一个党支部——中共沧县二中支部，由郝树模任支部书记。随后，刘格平又在泊镇直隶省立第九师范学校介绍郝兰汀、傅炳瑞、姜春田、息英俊、刘宪圣、王建文等进步学生入党，建立了中共泊镇直隶省立第九师范学校支部，由郝兰汀任支部书记。以后，刘格平回到家乡沧县大堤东，将刘子芳等 3 人由共青团员转为共产党员，建立了中共沧县大堤东支部。同月，刘格平又建立了以韩凤奎为书记的中共沧县北小庄支部。10 月，刘格平与在沧州一带活动的中共党员——盐山的邸玉森、献县的刘清廉、吴桥的莫子镇、故城的周浩然、河间的聂嘉乐接上关系后，在津浦路东西两侧开展革命活动，发展党的组织，献县杜生、吴桥莫家场、故城十里铺、河间张寺营、庆云杨庄子、盐山邸楼等村庄都建立了中共支部。到 1927 年 2 月底，沧州地区 10 余个县建立了党组织，共有党支部 20 余个。1927 年 2 月，刘格平、刘清廉、邸玉森、刘子芳等 4 人在大东堤村刘子芳家中召开会议，成立了中共津南特委，书记刘格平，组织委员刘清廉，宣传委员邸玉森，军事委员刘子芳。在刘子芳家中的地窨子里创办了特委机关报《红线》。该特委隶属于中共天津地委，下属组织先后有沧县县委、河间献县联合县委、庆云盐山联合县委、扬马连工委、宁津县工委、沧县塔东区委等。

1925 年冬，在天津直隶省立第一师范学校读书时入党的张宗义，以中共北方区委津浦线视察员的身份回到家乡文安县从事革命活动，先后发展了左各庄镇的王紫树（王宜航）、董在毅（董仲仁）和刘学增（刘省三）、张宗信（张仁之）等人加入中国共产党。1926 年 9 月，张宗义和王紫树在广州农民运动讲习所毕业。王紫树回到文安，张宗义重返天津。他们又先后发展文安籍学生梁雨如、马伯骧、宋绍庭等人入党，使文安县中共党员发展到 10 余名。1926 年 10 月，经中共北方区委批准，王紫树组织文安县的全体党员在左各庄小学秘密召开会议，成立中共文安特支，王紫树、董在毅为负责人，这是廊坊历史上第一个中共组织。到 1927 年 4 月，文安县中共党员增加到 20 余人。

这一时期各地的党组织是在以李大钊为主要领导人的中共北京（北方）区委的领导下创建的。这个阶段的党组织建设有以下特点：党团组织的发展是在国共两党实现第一次合作的有利形势下进行的，各地的中共组织在帮助国民党发展党员、建立地方党部的同时，注意将其中的优秀分子吸收为共产党员，因而各地的党团组织得到较快的发展；由于以李大钊为主要领导人的中共北京（北方）区委与冯玉祥的国民军建立了统战关系，在国民军各部进驻察哈尔等地以后，利用国民军同情革命的有利条件，各地党组织可以公开地或半公开地活动，扩大了党在人民群众中的影响；在汉族地区建党的同时，根据李大钊关于民族问题的论述，注重在蒙古族聚居的察哈尔和热河特别区建立党组织，从而为蒙古族人民的反帝反封建斗争带来了曙光；这一时期除继续在工人、农民、知识分子中发展党员，建立组织以外，还在国民军中发展党团员，建立党团组织，开创了中国共产党在旧军队中建立组织的先河，为党在国民军中的政治工作奠定了组织基础。

第 四 章

大革命时期革命形势的高涨

一、学生运动、工人运动的蓬勃开展

保定女二师学潮

1924年初，燕士奇继任保定女二师校长。燕士奇是直隶省巨绅，清末举人，早年曾留学日本，思想封建保守，讲究“以威治校”。

燕士奇到校后即对学生实行高压统治。他取消了白话文课程，下令封闭图书馆，解散“读书会”“新闻社”等学生组织，停止“演讲会”“音乐会”等各种进步活动。以维护“校风”“校纪”为名，命女生改服前清装饰。还将原有的20余名教员尽数解聘，起用他的私人亲信为教员。如此教员，开学后也只有几位到校，根本教不过来，无奈只得连日停课放假。

燕士奇的种种倒行逆施，使学生的不满情绪与日俱增。大家公推几名学生为代表去见燕士奇，要求校方速请教员，以免久旷学业。燕士奇自知理亏，对学生的要求支吾搪塞并出走京津。学生们无奈，只好找到学监步以诚，请她代向校长催请教员。

步以诚不学无术、思想陈旧，对新文化、新思潮在校内的传播深为厌恶，坚持推行封建的陈规陋习。对学生提出的合理要求，她时而狡辩，时而撒泼，最后理屈词穷，拂袖悻悻而去。燕士奇和步以诚的封建治校、怠乎其职、蛮横无理，成为女二师学潮爆发的原因和导火线。

3 月 13 日，燕士奇返回学校。步以诚将前日事件歪曲真相，夸大其词，反诬学生“闹事”。14 日，燕士奇当众宣布开除带头“闹事”的李沛泽、王绍华、王佩珊、韩玉容、毕赞芬、刘玉珍 6 人的学籍。学生们不服，当场与燕士奇争执起来。燕士奇的私人亲信庶务雷开祥以维持秩序为名，动手野蛮殴打学生，致使数人受伤。

恼怒的学生们再也忍无可忍，在李沛泽等人的带领下，结队包围了校长室和会宾室，将燕士奇撵出学校，并抢出校印，封了财会室，爆发了罢课学潮。

当时女二师学生中尚无统一的组织。学潮爆发后，大家不知下一步该怎么办。当天下午，育德中学学生共产党员张廷瑞受保定党组织委派来到女二师，以保定学生联合会的名义要求会见学生代表。同学们推选李沛泽为代表，向张廷瑞介绍了校内的情况。张廷瑞代表保定党组织和保定学联，对女二师学生们的正义行动表示同情和支持，并提出了 3 条行动意见：（一）成立学生自治会，接管学校一切校务；（二）组织学生轮流站岗放哨，严防坏人破坏；（三）通电全国，说明学潮真相，争取社会各界支援。

李沛泽向同学们转达了这 3 条意见，大家深受鼓舞，立即推选出以李沛泽、王绍华为首的女二师学生自治会，并接管了学校。当天，学生自治会便向京、津、沪各大报发出了学潮的第一次宣言。宣言列举了燕士奇“任用私人，玩视功课”，“头脑腐败”“性情专制”“擅离己职，破坏学务”等 6 条罪责，呼吁社会各界人士主持公道。

女二师学潮爆发后，直隶省教育厅大为震惊，先后派刘敬舆、刘镜湖赶到女二师平息学潮。由于二刘一味偏袒校方，指责学生，激起了学生的不满。在党组织的指示下，学生会代表女二师全体学生向省教育厅提出了 6 项要求：“一、教育厅示免燕氏职；二、关于此项运动不得给任何学生以任何惩罚；三、重惩此次殴打学生之教职员；四、于某限期内速将无能之教职员等一体撤换；五、正式校长应于某限期内由明命产生；六、我们希望中的校长是：（1）思想新而合理——不反对时代潮流；（2）人格高尚无缺——不带有一切嗜癖；（3）尊重一切女权——不阻挠女权运动；（4）热心努力教育——不怠乎所司职务。”并将这6项要求以宣言的形式向社会各界公布。

燕士奇等人被驱逐出校后，不甘心自己的失败。他们在保定和京津各地串连游说，大造舆论，污蔑学生“行为不轨”，并给学生家长写信，鼓动家长到校领人。还勾结直隶省教育厅长张谨等人，停发了女二师的经费，企图用断绝生活来源的方法迫使学生就范。在这种形势下，保定党组织加强了对女二师学潮斗争的领导，张廷瑞、张福堂、黄钟瑞等人经常到女二师指导工作，鼓励同学们坚持斗争。

为了进一步坚持斗争，争取最后胜利，女二师学生会在保定党组织的领导下，致电直隶省议会，希望有关当局“主持公道，竭力维护”，尽快解决女二师风潮。并在天津《妇女日报》上发表了《对全国同胞呼吁书》。与此同时，学生会委派王绍华、王锡瑞、刘淑珍等人奔赴京津，向社会各界说明学潮真相。为解决同学们的生活问题，保定党组织以学联名义，在保定各界募集钱粮，支援在校学生。

女二师学潮斗争坚持月余，引起了保定及京津沪各界的极大关注，各地报刊大量报道了学潮情况，一些教育界、妇女界人士及团体，也纷纷发表宣言或声明，表示同情和支持学生们的正义斗争。

在学生的坚决斗争和社会舆论的强大压力下，直隶省政府为了尽快平息女二师学潮，摆脱日渐尴尬的局面，被迫接受了学生们的条件，罢免了燕士奇的校长职务。4月18日，委托金溥为直隶女二师代理校长。金溥到校后，代表省教育厅宣布恢复被燕士奇无理开除的6名学生学籍，通知在学潮期间离校的学生尽快返校上课；革除雷开祥等不称职的教职员，聘请了王新帮等10余名进步教员，并答应了学生会提出的其他各项要求。鉴于学潮斗争的目的已基本达到，女二师学生会于4月29日发表《复课宣言》，宣布复课。至此，历时40余天的女二师学潮斗争，终于取得了最后的胜利。

直隶女二师学生的罢课驱燕斗争，是党领导的早期学生运动中一次比较成功的斗争。这次斗争的胜利，在教育界、妇女界产生了重要的影响。《中国青年》曾发表文章，称赞女二师学潮是“死气沉沉的女教育界”里突然爆发的“一颗炸弹”“……令人心惊，……又令人庆喜”①。我党早期妇女运动的著名领导人，中共中央妇女部长向警予也公开发表文章，高度评价女二师的学潮斗争。认为这种反抗之精神、正义之主张，实为女子自身团结革新女子教育的第一声，在女子教育革新运动上具有伟大的价值。②

张家口、石家庄等地的工人斗争

1925 年 8 月，张家口造币厂的部分工人无故被厂方解雇，不仅造成了被解雇工人的生活无着，而且在社会上造成恶劣影响。为了争取工人生存的权利，张家口工人俱乐部出面，召集被解雇工人商议后成立了造币厂工人复工委员会，并派代表分赴各方进行呼吁，请求支持和援助。他们还向张家口地方当局送函，陈述工人要求复工的愿望。张家口各界人民对造币厂失业工人的遭遇表示了极大的同情和支持。京绥铁路总工会为此发表宣言，坚决支持造币厂工人要求工作、要求改善生活待遇的斗争。造币厂厂方慑于工会和工人斗争的威力，被迫答应了工人提出的复工要求。大部分被解雇工人回厂继续工作，少数被厂方介绍到包头工作。这些工人流着眼泪表示，他们永远忘不了工会的好处，以后一定要团结在工会周围，为争取工人阶级的解放多做贡献。

1925 年 12 月，张家口铁路工人已接连两个月未发工资，工人生活陷入困境。为解决工人的实际困难，中共张家口地委领导人王仲一与几位工会骨干进行秘密协商，决定组织工人开展“索薪”运动。铁路工会在机修厂召开工人会议，讲述行动的目的和要求，并组织工人纠察队、联络组等。会后，他们即组织人员在社会上散发传单，阐明

① 公亮:《为保定女师学潮说的话》,《中国青年》 第二十五期，1924 年 4 月。

② 向警予:《直隶第二女师学潮在女子教育革新运动上的价值》，天津《妇女日报》，1924 年 4 月 12 日。

工人索薪的理由。同时，京绥沿线各站工会也紧密配合，采取了一致行动。不几天，往来于京绥铁路的客货列车上便贴满了标语。同时，张家口铁路工会又分别向西北边防督办公署和京绥铁路局发出信函，要求局方尽快发薪，否则出现任何事故，工会概不负责。督办公署接到信函后，感到事关重大，急忙派官员到铁路工会进行商谈，希望平息事态。但工人表示饿着肚子不能干活，要求局方发薪的态度非常坚决。这个官员无奈只好表示待回复督办之后，一定想办法。正在这时，铁路当局发来电报，要工人维护交通，不得妄动，而对发薪一事只字不提。面对铁路当局毫无诚意的举动，铁路工会立即向京绥铁路各车站工会发出通知，要求各工会准备采取最后行动。通知发出后，纠察队立即行动起来，占领了电报房，并在市内戏院、茶楼开始巡查。工人的罢工行动大有一触即发之势。在此紧要关头，铁路当局来电要求工人派代表进京谈判发薪一事。经过周密准备，铁路工会派王藻文作为工会代表在纠察队员的保护下进京谈判。张家口的工人也做好准备，一旦谈判破裂，立即举行罢工。王藻文进京后的第三天，谈判成功的电报传到张家口，路局答应了工人提出的条件，1 月上半月发两个月的工资，下半月发双薪过年。这是工会领导工人开展斗争的结果。这次索薪斗争的胜利，使张家口铁路工会的威信更高了，工人群众的斗争积极性也更大了。

张家口华北电灯股份有限公司的资本家对工人的剥削极为残酷：工人每天工作长达 12 小时，月工资却只有 10 元，徒工每月只发 4 元。工人的劳动条件很差，没有安全保障，伤亡事故不断发生。五卅运动以后，电灯工人的觉悟有了提高，成立了工会，李振庭、王敬唐等加入了中国共产党。在党的领导下，电灯工人开始酝酿罢工。王仲一了解到工人的要求以后，召集电灯工会的刘子香、李文会、李振庭等人在张家口工人俱乐部开会，研究斗争方案。

1925 年腊月，王仲一代表电灯工会起草了《罢工宣言》，印成传单，向张家口各厂工会散发，并通过铁路工会散发到全国各地。宣言的主要内容是揭露资本家剥削工人的罪恶，要求增加工资，改善电灯工人的工作条件，并要求资方限期答复。但资方并未答复。电灯工会立即召开工人大会研究对策，会议一致决定罢工，并推举李振庭、刘子香、王敬唐为工会代表，与资方交涉。为了支援电灯工人的斗争，腊月二十九日，张家口市工人俱乐部派来两名铁路工人，同电灯工会代表一起，找资本家交涉。经过工人代表的坚决斗争，资方不得不答应了工人提出的条件。过年以后，王仲一主持起草了电灯工会和电灯公司的《劳资合同》，其主要内容是：将徒工的工资增加到10元，一般工人工资增至18元，以后徒工的工资每年增加20%，一般工人增加15%，一直达到月薪60元为止；年终工人发双薪；资方每年从盈利中提取20%，补发给工人，作为酬劳金；外线工人每人一辆自行车；工人因工负伤或积劳成疾，医药费完全由资方负担；因工负伤者工资照发，因工死亡者棺木由资方负责，并发给15年工资的50%，作为抚恤金；工人因工致残，资方必须调整工作，工资照发，直至死亡为止；实行八小时工作制；工会有查账、给工人发休假返里路费以及设立工人教育费等权利。工会除将合同交给公司以外，还印发给张家口各产业工会和全国各地工会。在铁路工会的大力支持下，经过工人们的坚决斗争，资方代表郭雨田被迫在合同上签字。张家口电灯工人的斗争得到了江岸铁路工会、京绥铁路总工会以及上海、广州等地工会来信来电的支持。斗争胜利后，电灯工人召开了庆祝大会。工人在斗争中提高了觉悟，党和工会组织也扩大了，有些工会积极分子经过这次斗争的考验被吸收为共产党员，使电灯工人中的党员发展到10人，成立了中共张家口市第三支部。

在封建军阀统治下的石家庄，正太铁路总机器厂工人要求改善生活待遇的呼声日益高涨。过去，孙云鹏等人曾根据工人的要求，向路局提出由工人派代表到粮价较便宜的山西寿阳一带买米面，路局每月无偿地拨给一车皮将粮食运回，再卖给工人，以便改善工人生活。但时隔不久，买米面之权就被谢恩霖等6个工贼窃取。他们借机出卖工人利益，利用买米大发不义之财。工人们对此恨之入骨，强烈要求夺回买米权。

1925年8月底，正太铁路总工会决定，领导工人进行一次买米斗争，把买米权夺回来。傅茂公与袁子贞、高克谦一起，召开总工会积极分子会议，分析讨论了如何进一步揭露法国资本家的阴谋，以及“里工会”借买米发横财的丑恶行径，尽早把买米权夺回来。会后，总工会秘密派两名可靠的工人，到山西对买米情况进行调查，并将“里工会”从中盘剥工人的真相公之于众，在厂内外广泛宣传。工人们非常气愤，纷纷要求夺回买米权。正太铁路总工会就派以崔庆瑞、刘瑞增为首的工人代表与资本家交涉。法国资本家恼羞成怒，声称从这个月起停拨买米的车皮。傅茂公等又召开工会积极分子会议，发动工人进行怠工斗争。法国资本家害怕引起工人大罢工，只好答应将车皮拨给正太铁路总工会。

买米斗争后，反动当局得知正太铁路总工会在暗中领导工人开展活动，而且起主要作用的是高克谦。于是，把高克谦看成“危险分子”，千方百计地谋划迫害。9月12日，高克谦被化装成邮差的特务逮捕。高克谦被捕后，在敌人面前大义凛然，英勇不屈。9月24日凌晨2时，高克谦被反动派秘密杀害，时年仅19岁。

国民军进驻石家庄后，革命形势又好转起来。广大工人要求召开高克谦追悼大会，惩办“六工贼”的呼声越来越高。在石家庄特支领导下，1926年1月17日，由傅茂公领导的正太铁路总工会和王警昆领导的京汉路总工会石家庄分工会发起，在石家庄车站广场召开了有1.2万人参加的高克谦烈士追悼大会。追悼会作出两项决议：（一）由团体负责捐款，为高克谦烈士铸铜像；（二）由各团体代表联名请石家庄警备司令部严惩已捕之工贼谢恩霖、田清连和赵恩章，并逮捕漏网之凶犯裴洛臣、刘绍棠、肖连发、刘廷元。会后举行了示威游行。高克谦追悼会的召开，推动了正太铁路和石家庄地区工人运动的发展。

二、声援五卅运动

五卅运动在北京、天津

1925年5月30日，上海2000多名学生为抗议日本纱厂资本家枪杀工人顾正红，到公共租界讲演，有100多人被捕，激起了群众的愤怒，数千人来到巡捕房前，要求释放被捕者，遭到英国巡捕的开枪镇压，当场被打死13人，重伤10余人，酿成了震惊中外的五卅惨案。当夜，中共中央举行紧急会议，决定组成行动委员会，组织全上海民众罢工、罢市、罢课，抗议帝国主义屠杀中国人民。于是，在中国共产党领导下，掀起了一个以工人阶级为主力军，有全国各阶层群众参加的波澜壮阔的反帝爱国运动。

6月1日，在中共北京区委和共青团北京地委的指导下，北京学生联合会在北京师范大学集会，就五卅惨案向英国驻华使馆提出将肇事巡捕处以死刑、取消领事裁判权、收回英租界、抚恤死亡学生和英政府向中国国民谢罪等六项要求。6月3日，北京60多所大中学校的3万多名学生，为声援上海工人、学生的反帝斗争，举行示威游行。游行群众向执政府和外交部递交了意见书，然后在天安门前举行国民大会，会议决定组织“北京各校沪案后援会”。

6月10日，北京社会主义研究会、马克思学说研究会、国民党北京市党部、北京反帝大联盟等150多个团体及各界群众数万人在天安门前召开“北京各界对英日帝国主义惨杀同胞雪耻大会”。大会通过《北京国民大会宣言》，宣告中国国民不承认一切不平等条约。

在中共北京区委领导下，北京工人阶级积极参加反帝斗争，决定组织“北京工界雪耻会”。英、日两国侨民所雇用的华工，于6月7日下午秘密集会，决定一致罢工。全城水夫实行罢工，不供给英、日侨民用水。北京面包房决定在沪案未解决以前，不卖给英、日侨民面包。6月14日，长辛店5000余名铁路工人在天安门集会，抗议英、日帝国主义暴行，并向执政府请愿，提出“惩办沪案戎首”“收回租界”等七项要求。

6月25日是声援上海反帝斗争的全国总示威日。国民党北京市党部、北京各界雪耻大会、北京工界联合会、全国妇女联合会等200多个团体联合组织的悼念沪案被难同胞大会在天安门前举行。大会通过了与英日政府直接交涉、外交公开等五项议案，并举行了空前规模的示威游行。大会以后，全市80多所学校的“沪案后援会”组织学生开展募捐活动，支援上海罢工工人，并开展了抵制英货、日货的斗争。

1925年5月31日，天津《大公报》等报纸报道上海五卅惨案的消息以后，当晚，中共天津地委和共青团天津地委召开紧急会议，研究声援上海工人、学生反帝斗争的措施，决定首先发动学生，然后发动各界群众一致行动。根据中共天津地委的决定，天津学生联合会委员长辛璞田于6月1日组织召开学联紧急会议，通过了10项决议案，通告全市人民团结起来，勇敢地、不妥协地向帝国主义做继续斗争。6月4日，天津学生联合会再次集会，决定自6月5日起，全市中等以上学校罢课三天，由辛璞田、杨凤楼、王应生等党团员组成工人运动委员会，发动广大工人携起手来，勇做向帝国主义进攻的先锋。与此同时，天津国民会议促成会、天津反帝国主义大联盟等100多个群众团体召开紧急会议，发表宣言和通电，声援上海工人、学生的反帝斗争。

为了使反帝爱国斗争深入持久地开展下去，中共天津地委于6月5日决定，成立一个统一战线性质的组织，作为指导五卅运动的公开机关。随后，中共天津地委发动全体党员联络各个群众团体，于6月7日至9日，先后召开三次天津各界联合会筹备会。6月10日，代表80余万群众的天津各界联合会召开成立大会，中共天津地委负责人于方舟主持会议。大会通过了宣言和章程。为及时指导群众反帝爱国运动，中共天津地委决定通过各界联合会创办《救国报》，由共产党员担任报社社长和主编。

6月11日，驻汉口英军开枪镇压游行群众，造成汉口惨案，激起直隶各地人民的强烈义愤。6月14日，中共天津地委发动各界群众在南开大学操场召开第二次市民大会，追悼沪、汉惨死同胞。这次集会和游行收到良好效果，会后有200多个团体加入天津各界联合会。至此，天津的反帝运动形成高潮。

为响应上海工商学联合会发起的举行全国反帝大示威的倡议，中共天津地委和共青团天津地委以各界联合会的名义，发出《总示威通告》和《忠告军人书》，要求商店、工厂、团体、住户在6月30日下半旗志哀，呼吁学生罢课、商人罢市、工人罢工、警察罢岗，号召各界群众参加游行，悼念沪、汉、湘、粤死难同胞。当天，中共天津地委发动200多个团体的数万人，臂戴黑纱，冲破反动当局的阻挠，在南开大学操场再次召开市民大会。中共天津地委妇女部长邓颖超在控诉帝国主义的血腥暴行时声泪俱下，全场群众无不动容。与此同时，中共天津地委以天津各界联合会的名义，呼吁全市人民“不买英、日货，不用汇丰、正金等银行钞票”①。南开大学师生创办经济绝交研究社和《绝交报》，积极倡导抵制英、日货。天津北洋铁工厂工人和津浦路、京奉路工人发起捐款运动，从经济上支援上海工人的斗争。

五卅运动在保定、石家庄

6月2日，五卅惨案的消息传到保定后，中共保定支部召开会议，决定发动全市人民开展声援上海人民的反帝斗争。根据保定支部的决定，共产党员张廷瑞、张福堂、孙友曾、李培之等分别到育德中学、直隶省立第二师范学校、直隶省立第二女子师范学校、直隶省立第六中学和同仁中学等学校开展宣传活动。6日上午，在中共保定支部的领导下，保定各界代表成立了“保定各界反对英日帝国主义惨杀上海同胞雪耻大会筹备处”。6日下午，保定学生联合会召开各校联席会议，作出发动全体学生游行示威、发表宣言和电请政府出面交涉三项

---

① 中共天津市委党史资料征集委员会、天津市总工会工运史研究室、天津市历史博物馆编：《五卅运动在天津》，中共党史资料出版社1987年版，第6页。

决议。7 日下午，在保定学联领导下，河北大学、育德中学、培德中学、烈士田中学、同仁中学、志存中学、直隶省立第二女子师范学校、培基女校、直隶省立第六中学、甲种工业学校等学校的学生从西关出发，沿街游行，散发传单，张贴标语，高呼口号。游行队伍到达市区以后，各校学生分成 40 个小分队，在各街道讲演，以淮军公所、东大街戏园、贤良祠、大慈阁等处为主要演讲场所，向市民揭露五卅惨案的真相，控诉英、日帝国主义的暴行，从而激起了广大群众对帝国主义的愤恨。8 日上午，保定全市 20 多所大中小学的学生 7000 多人举行示威游行。学生们高呼“打倒英日帝国主义”“誓与英日绝交”“收回租界”等口号。当小学生们喊出“誓死为上海同胞报仇”“终身不买英日货”等口号时，许多围观的市民受到感动，并自动加入游行队伍。最后，游行队伍在曹锟公园集会，一致议决誓为沪案后援。

6 月 15 日，根据北京沪案后援会的通知，保定布云球拍厂、育德中学及其附属铁工厂、直隶省立第二师范学校、直隶省立第二女子师范学校、志存中学、清苑师范讲习所、保定妇女联合会等 30 多个学校和团体，在曹锟公园举行抗议集会。会议通过议案，提出行凶国派专使向中国政府谢罪；优抚伤亡，赔偿损失；撤换行凶国上海总领事；严惩凶手；收回行凶国租界；撤销领事裁判权；废除不平等条约等要求。并提出上海、汉口、广州、天津总商会通告各商家，不再购行凶国货物。大会以保定国民大会名义发出通电，呼吁全国人民共同进行反帝斗争。会后，各团体举行示威游行。游行群众头顶烈日，挥汗前进，口号声此伏彼起，接连不断。全市工厂、学校、店铺一律下半旗，为在五卅惨案中遇难的烈士志哀。不久，保定育德中学和直隶省立第二师范学校等校学生组成讲演团，分赴清苑、满城等县村镇开展宣传活动，激发了农民的爱国热情。清苑县和满城县先后成立“五卅后援会”，并举行了示威游行。

中共保定支部还派遣共产党员王志远、王如松等联络进步学生组织“五卅后援会”，深入工厂、学校、商店、市民居住区和农村募捐，并组织义唱、义演，将捐款和票房收入寄往上海，充分表现出保定城乡人民的爱国热忱。

1925 年 6 月，石家庄正处于奉系军阀的统治之下，在正太铁路总工会不能公开活动的情况下，共产党员袁子贞领导正太路工人成立“对英雪耻会”和“沪案后援会”。6 月 16 日，正太铁路工人沪案后援会与石家庄商会、学生会共同发起，召开石家庄各界沪案后援会成立大会。参加会议的各界群众 3000 多人。高克谦率领正定的学生、工人、农民 200 多人参加了群众大会。大会一致议决，立即成立石家庄各界沪案后援会，还决定组织募捐，发表通电。会后，石家庄正太铁路工人沪案后援会发动工人捐助 480 元，并起草通电，呼吁“全国各界同胞和全世界被帝国主义压迫的民族及各国的无产阶级，一致起来援助上海及各地罢工工友，反抗英日帝国主义在中国之野蛮的行为”。

五卅惨案的消息传到正定以后，中共直隶省立第七中学支部决定通过学生发动各界群众，把反帝斗争推向高潮。经七中学生、共产党员尹玉峰、高克谦、邢克让等人与各界协商，成立了“正定各界沪案后援会”和“雪耻会”，并印发了传单、标语等宣传品。6 月 7 日，是正定城内大集。在这一天，各界沪案后援会组织召开有工、农、商、学各界群众 2000 多人参加的抗议集会。高克谦、邢克让先后登台讲演，愤怒控诉英日帝国主义制造五卅血案的罪行，呼吁各界人民与帝国主义斗争到底，为被害同胞报仇。会后，学生们组织了抵制日货检查团，在各街道检查日货，并发动各界群众募集捐款 450 元，通过“雪耻会”寄往上海。

6 月上旬，由北京发出的关于五卅惨案的快邮代电传到元氏。元氏师范讲习所第一届毕业生东关小学教员共青团员魏哲甫与其堂兄魏儒略（魏士珍）、韩台小学教员陈频之（陈佩玉）一起研究了在元氏县开展沪案后援运动问题。随后，他们三人分赴寺庄、梨村、北岩、吴村等村庄的小学校，与部分进步小学教员取得联系。6 月中旬，县教育局长主持召开了教育界活动分子会议，魏哲甫宣读了快邮代电。经过协商，成立了“元氏县沪案后援会”筹备组。下旬，正式成立“元氏县沪案后援会”，选举魏哲甫为会长，县教育局长王莘野为名誉会长。6月20日，适逢元氏城内大集，上午10时，“沪案后援会”在县教育局门前广场召开有各界人士1300多人参加的群众大会。会后，由南往北沿着中山大街举行了示威游行。“沪案后援会”还组织小学教员和学生利用集日、庙会和唱戏的机会，到农村进行宣传活动，使反帝爱国运动遍及元氏城乡。

五卅运动在邢台、邯郸

1925年6月初，顺德学生联合会为声援上海工人、学生的反帝斗争，组织顺德直隶省立第四师范学校、直隶省立第十二中学、直隶省立第三女子师范学校、邢台县师范、宏道中学等学校学生冒雨举行示威游行。与此同时，邢台县南陈村高小进步教师组织全校师生罢教、罢课，抗议帝国主义在上海的暴行，他们还和郊区的农民一起举行了游行示威。顺德人民还运用多种形式进行募捐，将募集到的捐款寄给上海“工人救济会”，表达了顺德人民支援上海人民斗争的心愿。

五卅惨案发生以后，大名直隶省立第七师范学校的师生响应上海工商学联合会的号召，联合直隶省立第十一中学、直隶省立第五女子师范学校及城内各小学，组成联合会，发动学生上街宣传、讲演，并将募集到的200余元寄往上海，支援上海工人的罢工斗争。他们还组织纠察队，到各商号检查日货，掀起反帝高潮。磁县上拔剑村人李相虞在1925年6月由北京回到磁县以后，组织了“磁县沪案后援会”，此后，李相虞同共产党员薛金吾、史太安等人联络彭城的机关、学校和社会团体，组织磁县西区“国民反对英日外交后援会”，利用各种形式开展反对英、日帝国主义的宣传，发起募捐活动，并将募集的捐款寄往上海“工人救济会”，援助上海工人的罢工斗争。

五卅运动在唐山、秦皇岛

6月3日，唐山大学学生会召开全校学生大会，议决停课三天，游行示威，并向政府发请愿电。5日，唐山大学全体学生上街游行，并到街头和附近的农村讲演。7日，由唐山大学学生会发起，在火车站广场召开了有 1 万多名各界群众参加的“市民救亡大会”。唐山制造厂的全体工人停工参加大会。大会通过七项要求：（一）收回租界，取消领事裁判权；（二）不准外国人在中国驻兵设营；（三）不准外国人在中国设立工厂；（四）撤回英、日领事；（五）英、日政府向中国道歉；（六）重惩英、日巡捕；（七）赔偿五卅惨案死伤人员损失。共产党员和共青团员在会上散发了关于反帝爱国内容的传单。10 日，在广东会馆召开的由 20 多个团体代表参加的会议上，决定在全市开展募捐活动。唐山制造厂的 3000 多名工人每人捐出两天的工资。在 10 余天的时间里，全市共募集捐款 3450 元，然后将此款寄给上海工商学联合会以抚恤遇难者的家属。15 日下午 1 时，在火车站广场召开了各界群众两万多人参加的大会。各厂矿工人停工参加会议。会后举行了示威游行。与此同时，在唐山开展了抵制英货、日货活动。许多学生和工人走上街头，把搜查出来的大批英国香烟和日本布匹当众烧毁。

7 月中旬，中共乐亭地委召开两次国民大会，通过了《宣言》，并举行游行示威。以乐亭县中学师生为骨干组织募捐宣传队，将募集到的 1000 余元汇给上海总工会。

中共天津地委成员、国民党直隶省党部负责人江浩因在天津领导反帝爱国运动，遭到奉系军阀的通缉。他利用回玉田家乡避难的机会，组织在京津等地读书的玉田籍学生回家乡开展革命活动。当时正值全县高小学生在县城会考。江浩通过国民党玉田县临时党部并以县教育局的名义，在县城发动了声援上海人民反帝斗争的示威游行。参加游行的有会考的学生、教师和部分工人、商人、农民共 3000 多人。游行队伍在城内穿街越巷，高呼口号，在人民群众中产生了巨大的影响。游行以后，国民党玉田县临时党部发起了募捐活动。与此同时，遵化和滦县分别举行了群众集会和示威游行。在唐山大学学生的鼓动下，滦县师范和县中学生成立了中等学校救国联合会，罢课 20 余天。学生们到城乡各处开展宣传活动，声援上海工人、学生的爱国斗争。

6 月中旬，秦皇岛的工人、学生、商人组织了“各界赤心援沪团”，每星期日上午 10 时在扶轮学校（今铁路小学）开会一次。在 6 月 25 日全国总示威日这一天，“各界赤心援沪团”在车站北足球场召集市民大会，会后举行示威游行。同时开展了抵制日货运动，“赤心援沪团”组织学生到各商店宣传抵制日货，并在商品上加盖“抵制日货”的戳记，以提醒市民。为救济上海罢工工人，“各界赤心援沪团”设立募捐处，派专人外出劝捐，捐款由柳江煤矿公司于 7 月 7 日免费汇往上海总商会。7 月，北戴河成立“沪案后援会”以后，组织了在北戴河海滨英使馆别墅工作的华人罢工。“沪案后援会”用各国文字印刷了数万份反帝爱国传单，寄往各国，并在北戴河各街巷张贴，使爱国群众了解五卅惨案真相。

五卅运动在热河和察哈尔

1925 年 6 月，上海发生五卅惨案的消息传到承德以后，中共热河工作委员会组织工人、学生在演武厅广场集会。会后举行了声势浩大的示威游行，抗议英、日帝国主义的暴行，声援上海人民的反帝斗争。

在中共张家口特支的领导下，以京绥铁路总工会为主，成立了张家口“沪案后援会”。1925 年 6 月，张家口铁路、电灯、造币工人和商店店员、学生三四千人集会，声援五卅爱国运动，抗议英、日帝国主义的滔天罪行，会后举行了规模空前的示威游行。参加游行的群众手持小旗，沿途高呼“打倒帝国主义”“收回租界”“抵制英、日货”等口号。工人们高唱自己编写的歌曲：“英日人，在上海，惨杀我工人。这种冤仇，这种恨，我们不能忍……”当游行队伍走到日本驻张家口领事馆门前时，工人们高呼口号，喊声震天，吓得日本领事馆工作人员赶紧关闭了大门，不敢露面。与此同时，万全县城内各学校师生举行了反帝爱国示威游行，支援上海人民的斗争。在五卅运动中，张家口全市还开展了抵制英、日货活动，工人、学生组成了宣传队、演讲队，到处散发传单，宣传演讲，见了洋货就砸，不买英、日货。

五卅运动是继五四运动之后，在中国共产党领导下发动的一次规模空前的反帝爱国运动。在中共北京区委和各地党组织的领导下，直隶、热河和察哈尔人民踊跃参加了这一运动，表现出前所未有的爱国热情，工农商学各界组成广泛的爱国统一战线，促进了各地工农革命高潮的兴起。

三、津南农民起义与西北农工兵大同盟的成立

早期的军事尝试——津南农民起义

“津南”指天津以南、黄河以北，以津浦铁路为轴、沧州为中心，西到河间、肃宁，东至渤海，包括今沧州市绝大部分县市和衡水、德州的部分县市。

1925年8月，时任国民军第二军第四旅副旅长的共产党员张隐韬得知国民军要攻打盘踞在天津的奉系军阀李景林等部的消息时，认为创建共产党直接领导的革命武装的机会到了，决定到津南组建革命武装。他由河南新乡北上，沿途发展队伍，至河北泊镇时，已有四五百人。同年12月，在泊镇召开群众大会，宣布成立“津南农民自卫军”，举行武装起义，由张隐韬任司令兼党代表，国民军第二军参议陈秀福任副司令，还宣布了“驱逐帝国主义，铲除封建主义，实行共产主义”的政治纲领。这是共产党在北方领导的第一支农民武装。

津南农民自卫军成立以后，从泊镇挥师东下，占领南皮、盐山县城，并处决盐山县反动县长。农民自卫军在占领盐山县旧县镇后，整顿了军纪，随后占领了庆云县。农民自卫军所到之处，纪律严明，秋毫无犯，专门打击土豪劣绅，因此，穷人争相参军，部队很快发展到1200人。张隐韬将部队编成三个步兵大队和一个由50多人组成的手枪骑兵队。张隐韬留下第一大队镇守庆云，他亲自率第二、第三大队和骑兵队向西北进发，选择盐山县南部、乐陵县北部、沧县东南部、南皮县东部和庆云县西部这片五县边缘地带，作为农民自卫军的活动地区。司令部设在盐山县旧县镇。

1926 年 1 月自卫军进驻旧县镇后，张隐韬以快邮代电方式向全国发出《津南农民自卫军宣言》，公开打出了打倒帝国主义、打倒军阀、打倒土豪劣绅、维护农民利益的旗帜。《宣言》震动了北方各省，震动了国民军。国民军第二军军长岳维峻和国民军第三军分别下令通缉张隐韬，消灭自卫军。国民军第二军弓富魁旅则在泊镇、南皮一带布防，准备“围剿”农民自卫军，国民军第三军门致中旅进驻盐山县一带，监视农民自卫军的活动。面对严峻的局面，张隐韬曾到天津寻求党组织的指导，天津党组织拟派一部分党团员给他，因这些人不懂军事，被他婉言谢绝了。后来张隐韬找到国民军第二军第三旅旅长史可轩，要求农民自卫军与史旅合编，以摆脱被动局面，史可轩表示同意。于是农民自卫军开始北上，准备到杨柳青与史部会合。农民自卫军到达南皮县城北徐家庄时，与埋伏在这里的国民军第二军弓富魁旅的骑兵队相遇。战斗打响后，农民自卫军的一名大队长（陈秀福的侄子）竟然投降。在危急关头，张隐韬骑马冲上前去，用手枪打倒六七个敌人，后因子弹打光，寡不敌众，不幸被俘。部队被打散，农民自卫军连以上干部被俘后惨遭杀害。

1926 年 2 月 5 日，军阀逼着张隐韬向城里的农民自卫军喊话，叫他们缴枪。面对敌人的枪口和刺刀，张隐韬临危不惧，视死如归。为了实现共产主义理想，他献出了宝贵的生命。张隐韬牺牲以后，津南农民起义队伍解体。

津南农民自卫军起义，是中国共产党在幼年时期组织领导农民武装斗争的一次尝试。在北洋军阀的残酷统治下，高擎起革命武装的大旗，组织起 1200 余人的津南农民自卫军，活动范围达 5 个县，向全国发表宣言，宣传革命主张。这支革命武装虽然仅仅存在了几个月的时间，但其辉煌的历史影响是不可磨灭的。

对冯玉祥国民军的争取与帮助

在国共两党统一战线的领导下，全国的革命形势不断高涨，革命群众反帝反军阀的爱国热情，对冯玉祥追求国民革命起了直接的推动作用。1924年10月，在第二次直奉战争中，冯玉祥从承德回师北京，发动了“北京政变”，囚禁了贿选总统曹锟，并强令曹锟给吴佩孚下令停止战争。吴佩孚失败南逃。同时，冯玉祥还派鹿钟麟将清朝末代皇帝溥仪赶出了紫禁城，取消了对清廷的优待条件。北京政变后，冯玉祥与广州国民政府取得联系，并决定将改编的部队定名为国民军。同时通电全国，呼吁停止军阀混战，主张一致对外。

对于北京政变及冯玉祥建立的国民军，共产党内部存在不同的认识，部分人认为北京政变只不过是军阀之间的内讧，而北京区委和李大钊对冯玉祥及其所领导的国民军的认识则比较全面、客观。北京政变前，李大钊就经国民党左派徐谦介绍与冯玉祥相识，进行过多次交谈。冯玉祥早在1911年，就曾响应辛亥革命，参加滦州起义。后与孙中山建立了联系，支持共和，参加了护国之役、声讨张勋复辟等革命活动。北京政变后，冯玉祥表示要为国民而战，将自己的部队改成国民军，发电邀请孙中山北上商讨国事，这都表明他倾向革命。因而李大钊认为：冯玉祥及其所领导的国民军与旧军阀有联系，但又不同于一般的旧军阀。冯玉祥虽然还不是一个“当真有志于革命活动”的革命家，但他可能成为“孙中山所提倡的中国民族解放运动热烈的信徒”，成为“有激进情绪”的军人①。国民军虽然还保留旧军阀的一些习气，还不是人民的革命武装力量，但是冯玉祥对部下要求严格，训练有素，表示要“真爱民，不扰民”，因而冯部遵守纪律，作战勇敢，这是与其他军阀部队有很大区别的。

同时，李大钊也冷静地分析了当时中国的政治形势：南方广东革命根据地还没有统一，军事力量较弱，被军阀包围，处境困难；北方张作霖拥有25万军队，占据了东北、山东，并窥视长江流域；中部吴佩孚虽然受挫，但仍有5万人的一支军队，占有汉阳兵工厂，又有英美帝国主义的支持，还可能东山再起。冯玉祥、胡景翼等建立的国民军拥有20万人，占据了直隶、河南与西北大块土地，实力雄厚。

① （苏）纳乌莫夫:《在冯玉祥的军队里》，何智涛、李元吟等译:《在中国土地上——苏联顾问回忆录（1925—1945）》，中国社会科学出版社1981年版，第14页。

如能与之合作，借以发展北方的革命势力，与南方广东革命政府配合，南北呼应，攻打北洋军阀，扭转革命的形势，对于中国的战略全局是很有意义的。

有鉴于此，李大钊和中共北京区委决定对国民军采取联合政策，制定了争取国民军，打击段祺瑞、张作霖的正确策略。经过李大钊的努力，1925 年 10 月，在北京召开的中共中央执行委员会扩大会议的决议就改变了以前中央对冯玉祥的认识，决议指出："最近一年来，中国发现所谓国民军，他们与国内解放运动发生关系，一方面可见他们有反帝国主义的情绪，别方面他们为民众运动所推引参加反帝国主义斗争运动，产生了军队力量对于革命运动的新作用。所以冯玉祥等国民军与奉系军阀之间的冲突，当然与最近将来中国民众争政权的革命运动有直接的关系。"①

北京政变后，冯玉祥虽然倾向革命，但是并没有明确的政治主张。而且，国民军是刚从旧军阀中脱胎而出的，仍保留着许多旧军阀的习气。因此，李大钊认为，要使国民军坚定其革命倾向，使这支旧军队成为新式军队，首先就要在国民军中开展政治工作，不断地灌输革命思想，发展统一战线的思想基础。为此，李大钊亲自做冯玉祥的工作，多次与他分析当时的政治形势，宣传打倒帝国主义和军阀的政治主张。同时，决定派一批党员到国民军中去，做冯玉祥部下的工作。1924 年 11 月，共产党员张兆丰被派到国民军中去工作，临行前李大钊亲自找他谈话，作了具体指示。张兆丰懂军事，在国民军中也有一些关系，到国民军后先任团长后任旅长、师长，工作开展得比较顺利，不久就发展了一批党员，建立了党的支部。中共北京区委为了配合张兆丰在国民军中的工作，先后又派共产党员李林等同志到张兆丰部工作。

1925 年 2 月，冯玉祥派毛以亨以他秘书的身份到北京会见李大钊等人。进行了两天的商谈后，李大钊、徐谦等在毛以亨的陪同下到张

---

① 《中共中央扩大执行委员会文件（一九二五年十月）》，中央档案馆编:《中共中央文件选集》第一册，中共中央党校出版社 1982 年版，第 464 页。

家口同冯玉祥会见。

五卅惨案发生后，李大钊向中共北京区委提议，组织一批青年，派到国民军中去。同时他还亲自建议冯玉祥设立干部学校和军官教导团等，收容各地流亡的学生和爱国青年，训练军事干部。中共北京区委组织了一批主要来自北京、天津的青年到张家口投奔国民军。张兆丰在本部办了个随军干部学校，由李林任教育长，学员大都是山东、河南、河北、天津等地的爱国青年。张兆丰还亲自到天津，通过组织，介绍几十个积极分子到该校学习，在学员中发展了一批党员，建立了党支部。

1925 年 9 月，中共北京区委派萧三、江浩等到张家口成立张家口地委，领导绥远、察哈尔、热河三个特区的工作，并加强同国民军的联系。江浩按照区委的指示，经常出入国民军营区，做一些上层人物的统战工作。地委军事委员王一飞还深入到国民军中，担任了国民军一军独立旅的参谋长。1925 年冬，在中共北方区委的动员下，国民军支持召开西北农工兵代表大会，党对国民军的政治工作取得了一定的进展。

为了使国民军切断与帝国主义和反动军阀在政治上、军事上、经济上的联系，就必须帮助国民军实现联俄的政策，接受苏联和第三国际的影响，接受孙中山联共的政策，坚定其倾向革命的政治立场。中共北京区委和李大钊一开始就注意帮助国民军与苏联建立联系。1924 年 10 月 27 日，李大钊偕同徐谦会见冯玉祥等人时，建议冯玉祥、胡景翼与苏联驻华大使加拉罕、武官格克尔会谈，争取苏联对国民军的军事援助。同时，李大钊又积极向苏联同志介绍国民军的情况，并以党的名义要求苏联政府对国民军给予援助。

1925 年 3 月 29 日，鲍罗廷从广州来北京，在徐谦、顾孟余等人陪同下到张家口会见了冯玉祥，加深了苏联同志对冯玉祥的了解。此后经过李大钊、徐谦与加拉罕多次商谈，苏联政府就援助国民军的问题取得了一致意见，并确定了援助国民军的具体内容和措施，即军队的主要装备步枪、机关枪、大炮及弹药等都由苏联无偿援助。1925

年10月，冯玉祥接受李大钊的建议派参谋长熊斌率参观团赴苏参观学习。并从学兵团挑选了15名优秀连排长送往苏联，进入军事学校，分别学习步兵、炮兵、空军等。

为了亲自了解苏联的情况，1926年3月20日，冯玉祥以访问德国的名义去苏联访问。5月9日到达莫斯科，受到热烈欢迎。中共中央驻共产国际代表团领导人蔡和森到冯的住处，与冯及其随行人员进行了多次交谈。蔡和森坦率地阐述了中共的政治主张和国民革命的重大意义，使冯玉祥对革命有了进一步的理解。冯在苏期间，李大钊一直与苏联驻华使馆和蔡和森保持联系，关心冯玉祥的政治进步。蔡和森曾回信给李大钊，说冯玉祥在苏“进步甚大，颇可乐观”。通过实地考察和蔡和森等人的帮助，冯玉祥逐渐消除了对共产党的戒心，决定实行联共政策，改组军队，学习苏联红军的政治工作制度，在国民军中设立政治部。

1926年7月，广州革命政府开始北伐。中共北方区委和李大钊考虑到战争的形势，为了从北方策应北伐战争，特邀请于右任同翻译马文彦取道海参崴去莫斯科，敦请冯玉祥回国重整国民军率师出战。冯玉祥于8月17日秘密离开莫斯科回国。途中冯玉祥给李大钊写信，谓“此次归来，系要革命”，表示他联俄、联共的决心，要求北方区委给予帮助。① 9月16日，冯玉祥抵达五原，即同于右任、孙岳、邓宝珊、方振武等组织国民军联军。冯被推任国民军联军总司令，当即发表宣言称“我们要解除这深切的痛苦，惟有推翻帝国主义的压迫，因此我就投袂而起，与革命同志们共同担负这个使命。现在我所努力的，是遵奉孙中山先生的遗嘱，进行国民革命，实行三民主义”。在部队中冯玉祥吸收刘伯坚、邓小平等20多名共产党员做政治工作。

上述情况表明，李大钊在国民军中创建的政治工作，取得了卓越的成效。五原誓师前，在国民军中工作的共产党员，有一百七八十人。五原誓师以后，在国民军联军工作的共产党员近400人。其中有担任国民军联军总政治部主任但未到职的李大钊，担任国民军联军总

---

① 《守常政治报告》，《中央政治通讯》 第3期。

政治部副主任、代理主任的刘伯坚，担任国民军联军各部政治处主任的刘志丹、魏野畴、宣侠父、贾从周、李世乐、方仲如、卢绍亭，担任第五军第三师师长的张兆丰，担任中山军事学校正副校长和政治处主任的史可轩、李林和邓希贤（邓小平）等。

在以李大钊为首的中共北京（北方）区委的领导下，经过两年多的思想政治工作，国民军官兵的思想觉悟和战斗力有很大的提高，并在此基础上发展了一批共产党员，在有的师、旅建立了中共支部。思想政治工作的开展，使一些国民军军官的思想发生了变化，他们开始倾向革命，如杨虎城、吉鸿昌、赵博生、董振堂、何基沣、张克侠等。他们中有的人后来参加了共产党，有的率部起义参加了人民军队。在策应北伐战争中，国民军联军在艰苦的条件下，行程数千里，打败了几倍于己的敌人，对北伐战争的胜利起到了重要作用。所有这些，都是和李大钊与中共北京（北方）区委在国民军中的政治工作分不开的。

西北农工兵代表大会的召开

第二次直奉战争以后，冯玉祥的国民军控制了察、绥、陕、甘等西北广大地区。由于冯玉祥倾向革命，所以在国民军控制区内，工农运动和各民主力量的活动都逐渐活跃起来。根据这一情况，中共中央在十月会议上提出了成立“在中国共产党指导下的农工兵大同盟”“去云聚西北散漫的农工兵群众，为西北民众运动的基础”的要求。遵照会议的这一精神，李大钊亲自指导筹备召开西北农工兵代表大会。

1925 年 10 月，李大钊从北京来到张家口，住在冯玉祥的小图书馆内（现桥东区德胜西街 45 号）。这次李大钊到张家口，除与冯玉祥会谈，继续做好冯玉祥及国民军的工作外，另一重要任务是主持召开西北农工兵代表大会。

11 月，李大钊主持召开了西北农工兵代表大会。大会在桥东宝善街 75 号召开。出席会议的有张家口铁路工会、人力车工会、电灯公司工会的代表和来自察、热、绥等地的工人、农民、牧民以及民众团体、武装部队等方面的代表200余人。共产党员赵世炎、陈乔年、罗章龙、刘伯庄、韩麟符、谭平山以及国民党方面的高级官员李烈钧、徐谦等也出席了会议。李大钊在会议上作了重要讲话，向与会代表介绍和分析了国内形势，讲述了苏俄革命情况，特别强调了革命联合战线和汉蒙及各族人民团结起来求解放的重大意义。会议上，赵世炎、韩麟符分别作了政治报告和军事报告。会议提出了“拥护苏联”“反对帝国主义及封建军阀”等政治口号，接受了中共对时局的主张。大会还通过了《国民革命的任务》《和冯玉祥合作的关系》等决议。会议决定成立西北农工兵大同盟。李大钊、赵世炎被选为大同盟的正副书记，王仲一、韩麟符、吉雅泰、张治平、陈印潭、李若愚被选为委员。同时决定出版农工兵大同盟机关报——《农工兵》，由共产党员多松年任编辑，以宣传马列主义，提高西北人民的革命觉悟。会后，张家口、绥西一带建立了大同盟分盟，张家口有盟员近百名，绥西有盟员70余名。

这次代表大会虽然是以国民党的名义召开的，但西北农工兵大同盟也是包含农工兵及各界民主力量的联合组织，是联合战线的产物。

西北农工兵大同盟还是中共北方区委根据内蒙古的特点组织起来的团结蒙汉各族劳动人民进行共同斗争的群众性组织，是中国共产党在内蒙古地区的第一个群众性组织，是党的联合战线政策和民族政策的一大成功，对西北、内蒙古地区的民主革命运动起到了推动作用。

第五章

组织发展工农运动策应北伐

一、工农运动的广泛开展

中共北京特别会议与支援北伐政策的确定

1925 年 10 月中共中央扩大会议之后，全国形势继续朝着有利于革命的方向发展。但在北方，受英帝国主义支持的直系军阀吴佩孚和受日本帝国主义支持的奉系军阀张作霖重新联合起来开始向革命势力进攻。随后，张宗昌、李景林、靳云鹏组成直鲁联军，向直隶地区的国民军发动进攻，阎锡山的晋军也开始向国民军进攻。国民军多面受敌，处境十分艰难。如何铲除军阀势力对革命力量的威胁、将革命推向全国的问题摆在中共面前。在这种形势下，中共中央于 1926 年 2 月 21 日至 24 日在北京召开特别会议。李大钊、张国焘、瞿秋白、陈延年、任弼时、谭平山、项英、彭述之、罗亦农等 12 位代表出席了会议，陈独秀因病未能出席。会议的中心议题是解决五卅运动以后革命总的战略方针问题。会议认为：在英、日帝国主义的支持下，吴佩孚、张作霖已建立“反赤”联合战线向国民军进攻，必然对广东革命根据地构成威胁。所以，“现在的时局，实在是中国革命的生死存亡的关头。固然应该在北方努力集中一切革命势力来抵御帝国主义的反攻，然而根本的解决，始终在于广州国民政府北伐的胜利”。“党在现时政治上主要的职任”是从各方面准备北伐，“而北伐的政纲必须是以解决农民问题作主干”。

北京特别会议认为，农民是工人阶级最需要最靠得住的同盟军，然而只有国民党或冯玉祥国民军有政权的地方，农民运动才能发展，党应使此政权推广于各省，以此扩大农民运动的基础，“所以广东国民政府的北伐，便成了第一等重要的问题”。会议还指出，准备北伐，“不仅是广东作军事的准备，更要在广东以外北伐路线必经之湖南、湖北、河南、直隶等省预备民众奋起的接应，特别是农民的组织”。这就是说，要将农民运动同革命战争、夺取政权结合起来。

北京特别会议对武装斗争问题也有进一步认识，明确指出：“中国的潮流已渐由宣传群众组织群众而近于开始准备武装群众的时期”，“军事工作，目前在 C. P. 里已占最重要的地位，中国 C. P. 应特别注意此项工作”。为此，会议决定成立军事委员会，以加强党的军事工作。

党的北京特别会议作出的《关于现时政局与共产党的主要职任议决案》《北方区政治军事工作问题》等决议，为北方党的工作指明了方向。按照这次会议的指示精神，直隶、热河、察哈尔等地党组织，着力开展工农革命运动，发动工农群众支援国民军，以实际行动参加和支援北伐战争，迎接北伐军的到来。

工人运动的开展

1926 年初，中共北方区执委派王斐然到石家庄，与傅茂公、王警昆组成中共石家庄特别支部，领导石家庄党的工作和工人运动。1 月 31 日，在正太饭店前召开大兴纱厂工会成立大会。工人、学生和国民军官兵 8000 多人参加。2 月，在傅茂公和王光宇的领导下召开了工人代表会议。通过了换发厂徽和向资本家提出实行八小时工作制、不准无故开除工人、不准打骂工人、实行年终双薪、工人因公死亡进行抚恤以及工伤、休假工资照发等 16 项条件等决议。

同年 3 月下旬，大兴纱厂工会召开全体工人大会，决定由张新和、李文郁等7名工人代表与厂方谈判工会提出的16项条件。厂长石凤翔借口要向公司董事会请示，拒不答复工人的要求。工人代表便把16项条件写成布告贴在工厂的布告牌上，副厂长石斌翥看到以后，将其撕下。工人纠察队与其进行了坚决的斗争，并令其将撕坏的布告一块一块地粘好，与其写的《悔过书》贴在一起。

正当工人情绪高涨的时候，国民军由于遭到直奉晋各派军阀的联合进攻，被迫从石家庄撤走。晋军占领石家庄以后，党组织的活动转入地下。由于时局的变化，资本家不仅不答复工人提出的条件，而且企图摧垮刚建立起来的工会。

资方曾利用休门镇的封建地主收买大兴纱厂工会副总代表李文郁，被李文郁严词拒绝。后来，资方又通过收买河南籍工人充当打手，制造流血事件。大兴纱厂有300多名河南籍工人，他们大都有技术，工资比一般工人高，有些人靠近资方，组织工会时没有吸收他们入会，形成了本地工人和河南籍工人之间的矛盾。资本家利用这个矛盾，用金钱收买了河南籍工人王凤鸣、沈万林等充当打手，挑起工人之间的纠纷。

3月29日夜，王凤鸣挑起事端。在他们争吵的时候，工人纠察队员曾洪春、王喜平、周振岳等十几人闻声赶到。这时，王凤鸣、沈万林等从工具箱里拿出事先准备好的“二人夺”、大刀片、红缨枪等武器向纠察队员杀来。工人曾洪春等3人被刺死，杨玉山、洛子、王异山等10余人受伤。第二天黎明，中共石家庄特支负责人王光宇、傅茂公召集张新和、孟云清、郭宝祥等工会代表开会，大家一致认为，应通过这一事件彻底揭露资本家借刀杀人的罪行，争取实现16项条件，并决定立即举行罢工。罢工开始后，工人代表找到资本家，要求资本家交出凶手，答复16项条件，否则工人将无限期罢工。资本家不但不交出凶手，还说工人的伤亡完全是由工人之间打架造成的，与工厂无关。为了戳穿资本家的谎言，找到打手行凶的武器，许多工人涌向厂房和家属院，从工贼住房的水缸底下和房顶上找到了大刀片和红缨枪头等多件凶器。工人代表拿着物证与当局交涉，在铁证面前，石家庄警察局长不得不表示要秉公办理，获鹿县长也表示要捉拿凶手。

为了揭露资本家制造惨案的罪行，大兴纱厂工会印刷了《告工人书》《告农民书》《告全市同胞书》，在市内和农村散发，石家庄工界也向警察局请愿，要求惩办凶手，并通电全国，声援大兴纱厂工人斗争。

罢工持续一周以后，反动当局派军警封闭了工会，下令通缉王光宇和傅茂公，并指使一些流氓恶棍秘密侦察搜捕。王光宇、傅茂公被迫离开石家庄。为了逼迫工人复工，反动当局逮捕了工人总代表张新和、副总代表李文郁及孟云清、董金卓等工人代表，在这种情况下，工人被迫忍痛复工。复工后，资本家先后开除工人代表、纠察队员和工会积极分子150多人。在白色恐怖下，大兴纱厂工人积极分子并没有低头，一部分被开除的工人跟随傅茂公去了天津，留下来的工人积极分子，团结广大工人，继续同资本家进行各种形式的斗争。

国民军进驻唐山以后，唐山工人运动出现了新的局面，但却引起开滦资本家的强烈不满。出于瓦解工人运动的目的，开滦总矿师杜克茹以战争影响和煤炭积压为由，提出了为期一个月的春节停工计划。消息传出后，立即引起广大矿工的强烈反对。在中共唐山地委书记黄钟瑞的领导下，开滦五矿总工会筹备处带领工人进行了反停工斗争。

1926年1月初，开滦五矿总工会筹备处致函开滦矿务局，对停工问题提出质询，但矿方未作答复。17日，又致函总矿师杜克茹，要求取消年节停工一个月的决定。20日，五矿总工会筹备处向全局职工发出布告，要求矿务局撤销停工命令。25日，国民军第九师司令部向开滦矿务局发出公函，要求开滦英国资本家按照往年惯例办理，取消停工一个月的计划。可是，开滦资本家既不顾数万名矿工的多次呼吁，也不顾国民军的劝告，竟于30日贴出布告，宣布自2月1日起，各矿全部停工一个月。布告贴出后，唐山各界人士深感震惊。第二天，唐山各团体召开联席会议，并派代表到矿务局质问停工的理由和接济工人的办法，不料受到冷遇。被激怒了的唐山各团体代表立即向全国发表通电，揭露英国资本家制造借口，实行停工的阴谋，指出："牛马之畜，尚不能于农事之后绝其粮秣。矿局对工人竟用时召之使来，不用时挥之使去，对工人死生漠不关心。此实公理所不许，人道所不容"，通电希望"全国同胞，共起努力，歼除此压迫我国人民之英帝国主义"，并向全国呼吁："开滦煤矿让与英人合办，25年为期，早已期满，望全国各界一致努力，收回国权。"天津《益世报》《顺天时报》《华北新闻》纷纷发表文章，谴责英国资本家压迫工人的罪恶行径。

开滦资本家的倒行逆施，激起广大矿工的不满。1月28日正式成立开滦五矿总工会，在2月1日上午组织唐山矿1300多名工人包围了矿师公事房，要求见总矿师。杜克茹不敢露面，要求警察局长出面劝说工人。工人向警察局长提出发停工补贴、发给外工"花红"和早日开工等三项要求，然后上街游行。10日，开滦五矿总工会召集包工头开会，要他们转告矿方：免费供给工人大米和面粉，提前复工，并发给外工"花红"。11日上午，200多名唐山矿工人再次包围总矿师公事房，要求总矿师出来谈判。杜克茹声称只接见开滦工人不接见工会代表。对此，双方争执不下，经警察局长调停，工人于中午12时退出，并警告矿方：如不给予满意答复，工人将天天到这里来。同一天，林西矿工人代表两次求见矿师邓吉斯（比利时人），要求给工人发停工补助费，邓吉斯拒不接见。13日，林西矿工会组织2000多名工人列队向矿方请愿。邓吉斯指使保安队对请愿工人进行武力镇压。保安队长丁月波率领保安队及被其收买的流氓打手200余人，携带枪弹、木棍和皮带在工人队伍中横冲直撞，肆意殴打。逃避不及而被殴伤者250余人，重伤者30余人。

林西矿请愿工人遭殴伤后，开滦五矿总工会立即向全国各工会、学生会、农民协会、各社会团体和报馆发出快邮代电，揭露开滦资本家的罪行，并向矿务局提出令保安队负担受伤工友的医药费、惩办及撤换保安队长丁月波、保安队赔偿工人损失、绝对禁止保安队再殴打和压迫工人，以及以后保安队不许干涉工会等五项要求。

开滦资本家策划的停工，并没有达到瓦解工人运动的目的。各矿工会不但未因停工而瓦解，反而更加巩固，更加活跃。广大矿工在工会领导下，紧密团结，誓与资本家斗争到底。英国资本家的停工阴谋，不仅遭到广大矿工和唐山人民的一致反对，而且遭到全国舆论的谴责。2月18日，在高涨的工人运动面前，英国资本家不得不宣布各矿于当日提前复工。至此，开滦矿工反停工斗争取得了胜利。

1926年3月底，国民军第九师撤出唐山。奉军占领唐山以后，查封工会，大肆逮捕共产党员和工会积极分子，唐山工人运动进入困难时期。在奉系军阀的黑暗统治下，广大工人特别是工人积极分子并没有丧失信心，公开活动没法进行，就转入秘密活动。同年4月，中共北方区委委员赵世炎到达唐山。经调查了解情况后，他认为，唐山有煤矿工人、铁路工人、纱厂工人，工人运动非常重要。并要求中共唐山地委和工人打成一片，同时要注意巩固组织，保存力量。根据这一指示，中共唐山地委领导唐山制造厂工人同奉系军阀展开了巧妙的斗争，并于同年八九月间开展了反对奉系军阀的怠工斗争。

在奉系军阀控制下，唐山制造厂资本家不仅在政治上压迫工人，而且在经济上克扣工人。由于军阀混战，物价不断上涨，纸币贬值，到1926年夏，一元纸币只能兑换几角银元，但厂方仍用纸币发工资，这实际上等于降低了工人工资。广大工人虽然多次提出不要纸币，要银元，但厂方却充耳不闻，仍坚持用纸币发工资。在这种情况下，工人决定以怠工来对抗。

1926年的八九月份，正是北伐战争胜利进军的时候，奉系军阀把唐山作为其后方基地。为了把唐山制造厂作为军工厂，加紧生产军事装备，奉系军阀控制了唐山制造厂的管理权，把原来的英国管理人员搁在一边。英籍厂务经理詹姆森从英国探亲回厂后，对此很有意见，因此，工人怠工时，英国管理人员听之任之，不加干涉。怠工斗争由小到大，逐渐发展，由工人积极分子扩大到多数工人，由南北机器房发展到客车系统和机车系统，到10月份，怠工斗争已扩大到全厂，一个月的任务两个月也完不成。

京奉路唐山制造厂工人的怠工斗争，坚持了3个月，延缓了铁路车辆的生产，使铁路运输不畅，影响了奉军的后勤供应，对奉系军阀是一个打击，对北伐战争是有力的支援。

玉田、遵化农民反“旗地变民”斗争

1926年冬，随着北伐战争节节胜利和军阀势力连连败退，统治直隶省的奉系军阀政府为了筹集军费，加紧催征“旗地变民”捐①。当时玉田县约有“旗地”12万亩，种“旗地”的农民约有1万户、5万人口。如果“旗地”每亩按3元至10多元的卖价，全县需交款50多万元，人均银元10元，再加上其他苛捐杂税，农民就是倾家荡产也无法缴纳。玉田县公署“旗地变民”的告示一贴出，立即引起了全县种“旗地”农民们的强烈反对。中共玉田特支因势利导，决定在玉田县发动一次以反“旗地变民”为中心的农民运动。

1926年11月中旬，中共玉田特支在丁家桥小学召开会议，研究组织农民协会（联庄会②）和进行反“旗地变民”斗争的方法与策略。会后，党员分头深入农村向群众揭露帝国主义、封建军阀、贪官污吏和土豪劣绅等压迫剥削农民的罪行，宣传北伐战争的胜利和南方各省农民运动蓬勃开展的情况，以启发农民的觉悟，号召农民加入农民协会，共同反抗“旗地变民”。1927年1月1日，中共玉田特支以联庄会的名义，在东蒙各庄小学召开有20多个村庄农民代表参加的会议。会上认真讨论了反“旗地变民”斗争的方案，即采取各村相互串连、签名、按手印的方法，迅速发展农民入会；在斗争中，会员要一致行动，不能擅自交款，军阀政府催征时，如有传讯和捕人事件发生，全体会员要一致行动进行救援等。之后，党员和农民代表昼夜串

---

① “旗地变民”捐是军阀政府向农民勒索的一种捐税。“旗地”又称旗租地，是清朝初年满族八旗军人用“跑马占圈”的方式将汉族农民的土地霸占为其领地，但仍由当地农民租种，每年向领主交租。辛亥革命后，“旗地”已归农民所有，并入粮升科，改由地方政府征税。所谓“旗地变民”就是要原种“旗地”的农民重新购买“旗地”的地权。

② 联庄会原是为了防匪自卫、修建庙宇、防洪治水等，由几个村庄自发联合建立的松散组织，领导权一般由地主掌握。后来农会以这种形式组织号召农民进行活动。

连，发展会员。联庄会在几天时间内就扩展到50多个村庄，入会农民达2000多人（一人代表一户），长期遭受苦难的玉田县农民初步组织起来了。年关紧迫，县公署催交“旗地变民”款越来越紧，并以逾期不交即来捕人和拍卖土地相威胁。1月9日，中共玉田特支在东蒙各庄小学召开第二次农民代表会议，决定1月11日县城大集那天，全体会员都到县议会请愿。1月11日（农历腊月初八）上午11时，有3000多农民群众，在张明远、杨春霖和各村农民代表的率领下，聚集在县议会门前请愿。议员们逃匿一空，愤怒的群众涌进县议会，砸毁门窗及家具什物，并把公文卷宗和议员们的衣物行李付之一炬。之后，请愿队伍直奔县公署。代表们同县长张拱垣几经交涉，要求延期缓征“旗地变民”款，县长蛮横无理，警察所长又鸣枪恐吓，从而激怒了群众。他们高喊“打倒贪官污吏”“活捉杀人的赃官”等口号一拥而上。县长见势不妙，仓皇越墙逃跑，被群众用木棒将腿击伤。接着，群众涌进县公署，把县衙砸得七零八落。奉系军阀慑于北伐军节节胜利和农民运动势不可挡，不得不作出让步，以渎职罪撤换了县长，“旗地变民”款既未明令撤销也没敢继续催征，反抗“旗地变民”斗争取得了胜利。

1927年2月，遵化县西下营农会代表向中共玉田县委反映，军阀政府的“旗地变民”款只是在玉田县被迫停止征收了，在其他各县仍继续催征。遵化县农民得知玉田农民斗争的胜利，很希望有人帮助他们起来斗争。中共玉田县委当即决定派张明远和杨春霖到遵化去，领导那里的农民开展反“旗地变民”斗争。张明远和杨春霖首先同该县表现进步的国民党员王麟阁、韩仰文等取得联系，向他们了解当地情况，得到他们的帮助和掩护之后，又通过一些进步的小学教师和农民的宣传发动，建立起以塔寺、兴旺寨、城子峪为中心的3个区农会组织，在50多个村成立了农民协会，发展会员2000多人。当时的方法是：尽量拖延不交“旗地变民”款，以争取时间扩大农会组织。4月，遵化县公署派人下乡催交“旗地变民”款，得知农民正在组织团体，酝酿反抗，就开始抓捕农会代表和会员，企图破坏斗争。于是，农会协会决定发动群众到县城请愿示威。这次行动吸取了玉田的经验，事前的计划和组织比较周密，估计到入城后官府可能实行武装镇压，决定参加行动的群众一律携带器械。就在县公署捕人的第二天下午1时许，参加斗争的农民群众约5000人，手持各种器械，齐集在城西的史家坨，准备进城请愿。群众情绪激昂，高呼口号，直奔遵化县城。队伍接近城下时，从城墙上发出一阵枪响。请愿的群众在张明远、杨春霖和农会代表们的率领下，冒着危险跑步冲向县城北门。当时，城门已紧闭，县长在城上指挥保安队巡逻警戒。群众在城下高呼：取消“旗地变民”“惩办土豪绅劣”“释放被捕的农民”等口号，并从城门缝里投入请愿书。开始，县长在城上恐吓群众，农民则表示不达目的誓不罢休。最后，县长只好答应缓征“旗地变民”款项，并将抓捕的农民当场释放。反“旗地变民”斗争在遵化县又一次取得胜利。在玉田、遵化两县农民斗争胜利的形势下，丰润县和迁安县的部分村庄也进行了反“旗地变民”斗争。唐山的反“旗地变民”斗争引起了强烈的反响。不久博野、蠡县和交河等地也爆发了反“旗地变民”的斗争，给奉系军阀的反动统治以沉重的打击。

中共玉田县委在领导反“旗地变民”斗争胜利后，对农会经过短期整顿，很快就开展起新的抗捐抗税的斗争。1927年1月至9月间，以各种方式进行各种不同规模的抗捐抗税斗争达数十次，先后被取消的捐税10多种，主要有屠宰税、牲畜税、斗秤税、花果捐、鸡蛋捐、鸡鸭捐、警察捐、皮毛税、肠衣捐、民团费、食盐专卖等。随着抗捐抗税斗争的不断胜利，玉田、遵化两县又开展了查地主黑地、清算土豪劣绅贪污、侵占公产、摊派不公等斗争，迫使他们退还贪污侵占的公款、公产，交出枪支武器给农会，撤换了他们的村正、村副，由农会推选办事人员，实际上这些村庄已由农会掌权，并建立了农民武装自卫队。玉田和遵化两县的农民革命运动的不断发展，为玉田农民武装暴动打下了良好的基础。

直南红枪会斗争

红枪会发源于山东，1917年传入河南，1923年传入直隶。它是由贫苦农民自发组织起来的反抗压迫和剥削的旧式群众组织，由于它防匪盗、反恶霸、抗官兵、抗捐税，反对贪官污吏，在某种程度上代表了农民的利益，因而受到了农民群众的欢迎。奉系军阀占领直南以后，由于政局混乱，红枪会在直南各地迅速发展起来，特别是在广大农村，入会的人数越来越多，势力越来越大。

1926 年 7 月，中共中央执行委员会第三次扩大会议在《对红枪会运动议决案》中指出："过去及现在直隶山东河南一带的红枪会运动，他的要求和行动，都是直接间接反抗军阀政治的，他是真正民众的武装，他已成为民族革命中破坏军阀的一个重要力量，我们必须努力引导这个力量，并要努力使这个力量不为军阀土豪利用。"① 同年 8 月，李大钊在《政治生活》杂志上发表文章，号召有觉悟的青年"赶快的加入红枪会的群众里去，……把现在中国农民困苦的原因，和红枪会发生的必要，解释给他们听，让他们很明了的知道农民阶级在国民革命运动中的地位和责任，很明了的认识出来谁是他们的仇敌和朋友，……才能真正的达到除暴安良，守望相助，阻御兵匪，抗拒苛税，抵御暴官污吏，打倒劣绅土豪的目的"②。根据中共中央和李大钊的指示精神，中共北方区委决定派共产党员打入红枪会内部，组织和发动直南农民武装暴动，驱逐奉军，迎接北伐。派共产党员贾湘农、王新邦、冯锦波、刘剑公等到顺德，帮助中共顺德临时地委进行发动和组织工作。为了统一领导农民武装斗争，党组织成立了"冀南农民运动办事处"，由贾湘农负责，由刘剑公负责军事指导。

在中共北方区委的领导下，不少共产党员和进步青年参加了直南红枪会运动。1926 年春，共产党员王子清到肥乡县做红枪会的工作，他鼓励进步人士李吉瑞参加黄沙会，李吉瑞入会后当了老师③，联合城南 13 个村的会门群众成立"农民自卫团"，李还当选为团长。在此

① 中央档案馆编：《中共中央文件选集》第二册，中共中央党校出版社 1989 年版，第 216 页。

②《李大钊全集》第四卷，河北教育出版社 1999 年版，第 676—677 页。

③ 黄沙会里指导入会人员画符、念咒和排练刀枪的人。

期间，王子清和另一名共产党员来到南和县，动员共产党员沈金召、沈建洲等人打入红枪会内部开展工作，并和红枪会首领梁顺天、宋殿魁等人建立密切联系。1927 年 2 月，当磁县红枪会和天门会发生摩擦时，该县共产党员李巨川、李相虞、王子清和唐寿山数次做红枪会和天门会首领的工作，动员他们联合起来，共同反对奉系军阀。3 月，中共顺德临时地委开始武装暴动的准备工作，与各地武装、会道门首领取得联系，向他们讲解军阀混战给人民带来的深重灾难，宣传北伐战争的重大意义和大好形势，使其懂得只有武装起来举行暴动夺取政权才有生路的道理。中共顺德临时地委书记沈国华与刘剑公、刘韵棠、李虎臣等前往任县岭南村找到结交甚广的红枪会首领倪文山（倪老经），并通过他找到刘家屯的刘子厚、常子敬、刘振河、刘振邦等人，经共同商议制定了利用武装会道门实施暴动的行动方案。在此期间，中共北方区委派遣共产党员杨春霖到邯郸一带与红枪会首领交朋友，发动会门群众，协调红枪会与天门会之间的关系。中共隆平县委也派人专做会门群众工作。

经过一个阶段的组织发动工作，直南各地的红枪会等会道门先后发动了数次武装起义。

1927 年春，肥乡县黄沙会首领带领农民自卫团进占县城，处决了作恶多端的县政府一科书记（衙役头）黄金榜，成立了农民自卫总团，县里的一切大事由民团主持操办，取消不合理捐税，减轻农民负担。农民自卫团进占肥乡县城以后，以鸡毛信的形式向各县会道门传讯，李吉瑞还亲自到成安、永年等县串连，鼓励红枪会等会门群众行动起来，进占县城。同年 3 月，成安县的天门会、红枪会、黄沙会在一些村庄开始打击贪官污吏和土豪恶霸。3 月 19 日中午，会门群众开始攻城，在“杀了刘老佩，不拿牛毛税；砍了宋雅南，不拿地方钱”的口号声中，将城攻破。会门群众进城后，缴获奉军官兵的枪支，查抄反动豪绅宋雅南、刘老佩和程天贵的家，砸监所，平冤狱，放“囚犯”，打开西街王家的银窑和许多粮仓，将钱粮分给苦难的群众。

肥乡县城和成安县城被攻破的消息，震惊了统治阶级。同年 4

月，奉军师长兼直南镇守使谢玉田以委任红枪会老师刘希贤为司令的名义，将刘诱进大名城，妄想让刘出面平息这场红枪会运动，遭到拒绝后，便将刘杀害，并将刘的人头挂在城门上。奉系军阀的罪行，更加激起会门群众的义愤，红枪会各门首领为给老师刘希贤报仇，公推红枪会首领宋廉敬为攻打大名城义军司令。在此期间，红枪会为了通过共产党同北伐军挂上钩，寻找靠山，接济武器，派两名团长到大名直隶省立第七师范学校，聘请该校学生共产党员赵纪彬、李大山为参谋长。5月下旬，大名、广平、肥乡、成安、永年、曲周、鸡泽等十几个县的红枪会群众几万人，按预约的时间开始攻打大名城。由于城墙坚固，两天时间未能攻下，攻城群众伤亡很大，不得不暂时退却，待机而动。5月31日，谢玉田命城内的奉军第七团去邯郸取弹药和给养。该团官兵走到魏镇东关青杨山树林时，遭到黄沙会首领张致和率数百名会众的伏击，伤亡惨重。在返回大名城途中，该团又遭到会门群众的截击，几乎全团覆没。随后，红枪会群众再次围攻大名城。驻守山东的奉军闻讯前来支援，在朝城与南乐之间的龙窝寺被红枪会截击。谢玉田看到红枪会势力强大，增援部队受阻，感到无力坚守，便弃城向山东方向逃跑，红枪会占领了大名城。

在红枪会攻打大名城时，南和县红枪会和大刀会的数千人攻进南和县城；广平红枪会的部分会众趁势占领广平城；鸡泽县红枪会群众占领鸡泽县城；鸡泽县红枪会协助永年县红枪会攻占永年县城；曲周县会门群众攻破曲周县城。贾湘农、刘剑公联合大刀会首领，率内丘、尧山等县会众千余人包围并冲击了尧山县城。6月中旬，邢台、尧山、任县、沙河、大名、武安等县红枪会群众，在贾湘农、刘剑公等指挥下，手持红缨枪、大刀、土枪、土炮在邢台城郊集结，待命攻城。守城奉军见势不妙，仓皇出逃，16日，武装农民顺利占领邢台城。武装农民进城后，“冀南农民运动办事处”设在直隶省立第三女子师范学校，实行公开办公，并做了四件事：（一）取消封建军阀、官府强加在人民头上的一切苛捐杂税；（二）将攻城农民编为“国民革命军先遣军第一支队”；（三）整编军队，充实骨干；（四）筹措款项，以保军需。

直南红枪会运动是在北伐战争胜利进军的形势下出现的。在共产党的引导下，以红枪会为主的会门群众，同心协力，相互支援，向封建军阀和贪官污吏开展了一场声势浩大的武装斗争，占领了十几座县城，动摇了帝国主义和封建主义在直南的反动统治。在蒋介石、汪精卫公开叛变革命以后，红枪会运动相继遭到失败。由于当时直南各地的共产党组织处于初创时期，虽然有些共产党员打入红枪会内部工作，但因力量有限，缺乏经验，难以左右具有分散性、落后性和缺乏政治远见的十几万会门群众，结果有的（大名、成安）被军阀和官府收编；有的（永年、曲周、鸡泽、成安）因惩处了某个官吏和土豪劣绅，解了气，或者是县府减免一些捐税，认为目的已经达到，会门群众又回乡务农去了；有的则由于遭到军阀武装的镇压（邢台）而失败。虽然由于种种原因，直南的红枪会运动失败了，但在大革命时期，以红枪会为主的各会门群众的奋起，拖住了奉军的后腿，有力地支援了北伐战争，对反帝反封建的民族民主革命，做出了重要贡献。

直中农民反苛捐杂税斗争

1927 年 5 月至 6 月，在北伐战争节节胜利，奉系军阀在直隶的统治行将崩溃的前夕，军阀政府开始大肆搜刮民财，他们以筹集征讨共产党的军费为名，向农民预征 1928 年的“上忙”税①和每亩地征收两元五角钱的“讨赤捐”。

在这一年的麦收以前，正定遭受了一场雹灾，即将成熟的麦子损失严重，秋苗也受了影响，农民生活十分困难。中共正定县委在上级党委农运巡视员解学海的帮助下，决定利用城内城隍庙会的时机，领导农民开展一次反捐税斗争。随后，县委在城内玉华鞋庄（县委机关驻地）召开了各村党团支部书记会议，传达了县委决议，研究了行动方案。6 月 16 日（农历五月十七），在正定城内的大街小巷、城隍庙

① 当时统治者征收田赋分春、秋两季征收，春季征上半年的叫“上忙”，秋季征收下半年的叫“下忙”。

的里里外外和戏楼前的广场上，挤满了赶庙会的人。上午 10 时许，人群中突然有人举起写有“正定县农民反对‘讨赤捐’大请愿”字样的红旗。人们便从四面八方蜂拥而来。中共正定县委书记尹玉峰站在高坡上大声讲演：“本来这几年兵荒马乱，苛捐杂税繁多，再加上地主高利贷的剥削，人们的生活就够苦了，最近又挨了雹子砸，眼看大伙就要挨饿，可是县公署又逼着要明年的钱粮和‘讨赤捐’，咱们大伙要活下去，就要组织起来，找县官讲理去!”许多赶庙会的群众也加入请愿队伍，使请愿的人数达到数千人。赶到县衙请愿的群众砸了大堂的屏风，包围了二堂，要面见县长。任代理县长的金汪杉说此事是上司定的，关系重大，他做不了主。这时，尹玉峰、解学海等人一面组织群众高呼口号，一面组织十几位重灾区的老太太同金汪杉讲理。在广大群众强大的压力下，金汪杉不得不同意缓交“上忙”钱和“讨赤捐”，并贴出了“俟秋后再行完纳”的布告。取得斗争胜利以后，请愿群众在城内各街道游行示威。

与此同时，在党组织的领导下，晋县和饶阳县等地一些村庄的农民群众，也开展了反“讨赤捐”斗争。党领导直中农民取得反苛捐杂税斗争的胜利，鼓舞了农民的革命热情，促进了各地农民运动的发展。

二、军事上支援国民军

帮助国民军制定战略方针

国民军势力的发展和北方革命运动的高涨，引起了帝国主义和直奉军阀的惊恐。帝国主义列强积极支援直奉军阀，并促使它们联合起来进攻国民军。

1926 年 1 月 1 日，冯玉祥正式发出通电宣布下野，但是直奉军阀并不因冯玉祥下野而停止向国民军进攻。4 月，国民军退出北京，向地势险要、有坚固防御工事的南口一线撤退。南口战役后期，战斗异常激烈，情况危急，国民军难以支持。李大钊获悉这一情况后迅即向在上乌金斯克的于右任连续发出三封电报，要于赶赴莫斯科，敦请冯玉祥及早回国，收拾残局（当时国民军韩复榘、石友三、张自忠等部已被阎锡山收编）。在李大钊的电促下，冯玉祥于 1926 年 9 月 15 日回国，抵达绥远五原后，会见国民军诸将领。17 日在五原誓师，公开宣布全军加入国民党，接受反帝反封建的纲领，将西北国民军编为国民军联军，冯玉祥就任总司令，下辖第一、第二、第三、第五军和新编第六军。共产党员刘伯坚为政治部副部长（后任部长），乌斯曼诺夫为政治军事顾问。

关于国民军联军的进攻方向问题，在国民军联军将领中存在两种不同意见：一种意见是，部队仍由原路收复南口，然后夺取北京，再沿京汉路南下；第二种意见是，从五原挥师西征，取道宁夏入陕西，解西安之围，而后出兵潼关，与北伐军会师中原。经研究，这两个方案都面临很大困难，冯玉祥一时难下决心。正当冯玉祥举棋不定的时候，李大钊派人给冯玉祥送去了密件，详述了北京一带奉系张作霖的布防情况，并建议国民军“出长安会师郑州”①。冯玉祥接密函后，当即召开高级将领会议，经认真研究，一致决定采取李大钊的战略计划，制定了“固甘援陕，联晋图豫”的战略方针。后来战局的发展证明这个方针是完全正确的。1926 年 11 月 23 日，国民军联军攻克咸阳，27 日解西安之围。1927 年春，冯玉祥根据李大钊关于出西安会师郑州的建议，亲赴潼关指挥，5 月 26 日大败奉军，占领洛阳，5 月底攻克郑州，与北伐军唐生智部会师。至此，李大钊关于国民军联军与南方国民革命军会师中原的战略方针，得到完全实现。

河北人民对国民军的支援

在直奉军阀进攻国民军之时，按照中共北京特别会议的要求，中共北方区委指示张家口地委，动员察哈尔和京绥路沿线的人民群众反对军阀的进攻，支援国民军保卫南口。张家口各界群众，特别是广大

---

① 《李大钊全集》 第四卷， 河北教育出版社 1999 年版， 第 681 页。

工人积极响应共产党的号召，奔赴前线，参加战斗。他们担负起埋地雷、挖铁道、架电网、传递情报、抢救伤员、运送给养和弹药以及宣传慰劳等工作。张家口电灯公司和造币厂的工人为加强国民军的防御，还将造币厂的发电机拆下来，紧急送往南口前线。他们还自己改装设备，制造了八二迫击炮和手提式机枪。张家口洋车工人在人力车工会的领导下，组成前线救护队，由人力车工会主席孟征祥带领，在阵地上抢救伤员。铁路工厂工人根据苏联顾问提供的蓝图，赶制两列铁甲车，并开到南口直接参战。留在张家口的工人则坚守岗位，加紧生产军火，支援前线。工人纠察队日夜巡逻，维持社会秩序，保证国民军大本营的安全。在张家口工人的大力支援下，奉军长时间攻不下南口，但由于国民军领导人张之江没能采纳中共张家口地委军事委员会的建议，没有注意多伦的防守，致使奉军从那里突破进入察哈尔，并南犯张家口。在这种情况下，国民军放弃了南口。由于南口的失守，国民军不得不放弃张家口西撤。在国民军西撤之前，中共张家口地委建议国民军尽早攻占天镇和阳高两个县城，以打通西去绥远的通道。这一建议开始时并未引起国民军的重视。中共张家口地委军事委员会负责人王一飞通过李烈钧说服了国民军。国民军打下了阳高和天镇，从而获得了一条安全西撤的通道，避免了四面受敌、全军覆没的危险。

国民军西撤时，中共张家口地委职工运动委员会组织了由100余名工人运动骨干和技术人员参加的“工人交通大队”和“工人政治工作队”（其中有地委领导人王仲一、冀明信等40名共产党员）随国民军行动。“工人交通大队”保证了沿途铁路运输的畅通，“工人政治工作队”沿途做群众工作，帮助包头工人成立了“印刷工会”和“机械工会”以及各地农会，对国民军顺利西撤起到了重要作用，受到国民军将领的赞扬。

为了支援国民军，策应北伐，中共安阳县委负责人杨介人、郑英和共产党员李春泉等人深入到磁县六河沟煤矿，发动工人反对奉系军阀的统治，迎接北伐军的到来。当时，驻扎在河南安阳和河北邯郸一带的奉军烧杀抢劫，奸淫妇女，寅征卯粮，无恶不作。1927年初，奉军在河南洛阳与国民军联军交战，在信阳与北伐军交战，铁路运输繁忙。为保证军运，奉军强行停止了六河沟煤炭的外运，煤矿被迫停产，导致大批工人失业，生活十分困难，矿工对奉军更加愤恨，翘望北伐军早日胜利。

为了破坏奉军的军事运输，1927年6月初，中共安阳县委决定由共产党员李春泉组织六河沟煤矿矿工炸毁京汉路漳河大桥。根据中共安阳县委的指示，李春泉与矿工共产党员胡金山、纪德贵在工友中秘密串连，组织了由二三十名矿工参加的矿工爆破队，岳城农民协会和郭家湾农民二三十人也参加了这次炸桥活动。6月中旬的一天傍晚，他们带着钢钎、铁锤、炸药和其他工具来到漳河大桥。在铁路道班工人的积极支持下，一部分人担任警戒，一部分人在桥墩上打眼，黎明时分，装上炸药，点燃导火索，将大桥拦腰炸断，使京汉路交通中断，迫使奉军的军车只好停在磁县、邯郸等地，从而延缓了奉军的行动，破坏了奉军的后勤供应，支援了国民军联军和北伐军。

北方的国民军在当时代表着进步力量，它与南方的国民革命军遥相呼应。在国民军与直奉军阀作战过程中，中共直隶党组织在北方区委的领导下，旗帜鲜明地站在国民军一方，公开支持国民军。直隶人民无论是在政治上还是在军事上，对国民军给予了巨大的支持和帮助，对壮大革命力量、削弱军阀势力起到了重要作用。

三、中共北方区委和河北党组织遭到破坏

段祺瑞政府及奉系军阀对工农运动的镇压

1926年3月14日，日军驱逐舰驶入天津大沽口炮击国民军，国民军被迫还击。16日，英法美等八国向段祺瑞政府提出“最后通牒”，要求撤除大沽口国防设施，惩办国民军。18日，在以李大钊为首的中共北方区委和国民党北京执行部的领导下，北京各界5000多

人在天安门前集会，通电全国民众反对八国通牒。会后举行游行示威，遭到段祺瑞军警的血腥镇压，示威群众当场被打死 47 人，被打伤 200 多人，造成了震惊中外的三一八惨案。19 日，段祺瑞政府对李大钊等共产党人和许多国民党人士，以“假借共产学说，啸聚群众，屡肇事端”的罪名进行通缉。1926 年 3 月底，在共产国际的帮助下，国共两党在北方的领导机关迁入东交民巷苏联大使馆西院的旧兵营内。除李大钊以外，在这里工作的还有于树德、刘清扬、范鸿劼、杨景山、陶永立、陈乔年和谭祖尧等共产党员和国民党左派人士徐谦、丁惟汾、路友于、邓文辉等。

1926 年 4 月，在帝国主义的支持下，奉系军阀和直系军阀联合控制了北京政权。奉军进占北京以后，下令通缉李大钊等共产党人和国民党左派人士，禁止北京群众开展各种政治活动，各学校被视为有“赤化”嫌疑而被通缉的有 400 多人。警察厅宣布：宣传赤化，主张共产，不分首从，一律死刑。一时间，整个北方的天空布满了乌云，政治形势十分险恶。

中共北方区委搬入苏联大使馆旧兵营以后，在敌人的严密监视下，活动受到了很大限制。但李大钊毫不畏惧，仍然坚守战斗岗位，继续领导北方的国共两党开展地下斗争，以白永泰、李瑞祥等代号传递工作计划报告和各种信件，领导北方党的工作和群众运动，并派干部深入基层，整顿和巩固群众组织，为迎接北伐，做了大量的宣传和组织工作。

在国民军撤出北京时，一位旅长曾恳切要求保护李大钊出京。李大钊坚决不肯离开自己的战斗岗位。1926 年 9 月，北伐军攻克武汉以后，中共中央曾致信中共北方区委，要李大钊和罗章龙到武汉工作。李大钊考虑到北方的工作离不开，他把罗章龙派到武汉，而自己却留在北京。以后又有许多同志和朋友劝李大钊离开北京，都被他婉言谢绝了。当时，中共北方区委的大批干部被派往南方，参加北伐战争和工农革命运动，国民党在北方的负责人也纷纷离开北京，李大钊承担了国共两党的全部领导工作。

1927年春，北洋军阀得知李大钊的工作地址以后，派遣化装成人力车夫的特务，在东交民巷四周窥探，对从旧兵营出来的人，尾随盯梢。法、日帝国主义驻华使馆也向军阀当局提供了李大钊等人的活动情况。1927年4月6日上午7时，在帝国主义公使团的支持下，京师警察厅总监陈兴亚率领以身佩红线为记的警察、宪兵、便衣侦探、消防队员共300余人，涌入东交民巷苏联大使馆旧兵营及附近的远东银行、庚子赔款委员会和中东铁路管理局驻北京办事处，进行大搜捕。李大钊及其夫人赵纫兰，女儿星华、炎华被捕。先后被捕的还有范鸿劼、谢伯俞、谭祖尧、杨景山等共产党员与邓文辉、张挹兰等国民党左派人士，以及阻拦军警搜查的15名苏联大使馆工作人员，共80余人。大批文件、枪支、旗帜、印章也被抢走。

李大钊英勇就义

李大钊等人被捕的消息，在社会上引起极大的震动。学生、群众、学者、名流以及他的同乡，都开始奔走呼吁、展开营救。4月9日，国立北大、师大等九校校长召开会议，并公推北大校长余文灿和师大校长张贻惠为代表拜访张学良，提出“李大钊系属文人，请交法庭依法审讯”①。12日，北京国立私立25所大学校长召开会议，继续讨论营救办法，决定由“法大朝大北大法律系教员，对于东交民巷事件，根据学理发表一篇建议书，希望奉方取宽大主义，一并移交法庭办理”。李大钊的好友白眉初、武向晨等300余人，“愿保李大钊之生命”。舆论界相继发表评论：“处置共产党事件，吾侪以根本上应取宽大精神”②，“即使党人有图谋革命的确实证据，处治亦不应过严”，“为思想自由起见，尤不能不主张特别宽大”③。

国民军联军总司令冯玉祥在得知李大钊等被捕的消息以后发表宣言：“本总司令，对前横野行为，殊为愤慨”，“李大钊等数十同志之

① 北京《晨报》，1927年4月11日、13日。

② 北京《晨报》，1927年4月8日。

③《现代评论》第5卷，第123期。

生命，即本军30万将士全体之生命，誓心竭力保障，不容任何人擅加危害”①。

李大钊被捕后，铁路工人组织了劫狱队，计划不惜任何代价营救李大钊，但遭到李大钊的坚决反对，他说：“这种行动自然是工人同志们的革命热情和对于党对于我的爱戴，但今天完全没有可能实现这种计划，因为不仅是囚室武装警卫，即监狱亦处于重重武装戒备中，我个人为革命为党而牺牲，是光荣而应当，但已经是党的损失……我不能再要同志们做冒险事业而耗费革命力量。”②

李大钊被捕后，在敌人的威逼、利诱面前，严守党的机密，始终坚贞不屈，表现了共产党员对党无限忠诚的崇高革命气节。在法庭上，李大钊“精神甚为焕发，态度极为镇静，自称为马克思学说崇信者，对于其他之一切行为，则谓概不知晓云云”③。他在《狱中自述》中说：“钊自束发受书，即矢志努力于民族解放之事业，实践其所信，励行其所知，为功为罪，所不暇计。今既被逮，惟有直言。倘因此而重获罪戾，则钊实当负其全责。惟望当局对于此等爱国青年宽大处理，不事株连，则钊感且不尽矣！”④ 李大钊光明磊落，舍己为人的高尚品德令人钦佩！

1927年4月28日上午11时，奉系军阀经过一个多小时的“军法会审”，以所谓的“意图扰乱公安，颠覆政府，内乱、叛乱”的罪名，对李大钊等20人处以绞刑。临刑前，刑官问李大钊对家属有什么话要说，可缮函代为转交。李大钊回答：“我是崇信共产主义者，知有主义不知有家，为主义而死份也，何函也！”⑤ 下午2时，李大钊第一个走向绞刑架，慷慨赴死，从容就义。与李大钊同时就义的有谭祖

---

① 《国民革命军第二集团军总司令宣言》，转引自《李大钊与第一次国共合作》，人民出版社1989年版，第175页。

② 成纲：《李大钊同志抗敌斗争史略》，载《烈士传》，苏南新华书店出版，第12页。

③ 《世界日报》，1927年4月8日。

④ 《李大钊全集》第四卷，河北教育出版社1999年版，第719页。

⑤ 何隽：《李大钊殉难目睹记》，转引自《李大钊与第一次国共合作》，人民出版社1989年版，第178页。

尧、邓文辉、谢伯俞、莫同荣、姚彦、张伯华、李银连、杨景山、范鸿劼、谢承常、路友于、英华、张挹兰、阎振三、李昆、吴平地、陶永立、郑培明、方伯务 19 名革命者。

噩耗传来，在社会各界引起极大的震动。在北京街头，人们争相购买刊载李大钊等人被害消息的报纸，凝视李大钊等人的遗像，不少人泣不成声。1927 年 5 月，中共中央机关刊物《向导》周刊发表了共产国际代表维经斯基写的《悼李大钊同志》。文中指出：李大钊等人被害的消息“如晴天霹雳一般”，李大钊的名字“早就为全中国革命者所认识了。他及其他同志的名字将为几百万北方的群众牢记不忘”①。5 月 16 日，中共中央及中共湖北区委在汉口召开万人追悼大会，张太雷在会上讲述了李大钊殉难经过，与会者为李大钊的革命精神所感动，都难以遏制地流下眼泪来。武汉的《中央日报》和《民国日报》、南昌的《红灯周报》、天津的《华北之星报》和苏联《真理报》都发表了纪念文章。冯玉祥和国民军联军广大官兵得到李大钊等人被害的消息后，悲愤万状。5 月 9 日，冯玉祥在陕西潼关亲自主持了规模盛大的追悼会。随后，驻守在陕西、宁夏、河南、山西的国民军联军各部队机关皆下半旗一日，中级以上官长戴黑纱一周，以悼念李大钊。冯玉祥赞誉李大钊是“自‘五四’运动以来新思想界之泰斗”“在北方指导国民革命运动最忠实、最努力和最有力之领袖”②。国民党西北临时政治委员会发布的告全体党员书指出：“张贼能绞杀我们的同志李大钊、范鸿劼等 20 人，……断不能绞杀中国的国民革命”，号召西北全体国民党员“应拭干痛哭李同志等的眼泪”，“与党内的叛徒、党外的敌人作最勇猛坚决的奋斗，以达到李大钊等 20 个同志未竟的志愿”③。

蒋介石和汪精卫先后叛变革命，军阀势力绞杀革命力量，李大钊等大批共产党人和仁人志士惨遭杀害，白色恐怖笼罩着全国。但李大

---

① 《向导》 周报， 第 195 页。

② 《冯玉祥致各部队各级党部电》， 载《历史档案》，1987 年第 4 期。

③ 《国民党西北临委会告全体党员书》， 载《历史档案》，1987 年第 4 期。

钊播下的革命火种并没有熄灭，直隶人民和全国人民一道，在共产党的领导下，将前仆后继地为复兴中国革命而英勇奋斗。

河北党组织遭到破坏大革命转入低潮

1926年9月，中共保定地方执行委员会联络员王永福叛变，向驻保定直系军阀告发了中共保定党组织住址及活动情况。19日凌晨3点左右，反动军警在叛徒带领下，同时包围了石家花园和清苑苗圃，分别抓捕了中共保定地方执行委员会书记高风，党员王志远、刘秀峰、谢光沛等人。随后，又在石家花园、清苑苗圃设下暗探，伺机抓捕前去联络的党员，并在全城大肆搜捕中共党员。19日上午，在育德中学门前抓捕了育德中学党支部书记彭桂秋；保定铁路党员张树荣在回家的路上被捕；党员李斌和冉清文在霍家大院被捕；清苑县党的负责人李光新到地委汇报工作，在清苑苗圃被暗探抓捕。王永福又向反动军警出卖了在唐县从事建党和农运工作的刘墨精等人。中共唐县特支书记刘墨精，特支委员田馨山、张思敬，以及大洋村党员胡大禄和南唐梅村党员贾振海、贾允文、贾书文等人先后被捕。被捕后面对连续的酷刑拷问，高风等人坚贞不屈，大义凛然，严守了党的秘密。在没有得到任何有价值口供的情况下，高风被判处死刑，王志远、谢光沛、李斌、刘墨精4人被判两年半徒刑，田馨山、张思敬、胡大禄、贾振海、贾允文、贾书文被判一年徒刑，并分别被解到本县监狱。刘秀峰、张树荣、李光新、彭桂秋、冉清文等人经党组织大力营救出狱。

以王紫树、董在毅为负责人的中共文安特支领导的农民革命斗争，直接触动了地主阶级的经济利益。1927年5月，本县地主董弼臣向奉系军阀统治的天津警察厅呈递了“王紫树、董在毅从事赤化活动”的报告。天津警察厅派出40余人，将左各庄小学包围，逮捕了王紫树、董在毅，随之又将董在刚、王笃臣、王植槐、赵兴邦等8人抓捕，押到天津，关进监狱。王紫树、董在毅等被捕后，受到严刑拷打，被天津警察厅军法科判处无期徒刑，关押在直隶第三监狱。后经多方营救，董在刚、王笃臣、王植槐、赵兴邦等 6 人被保释出狱，而王紫树、董在毅因属“要犯”，继续被关押。王紫树、董在毅在狱中受到百般虐待和精神折磨，但始终宁死不屈。反动军阀对王紫树、董在毅的迫害，使文安县党组织遭受严重损失。中共文安特支失去了负责人，左各庄农民夜校和农民协会也不得不在反动势力的高压下停办和解散。

由于叛徒出卖，中共张家口地方执行委员会领导机关被奉系军阀破坏。地执委书记云岭、委员任殿邦，中共察哈尔特别区工委书记多松年先后被捕。1927 年 7 月，多松年在遭受反动派种种摧残折磨后被杀害于张家口清河桥畔。除地执委机关被破坏，领导人被抓捕外，电灯公司的李振庭、刘子香、李文会、杨国君以及共青团张家口地方执行委员会书记杨洪涛等 20 多名共产党员及工会骨干被抓捕，杨会恭、王荩臣、张玢、王延芹、杨宝昆等工会领袖被杀害。党的基层支部大都遭到破坏。

在热河特别区，中共北方区委负责内蒙古工作的韩麟符由于受到段祺瑞政府的通缉，被迫于 1926 年 5 月南下广州，中共热河工委与北方区委失去联系。随后，中共热河工委负责人陈镜湖和一些中共党员也随冯玉祥部西撤。承德中共党组织被迫停止工作。

奉系、直系等反动军阀对革命力量极端仇视，他们统治的北方地区笼罩在白色恐怖之下，直隶各地中共党组织遭到严重破坏，工农革命运动进入低潮。

第　二　编

土地革命战争时期

（1927 年 8 月—1937 年 7 月）

1927年大革命失败后，北方处于严重的白色恐怖笼罩之下。但河北的广大共产党员并没有被新旧军阀的屠杀政策所吓倒，他们在中共顺直省委的领导下，坚决贯彻执行八七会议精神，组织开展武装斗争，反对奉系军阀和国民党的反动统治。1927年10月，发动了声势浩大的玉田农民暴动，打响了英勇反击反动军阀的第一枪，沉重打击了奉系军阀的反动统治。由于革命斗争处于转折时期，受党内各种思潮的影响，河北党组织内部一度出现了思想混乱的状况。刘少奇、陈潭秋、周恩来曾受中央委派到顺直省委指导工作。通过深入细致的思想工作，澄清了思想，化解了矛盾，纠正了错误，实现了党在组织上的巩固和发展。从1928年至1931年，党在河北地区先后发动了数次农民武装暴动，由于“左”倾错误的影响，均未取得成功，但为以后的革命斗争提供了宝贵的经验教训。

九一八事变后，河北面临着严峻局势，河北党组织领导发动了声势浩大的抗日救亡运动，各阶层反对阶级压迫和经济剥削的斗争也此起彼伏。由于党内“左”倾错误方针的影响以及国民党反动当局的残酷镇压，河北党组织多次遭到破坏，但屡破屡建，一方面同党内错误思想开展斗争，一方面始终坚持组织工农学生运动，发动武装斗争，掀起了以高蠡农民暴动为开端的北方革命风暴。而党帮助指导下的察哈尔民众抗日同盟军、抗日救国军等抗日武装也给日伪以极大震慑。这一时期，河北党领导下的北方文化战线斗争亦开展得有声有色。一二九运动爆发后，河北各地反响巨大，抗日救亡运动深入发展，武装斗争浪潮迭起。瓦窑堡会议的召开，特别是刘少奇主持北方局工作后，河北党组织纠正了过去的“左”倾错误，实现了工作路线的根本转变，改变了河北白区工作面貌，各地党组织得到迅速恢复与发展，为华北敌后抗日根据地的创建奠定了坚实基础。

第　六　章

中共顺直省委的建立及八七会议精神的贯彻

一、顺直地区国共合作的继续与破裂

奉系军阀加紧反动统治

1927年4月和7月，蒋介石和汪精卫相继背叛革命，由国共两党合作发动的大革命宣告失败。中国共产党所领导的人民革命斗争进入土地革命战争时期。

大革命失败后，中国革命形势转入低潮。奉系军阀为了巩固其在北方的统治地位，加紧了对中共组织及其所领导的工农革命运动的镇压。继北京四二八事变李大钊等20位革命志士被绞杀后，10月间，中共中央北方局及中共北京市委各机关又遭破坏，被捕的共产党员与革命群众30余人，18人惨遭杀害。从1926年11月到1928年1月的一年零两个月中，天津市的中共组织连续遭受9次破坏，被捕共产党员百余人，20余人惨遭杀害。在热河地区，都统汤玉麟悬赏缉拿中共热河工委负责人。冯玉祥也“礼送共产党人出境”，致使国共合作的大好局面遭到了极为严重的破坏。在张家口，除党组织被破坏外，20多名共产党员、干部及工会骨干被抓捕，部分工会领袖被杀害。河北党团组织遭到严重破坏，革命力量遭受重大损失。

奉系军阀加强了对工人革命斗争的镇压和破坏，在城市设立了手枪队和保安队，在铁路设立了护路队、兵工队。在工厂则利用反动分子和流氓分子，帮助资本家压榨工人群众，武力镇压工人的反抗斗争。广大工人群众还时刻受到裁员和停工的威胁。开滦、门头沟、井陉等煤矿，以及天津、石家庄各纱厂，普遍缩小生产、裁减工人，致使失业工人与日俱增。仅天津一地，1927 年七八月间失业人数即达 3 万以上。各铁路工人经常不能按月领到薪金，在 1928 年 6 月奉军撤退前，津浦路欠薪 5 个月，京绥路欠薪竟达 17 个月之多，京奉路每月只发薪 1/3。物价飞涨，广大工人过着朝不保夕的生活。

奉系军阀还加紧了对农民的剥削和掠夺，繁杂的赋税和沉重的负担使农民不堪忍受。如玉田县每年征缴的军费都在 50 万银元以上，有的年份甚至高达七八十万银元。农民负担的军费平均每亩土地要付将近 1 元，占收获量的 1/3 到 1/2。溃兵的骚扰更是不堪重负，他们所到之处对农民打骂欺辱、敲诈勒索、奸淫掳掠、损害庄稼。农民群众一遇到溃兵就纷纷外逃或躲进山里，往往离家数日或十余日，结果家中财物被抢光，房屋被烧毁，庄稼被毁坏。此外，奉系军阀还以“旗地变民”等手段，搜刮民脂民膏。濒临绝境的广大农民还要承担五花八门的苛捐杂税，各种税赋不下数十种。军阀政府的贪官污吏、地主豪绅乘机向农民敲诈勒索，不断加重地租和高利贷的层层盘剥。再加上连年水旱灾荒，致使农村经济凋敝，农民急剧破产，生活更加痛苦。

顺直地区人民的反抗斗争

幼年的共产党虽然遭受了严重的挫折，工农革命力量遭到了极大摧残，但是顺直地区的广大党员和人民群众，依然进行着艰苦的斗争，党组织在城市和乡村仍然坚持着。据 1927 年 12 月的统计①，在中共顺直省委的领导下，有天津、唐山、石家庄 3 个市委，正定、蠡

① 《中共顺直省委关于组织问题给中央的报告》（1927 年 12 月 12 日），见《中共中央北方局》资料丛书编审委员会编：《中共中央北方局：土地革命战争时期卷》（上册），中共党史出版社 2000 年版，第 63—64 页。

县、饶阳、晋县、乐亭、玉田、大名、隆平、磁县 9 个县委和献县、沧县 2 个临时县委及 20 个特支。全省党员人数有据可查者 1028 人。这些党员是争取革命胜利的骨干力量，分布在城市和乡村中，继续领导着工农群众进行着英勇不屈的革命斗争。

1927 年 8 月，中共晋县县委发动农民协会和农民群众 5000 多人，举行了一次声势浩大的抗捐抗税请愿斗争，要求反动政府停止预征下年度的钱粮，取消苛捐杂税。在群众强大的威慑下，反动当局被迫答应了所有条件。井陉、藁城、无极、深泽等地农民，也在党组织领导下，举起抗捐抗税的大旗，同反动当局进行说理斗争。

1927 年 10 月，中共津南特委领导献县农民开展了“借粮”斗争，先后在老庄子、后郭旺屯、后张邵等地发动数千名群众，向地主借粮数百石，极大地鼓舞了农民群众的斗争情绪，推动了“借粮”斗争的进一步发展，在杜生、韩村、崔尔庄等地形成了“借粮”斗争的高潮，并很快波及献县西部 48 个村，将“借粮”斗争演变成“吃大户”。献县的“借粮”斗争，历时 3 个月，总计“借粮”300 石，震慑了当地封建地主势力，提高了农民的阶级觉悟。

1927 年 11 月初，中共滦县地方组织领导数千名群众进行反“旗地变民”的游行示威，并包围了县政府，迫使县长答应缓征捐税，缓交“旗地变民”款，斗争取得胜利。

大革命失败后，河北共产党人为了挽救革命，积极创建革命武装，开展武装斗争的尝试。根据中共顺直省委指示，中共津南特委以庆云县为中心，包括无棣县、阳信县和盐山县南部、沧县东南部、乐陵县北部及河间县东部的沙河桥等地组织革命武装，并根据当地实际情况，改造绿林武装，进行武装斗争。1927 年 11 月，刘格平、刘子芳在沧县大堤东村（今属孟村回族自治县）一带收编阳信县的一股土匪武装，将其改造为津南革命军独立一团，杨三为团长。到 1928 年春天，队伍发展到 1000 多人。1928 年 3 月，刘格平与庆云县委书记陈一新、龙王庙村党支部书记胡恒熙在庆云、盐山一带组织了 100 多人的武装，该武装命名为津南革命军第一支队。后攻克庆云县城，收缴民团、警察的枪支，队伍发展到300多人。这些武装队伍后来虽因敌我力量悬殊、经验不足、领导人被捕而失败，但鼓舞、教育了广大党员和革命群众。

顺直地区人民的反抗斗争，打击了反动统治势力的嚣张气焰，对动摇奉系军阀在北方的统治，取得人民的信赖，起到了非常重要的作用。

国共两党合作的继续与破裂

鉴于蒋介石、汪精卫叛变革命的事实，1927年12月31日，中共中央发出通告，命令共产党员一律退出国民党，退出国民党军队中的政治工作。顺直地区的共产党组织，有的接到命令后随即作了安排，及时销毁文件，通知党员转入更加秘密的活动，继续领导群众进行斗争。有些地方组织虽然知道上级党组织有“退出国民党”的通知，但以为国民党的北方基层组织均系由共产党所建，由共产党和国民党左派掌握，登记以后更有利于公开工作和斗争，所以有些跨党的党员进行了登记，没有及时退出国民党。因此，在一段时间内，许多国民党组织仍然被共产党员和国民党左派控制，国共两党间没有像南方那样尖锐对立。后来国民党虽然多次“清党”，但顺直地区国共两党地方组织仍然保持着一定程度的合作。1928年6月，奉系军阀退出华北，蒋介石在北方占据统治地位。根据形势的变化，1928年7月3日，中共顺直省委发布了《关于反对国民党的叛变及号召我党退出国民党内工作的通告》，要求“所有同志应一律退出国民党及政治工作，如犹豫不退出者，应立即开除”①。因工作需要打入国民党党部及其某种反动机关的同志，必须经过党组织决定。此后，除个别地方的国共两党组织或个人仍有某种特殊形式的合作外，绝大多数共产党员退出了国民党。

顺直地区国共两党继续保持一定程度上的合作，主要存在以下三

① 中央档案馆、河北省档案馆编：《河北革命历史文件汇集》（甲）第二册，1992年印，第329页。

种方式：

第一种方式，大革命失败前后，以共产党组织和部分共产党员为主导，继续坚持国共合作的方针。大名县就是一个比较典型的例子。

1927 年初，在国共两党关系非常紧张、斗争日趋激烈的情况下，中共北方区委仍然致力于推动国共合作。在四一二政变前夕，任命李素若①为中共大名特支书记。李素若由北京到大名赴任，传达了中共北方区委有关大名工作的指示，强调要以国民党一大制定的“联俄、联共、扶助农工”三大政策为标准，发展国民党员，所有共产党员以个人名义参加国民党，共产党员要在国民党组织中起核心领导作用。随后，大名县全体共产党员集体加入国民党，成立了大名县国民党执行委员会（县党部），李素若为书记长。大名的国共合作，一直坚持到 1928 年 4 月，国民党新军阀刘镇华部进驻大名，许多共产党员看到“北伐军”已变成反革命队伍，便抛弃幻想，根据八七会议精神，自觉退出国民党。

第二种方式，大革命失败后，以共产党员为骨干组建国民党党部，继续坚持国共合作。井陉和满城两县的情况具有一定的代表性。

在井陉，大革命失败后，由于驻防该县的国民革命军第三集团军内部有共产党组织，因此在井陉县境内不但没有发生捕杀共产党员和进步人士的事件，而且党组织还得到迅速发展。到 1927 年 7 月，全县的共产党员已有 50 余名，中共井陉特支也改为中共井陉县委。随着形势的发展，组织的不断扩大，急需以合法形式掩护党的活动。这时，驻军提出要成立国民党党部。在驻军共产党员柏玉生、杨继雄等人的帮助下，在井陉城东门内关帝庙成立中国国民党井陉县党部，并召开了军民联欢大会，到会者五六百人。会上，选举赵玉祥、陈正元等人为县党部委员，赵玉祥为总负责人。在当选的 12 名委员中，有 10 名是共产党员。国民党井陉县政府每月拨给 80 元活动经费，县委也以国民党县党部的名义领导工人、农民进行了一系列的群众斗争。1928

① 李素若，河南濮阳县人，1925 年在北京加入中国共产党，之后加入国民党。国共合作破裂后，没有根据中共党组织的要求退出国民党。

年6月，以蒋介石为首的国民党新军阀统治了河北。8月，组织国民党临时登记处，重新登记国民党党员，查封原县党部，并开始“清党”。由于形势的变化，井陉县共产党组织于9月转入秘密活动状态。

满城的情况和井陉类似。1927年夏，共产党员史联甲①从邢台直隶四师回到满城后，发现当地的共产党组织有些涣散，而国民党却比较活跃。经过与中共保属特委联系后，就发动农会、小学教员协会联合行动，同国民党进行斗争，并抓紧争取国民党内部进步人士。当时满城县国民党有5个区分部，共产党争取到了北区、西区、南区3个，其他2区也有一些国民党员与共产党员比较接近。经中共组织批准，史联甲与王茂臣、何厚之、毛兴武等共产党员参加了国民党，于1928年8月组建了国民党满城县党部筹备委员会，并联络了许多国民党党员，形成了满城县国民党左派。共产党员有计划地参加并控制了筹委会。史联甲等利用合法身份组织农民协会，进行公开的革命活动，通过宣讲会，揭露社会的黑暗及地主的剥削行为，号召农民联合起来进行斗争，自己解放自己。利用农会与地痞、流氓、恶霸进行斗争，在年关还组织了反抗“割猪头税”的斗争。还组织小学教师联合会，宣传反帝反封建，破除迷信，号召妇女放足剪发，同时传播马列主义，培养积极分子，发展壮大党的组织，在西原坡、六间房、上子口、岗头等村建立了党小组。后来，参加国民党的共产党员之间在政治路线上产生严重分歧，有的在国民党右派的威逼利诱下阶级立场发生动摇，公开站到国民党的立场上，投靠了国民党。共产党员的活动受到限制，到1929年国共两党矛盾日益激化，合作出现危机。史联甲、王茂臣等陆续退出国民党。

第三种方式，共产党员占优势的国民党县党部，主动按照国民党的要求进行登记，继续掌握着国民党地方组织的领导权。

1927年春天，国民党蠡县县党部成立。党部委员共7名，其中5名为中共党员。1928年，在根据国民党直隶省党部的指令登记国民

① 史联甲，即刘宁一，满城县人，1925年在顺德直隶省立第四师范学校加入中国共产党，1927年在满城经中共党组织同意加入国民党。

党员、清理县党部的过程中，县党部负责人、共产党员刘宪曾、张化鲁、刘通庸等认为国民党直隶省党部已经发生分化，如果省党部派亲蒋介石的分子到蠡县登记党员、组建党部，对共产党非常不利，不如主动到省党部去登记，掌握主动权。于是经过中共组织决定，便以国民党县党部的名义，派刘通庸到天津国民党直隶省党部进行了登记。回县后，在原来党部的基础上成立了国民党蠡县党务指导委员会，在6名领导成员中有4名是共产党员，县党部负责人名义上是任艺圃（实际上由张化鲁管理）。国民党蠡县党务指导委员会成立后，清理了政府各部门和学校的腐朽势力，任命共产党员和国民党左派掌握了学校和政府要害部门的领导权；在农村建立农民协会、穷人会，领导农民开展反土豪劣绅的斗争、砸盐店斗争、反杀猪税斗争等。与此同时，博野的卜荣典也到天津国民党直隶省党部进行了登记，回县后，组成了以跨党共产党员为主的国民党博野县党务指导委员会。

国共两党在顺直地区继续合作的原因：一是共产党掌握了国共合作的领导权。北方的国民党组织是在共产党帮助下建立起来的，没有纯粹的国民党组织。国民党员大多为跨党的共产党员，而且国民党地方组织的主要领导职位由共产党员担任。在很多地方，共产党和国民党的领导机关是两个机构，一套人马。二是国共两党的共同敌人是奉系军阀。在北方，奉系军阀不仅视共产党为“赤党”，而且把国民党也归入“赤党”之列，国民党也处于非法地位。蒋、汪背叛革命后，在南方大肆屠杀共产党人。在北方，奉系军阀不仅屠杀共产党，也镇压国民党。国民党在北方尚未掌握政权，国共两党的矛盾还未上升为主要矛盾。三是从国共两党的力量对比上来看，共产党尚占优势。到1927年大革命失败初期，直隶辖区就有保定、张家口、唐山、邢台、玉田、安平、饶阳等几十个县市的国民党组织仍然由共产党主持。到1928年2月，蒋介石在国民党四中全会上攫取了党政军大权，实现了个人独裁，6月15日宣布“统一告成”。至此，国民党在北方的省市党部才全部由地下转为公开，成立党务指导委员会，并且大肆屠杀和镇压共产党人，国共两党在顺直地区的合作遂告破裂。

国共两党继续合作的特点和实质是：第一，大革命失败后，在特殊情况下的合作。这时，两党中央关系已完全破裂，国民党直隶省党部内国共关系日趋紧张并逐渐分裂，国民党内部左派和右派的分化也日趋明朗。所以，国共两党在顺直地区的合作，是没有国共两党上级组织指导的地方基层组织的合作，是部分国共两党地方组织和部分国共两党党员之间的合作。第二，国共两党继续合作的内容是把斗争矛头共同指向奉系军阀，共同反对国民党右派。共产党则是利用合作的形式继续领导人民进行革命斗争。第三，从整个顺直地区看，国共两党关系是由南向北逐步破裂的。南部破裂比较早，北部破裂比较晚。这一现象的出现有两个原因：一是原来两党合作关系建立早、基础好则破裂较晚，反之则破裂较早；二是与蒋介石国民党军队进驻时间有关，蒋军进驻早则破裂早，反之则稍晚些。第四，从现象上看是国共两党继续合作，实质上是以共产党组织和部分共产党员为主导，在特定历史条件下所采取的特殊的斗争方式。

二、中共北方地方组织领导中枢的重建

中共顺直省委的建立

四二八事变后，中共北方区委遭受严重破坏，被迫停止工作，直隶党组织和革命人民失去了强有力的领导中枢，党员人数减少，支部活动不能正常开展，一部分党员思想惶惑、混乱。在此情况下，重建党在北方的领导中枢，整顿和恢复党的组织，成为一项十分紧迫的任务。1927 年 4 月底，中共中央曾指示中共天津地委代行北方区委的职责，恢复北方党的工作。“但事实上因当时各地情形不熟悉，且通信地址不完全，因之对各地的指导上可以说没有什么”①。5 月 19 日，

① 中央档案馆、河北省档案馆编：《河北革命历史文件汇集》（甲）第二册，1992 年印，第 12 页。

中共中央召开常委会议，讨论北方工作问题，决定建立中共顺直省委，执行北方区委职权，领导顺直地区和热河、察哈尔、绥远特别区以及京奉、津浦、正太、京绥铁路党的工作，由彭述之任书记，刘伯庄任组织部主任，李季达任宣传部主任，陈为人任职工部主任，并责成陈为人从速回京筹建。

5月下旬，陈为人回到北京。他根据中共中央关于“建设机关，开始工作”的口头指示，在北京召开代理北方区委会议，传达中共中央关于建立中共顺直省委的决定。会议决定先成立临时省委，等条件成熟时再成立正式省委。在讨论省委机关设置地点时，京津两地意见不一，天津地委代表认为省委应设在天津，原因有二：一是津唐为工业区，便于推动职工运动的开展；二是顺直国民运动、农民运动委员会及民校、省党部①均在天津，便于各类民众运动的开展。会后，陈为人到天津进行调查，并与中共天津地委商议，认为省委机关设在天津没有困难，而且天津工作急需加强指导，最后根据中央“如在津有可能，即设在天津”的指示，决定将中共顺直临时省委机关设在天津。

6月9日，中共中央政治局常委会再次讨论中共顺直省委组成问题，因彭述之暂时不能到职，决定由刘伯庄代理省委书记。当时，中共天津地委的一些同志，对中共顺直临时省委的组成问题有不同意见。在候补中央委员刘伯庄的主持下，经过中共北京地委、天津地委及有关方面负责人的协商，统一了认识，决定认真贯彻执行中共中央决议。

6月中旬，中共顺直临时省委在天津成立。临时省委委员13人，常委有彭述之、刘伯庄、李季达，刘伯庄代理书记兼组织部主任，李季达任宣传部主任，陈为人任职工部主任，陈乔年任农民部主任。中共顺直临时省委的代号为“盛智僧”，主要任务是：整顿党的组织，恢复与各地党组织的联系，指导各地工作，促成正式省委尽快成立。与此同时，中共北京地委改为中共北京市委。随后，中共顺直临时省

① 指国民党直隶省党部。

委开始恢复与所属各地党组织的联系。在 6 月 26 日以前，同中共顺直临时省委取得联系的党组织有：张家口、绥远、保定、正定、安平、饶阳、石家庄、晋县、玉田、唐山、太原等处。到 7 月 25 日前，接头党员人数有所增加，京绥、正太铁路工会都有了相当基础，并派人到京奉铁路各站及井陉煤矿等地开展工作，北方工人运动有了一定进展。

8 月 1 日，中共顺直省委在天津正式成立，彭述之任书记，刘伯庄任组织部主任，李季达任宣传部主任，陈为人任职工部主任，彭述之、刘伯庄、李季达为省委委员，李华添、严林一为候补委员。省委机关设在天津市三安道耀华里（今和平区山西路耀华里 2 号）。中共天津地委改为天津市委，李季达兼任书记。

中共顺直省委是中共中央在北方建立的第一个省级机构，是在大革命失败、北方地区党组织失去领导中心的情况下建立的。它的建立，对重建北方地区党的组织系统及开展革命斗争起了重大作用。

中共中央北方局的建立

在蒋介石、汪精卫先后背叛革命，中国革命处于紧急关头的情况下，1927 年 8 月 7 日，中共中央在汉口召开紧急会议，史称“八七会议”。会议坚决纠正了陈独秀右倾机会主义错误，确立了实行土地革命和武装起义的总方针，为全党制定出继续进行革命斗争的正确方针。

为贯彻八七会议精神，实现全党路线的转变，中共中央临时政治局决定成立中共中央北方局，作为中央派出机构领导北方党的工作。中共中央北方局由王荷波、蔡和森、彭述之、张昆弟等组成，王荷波为书记，蔡和森为秘书。北方局下设组织、宣传、军事三部，直接管理顺直、山东、山西、内蒙古、满洲等地党的组织和工作。9 月 2 日，王荷波、蔡和森到达天津，主持召开中共中央北方局会议。会议决定：由王荷波、蔡和森、张昆弟组成中共中央北方局常委会；彭述之、刘伯庄为委员，在天津主持顺直省委工作；鉴于天津环境险恶，中共中央北方局机关设在北京。会议确定中共中央北方局的主要任务是：贯彻八七会议精神，改组各级党的领导机关，彻底纠正党内右倾机会主义错误，重新团结和不断发展党的队伍。

中共中央北方局成立后，组织各级党组织认真贯彻八七会议精神，批判党内的右倾机会主义错误，确定实行土地革命的方针。1927年11月，根据中共临时中央政治局扩大会议精神，中共中央北方局撤销。北方地区党的工作仍由中共顺直省委管理。

中共顺直省委第一次改组

由于在中共顺直临时省委筹建过程中，在机关驻地、省委组成人员等问题上出现分歧，引起纠纷，致使部分党员对省委不信任。特别是顺直省委的主要领导人彭述之曾在大革命时期犯过右倾机会主义错误，继续坚持右倾机会主义主张，不执行八七会议确定的实行土地革命和武装起义方针；不是积极地恢复和整顿党的组织，而是把自己封闭在省委机关里，放弃对工农运动的领导，使得顺直党的组织只有上层机关而无群众工作；加之在组织上完全实行家长制统治，压制党内民主，党员只有机械的绝对服从。因而在党内引起强烈不满，广大党员纷纷要求改组顺直省委。

中共中央政治局、常委会分别于1927年8月9日、11日讨论北方工作问题，特别指出：顺直因纠纷问题①尚未完全解决，王荷波、蔡和森应改组顺直省委，纠纷问题由王荷波、蔡和森全权解决；刘伯庄、彭述之仍留省委工作，以刘伯庄为书记，彭述之为宣传部长；省委一定要设在天津。8月12日，中共中央致函顺直省委，要求顺直省委立即改组，新省委中至少要有3名工人同志。

遵照中共中央指示，王荷波、蔡和森经过调查了解以后，于9月14日代表中共中央北方局发出了《通告》第一号，指出北方局的重要任务之一，就是改造北方各级党组织，彻底清查与纠正各级指导机

---

① 纠纷问题，指在传达中央关于顺直省委组建问题的指示中，天津出席中共五大的代表与陈为人之间的纠纷，以及由此产生的有关顺直临时省委的纠纷。

关的机会主义错误，并重新团结党的队伍，领导广大的工农群众继续坚持反帝反封建的革命斗争。同时，还确定了改造各级党组织的方法和步骤，要求发动全党进行党内讨论，总结过去失败的经验教训，提出关于党的政策的意见。

1927 年 9 月 22 日至 23 日，王荷波主持召开顺直省委改组会议，传达八七会议精神，批评陈独秀、彭述之的右倾机会主义错误，确定北方工作的总方针，即实行土地革命，打倒一切新旧军阀、地主豪绅阶级和资产阶级，发动并组织农民战争，建立工农兵苏维埃政权。会上，蔡和森作了《党的机会主义史》的长篇报告。这篇报告从中共成立一直讲到八七会议，主要讲了五卅运动后党的斗争情况，叙述了陈独秀等中央领导人和共产国际代表在北伐、联合国民党、工农运动等重大问题上的主张，回顾了陈独秀右倾机会主义的历史，剖析了这一错误的实质及共产国际代表应负的责任。并指出改造党的组织，重新团结党的队伍的重要性，提出了改造党应遵循的原则和根本任务，要肃清一切政治上和组织上的机会主义的遗毒，改变过去畸形的党内生活、教育、训练，改变一切不正确的工作方法。会议一致同意省委改组。改组后的新省委由 13 人组成，朱锦堂任书记，于方舟任组织部长，彭述之任宣传部长，王仲一任工运部长，杨春霖任农运部长，并由这 5 人及吕职人组成省委常委会。中共顺直省委改组后，即派人到京汉、京奉铁路去执行改组党组织的任务，先后改组了天津市委和唐山、玉田、石家庄等地党的指导机关，派人赴直南，建立了大名县委；并把主要力量投入到组织暴动、开展武装斗争上来。

这次改组会议对贯彻八七会议精神，纠正党内右倾机会主义错误，发动农民秋收起义和实行土地革命，都起到了重要作用。但是，它也将八七会议上出现的“左”倾情绪带到了北方，助长了“左”倾冒险和命令主义倾向的发展。此外，会议对当时已处于低潮的形势认识不足，对顺直党长期处于旧军阀白色恐怖之下，党组织屡遭破坏、革命运动多被镇压、群众情绪尚未恢复起来的实际情况，缺乏足够的掌握，过分强调了发动工农大暴动的形势和作用。因此，会后顺直地区的许多地方出现了“左”的冒险行动，给党造成了不少损失。

三、贯彻八七会议精神与玉田农民暴动

北方暴动计划的制定

1927年9月，晋奉[①]战争爆发，10月奉军失利，晋系军阀傅作义占领涿州，北京震动。中共中央北方局认为，这是顺直地区实行革命暴动，夺取政权的有利时机，遂于10月6日[②]制定并通过《北方暴动计划》，确定京津地区、京东四县（丰润、玉田、遵化、蓟县）、内蒙古三特区（绥远、察哈尔、热河）和直南为四大暴动区域，要求各级党组织“接此通告后，便应火速进行暴动的组织和布置”，“要极力在暴动中发展工会农会党团组织的势力”，以形成农村暴动、城市暴动相互呼应的北方大暴动的高潮，并设想暴动失利后，暴动队伍可退往热河，保持与蒙古的联系，这样即可做到进可战退可守。[③]

为了更好地贯彻执行中共中央北方局精神，10月8日，蔡和森在天津主持召开顺直省委会议，强调土地革命的大暴动是北方工作的总方针，现在重要的是迅速发动群众的日常斗争，并向大暴动的总方针积极努力。随后，根据《北方暴动计划》的要求，中共顺直省委于10月24日制定了《顺直省委职工运动计划书》，划出了三个重要工作区域：

（一）天津要在京奉、津浦铁路工人、海员、码头、电灯、电报工人中，立即组织群众斗争与暴动；

（二）唐山要在京奉铁路、开滦、纱厂、洋灰工人中组织斗争，目前要开始组织开滦五矿工人斗争与暴动；

---

① 指晋系军阀和奉系军阀。

② 《北方暴动计划》曾在《中央通讯》发表，此时间为《中央通讯》的出版年代。

③ 《中共中央北方局》资料丛书编审委员会编:《中共中央北方局：土地革命战争时期卷》（上册），中共党史出版社2000年版，第46—47页。

（三）石家庄要在京汉、正太铁路、纱厂、井陉煤矿等地恢复工人组织，开展斗争与暴动。

此外，沧州、保定、顺德的铁路、大沽船厂、芦台和塘沽盐场、磁县陶瓷厂等处党组织，也应立即组织工人斗争和暴动。随后，暴动计划迅速开始实施。

中共中央北方局虽然抓住了晋奉战争的有利时机，但没有考虑到全国正处在革命低潮的形势和北方的具体情况。当时热河党的力量被奉系军阀镇压后，几乎全部损失；天津、唐山市一级的党组织只作了一次初步改组，尚需要继续整顿；工人运动已停止了将近两年还没有恢复；在直南也只是很少的几个县有党的活动。因此，《北方暴动计划》是不合乎当时的实际情况的，是一个脱离实际的“左”的计划，是一种“新的军事投机倾向”①。

以玉田为中心的京东农民暴动

大革命时期，京东农民开展的反“旗地变民”和抗捐抗税斗争连绵不断，玉田、遵化、丰润、蓟县的党组织不断壮大，到 1927 年 7 月，玉田中心县委②下辖 5 个区委，60 多个党支部，近 400 名党员，农会组织也不断发展壮大。为此，中共中央北方局和中共顺直省委把玉田列为发动武装暴动的重点地区。

为了积极做好暴动的准备工作，王荷波从天津到达玉田，听取中共玉田中心县委书记张明远的汇报后，于 9 月 24 日主持召开县委扩大会议，传达了八七会议精神和省委关于在京东举行武装暴动的决定，提出了“扩大革命力量，准备武装暴动”的任务。他同县委负责人一起详细分析了京东四县的革命形势，认为奉系军阀的控制已日益削弱，革命力量日趋发展壮大，在以玉田为中心的这个地区已经具备

① 《中共中央致北方局信——对于北方局暴动计划的意见》（1927 年 10 月 28 日），《中共中央北方局》资料丛书编审委员会编:《中共中央北方局：土地革命战争卷》（上册），中共党史出版社 2000 年版，第 41 页。

② 玉田中心县委，1927 年 7 月由玉田县委改建而成，领导三田、丰润、遵化、蓟县、迁安等县党组织。

暴动条件。中共玉田中心县委根据王荷波的意见，拟定了《武装暴动计划》，决定在“双十节”[①] 召开玉田全县农民协会会员大会，进城举行武装示威游行，检阅农民武装力量。计划商定后，王荷波在张明远的陪同下视察郭家屯、珠树坞等地的乡村党支部和农民协会。县委其他成员也做了分工，杨春霖去遵化，张明远、张洪、肖俊初到玉田，深入农村去做暴动的发动和组织工作。

10月10日，适逢玉田县更换县长。中共玉田中心县委以纪念“国庆”和送旧县长、迎新县长为名召开了全县农民协会会员大会，王荷波亲自参加和指导了这次大会。玉田、遵化、丰润和蓟县万余名农民协会会员携带各种武器，从四面八方列队进入会场。大会宣传土地革命政纲，号召农民团结起来，壮大农民武装自卫队，随时准备与破坏农民运动的反动势力作斗争。会场上，上万名群众高呼革命口号，情绪激昂。会后，农民群众举行了大规模的环城示威游行。这次大会是农民武装自卫队成立后的第一次大检阅，充分显示出组织起来的农民的威力。

玉田万人示威后，中共中央北方局召开了北方干部会议，对暴动做进一步部署。为加强对京东暴动的领导，中共顺直省委派省委委员、省农民运动委员会负责人叶善枝以省委特派员的身份到玉田。10月14日，中共京东特委成立，叶善枝任特委书记，杨春霖任组织委员，张明远任宣传委员，直接领导中共玉田中心县委并具体负责玉田暴动的领导工作。10月16日，中共京东特委在遵化召开玉田、遵化、丰润、蓟县和迁安5个县的农民代表大会，成立了京东农民协会，杨春霖任会长，并制定了《京东农民协会章程》，研究了农民运动方案和落实顺直省委关于开展武装斗争的决定。这时，京东四县[②]的党员已发展到400余人，农民协会会员10万余人，掌握长短枪300多支。在会议尚未结束的时候，收到了玉田反动当局开始镇压农会活动的消息。中共京东特委立即召开有玉田中心县委成员、京东四县党组织和

---

① 即10月10日，中华民国国庆日，又称“双十节”。

② 京东四县指玉田、遵化、丰润、蓟县。

农民协会主要负责人参加的紧急会议。会议认为暴动时机已经成熟，决定张明远为暴动总指挥，解学海为副总指挥，立即赶回玉田组织暴动，并通知蓟县、遵化、丰润等县立即组织农民响应。

张明远、解学海回到玉田县后，连夜召开有玉田各区委负责人和县农民协会负责人参加的紧急会议，决定成立暴动临时指挥部，并研究制定了攻城计划和建立农民政权的方案。10 月 18 日，汇集玉田城下的暴动队伍两万多人兵分两路开始攻城。张明远、解学海率领东路暴动队伍用铁锤、斧头捣开城门，拥进县城，收缴了保安队和警察所的武器、弹药。张洪、肖俊初率领西路暴动队伍攻打西门时，遇到警察的顽抗。此时，从东门攻入的暴动队伍到达西门，两路会合，警察的防线崩溃。

暴动队伍占领县城后，暴动临时指挥部立即宣布戒严，搜捕逃匿的县长、警察所长、土豪劣绅等反革命分子，并派出岗哨维持治安，严禁滥杀滥抢，城内社会秩序良好。下午，暴动临时指挥部召开群众大会，解学海宣布了攻城的胜利和施政纲领：

（一）成立农民政府。在没有正式选举前，推举王却三为临时县长；

（二）组织农民军；

（三）取消一切苛捐杂税；

（四）取消警察、民团，继续收缴各区警察、民团的枪支；

（五）没收土豪劣绅的土地财产；

（六）旗地无条件永归农民；

（七）坚决搜捕一切逃匿的反革命分子。

正当农民起义军搜捕逃匿的反革命分子时，杨春霖率领遵化县北部 1000 多名武装农民前来支援。叶善枝也到达县城，与张明远、解学海见面后，以孤城难守为借口，命令暴动队伍迅速撤离县城，干部潜伏，群众解散。张明远、解学海、杨春霖不同意叶善枝的意见，主张活捉县长、警察所长和土豪劣绅，成立农民政府和农民军。双方争执不下，于是特委与暴动临时指挥部深夜联合召开紧急会议。会上，叶善枝仍坚持己见。张明远、解学海、杨春霖等提议，先将暴动队伍撤到城北郭家屯一带，待召开群众大会向群众解释清楚后，再有组织地疏散群众，并通知遵化县的支援群众停止前进，已到达的群众同暴动队伍一起撤离。叶善枝勉强接受了这一提议。

10 月 19 日凌晨，暴动队伍撤到了郭家屯、麦坡一带。特委又召开了有玉田中心县委参加的干部会议，商议下一步如何行动。暴动临时指挥部和中心县委负责人提议：将有枪的自卫队员组成农民军，开展打土豪分田地的斗争，无枪的群众回家，在本地配合农民军行动。叶善枝对此意见未置可否，连夜返回天津。之后，暴动临时指挥部把 400 多名武装自卫队员编为农民军总队，张明远、解学海率领 200 多名农民军在城北一带坚持斗争，其余的农民军由张洪、张超、肖俊初率领到亮甲店、孔雀店、虹桥、林南仓一带收缴警察枪支。

玉田暴动后，奉系军阀反动当局派出兵力向农民军扑来。此时，中共顺直省委又作出了第二次攻占玉田县城的决议，并派省委常委、组织部长于方舟带黄埔军校毕业的刘自立、李桂林、赵缚、朱耀中、杨恒南、程兆明等数名军事干部到玉田，加强对暴动的领导。10 月 24 日，于方舟主持召开了京东特委和玉田中心县委联席会议。会上，于方舟批评了叶善枝对省委所作的“玉田暴动形势很好”的虚假报告和他擅自决定暴动队伍撤出县城的错误，传达了省委“第二次攻占玉田县城”的决议。会后，以玉田农民军为基础，组建了京东农民革命军，建立总指挥部，杨春霖任总司令，张明远任总指挥，刘自立任参谋长，并制作了旗帜，缝制了红臂章，油印了一批宣传单。

10 月 27 日，京东农民革命军从遵化王爷陵向玉田进军。沿途张贴和散发传单，打击土豪劣绅，收缴民团枪支，壮大革命队伍。28 日，正逢遵化平安城大集，张明远带少数部队化装潜入城中，里应外合，与农民革命军攻占平安城，并收缴了警察和民团的枪支，捣毁了税局，没收了豪绅的浮财分给群众。傍晚，农民革命军撤出平安城，重回刘各庄休整。

10 月 30 日，农民革命军继续向玉田进发。当晚，宿营鲁家峪，应鲁家峪农会的要求，张明远带部分队伍收缴东峪恶霸地主刘玉梨的枪支，双方发生冲突。农民革命军因天黑和对地形不熟，在两名战士负伤后，撤出战斗。当夜，刘玉梨纠集附近民团 1000 余人包围鲁家峪，从东、西、北三面压向农民革命军驻地。农民革命军英勇抵抗，但因对情况估计不足，缺乏军事斗争经验，始终处于被动地位，最后总指挥部决定分散突围。在突围中，部队被打散，干部战士 30 余人阵亡、负伤和被俘。于方舟、杨春霖、解学海、刘自立等在丰润县沙流河附近不幸被捕，于 1927 年 12 月 30 日英勇就义。张明远率领的部分农民革命军突围后，在山区坚持打游击，后遭遇奉军两次重兵“围剿”，几乎全军覆没。在《北方暴动计划》中唯一付诸实施的玉田暴动以失败告终。

玉田暴动，是中共中央北方局贯彻八七会议精神的一次重要行动，是对国民党屠杀政策的一次英勇反击。然而由于忽视了敌强我弱的实际情况，没有认识到当时北方革命形势处于低潮，革命力量还很弱小的情况，却在敌人力量非常强大的情况下，决定发动武装暴动。在斗争策略上出现严重失误，在暴动本不宜采用偏重攻城的方式，特别是在攻城取得初步胜利后，不仅没有进一步鼓舞群众，震慑敌人，有组织地把暴动队伍拉到农村，开展土地革命，创造割据局面，反而是慌忙撤离，给群众带来极大的思想混乱和恐惧心理。当敌人重新占据县城，派重兵下乡“围剿”，群众情绪受到很大打击，暴动队伍遭受很大损失时，却举行第二次攻城，导致在进军过程中全军覆没。这次暴动带有一定的“左”倾盲动色彩。

暴动实践也说明，在敌强我弱、革命处于低潮的形势下，尤其是在敌人力量更为集中的城市、城镇，企图通过武装起义夺取革命的胜利是不可能的，而如何既坚定地开展对敌斗争、反对对革命前途悲观失望、放弃革命的右倾错误，又能够认识到革命的长期性和艰巨性，防止和克服脱离实际的“左”倾错误，逐步探索出符合实际的方针、策略和斗争方式，是党在北洋军阀和国民党统治区的斗争中需要着力探索和解决的至关重要的问题。

玉田暴动失败了，但它在北方打响了英勇反击反动军阀当局的正义的枪声，沉重打击了奉系军阀在北方的统治，体现了人民革命的巨大威力，进行了党领导的武装斗争的可贵尝试，在广大人民的心中播下了革命的火种。这个伟大的革命实践也为后来的北方革命提供了借鉴作用，党吸取了暴动失败的教训，适时纠正了“左”倾盲动主义，重新调整了北方农运的策略，特别是玉田暴动的革命精神一直鼓舞着玉田和全省人民，始终走在北方革命斗争的前列，无论经受任何挫折和牺牲，这种革命精神，永不褪色，成为光荣的革命传统。

四、“左”倾盲动错误期间的顺直党组织

中共顺直省委第二次改组

在中共中央北方局和中共顺直省委还没来得及很好地总结玉田暴动经验教训的情况下，1927 年 11 月 9 日至 10 日，中共中央在上海召开临时政治局扩大会议，蔡和森、彭述之、张昆弟参加了会议。会议通过了《最近组织问题的重要任务决议案》，指出党在组织上的主要缺点之一是党的领导干部并非工人，甚至非贫农，而是小资产阶级知识分子的代表，并指出这是党内产生机会主义的“策源地”。为此，决议案提出：党的最重要的组织任务是以工农分子的新干部替换非无产阶级的知识分子干部，要使党的指导干部中无产阶级及贫民的成分占最大多数。关于改组与改造的方式，中央规定：从小组以至省委的改组都必须经过全体会议或代表会议的选举。对于省委的改组，中央具体规定应由各县委、特支、直辖区选举 30 人至 50 人的代表，召开代表会议以选举的方式进行。会议要求在党的六大召开之前，彻底改造党的指导机关。

由于受中央“左”倾错误的影响，中共中央北方局和中共顺直省委，没有对北京的“广告暴动”① 和京东的玉田暴动作出正确的结

① 根据《北方暴动计划》的要求，中共北京市委于 1927 年 10 月 10 日晚发动了“广告暴动”，党团员全体出动，一夜之间，传单、标语贴遍全城。“广告暴动”暴露了党的力量，许多党员和革命群众被捕，北京地下党组织遭到严重破坏。

论，吸取有益的教训，而是仍集中力量去组织暴动，并忽视了秘密工作的原则，结果暴露了自己，遭到了奉系军阀的镇压。中共中央北方局、军事委员会，顺直地区特别是京、津、唐及京东地区党、团、工会等组织遭到严重破坏，热河党组织完全被破坏；全省党员数量由8月的2670人骤减至12月的1204人。

9月改组后的顺直省委常委成员也残缺不全，工作指导无力，中共北京市委及一些地方党组织被敌人破坏，加之省委的盲动主义及彭述之“第三党”[①]的宣传，造成顺直省委思想混乱、工作消极，引起党内强烈不满，要求改组省委。特别是中央扩大会议所规定的新政策要求下级党组织有效地执行与运用，顺直省委的现状不能适应中央的新政策，改组省委已刻不容缓。

根据中共中央指示精神，1927年12月18日，蔡和森由上海抵达天津，受中共中央委派巡视北方工作。1928年1月14日，蔡和森主持召开中共顺直省委改组会议。因环境恶劣和交通不便，保定、直南、张家口等地党组织无法派出代表，中共北京市委也刚遭破坏，未能召开党的代表大会，只有天津、唐山及京东推选代表出席会议。会议贯彻了11月中央临时政治局扩大会议精神，深入批判了省委特别是彭述之的右倾机会主义错误，明确了当时党在北方的任务不是立即组织大暴动，而主要是发展工农群众的日常斗争，同时强调要改组和继续发展党的各级组织，扩大党员队伍。会议撤销了原省委书记朱锦堂的职务，选举产生了由王藻文、傅茂公等13人组成的新省委，王藻文、傅茂公、李德贵、王德振、王仲一、张金言（张明远）、王宗泉7人组成常委会。由于当时片面强调领导人的工人成分，新省委13名委员中有工人8名、农民1名、知识分子4名，曾担任天津总工会主席的王藻文被选为省委书记。此外，会议还通过了《顺直省委组织问题决议案》《顺直省委职工运动决议案》《顺直省委农民运动决议

① 彭述之被撤销顺直省委书记职务后仍留在省委工作，他不但没有改正错误反而在北京市知识分子中组织反对派，反对改组后的省委和北京市委，实施“第三党”的宣传及组织准备工作。

案》等。

会议通过的《顺直省委组织问题决议案》指出：顺直党的首要任务是继续彻底地清除右倾机会主义的遗毒，把机会主义的领导者驱逐出领导机关，排除各级党组织中的一切机会主义分子，把党的各级领导机关交由最革命的工人来担任。过去发展的知识分子、小资产阶级及地主劣绅成分的党员，要进行重新登记或淘汰出党。决议说：党内过去一切机会主义错误应公布于全党，在党内展开讨论和批评。

会议决定：取消唐山特委，重新组织市委，取消京东特委，改组京东各县县委以下的党组织；天津市从工厂小组到区委，一律改组；北京市进行重新登记；直南与沿津浦路各县，派巡视员巡视并进行改组；南口、张家口、长辛店、保北十县和石家庄等地的党组织重新改组；并要求结合改组，发展和扩大党的组织。针对当时存在的“一切旧党员都要不得，应完全另外找新的”错误主张，提出：发展新党员固然重要，但原有的工人党员，在过去的斗争中表现很积极的，都不应当抛弃。并指出：“在天津、唐山、各铁路号召原有的工人回党，也是目前组织上的一个重要任务。”

中共中央得知中共顺直省委第二次改组后，常委会进行了讨论，决定蔡和森、朱锦堂立即来中央，新省委暂停省委改组会议决议的宣传，待蔡和森、朱锦堂来中央后再决定。由于中共顺直省委改组会议后蔡和森去唐山巡视，王藻文、傅茂公偕同张昆弟、朱锦堂到上海，向中央汇报中共顺直省委改组会议情况。

2 月 7 日、13 日，中央常委会分别听取了朱锦堂、傅茂公和王藻文关于顺直工作的汇报。16 日，中央发出致顺直省委及全体同志的信，指出顺直省委改组会议反对机会主义的精神，勇敢提拔工人同志，并开始注意群众的日常斗争，这些都是很好的；而且新选的省委虽然不是彻底的自上而下的改组，但还是具有相当的执行群众工作的能力，对新省委予以批准。同时也指出顺直省委所通过的决议案有否认过去一切的倾向，有抛弃民主集中制、助长极端民主化的倾向，有机械地反对知识分子的倾向，省委应该遵照中央的指示加以纠正，重新制定政治总任务及具体方针。

对于彭述之的问题，中央常委会曾要求彭述之就蔡和森及顺直省委揭发的问题作一书面答复。2月14日，中央常委会又根据顺直省委关于彭述之错误事实的报告通知彭述之，要他书面回答10个问题，同时给他抄送了2月1日顺直省委关于彭述之错误事实给中央常委的报告。对此，彭述之作了详细的答复，全面否定蔡和森及顺直省委所揭发的问题，并对蔡和森在北方局及顺直的工作提出许多批评。3月27日，中央政治局召开会议，听取了蔡和森的巡视报告，再次讨论了彭述之的问题。彭述之参加了这次政治局会议并作了一些辩解。4月，中央政治局作出开除彭述之中央委员资格的决议。

继1927年9月第一次改组会议后，中共顺直省委1月改组会议进一步深入贯彻了八七会议精神，在大革命失败后的重要关头，为顺直党组织领导全省人民继续革命制定了新方针，指明了整顿各级党组织的必要性和重要意义，更具体地提出了整顿组织的方法和步骤，使顺直党在原有基础上更趋于巩固和健全。特别是在反对陈独秀右倾机会主义的同时，又揭发和批判了彭述之的右倾机会主义错误及其非组织活动，有力地维护了顺直党的团结和统一。然而这次会议也存在一些缺点和问题，主要表现在：在反对机会主义斗争中，未能着重从党的指导思想和方针政策上总结经验教训，而是简单地否定过去的工作，过多地强调和追究个人责任；在反对家长制发扬党内民主的同时，过于强调个人自由和下级对上级的监督，忽视了纪律教育，滋长了极端民主化的错误倾向；在干部任用上，过于强调工农分子的革命坚定性，贬低知识分子的作用，形成唯成分论，使党内本已存在的工学矛盾进一步扩大，同时把一些不能适应领导工作要求的工农干部提拔到重要领导岗位，又缺乏必要的教育和训练，使党内雇佣观念、经济主义、极端民主化等各种非无产阶级思想得以滋长和泛滥。这些问题的暴露和发展给顺直党的工作带来十分消极的影响。

顺直各级党组织的整顿

1928年1月27日，中共顺直省委发出《关于改组各级党部》的通告，要求“各地党部接此通知后，切实执行下级党部之改组，务使每个同志均了解新政策，每个支部均改组好”①。2月中旬，中共顺直省委向各地发出《第二期工作计划》，要求各地党组织坚决执行顺直改组会议一切新的策略与方针，切实恢复和改选各级党的组织。顺直省委还派人奔赴各地，贯彻执行省委改组各级党部的指示精神，指导各地党组织建设。根据省委改组各级党部的指示，唐山、石家庄、保定、张家口、热河及北平、天津等地党组织均进行了改组和整顿，基层党组织陆续恢复，工作逐渐展开。

中共顺直省委改组会议结束后，蔡和森到唐山巡视，指导和帮助唐山党团组织举办短期训练班，对开滦五矿和铁路基层支部的40多名党团员分四批进行了教育培训。蔡和森、彭真亲自讲课。这是唐山建党以来，第一次对党团员进行大规模教育训练。唐山的6个区委进行改组之后，由各支部直接选举代表20多人，召开了党的代表大会，选举9名执行委员组成新的中共唐山市委员会，李华添任市委书记。唐山的共产党员由120名发展到200余名，秘密工会会员600多名，创办的党刊《唐山红旗》已出5期。3月，共青团顺直省委派刘玉田（刘慎之）到唐山，改组唐山团市委，刘玉田任书记，刘玉书任宣传委员，王玉路任组织委员兼青工斗争委员。为开展青年工作，团市委编辑出版了《青工之友》周刊，在工人中秘密传阅。3月上旬，中共顺直省委派吕职人参加中共京东特委，恢复丰润、玉田、遵化、迁安等地党组织；派李运昌重新组织了乐亭县委。

在顺直省委巡视员的指导下，石家庄党组织得到了改组和整顿，但工作仍旧处于停顿或半停顿状态。1928年3月，中共顺直省委提出再次改组石家庄市委，并对石家庄的工作给予具体的指示和要求：一是尽快恢复正太、京汉、大兴纱厂等支部工作；二是在井陉、正丰煤矿工人中积极发展党员，扩大党的组织；三是党的组织要向市郊农村扩展延伸，建立农村党支部；四是加强与省委的工作联系，及时汇报

---

①《中共中央北方局》资料丛书编审委员会编：《中共中央北方局》（综合卷），中共党史出版社2002年版，第109—110页。

工作情况。之后，中共石家庄市委负责人张浩古、李清瀚等人，以正太路为依托，开展革命活动。

为了加强对保定市区党组织和农民运动的领导，1928 年 1 月，中共顺直省委决定撤销中共保定特支，建立中共保定县委（也称中共保北中心县委）。省委还不断派出巡视员，到容城、徐水、安新、满城、定县等地，代表保定县委与城乡各基层组织联系，检查指导各地党组织工作，使保定的革命形势有所好转。

1927 年 10 月后，中共顺直省委先后派人到察哈尔、热河、绥远等地巡视，指导各地党组织建设。1928 年 1 月，中共张家口市委成立，陈儒仁担任书记，李泽、李振庭分别担任组织、宣传部长，郑秀荣为青年委员。下辖电灯公司和铁路 2 个支部，共有党员 20 余名。1928 年 2 月，中共顺直省委在张家口建立中共察哈尔临时省委，管理口北道、察哈尔及大同一带铁路工会的党组织。后根据中共顺直省委改组各级党部的精神，中共张家口市委改为中共张家口特别委员会，特委由张树珊、杨洪涛、李怀才等人组成。

1928 年初，韩麟符、郑丕烈、杜真生、卢东白等人从天津返回热河，先后建立了 3 个党支部，恢复发展党员 20 名。1928 年 4 月，经过中共中央批准，在中共顺直省委领导下建立了中共内蒙古特别支部委员会（简称“内蒙特支”），韩麟符任特支书记，郑丕烈、云润、杨洪涛、卢东白、张述、曲步霄 6 人为委员。中共内蒙特支负责热河、绥远、察哈尔三个特别区的党组织恢复和发展工作。

为了加强对农民运动的领导，中共顺直省委在河北划分了 5 个农运区域：（一）京东玉田为全省农运中心；（二）献县为津海道南部农运中心；（三）完县为保北农运中心；（四）正定、晋县为保南农运中心；（五）大名为直南地区农运中心。

中共顺直省委除指导各地工作外，还创办了《顺直通讯》，供党内同志讨论革命斗争和组织建设中的重大问题，以求得思想上和认识上的一致，进而推动顺直地区党组织的建设和革命斗争的顺利开展。

“左”倾盲动错误对顺直省委的影响

1927年11月，中共中央临时政治局扩大会议在上海召开。会议在瞿秋白领导下通过了《中国现状与党的任务决议案》，错误地认为中国革命是所谓“无间断的革命”，中国革命的形势是所谓“不断高涨”，主张全国无论城市和乡村都要组织工农武装起义。会议不承认革命形势处于低潮，认为国民党新军阀的统治已经处于崩溃的边缘，现时全国的状况是直接革命的形势。因而确定了实行全国武装暴动的总策略，并要求农村暴动与城市暴动相结合而以城市暴动为“中心”，以形成城乡的武装总暴动，直到造成一省或几省的革命胜利局面。这标志着“左”倾盲动错误在中共中央领导机关占了统治地位。

这种“左”倾盲动错误，发生在从大革命失败到土地革命战争兴起的历史转折时期。究其原因，主要是出于对国民党屠杀政策的愤怒，党内普遍存在着一种急躁拼命情绪，同时一些犯过右倾错误的人，怕犯右倾错误，认为“左”比右好，从而为“左”倾错误的发展提供了温床。

由于受“左”倾盲动错误的影响，中共顺直省委在1月改组会议的决议中，错误地认为顺直地区的革命潮流高涨到了极点，不承认大革命失败后中国革命处于低潮，北方因为未曾经过第一次大革命时期的民主革命斗争的直接影响，没有像南方几省那样好的工作基础和群众条件，党的力量较弱以及群众对国民党抱有幻想的事实。因此，中共顺直省委不仅没有对玉田暴动作出正确的结论，组织有秩序的退却，而是继续采取盲动的方针，仍集中力量去组织暴动。

1927年12月下旬，以瞿秋白为首的中共中央鉴于各地总暴动难以发动，便连续发出通知，指示一些地区如果条件不具备，就不要立刻暴动，从而避免了一些损失，对纠正盲动错误起了一定的作用。到1928年4月，“左”倾盲动错误在全国范围的实际工作中已经基本结束。4月5日，中共中央致信中共顺直省委，指出北方总的前途尚不是马上暴动夺取政权，而是要尽量发动工农的日常斗争。工运方面，要很艰苦地从基层做起，尽量在各厂各业中找出群众的特殊要求来发动群众斗争。农运方面，当前要注意一村一村地找出农民的实际要求来发动群众斗争，启发农民对于土地政权的意识。农运重点区，一是京东区，二是京津之间一区，三是石家庄到长辛店区，四是唐山五矿区。指示信还要求农运与工运密切结合。

中央指示基本上符合顺直地区的实际情况，但是中共顺直省委并未执行，而是仍然按照1927年11月中共中央临时政治局扩大会议的精神，于1928年4月11日通过了《奉国军阀战争①中顺直党的政治任务》通告。通告对革命形势作了错误的分析，认为“全中国工人、农民的革命是不断地前进”，出现了“几省总暴动、夺取政权的局面”。因此，省委提出的任务是：立刻加紧发动工农群众及一般贫农的斗争与骚动，加紧发动士兵的哗变，坚决地领导这些群众的斗争，使之无限地扩大，剧烈地发展。实行部分的夺取政权，一直到总的全省大暴动，建立苏维埃政府。通告规定的几项办法中，要求各工厂、矿山的工人要召开群众大会，宣布成立工会，挂出工会招牌，发动工人中的各种斗争（失败也要斗争），以提高工人的斗争情绪。以为只有这样才能使将来爆发一个大的斗争，才能调动工人去抢枪，使工人敢下手去杀工头、工贼和监工。要求铁路工会自己管理铁路。通告还指出：在农村中的工作则是“号召群众起来，分粮食，砸税局，杀豪绅地主，焚毁贪官污吏及军官家宅，杀死其家眷，没收其土地”等。通告给党员制定的“铁的纪律”是：在领导群众斗争中“临阵退缩者军法从事”；“将来不能调动群众起来行动，是军事投机，该负责同志应受处罚”；“对于豪绅地主、农贼、工贼、监工及贪官污吏应无情的杀戮；同志有执行不力者处罚”；“全体动员令下达之后，同志有不参加行动及在行动中有怠工不服从命令者处罚”。这种企图依赖威胁的手段强迫党员群众举行暴动和罢工的做法，显然是错误的，反映了小资产阶级的革命急性病和农民意识的报复心理。这样不但不能发动和

---

① 奉国军阀战争，指为夺取奉系军阀占据的地盘1928年4月国民党军队继续进行的“北伐”战争。

争取广大群众，在党的领导下为争取自身的利益起来斗争，反而会引起群众对党的恐惧，造成党群隔离。

1928 年 5 月 1 日，中共中央收到通告后致函顺直省委，批评这个通告“完全受农民意识的支配”，“表现极多成分的盲动主义”。来函还指出通告以“打、杀”为中心，是“企图依赖赤色恐怖去威吓群众，结果必定是不能取得群众的信仰，反而促起群众与我们隔离”。来函要求顺直省委应切实利用一切大小压迫工人的事实，鼓动工人进行部分斗争，同时注意群众与党的组织工作，真正抓住群众，才能抵抗国民党的影响。中共顺直省委接到中央来信后，没有认真理解切实执行，反而转入消极立场。5 月 15 日，中共中央常委会听取了蔡和森对顺直情况的汇报后，再次致函顺直省委，要求省委必须纠正“孤注一掷”的拼命主义和等待国民党军队来了以后再图活动的消极等待两种错误倾向，加强党在群众中的基础，同国民党争夺对群众的领导。

中共中央的指示和严肃的批评，使顺直省委避免了执行 4 月 11 日的决议所必然遭受的损失。

第　七　章

河北人民反抗国民党反动统治的斗争

一、河北党组织的迅速恢复与发展

国民党反动统治在河北建立

1928年2月，国民党召开二届四中全会，改组了国民党中央机构和国民政府机构。会后，蒋介石、冯玉祥、阎锡山，以及桂系李宗仁、白崇禧等四大派系，由于对奉系军阀作战的需要而达成暂时的妥协。4月，国民党军队继续进行“北伐”，夺取奉系军阀所占据的地盘。6月3日，张作霖弃守北京，乘专车逃往关外。6月4日，途经沈阳附近的皇姑屯车站时被炸身亡。12月底，张学良宣布东北“易帜”。国民党新军阀代替了奉系军阀在北方的统治。

1928年6月，国民党军队打败奉系军阀占领直隶省。6月3日，蒋介石任命阎锡山为京津卫戍司令。南京国民党政府根据阎锡山的推荐，任命张荫梧为北京市警备司令，傅作义为天津市警备司令。6月20日，国民党政府决定，直隶省改称河北省，京兆尹公署撤销，所属20县划归河北省。北京改称北平，天津为河北省省会。7月4日，国民党政府行政院任命晋军将领商震为河北省主席。8月29日又决定将热河、察哈尔、绥远3个特别区分别改为省级机构。

国民党新军阀的统治，依然是买办阶级和豪绅地主阶级的统治。

只是蒋介石反动派比旧军阀更为阴险凶恶，惯于使用两面派的手法。在形式上极力利用国民党曾经是革命政党的幌子，高唱“打倒北洋军阀”，“实行三民主义”的调子。实际上却投降帝国主义，依靠英、美等帝国主义的势力，维护其反动统治。国民党占领天津不久，便派军警镇压了天津恒源纱厂工人要求恢复值夜班工资的斗争，枪杀工人郑德山，并封闭恒源纱厂工会，抓捕工人 18 名。北京在庆祝北伐游行大会上，国民党“战地委员会”士兵竟殴打电车工会会员，并逮捕多人，不久又以赤化嫌疑为名，捕去京华印书局 10 余名工人，并不许该局工人组织工会。此外，张家口工会亦被查封。

在冀东地区，国民党新军阀加紧对冀东人民的统治，在城市厂矿剥夺工人们的言论、集会、结社自由，并经常以“清除共产分子捣乱”为借口，随意开除、逮捕和杀害工人。资本家也乘势降低工人工资，延长工作时间，大量裁减老工人，换用廉价的新工人。如开滦外工工资由每天 6 角降到 5 角或 4 角，工时却延长到 12 至 16 小时，以致造成大批工人失业，手工业者破产，百业凋敝，经济萧条。

国民党新军阀统治河北后，大量收编土匪军队，无限制地增加苛捐杂税，以供其挥霍和“军需”之用。晋军一到正定县即征两万元，其余各县三五万不等。井陉每年每亩出产不过 10 元，而军阀在半年内即勒索达 20 元。在冀东各县农村，国民党新军阀继续收缴“旗地变民”价款，无力交款者，官府当即“绳索而去、以重犯待之”，同时预征钱粮，横征暴敛的程度，比旧军阀有过之而无不及，而且各系军阀都带有不兑现的纸库券，在河北各地滥发“山西票”“中央票”各数百万元，天津海关库券 900 万元。乡村的豪绅地主也加紧对农民压迫与剥削，任意加租加息，使农民生活更加悲惨。他们还组织“民团”“联庄会”“保卫团”等地主武装，作为镇压农民的工具，逮捕、监禁或屠杀抗租抗税的农民，迫使广大农民破产，流离失所。仅在 1928 年就有 10 万人逃亡到关外，并有数万人因饥饿而死亡。

在蒋介石反动统治下，小资产阶级也丝毫没有得到政治自由和民主权利。京津等地有些青年学生曾幻想蒋介石国民党“北伐成功后可得到政治上的自由、解放”，但是蒋介石国民党到河北后，对广大青年学生发起的反日民主运动不但不支持，反而加以禁止，而且学生会和外交后援会非经国民党允许不能组织。青年学生并无获得集会、结社等政治上的自由。

上述情况表明，国民党新军阀在政治上和经济上对河北人民的统治，比奉系军阀统治时期更加残酷，但它并没有也不可能把共产党人和革命的人民吓倒。正如毛泽东所说：“中国共产党和中国人民并没有被吓倒，被征服，被杀绝。他们从地下爬起来，揩干净身上的血迹，掩埋好同伴的尸首，他们又继续战斗了。”① 国民党新军阀虽然统治了河北，但是它还有不可克服的弱点，它在广大农村的统治是薄弱的。同时蒋介石国民党的残酷压迫与剥削，更加深了人民对它的仇恨，提高了工农群众的革命觉悟。那些对蒋介石国民党抱有幻想的人也逐渐认清了它的反动本质。这种情况预示着，反帝、反封建、反对蒋介石国民党反动派的革命斗争高潮的到来是不可避免的。

顺直党内矛盾的激化

中共顺直省委1月改组会议在反对右倾机会主义时，有否定过去一切的倾向，忽视了党的纪律教育，因而会后在党内出现了极端民主化、工（工人）学（知识分子）矛盾加深和经济主义等新的问题。特别是由于新省委主要领导人王藻文严重的非无产阶级意识及其错误领导，党内的矛盾和问题更加突出，且呈现出错综复杂的局面。他沉醉于当上了同“过去的省长和督军”一样的官，以个人好恶做事，凭个人感情随意给工人党员发津贴，拉拢同志，甚至用金钱收买同志及推动工作，在党内发展了经济主义和“工钱主义化”倾向。政治上缺乏明确的政治方向，时而“左”倾，时而右倾，没有确定的政治路线及工作策略。组织上，强调个人自由，不要组织纪律，在党内发展了极端民主化倾向，破坏党的民主集中制及指挥机关的权威。这样使顺直省委内许多同志不了解党的新政策，一些人动摇消极；下级党组织无所适从，党的基层支部组织不健全，不能有效地开展

① 毛泽东：《论联合政府》，《毛泽东选集》第三卷，人民出版社1991年版，第1036页。

工作；党员秘密工作的意识不强；等等。在这种情况下，保南各县对省委工作不满，自行独立组织省委。

中共中央对1月改组后的顺直省委十分关注。3月，中共中央委员刘少奇以全国总工会特派员身份到天津，主要负责铁路总工会的工作，同时受中共中央委托帮助顺直省委指导顺直工作。5月中旬，根据蔡和森在中央常委会上汇报的顺直省委领导力量薄弱的情况①，指示刘少奇参加顺直省委常委，并提议王藻文与王仲一两人中只去一人出席党的六大，一人留在顺直领导工作。不久，中央常委会议讨论北方形势及工作布置，李维汉指出：国民党军阀的“北伐”打到北京后，北方的形势异常动荡，这种动荡对我们发动群众的革命斗争是十分有利的，但现在顺直党的力量较弱，如果此时没有正确的领导，党的工作有可能完全塌台。鉴于此种情况，党中央决定派陈潭秋到顺直省委巡视指导工作，并指示他到顺直后，要开展宣传教育，打破部分党员群众对国民党的幻想；要注意发动、领导群众开展反帝斗争和争取自身权益的斗争；在职工运动中应采取有组织地加入反动工会的策略，争取群众，开展斗争。同时强调要召集顺直省委扩大会议，确定正确的工作路线与工作方针。

陈潭秋到天津后听取了顺直省委常委的汇报，并与各方负责人交谈，了解顺直党的组织与工作状况。7月9日，陈潭秋参加顺直省委常委会听取了顺直党务报告。在听取省委汇报与各方负责人谈话的基础上，陈潭秋向中央作了《关于顺直省委现状的报告》，如实反映了顺直党的现状及存在的严重问题，并要求中央派人解决问题。中央常委会遂讨论决定，指定陈潭秋、刘少奇、韩连惠3人为中央特派员，代号“潭少连”，具体执行改造顺直党的任务，并发出《致顺直省委并全体同志的信》，要求顺直党的同志要切实同党内错误倾向作斗争，制定正确的政治路线，使顺直党的工作走上正确的轨道。

---

① 4月中旬，蔡和森到达天津，拟经乌兰巴托去莫斯科参加中国共产党第六次全国代表大会，因赴乌兰巴托道路不通，5月5日离开天津返回上海。5月15日，蔡和森在中央常委会上汇报了他在天津滞留期间所了解到的顺直党的组织与工作情况。

7月22日至23日，陈潭秋、刘少奇、韩连惠共同主持召开顺直省委扩大会议。参加会议的有天津、北平、唐山、玉田、遵化、乐亭、张家口、石家庄、正定、晋县、隆平、献县等15位负责人，铁路总工会、中央巡视员、省委委员7人，旁听者4人，总计26人。会议的主要任务是：纠正1月改组会议以来发生的错误，确定顺直党的正确政治路线，解决党内矛盾，重新改组省委。陈潭秋在会上代表党中央作政治报告。会议讨论制定了顺直政治任务、党务问题、职工运动、农民运动、士兵运动、政治纪律等6个决议案，批评顺直省委1月改组后在政治上表现的机会主义和盲动错误，批判了党内极端民主化和经济主义等错误倾向。会议通过的《政治纪律决议案》建议中央对蔡和森及其他负责人予以处分，并责令立即解散保南省委，对擅自成立保南省委的阎怀聘、违抗省委指示的内蒙古特委书记韩麟符等作出政治纪律处分。会议还决定改组顺直省委，通过了由陈潭秋提出的省委委员名单，计11人。韩连惠、李德贵、郝清玉、郭宗鉴、杨继录、傅茂公、王廷壁被推选为省委常委，韩连惠当选为书记。

顺直省委7月扩大会议后，在新省委领导下，重新登记了党员，工农革命斗争开始逐步发展起来。石家庄焦化厂反包工制，唐山纱厂要求增资，京绥铁路工人的复工与索薪、京奉铁路工人要花红等斗争蓬勃开展起来，农民的反贪官污吏，反苛捐杂税，反抓兵拉夫、派车派饷和要求减租减息及反封建统治和经济剥削的斗争也有很大的发展。

顺直省委7月扩大会议重新制定了党的政治任务及工作方针，在一定程度上纠正了顺直党组织历史上特别是1月改组会议以来的错误倾向。但是这次会议也存在着处理党内矛盾简单化、忽视必要的思想工作、带有命令主义倾向等缺点。领导干部之间互不信任、互相猜疑，省委工作几乎陷于瘫痪，难以有力地开展工作。7月扩大会议的精神及其作出的决议尚未切实贯彻到各基层党组织，受到处分的韩麟符、王藻文等人串连党内一部分人反对省委，京东唐山、玉田、遵化、乐亭等地党组织的一些负责人也对7月扩大会议不满，不承认改组后的省委，并推出代表组成“京东护党请愿团”，赴省委请愿，要求改组省委。

这样，顺直问题在7月扩大会议后不仅没有得到解决，反而更为棘手，成为中共六大后党中央面临的“第一个最严重的问题”①。

顺直党的新起点

1928年7月顺直省委改组后，省委和一些地方组织之间的矛盾未能切实得到解决，省委工作处于瘫痪状态。陈潭秋、刘少奇向中央反映了顺直党的状况，强调1月改组会议的主要领导人对此应负主要责任。10月4日，中央政治局会议讨论了顺直问题，对蔡和森、王藻文、王仲一、张昆弟等作出了处分决定②。同时，中央没有采纳韩麟符的申辩意见，仍然批准了顺直省委对其的处分。10月12日，中共中央作出《对顺直问题决议案》，并发出了告顺直全体同志书。告顺直全体同志书详细分析了1月改组以后顺直党在政治上、组织上发生的一系列错误及原因，充分肯定了7月扩大会议的成绩，确定了顺直党在政治上、组织上和思想上面临的任务，号召顺直省委及全体同志，切实执行扩大会议指示，迅速纠正缺点、补充不足。并提出严厉警告：如果仍像过去一样，不执行会议决议和中央的指示，顺直党的新生命仍归夭折，大家将会变成“党的罪人，革命的罪人”③。

10月中旬，陈潭秋按照中央常委会决定再次到顺直巡视。此时，顺直党内矛盾有增无减。面对这种状况，陈潭秋、刘少奇商量决定，一方面报请中央组织特别委员会处理顺直一切问题，在3个月至半年内切实整顿各级党的组织，筹备全省大会；另一方面，在中央特别委员会未到顺直以前，由陈潭秋、刘少奇帮助省委进行整顿工作。10

① 《中央政治局工作报告纲要》，见中央档案馆编：《中共中央文件选集》第五册，中共中央党校出版社1990年版，第160页。

② 一、开除蔡和森政治局委员及常委资格，仍在宣传部工作。二、开除王藻文中央委员资格并留党察看6个月，调离顺直。三、开除王仲一中央候补委员资格，调离顺直。四、同意常委对张昆弟等的处分。

③ 《中共中央告顺直全体同志书——关于纠正顺直党的错误问题》（1928年10月12日），《中共中央北方局》资料丛书编审委员会编：《中共中央北方局：土地革命战争时期卷》（上册），中共党史出版社2000年版，第169页。

月 28 日，陈潭秋、刘少奇、韩连惠 3 人以中央特派员和中央委员的名义发出停止省委职权的通告，以“潭少连”的名义直接领导省委工作。10 月 29 日，陈潭秋赴上海向中央汇报停止顺直省委职权的原因与经过。11 月 9 日，为进一步解决顺直问题，中央政治局召开常委会议。周恩来在发言中指出：“顺直残留的斗争直到现在，主要的是缺少了政治的指导”，强调解决的办法，“主要的还是政治的说服”，“不应是两条路线”。① 会议决定，不同意停止顺直职权的做法，并要求陈潭秋立即返回天津传达中央指示。11 月 13 日，陈潭秋返抵天津，后同刘少奇、韩连惠分别致信党中央，陈述停止顺直省委职权的理由，表示不能接受中央的意见。11 月 17 日，中央复信不同意停止顺直省委职权的做法，指出顺直党内纠纷是长期历史造成的，解决顺直党内的问题，“决不是用机械的纪律去制裁，尤其不是快刀斩乱麻的方法可以解决的”，并阐明中央的决定：（一）即刻恢复省委职权，陈潭秋以巡视员名义参加省委工作，刘少奇脱离铁路总工会，完全做省委工作；（二）少数同志组织的“护党请愿团”应立即解散；（三）省委应在 3 个月内召集全省党员代表大会，在代表会前积极改造各级党部；（四）一切党内纠纷均由代表大会解决，代表大会召开之前，禁止一切关于党内纠纷的讨论；（五）京东四县党部立即停止活动，并由省委派巡视员去巡视并实行改组。11 月 27 日，中共中央政治局召开会议，并就顺直问题进行了讨论。会议决定派中共中央政治局常委、中央组织部长周恩来到顺直巡视，调张金刃参加顺直省委工作，韩连惠仍任顺直省委书记，省委恢复职权，改组常委。

12 月 11 日，周恩来受党中央的委托到达天津。当晚，周恩来不顾旅途劳顿，立即会见陈潭秋、刘少奇、韩连惠，听取了关于顺直党的情况汇报。第二天，又与他们共同商讨恢复顺直省委职权问题，确定工作方案和计划。13 日，主持召开了省委常委会议，传达中央指示，听取省委常委对于中央改造顺直党的路线的意见，在省委领导层

---

① 周恩来在中共中央政治局常委会议上的发言记录（1928 年 11 月 9 日），转引自《周恩来传》（一），中央文献出版社 1998 年版，第 222 页。

首先统一了认识。随后，周恩来连续参加和召开一系列基层党组织会议，广泛听取中下层干部的意见，进行深入细致的调查研究、客观分析，统一了中下层干部的思想。18 日，顺直省委主办的党内刊物《出路》第二期出版。该刊发表了《中央致顺直省委信》和周恩来撰写的《改造顺直党的过程中几个问题的回答》。在这篇文章中，周恩来剖析了极端民主化与民主集中制的区别、命令主义与说服群众的区别、惩办主义与铁的纪律的区别，以循循善诱的态度，对顺直党内存在的一些错误思想情绪进行了批评和疏导，具体阐述了中央关于改造顺直党的正确路线。这一做法收到了预期的效果。顺直党内矛盾得以初步化解，党内思想逐渐统一，大多数同志接受了中央恢复省委职权、扩大省委、改组常委的办法，并一致认为必须积极到群众中工作，从参加和领导群众斗争做起，才能建立起党的无产阶级基础，才能逐渐肃清小资产阶级意识，才是解决党内纠纷的正确道路。

经过周密准备，12 月底，中共顺直省委扩大会议在天津召开。参加会议的代表共计 43 人，包括北平、天津、唐山、张家口、石家庄等地代表和顺直参加中共六大的代表。会议由陈潭秋、刘少奇轮流主持，周恩来代表党中央作了《当前形势和北方党的任务》的政治报告，传达了中共六大精神，指出当前党的基本任务是争取群众，积蓄力量，准备迎接革命新高潮。在报告中，周恩来实事求是地分析了顺直党内存在的极端民主化、闹个人意气、搞小组织活动以及雇佣革命观念等非无产阶级意识，揭示了顺直党内问题产生的历史根源。同时指出，解决这些问题的方法，不能靠机械命令的手段，必须有针对性地加强党的教育工作，提高党员思想政治觉悟，并在开展斗争中吸收无产阶级先进分子入党，扩大党的无产阶级基础，增强党的战斗力。周恩来的报告，把顺直党的思想引导到六大正确路线上来，统一了思想，明确了方向，增强了团结，为从根本上解决顺直党内矛盾奠定了坚实基础。陈潭秋、刘少奇也分别在会上作了报告。会议通过了政治任务、党务、职工运动、农民运动、青年工作、济难运动、军事工作、宣传工作等决议案，恢复了省委职权，并产生了新的省委。会后，经中共中央批准，省委常委由韩连惠、陈潭秋、张金刃、郝清玉、王德振 5 人组成。韩连惠任省委书记，张金刃任组织部长，陈潭秋任宣传部长，张昆弟任工委书记，郝清玉任农委书记，张兆丰任军委书记，秦兰英任妇委书记。周恩来离津返沪后，中央又先后从上海调毛泽民、胡锡奎，从山西调张友渔、薄一波，从陕西调刘天章等人到天津，增强顺直省委的领导力量，推动了顺直的工作。

1929 年 5 月，中央对顺直省委常委进行了一次调整：卢福坦、韩连惠、陈潭秋、张金刃、吴汝明为常委，郝清玉、李华添、刘义为候补常委，卢福坦任书记，韩连惠任候补书记，张金刃、陈潭秋继续分管组织和宣传工作，吴汝明任工委书记，郝清玉任省委巡视员。

对于顺直省委问题的解决和周恩来所做的工作，党的六届二中全会给予高度评价，指出："在顺直党的历史上，已经酝酿着很复杂的纠纷，到了六次大会的前后更广大的爆发起来，使顺直党成为破碎零离的现象。中央经过极大的努力派人巡视召集几次顺直的会议，特别与这一错误的倾向奋斗，最后得到了顺直全党的拥护，才把顺直的党挽救过来。"① 至此，错综复杂的顺直党内矛盾最终得到了基本解决，顺直党的大部分同志都走上了开展工作的轨道，整个顺直党的工作进入一个新阶段。

河北各级党组织迅速恢复与发展

1928 年 12 月顺直省委扩大会议后，顺直常委们分赴各地，传达中共六大精神②，指导工作。为了加强对各地的领导，1929 年 2 月 6

---

① 中央档案馆编：《中共中央文件选集》第五册，中共中央党校出版社 1991 年版，第 149—150 页。

② 1928 年六七月间，中国共产党第六次全国代表大会在莫斯科召开。大会总结了大革命失败以来的经验教训，明确指出中国仍然是半殖民地半封建社会，中国革命现阶段的性质是资产阶级民主革命，中国的政治形势处在两个革命高潮之间，党目前的总路线是争取群众，准备起义，而不是立即举行全国性的起义。大会强调必须加强党的组织建设和思想建设，积极恢复和发展各级组织，发扬党内民主，实行集体领导，肃清各种错误倾向，努力加强自身的战斗力及党的无产阶级化。

日，中共顺直省委发出《关于中心工作及改进各级关系的通告》，决定实行临时过渡性质的办法，将顺直地区划为5个中心市委和3个中心县委，即北平、天津、唐山、张家口、石家庄中心市委和沧州、保定、邢台中心县委，负责管理附近地区党的工作。到1929年五六月间，党的组织经过整顿逐步健全，并有了相当大的发展，党的工作出现了较好局面。据不完全统计，全省共有支部104个（包括国民党军队中的支部29个，党员230余人），党员1983名。其中北平16个支部，100多名党员；天津市是省委所在地，恢复较快，全市分为河北、河东、下边、租界4个区，100多名党员；唐山市和玉田、遵化等7个县共有党员300多名；1929年2月石家庄中心市委成立后，大力发展党组织，党员很快发展到495名，并且工农群众的革命组织也迅速恢复壮大起来，石家庄大兴纱厂、正太铁路机器厂和井陉、正定、元氏等县都先后建立共产主义青年团，深泽、晋县、元氏等农村有的建立了农民协会，有的建立了平民夜校等革命组织；1929年4月，陈潭秋、郝清玉到邢台县，召开了直南党的活动分子会议，成立了中共邢台中心县委，负责领导直南各地的党组织，其中所属磁县、大名等8县共有党员500多名；保定于1928年冬组建中共保定市委，侯薪为书记，市委下辖育德中学支部、二师支部、六中支部、清苑师范支部和一个党小组，有党员30余名；张家口的党组织也有相当发展。

正当顺直省委各项工作顺利开展之时，6月上旬，因王藻文①等叛变，省委书记卢福坦、省委秘书长王奇岳及詹大权、刘秀峰、郭宗

① 王藻文（？—1929），河北省人。原为京绥铁路工人。大革命初期入党，在张家口一带从事铁路工人工作。1925年5月任京绥铁路总工会委员长。1926年任天津总工会主席。1928年1月顺直省委改组，任书记。同年6月赴莫斯科出席中共六大，并当选为中央委员。7月顺直省委再度改选时落选。11月，中央政治局根据其在顺直省委工作期间的表现，决定撤销其中央委员职务，调离顺直省委。为此，其对党极为不满，联合受到党的批评、处分的人和党的落后分子，进行反党活动。周恩来在天津期间曾对其批评教育，但无改悔之意。省委12月扩大会议后，却伙同李德贵向党大闹经济问题，并擅自闯入党的地下机关进行敲诈勒索，还扬言要向当局告发。经报请中央批准，1929年5月31日，省委锄奸队长郭宗鉴带领队员郑丕烈，对二人执行枪决。不料，王藻文当时未死（受重伤后死去），向随后赶来的巡警告发，党组织遭到破坏。

鉴等先后被捕，天津党组织负责人傅茂公、靳子涛、阎怀聘等 20 多名重要干部和党员被捕，省委遭到重大破坏。随后，组织部长张金刃等自动组建中共顺直临时省委，并代理书记。6 月 3 日，中共中央再次调整顺直省委，任命张金刃、李子芬、吴汝明任常委，郝清玉、邢殿甲为候补常委，张金刃任书记。

鉴于国民党的疯狂镇压和在党内引发的消极影响，6 月 7 日，中共顺直省委发出通讯，要求纠正已出现的躲避主义、停止活动等不正确倾向，加紧群众工作，严密党的组织，变更部分工作人员地址。14 日，又发出关于注意秘密工作的紧急通知，要求务必切实执行秘密技术，并加强检查。18 日，进一步发出通告，全面分析党遭受破坏的主客观原因，阐明战胜白色恐怖的工作方针，强调指出全党同志必须牢记这次教训，整顿和加强支部工作，肃清因破坏反映在党内一切不正确的观念，纠正一切错误行为。

1929 年 8 月 31 日至 9 月 4 日，中共顺直省委召开扩大会议，贯彻中共六届二中全会①精神，产生新的省委。参加会议的有中共顺直临时省委常委、省军委、团委及太原、北平、张家口、内蒙古等地党的代表，共 12 人。会议一致接受中共六届二中全会决议，制定和通过了中共顺直临时省委的政治任务、职工运动、农民运动、军事工作、组织工作、宣传工作等决议案，选举产生了 9 名委员、6 名候补委员组成的新省委，其中张金刃、吴汝明、李子芬、郝清玉、刘玉田 5 人组成常委会，张金刃任书记。新省委成立后，向各地党组织提出了建立工人武装、发动兵变、创建红军、开展游击战争、组织地方暴动、实行土地革命等工作要求。

此时，统治北方的国民党新军阀之间内部矛盾日益尖锐，冯玉祥、阎锡山与蒋介石之间的一场争权夺地的大混战爆发在即，从而给北方革命形势提供了有利条件。1929 年 10 月，中共顺直省委所属各

① 1929 年 6 月 25 日，中共中央在上海召开六届二中全会。会议虽然坚持了中共六大的一些正确方面，但在分析形势时，却认为党内“左”倾危险逐渐失去了发展的基础，认为反对右倾是党内斗争的主要方向，从而给党的“左”倾错误发展打开了闸门。

级组织虽然屡遭破坏，但仍不断得到恢复和发展，形成了北平、天津、唐山 3 大中心城市市委及京东、保属（含直中）、张家口、直南、津南 5 大中心地方组织的布局。1930 年 1 月 15 日，中共中央在《给顺直省委的信》中提出，要注意发展党员，尤其要注重在工人中发展党员和建立工厂支部组织。到 1930 年 4 月底，党员队伍增至 2834 人，尤其是直南地区几个月增加到 1300 人之多，京东的玉田、遵化、丰润等县在此期间党员人数增加一倍。中共唐山市委把日常斗争同党的政治口号联系起来，扩大党的政治影响，壮大党的力量，到 1929 年 11 月底，唐山市的党员又恢复到 80 多人，整个冀东有党员 400 多人。保定市委也于 1929 年 9 月重建，下辖 1 个特支、7 个支部，有党员 50 余名。

二、河北革命运动的逐步高涨

工人开展反对黄色工会和要求增资的斗争

国民党新军阀占据北方后，收买各厂矿工贼，并以他们为骨干组织工会。由于它不是工人选举产生的，且不代表工人阶级的利益，因此被工人们称为黄色工会①。在黄色工会成立过程中，河北各地党组织曾揭露黄色工会的宣传，抵制黄色工会的成立，但是由于党的力量较弱，加之许多工人迫切要求改善生活状况，对黄色工会的欺骗认识不清，各地厂矿还是建立了很多黄色工会。比如，到 1929 年 5 月，国民党在唐山、秦皇岛、胥各庄等地组织了 12 个黄色工会，并成立了“开滦总工会”和“唐山市总工会”。黄色工会是国民党的御用组织和破坏工人运动的工具，限制工人的罢工行动，提倡合法斗争，但一旦发生劳资纠纷时，就请国民党“调解”“仲裁”，反对所谓的“越

① 1887 年，法国蒙索明市一个厂主为阻止工人罢工，私下收买了工会。于是工人们便愤怒地砸碎了工会会所的玻璃窗，工会组织就以黄色纸裱褙挡风遮阳。从此，工人们就称其为见不得人的“黄色工会”。

轨”行为。为了揭露黄色工会的欺骗行为，1928年12月中共顺直省委扩大会议重新确定了工人运动的方针、任务和策略，指出落实党的六大精神的具体任务之一就是：“讲清黄色工会的欺骗、妥协的作用，与我们加入黄色工会争取群众的目的，从发动群众的直接斗争中揭破改良主义的欺骗宣传。”① “并在各种争斗工作中及宣传鼓动工作中，建立赤色工会及工厂委员会的组织，号召群众起来改组黄色工会，打倒黄色工会的领袖。使群众脱离国民党黄色工会的领导而到我们的领导和影响之下来。”② 河北各地党组织认真落实省委指示，顺应工人群众迫切要求改善生活状况的要求，巧妙地领导了工人争取福利的斗争。

在唐山地区，铁路、煤矿工人开展了反对黄色工会和要求增资的斗争。1929年初，北宁路唐山制造厂工人为生活所迫，提出加薪一成的要求，北宁铁路局长劳勉迫于压力，勉强同意。但加薪尚未兑现，劳勉即被调走，由路局机务处长兼唐山制造厂厂长孙鸿哲代理局长职务。孙鸿哲是交通系③嫡系，思想反动，待人苛刻，对加薪之事概不认账。北宁路工人极其愤怒，开展了反孙斗争。中共唐山市委立即深入到工厂，委派党团员到各厂发动群众，揭露孙鸿哲的罪行，把反孙斗争变为“驱孙”斗争，并利用国民党唐山市党部指示黄色工会支持工人斗争以夺取北宁路大权的阴谋，进一步放手发动群众，赶走孙鸿哲，教训国民党，为工人争得物质利益。3月16日下午，全厂工人齐集厂长办公楼前，向路局提出了撤销孙鸿哲职务等六项要求，展开“驱孙”运动。由于路局对工人的条件置若罔闻，迟迟不作答复，3月18日全厂工人怠工，并决定每天延长怠工1小时。此时，中共顺直省委因势利导，进行了大量的宣传工作，北宁路全线工人掀起了声援唐山制造厂工人怠工斗争的热潮，“打倒孙鸿哲”的口号愈喊愈响。

① 中央档案馆、河北省档案馆编：《河北革命历史文件汇集》（甲）第二册，1997年印，第655页。

② 同上书，第679页。

③ 北洋军阀统治时期的官僚政客集团。首脑梁士诒，先后任袁世凯政府的交通总长及交通银行总理等职务，借此垄断了铁路交通系统，时称交通系。1928年后，逐渐解体。

路局唯恐事态扩大影响全局，被迫撤销了孙鸿哲的职务，开除了木工所主任穆岳祖，给小工增资 6 分，并答应给帮工、小工例假。这是大革命失败后，唐山工人斗争取得的第一个较大胜利，也是唐山工人运动由低潮走向高潮的转折点。

在唐山制造厂工人斗争胜利的鼓舞下，开滦煤矿的工人也纷纷掀起争生存、谋福利的斗争。1929 年 4 月上旬，开滦矿工会联合办事处两次向矿务总局投书，提出了增加工资、取消加点等六项要求。矿务总局实行拖延和恫吓手段，对工会提出的要求避而不答。矿工们对矿务总局逐渐失去信心，罢工呼声四起。中共顺直省委十分关注开滦工人的斗争，先后两次指示唐山市委，要尽可能抓住群众的迫切要求，提出群众欲提而不会提的口号，推动群众的直接斗争。同时，派职工运动委员会书记张昆弟到唐山指导罢工斗争，并发函号召全省工人予以援助。中华全国总工会于 5 月 1 日发表了《为开滦矿工斗争告工友书》，高度评价了开滦五矿工人为反抗中外资本家的严厉榨取，为揭破国民党的“阶级和平”“劳资妥协”的假面目，毅然采取群众斗争方式的重要意义。随着共产党多方面宣传鼓动的加强，矿工要求罢工的呼声越来越高。开滦资本家经过反复权衡，终于在 5 月 10 日同开滦五矿工会代表签订了协议，答应了增加工资、取消夜班加点、里工发煤票等三项要求。与此同时，启新洋灰公司、华新纺纱厂、河头猪鬃加工业等也都为提高工资、改善待遇开展了激烈的劳资谈判或罢工斗争，均获得不同程度的胜利。

1929 年 9 月至 11 月，赵各庄矿工人开展了反对黄色工会的斗争。当时，赵各庄矿黄色工会每月收取矿工会费上千元，但这些钱大都被黄色工会委员贪污、挥霍和浪费，赵各庄矿工对此强烈不满。中共顺直省委指示唐山党组织抓住时机，积极动员赵各庄矿群众占领工会，赶走黄色工会委员。中共唐山市委和赵各庄矿党支部接到这一指示后，从实际出发，立即发动群众，提前换届选举，改组黄色工会，成立新工会。新工会虽然名义上仍归国民党唐山市党部领导，但事实上已为共产党组织所控制，从而进一步扩大了影响，提高了党在工人中的威信，壮大了党员队伍。林西矿和唐家庄矿的工人也开展了反对黄色工会的斗争，并取得了胜利。

在秦皇岛地区，长城、柳江两矿和秦皇岛开滦码头工人利用黄色工会开展了增资斗争。5 月，长城煤矿工人就向矿方提出发还欠薪的要求，但矿方迟迟不予答复。6 月 5 日，全矿工人举行罢工。唐山市委及时派人予以指导，并发动工人支援秦皇岛的矿工斗争。7 月 15 日，煤矿工人发表宣言，并举行游行示威，到临榆县政府请愿。罢工持续两个多月，8 月初矿方发给工人 60%的工资，罢工取得了部分胜利。柳江煤矿和秦皇岛开滦码头工人向资方提出了增资的要求，在资方不予理睬的情况下，开展了大规模的罢工、游行示威和请愿，最后资方迫于压力，与工会签订增资合同，答应增资等要求。

在石家庄地区，工人运动也逐渐恢复，并走向高潮。1929 年 8 月，井陉、正丰煤矿资本家“对工人毫不顾恤，积欠工资已有五六月之久”①。在井陉县委的领导下，矿工发动了一场要求发放欠薪的斗争。愤怒的矿工围困矿方办公大楼七天七夜后，矿方才口头答应先给工人发 3 个月欠薪，承担罢工期间的一切消费，但并未兑现。工人便派出 108 名代表赶赴正丰煤矿石家庄办事处，讨要结果。面对百余名工人代表，资本家先采取收买分化的卑劣手段，后以商议补发欠薪之事为借口，将工人代表骗回矿上，接着勾结井陉警局，抓捕工人代表，开除矿工。这次索资斗争遭到武力镇压而失败，但产生了很大影响。

1929 年 1 月 10 日，石家庄市总工会在大兴纱厂发动了一场以争取改善工人生活为目的的罢工斗争。当日 23 时，大兴纱厂工会向资本家提出改善工人生活等十项要求，并限时给予答复。大兴纱厂经理徐松滋惊恐万分，急忙派人向“正定区剿匪司令部”报告，又向汉口董事会作了报告。汉口董事会向国民党中央党部和河北省军政当局通电告急。当时，工人们顶住了驻军、省政府、石门市公安局的威逼利诱，坚持斗争，迫使资方答应了工会的九项条件，于 1 月 29 日达成

① 《河北民国日报》，1928 年 8 月 17 日之《正丰煤矿发生工潮》 一文。

协议。

1929 年 7 月 27 日，正太铁路总机器厂及各分厂工人，由工会出面，致信正太铁路局总工程司玛尔丹，要求增加工资，从而展开了一场增资斗争。次日，天津《益世报》登载了此函件，予以声援。中华铁路总工会就此事专门作了报告，并派铁总常委刘俊才到石家庄实地指导。中共顺直省委发出通知，要求北平、唐山、太原、张家口等地党组织予以推进和援助，并对这一斗争提出了明确的指导原则。但由于黄色工会的出卖和国民党反动派的镇压，斗争未能获胜。

此外，还先后发生了峰峰怡立煤矿工人要求改善劳动条件，增加工资的斗争；平绥铁路工人索薪斗争；平汉铁路工人反对黄色工会的斗争；保定铁路工人与黄色工会的斗争；唐山华新纺织厂艺徒、启新洋灰公司工人争取改善工资待遇的斗争；等等。上述斗争汇合在一起，使河北工人运动改变了一度沉寂的状况，呈现出十分活跃的局面。

全省农民开展抗捐抗税斗争

在工人运动迅猛发展的同时，河北各地农民的革命活动也日趋活跃。党组织利用新旧军阀之间的矛盾，趁国民党还未完全站稳的机会，领导广大农民开展了各种形式的反帝反封建斗争，沉重打击了国民党的反动统治。

在乐亭，以反对王滩村大恶霸朱绍文的斗争影响最大。朱绍文长期在本地开设鸦片烟馆，并在昌黎、乐亭等地的很多村庄设赌，致使当地一些农民吸毒成瘾，沉迷于赌博。1928 年秋，中共乐亭县委发动全县农民协会会员 3000 多人进城游行请愿，要求枪毙朱绍文。国民党县政府迫于群众的压力，将朱绍文押送天津。这对昌黎、乐亭一带的土豪劣绅震动很大，他们的嚣张气焰有所收敛。

1928 年秋天，滦县和丰润县的党组织联合发动了反对恶霸地主李殿杞、李殿桓兄弟的斗争，在有理有据的事实面前和请愿群众的声讨声中，枪毙了李殿桓。随后，中共滦县县委又于同年冬领导了反对侯各庄恶霸地主陈子安的斗争，吓得陈子安狼狈远逃。同一时期，丰润左家坞一带 3000 多农民和商人开展了反对劣绅安九皋和警察巡官敲诈群众、勒索商民的斗争。任各庄农民打死了阻止成立农民协会的恶霸地主李泽。1929 年 5 月，遵化县城子峪、新集一带再次掀起了反“旗地变民”的斗争。不久，遵化又发生了马兰峪数千贫苦农民包围县城，要土地耕种的斗争；西部山区农民的反捐税斗争；全县 3000 多名木瓦泥石四匠反对国民党县政府没收“鲁班会”会址和减低工资的斗争。这些斗争都取得了不同程度的胜利。1929 年 5 月，玉田县东南部爆发了大规模的反土布税和棉花税的斗争。玉田县窝洛沽、鸦鸿桥一带是全县的主要产棉区，大部农户为棉农，以纺线和织土布为生。1929 年春，玉田县公署发布了加征土布税的布告，将原来的每匹布征收 7 厘增至 3 分。此布告一出，立即遭到农民群众的强烈反对。中共玉田县委组织鸦鸿桥一带的织布农工五六千人举行请愿活动，要求县长免征土布税。迫于群众压力，县长只好当场写布告取消了土布税。当年冬天，全县又开展了反对征收棉花税的斗争并取得胜利。1929 年 6 月，迁安县两万多农民在迁安县委领导下开展反捐税斗争，迫使县长当场写布告取消了土地税，斗争取得胜利。

1929 年 6 月，博野县爆发了农民群众砸国民党县党部的斗争。博野县国民党党部官员贪污腐败、镇压群众、陷害农民协会干部，激起了民愤。在中共博野县委的领导下，以党员和积极分子为骨干，组织了“穷人会”，并利用 6 月 26 日博野庙会之机，发动群众围聚在国民党县党部门前，把县党部的负责人揪出来，当众揭发了国民党县党部祸民殃民的罪行，广大群众极度愤慨，当即砸了县党部办公室。从 1929 年到 1930 年，安新县先后开展了砸堤工会、砸苇席税、砸产销税和取消斗秤牙行剥削的斗争。这些斗争，沉重打击了国民党反动统治和封建势力。

1929 年底，磁县农民发动了反对封建压迫的斗争。地处河南和河北两省交界的磁县，是军阀拉锯战的中心地带。军阀混战给直南人民带来极大的灾难，各种差役增多。为了把繁重的差役转嫁到农民身上，地主豪绅想出一个叫“插耧应差”的办法，即谁种地谁出差役，佃户租种地主的土地，一切差役都由佃户负担，地主只收租，不应差役。这是一个坑害劳动农民的差役办法。1929 年“双十节”期间，中共磁县县委散发传单，揭露“插耧应差”的实质，唤醒农民的斗争意识，激发他们的革命情绪。随后，领导八里铺村的农民，开展了反“插耧应差”斗争。1930 年 1 月 19 日，八里铺附近的小营店等 8 个村庄 500 多农民集会，声援八里铺村的斗争。最后迫使地主求人出来调停，完全答应群众的要求。

八里铺群众斗争取得胜利的消息不胫而走，不久磁县甘草营也爆发了反对“插耧应差”和抗捐抗税斗争。甘草营的土地几乎都集中在几户地主手里，90%以上的农民租种地主的土地，除交沉重的地租外，还要交各种差役款项。党组织决定以农民协会的名义出面抵制政府差役款，以收彻底取消“插耧应差”之效。磁县国民党政府对此非常恼火，派 50 多名巡警到甘草营捕人，农民协会会员和群众拿着粪叉、斧头、木棍等围困巡警。八里铺 40 多名农民协会会员也赶来援助。在追赶巡警时，一名农民协会会员被打死。群众更加愤怒，遂与巡警展开了搏斗，共夺取长短枪 11 支，马 5 匹，抓获巡警 5 名。群众回村后，又缴获地主枪械 24 支，并召开了有 2000 多人参加的群众大会。甘草营农民抗捐抗税斗争，是磁县党组织领导的一次规模最大的农民斗争。

河北省南部沙河两岸和东部的沿海一带，均是瘠薄的盐碱地，这里的农民绝大部分以淋盐熬硝为业，维持最低生活。但国民党反动政府对农民这种极苦的生活出路也要堵死，到处设盐巡缉私队和硝磺局，严禁群众熬淋和买卖硝盐，捕捉熬淋硝盐农民，破坏农民的生产。在隆平派驻了四五百人的缉私营，每人一匹马且配有马枪及红缨枪各一支，专门用来镇压盐民。在各地党组织的领导下，盐民不断与盐巡进行顽强的斗争。如博野、蠡县的盐民以党支部为核心，组织起来，统一行动，经常群起攻打盐巡，迫使国民党反动政府曾一度不敢再随便捕人。

蠡县、博野、饶阳、安平、深泽等县，在党组织的领导下先后开展了反杀猪税的斗争，并且取得了胜利。特别是蠡县的斗争最为突出，1000多农民堵住国民党反动政府的大门，高喊："如再敢要杀猪税，我们就打死他!"迫使反动县政府取消了杀猪税，斗争取得胜利。中共大名县委先后发动领导了杠子会斗争、农民反华洋义赈会侵占农田等活动。中共元氏县委领导了反"割头税"和反"八厘公债"斗争，等等。

对于热河农民运动的方向和任务，中共顺直省委在1928年9月的《关于内蒙目前工作计划》中作了明确规定，指出："目前，在热河最主要的争斗应该是反对军队的勒索，反对豪绅、地主的压迫和剥削，反对一切捐税。"① 热河党组织认真执行省委工作计划，开展了大规模的抗捐抗税斗争。其中1929年末和1930年初发生的反对清丈土地斗争影响较大。当时，热河都统、奉系军阀汤玉麟为了搜刮民财，成立了热河经界委员会，各县设经界局，进行清丈土地，检验地契，蒙地升课（即次地升为好地，多征捐税）以图增加税收。另外，还要在清丈中，征收各种费用，给农民增加了沉重负担，遭到普遍反对。1929年10月，围场东部农民2000多人发动了反课税暴动，打伤了县政府的调查人员，后被驻军镇压。1930年10月，平泉县群众1000多人发起抗税捐运动。同月，承德县100多农民发起分食大户活动。滦平县200多农民也纷纷起来开展反抗官府清丈土地的斗争。

学生运动出现转机

受工人、农民运动的影响，河北教育界也积极开展了驱逐反动教育者的学潮运动。1929年9月，保定二师②党组织领导进步师生开展了驱逐校长秦万瑞的学潮斗争。秦万瑞原为封建军阀中的一个小官吏，思想腐朽反动，在二师实行旧家长制封建统治，禁止学生阅读进

---

① 中央档案馆、河北省档案馆编：《河北革命历史文件汇集》（甲）第二册，1997年印，第499页。

② 保定河北省立第二师范学校的简称。

步书刊，解散学生团体，并且贪污腐败，中饱私囊，激起学生的强烈不满。在二师党组织负责人侯薪、赵天叙等人的领导下，校学生会组织各班学生联合罢课，驱逐秦万瑞。省教育厅派督学强行解散学生纠察队，扣押学生代表，开除侯薪等 23 名学潮斗争骨干。同时，在校内纠集反动势力，实行白色恐怖，疯狂迫害进步学生。二师党组织召开紧急会议，决定继续坚持罢课斗争，并派刘泽普、刘士毅等学生代表赴北平、天津请愿，争取社会各界的同情和支持，设法营救被捕学生。二师的学潮斗争得到了社会各界的支持，北平各大中学校学生会纷纷发表宣言或声明，表示支持保定二师学生的罢课驱秦斗争；赴天津代表先后数次到省教育厅请愿，并表示不达目的，罢课斗争绝不停止。在社会舆论的压力下，省教育厅被迫答应二师学生的要求，撤销秦万瑞的校长职务，释放被捕学生，驱逐秦万瑞的斗争终于取得了胜利。

大名五女师①自 1924 年建校以来，长期实行封建教育，学生迫切需要一个进步的、开放的学习环境。在中共大名县委的领导下，1929 年 11 月五女师爆发了学潮，学生走上街头，张贴标语，游行示威。大名学生联合会召开了由省立第七师范、十一中、大名女子高中参加的声援大会。校方无计可施，竟以经费困难为借口，提前放假。学生推举代表到天津河北省教育厅请愿。1930 年春，省教育厅宣布撤销五女师校长成仰渊职务。学潮期间，中共大名县委还在五女师学生中发展党团员 10 余名。学校初现生机。

1929 年冬，中共冀县县委领导省立六师②师生掀起驱逐“保高派”斗争。“保高派”即保定高师毕业的一些教员在六师师生中拉帮结派，相互利用，形成的一股反动势力。这帮人与上层勾结，压制民主，反对学生运动，极力推行奴化教育。中共冀县县委召开专门会议，决定发动全校师生与“保高派”进行坚决斗争，以维护广大进步师生的合法权益。之后，六师党支部根据县委指示，以校学生自治会

① 河北省立第五女子师范学校的简称。

② 河北省立第六师范学校的简称。

的名义出面，采取发动师生罢课与合法的说理斗争相结合，以教师、学生党员为骨干，组织小型集会，在全校师生中形成揭露和批驳“保高派”的强大声势。六师党支部推选师生代表出面与校长交涉，要求校方立即撤换这些人。与此同时，印刷散发大量传单，呼吁全校师生尽快觉醒，起来与“保高派”作斗争。在师生的强烈要求下，省教育厅解除了这些人的职务。驱逐“保高派”的斗争获得全胜。

另外，河北大学①学生在保定党组织领导下开展了反对校长张仲苏贪污公款的斗争，大名河北省立第七师范学校学生散发传单、开展反对国民党的斗争，赵县河北省立第十五中学驱逐反动校长张庆凯、撤换不称职教员的斗争等，都有力地打击了国民党的反动统治。

中共六大以后，河北党组织领导河北人民与国民党反动统治进行了不屈不挠的斗争。这些斗争虽然大多属于增资抗捐、改善民生的经济斗争，有些还属于自发斗争，但这些斗争进一步教育了群众，锻炼了骨干，扩大了党的影响，为以后的革命斗争创造了条件。

三、“左”倾冒险错误对河北的影响

中共顺直省委总行动委员会的成立

经过近三年的艰苦奋斗，党及其领导的革命力量逐步从极其严重的危难和困境中摆脱出来，革命事业开始走向复兴，革命形势有了明显好转。但党及其领导的革命力量仍处在敌人的镇压和严密防范之中，敌强我弱的力量对比并没有产生根本性的改变，客观上更没有形成革命的高潮。然而，在国际国内政治形势有利于革命的变化下②，

---

① 河北大学建于1921年，1931年撤销，其旧址即现在的河北农业大学。

② 从1929年到1930年，国际国内政治形势发生一些重要变化。在国际上，1929年资本主义世界爆发空前的经济危机，一些发达资本主义国家的工人运动和群众斗争有了较大发展，一部分知识分子向往社会主义的倾向迅速增长。在国内，1928年底，国民党在形式上完成全国的统一。但新军阀的混战连绵不断，在客观上为革命力量的发展提供了有利条件。

由于共产国际“左”倾冒险错误理论①的影响，加之党内在大革命失败后滋长的“左”倾冒险错误、盲动错误情绪并没有完全得到纠正和肃清，共产党的领导者未能对形势作出正确分析，“左”倾冒险情绪开始在党内蔓延，并有了新发展。

1930年1月，中共中央致函中共顺直省委，要求中共顺直省委在群众斗争急剧向新的方向发展的形势下，加紧组织工人的政治和经济罢工，组织兵变，发展农村游击战争，发动地方暴动，并批评中共顺直省委在工作中存在着严重的右倾情绪和尾巴主义。为了贯彻党中央的指示精神，贺昌奉命到天津主持中共顺直省委工作并重新改组省委。改组后的中共顺直省委由贺昌任书记，聂荣臻任组织部长，陈复任宣传部长，吴汝明负责工运，张昆弟负责铁总，廖划平负责军委。李子芬、张金刃相继调离顺直。2月25日，中共顺直省委发出通告，要求各地党组织把“变军阀战争为国内阶级战争”作为紧急动员的口号，大力开展工人罢工、农民暴动、士兵哗变，建立苏维埃区。顺直党内已经存在的“左”倾情绪发展成为行动上的盲动错误。为了进一步推动地方暴动，中共顺直省委于五六月间，先后重建天津、张家口市委，京东特委，组建保属、直南特委，策划了唐山开滦五矿、天津纱厂同盟罢工和京东、直南武装暴动，并派人到各地指导工作。但由于党的力量还十分薄弱，加之敌人残酷镇压，这些斗争大都失败或流产。

1930年，以李立三为代表的“左”倾冒险错误在中共中央取得了统治地位，提出党不是要继续执行在革命低潮时期积蓄力量的策略，而是要执行集中力量积极进攻的策略，各地要组织工人政治罢工、地方暴动和兵变，并集中红军进攻城市。以为新的革命高潮即将到来，要争取一省或几省的首先胜利。要求各地成立行动委员会，“以集中力量来发动目前的工作”。很快，以李立三为代表的“左”倾

---

① 1928年7月17日至9月1日，共产国际第六次代表大会在莫斯科召开。大会通过了《国际形势和共产国际的任务》的提纲，提出“第三时期”理论，认为1928年后世界形势进入第三时期，即无产阶级直接革命的形势就要到来，导致“左”倾冒险错误理论的提出。

错误便在各地党组织中推行开来。6月28日，中共顺直省委在天津召开了平、津、唐市委书记联席会。这次会议接受了李立三“左”倾冒险错误，认为全国革命高潮即将到来，要求各地加紧准备武装暴动。会后，北平、天津、唐山三大城市首先成立了行动委员会。

1930年7月21日，中共顺直省委举行常委会议，讨论城市斗争与地方暴动问题。会议宣布顺直总的路线是争取北方一省或数省首先胜利，与武汉配合，争取全国的胜利①。会议还根据中央要求，成立了顺直省总行动委员会，由贺昌、余泽鸿、廖划平、张昆弟、吴汝明及天津市委负责人等组成，贺昌任书记。8月4日，顺直省总行动委员会发出《关于全国革命高潮与北方党目前的政治任务决议案》，指出，争取北方革命的胜利与以武汉为中心的省区首先胜利相配合，是北方党目前战略的总方针。强调将组织武装暴动很快转变为立刻暴动起来的指令，决定以平、津、唐为中心组织地方暴动，争取北方一省或数省革命首先胜利，要求京东、直南、保属3个行动委员会各组织5万红军、10万赤卫队及少先队，举行暴动，并会师北平；北平、天津、唐山、太原发动郊区农民暴动，实行土地革命；组织平汉、北宁、津浦、平绥、正太5条铁路和矿山、海员总同盟罢工，开展军事工作、扩大党的宣传以及健全党的组织等一系列计划。

为了在北方实施全国总暴动的冒险计划，8月3日，中共中央决定在中共顺直省委的基础上重新组建中共中央北方局，由贺昌、温裕成、余泽鸿、吴正廷、张昆弟5人组成，贺昌任书记。8月20日，重建后的中共中央北方局发出第一号通知，强调全国革命高涨的形势，要求所属各省在党组织“军事化”的口号下，把各级党团和工会合并为各级总行动委员会，作为各级领导武装暴动的最高权力机关。不久，又发出通告，要求在“变军阀战争为消灭军阀的革命战争”的路线下，公开号召和组织群众举行拥护苏维埃的政治示威，加紧组织城市总同盟罢工，组织农民暴动、士兵暴动，建立和扩大红军，组织贫

① 中央档案馆、河北省档案馆编：《河北革命历史文件汇集》（甲）第六册，1997年印，第114—115页。

民骚动。在中共中央北方局和顺直省总行动委员会的推动下，一个以武装暴动为中心的冒险行动在北方达到高潮。

然而，形势的发展并未如所预想的那样乐观。红军进攻大城市屡屡受挫，蒋介石的军队却在与阎锡山、冯玉祥的战争中长驱直入，先后攻克济南等重要城镇。这种急转直下的形势，不但未能使“左”倾冒险错误的执行者们稍许冷静下来，他们反而以为这正是革命猛烈发展的必经之路，是帝国主义、国民党垂死挣扎的有力证据。

1930 年 8 月中旬，顺直省总行动委员会召开顺直问题会议，依然认为北方的革命形势与南方没有区别，北方因重工业工人极多，斗争持续不断，北方农村的破产与反动统治的崩溃比南方更厉害，所以革命的客观条件更成熟。9 月，顺直省总行动委员会分别对京东、保属、直南的工作做了安排，认为农村应以“要土地”“要政权”“工农联合起来暴动”为中心口号，组织地方暴动以及完成土地革命、夺取中心城市，猛烈地向着中心城市发展，是当前的路线。只有坚决地领导农民向城市进攻，联合工人、贫民、士兵攻取城市，将地方政权建立在地方的中心城市中，继续猛烈地进攻发展，才能彻底完成地方暴动的任务。

基于上述一系列“左”倾冒险错误的认识，中共顺直省委在策略的制定上脱离了自身所可能具备的前提和条件，不顾原有基础工作十分薄弱的情况，将武装暴动的宣传口号变为直接行动的口号，把武装暴动视为革命成功的唯一途径，将全部精力投入到各产业的总同盟罢工和城市、乡村、士兵的暴动上；极力推行“城市中心论”，将夺取城市看作是革命胜利的关键，作为布置一切工作的出发点，不仅提出北平、天津、唐山、太原四大城市是北方组织武装暴动的中心骨干，要求健全四大城市的行动委员会，将绝大部分力量投入到这四大城市中去，组织工会，建立武装，大力推进贫民骚动和士兵运动，而且将农村工作的最终目标限定在配合城市暴动上；在组织问题上采取高度军事化方针，极端缩小党内民主，上级党部的一切决议与通告，变为绝对必须立即执行的命令，下级党部的指导机关，上级党部有完全指定与撤换的权力，党的纪律变成军令。一切民主化的要求与不同的意见，都被视为便利敌人的阴谋。

李立三“左”倾冒险错误在推行过程中，虽曾受到顺直党内一些做实际工作的干部的批评和抵制，但中共中央北方局和顺直省委排斥党内正确意见，继续坚持地方暴动策略，盲目搞飞行集会，暴露了党的组织，致使一大批共产党人及干部群众遭敌杀害，党的组织受到严重摧残。北平、天津、唐山市委屡遭破坏，党员数量锐减。北平市党员由 500 多人减至不足 100 人，天津市党员由 200 多人减至 20 余人，唐山党组织几乎全部被破坏。另一方面，“左”倾冒险错误也使顺直党、团、工会原有的日常工作陷于停顿，不可避免地给革命力量的积聚和发展带来巨大的损失。

以完县五里岗为中心的农民武装暴动

1930 年，中共顺直省委书记贺昌分析了顺直的形势，认为石家庄地区党组织遭受破坏，保定地区党组织经过恢复发展力量较强，决定由中共保属特委和保定行动委员会领导农民暴动，成立红二十二军，建立苏维埃政权。中共保属特委按照省委指示，几次到完县（今顺平县）了解情况。五里岗距县城 5 华里，西边紧靠太行山，这一带党的基础好，群众素有反抗封建压迫的传统，从 1924 年冬韩永禄创建完县第一个党支部——中共完县西五里岗支部后，完县革命活动迅速发展起来，并先后成立了中共完县特支、中共完满联合县委、中共完唐中心县委，机关驻地均在完县五里岗一带。遂决定以此为中心，发动农民武装暴动。

中共保属特委与行委经过多次讨论，最后决定于 10 月 6 日（农历八月十五）举行暴动，并成立了五里岗农民暴动委员会，中共完唐中心县委①书记韩永禄任总指挥，开始做暴动前的准备工作。后因突发事件，8 月 14 日，中共完唐中心县委召开 20 多个村庄党员负责干

① 中共完唐中心县委领导完县、满城、唐县、易县、望都等保定以西各县党组织，共有 19 个支部。

部紧急会议，布置了以五里岗为中心的农民武装暴动，并决定提前举行。韩永禄带领暴动农民抓获五里岗地主，开仓济民，收缴武器，武装民众，暴动队伍迅速发展到500余人，收缴地主长短枪300多支。满城、清苑、望都等县党组织也组织农民武装前来参加暴动。8月17日，暴动队伍打出红旗，根据顺直省总行动委员会的指示，宣布成立红二十二军，并成立暴动司令部，韩永禄、葛占龙为正、副军长和正、副总指挥。司令部下设3个大队、1个手枪队，每个大队又分4个小队，共12个小队。

这时，完县反动政府将全县警察集结于县城内，准备“围剿”暴动队伍。红军司令部召开紧急会议，决定一鼓作气攻下县城。8月20日晚，暴动队伍冒着风雨，分三路包围了县城。次日拂晓发起了猛烈攻击，激烈的战斗坚持了两天一夜。完县县城即将被英勇的红军攻破时，敌人从保定派出一个团的正规军，连同地主“联庄会”反动武装前来解围，形成了敌众我寡、被敌人内外夹击的形势。为了保存革命力量，暴动司令部决定放弃攻城，将队伍拉到敌人力量薄弱的涞源山区打游击。当队伍撤到吴村时，敌增援部队尾随而来，韩永禄烧毁所有文件，率队伍边打边撤。8月26日，敌人从三面包围过来，韩永禄指挥部队占据有利地形，打退了敌人多次进攻，暴动队伍伤亡重大，形势仍旧十分严重。傍晚，暴动队伍转移到店子水村，韩永禄召开党员会议，听取各种意见后决定：队伍暂时化整为零，分散隐蔽，积蓄力量，准备参加新的战斗。当晚，红军突破敌人包围，暴动队伍解散。

此外，中共保属特委还发动了多起农民武装斗争，如1930年9月涿县永乐村雇农要求增加工资、改善待遇的斗争；10月博蠡农民武装起义；清苑县西白城农民暴动；安平县收缴公安警察枪械的斗争；饶阳县300多农民武装暴动的斗争；10月15日省军委负责人张兆丰在栾城发动兵变；1931年1月晋县农民武装暴动；等等。这些斗争规模较小，而且多数很快被镇压下去。

以完县五里岗为中心的农民武装暴动，是顺直省委（总行动委员会）武装暴动计划的重要组成部分，带有浓厚的“左”倾冒险错误，虽然失败了，但是在顺直境内产生了不小的影响，打击了国民党的反动统治和封建势力，在广大农村播下了革命的火种。

抵制和纠正“左”倾冒险错误

李立三“左”倾冒险错误的急剧发展，超出了共产国际所能允许的范围，受到了共产国际的批评。1930 年 7 月 23 日，在周恩来参与下，共产国际作出《关于中国问题议决案》，认为暂时还“没有全中国的客观革命形势”，要把发展红军和组织苏维埃中央政府作为党的“第一等的任务”。8 月下旬，周恩来和瞿秋白相继回国，根据共产国际的决议，纠正李立三等的错误，采取措施停止执行城市暴动和红军攻打大城市的冒险计划。9 月 24 日，中国共产党在上海召开扩大的六届三中全会，接受共产国际七八月间关于中国问题的一系列决议，决定撤销各级行委，恢复党、共青团、工会的独立组织和日常工作，从而结束了李立三“左”倾冒险错误在党中央的统治。

对于中共顺直省委推行的“左”倾冒险错误，河北一些地方党组织持不同意见，并在一定范围内，以不同方式，进行了不同程度的抵制和反对。1930 年 2 月，中共顺直省委决定：在直南领导工农群众斗争，武装群众发动游击战争，进而组织暴动，中心区为邢台、大名、磁县、广宗，其次是濮阳、邯郸。在这种“左”倾盲动思想指导下，中共顺直省委巡视员郝清玉、冯温、张含辉等到直南后，不顾直南的客观实际，提出一系列“左”的口号和盲目暴动计划。直南党组织内部有相当一部分同志对直南的客观实际非常了解，对革命力量和反革命力量的对比有着较为清醒的认识，特别是对大革命失败后，经过几年艰苦努力才发展起来的党组织和群众基础十分珍惜，因而对顺直省委不注意隐蔽革命力量、盲目实行暴动起义的方针政策表示不赞成。尤其是大名七师的校领导谢台臣、晁哲甫、王振华，他们比较注重斗争的方法和策略，认为搞暴动的条件不成熟，应利用学校发展党组织，积蓄革命力量。因此，郝清玉、冯温提出要把暴动红旗插在大名七师学校门口，并要七师党员师生捐款买枪组织暴动时，便遭到了谢台臣等人的抵制和反对。大名、濮阳一带的广大党员也不赞成这种不顾实际情况的冒险做法。在这种情况下，郝清玉、冯温等人便动用组织手段开除了谢台臣等人的党籍。在严峻的斗争形势面前，直南党内的同志，包括中共直南特委王子清、刘大风等在内，不顾被扣上所谓“右倾”的帽子，仍然坚持自己的看法。因此，虽然“左”倾冒险错误的指示急如星火地下达，而作为基层党员和党组织却毅然决然地进行了抵制和反对，这才减少了直南党组织不应有的损失。

“左”倾冒险错误，在京东党内也遇到了反对和抵制。1930 年 7 月初，中共玉田县委在京东特委指导下召开会议，讨论立即夺取武装、举行暴动的问题，争论很激烈。中共玉田县委书记田心等人认为不具备暴动条件。结果凡是反对暴动或持有抱怨消极态度的，不是被停止组织生活就是被开除党籍。9 月，中共蓟县临时县委书记李子光从本县具体情况出发，认为脱离群众的切身利益和觉悟程度，提出群众还难以理解的“创造苏维埃”口号是不切实际的，而让刚刚发展起来的几十个党员，赤手空拳去公开暴动，就更不妥当。他同中共京东特委负责人进行了激烈的争论，坚持认为当时处于革命低潮，应该积蓄力量。11 月，中共滦县县委书记穆维新提出要搞武装暴动，县委成员张维三、杨述古等同志认为条件不成熟，不同意立即发动暴动，因此，被迫脱离党组织。

1930 年 8 月，郝清玉以顺直省总行动委员会巡视员的身份，调任中共保属特委书记。这时，他对“左”倾冒险错误已经有了切身体会，并接受了经验教训。郝清玉对保定地区的情况进行了认真的研究，认为特委所面临的形势是严重的，敌人的疯狂破坏使保定地区党组织受到了严重损失，事实上已经处于无法工作的状态。郝清玉感觉到，贯彻“一省或数省的首先胜利”的指示，在这一地区条件尚不成熟。因此，他坚决制止了那些在白色恐怖下很少有实际效果的集会游行、公开散发传单等“左”倾冒险活动。他指出，要千方百计减少不必要的牺牲。他要求各级党组织，要完全进入秘密工作状态，真正地深入到群众中去开展工作，争取得到人民的保护，积蓄力量，等待时机，准备更大规模的卓有成效的斗争。

中共六届三中全会结束李立三“左”倾冒险错误的领导后，1930年10月10日，中共中央北方局召开扩大会议，传达中共六届三中全会精神。会议通过了《接受三中全会关于〈政治状况与党的总任务的决议案〉的决议》，认为全国革命运动存在着发展不平衡的特点，北方群众斗争比南方湘、鄂、赣、粤、闽等省发展缓慢；认为顺直省委热衷于组织暴动，忽视了对群众日常斗争的领导，犯了“左”倾急进主义的错误。《决议案》规定北方党的任务是积极扩大中心城市工人群众的宣传组织工作，发动并领导正在开展的工人斗争和罢工运动，提高到组织政治罢工和革命的同盟罢工的形式上去，发动并领导农民群众的一切自发的抗捐抗债抗税的斗争，深入土地革命，组织群众的游击战争，发展新的苏维埃区域。撤销顺直总行委，党、团、工会重新恢复正常工作。这次会议结束了“左”倾冒险错误在顺直党内的统治，但纠正并不彻底。12月14日，中共中央根据共产国际的指示精神致信顺直省委，指出北方局过去执行、扩大并发挥了李立三“左”倾冒险错误，“只有认识到这一点，才能肃清立三路线对北方局的影响”。根据中央指示，贺昌召开中共中央北方局会议，作出《关于国际来信的决议》，承认10月中共中央北方局扩大会议“对于北方党过去在立三同志路线影响下所犯的错误没有彻底揭发出来，有掩盖调和倾向”，表示将采取措施改正这些缺点。此后，顺直党内开展了反立三“左”倾冒险错误的斗争。

四、河北党组织反对党内分裂斗争

中共河北省委的成立

1930年9月，中共六届三中全会纠正了李立三的“左”倾冒险错误，停止了全国总起义和集中全国红军进攻中心城市的冒险行动。12月9日，中共中央致信取消中共中央北方局。同时，为了便于对北方党组织的集中领导，决定在北方成立河北省委，管理顺直、两特委①、晋陕甘及河南北部的工作。12月21日，中共河北省委发出第一号通告《取消北方局》，建立中共河北省委。至此，中共顺直省委完成了其历史使命。

中共顺直省委在其存在的3年多时间里，尽管受到中央“左”倾路线的影响，使北方革命事业遭到严重损失，但综观中共顺直省委的全部革命实践，其历史功绩是显著的，不容忽视。

第一，它在蒋介石背叛革命，中国革命处于低潮，北方党主要领导者李大钊惨遭杀害、中共北方区委和北方各地党组织均遭到极大破坏的严峻时刻，在奉系军阀及国民党新军阀制造的白色恐怖中，毅然决然地继续高举党的旗帜，勇敢地担负起领导直隶、热河、察哈尔、内蒙古、山西、山东和陕西等地党组织的历史重任，使北方党组织得以恢复、整顿、发展和壮大，为党在北方领导革命保留和巩固了组织基础。

第二，中共顺直省委坚定地领导着各地的工运、农运、学运、兵运等群众斗争，同帝国主义、封建主义的反动势力，向张作霖奉系军阀和蒋介石国民党的残酷统治，进行了不屈不挠的浴血斗争，虽屡遭失败而不止，其视死如归的革命大无畏气概和英勇的牺牲精神，惊天地、泣鬼神！并在这些群众斗争的伟大革命实践中，用鲜血和生命的昂贵代价，积累了大量丰富的经验教训，提供了极为宝贵的借鉴。

第三，中共顺直省委在革命斗争中，培养、锻炼和造就了一大批德才兼备的干部。这些中国革命的脊梁，为在北方乃至全国进一步扩大共产党的影响，发展革命事业，奠定了深厚的干部基础。

第四，中共顺直省委创办的机关刊物《顺直通讯》《出路》《北方红旗》（内部）和《直支生活》等，对于批判“左”右倾错误，澄清和克服党内一些错误和模糊认识，对于提高全党同志尤其是各级领导

① 两特委指陕北特委和内蒙古特委。

同志的政治理论水平和领导艺术，对于统一全党的思想、认识和行动，起到了重要作用。

中共河北省委于 1930 年 12 月下旬正式建立，第一届省委组成是：正式委员有毅宇（贺昌）、笑仙（阮啸仙）、晓野（余泽鸿）、芝甫（张昆弟）、均和（胡均鹤）、童长荣、任国祯、王俊仙、谢清玉（郝清玉），候补委员有廖划平、陈复、刘天章、杜正廷（武正廷）。阮啸仙任代理书记。省委机关驻天津。

中共河北省委下属组织分布范围主要是冀、平、津、热、察、绥、内蒙古全部及豫北、鲁西北，一度还曾包括晋、陕两省。其下属组织，最多时有 13 个特委、7 个市委、34 个中心县委、90 个县委，是中共领导北方各级党组织的一个跨省区的重要省委组织。

河北省紧急会议筹备处的产生

党的六届三中全会前后，在瞿秋白、周恩来等领导下，李立三“左”倾冒险错误在实际工作中逐步得到纠正，各项工作逐步恢复正常。但是不久，情况突然发生变化。1930 年 10 月，共产国际执委会向中共中央发来《关于立三路线问题给中共中央的信》，把李立三的“左”倾冒险错误说成是同共产国际路线根本对立的路线错误，指责中共六届三中全会在纠正立三路线中犯了“调和主义”错误，实际上否定了三中全会的成绩。这样就使六届三中全会已经开始的纠“左”势头无法继续下去，反而使党内出现了严重的混乱。以王明（陈绍禹）为代表的教条主义者，通过其他留苏归国人员的渠道比党中央先获知这封信的内容，便立刻打起“拥护国际路线”“反对立三路线”“反对调和主义”的旗号，猛烈攻击六届三中全会后的中央，并要求改变中央政治局的成分，由共产国际负责帮助成立临时的中央领导机关。与此同时，以全国总工会党团书记罗章龙为代表的宗派，也打着“拥护国际路线”“肃清调和主义”的旗号，完全否定三中全会和中央的领导，要求立即召开紧急会议，根本改造中央政治局。此外，一些受过李立三和六届三中全会批评或打击的地方党组织和干部，也要求召开紧急会议，以解决三中全会的“调和主义”的问题。共产国际的压力、党内的宗派活动和思想混乱，使党中央处于非常困难的境地。

为了解决党的领导危机，1931 年 1 月 7 日，中国共产党扩大的六届四中全会在上海召开。会议以批判六届三中全会的“调和主义”为宗旨，强调右倾是“党内目前主要危险”，决定“改造充实各级领导机关”。会议在共产国际代表米夫的直接干预和操控下，以王明、博古为代表的“左”倾教条主义统治了中央领导机关。在这种情况下，罗章龙等人陷入宗派主义，一面反对四中全会和王明等人上台，要求召开紧急会议重新解决党的领导问题；一面又进行分裂党的活动，使党在组织上陷于严重混乱。

在王明“左”倾教条主义取得党中央统治地位的过程中，河北省党组织经历了一场反对河北省紧急会议筹备处分裂活动的斗争。

1930 年 12 月 9 日，中共中央政治局作出关于召开紧急会议的决议。这项决议刚刚下发到各地，12 月 23 日中央政治局又发出第 96 号通告，在表示承认六届三中全会犯有“调和主义”错误、接受共产国际对中国党的一切批评的同时，提出党应采取非常紧急办法，“产生新的政治局决议来代表三中全会的一切决议”。这样就给党内造成一种错觉，即中央还是要采取紧急会议的办法解决六届三中全会问题，于是许多地方党组织，特别是省市级党组织就开始了紧急会议的筹备工作。也正是在此时，根据中共中央决定，中共中央北方局撤销，中共顺直省委改建为中共河北省委。在新组建的中共河北省委领导机构尚未形成比较稳定的工作秩序的情况下，党内一些具有极端民主化、个人主义等非无产阶级思想的人，及一些缺少党内斗争经验的同志，以召开紧急会议为名向党发难，使河北党组织面临分裂的严重局面。

中共中央北方局撤销前，共青团河北省委书记曹策奉命到上海接受新的任务。王明趁机对曹策进行煽动，希望曹策“配合他们”，“忠实于国际路线”。曹策从上海返回天津后，带回中央要召开紧急会议的消息，并提议中共天津市委立即召开紧急会议。1931 年 1 月 3 日，中共天津市委召开扩大会议，省委代理书记阮啸仙出席会议。曹策以突然袭击的手法，提议将市委会议改为紧急会议。尽管阮啸仙中途退出以示反对，也未能阻止紧急会议的进行。会议在曹策等人的操纵下，作出“停止中央和省委职权”等决议，建立了以他为书记的“天津临时市委”。天津紧急会议后，省互济会、京东特委也要求省委立即召集全省紧急会议，彻底纠正“立三路线”错误，改造省委。

为了寻求解决党内矛盾的办法，1 月 5 日中共河北省委召开了有京东特委李昌荣、天津临时市委曹策、互济会党团书记蒋晓海及铁总党团代表参加的联席会。会议由省委常委阮啸仙、张昆弟主持。会上，曹策等提出成立“河北省紧急会议筹备处”。阮啸仙明确表示反对，但在大多数人赞同的情况下这一提议被通过。这次会议遂成为河北省紧急会议筹备处的成立会。会议通过了与天津紧急会议相同的纲领，决定张昆弟、曹策、李昌荣、蒋晓海等为“筹备处”常委，张昆弟为委员长，宣称“筹备处”是带政治性的战斗组织，有改造各地方党部的权力，并宣布筹备处脱离中央和省委领导。河北省紧急会议筹备处成立后，在曹策等的煽动下，省委机关相当一部分工作人员参加了“筹备处”，对省委工作实行怠工和罢工，这使河北省委的工作陷于瘫痪状态。

1 月 10 日，中共河北省委常委召开会议，认为“筹备处”脱离中央和省委领导的做法是错误的，要求他们回到省委领导之下，开展反对“立三路线”的斗争，但遭到“筹备处”的拒绝。他们提出要“省委自动解散，个人帮助筹备处工作”①。

正当河北省紧急会议筹备处加紧组织全省紧急会议的时候，中共六届四中全会召开。会后，罗章龙等人利用一些同志对六届四中全会和王明的不满情绪，在反对六届四中全会的名义下大肆进行分裂党的活动。他们擅自成立“中央非常委员会”（即“第二中央”），并派曾在中共顺直省委工作过的张金刃、韩连惠、叶善枝等到河北进行反党分裂活动。1 月中旬，张金刃、韩连惠、王仲一、袁乃祥等到达天津后，分别向张昆弟、曹策等介绍六届四中全会的情况，说明成立非常

① 罗章龙：《全党总团对于四中全会扩大会议决议案》。

委员会的理由，得到曹策等人的支持。于是，河北省紧急会议筹备处便由反对六届三中全会、“立三路线”，转为反对六届四中全会，拥护中央非常委员会的领导。1 月 20 日，河北省紧急会议筹备处通过《反对四中全会扩大会的决议》，同时改组领导机构，张金刃、韩连惠进入“筹备处”的领导机构。

此后，河北省紧急会议筹备处加大分裂活动，派出大批人马到北平、京东、保定、直南、山西、陕西等散布罗章龙起草的反四中全会的小册子，煽动各地党组织反对中央和省委，接受“筹备处”的领导。于是，“筹备处”的活动与罗章龙的反党分裂活动合流并达到高峰。

河北党组织反对“筹备处”斗争的胜利

河北省紧急会议筹备处的反党分裂活动遭到许多地区党组织的强烈抵制。京东党组织一开始就对“筹备处”的煽动给以回击，使其无法活动；中共北平市委开始曾被“筹备处”所控制，但在任国祯、胡锡奎、刘锡五、黎玉等人领导下，经过激烈斗争，最后击败了“筹备处”的分裂阴谋，巩固了市委的领导；中共天津市委曾被曹策所控制，中共河北省委及中共天津市委的负责同志，对参与分裂活动的同志进行了反复的说服和劝导，要求他们回到中央和省委领导之下。省委还直接召集天津基层区委和支部的同志开会，统一思想认识，一致反对“筹备处”与天津紧急会议和临时市委。尽管紧急会议筹备处和天津临时市委对省委的帮助加以拒绝，但阮啸仙等人的工作在一定程度上遏制了“筹备处”在天津的活动，也使一部分受蒙蔽的同志澄清了思想，受到了教育。但是，也有一些地区党组织和党员受其蒙蔽，跟着“筹备处”跑，在政治上和组织上给北方党造成了严重混乱。

中共中央对罗章龙等分裂党的行径及其建立的非法组织进行了严肃处理。1 月 27 日，中央政治局通过《关于开除罗章龙中央委员及党籍的决议案》，并随即付诸实施。同日，为制止河北党内分裂活动，中央政治局作出《对河北党问题的决议》，决定停止中共河北省委职权，由中央代表团代替省委进行工作，取消紧急会议筹备处，组织临时省委，并由徐兰芝、陈原道、贺昌组成中央代表团。2月5日，中共河北临时省委成立，徐兰芝任书记，陈原道负责组织，陈复负责宣传，周启敦负责职运。

2月6日，中共河北临时省委常委会召开第一次会议，通过《拥护四中全会与接受中央对河北党工作指示的决议》《解散河北省紧急会议筹备处的决议》及《反对右倾机会主义分子分裂党的组织》的告同志书。会议要求河北全党深入开展反“立三路线”斗争，反对“筹备处”分裂党，吸收拥护国际路线的干部，尤其是工人干部，深入改造地方党组织。此后，大批同志纷纷回到党内，但是“筹备处”的主要骨干分子对抗中共河北临时省委决议，继续坚持反党分裂活动，并急欲召开河北省紧急会议。在这种情况下，中央政治局通过关于开除张金刃党籍的决议。2月18日，中共河北临时省委作出《关于开除张金刃、韩连惠、叶善枝、曹策等党籍的决定》，迫使他们停止反党分裂活动。为了进一步统一思想，2月26日，中共河北临时省委召开第一次全体扩大会议。会议指出，河北省紧急会议筹备处在反“立三路线”名义掩盖下进行分裂党的活动。与会代表完全同意中央代表团对中共河北临时省委的彻底改组，并决定正式组建中共河北省委。

河北省紧急会议筹备处的骨干分子表面上接受了党的处分，宣布解散“筹备处”组织，但在实际上并没有真正认识和承认自己的错误，他们还经常秘密集会。3月23日，中共河北临时省委发出关于参加“筹备处”人员的处理问题的《紧急通知》，要求各地党组织对于“筹备处”分子采取如下处理办法：

（一）必须写声明书承认错误，保证今后不再重复反党反国际的右派小组织的错误，决不允许右派分子对党的四中全会及省委、地方党部有任何批评；

（二）对分裂党的领袖或负责人还未开除党籍的，必须首先写声明书承认错误，党部才能同他们谈话，并要他们负绝对不告密的责任；

（三）已被开除党籍的领袖，必须在实际工作中考察其成绩，才能恢复党籍。

在中共河北临时省委和全省各地党组织的坚决反对和激烈斗争下，右倾分子的反党分裂活动被粉碎，广大党员干部对“筹备处”分裂党的活动的严重性的认识也越来越清楚，一些被欺骗的党员也很快觉悟过来，重新回到党的统一领导之下，喧嚣一时的河北省紧急会议筹备处宣告解散。

随着河北省紧急会议筹备处问题的解决，河北党组织度过了一次严重的危机。然而重新组建的中共河北省委站在王明“左”倾教条主义错误的立场上，进一步开展反“立三路线”和“调和主义”的斗争，对曾执行过李立三“左”倾冒险错误的原省委主要领导人，进行过火的斗争和打击。责令原省委主要领导人写出声明，揭发和批判自己的错误，否则将“采取组织方法制裁”。这些同志多次公开检查自己的错误，表示愿意在实际工作中改正，最后仍被斥为“‘立三路线’的残余观念及派别观念至今仍然没有完全肃清”，对省委采取了“两面派态度”，对“筹备处”表现了“调和态度”。从而将贺昌、余泽鸿、张昆弟等人先后调离河北到苏区工作。另一方面，在实际工作中推行王明“左”倾教条主义路线和政策，在河北党内占据了统治地位。

五、阜平县苏维埃政权的建立

中国工农红军第二十四军的创建

1930 年 5 月，蒋介石、阎锡山、冯玉祥之间的军阀混战（史称“中原大战”）爆发，驻山东省的高桂滋部参与阎锡山、冯玉祥一方。阎锡山、冯玉祥失败后，高部退据山西省平定县，由原来的一个军缩编为一个师，实际人数不足 3000 人。高桂滋部既非蒋介石的嫡系，又非阎锡山的晋军，原为陕西省的杂牌军，到山西省后备受排挤。该部缩编后，军官降职降薪，士兵不发饷，官兵生活困苦不堪，而且内部各种矛盾十分尖锐。在大革命时期，共产党就在该部建立了秘密组织。蒋介石叛变革命后，赫光（又名万锡绂）等部分共产党员隐蔽下来坚持斗争。经过 4 年多的艰苦工作，已发展中共党员五六十人，其中有的还担任军官之职。1930 年 11 月初，中共中央北方局和中共山西省委派特派员李志敏对高桂滋部的中共党组织进行了整顿。1931 年 4 月，又派山西军委书记谷雄一（苏亦雄）和太原军官教导团的吴耀礼、牛辚（牛清明）3 人去高桂滋部，负责党组织的领导工作，准备发动兵变。

1931 年 5 月，中共山西省委召开军事会议，对整个局势进行了分析，认为中原大战后，山西省是国民党统治的薄弱地区，阎、冯各杂牌军猬集山西，加重了人民的负担，人民怨声鼎沸，这给革命造成了良好机会。省委决定在高桂滋部发动武装起义，并报告中央军委，随即开始起义的准备工作。在准备过程中，由于叛徒告密，有的共产党员被捕，引起士兵情绪波动，一些从事兵变准备工作的同志暂时离开部队。鉴于此种情况，中共山西省委决定提前发动起义，由谷雄一负责组织领导。

7 月 3 日，谷雄一召集党员紧急会议，传达省委指示，决定利用高桂滋赴京为父祝寿和其他军官周六回家之机，于 4 日午夜 12 点行动。具体部署是：（一）一团攻占上城司令部；（二）二、三团担任破坏火车站和营房的任务。不料，起义被人觉察，一团决定临时提前行动，攻占了团部，打死一些抗拒的反动军官，接着进攻上城司令部和县政府。但上城敌人已有防备，紧闭城门，一时难以攻下。起义部队根据当时情势，趁国民党驻军孙楚、李生达部尚未发觉，连夜冒雨撤出平定。

这次起义由于计划临时变动，二团未能带出，配合阳泉煤矿工人暴动的计划也没有实现，最后仅有一团全部和三团一部（部分人员假借侦察情况追上一团）共计 1000 余人，脱离了国民党反动军队。起义部队行至盂县岔路口进行了整顿，由谷雄一代表上级组织，宣布中央军委指示，命名部队为中国工农红军第二十四军，以提名通过的方式选举赫光为军长，谷雄一为政治委员，窦宗融为副军长，刘明德为参谋长，刘子祥为政治部主任，军部下设两个纵队。部队改编后，废除了国民党的军阀作风，官兵一律平等，士气大振。红军继续北上，计划立足五台，扩大充实后，西渡黄河到陕北。7 月 11 日，部队到达五台县的柏兰镇，发觉五台境内敌军云集，为避实就虚，就改变原来计划，选择战略地位重要、群众基础好的河北省阜平县为立足之地。

部队折回盂县，翻过十八盘，13 日进入平山县的蛟潭庄、六亩园等村镇，17 日进入灵寿县的陈庄、岔头，18 日抵达阜平县。进城前，红二十四军在城南白河村外沙滩上召开了全军大会，要求每个干部战士以自己的行动去实践革命的纲领。然后，兵分三路涉水过了沙河，来到县城东门外。劳苦群众热情迎接红军进城，国民党的县长和一些政界主要头目早已闻风而逃。

阜平县苏维埃政权的诞生

红二十四军进驻阜平县城后，立即张贴布告、标语和安民告示，宣传红军是共产党领导的人民军队，是爱护穷苦老百姓，为劳苦大众打天下的，主张打土豪分田地，废除剥削制度，实行耕者有其田，号召受骗离乡的群众回乡从事生产，正常营业。群众见到红军纪律严明，态度和蔼，平等待人，无不称颂，消息很快传遍全县。

红军进城后的第二天上午，即打开监狱，放出了 30 多名被羁押的群众。赫光、谷雄一对难友们和围观群众讲话，说明穷人是红军的亲兄弟，红军是保护穷人的，天下穷人是一家，大家要拧成一股绳，齐心协力拿起枪杆子干革命，打倒帝国主义和封建势力，推翻人剥削人的黑暗制度，建立光明的新社会，号召出狱难友们自愿参加红军。

当时正值青黄不接，不少人家缺粮断炊。7 月 20 日，红军开仓放粮济贫。谷雄一向群众宣传了开仓放粮的道理。他指出，本县南北两个粮仓都是官府剥削穷人的见证，这些粮食是穷人种出来的，应该归还给穷人，富人不劳而获，坐享其成，穷人辛苦劳动却要饿肚皮，这是不公平的，共产党、红军就是要消灭这种不公平的制度。放粮持续 3 天，每天到县城领粮者达 2000 多人。

由于红军和群众紧密团结，各项工作进展很快，特别是在短时间内就完成了创建苏维埃政权的准备工作。7 月 26 日，各界代表 1000 多人在县衙正堂前面的大院里召开军民大会，成立工农民主政府。附近群众闻风而来，成群结队赶到县城参加大会。大会一致通过了中华苏维埃阜平县政府候选人名单，红二十四军第二纵队政治指导员牛犧为阜平县苏维埃政府主席，刘应融为副主席，张远仁等 5 人为委员。这些委员中有工人、农民、小学教员、小商人和革命军人，当场分工就职，张贴布告。大会还镇压了流氓成性的保卫团骨干分子，焚烧了契约、文书、账簿等。

中华苏维埃阜平县政府成立后，立即开始清除县内的反革命武装，没收一些地主的枪支弹药，解散王快镇一带的反动民团，还逮捕了县内影响较大的反动地主赵宗周等。同时建立地方武装农民赤卫队，组织儿童团，配合红军开展工作。县苏维埃政府按照民主集中制的原则建立了农民委员会、士兵委员会、邮政委员会、教育委员会等组织机构，以行使工农政府的职能；派出宣传队，到城南庄、槐树庄、王林口、王快、史家寨、龙门、东下关和龙泉关等较大村镇宣传党的政策和主张，揭露国民党诬蔑共产党、红军的谎言，并打开官仓和地主豪绅的粮仓救济穷人。县苏维埃政府还派人到县城附近的沙沟、柳树底、苍山等村庄进行社会调查，了解阶级状况、风俗民情、土地财产占有情况，准备发动农民平分土地。县苏维埃政府创办了穷人学校，对生活困难无力求学者，由教育委员会帮助解决，许多穷人的孩子破天荒第一次进了学校。学校教员由红军中有文化的干部和教育委员会中的知识分子担任，为了对孩子们进行革命教育，还编写了新课本。

红二十四军和县苏维埃政府受到了劳苦群众的热烈拥护，群众纷纷要求参加红军，保卫苏维埃政权。

阜平苏维埃政权的失败和经验教训

红二十四军及其创建的阜平苏维埃政权，引起了国民党当局的极大恐慌。他们很快策划了一个“剿匪”阴谋。当时军阀石友三部沈克带领一个师驻在曲阳一带，土匪出身的沈克见旧主子石友三大势已去，便想投靠张学良。经过密商，张学良答应可以收编，但接纳的条件是：拿下阜平，消灭红二十四军。刁滑奸诈的沈克没有以武力直接进攻红二十四军，而是玩弄了一个“假投降”的诡计。沈克派出两个旅进驻阜平县东部的王快镇，自称“绿军”，并放出“走投无路，向往红军”的谎言，然后派代表到县城向红二十四军请降。对此，红二十四军领导人曾几次研究，但急于扩大红军力量，轻信了他的谎言，最后还是决定收编“绿军”。

应“绿军”多次“邀请”，8 月 9 日，谷雄一、窦宗融、刘应融、李英兰带民夫 18 人，携带猪羊肉、白面到王快慰劳沈克部，他们到达后当即被扣押。随后，沈克派赵海清旅分三路开往阜平县城，诡称谷雄一命令前来接受改编。赫光信以为真，命令赵部驻城西 4 公里的法华村。8 月 11 日，赫光、刘子祥一行 8 人前往法华村受降。在“欢迎会”上，赫光发觉了敌人的阴谋，但为时已晚，在与敌人搏斗中，大部分同志壮烈牺牲。阜平城内红军获悉法华事变后，在刘明德、牛犠的带领下，立即撤出县城，与一纵队会合北撤，取道灵丘、应县等地，西渡黄河转战到陕北，参加了刘志丹、谢子长领导的红军队伍。

红二十四军创建的阜平苏维埃政权虽然仅存在了半月有余就失败了，但它的革命精神是永存的。阜平苏维埃政权是共产党在华北领导人民建立工农政权的一次尝试，为以后的革命斗争提供了宝贵的经验教训。它动摇了国民党反动统治的社会基础，教育和鼓舞了群众，推动了阜平党组织的迅速发展，并为抗战时期敌后抗日根据地的建立准备了条件。

阜平苏维埃的失败，是由于当时在“左”倾路线影响下，红二十四军主要领导人不能正确分析形势，过高估计了革命的力量，错误地分析了沈部的处境，轻信谎言；当时地方党力量薄弱，共产党员缺乏革命斗争经验，与部队配合不够；红二十四军和红色政权的创建在北方还是第一次，组织领导缺乏经验，红军主要领导人轻易离开部队，深入虎穴，军事上没有必要的防范措施；苏维埃存在的时间短，只在表面上做了些宣传工作，未来得及广泛深入地发动群众。

第 八 章
河北党组织领导的抗日反蒋斗争的勃兴

一、九一八事变后河北抗日救亡运动的兴起

东北沦陷及河北严峻政治形势的到来

日本侵略中国蓄谋已久。1927 年 6 月，日本政府召开东方会议制定《对华政策纲要》。会后，日本首相田中义一根据会议精神起草奏折呈送天皇（即“田中奏折”）。东方会议和“田中奏折”确定了先独占东北、内蒙古进而侵占全中国的扩张政策。1929 年秋，世界性经济危机爆发，日本受到猛烈冲击。为摆脱经济困境，缓和日益激烈的国内矛盾，日本统治集团加紧了武装侵略中国的步伐。1931 年 6 月，日本军部制定《解决满洲问题方策大纲》，确定了“采取军事行动”占领“满蒙”的方针。此后，日本即在中国东北不断制造挑衅事件，为发动侵略战争制造借口。1931 年 9 月 18 日夜，日本关东军自行炸毁沈阳北郊柳条湖附近南满铁路的一段路轨，反诬中国军队破坏铁路，并以此为借口，突然袭击中国东北军驻地北大营和东塔机场。驻扎在南满铁路沿线的日军也同时向沈阳城进攻，一夜之间占领了整个沈阳城。

九一八事变爆发后，南京国民政府集中精力于“围剿”南方革命根据地的红军，竟电告东北军：日军此举不过寻常挑衅性质，为免除

事件扩大起见，绝对抱不抵抗主义。蒋介石这一卖国政策直接导致日军在18小时之内就占领了沈阳、长春、鞍山、抚顺等18个主要城市；不到5天便占领了辽宁、吉林两省的绝大部分地区，4个月内就侵占了东北全境。数十万东北军在蒋介石一再训令下，一枪不发退入关内。

大片国土的迅速沦丧，国民政府的屈辱退让，在中国社会激起了强烈反响。工农商学兵各界民众团体和知名人士纷纷发表通电，抗议日本的侵略暴行，要求国民政府抗日。中共中央在次日即发表《中国共产党为日本帝国主义强暴占领东三省事件宣言》，9月22日作出《关于日本帝国主义强占满洲事变的决议》，发出了"组织群众的反帝运动，发动群众争斗"，"直接给日本帝国主义以严重的打击"① 的号召。

东北的沦陷使河北的政治形势骤然严峻。河北处在日本侵略的前沿，日军铁蹄随时可踏入境内，尤其是冀东地区，素为东北地区通往内地的咽喉要道，特殊的地理位置以及历史发展的结果，东北和冀东之间在政治、经济、文化等方面已经形成了唇齿相依的密切关系。东北沦陷后，冀东运销粮食渠道堵塞，长期依赖东北的昌黎等缺粮县粮源断绝，发生粮荒。大批东北军和难民涌入，东北纸币在冀东城乡大量流行，导致通货膨胀，市场紊乱，商业萧条，手工业生产也由于市场变窄趋于衰落。资本家和地主趁机加重对工人和雇农的剥削，劳动人民生活苦不堪言，反对阶级压迫和经济剥削的情绪和力量逐渐积聚。迅速上升的民族矛盾和日益凸显的阶级矛盾错综交织在一起，更加重了河北政治形势的恶化。

河北各界抗日救亡运动的兴起

严重的民族危机，严峻的政治形势，唤起了河北人民的觉醒。中共河北省委于10月3日通过《反对日本帝国主义进兵占据满蒙的工

---

① 中央档案馆编：《中共中央文件选集》第七册，中共中央党校出版社1991年版，第423页。

作决议》，指出：发动群众进行反日斗争是目前各地各级党组织的中心工作，要求各级党组织动员党团员到“工厂、兵营、学校、农村灾民中去，组织他们武装他们，使他们自觉一致起来，为民族利益而斗争”。要动员党团员“运用公开的路线”到“一切反日会中去活动，加强我们的领导，在国民党和反动派领导及影响下的团体中去争取广大的群众，在还没有反日组织的地方，须公开的召集会议建立反日团体”①。6日，又作出《为反对日本帝国主义出兵占领满洲的决议》，指出，日本这次以武力强占满洲，并不是一种偶然的事变，而是事先有组织、有计划的行动。因此，河北省委工作如下：各级党团组织及群众外围组织要灵活恰当地开展工作，发动群众；各级党组织要抓住群众最迫切的经济要求，领导和组织群众开展斗争；各级党组织要坚决转变路线，真正深入到群众中去，发动群众，开展反日、反帝国主义斗争；要巩固和扩大党团及群众外围组织，制定宣传大纲，进行对日宣传。在党的领导下，河北各界群众站在抗日前哨，英勇地冲破了国民党的反动统治，迅速地掀起了抗日救亡运动的热潮。

工人阶级首先举起了抗日救亡的大旗。1931年9月22日，唐山开滦矿业产业工会分别致电蒋介石、张学良等，呼吁化除国内成见、一致对外。林西矿工会也于9月24日发出反抗暴日快邮代电，表示“国家兴亡，匹夫有责”“誓死不作高丽后尘”。9月29日，正太铁路一些爱国职员成立了正太铁路同人救国会。10月，闻悉东北军马占山部在黑龙江奋起抗日，正太铁路同人救国会立即给马占山部发去慰问电，并将正太铁路员工所捐银元1000元汇至马占山部，表示对抗日将士的慰问和支持。1932年1月28日，驻上海十九路军奋起抗日，正太铁路同人救国会又去电慰问，并寄去捐款1000元。井陉煤矿工人在中共井陉县委领导下，于1931年10月全体罢工，进行抗日反蒋宣传，散发了大量传单，书写了大量标语，激起当地人民的抗日反蒋怒潮。张家口工人于九一八事变后，组织了大规模的示威游行，高呼

---

① 中央档案馆、河北省档案馆编：《河北革命历史文件汇集》（甲）第七册，1997年印，第253—255页。

“打倒日本帝国主义”“抵制日货”“取消日本驻张领事馆”等口号，并有数百名铁路工人愤怒地砸了到张家口宣传所谓“中日亲善”的日本马戏团，撕毁了日本的国旗，给了日本侵略者以有力打击。

在党领导下的抗日民主运动中，最为活跃的是青年学生。九一八事变后，交通大学唐山工程学院几百名学生义愤填膺，组织成立救国义勇军，加紧军事训练，同时组成宣传队，于10月9日到唐山市区和附近乡村进行抗日讲演。11月，东北马占山部顽强抗日的消息传到唐山后，各校学生群情振奋，立即开展了上街募捐支援马占山坚持抗日的活动。1931年10月，中共直中特委成立后，立即组织领导石家庄地区的抗日救亡活动。共青团直中特委书记陆治国，以正定河北省立第七中学、正定河北省立第八师范学校为重点，利用学生读书会等组织，团结进步学生，宣传抗日救国道理。10月中旬，正定河北省立第七中学党支部，以党团员为骨干，组成几个宣传大队，冲破学校当局的阻拦，先后到新乐、行唐等十几个县，进行了为期3个月的抗日救国大宣传。保定学校众多，学生运动基础较好。九一八事变后，保定河北大学、保定河北省立第二师范学校、育德中学、志存中学、培德中学、同仁中学等大中学校教师、学生在党的领导下，先后举行罢课游行，深入街道、农村、工厂、军营，进行广泛抗日宣传。保定同仁中学等校学生在党的领导下组织了南下宣传纵队，下设7个大队，先赴定县，后到石家庄，然后分队徒步至正定、新乐、定县及沙河两岸的农村中进行宣传。保定河北省立第二师范学校学生还响亮提出“到红军苏区去”“到义勇军中去”的口号。直南地区的永年、大名、磁县、邢台、巨鹿等县的中心小学学生也都发起了抗日宣传、游行示威和抵制日货的爱国运动。永年河北省立第十三中学的学生组织了4个下乡宣传队，分赴永年、曲周、鸡泽等地进行抗日宣传。在津南地区，泊头镇以河北省立第九师范学校学生为核心，建立了泊镇各界人民抗日救国联合会，统一领导抗日活动。他们以抵制日货为主要斗争方向，组织纠察队到车站、码头、商号等地检查日货，一经查获即扣留烧毁。河间河北省立第三中学进步学生于1931年秋组织了

“华北青年抗日救国联合会”，进行抗日救国宣传和抵制日货、募捐劳军活动。沧县河北省立第二中学创办油印的《大众反日报》，除发本校外，还邮寄周围各县，起到了指导各县开展抗日救亡运动的作用。在该校进步学生影响下，1931 年 10 月至 1932 年初沧县先后召开了三次抗日救亡市民大会，推动了当地抗日救亡运动的深入开展。

在党的领导和学生抗日宣传的启发下，河北千百万农民也迅速觉醒起来，先后组织起农民抗日救国会、抗日救国十人团、反日会、农民义勇军等抗日救亡团体，坚决要求抗日。中共直中特委号召各县党组织在农村建立农民抗日自卫队，加紧吸收农村中的贫苦农民加入进来。特委制定并下发了《广暴纪念工作计划大纲》，要求各县将抗日救国运动和此项运动结合起来进行，扩大党的影响，宣传党的政治主张。位于冀东北部山区的迁安县人民素具顽强的御侮抗暴精神。九一八事变后，迁安境内不断兴起抗日救亡斗争。1931 年 12 月，迁安西部的滦河桥镇各界群众为抗日自愿募捐，并组织起千余人的抗日义勇军。1932 年 1 月 13 日，该义勇军集合 1200 人，在滦河桥镇示威、讲演、进行操练。各界群众数千人随队参加游行集会，同呼“宁为战死鬼，不做亡国奴”等口号。与此同时，丰润、玉田、遵化等地群众也在酝酿组织义勇军。冀东人民的抗日救亡斗争已由开展抗日宣传和抵制日货的初级形式向组建抗日武装的更高级形式发展。

九一八事变后，各地工商界人士很快展开了“反日抵货运动”。10 月 1 日，唐山商界为了反对日本经济上的侵略，召开了商民代表大会，议决组织对日经济绝交委员会，以提倡国货和与日本绝交为宗旨，而尽商界救国之职责。在石家庄市场上，由于走私日货充斥，国货销路不畅。一些民族工商业者对日本帝国主义的侵略极为愤慨，纷纷要求抗击日本帝国主义的侵略，抵制日货。在张家口，一些企业商家主动配合、支持抵制日货的活动。最为突出的是印刷业的有关厂家，他们在保证质量的前提下，不惜代价，不怕赔钱，毅然换掉了日本纸改用了价格高的西洋纸印报。

1932 年 6 月 1 日，河北省反帝大同盟第一次代表大会在北平召开，唐山、保定、正定、石家庄、大名等地反帝同盟代表共50人参加了这次会议。大会在中共河北省委领导下，一致通过成立河北省反帝大同盟，作为领导全省反帝运动的组织，机关设在北平，由李铁夫任党团书记。此后，河北人民的抗日救亡运动又向前推进了一步。

1932年7月1日，中共河北省委发出《反对日本帝国主义进攻河北宣言》，号召全省人民自动武装起来，为反对日本进攻河北而斗争。9月2日，中共河北省委又发出《关于“九·一八”事变周年纪念决议》，要求各地党组织在九一八事变周年中，组织群众开展检查没收日货的运动，组织群众义勇军，进行民族革命战争。在中共河北省委上述指示下，各地都开展了示威游行和取缔日货运动。中共中央和中共河北省委的指示，对全省抗日救亡运动起了重要的领导、影响和推动作用。

开展反对阶级压迫和经济剥削的斗争

九一八事变后，国民党地方政府进一步加重了人民群众的负担，在农村加紧榨取农民的血汗，在城市则加重对工人的剥削。广大劳动人民为维护生存权利，在开展抗日救亡斗争的同时，还进行着反对阶级压迫和经济剥削的斗争。

1932年1月28日，开滦马家沟矿工人开展了反对资本家残酷剥削工人的经济斗争，并很快扩大成林西、赵各庄和唐山等矿的开滦工人同盟大罢工。这场斗争是因英国资本家任意破坏劳资协议、企图减发工人本应获得的年终奖金（即花红）激怒了广大工人而爆发的。由于工人理由正当，态度坚决，资方很快让步，全体工人于月底如数领到年终花红，随即复工。

1932年10月10日，秦皇岛开滦码头工人为抗议工务处以少记装煤数的手段克扣工人工资的罪恶行径，展开了清算装卸费的斗争。在中共秦皇岛支部的领导下，码头工人于10月30日组成协商清算装卸账目代表团，11月12日去天津与开滦总局谈判。经工人代表据理力争，资方对工人这次损失给予赔偿，并答应以后按实际装卸数支付工资，斗争获胜。

直南六河沟煤矿矿工，在当地党组织的领导下，曾在1931年进行两次索要欠薪的罢工，都取得了胜利，使矿工深受鼓舞。中共直南特委组织部长兼磁县县委书记刘大风，及时到矿上巡视工作，经周密布置，1932年秋天，在六河沟煤矿再次发动了大规模的罢工。这次罢工的目的，经济上是反欠资要求增资，政治上是为了支援南方红军的反“围剿”斗争。9月26日夜，万余名罢工工人齐声怒吼，到资本家住的楼前游行示威。罢工进行到第四天，资本家十分恐慌，只得派人同工人谈判，最后答应了工人增加工资的要求。六河沟煤矿党支部在领导工人罢工斗争中，十分注意工人的切身利益，讲究斗争方式方法，在斗争中培养了骨干分子，壮大了党的队伍。

在六河沟煤矿工人罢工斗争的同时，磁县运瓷工人组成的小车社工人的斗争，也轰轰烈烈地开展起来。1932年春，彭城大旱，运瓷工人激增。这时，瓷窑主及瓷货商趁机想方设法剥削工人。面对窑主和瓷商的盘剥，车工们非常气愤，先后有80多个村庄的运瓷车工举行罢工。为了使这一罢工斗争能够健康发展并取得胜利，中共直南特委书记王子清、中共磁县县委组织部长王维纲等及时进行指导，帮助车工们组成小车运输社。为了扩大罢工的政治影响和对资本家施加更大的压力，党组织决定组织车工举行游行示威。同年6月5日，车工游行队伍有秩序地接连冲破民团的几道防线，直抵彭城门下。资本家闻讯，非常惊慌，急忙派人与小车社谈判，答应取消盘剥工人的新办法，并分两次赔偿罢工工人工资7000元。至此，长达4个月的小车社罢工斗争，终于取得了胜利。

此外，在中共直中特委领导下，井陉、正丰煤矿工人一次又一次地掀起罢工斗争，给了资本家和反动当局以沉重打击。1933年1月，又领导大兴纱厂3000名工人起来罢工，以反抗资本家取消工人年终双薪。1932年11月3日，在党的启发和影响下，泊镇永华火柴厂工人罢工。工人向资本家提出“裁撤彭监工，成立工会，增加工资，减少工作时间”四项条件。连续十几天的罢工，使工厂生产急速下降，资本家无计可施，只得答应工人的要求，罢工取得胜利。

农民的反抗斗争同样此伏彼起，十分活跃。1932年1月，保定地区的容城爆发了农民砸国民党官产局的斗争。以中共容城县委书记阴一刚为总指挥的行动委员会进行了周密的组织和充分的发动。1月23日，5000多名群众借集日之机汇集县城，并由行动委员会率领群众奔赴官产局，赶集的群众也大批加入斗争队伍。两万多人将官产局包围，首先砸了官产局的牌子，接着把官产局执事人员揪到群众面前，官产局局长吓得跪地求饶。愤怒的群众将官产局所存的文契、卷宗、地户花名册、执照等物完全烧毁。

1931年10月中旬，中共南和工委发动20多个村庄5000多名武装农民包围南和县城，向国民党南和县政府提出清算“八厘公债”“退还永定河借款”等要求。1932年3月7日，中共直中特委和赞皇区委领导赞皇县城以南50多个村庄的近万名农民举行了抗捐抗税斗争。请愿群众像山洪暴发一般涌进县衙，并和全副武装的警察和打手展开英勇搏斗。这些斗争，虽然有些失败了，但也充分展示了广大贫苦农民组织起来的强大威力。

青年学生也演出了一幕幕反抗国民党反动统治的惊心动魄的活剧。1932年春，保定河北省立第二师范学校革命力量已有很大发展，成为保定市革命运动的核心，因而也成为反动当局的眼中钉。反动当局加紧了对该校进步学生的镇压，先是抓捕进步学生，进而要查封学校，开除进步学生，调国民党反动分子接替校长。在此情况下，中共保属特委决定开展护校斗争，成立护校委员会。6月20日，反动当局调动500多名军警对二师实行武装包围，断绝了学校与外界的联系。由于对校内学生的软硬兼施均未奏效，反动当局公然下令进行血腥镇压。7月6日，国民党军警冲入校内，机枪步枪一齐开火，疯狂屠杀学生。革命学生被迫与敌人进行拼搏，终因寡不敌众，学校被国民党反动当局占领。在斗争中，王慕恒等7名学生壮烈牺牲，中共保属特委秘书长兼宣传部长贾良图和边隆基受重伤，在送往医院后身亡，曹金月等38人被捕。8月13日，国民党反动当局又将被捕学生曹金月、刘光宗、杨鹤声、刘玉林（均为共产党员）枪杀。在沧县河北省立第二中学、泊头镇河北省立第九师范学校、盐山中学等校，反对国民党反动统治的学潮斗争也接连不断，此起彼伏。这些斗争虽然大部分失败了，但是打击了国民党反动当局的统治，推动了当地抗日救亡斗争，同时也扩大了党的影响，播下了革命火种。

各地党组织的恢复和整顿

九一八事变后，在发动和领导抗日救亡运动的同时，河北地方党委也积极开展组织恢复和整顿工作。1931 年 10 月 5 日，中共直中特别区委员会成立后，一方面巩固原来基础较好的县，另一方面对基础较差或党组织还未得到恢复，或还未建立党组织的县份，由特委成员分片包干，深入基层调查研究，协助发展党员，建立组织。这是石家庄地区党组织自建立以来，机构最健全，人员最整齐，工作最活跃的时期之一。1932 年 1 月初，中共保属特委恢复，领导原保定、博蠡、涿县 3 个中心县委的各级党组织。中共直南特委这一时期也有所加强，所属威县、南和两个中心县委于 1932 年春成立，冀县、枣强等县的基层党支部也逐渐建立。1932 年 3 月 20 日，在中共河北省委巡视员指导下，中共唐山五矿临时工委正式改组为中共唐山市委，根据省委指示，中共唐山市委还同时负责巡视和恢复乐亭、丰润等县党的工作。6 月，省委为加快恢复唐山农村党的工作，派穆维新建立中共丰（润）滦（县）乐（亭）昌（黎）中心县委（即平东中心县委）。截止到 1932 年 7 月下旬，全省共有党员 3025 名①。

① 此数字引自中共河北省委组织部编：《中国共产党河北省组织史资料》第一卷，河北人民出版社 2006 年版，第 102 页。又有一数字为 2925 人，引自中共河北省委党史研究室编：《中国共产党河北历史大事记》（1919.5—1949.9），中共党史出版社 2010 年版，第 108 页。

二、河北党组织的困境与斗争

“左”倾错误在河北的进一步发展

九一八事变后，全国大规模群众抗日救亡运动兴起。面对国内阶级关系急剧变化的新情况，党的六届四中全会以后的中央未能适应形势发展的需要，忽视中日民族矛盾上升的事实，错误地认为日本帝国主义侵占东北是为了进攻苏联和压迫中国革命，仍旧强调国内阶级矛盾和革命与反革命两个政权的根本对立，继续推行冒险主义和关门主义。在临时中央“左”倾错误方针指导下，中共河北省委一方面着力推动各界群众的抗日救亡运动，另一方面则对民族资产阶级等中间势力政治态度的变化，尤其是其抗日救亡的要求缺乏相应的认识，无视“中间壁垒”的存在，甚至把民族资产阶级及其代表视为“最危险的敌人”，给抗日救亡运动带来消极的影响。

1932 年蒋介石重新上台后，加紧了对抗日民主运动的镇压，北方革命环境趋于恶化。在这种形势下，“左”倾临时中央却认为北方存在着直接的革命形势，这一区域的工作远没有充分发动起来。为在北方地区全面推行“左”倾路线，1932 年 6 月下旬，临时中央在上海召开北方各省委代表联席会议（简称“北方会议”）。出席会议的有临时中央负责人博古（秦邦宪）、洛甫（张闻天）、李竹声、康生和满洲、河北、河南、山东、山西和陕西等省委的代表。这次会议在博古、洛甫等主持下，通过了《革命危机的增长与北方党的任务》《开展游击运动与创造北方苏区的决议》和《关于北方各省职工运动中几个主要任务的决议》。会上，博古等临时中央的负责人将北方各省委对客观形势的如实反映斥为“北方落后论”和“北方特殊论”，他们极力夸大国民党政权在北方的危机和革命形势的发展，认为各省的革命形势不是低落，而是“突飞猛进的发展着”，“罢工从重要的城市普遍到偏僻的区域与小城市中去”，“农民与灾民的斗争，在北方最广大的地区发展着”，“创造北方新苏区的问题，已经摆在北方各省的工作议事日程上”。要求北方各省委加紧准备和组织工人的罢工斗争，由罢工发展成为政治示威和骚动；发展农民和灾民的斗争，开展游击战争，建立新的红军和苏区；组织国民党士兵兵变，瓦解反革命力量，并将“工人暴动，农民暴动，军事叛乱，汇合成一个巨流”，为建立北方新苏区，争取一省或数省革命首先胜利而斗争。

为了加紧推行北方会议精神，会后中央即派特派员晓山到河北巡视。从 1932 年 7 月 25 日到 8 月初，晓山连续召开中共河北省委全委会、各县委联席会，以及河北省反帝大同盟、河北革命互济会和共青团河北省委负责人联席会议，传达贯彻北方会议精神。并敦促中共河北省委通过了《接受〈北方各省委代表联席会议决议〉的决议》。决议除重复北方会议对国内外形势的错误分析和错误地批判了“北方落后论”之外，还提出为推翻国民党政权创建北方新苏区而斗争的任务。

河北省委据此重新部署了工作，要求扩大罢工运动，组织以开滦五矿为中心的唐山产业工人总同盟罢工；要求各级党组织在农村中积极发动游击战争，发展土地革命，准备武装暴动，创造北方苏区；要求在河北各地的白色军队中加紧发动士兵索饷的斗争，普遍组织革命兵变，建立红军等。① 在上述方针和政策的指导下，河北省委制定了在京东、保属、直中、直南、津南等 8 个主要区域布置开展游击战争的行动计划。8 月，为了加快推动“左”倾路线在河北的贯彻执行，中央又派吴华南为巡视员到北方改组河北省委，调整了省委领导成员。此后，河北省委集中力量领导了全省总暴动，“左”倾影响日益深重。

省委机关屡破屡建

“左”倾临时中央在斗争中采取“进攻路线”，不断发动城市罢

---

① 中央档案馆、河北省档案馆编：《河北革命历史文件汇集》（甲）第九册，1997 年印，第 87—90 页。

工、农村暴动和国民党士兵哗变，从而创造和扩大新苏区，争取一省或数省革命的首先胜利，以夺取全国政权。这是一条比“立三路线”更“左”的路线。它严重脱离了实际，脱离了党内外群众，在北方一开始推行，就造成了极大的危害。这些条件不成熟或者环境不具备而进行的罢工、罢课、请愿示威等群众性的冒险活动，将党的组织不断暴露在国民党当局面前，使党的组织屡遭破坏，许多党员和革命群众被逮捕。河北省委机关从 1931 年 4 月到 1933 年 11 月先后经历了数次大破坏。

河北省委机关第一次大破坏发生在 1931 年 4 月 8 日。当时，河北省委在天津正准备开全体常委会议，由于“筹备处”骨干分子韩连惠被捕叛变，造成河北省委书记徐兰芝、组织部长陈原道、秘书长刘亚雄等 13 人被捕，天津市各区党员和干部被捕的也很多，给党造成很大损失。省委领导机关遭破坏后，阮啸仙、刘锡五、廖划平组成临时省委坚持工作。5 月上旬，中共中央派殷鉴任河北省委书记，阮啸仙负责组织，廖划平负责军委，刘锡五负责职运，马辉之负责铁总，共同组成省委常委。胡锡奎、薄一波、郭亚光、赖德等为委员。为避免敌人破坏，省委机关由天津迁至北平。

1931 年五六月间，蒋介石密令国民党华北当局要把北平的共产党作为重点予以镇压。这时，由于徐兰芝和韩连惠叛变，他们分别供出了河北省委组织的机密。这一届省委仅工作一个多月，6 月 26 日，中共河北省委、团省委、军委、省互济会及北平市党团组织第二次遭到大破坏。殷鉴、胡锡奎、薄一波、廖划平、郭亚光、赖德等 20 多名领导干部被捕，廖划平、郭亚光、赖德随即叛变投敌。大破坏发生后，铁总负责人马辉之、北平党组织负责人平杰三、团省委负责人王德 3 人，组成河北临时省委坚持工作，一面恢复党的组织，一面清除叛徒。10 月 12 日，中共河北临时省委作出决议，清除韩连惠、徐兰芝、廖划平、郭亚光、赖德等 16 人出党。

1931 年 11 月 12 日，又由于叛徒出卖，河北省委机关第三次遭到大破坏。省委代理书记马辉之、省委驻北平代表平杰三、省委委员兼团省委书记王德均被捕。在这种情况下，省委委员、工运负责人赵声，省委委员、军委负责人曾健，省委秘书李致竹 3 人，自动组成河北临时省委坚持工作。1931 年 12 月，中央决定重新组建河北省委机关，原省委组织部长孟永祥任河北省委书记，李致竹负责组织，赵声负责宣传。

早在 1931 年 3 月，中共中央就通过《关于发展党的组织决议案》，要求把工作中心转到产业中去，加紧吸收产业工人入党。8 月，中共中央又给河北、山东、满洲、陕西省委致信，指示在“纪念十月革命日”活动中，要突击发展党员，其中指定唐山、天津要 3 倍增加党的力量。一年内连续遭到大破坏的中共河北省委，自 1932 年开始贯彻上述指示决定，到是年 6 月间，河北省中共支部组织由当年 3 月底的 110 个发展到 130 个，其中有产业支部 14 个，学校支部 20 多个。

为适应新的形势，1933 年 3 月上旬，中共中央派田夫（孔原、石心）为中央驻北方代表，到河北主持北方工作。同时决定原河北省委书记孟永祥到江苏省委工作，由赵声任河北省委代理书记。从 1933 年 5 月开始，中共河北临时省委驻北平机关、中共北平市委、共青团北平市委，以及党团基层组织和党的外围组织连遭破坏。到 7 月底，中共中央驻北方代表成员、省委代理书记、委员，以及各级党团组织领导人，党团员和进步人士数十人被捕，省委代理书记赵声等被杀害，河北省委机关遭到第四次大破坏。8 月初，河北省委组织部代理部长胡大海、宣传干部李兆瑞，以及共青团河北省委、全总党团成员等，自动组建河北临时省委，并推举出由 3 人组成的省委常委会。8 月 20 日，中共中央任命饶漱石为河北省委代理书记，重新组建河北临时省委。

很快，第五次大破坏接踵而至。1933 年 9 月 18 日，河北临时省委代理秘书长陈竹君被捕叛变，造成省委代理宣传部长李兆瑞和省委机关多人被捕。10 月 27 日，省委组织部长胡大海被捕，后河北临时省委更多的人被捕。这次大破坏后，北方党的干部严重缺乏，河北省委由下级干部组建几届临时组织支撑工作，又遭破坏。1933 年 11 月中旬，中共中央驻北方代表田夫，再次组建河北临时省委，指定吴汝明任代理书记。这时，国民党在白区进一步加紧镇压共产党，河北临时省委机关在北平已难以立足和开展工作，经中共中央及驻北方代表同意，河北临时省委及团省委机关由北平迁往天津。1934 年 3 月，河北临时省委代理书记吴汝明离职出走，在中共中央驻北方代表田夫主持下，推举临时省委组织部长孟坚代理河北临时省委书记。6 月，孟坚被免去代理临时省委书记职务，由朱理治代理河北临时省委书记。

各地党组织遭受严重挫折和破坏

进入 1932 年后，国民党在北方统治的加强以及党内“左”倾错误的发展，逐渐影响到地方，河北各地党组织的生存环境也日益困难。即便如此，1932 年下半年部分地方党的组织发展仍然取得了一定成绩。中共保属特委于同年秋建立中共清苑中心县委，所属中共定县县委改为中心县委，中共完（县）满（城）县委改建为中共完（县）满（城）徐（水）中心县委，中共容城县委改建为中共容（城）安（新）定（兴）新（城）雄（县）中心县委。1932 年秋末，中共河北省委派郭涤生、李葆华到冀东组建中共京东特委，工作机关设在乐亭县，管辖包括乐亭、滦县、昌黎、迁安、秦皇岛在内的京东地区。与省委失掉关系达一年之久的冀东各县党组织又恢复了与上级组织的联系。在津南地区，1932 年 8 月，中共天津市委委员、津南巡视员廖华在沧州与刘格平、吴建华接上关系，逐步恢复了津南的沧县、沧东南等县委的组织活动，建立了阜城、景县等地党组织。次年 4 月，中共沧州县委改为中共津南中心县委（后改为津南特委），直接在省委领导之下，沧州又有了统一的党的领导机关。

1933 年后各地斗争环境迅速恶化，国民党反动当局疯狂捕杀共产党员和进步人士，从特委到中心县委乃至基层党支部不同程度遭受破坏，革命斗争普遍陷入低潮。继 1932 年连遭两次大破坏后，1934 年 10 月，中共唐山市委，因书记韩子政叛变，一些负责干部等先后被捕，唐山党组织又遭受第三次大破坏。到 1935 年底，唐山及开滦东部矿区仍与上级组织有联系的中共党员仅剩谷少川等 7 人。1932 年 7 月至 1934 年初，中共保属特委连续遭到五次大破坏。尤其是 1934 年初的大破坏，导致保属特委及其所属 20 多个县党组织几乎全部瘫痪。保属特委成员只剩陆治国 1 人。直中党组织自 1933 年 1 月以后，连续数次遭到重大挫折和破坏，先后有 80 多人被捕，其中各级党的负责人和主要骨干分子 40 余名。尤其是 1933 年 3 月，直中特委书记李耕田的被捕、叛变，供出直中各地党组织情况，给特委及各县党组织几乎造成灭顶之灾。被捕的有 7 名特委委员和 37 个县、区委主要负责人，特委机关遭到破坏，文件、印刷机、武器等大部被抄走。未被捕的各级党组织负责人及活动分子，被迫外出及分散隐蔽，特委与各县联系全部中断。从此，直中地区形势急转直下，革命活动进入异常困难阶段。津南地区的肃宁、献县、河间等地党组织在 1933 年底均遭到严重破坏。1934 年春刘格平被捕后，津南特委领导作用受到很大影响，津南特委与河北省委及一些县委联系中断。张家口、承德地区也由于环境过于恶劣，党的领导机构被迫进入蛰伏状态。至 1934 年 5 月，河北省党员数量减至 1600 人。

在如此恶劣的环境中，各地仍有许多党员以各种形式坚持斗争。1933 年 3 月中共直中特委遭受重大破坏后，为了继续坚持党的工作，组成了由张梅村任代理书记的中共直中临时特委。临时特委成立后，由于特委成员叛变，代理书记张梅村等被捕，特委机关在组织部长袁致和（后任代理书记）的带领下离开石家庄撤往藁城南部的东刘村一带农村，继续负责直中特委的工作。他们以职业为掩护，恢复和发展党组织，领导群众开展革命斗争，一直坚持到 1934 年 9 月。石家庄市内将近两年没有党的组织，与党组织中断联系的共产党员朱效成、王一新、周家华、王凤书、施恒清等人仍在市内秘密开展活动。中共保属特委遭受第五次大破坏后，特务队队长侯玉田在失去特委领导的情况下，独自率领特务队在安新县白洋淀坚持斗争。他数次孤身深入敌营铲除奸细，孤胆英雄“大眼侯”威震冀中。此外，在任丘、安新、高阳一带还活跃着共产党员牛文仓领导建立的一支武装游击队，他们积极配合农民闹秋收、打盐巡、除恶霸，独立坚持斗争两年多时间，保属特委恢复后成为其直接领导下的一支武装力量。唐山党组织遭到严重破坏后，吴德、黎玉（赵秋年）、张维汉等人先后受党组织派遣到启新洋灰公司和林西、唐家庄、赵各庄等矿秘密发展党员，恢复和建立党的基层组织、赤色工会组织。1933 年 9 月，中共三河中心县委成立后，冒着白色恐怖，组建了游击队和青年自卫队，并领导当地“穷人会”开展抗债、抗“青苗会”、分粮吃大户的斗争。

李铁夫批“左”和“反铁夫路线”斗争

由于推行临时中央冒险主义和关门主义方针，河北党组织和革命事业不断遭受挫折，河北党内许多同志对临时中央“左”倾错误方针逐渐产生怀疑，有的还进行了批评和抵制。延安整风期间，毛泽东在一篇批判王明“左”倾教条主义的文章中曾经说“华北党对于临时中央的冒险路线曾有尖锐的反对意见，其领袖是李铁夫同志”。

李铁夫是朝鲜人，1928 年来到中国，加入中国共产党，先后担任过河北省反帝大同盟党团书记、中共河北省委宣传部长等职。1933 年 5 月 18 日，他代表中共河北省委在北平出席反帝同盟党团会议时被捕，被解送南京监狱。后经朝鲜友人保释，于 7 月 15 日出狱。李铁夫出狱后到北方找到中共河北省委。为对其出狱情况进行考察，中共河北省委没有给他安排正式工作，只允许他向党报投稿，对反帝和文化运动贡献意见，检查各文化团体的刊物。1934 年初决定恢复他的党籍，并派他到《实话报》编辑部负部分责任。

在接受考察期间，李铁夫于 1933 年 11 月至 1934 年 2 月初写了《关于党内问题的几个意见》《关于目前整顿组织的几个意见》《关于官僚主义的严重性》《左倾机会主义的反动性》《群众代表和民主主义问题》《党内斗争和自我批评》《转变基础和反关门主义的问题》《反帝运动不开展的原因是什么》等文章。他总结和检讨了四中全会后党的白区工作，依据大量的事实，揭发了党在白区工作中存在的问题，并阐明了自己的观点，对临时中央“左”倾方针进行了批评。

李铁夫认为，六届四中全会以后，党内仍存在着各种错误，这些错误不是局部性的、一般性的错误，而是带有全党性的严重问题。他指出，在领导白区群众斗争上，“左”倾中央实行所谓“进攻路线”，不能很灵敏地临时应变。党的正确的斗争策略应该是不但要会进攻，而且要会退却。他针对北方党不注意革命主观力量的准备，盲目发动旨在创造新苏区的武装暴动的状况，提出创造新苏区还不是北方党今天的任务。党的重要任务应该是教育训练组织广大群众，使他们了解党的路线，经过领导日常斗争，使他们相信自己的力量，提高斗争的决心，推动其斗争走上更高的阶段。更为深刻的是，李铁夫还分析了“左”倾错误的根源及其危害，指出“左”倾错误的共同特点是“在估计上离开具体的事实，而由主观的独断而来的”。其社会根源是“小资产阶级的轻薄、浮动、投机、焦急、依赖、发狂、不信任群众、自大、独善、形式主义”①。李铁夫认为，犯“左”倾错误的人总是不能客观地全面地看问题。他们往往只看见自己的顺利条件，而看不到中国革命的长期性和曲折性。因此，如不克服和肃清这种错误，党就不能完成革命的历史任务，就会危害党的事业。

李铁夫的文章，主要精神是批评“左”倾错误，提议整顿党的组织，纠正不正确的路线。由于历史和认识的局限，文章也有一些缺点，但总的方向和基本精神是正确的，在政治上是积极的，这种做法在组织上也是合法的。文章写出后，他逐篇送交河北省委审阅，要求在党刊上发表。这些文章曾在河北党内一些同志中间传看，得到不少同志的拥护和支持。河北省委一部分领导同志也同意将这些文章在《火线》上发表。

1934 年 2 月中旬，中共中央驻北方代表看到了李铁夫的文章，认为李铁夫的意见是露骨的仇视党的言论，是企图进行反党、反中央、反省委的号召，完全是新形势下的右倾取消主义，当即通知中共河北省委，禁止《火线》发表李铁夫的文章，并向中央汇报了情况，将李

---

① 李铁夫：《“左” 倾机会主义的反动性》，1934 年 1 月 20 日。

铁夫的文章抄送中央审查。接着，决定立即召开中共河北省委会议，专门讨论李铁夫的问题。

在省委会议上，由于大家都没有充分准备，只是按照中央代表的意见，简单讨论了李铁夫的问题。会议认为，李铁夫否认目前革命形势存在，否认党的进步，取消党今天的任务，夸大局部和个别的错误为党的危机，是阶级斗争日益尖锐形势下的新的取消主义，是党内悲观动摇情绪的反映。会议认为，李铁夫的错误代表着目前河北党内严重的右倾机会主义倾向，必须把李铁夫同志问题与反机会主义斗争密切联系在一起，把这个斗争开展到支部。会议还决定起草关于李铁夫问题的决议。就这样，在中央代表的领导下，河北省委错误地发动了“反铁夫路线”的斗争。

省委会议的精神很快传达到河北党、团和工会各级组织，全省各地先后开始了对李铁夫的批判。一些对“左”倾方针表示过不同意见的同志，也被扣上右倾的帽子，受到了打击。

为了进一步开展这场斗争，中共中央驻北方代表于 1934 年 2 月 28 日给河北省委写了一封长信，严厉批评了省委个别领导在李铁夫问题上的“两面派的态度”，系统地批判了李铁夫文章中的所谓右倾取消主义观点，认为李铁夫的“右倾机会主义”是目前形势下河北党内各种机会主义动摇的“最主要最明显的代表”，李铁夫的文章实质上是“有系统的取消主义的政纲”，号召“要集中火力反对新的取消主义的思想与反党的行动，反对新取消主义的拥护者及辩护者，克服对于取消主义的腐朽的自由主义”①。这封信，中共中央驻北方代表同样抄送了中央，后来又去信询问中央对李铁夫问题的意见。

这时的中央正在积极贯彻六届五中全会制定的更加“左”倾的方针，对党内一切怀疑、不同意、不满意、不积极拥护、不坚决执行“左”倾方针的同志，进行残酷斗争和无情打击。因此，3 月 30 日，中央复信给北方代表及中共河北省委，表明中央坚决同意中央驻北方

---

① 中共中央驻北方代表给中央的信，题目为“反对机会主义的动摇，为党的布尔什维克路线而斗争”，1934 年 2 月 28 日。

代表的“正确的估计”，指出李铁夫的所作所为是右倾取消主义，要求必须给其以最后严重警告，停止其一切领导工作，同时要对赞同铁夫意见的同志进行组织处理，决定在河北全党内开展“残酷的斗争”，把这一斗争在党、团、工会等系统开展起来。

5月初，中央的复信到达北方以后，“反铁夫路线”的斗争立即进入了高潮。5月9日，中共河北省委作出《关于反对右倾取消主义的决议》，表示完全同意中央和中央代表来信的意见。决议决定给李铁夫以最后严重警告，停止分配他担负任何重要的领导工作，并认为如果李铁夫仍坚持错误，就要讨论他是否能留在党内的问题。决议还严厉地指斥省委内几个同志在李铁夫问题上采取了“调和主义”与两面派的态度，决定对同意与支持李铁夫意见的同志给予处分。最后，决议要求立刻将这一斗争开展到全体党员中间去。20日，河北团省委也作出同意河北省委关于反对右倾取消主义决议及反对团内右倾机会主义的决议。25日，河北省委宣传部作出反对李铁夫右倾取消主义的决议。30日，河北省委秘书处写出了关于李铁夫问题的意见书。

李铁夫受处分后，被派往吉鸿昌、宣侠父筹组的抗日武装部队中工作。而支持李铁夫意见的河北省委代理书记孟坚等人被中央指责为“右倾取消主义”“调和主义”“铁夫信徒”，被免去一切领导职务。孟坚被撤销职务后，被派往邢台基层支部工作。

这场错误的党内斗争，延续了一年多时间。其结果是河北党内一大批有实际经验的干部受到排挤和打击，河北党的力量和革命事业遭到重大损失。

1936年春，刘少奇主持北方局工作后，纠正了临时中央“左”倾冒险主义错误，并从组织上纠正了对李铁夫等人的错误处理，恢复了李铁夫的领导工作，任命他为中共天津市委书记。1937年，当时负责中共中央日常工作的洛甫，在延安的一次会议上宣布：“铁夫同志的问题弄清了，基本上是忠于党的。”1940年，中共中央就所谓“铁夫路线”作了结论：“只是个意见书，不是反党路线，意见书的主张基本上是正确的。”结论指出：1934年中共河北省委领导的“反铁夫路线”的斗争，是第三次“左”倾路线错误在组织问题上、干部政策上的表现。

各地党组织对“左”倾错误的抵制

临时中央“左”倾错误路线在河北推行过程中，同样也受到了地方党组织的抵制。

1932 年是直南工农运动的活跃时期，由于“左”倾冒险主义思想的指导，暴动和罢工多数损失巨大。为此，中共直南特委书记王子清作了痛苦而又认真的反思。他认为：作为一名党员，一名党的特委书记，在行动上应该执行组织的决定，同样也应该同错误路线作斗争。他在党内讨论会上提出：根据当前条件，武装斗争要缩小范围，应当从发动日常斗争做起，不知道日常斗争是不够的。他向河北省委代表指出：你们太注意军事布置了。王子清的这些观点被河北省委巡视员当作典型右倾机会主义言论报告了省委。1932 年 12 月 16 日，中共河北省委在《关于直南工作的决议》中，仍然强调省委对直南党组织提出的“开展游击战争，创造新苏区红军”的要求是正确的，继续强调“目前，必须集中大力打击右倾主要危险”。因此，接着又在直南特委内部开展了反对右倾机会主义的斗争。为彻底解决直南党内所谓的右倾错误，1933 年 6 月 8 日，河北省委代表黎玉在邯郸召开特委会议，最终通过了“直南特委在政治上犯了右倾取消主义”的错误总结，随即对特委领导机构进行调整，撤销了王子清的书记职务。

在这一时期，部分基层党组织对于“左”倾错误路线也进行了不同程度的抵制。在 1933 年迁安暴动酝酿阶段，以李子光和韩东征为主要负责人的中共迁安县委，经过反复认真讨论后，一致认为暴动条件不成熟。李子光尖锐指出，这是过左的行动，是“左”倾冒险主义路线的残余，必然招致失败。于是，县委从迁安革命斗争的实际出发，拒绝接受上级这一错误指示。李子光、韩东征等对“左”倾错误的抵制，招来了残酷斗争与无情打击。1933 年 5 月 26 日和 7 月 20 日，中共京东特委主要负责人先后两次在中共河北省委机关刊物《火线》上发表文章，将“拥护日本帝国主义进攻与维护国民党统一”“阻止游击运动的发展”“欢迎国民党围剿红军”等罪名强加在李子光等坚持实事求是思想原则的共产党员头上，并采取了“切断关系”的组织措施。

1933年秋组成的以赵玉清为书记的中共滦县临时工作委员会，吸取了以往因冒险盲动而遭破坏的教训，一改过去县（工）委工作中急于求成，只注意在学校学生和教职员中发展党员的做法，开始注重城乡工作的结合，加强了农民工作并在其中发展党员，这使共产党在滦县的组织得到积极而稳步的发展。又如丰润县杨义口头支部和乐亭县徐烧纸庄支部等，他们采取了灵活的斗争策略，合法斗争与非法斗争相结合，党员与群众保持密切联系，得到群众拥护与掩护，从而在恶劣生存环境中得以保存。虽然地方党组织对“左”倾错误的抵制，并未从根本上改变河北大局，但在极其困难的条件下还是有效地保存了一些党的组织和革命力量，使革命的火种在河北始终没有熄灭。

1935年1月召开的遵义会议，结束了“左”倾教条主义错误在党内的统治。瓦窑堡会议制定了反对“左”倾关门主义，建立抗日民族统一战线的方针，从此全党的工作进入了新的阶段，党的白区工作也开始了彻底的转变。

在“左”倾教条主义错误方针统治全党的几年中，北方革命遭受了严重挫折，党的组织屡遭破坏，革命力量受到极大削弱。但是，不管道路多么曲折，环境多么险恶，河北广大党员和干部为了革命事业，不怕牺牲，英勇奋斗。一批同志倒下去，又一批同志站出来，一届组织遭破坏，又一届组织建起来，前仆后继，不屈不挠，始终保持了党组织的战斗力。这里面既有勇于同党内错误思想做斗争的楷模，又有白色恐怖下顽强开展对敌斗争的榜样。这些都充分表现出了共产党人坚定的共产主义信念和大无畏的革命精神，也证明了河北党组织是能够经受住考验，作风过硬的坚强堡垒。

三、以高蠡农民暴动为开端的北方革命风暴

高蠡农民暴动

根据北方会议精神，中共河北省委制定了在京东、保属、直中、直南、津南等8个主要区域布置开展游击战争的行动计划，并决定首先发动保属地区高阳、蠡县农民游击战争。为此，1932年7月，中共河北省委在北平西河沿召开会议，并吸收保属特委书记李之道（黎亚克）等人参加，专门研究了组织和推动高阳、蠡县游击战争问题。

8月初，西河沿会议后，李之道到蠡县巡视工作，并于8月21日起草了《保属特委为布置蠡县、高阳斗争致省委的报告》。报告认为暴动条件已经成熟，并提出了暴动的准备及游击队编制的意见。8月23日，中共保属特委在保定召开了党团特委常委联席会议。河北省委派来保定指导暴动的省军委书记湘农和团省委特派员白坚参加了会议。蠡县、高阳、定县、完县县委书记列席了会议。会上，湘农传达了省委的指示，讨论了高蠡暴动的具体计划。由于对高蠡地区的局势有不同看法，发生了严重分歧，争论异常激烈。会议最后决定：高蠡现在处于地方暴动的前夜，应加紧准备工作，发动农民的日常斗争，在斗争中组织群众，健全党的领导，等条件成熟再发动战争。会后，中共保属特委将会议情况报告了省委，省委根据6月下旬北方会议精神，支持保属特委暴动条件已经成熟的报告，并同意保属特委关于布置高蠡游击战争的行动计划：成立以李之道为首的保属革命委员会；武装农民，组织游击队伍，定名为河北红军游击队，番号是二十七军第一师，采取“三三制”编制，设大队（团）、中队、小队，高阳东南区编为第一大队，蠡县东北区为第二大队，蠡县西区为第三大队；以蠡县东、西区和高阳东南区作为根据地，建立苏维埃政府；游击区指定为高阳、蠡县、博野、肃宁、任丘、安平、深泽7县。不到万不得已，不离开根据地，如果游击队万一不能立足于原区域，可退至完

县一带山区；成立运输大队，负责后勤工作，主要任务是向暴动地区输送从外地来的支援暴动的人员、武器及物资。

中共保属特委执行了省委的最后决定，特委委员们分头奔赴斗争第一线。8月25日，省军委书记湘农和保属特委的贾臣一起到蠡县宋家庄召开紧急会议，分析了形势，认为敌人对高蠡地区的革命活动已有察觉，所以应马上发展游击队。决定分3个区行动，28日晚在蠡县东北区集合，而后以东北区为根据地开展斗争。

8月27日，在湘农和中共博蠡中心县委书记宋洛曙等领导下，高蠡暴动率先在蠡县西北区宋家庄爆发。游击队员在宋家庄及其附近村庄收缴长短枪数十支，并于当晚集合成立了河北红军游击队第一支队第三大队。与此同时，蠡县东北区、高阳东南区也开始行动。为了发动群众扩大政治影响，暴动群众开始四处张贴由保属革命委员会发出的第一号布告，宣传游击队的十大行动纲领：（一）没收地主、教堂及一切反革命的土地分配给雇农、贫农及少地的中农；（二）没收地主豪绅及一切反革命的粮食、财产，分给雇农、贫农及灾民；（三）废除苛捐杂税；（四）取消一切高利贷；（五）焚烧契约、债据；（六）夺取地主及一切反革命的武装并武装工农；（七）人民有淋硝盐、吃小盐、买卖小盐的自由；（八）取消官盐店及盐巡；（九）增加工资，减少工作时间；（十）建立苏维埃政府和红军。

8月29日，第三大队到达蠡县东北区的南玉田村，该区暴动队员随之成立河北红军游击队第一支队第二大队。30日，第二大队和第三大队一起开赴高阳东南区北辛庄，东南区暴动队员随之成立河北红军游击队第一支队第一大队。此时，暴动队伍已发展到300多人，收缴长短枪120余支。当天晚上，湘农主持召开了紧急会议，宣布建立高蠡地方苏维埃政府，湘农任主席，宋洛曙任副主席。同时，整编队伍，正式成立河北红军游击队第一支队，湘农任支队长，宋洛曙任副支队长，下设3个大队。苏维埃政府和游击队支队部设在北辛庄高小院内，门前悬挂起绣有镰刀斧头的大红旗，红旗上书有“全世界无产阶级和被压迫的民族联合起来”“河北红军游击队第一支队本部”字样。支队下的大队部也都挂起了红旗，队员们的脖子上戴有一条红布带，叫做牺牲带。

8月31日，按照支队的决定，第三大队留守北辛庄，第一大队、第二大队去西演村打游击。这天正逢集日，游击队员发动群众斗争了8家地主，打了1家官盐店。游击队在西演村召开大会，大大激发了广大贫苦农民的斗争热情。随后，队伍又开赴安家庄、北柳庄收缴地主武装。下午2点，队伍返回北辛庄，支部召开会议研究进一步行动问题。就在这时，驻安国县的国民党军队白凤翔骑兵第六旅派出一个骑兵连包围了北辛庄。激战两个多小时，湘农等人率领部分游击队员突围，宋洛曙等17人牺牲。突围出去的游击队员撤到高阳县高家庄，又遭到骑兵连的追捕，最后红军游击队被迫解散。与此同时，博野县西南区响应暴动的40多名农民群众，由博蠡中心县委委员宋怀欣带领，在向北辛庄进发途中被国民党军包围，激战后部分突围，20人被捕，其中19人被枪杀。蠡县北区的黎彦昌、李学敏，高阳东北区刘果庄一带的高国贤，高阳东南区河西村一带的侯君梅，高阳城北西陶口一带的翟树功，都带领部分群众响应暴动。由于北辛庄暴动队伍遭到镇压，他们都先后解散，有的被捕后壮烈牺牲。至此，声势浩大的高蠡暴动结束。

这次暴动历时5天，共牺牲47人。保属特委书记李之道、高阳县委书记翟树功、保属团特委书记马永龄等也相继被敌人杀害。暴动主要成员家属也都被当地反动政府和地主豪绅逼得倾家荡产、流落他乡。高阳、蠡县、博野呈现一片白色恐怖。

灵寿红星暴动

中共河北省委早在1932年上半年就一再指示直中特委在党的基础较好的地区发动武装暴动，以求得在直中地区建立革命根据地。根据北方会议精神，从1932年6月至1933年3月间，直中特委先后在灵寿、正定、新乐、行唐、藁城等县发动了多次武装暴动。其中爆发最早的是灵寿县的红星暴动，又称慈峪暴动。

红星暴动是中共灵寿县委领导的。原计划暴动开始后，首先解除慈峪保卫团和警察局的反动武装，然后集中力量消灭陈庄保卫团和攻打灵寿县城，待暴动成功后，把队伍拉到陈庄北沟里去开展游击战争。1932 年 6 月 23 日，中共灵寿县委拟按既定计划进行时，发现敌人有了准备，决定暂停暴动。这次暴动虽然没有达到目的，但震慑了反动当局，各村地主的嚣张气焰暂时有所收敛。此后，党组织继续发动群众，整顿队伍，准备再次暴动。8 月 21 日，在中共灵寿县委领导下，暴动队伍进入慈峪镇，计划夺取保卫团的枪支。此时已发现保卫团已全副武装进入战斗状态。为了避免强行夺枪，暴动队伍遭受重大损失，决定改变斗争方针，放弃攻打慈峪保卫团的计划，改为先从没收地主武器、建立武装队伍入手。8 月 21 日晚，150 多人的暴动队伍打起华北红军游击队的红旗，分两路到土头、徐家町、万里、石砍、南燕川、北燕川、西湖社等村，缴了地主的枪支，分了地主的粮食。然后把队伍拉至陈庄北沟坚持游击战争。队伍到达后，受到当地党组织和广大贫苦农民的热烈欢迎，但却引起当地地主的恐慌和仇视，并向慈峪保卫团及灵寿当局报告。8 月 23 日下午，国民党灵寿县保卫团纠结 200 多名反动武装，向暴动队伍发起"围剿"。在当地党组织的协助下，暴动队伍利用有利的地形，采取灵活的战术和敌人周旋，避开敌人的跟踪。但是，由于党组织事先对如何开展游击战争没有进行必要的物质、思想准备，对下一步的具体行动和要求及达到的具体目的都不明确，这使队伍内部发生严重的意见分歧。到 8 月 25 日，暴动队伍已经与敌人周旋了五天五夜，行程数百里。不得已，为避开敌人的集结围攻，决定分散回到本村，继续进行隐蔽斗争。

红星暴动后，中共直中特委为贯彻北方会议精神，于 1932 年 11 月，又计划在正定、新乐、行唐、藁城、灵寿 5 县发动一次更大规模的武装暴动。但由于当时党组织对领导这样大的武装斗争尚缺乏经验，组织不够严密，在准备暴动的过程中即暴露了党的力量，党的组织遭到了一系列破坏，因此，这一暴动计划未能实现。

水泉农民暴动

1933 年 1 月，中共行唐县委转移到阜平县王快镇，并与曲阳县党组织和水泉中心支部取得了联系。根据中共保属特委关于以水泉为中心准备组织暴动的指示，临时组成中共曲（阳）阜（平）行（唐）联合县委，领导发动水泉暴动。

这次暴动在酝酿的时间上都比前几次长，准备也比较充分。暴动前运用发动群众就地取材的办法，使准备参加暴动的共产党员和革命群众300多人，每人获得一件应手的武器。同时以组织武术团的名义，对党员和积极分子进行训练，练习使用刀枪，瞄准射击。经过准备之后，联合县委决定在3月13日晚上暴动，计划首先解决水泉村和团山村的地主，然后攻打行唐县口头、曲阳县齐村警察局，并在保卫团内组织哗变，搞到武器后围攻行唐县城，然后组织红军游击队到阜平山区开展游击战争，建立苏区。由于在组织过程中暴露了目标，致使驻在口头镇的保卫团300名团丁提前于3月12日傍晚去攻打水泉的农民暴动队伍。党组织事前得到了消息，便在水泉村西南布置好暴动队伍，狡猾的敌人改变路线，包围了水泉村。埋伏的队伍随即向村内赶来，把敌人反包围。经过一小时激战，300多名团丁被打得狼狈逃窜。暴动队伍追敌五六里，救回了被捕的同志。

这次战斗胜利的消息迅速传遍了周围几十个村庄，广大农民深受鼓舞，参加暴动的党员和革命群众的士气更加高涨起来。13日清早，有许多群众包括一些家庭妇女也走出家门，手持叉把扫帚和棍棒，加入到暴动队伍行列，使队伍人数扩大到500余人。当天上午9时，敌人纠集行唐、曲阳、阜平县保卫团和警察500多人分三路“进剿”水泉村。暴动队伍根据形势，迅速转移出水泉村并与敌人周旋了三四天，因缺乏武器弹药、粮食和外援，遂化整为零，分散隐蔽到各村，转入地下斗争。历时5天的水泉暴动就此结束。

磁县游击战争

1932年8月间，中共河北省委向直南特委发出指示，命令直南特委在彭城小车社斗争胜利的基础上，组织磁县总同盟罢工和开展磁县游击战争，建立革命根据地。9月9日，中共河北省委派陈原道、杨新之到磁县部署并领导游击战争。他们一到直南，便急于贯彻省委指示，主张立刻举行暴动，开展游击战争。9月17日，河北省委代表和直南特委、磁县县委负责人分别到马头、光禄、岳城和峰峰等处组织游击队，成立了直南工农红军游击队第一支队，队伍发展到150多人，枪数十支。王维纲任支队长，杨新之任政治委员，并宣布成立工农苏维埃，唐寿山任主席。

暴动于10月初开始，游击队在下各庄和黄鼠村缴获了反动武装的枪支，震动整个磁县。但是，敌人很快便组织了全县的反动武装力量，向游击队扑来，游击队不得不离开原有阵地向山区转移。到山区之后，因情况不熟，又遭到全县反动武装的联合进攻，游击队遭受重大损失。王维纲、唐寿山、马东汉等29人被捕。

暴动失败，党组织遭到破坏。但是，河北省委并没有从暴动是否真正具备必要的条件，是否完全符合工农要求和是否结合了群众利益等方面去总结经验教训，而在1932年11月16日作出的《关于直南工作的决议》中，仍然强调省委对直南党组织提出的“开展游击战争，创造新苏区红军”的要求是正确的，在直南发动游击战争的条件“比高阳蠡县更成熟”，并把失败的原因归咎于直南党组织领导人领导的不正确、不坚决。

迁安农民暴动

迁安地处长城以南、滦河两岸，地瘠人贫，民风刚毅。1930年后，迁安县党组织因未组织大规模冒险行动得以保存，并不断得到巩固。到1933年上半年，县委以下已设基层支部20多个，党员200多名。同时，党的外围群众组织民众会会员达到2万多人。1933年6月23日，河北省委为配合南方苏区军民的反“围剿”斗争，作出《目前华北政治形势与创造新苏区的决议》，要求各地党组织必须在进行反帝的民族战争中开展土地革命，坚决为创造新苏区与红军而斗争。此时，京东特委主要负责人认为迁安县一带具备了暴动条件，遂决定在此地发动旨在创造新苏区与红军的农民武装暴动。在征得河北省委同意后，京东特委派李运昌赴迁安县具体负责暴动前的组织准备和游击队的训练。之后，又派高进忠、高存等在遵化县莫家屯一带做发动暴动的准备，以便与迁安县同时举事，造成东西呼应、互相配合之势。10 月，京东特委机关由乐亭县移至迁安县。

经过一段时间的宣传发动，迁安民众被动员起来，而且有了一定游击训练的基础。1934 年 1 月 21 日，京东特委组织迁安县委召开了紧急政治军事联席会议，讨论发动游击战争问题，会上根据形势变化，决定将暴动日期定于 1 月 23 日。

1 月 23 日傍晚，长河东区的暴动队员手持各种武器分别集合于上下梨树峪村。第一大队大队长樊永春和政委樊顺等分别向队员们作了动员讲话，宣布了暴动的行动路线和纪律。随后队伍出发，先收缴了附近村庄几户豪绅的枪支，并于当晚 9 点在前韩庄西山与河西队伍（原编为第二大队）会合，此时暴动队员共有 100 余人。暴动队伍遂乘夜先后开进二拨子村，攻占庙岭头警察所，缴枪 20 余支，后队伍宿于河北庄。1 月 24 日晨，暴动队伍沿途继续收缴枪支。国民党地方当局闻悉后，纠集大批反动武装向暴动队伍展开围攻。当夜，暴动队伍一部 30 余人在西撤途中被民团打散。另一部 40 余人于 1 月 25 日在北撤途中被反动团警击溃，当即有 20 多名队员被捕，只有少数队员脱身，迁安农民暴动举事 3 天即告失败。

迁安农民暴动失败后，反动武装进行疯狂报复，迁安西部地区（今属迁西县）笼罩在白色恐怖之中，致使中共京东特委在 1934 年和 1935 年间，难以对各县组织实行全面而有效的领导，为数众多的党员处在各自为战或暂停活动的状态。

马颊河农民暴动

马颊河是冀鲁平原上的黄河故道，当时河北省只有庆云县①南端有二三十里的河段。1934 年 4 月，国民党庆云县政府私吞 6 万元马颊

① 1965 年山东省与河北省重新划界，以漳卫新河为界，将原属河北的庆云县大部划归山东省。

河修河公款，转而向群众重征修河款，每亩地加捐一块银元。加之农忙开始，修河不但影响春播还要毁掉大片的河滩麦苗，因此农民拒不上工修河。国民党县政府派出警察四处抓人，群众的反抗情绪已成一触即发之势。

中共津南特委委员刘格平因势利导，指导中共庆云县委于1934年4月15日晚至16日晨召开了县委扩大会议，决定发动群众开展抗暴政、抗河工的请愿斗争。会后，党组织以抗河工后援会的名义通知全县人民，于4月18日东林庙会之际，召开全县抗河工大会。党组织的活动惊动了反动县政府，18日凌晨，庆云县保安队逮捕了县委书记胡恒熙、委员张笃骞，并出动数十名军警前往庙会进行镇压。庙会上，刘格平在党员和进步群众保护下，毅然登台演讲，揭发国民党庆云县政府贪污、私分修河专款的丑恶行径，一时群情激愤。随即，刘格平等率领数千名群众组成浩浩荡荡的队伍向庆云县城进发。沿途群众不断加入，到县城附近时队伍已达两万多人。看到城门紧闭，愤怒的群众撞开城门，冲破保安队和警察局的阻拦，直奔县政府。县政府大门早已关闭，门口军警架着机枪对着群众。但在组织起来的群众的强大威慑下，县长被迫答应了群众提出的释放被捕人员、停止挖河、退出私分的挖河款项、重征的捐税全部退还农民等八项条件。随后，刘格平、胡恒熙等组织请愿队伍游行，庆祝抗河工的胜利。当天晚上，刘格平等抗河工领导人召开会议，研究下一步对策，决定大家必须武装起来，对付国民党的武装镇压，为在北方开展游击战争，建立北方苏区创造条件。

4月19日，胡恒熙、张笃骞组织群众在皂王桥、马颊河河道里进行了游行，并带领群众捣毁了板营镇公安分局，解除了警察的武装，痛打了公安分局局长。20日，刘格平、胡恒熙在严家务大集上宣布成立津南农民自卫军，但遭到了国民党保安队的镇压，刘格平、胡恒熙等17名党团员和积极分子相继被捕，暴动遂告失败。中共津南特委和中共津浦路东中心县委停止活动。

平乡盐民暴动

平乡县地处黑龙港流域，全县有大片不能耕种的盐碱地，而那些能耕种的土地又大多集中在地主富商手上，相当数量的农民只得靠熬硝、淋制小盐维持生活。国民党政府为谋取暴利推销海盐，一直用武力高压限制和禁止盐民熬硝淋盐。1933 年，这种压迫达到了前所未有的程度，盐民们忍无可忍，串连起来进行反抗斗争，并成立了盐民联合会，开始酝酿一场反暴力、反压迫的革命风暴。

中共直南特委极为关心平乡盐民的斗争，派负责南宫、巨鹿、平乡一带工作的张霖之来平乡发展党的组织，领导盐民斗争。张霖之首先和盐民领袖李老正、刘老现会面，了解情况，并于 1933 年 2 月发展赵流渠村的赵勤学入党，由他具体领导平乡县的盐民斗争。1934 年 7 月 7 日，洪康村盐民在和盐巡展开说理斗争时，将一名蛮横无理的盐巡砍伤并关押起来，这一行动引燃了酝酿已久的革命风暴。赵勤学与盐民联合会的领袖立即研究对策，认为敌人绝不会善罢甘休，决定一鼓作气攻下平乡城，强迫反动县长停止禁盐。这一决定，得到盐民的一致拥护，当晚洪康、大宋、王固一带盐民 2000 多人，集中到洪康，召开大会，誓师暴动。盐民队伍浩浩荡荡直奔大镇节固店，反动警察望风而逃，盐民顺利占领节固店。反动县长迫于形势先假意答应了盐民要求，然后将赵勤学等人扣押，这激起了更大的民愤。

7 月 20 日拂晓，在盐民领袖李老正、刘老现的带领下，7000 多名盐民手持大刀、长矛、铁锹和木棍等武器，包围了平乡县城。面对城墙上荷枪实弹的警察，盐民毫不畏惧，痛骂反动县长的胡作非为。国民党政府无视人民的正义要求，突然向盐民开枪射击，盐民们立即还击。顿时平乡城外硝烟弥漫，枪炮声、呐喊声连成一片。次日攻城时，由于对方援兵赶到，盐民武器落后且缺少战斗经验，攻城失败。盐民边战边退，遭到国民党骑兵一路追杀。这次暴动后，国民党政府对盐区人民镇压更加严酷。在此形势下，八九月间，张霖之再次来到平乡，与赵勤学等人改造盐民联合会，成立了党组织领导的盐民游击队。游击队神出鬼没，打击出来骚扰的盐巡，多次夜袭节固店警察局和乞村警察局，并在斗争中日益成长为直南一支重要的抗日反蒋武装力量。

开滦五矿同盟罢工

1932年至1934年间，河北省各大煤矿、各大纱厂和各铁路工人，在党的领导下，进行了此起彼伏的罢工斗争，其中影响最大的是开滦五矿同盟罢工。

由于长城抗战失败和《塘沽协定》的签订，唐山和整个开滦矿区的形势在1933年下半年发生了极大变化。日本为夺取开滦优质煤炭，一面在市场上倾销东北煤以排挤开滦煤，一面想利用开滦工人同资本家的矛盾，借机染指开滦。而开滦英国资本家则勾结国民党地方当局，扶植黄色工会，加强对工人的控制，以抵制日本势力的渗透。开滦工人不仅在经济上受尽剥削，在政治、思想、文化、道德等方面也遭到日本驻军和日、韩浪人的压迫与毒害。这种反英抗日的情绪日益增长，一场大规模的斗争爆发在即。

1933年4月，根据形势的发展，中共河北省委派赵秋年（黎玉）到唐山恢复组织，开展工作。以赵秋年为书记的中共唐山市委在开滦东部矿区成立，一些基层党组织也逐步得到恢复和发展。由吴德任党团书记的唐山市工联及下属的几个赤色工会也相继秘密建立，发展了一些党员并团结了部分工人。但总的看，共产党的力量还不大，组织也欠巩固，尚不能完全适应党在特殊形势下开展工作的需要。

1934年开滦五矿工人大罢工就是在以上这种复杂的形势下发生的。

1934年1月14日，马家沟矿失业工人在党的领导下，要求复工，却遭到资本家的粗暴拒绝与责骂。愤怒的工人们一齐拥向工会门前，并推选代表向矿方提出恢复失业工人工作、反对取消年关花红等要求。闻讯而来的警察向手无寸铁的工人开枪，造成马家沟矿“一·一四”流血惨案。惨案发生后，该矿全体外工宣布罢工，并向资方和地方当局提出强烈抗议，要求惩办凶手、赔偿损失。马家沟矿工罢工后，中共唐山市委立即召集了党团干部紧急会议，决定立刻派出党员去马家沟矿领导工人斗争，由工人党员打入黄色工会，争取其委员，借以推动罢工，并在各矿成立后援会，准备举行同盟罢工。在党的领导和发动下，1 月 25 日至 26 日，林西、唐家庄和赵各庄三矿为声援马家沟矿工人相继罢工。同时，开滦矿务局秦皇岛煤场工人也宣布罢工援助马家沟矿工人的斗争，并于 28 日将 80 袋面粉送至马家沟矿工会。罢工坚持半月以后，给了英国资本家以沉重打击，他们被迫答应恢复失业工人工作等条件。罢工斗争取得部分胜利后，1 月 31 日各矿即行复工。但在《劳资协约》中，没有规定发给唐山矿工人及马家沟矿里工和职员罢工期间的补助费，于是又引起唐山矿工人于 2 月 11 日的罢工和马家沟矿里工及职员 2 月 16 日的罢工。两次罢工都取得了胜利。

3 月 17 日，唐山矿工人因对工贼贪污工人补助费不满，秘密商定发动全矿工人在第二天晚上 10 时举行罢工。此消息很快被公安局探悉，并通报矿方，随后秘密逮捕了 3 名工人领袖，引起唐山矿工人的极大愤慨和反抗，工人按原计划于 18 日晚开始罢工。罢工队伍首先包围了唐山市公安局。公安局慑于广大群众的压力，将被捕工人全部释放。工人们情绪更加高涨，返回矿内后，立即组成纠察队，并切断电源，熄灭锅炉，控制了整个矿场。资本家的内外联络网完全被破坏，唐山矿已成为工人的世界。

3 月 19 日上午，工人纠察队与新任公安局长派去的矿区保安队发生冲突，3 名工人被枪杀，造成了唐山矿“三一九”惨案。惨案发生后，中共唐山市委于 3 月 20 日召开了党团员联席会议，决定发动东四矿举行同盟罢工，动员党团员和革命群众成立唐山矿“惨案后援会”，进行募捐慰问。根据市委指示，马家沟矿组织了 500 人的援助罢工队，林西矿工人捣毁了黄色工会，逮捕了国民党指派的工会秘书。

3 月 22 日，中共河北临时省委发出《为帝国主义国民党屠杀罢工工人告开滦工友书》，以及告全省工人书，号召唐山、天津、北平等地的工人阶级举行同盟罢工，声援开滦工人的罢工斗争。同日，刘少奇发表题为《唐山矿工的总罢工》的文章，高度评价唐山工人的斗争，认为这是“中国一件非常重大的事变”①。

日本一直伺机插手唐山工人运动，“三一九”惨案发生后，便派遣汉奸赵大中到唐山，策划成立“河北省战区工人联合自治总工会”。赵以“工人首席代表”之名向资方提出要求，蒙蔽部分群众，掀起工潮，企图将罢工斗争引向歧途。鉴于这一情况，中共河北省委于3月28日发出《二次告坚决英勇的罢工工友及开滦全体工友书》与《援助开滦罢工二次告全省工人书》，号召开滦工人认清赵大中等汉奸及国民党工会委员是破坏罢工、出卖工人利益最危险的敌人，要把他们完全清除出去。4月3日，中共中央、全国总工会执行局联名致信河北省委及全国总工会河北办事处，要求他们争取对罢工的独立领导。中共唐山市委和市工联，按照上级指示精神，一面在广大工人中揭露汉奸的阴谋诡计，争取唐山罢工的领导权；一面努力发动东四矿工人的同情和支持唐山矿工人斗争，促进五矿工人的联合。随着党在工人中宣传攻势的加强，众多工人迅速觉醒，赵大中的汉奸面目与欺骗工人的伎俩充分显露出来。

从3月底至4月初，唐山地区的产业工人纷纷起来举行罢工，一致声援唐山矿工人的罢工斗争。唐山矿工人罢工的影响日益扩大，英国资本家、国民党政府及日本派出的汉奸，三方势力勾结在一起，采取更加毒辣的手段，镇压与破坏这一罢工斗争。4月9日下午，工人开会商量对策时，突然被反动军警包围，工人代表史玉柱等7人被逮捕。反动当局强迫工人限期复工。11日，又宣布全市紧急戒严。同时命令军警、密探全部出动，调查户口，搜捕工人领袖，白色恐怖笼罩着开滦煤矿和唐山市。在多股反动势力的残酷镇压下，为了保存革命力量，中共唐山市委决定暂停罢工。4月19日，罢工工人忍痛陆续复工，开滦五矿工人的同盟罢工基本结束。

---

① 署名少奇，原载苏区《斗争》第49期，1934年3月22日。

高蠡暴动、灵寿红星暴动、开滦五矿同盟罢工等一系列农民暴动和罢工运动，在北方大地形成了巨大的革命风暴。这些暴动、罢工虽然由于种种原因，绝大多数都归于失败，但是却给国民党当局以沉重打击，为革命播下了火种，打下了基础，在河北人民革命斗争的历史上写下了光辉的一页。

四、河北局部抗战的开始

长城抗战爆发

九一八事变后，日本帝国主义按照预定计划，加紧在中国东北建立傀儡政权。1932 年 3 月 9 日，在长春宣布成立以已被废黜的清朝末代皇帝溥仪为“执政”的“满洲国”。1933 年元旦之夜，日军又以炮火轰击华北地区的东大门——山海关，开始了它扩大侵华战争的新阶段。

山海关保卫战自 1933 年 1 月 1 日开始，至 3 日下午山海关失守，历时 3 天。当时驻守山海关的中国军队是张学良的嫡系何柱国部之六二六团，不足 2000 人。1 月 1 日上午，驻辽西绥中的日军向山海关方向运动。下午，日军在南关外寻衅并向中国哨兵射击，迫其退入城内。翌日，日军炮击山海关并派步兵爬城进攻。中国守军忍无可忍，遂不顾国民党政府的不抵抗政策，奋起还击，由此打响了长城抗战的第一枪，同时也是河北局部抗战的第一枪。

至 1 月 3 日拂晓，日军第八师团铃木旅团 3000 人，在飞机、坦克及海军舰炮火力配合下向中国守城部队轮番猛攻，于下午 2 时攻入城内。中国守城官兵与日军展开激烈巷战，死伤惨重，终因孤立无援，残部被迫退至城外。在掩护全团撤退过程中，第一营官兵用大刀同日军肉搏，营长安德馨及第二连、第三连、第四连和第五连连长阵亡，全营伤亡殆尽，无一人投降。但由于国民党政府的不抵抗政策，山海关（临榆县城）陷落。中国军民 3000 余人遭到日军野蛮屠杀。

山海关失陷及日军侵犯热河的行动，在全国激起了强烈反响。国民党政府在舆论的压力下，为了平息各界人民的不满情绪，遂改“绝对不抵抗”为“交涉及抵抗并行之方针”，在力谋交涉妥协的同时，开始向长城一带调动军队。然而部署未定，热河战事已告开始。

1933 年 2 月下旬，日本关东军以第六、第八师团为主力，纠合伪满军，分三路向热河进犯。北路由通辽侵入开鲁、阜新，中路由锦州分别进犯南岭、北票和凌源、叶柏寿，南路由绥中进犯凌源。这时中国驻守部队 20 余万人，数倍于敌军，但由于国民党政府实行消极抵抗政策，中高级官员如国民党热河省主席汤玉麟等临阵退缩，即使有部分官兵在东线、中线和西线进行了较为激烈的抵抗，仍阻止不了日军进犯，各县先后沦陷。3 月 4 日，日本先头部队百余人轻而易举占领了承德。仅仅十余天，国民党军失地千里，一时震惊世界。蒋介石为推脱热河沦陷罪责，逼迫张学良辞去北平军分会代理委员长职务而以何应钦代之，同时也取得了对东北军和华北地区的直接控制权。

日军占领承德后，继续向长城各口进犯。何应钦秉承蒋介石旨意，一面企图依靠古老的长城作为唯一的防御工事，阻止日军侵入，以提高自己的谈判地位，一面随时准备与日军直接交涉，结束战争。

参战部队的多数爱国官兵对狂妄不可一世的日本侵略者进行了竭力抵抗。驻守喜峰口至罗文峪一线的国民党第二十九军官兵，打得最为顽强，战绩最为显赫。他们创造的手持大刀，夜间摸营偷袭，与敌近身肉搏的战法，杀伤了大量日军，令日军闻大刀而丧胆。3 月 9 日至 19 日，第二十九军迫使日军退至罗文峪以北 5 公里之外，这一胜利被誉为“长城抗战唯一的胜利”，受到全国各界的热烈赞扬与慰劳。

古北口方面是日军进攻的重点。驻防该地的国民党中央军第十七军之第二十五师和东北军王以哲部，对来犯日军也进行了顽强抵抗。3 月 11 日至 12 日，第二十五师经激战伤亡 4000 余人，日军在付出重大伤亡后侵占古北口。第二十五师退守南天门一线，旋由第十七军第二师接替。此战日军虽胜而锐气受挫，未敢轻率南犯。

日军侵犯长城各口遭到阻击后，一面利用汉奸进取察哈尔省东部的多伦、宝昌、沽源、康保、商都、尚义、张北 7 县，企图直下张家口，一面于 4 月初，集结日伪联军约 7000 人，向滦东大举进攻。11 日从商震第三十二军守备的长城关隘冷口侵入，随即攻占迁安。防守罗文峪、喜峰口一线的第二十九军腹背受敌，渐向三河、平谷以东地区退却。日军占领冷口、迁安后，向南扩张战果，威胁滦东第五十七军何柱国部侧背。14 日，何应钦电令何柱国部、第五十三军代军长杨正治部主力向滦西撤退。至 17 日，在滦东作战之中国军队全部撤到滦河西岸。4 月 19 日，日军参谋本部为转移国际视线，向关东军下达了一律返回长城一线的命令。同时借机转移优势兵力于古北口方面，击破中央军，以进一步对蒋介石施加压力。从 4 月 23 日起，日军以陆空军联合作战的战术向中国军队守卫的南天门阵地中央据点发起猛攻。中国军队第十七军第二师、第八十三师相继与日军血战，损失惨重，而日军伤亡之大，亦为九一八事变以来所少有。至 28 日，战线仍胶着于南天门附近。

长城抗战，是在热河失陷之后全线展开的。国民党政府坚持“一面抵抗、一面交涉”的妥协投降方针，未战先拟言“和”，作出了全线消极防御的战略部署。前线主帅何应钦不作统一指挥，没有协同作战，不留后备兵源，把几十万军队全部部署在几百公里的长城线上，分兵把口，都成了孤军，这样从一开始就注定了长城抗战难以摆脱失败的厄运。就在中国官兵与日本侵略者在南天门一线酣战之时，何应钦背地已向日军探询求和条件，并做妥协投降的准备。5 月初，日军向长城以南地区发起全线进攻，中国军队未再进行有效的抵抗。5 月 16 日，华北重工业城市唐山沦陷。继而，日军侵占了密云、遵化、蓟县、玉田、丰润、乐亭等地。5 月 24 日，日军迫近顺义、通州、香河等地，威胁北平。

国民党卖国政府见状，很快便决定与日方交涉停战求和。

1933 年 5 月 31 日，华北中国驻军代表北平军分会总参议熊斌于日方限定时间内，在一字不容修改的情况下，屈辱地在日本关东军提出的停战协定上签字，这就是《塘沽协定》，其核心内容是将冀东划分为“非武装”地区。这实际上承认了日本侵略者对中国东北三省及热河省的占领，剥夺了中国在冀东地区的驻兵权，为此后日军向中国发动全面进攻提供了便利条件。《塘沽协定》既是长城抗战失败的标志，也是冀东地区变为殖民地的开始。在军事方面，此后的冀东已无中国军队。在行政权方面，国民党政府将冀东战区划分为滦榆、蓟密两区，委任与日方有密切联系的陶尚铭、殷汝耕任两区行政督察专员。这样，《塘沽协定》后的冀东地区，已成为名义上保留中国行政权的日本占领区。

河北人民全力支援长城抗战

山海关战事发生后，国内群情激昂。全国各社会团体和群众，纷纷致电中国守军表示声援，携带捐款和慰问品亲赴前线劳军的各地代表络绎不绝。这对正在奋勇抗战的爱国官兵起着巨大的激励作用。

冀东人民身处抗战前线，他们对抗日部队的激励与支援，尤为直接有效。唐山、古冶两车站位于北宁铁路要冲，山海关战事开始后，多有前线伤员来往路过。两站工人睹此情景，各捐款百余元，购买药剂、食品等物，并准备茶水慰问过往伤员。同期，开滦赵各庄矿全体工人每人捐款5角支前，被天津舆论界赞为“一片爱国心，唐山工人当仁不让”。该矿员司俱乐部也捐款几百元，购买2040双袜子、2000条毛巾支援前线。开滦唐山矿工人和交通大学唐山工程学院学生，则于唐山各主要路口设置捐款箱，以便市民捐款。其后，交通大学唐山工程学院学生还派代表亲往滦东前线慰问抗日官兵，受到官兵欢迎。山海关失守后奉命西调的国民党第二十九军陆续到达平东，驻通州、三河、蓟县、玉田等地，准备参加长城抗战。其所到之处，受到驻地群众热烈欢迎。玉田各界组成了支应局，为第二十九军服务。农民群众为了支援抗日，对部队所需物资不计价钱高低踊跃交纳，并按支应局统一部署，用大车源源不断运往部队驻地。3月初，第二十九军奉命开赴长城要隘喜峰口、罗文峪一线，在那里又受到迁安和遵化人民的欢迎与慰问。沿途群众对该部官兵问饥问渴，送水送饭，给参战部队以极大鼓舞。

迁安、遵化等县地处长城脚下，滦县、昌黎等县则位于军队频繁来往和驻扎的交通要道，这些地区各界群众对支援长城抗战所做出的贡献尤其巨大。还在长城抗战爆发前，中共迁安县委就召集党员和群众开会，声讨日军侵华暴行，揭露蒋介石的不抵抗主义。会后，中共迁安县委又发动党员广泛张贴抗日标语，秘密调查武器，团结和吸收抗日力量。在日军进逼长城之际，中共迁安县委立即组织了由共产党员高继先率领的抗日自卫团，配合第二十九军作战。中共迁安县委的抗日行动激发了当地群众的抗日热忱，迁安西部团汀、彭庄、狻河桥、路庄、汉儿庄一带及遵化罗文峪等地的群众，不分昼夜地帮助部队挖战壕、修工事，全力投入战前准备。此时，农民生活非常艰苦，但只要抗日需要，群众都毫不吝惜地全力支援。在战斗过程中，当地人民群众还不惧危险给前线部队送水送饭、抬运伤员并协助打扫战场。有的农民在火线参军，直接参加保卫家乡的战斗。

随着日军逐步侵入，冀东内地群众也以各种形式进行反抗。1933年6月，在丰润与遵化交界的左家坞附近发生了农民群众自发截击日军给养车的事件。左家坞附近53个村庄的2000多农民，得知日军运输队路经该地的消息后，手持武器，在景匡峪一带进行了伏击，毙日军10余人，并缴获一些物资。农民群众因缺乏战斗经验，牺牲50余人。

长城抗战期间，中共冀东地方组织正处在破坏后的恢复时期，活动范围尚小，力量也较单薄，难以对长城抗战直接发挥全局性重大影响，但仍然自始至终关注着抗日战事的发展并竭力予以配合。这期间，除中共迁安县委开展抗日活动外，中共京东特委和中共唐山市委都通过一定方式，发动群众对长城抗战进行了力所能及的支援。

1933年春，由于山海关和热河失守，抗日部队在辽西活动日益困难。郑桂林率第四十八路抗日义勇军自义院口一带越过长城进入关内，在抚宁县被国民党第五十七军军长何柱国改编为警备师，由郑任师长，参加长城抗战。同年4月16日，郑部奉命撤至乐亭县东南部临海三角地区执行警戒。郑部开抵乐亭后，共产党员李运昌、朱琴轩等代表该县御侮救亡组织前往慰问。随后，党组织派朱琴轩等打入郑部，开展抗日宣传活动。

同年5月，日军侵入冀东腹地，占领古冶。国民党军队弃唐山西退，开滦矿区一片混乱。这时，刚被派来开展工作的中共唐山市委书记赵秋年和军事委员张维汉在分析形势后，决定组织一支失业工人抗日武装，参加长城抗战。张维汉很快拉起一支以开滦东部矿区失业工人为主，有四五百人参加的队伍。这支队伍成立后便去寻找正规部队，但因缺乏军事经验，在唐山北部被土匪冲散，武装行动未能成功。不久，张维汉撤回中共唐山市委。

保定等地的群众也对长城抗战进行了有力声援。长城抗战爆发后，保定大中学校学生、教师组成游行队伍，走上街头宣传长城抗战的英雄壮举，弘扬爱国英雄气概，增强民族自信心。学生们还组织多种形式的演讲会，揭露国民党反动派阻挠抗日的卖国行径。青年学生的深入广泛的宣传活动，进一步教育了各阶层人士，使之深刻认识到国民党反动当局的腐败，激发了人民群众的抗日救国热情，成批的热血青年纷纷报名加入第二十九军，上前线杀敌。各阶层人士积极开展募捐活动，支援长城抗战。

察哈尔民众抗日同盟军的抗日斗争

长城抗战失败后，日军进逼察哈尔和热河边境，威胁张家口，进而威胁京津地区西大门。在中原大战后失去政治地位，处于隐居状态的原西北军首领冯玉祥，激于民族大义，决定和共产党地下组织合作，利用其在西北军旧部的影响，到察哈尔组建义勇军以抵抗日军。

1932年10月，冯玉祥到达察哈尔省会张家口，将国民党第二十九军留在察哈尔的一些后备部队进行扩编。第二十九军军长宋哲元为西北军旧部，默许了冯玉祥的行为。不久，大批从热河溃退的东北义勇军、西北军旧部甚至蒙古族地方武装都投至冯玉祥旗下，到1933年四五月间，已达10万之众。在这期间，一直和冯保持联系的中共华北政治保卫局（中共中央北方特科）先后派出张存实、武止戈、张慕陶（张金刃）等数十名共产党人前往张家口协助冯玉祥筹划抗日武装的发动和组织工作。同时，平津等地的共产党组织也积极发动和组织青年、学生、工人赶赴张家口，参加抗日同盟军。

1933 年 5 月 24 日，侵占多伦的日本侵略军及伪军向南推进，占领沽源，察哈尔军事形势进一步恶化。形势危急，在中国共产党的领导和推动下，冯玉祥、吉鸿昌、方振武等于 5 月 26 日在张家口正式成立察哈尔民众抗日同盟军（简称抗日同盟军），由冯玉祥任总司令。是日上午，冯下令实行军事戒严，命方振武以一团兵力进占国民党察哈尔省公安局，警察全部被缴械，并逮捕了蒋介石派来的蓝衣社特务分子。同时，改组了国民党察哈尔省政府，由佟麟阁代理察省主席，由吉鸿昌任察省警备司令，张慕陶任政治部主任。冯玉祥发出了就任抗日同盟军总司令通电，并派员分赴广州、济南、天津等地向有关方面说明抗日决心。抗日同盟军的成立不仅得到张家口、察哈尔人民的热烈支持，在全国范围内也引起了强烈反响。抗日团体、社会名流等纷纷致电表示支持和祝贺。

抗日同盟军的发展急需大批共产党的干部，1933 年 5 月底 6 月初，中共河北省委根据中央的指示，派出大批党员到张家口加强党的工作，成立了由柯庆施任书记的中共河北省委前线工作委员会（简称前委），全权负责张家口共产党在抗日同盟军及地方的工作。前委得到了地方党的有力配合，很快在各个部队内建立起党的支部。当时在西北军旧部中的共产党员 300 多人，还有积极靠拢在党员和支部周围的下层军官和士兵群众 500 余人。这大大提高了党的威信，扩大了党的政治影响，为发动武装抗日运动奠定了基础。

6 月 15 日，在党的帮助指导下，冯玉祥在张家口召开抗日同盟军第一次军民代表大会，通过了抗日同盟军纲领及军事、政治、财政和组织等具体方案，并选出抗日同盟军军事委员会。由冯玉祥、方振武、孙良诚、吉鸿昌、张允荣、邓文、佟麟阁、张人杰、邱山宁、宣侠父、张慕陶 11 人组成常务委员会。

6 月 20 日，冯玉祥任命方振武为北路前敌总司令，吉鸿昌为北路前敌总指挥，率军克日北进，收复失地。抗日同盟军随即分兵三路迎击日伪军，连克康保、沽源等城，伪军纷纷反正，同盟军声威大振。7 月 7 日，吉鸿昌又兵分三路进攻多伦。12 日将多伦重重包围，经过五昼夜的艰苦奋战，终将多伦收复，并乘势追击，把日伪军完全驱逐出察哈尔省。

抗日同盟军的英勇抗日行动，得到了广大人民的拥护。河北省乃至全国人民掀起了支援抗日同盟军的热潮。平绥铁路工人为支援北进部队所组织的交通团，对抗战起了很大作用。在前委的领导下，张家口铁路、电灯、汽车及宣化、张北、万全、蔚县的 19 个群众团体发起组建了察哈尔民众抗日御侮救亡会，开展了广泛的抗日宣传活动和支援抗日同盟军的活动。北平、天津各界抗日联合会，华北青年抗日同盟会，上海各界抗日联合会、海员工会、邮电工会、学生联合会、妇女协会，以及广东、福建、湖北和西南各省的抗日救国团体都对抗日同盟军进行了积极的支援。

全国人民的积极支援，更进一步增强了抗日同盟军官兵的抗日积极性。7 月 27 日，在张家口成立了收复东北四省计划委员会，制定了准备进一步收复失地，扩大抗日根据地的计划。8 月 1 日，在张家口举行了华北各界民众救亡大会，到会代表 200 多人。这次会议，将察哈尔民众抗日反蒋运动更深入地推进到华北各地。

中国共产党在抗日同盟军中积极进行抗日宣传、组织工作，广泛发动群众，开展工农运动，以塞外名城张家口为中心，掀起了轰轰烈烈的抗日热潮。但是，中共临时中央领导人，仍然不能正确认识国内阶级关系发生的深刻变化，不能正确处理同国民党内愿意与共产党合作抗日的爱国将领的关系。他们认为冯玉祥同其他军阀“根本没有区别”，指责在抗日同盟军内工作的共产党员只是忙于组织“暂时的上层的统一战线”，而没有注意对下层群众的争取，是“右倾”“机会主义”等。临时中央和中央驻北方代表还错误地指示抗日同盟军中的前委，要求将在党影响下的军队发展成为红军，带到河北、山西两省交界地区建立新的根据地，实行土地革命。这种错误方针，使由很多共产党员经过艰苦努力建立起来的局部合作抗日的局面难以维持。

抗日同盟军的胜利，引起了蒋介石卖国集团的极大恐慌。国民党政府在利用汉奸四处散布中伤抗日同盟军的谣言的同时，又给抗日同盟军加上“妨害中央统一政令，破坏整个国策”等罪名，委任庞炳勋为总指挥，向抗日同盟军发起进攻。至7月底，在不到一个月的时间内，蒋介石调集进攻张家口的军队有16个师15万人之多，配以飞机、铁甲车等新式武器，包围了张家口。日本关东军也回师进攻多伦。在日蒋夹击下，抗日同盟军处境日益艰难。冯玉祥在内外交困、腹背受敌的情况下，被迫于8月5日通电宣布将察省军政大权交给国民党政府任命的察哈尔省主席宋哲元办理，随后撤销抗日同盟军总部。8月14日，冯玉祥离开了张家口。

在这种情况下，吉鸿昌、方振武表示不撤盟、不倒旗，坚决抗日到底。迫于国民党宋哲元部进驻张家口并开始收编同盟军部队的情势，方振武率部屯驻独石口一线，吉鸿昌第二军第五师、第十八师等部撤至张北一线，前委亦撤至张北。前委在张北县二泉井村召开了扩大会议，成立了许权中、宣侠父、刘少文、武止戈、吉鸿昌等7人为成员的军事委员会，统一军事上的领导。吉鸿昌率部按前委扩大会议决定西进商都地区。但是，行至商都附近时，遭到高树勋部阻止，此时宋哲元的追击部队也迫近，部队只得绕道东进。9月初吉鸿昌部与方振武部在赤城县独石口会师，通电宣布改抗日同盟军为抗日讨贼联军，并执行前委意图，挥师南下，进攻北平。

抗日讨贼联军连克怀柔、密云，9月底进入顺义牛栏山地区，引起北平国民党军惊慌。国民党军联合日军对抗日讨贼联军重兵“围剿”。面对围攻堵截，日军飞机狂轰滥炸，抗日将士殊死抵抗，英勇还击，由于双方兵力过于悬殊，部队伤亡重大，抗日讨贼军于10月16日失败。这支轰轰烈烈战斗了143天，并在国内外引起极大震动的抗日队伍，终于在日蒋联合“围剿”下失败了。

在被押往北平的途中，方振武、吉鸿昌寻机逃走。方振武辗转到达香港，吉鸿昌避入天津租界。身处逆境的吉鸿昌，斗志不减，继续从事抗日活动。由于行事不慎，吉鸿昌于 1934 年 11 月 9 日在法租界被捕，24 日在北平英勇就义，就义前写下“恨不抗日死，留作今日羞。国破尚如此，我何惜此头”的诗句，充分表现了共产党人崇高的爱国主义气节。

孙永勤领导的抗日武装起义

日军入侵热河占领承德后，承德人民不甘做亡国奴，各地纷纷组织联村自治会和敌后义勇军抗日武装与侵略者展开斗争，有高体乾领导的抗日义勇军、黄守中领导的中华民众抗日救国军、兰天林领导的抗日灭满救国军等。1933 年上半年，日本帝国主义将位于长城北侧隶属于河北省的兴隆县和都山，纳入伪热河省辖，开始对热河人民实行严酷的殖民统治，并进行疯狂的资源掠夺。值此国破家亡之时，热河各地反抗日本殖民统治的斗争此起彼伏，抗日武装纷纷成立，这其中活动时间最长、影响最大的是民族英雄孙永勤领导的抗日救国军。

孙永勤是兴隆县黄花川孙杖子村人，在黄花川一带颇有威望，当时任黄花川民团团总。热河沦陷后，孙永勤逐渐意识到不愿意任日本人宰割的中国民众，只有拿起武器反抗才有活路，遂与朋友关元有(共产党员)、赵四川、马保德等计议举行暴动。1933 年 12 月 11 日夜，孙永勤等 17 名骨干分子在孙家秘密宣誓，并于次日在孙杖子村树起一面“天下第一军，均富又济贫”的大旗，民众军宣告成立，孙永勤被推为军长。民众军成立后，不断打击日伪势力，开仓济贫，极大地鼓舞了热南地区农民群众抗日救国的热情。民众军迅速壮大，到 1934 年 5 月上旬，发展到约 5000 人，集结于兴隆县境内的五指山一带。

这时，中共遵化县委派遣军事干部徐英来到民众军驻地，与关元有秘密接头，并以爱国群众的公开身份同孙永勤会晤。他向孙永勤介绍了关内的抗日形势，宣传中共的抗日主张，建议把“均富济贫”的口号改为“团结一切可以团结的力量抗日救国”，并提醒孙永勤要加强部队纪律，密切联系群众，争取广大群众共同抗日。孙永勤接受了这些意见，随即将民众军改为抗日救国军。新改编的抗日救国军，由孙永勤任军长，赵四川、马保德任副军长，王殿臣、关元有任参谋长。下设4个总队，军直设稽察处和直属队。改编时进行了纪律整顿，重申了“不贪财、不逃军、不扰民、不奸淫”的军纪。

改编后的抗日救国军面貌一新，所到之处颇受群众欢迎，被誉为“及时雨”“仁义之师”。此后，抗日救国军便以总队为作战单位，活动在兴隆、承德、青龙、平泉、迁安和遵化等县靠近长城一带地区，打击与分散日伪兵力，抓紧时机壮大自己。抗日救国军转战6个县的活动，引起了日伪军的恐慌。1934年8月前后，日伪热河省当局改变策略，先后两次派人到孙永勤部驻地劝降、诱降，皆被凛然拒绝。日伪军“招抚”失败，便于当年秋季青纱帐倒后，纠集数千兵力进逼抗日救国军，妄图将其一举歼灭。面对紧急情况，抗日救国军将总队化整为零，分散活动。孙永勤、赵四川和关元有等率领直属队与日伪军在黑河川一带周旋。

几个月中，抗日救国军各部队在当地群众支持下，不断突破敌人的围追堵截。日伪军随后变更策略，采取了双管齐下的毒辣手段：一面大举“围剿”抗日救国军；一面加紧切断这支抗日队伍的兵源和武器、军需给养的来源。到1935年3月，抗日救国军在武器弹药和服装给养方面已面临难以解决的困难。在此情况下，孙永勤听取各方意见，试图向长城以南的中国地方政府求援并与共产党取得联系。不久，孙永勤通过关系与遵化县国民党县长取得联系，并得到物资支援的允诺。

1935年4月初，孙永勤率抗日救国军一部东渡滦河，进入老梁山区，突遭千余名日伪军包围，腿部负重伤。孙永勤带伤指挥抗日救国军且战且退，撤至澈河川青杏沟。5月初，抗日救国军各队奉命赶到青杏沟，全军集中后约计1700人。此时多数抗日救国军战士还身着棉衣，亟待换季。加之弹药缺乏、活动范围日益狭窄，抗日救国军的处境已十分艰难。孙永勤抱病召开干部会议，议决全军开赴冀东平原，寻求国民党政府的支援，解决吃穿与装备问题。因此，抗日救国军断然放弃热南游击区，在不明外部政治军事形势的情况下，开始向长城以南转移。

1935 年 5 月初，日伪当局集结数千人，在长城以北从西、北、东三面向抗日救国军进逼，并强行通知长城南侧的遵化县保安队后撤，目的是将决战战场推至长城南侧受国民党政府管辖的“非武装区”，并以此为借口，挑起事端，进而向国民党政府施加政治压力。5 月 15 日，孙永勤部在日伪军压迫下于罗文峪等处南越长城，撤入遵化、迁安境内山区，日伪军尾随追进。孙部所到之处布告安民，宣传抗日，并派人向遵化县县长提出供给弹药的要求，遭到拒绝。

国民党当局不但不抵制日军擅入“非武装区”的非法行动，保护抗日救国军，反而以“剿匪”为名与日伪军积极配合，将抗日救国军围困于遵化县茅山沟一带。5 月 24 日拂晓，由大约 5000 名日军、1000 名伪满军和数千名国民党当局派遣的特警、民团联合组成的“协剿军”，在日军将领的统一指挥下，借助飞机大炮，向抗日救国军阵地发起了猛烈攻击。孙永勤旧伤未愈，又负新伤，仍镇定指挥部队英勇抵抗。最后，因寡不敌众，除少数官兵突围成功外，孙永勤、关元有、赵四川等抗日救国军主要领导人和所余官兵，全部为国捐躯。

孙永勤领导的热河地区抗日起义，发生于日本帝国主义不断扩大侵华战争，众多的辽西义勇军严重受挫，热河沦陷，长城抗战失败，中华民族面临更大危难的历史关头。这是当时侵华日军最新占领区内持续时间最长、规模最大的农民抗日武装起义。虽然起义最终失败，但是这支抗日武装，在日本帝国主义推行殖民统治的恶劣环境中，浴血奋战一年半，袭击、破坏日伪军据点上百座次，毙、伤、俘日伪军警数千人，沉重地打击了日本侵略者的嚣张气焰，激励了各界群众抗日御侮的斗争勇气，在长城内外撒下了抗日的火种。

中国共产党对孙永勤及其领导的农民抗日武装起义给予了高度评价。1935 年 8 月 1 日，中共中央与中华苏维埃中央政府在其联名发表的《为抗日救国告全体同胞书》（即“八一宣言”）中，列举了 11 名为救国而捐躯的民族英雄，其中就有孙永勤这个光辉的名字。

五、北方左翼文化运动的兴起与发展

北方左联的成立

大革命失败后，中国共产党在领导建立工农红军和革命根据地的同时，也重视对国民党统治区文化战线工作的领导。中共中央根据党的六大精神制定的《宣传工作的目前任务》曾明确指出：“宣传之另一种的方式就是我党同志参加各种科学文学及新剧团体。参加这些团体会议与提出马克思主义的报告、建议以及报告苏联状况等。”① 而北方地区日益严酷的社会现实，促使知识分子，尤其是青年学生开始考虑中国的前途问题，在这一过程中，一方面对蒋介石国民党反动派政权的本质逐渐认清，一方面对中国共产党领导的革命斗争有了较多的了解，这就为党在北方领导进步文化运动，提供了客观条件和基础。

1927 年 8 月，中共顺直省委成立后，即担负起了领导北方革命的任务。同时积极开展了新的文化与政治斗争。1930 年二三月间，由中共顺直省委宣传部秘书胡锡奎领导组织了北平普罗文化运动大同盟。北平普罗文化大同盟的成立及同反动派的斗争，是北方左联成立的前奏和预演，为北方左联的成立作了组织上的准备。

1930 年 3 月 2 日，中国左翼作家联盟在上海正式成立，在北方文化界和青年学生中产生了很大的影响。在党的指示下，从 1930 年 4 月起，北方文化界着手筹备成立北方左翼作家联盟。党直接领导了北方左联的筹备工作，专门成立了筹备成立北方左联的党的领导机构。经过深入周密的准备，1930 年 9 月 18 日，在北平大学法学院一院礼

① 中央档案馆编：《中共中央文件选集》第四册，中共中央党校出版社 1989 年版，第 419 页。

堂，召开了北方左翼作家联盟成立大会。大会通过了北方左联的《理论纲领》《行动纲领》和《成立宣言》。大会通过的提案确定：参加革命互济会工作，通电反对帝国主义进攻苏联及中国苏维埃区与红军，并决定发展组织，打破狭隘方式，欢迎劳苦大众参加。关于组织机构，大会通过决定，组成执行委员会，负责日常工作，北方左联第一届执委会由段雪笙、潘漠华等 10 人组成。

北方左联的纲领分为两部分，即《理论纲领》和《行动纲领》。《理论纲领》中明确提出：中国左翼作家联盟北方部是负荷着中国无产阶级文化的斗争使命的，是适应目前革命形势而去担当一面的战线。这个联盟在艺术上的反映是属于无产阶级的，这个艺术要作为我们无产阶级的解放斗争的武器。我们的艺术理论是和整个资产阶级的艺术理论对立的。《行动纲领》明确提出：我们文艺运动必须参加无产阶级所领导的革命斗争——苏维埃政权斗争；建立工农兵通讯，直接与劳苦大众发生密切关系；建立出版机关，编纂苏维埃丛书及大众读物并参加革命刊物的编辑工作，代发行一切革命宣传品。两个纲领明确了北方左联的性质和任务。

相对于上海的中国左联而言，北方左联所处的环境更恶劣，各种革命活动更加难以开展；入盟条件对学术文化修养方面要求较低，参加者更为广泛；更注重政治斗争，盟员受到革命锻炼更多；与党的关系非常密切，执行党的指示很坚决，更容易受到党内斗争的影响。

积极开展文化活动

北方左联成立后，围绕着反对帝国主义和国民党的反动统治，拥护苏维埃和红军，要求思想文化自由等问题展开了活动。

1930 年 11 月 7 日，适逢俄国十月革命胜利 13 周年纪念日，北方左联按照党的指示，与一些进步团体一起，首次担负起纪念十月革命活动发起者的任务。他们分别在清华、燕京等大学举行了公开的讲演会，热情地介绍了俄国无产阶级革命及其社会主义建设的成就，愤怒地控诉了帝国主义及中国反动统治阶级的罪行。

1930年4月，中共顺直省委由天津移往北平，进一步加强了对北方左联的领导，使北方左翼文化运动有了进一步的发展。1931年6月，由于叛徒告密，中共河北省委及北平市委遭到大破坏。北方左联及各进步文化组织也于同年5月和10月两次遭到大破坏。但北方党与文化界革命群众没有被敌人的凶狂气焰所吓倒，仍继续坚持斗争。

在这一时期的文化活动中，北方左联首先注意了学习、宣传马克思列宁主义的革命思想和党的正确的政治主张，批判各种反动的文艺理论和思潮。各地北方左联组织大都成立了“读书会”，盟员都积极学习、研究马克思、列宁等著作，学习、研究党的方针、政策，并到街道、农村、工厂进行各种形式的宣传。北方左联成立前的北方文坛，长期以来几乎是帝国主义、国民党反动派的一统天下。北方左联成立后，积极开展了对胡适派及“新月社”的批判，还积极参加了对所谓“第三种人”反动文艺思潮的批判。

北方左联在这一时期的文化活动中的另一个突出特点，就是注意并强调了文艺的大众化问题。北方左联要求盟员努力创作反映工人农民及劳苦大众生活与斗争的作品，学习大众化的语言，重视对群众喜闻乐见的民间文艺形式的研究和运用。提倡深入到工农兵群众中去，观察他们，了解他们，研究他们，运用现实主义的创作方法，反映他们。在不断接近和深入工农兵劳苦大众的基础上，北方左联盟员创作或演出了一大批反映工农兵群众生活的作品或剧目，如《人吃人》《活路》《血衣》《瓦刀》《月亮上升》《屠户》《我是一个人》《二伤兵》《战友》等，受到广大群众欢迎。

党对北方革命文化斗争领导的加强

九一八事变以后，在全国抗日浪潮冲击下，尽管国民党反动政府对革命势力的压制日益加强，北平及各地的左联组织仍不可遏止地发展起来。继北平、天津、保定建立左联组织之后，1932年下半年，张家口、唐山、大名等地也建立了左联组织。各种革命文化社团更如雨后春笋，纷纷出现。随着左翼文化运动的发展，根据党的指示，北方左联抽出大批骨干，在北平先后成立了中国社会科学家联盟、北平教师联合会、北平世界语言同盟、北平剧联、北平美联、北平音联等团体。这些革命文化社团在河北其他城市也迅速建立起来，在对反动派开展的文化斗争中，它们常以北方左联为核心，密切联系，共同行动。这些革命文化团体的盟员，同时参加两个或更多的革命文化团体，兼作几个革命文化团体的盟员，从而使这些革命文化团体之间的关系更为密切。按照党的指示，所有这些左翼文化团体都集体加入了反帝大同盟，成为反帝大同盟的团体成员。

为了加强对文化工作的领导，统一北平及北方各地各革命文化团体的行动，使它们之间的联系与协作进一步密切起来，在中共河北省委的指示下，于 1932 年 5 月在北平清华大学召开了北方左翼文化团体代表大会，成立了北方文化总联盟（简称北方文总）。北方文总的组织大纲规定：原则上以团体盟员为单位而结成之联盟，联盟之盟员为实现本联盟之斗争纲领，须与本联盟取一致步调，但是绝对保持其批判自由与组织上之独立性。北方文总直接受中共河北省委领导，开展北方文化界的革命运动。在北方文总内部设有党团，党团按照河北省委及文委的指示，在北方文总内部开展党的工作。北方文总的行政领导机构为执行委员会，由各左翼文化团体的负责人组成。执行委员会下设总务、组织、宣传、出版、发行 5 个部，负责北方文总的日常行政工作。从成立到 1933 年 8 月，陈沂、张磐石、肖之亮、陆万美、张秀岩、陈璧如、马致千等都曾负责过北方文总的工作，此后为关文彬、张苏、谷景生等。

北方文总的成立，标志着党对北方革命文化斗争领导的加强，标志着北方左翼文化界的大联合、大团结。它进一步鼓舞和推动了北方左翼文化运动的开展。在北方文总的领导下，北方左联与其他进步文化团体一起，掀起了更大规模的斗争浪潮。

投身激烈的抗日反蒋斗争

1931 年 12 月，在党的组织和领导下，北平学生发起了一个南下示威运动——去南京向国民党政府示威请愿。这一运动很快波及到天津等铁路沿线城市及全国。大批北方左联盟员参加了这一斗争。北方左联盟员陈沂、薛迅等是南下示威团的重要领导人。在南京，南下示威团和各地赴南京的示威学生一起，向国民党反动政府举行了大示威，并冒着生命危险，捣毁了国民党中央党部、国民党政府外交部和中央日报社。在北平的左联盟员为支援南下示威团也与进步学生一起，英勇地捣毁了国民党北平市党部。南下示威斗争打击了国民党反动政权，揭露了蒋介石的反动政策，全国各界人士从中受到了教育和鼓舞。同时，有力地声援了南方苏区军民反对国民党蒋介石反革命军事“围剿”的斗争。

继参加北平学生南下示威运动之后，1932 年 1 月，在党的领导下，北方左联与反帝大同盟、学生抗日救国联合会一起，共同发动了北平人民援沪抗日运动，支援一二八抗战。各大学纷纷组织宣传队、抗日会、救护队及抗倭义勇军等，随时准备开赴前线。到 2 月 7 日，又召开了北平纪念二七惨案群众大会，会后举行了大规模的游行示威，示威队伍达 2000 多人，为大革命以来所少见。继二七大示威后，北方左联又先后参加了党领导的二二五国际失业斗争日、三一八纪念日及五一、五四、五九、五卅等示威斗争，使 1932 年上半年的上海抗日爱国运动始终处于十分高涨的状态。

1933 年 5 月，察哈尔民众抗日同盟军成立，开展武装抗日和收复失地的斗争。这一爱国举动得到北方及全国人民的热烈拥护和支援。在中共河北省委及北平市委的号召和组织下，北方左联的许多负责人和盟员，如潘漠华、冯毅之、王志之、端木蕻良等，与各进步团体盟员一道前往张家口，参加抗日同盟军。潘漠华、王志之等还在抗日同盟军中担负了重要领导工作。他们与前线抗日同盟军将士一起，同日伪军和国民党反动军队作殊死斗争。同时，北方左联还曾派出慰问团，前往察北前线慰问、宣传。1933 年 8 月 1 日，在张家口召开华北各界民众救亡大会时，北方左联的潘漠华、王志之作为北方文总的代表出席会议，并帮助起草了大会宣言等文件。由于左联盟员去前线慰劳的行动被特务侦知，不少左联盟员遭敌逮捕，很多参加抗日同盟军的盟员在战争中光荣牺牲。

以文艺形式开展抗日反蒋斗争是北方左翼文化运动的重要内容。九一八事变后，北方左联及北方文总通过所办的刊物，集中揭露、控诉了日军侵略和国民党政府镇压人民的罪行，促进了抗日救亡运动的深入开展。这其中有创刊于1932年初的《北方文艺》（第二期起改为《北方文学》），创刊于1932年4月15日的《文学杂志》月刊（北方左联机关刊物），创刊于1933年6月的《文艺月报》月刊，《四万万报》《科学新闻》《北方文化》《今日》《北国》《冰流》等。与此同时，北方左联在天津的刊物，有通过天津文总主办的《天津文化》，在保定有《在前哨》《朝晖》《曙前》《破晓》等。这些刊物由于环境严酷，有的只印制出版到第三期就被查禁停刊，但仍然教育和影响了一批读者。

在1933年8月以后的两年多时间内，国民党反动派对北方左联进行了疯狂的镇压和迫害。在党的领导下，北方左联以百折不挠和英勇机智的战斗姿态，始终坚持了抗日救亡和反抗国民党投降卖国、屠杀人民的斗争，不断粉碎了国民党蒋介石发动的政治和文化的反革命“围剿”。

北方左翼文化运动的重新高涨

1936年1月，在新的斗争形势下，党恢复了北方文总的机构，加强了对北方左联及社联、教联的领导。北方左联的组织进一步得到恢复和健全，由谷景生、刘曼生（谷牧）、杨采（刘御）等组成左联党团，谷景生为主要负责人。

3月，谷景生被捕后，陈落任主要负责人。6月，谷景生出狱，继续担任北方左联主要负责人。从1936年5月起，中共中央北方局又指派孙席珍、齐燕铭、张致祥、高楚泽等，组成了领导北方左翼文化运动的特别党员小组，进一步加强了党对文化斗争的领导，北方左联组织获得了新的发展。在北平、天津、保定等北方城市，左联组织与左翼文化运动得到了较快的恢复与发展。另外，北方左联与上海等地左联组织的联系也加强了，从而使北方左联的斗争及北方左翼文化运动再度进入了一个新的高潮时期。

这一时期，在北方左联的斗争中逐渐形成了一个显著的特点，这就是北方左联基本上不再是本组织单独活动，而是与越来越多的进步团体融合在一起，投入到了更加广泛的抗日救国革命斗争的洪流之中。北方左联与纷纷出现的“民先队”、学生救国会以及各界救国会紧密结合，公开示威游行、集会演讲、散发传单、书写标语，组织宣传团下乡宣传等，积极投入抗日救亡斗争。并大量创作抗日歌曲、剧目，到城市街道、广大农村和抗敌前线演出。《打回老家去》《放下你的鞭子》等抗日戏剧，《救亡进行曲》《五月的鲜花》等抗日歌曲，很快传遍了华北大地。北方左联还继创办《泡沫》之后，创办了《浪花》《榴火文艺》《联合文学》《通俗文学》《大风诗刊》《诗歌杂志》等刊物，加强对抗日斗争的宣传。

北方左联后期的活动，主要是在党的领导下，按照党的抗日民族统一战线政策，团结北方文艺界进步团体和人士，与广大革命群众一起，坚持开展以反抗日军侵略、挽救民族危亡和反对卖国投降为主的政治和文化的斗争。

在北方以至全国革命运动重新走向高涨的形势下，北方左联为更好地开展北方左翼文化运动，根据中共中央北方局关于北方左联应依照中国左联方式解散，另行扩大组织的指示，于 1936 年 6 月自行解散。同时，以北方左联为基础，另行筹组北平作家协会。1936 年 11 月 22 日，在北平正式举行北平作家协会（简称北平作协）成立大会。大会通过了宣言、章程、纲领及提案，选举孙席珍、曹靖华等 11 人为委员，冯沅君、陆侃如等 5 人为候补委员，组成北平作协执行委员会。

在筹组北平作协的过程中，为了纠正宗派主义倾向，扩大革命阵线，北方左联除要求其全体成员参加北平作协外，曾广泛发出邀请，征求会员，从而使在北平的文艺工作者绝大多数人，包括不少学术界名流，均加入了北平作协。北平作协成立大会的召开，是北方左联贯彻执行党在文化界抗日民族统一战线政策的重大成就。北平作协以原北方左联为核心，是原北方左联的扩大与发展。北平作协的成立，实现了北方左联组织及斗争形式的根本转变，促成了北方左翼文艺运动的新高涨。

北方左联先后在中共顺直省委和中共河北省委的领导下，冲破北方严重的白色恐怖，始终坚持了反对帝国主义侵略、反对国民党黑暗统治的斗争。为传播马列主义和无产阶级革命文学艺术，扩大党的政治影响，团结教育广大群众，培训党的文化骨干，繁荣无产阶级革命文学创作，推动无产阶级左翼文化运动的深入发展，做出了不可磨灭的贡献。

第　九　章

河北党组织为贯彻抗日民族统一战线方针而斗争

一、一二九运动与河北抗日救亡新高潮

华北事变和河北严峻形势的加剧

《塘沽协定》签订之后，华北各省门户洞开。进入 1935 年后，日本加紧了侵略华北的脚步，一面继续在外交上唱着“中日亲善”“经济提携”的滥调，和国民党政府，特别是和国民党中的亲日派进行着外交活动，一面采取武力威胁迫使国民党政府作更大的让步。

5 月 29 日，日本关东军天津驻屯军参谋长酒井等借口中国当局援助孙永勤抗日救国军进入滦东“非武装区”，破坏了《塘沽协定》等理由，提出了各种无理要求，并由东北调遣大军开入关内。日本重要将领也在天津集会，扬言如不接受日本的要求就要采取“自由行动”。国民党政府屈服于日方压力，7 月 6 日，何应钦致函日本华北驻屯军司令官梅津美治郎，正式承认了日方 6 月 9 日提出的要求，即取消河北省和北平、天津两市的国民党党部，包括铁路党部在内；撤退驻河北省的东北军第五十一军、国民党中央军及宪兵第三团；撤换河北省主席于学忠和北平、天津两市市长；撤销北平军分会政治训练处；禁止全国抗日活动；等等。这就是《何梅协定》的主要内容。

在策划《何梅协定》之时，日军又制造所谓张北事件，迫使国民党政府又一次屈服。6月27日，察哈尔省民政厅长秦德纯与日军代表土肥原在北平谈判，签订《秦土协定》，主要内容是：向日军道歉，撤换与该事件有关系的中国军官，担保日人今后在察省可以自由往来无阻；取消察哈尔省内国民党的机关；成立察东非武装区，第二十九军从该地区全部撤退；察省主席宋哲元撤职。

上述两个协定，实际上把包括北平、天津在内的河北、察哈尔两省的大部分主权奉送给日本。国民党的丧权辱国政策，助长了日本帝国主义者囊括整个华北进而灭亡中国的侵略气焰。

随着国民党中央军及东北军自河北的撤离，日本军队乘机涌入关内。9月间，日本经济访问团到了华北，并派地质技术人员赴宣化，勘察矿藏，准备开采。同月，日军首脑又召开大连会议，声称"先将华北变为提携之模范，而后扩展至各地"。这时华北的形势，已经是岌岌可危了。

在提出并吞华北、灭亡中国条件的同时，日本军队更加紧制造上演华北伪自治的丑剧。10月22日，日本军队挟持一部分汉奸地主武装，驱使冀东香河、昌平、武清、三河等县一批流氓无赖，向香河县城进袭，23日占领县城，由少数汉奸劣绅组织了县政府临时维持会。日本与汉奸报纸起初宣称这是反抗增加新田税的"农民暴动"，随后又借口该县在"非武装区"，拒绝中国派武装警察前往镇压。不久，日本又宣称这是华北自治的"民意"表现。而大小汉奸，都成了"华北自治"的"先驱"。随后，又要求河北省主席商震和北平、天津两市市长肃清华北一切抗日活动，接着日本宪兵开始在平、津直接逮捕抗日人员，并利用报纸为吞占华北制造舆论声势，甚至公开发出武力恐吓。

11月25日，国民党冀东行政督察专员、汉奸头子殷汝耕受日方指使，在通县组织所谓"华北五省自治运动"，抢先挂起了"冀东防共自治政府"的招牌，使冀东22县的大片国土脱离了中国政府的管辖。第二天，"冀东号"飞机盘旋于北平、天津上空，散发"庆祝自治”的传单。接着“冀东防共自治政府”组织了伪警防队，由日本派顾问分驻冀东各重要城镇，直接掌握伪政府的大权。

国民党反动政府步步后退，曲意逢迎侵略者的要求。11 月 26 日，为了向日本表示退让，国民党政府撤销了北平军分会，改设冀察绥靖公署，派宋哲元为主任。12 月 7 日，为满足日本“华北特殊化”的要求，决定设立“冀察政务委员会”，遴选宋哲元任委员长，由日本推荐著名汉奸王揖唐、王克敏、齐燮元、曹汝霖等人为委员。这里虽然没有公开挂“自治”招牌，实际已把冀察两省置于中国行政区域以外，成为变相的“自治”。这个变相的“自治机构”，准备于 12 月 16 日成立。此时，华北危机已达极点。

日本在政治、军事进攻的同时，也加紧了对河北的经济侵略和掠夺。他们以大沽、塘沽、秦皇岛等港口为跳板，在中国大量倾销商品，并进行大规模的偷运和走私，使河北民族工业受到沉重打击。同时又用借债和收买的办法，掌握债权和股票来达到其霸占河北民族工业的目的。河北纺织工业、棉花生产、铁路运输、煤矿生产逐步被其强占、控制。华北民族工业陷于极端萧条破产或半破产状态的同时，河北的农村经济也受到严重摧残。耕地面积逐渐缩小，荒地面积日益扩大，农业生产遭到破坏，农产品价格跌落，农村金融枯竭，农民啼饥号寒，流浪他乡。

省委工作路线的初步转变

1935 年 2 月，省委书记朱理治被派往陕北，由从上海转移到天津的高文华接任省委书记一职。3 月，柯庆施、李大章参加省委工作，分别担任省委组织部长和宣传部长。5 月，中央驻北方代表田夫奉命调离北方。行前，决定由中共河北省委兼任中共中央北方局工作，并规定在指导整个北方党的工作时用中共中央北方局名义，指导河北省辖区内党的工作时用中共河北省委名义。中共中央北方局管辖的范围包括河北省委、陕北省委、内蒙特委，并对河南、山西、山东等地一些地方组织有领导关系。

中共中央驻北方代表离开后，中共中央北方局和中共河北省委处在与党中央中断联系的异常艰难的处境中。为筹措党的经费，保证党的领导机关工作的开展，高文华、贾琏夫妇不惜忍痛卖掉了他们唯一的男孩以换取活动经费。中共直南特委、中共保属特委等也积极筹措粮款帮助上级党委。中共保属特委牛文仓带头变卖自家田地，将所得585元大洋全部上交组织。他还组织保属游击队在当地开展筹款借枪运动，上交省委大洋10000元，为缓解省委经费困难做出了巨大贡献。

在极端困苦和险恶的环境中，中共中央北方局先后恢复了河北、陕北的各级党组织，恢复组建了山东、山西等地的党组织，并与东北、察哈尔、河南等地的党组织取得联系。同时，积极搜寻中央的信息，设法与中央取得联系。在这一过程中，河北省委开始吸取推行“左”倾错误的教训，逐步转变工作路线，以迎接抗日高潮的到来。

1935年4月1日，中共河北省委发出了《关于华北形势与党的任务决议（草案）》。决议分析了华北的严峻政治经济形势，号召华北千百万劳苦群众自动武装起来，进行民族革命战争，推翻日本帝国主义与国民党黄郛傀儡政府的统治，建立民众的苏维埃政权。决议在总结过去工作经验教训的基础上，根据华北形势的特点和中央关于建立反帝统一战线的指示，提出了河北党的基本任务和策略路线，即为了反对共同的敌人——日本帝国主义及其走狗，要尽可能造成全民族的反帝统一战线。根据这一策略方针，决议要求河北全党同志要用具体的事实，向群众宣传目前华北危机的真相，揭破国民党的欺骗宣传，向群众指出立刻起来反抗的必要，并告诉群众如何去反抗，宣传苏维埃红军对全国部队订立作战协定的号召与北上抗日宣言；要抓紧各种日常事变，运用统一战线的策略，组织群众的反日、反法西斯国民党的斗争；要广泛地组织反日群众，实行全民性的反帝国主义的统一战线，夺取和保证无产阶级在统一战线中的领导权。决议还对工运工作、农村工作、士兵工作等分别提出了要求。决议还指出：要改善党的秘密工作，保护党的组织与各级首脑机关，把秘密工作摆在白区党的教育工作的第一位；研究与运用新的工作方法，以求适应新的环境；要大力改善党的领导方式，反对官僚主义、形式主义；加强执行经常的检查工作；要耐心地倾听与探询下层了解实际情况的同志们的意见，并应根据对实际情形的了解，给予实际工作的同志们以具体指导。

这一决议标志着河北党的工作路线开始实现初步转变。在中共中央北方局及中共河北省委领导下，河北的革命力量正逐步积聚，一场反对日本侵略和国民党卖国政策的抗日救亡运动新高潮即将到来。

一二九运动爆发及河北各地的巨大反响

日益严重的民族危机，使中国人民长期被压抑的爱国热情临近极点。1935 年 12 月 9 日，在中国共产党的领导下，北平数千爱国学生走上街头，发动了声势浩大的请愿活动，爱国热情如同火山一样猛烈爆发出来。

一二九运动的发生不是偶然的，而是经过了较长时间的酝酿。1935 年春夏之交，中共河北省委特派员李常青到北平，建立由彭涛等组成的中共北平临时工作委员会（简称中共北平临时工委），指定周小舟负责中华民族武装自卫会北平分会的工作。在中共中央北方局与中共河北省委的直接领导下，中共北平临时工委采取了一系列的适应特殊环境的正确措施，在恶劣的条件下既保证了党的坚强领导，又密切了同群众的联系。11 月 18 日，党又帮助成立了北平市学生联合会（简称北平学联），公开领导北平学生的抗日爱国运动。通过北平学联，党在北平爱国学生和其他各界群众中进一步开展了抗日救国的宣传和组织工作。

12 月 6 日，传来了国民党当局将于 9 日成立“冀察政务委员会”的消息，广大学生和各界爱国人士极为震惊。7 日，北平学联召开各校代表会议，决定于 9 日举行学生大请愿，反对“华北自治”。12 月 9 日，在以谷景生、李常青、彭涛、周小舟等组成的中共北平临时工委领导下，在姚依林、郭明秋、黄敬、宋黎等许多在学生中工作的共产党员的组织和指挥下，北平 6000 多名大中学生冲破国民党军警的重重阻挠，举行声势浩大的抗日救国游行，提出“停止内战，一致对外”“打倒日本帝国主义”“反对华北自治运动”。游行学生遭到国民党军警残酷镇压，有 30 多人被捕，数百人受伤。次日，北平各校学生宣布总罢课。12 月 16 日，在“冀察政务委员会”计划成立的日子，万余名学生和市民再度举行示威游行，终于迫使“冀察政务委员会”延期成立。

一二九运动的怒吼震撼国内外，同时也极大地唤醒了广大民众。尤其是处在日军和汉奸直接威胁下的河北人民，在运动的影响下又一次掀起了抗日救亡新高潮。

12 月 18 日，保定的河北省立农学院党支部冲破反动当局的重重阻力，组织青年学生上街游行示威，声援北平学生的爱国行动。在农学院的影响下，保定育德中学、保定河北省立师范学校、保定河北省立第六中学等学校师生也组织队伍上街游行示威。很多市民、工人、店员纷纷加入到游行行列。为了进一步推动一二九运动，保定党组织还发动各校成立了“学生救国会”开展抗日反蒋斗争，得到了广大爱国学生的拥护和赞同。一二九运动的消息传到石家庄后，平汉铁路扶轮学校党支部立即决定组织学生声援北平爱国学生的革命行动。他们组织学生自治会编印传单、标语。12 月 23 日，在党组织的领导下，平汉铁路扶轮学校、正太铁路扶轮学校与正太铁路职工学校的学生上街游行。次日，全市 4000 多名学生、工人、市民举行了规模更大的示威游行，这是九一八事变后，石家庄第一次大规模的群众抗日游行活动。津南地区的沧州河北省立第二中学和泊头镇河北省立第九师范学校闻讯后，举行罢课，示威游行，声援北平学生游行，并以此引发大规模学潮斗争。12 月 23 日，张家口各校学生向察哈尔省政府上书请愿，反对“华北自治”，反对成立“冀察政务委员会”。冀县河北省立第六师范支部闻讯后，于 1936 年春着手策划“红五月”活动，准备届时举行大规模游行示威。与此同时，河北各县及广大农村的抗日救亡活动也日益高涨起来。

平津学生南下扩大宣传团深入河北城乡

平津学生的爱国运动发动起来以后，中共中央北方局提出，在新的形势下，党要积极地扩大学生群众运动，使之成为全国民众的反日反蒋反汉奸走狗的实际斗争行动，并及时指出：单纯的学生运动是不能完成驱逐日本帝国主义出中国的伟大任务的，必须扩大抗日救亡宣传，发动千百万群众起来进行武装的自卫斗争。为响应号召，1936年1月初，在中共河北省委和中共北平市委的领导下，平津学生南下扩大宣传团成立，他们深入河北农村，向农民开展抗日救国宣传。

为了加强对平津学生南下活动的领导，党派彭涛任宣传团党团书记，负责人还有黄敬、王仲华、宋黎等。宣传团下设4个分团，共约500人。1月3日，一团、二团由北平出发经丰台、南苑、黄村、青云店等地，向固安进发。三团由北平出发经卢沟桥、长辛店、琉璃河、良乡等地奔固安。同日，四团由天津经杨村、黄花店、安次、永清去固安。宣传团边走边向工人、农民、士兵宣传、演出，帮助地方成立抗日组织等。1月8日，4个团在固安城外会合。9日，各团在固安北关召开了全体大会，将4个团合成3个团，并决定一团去雄县、高阳，二团往容城、新城，三团经涿州沿平汉线南下，10天后到保定会合。10日，各团带着新的任务分三路出发，继续深入群众开展抗日救亡宣传。

三团由涿州至松林店再至高碑店，通过组织示威游行，高呼口号，张贴标语，散发传单，深入群众进行宣传，但是由于敌人强行武装阻拦，三团被迫由高碑店返回北平。二团行至新城县被保安队和便衣特务严密封锁，一部分学生借机暗中外撤继续南下，其余学生未及时逃脱被押解回北平。最后离开固安的一团，突破警戒后，由新城至雄县，行进较为顺利。1月21日，一、二团在离保定十余里的地方会合后即进入保定市区。当日晚，南下宣传团在保定同仁中学召开了全体人员大会，彭涛代表党组织提议，把宣传团的组织改名为“中华民族解放先锋队”（简称“民先”），作为青年学生抗日和反对国民党反动统治的核心组织。会议还推举韩天石等 9 人组成筹备委员会。1 月 22 日，宣传团在国民党反动当局的阻挠和压力下离开保定返回北平，结束了宣传活动。

平津学生南下扩大宣传团在 20 多天的时间里，徒步跋涉 700 余里，在河北广大城镇、农村进行抗日宣传，受到热烈欢迎，激发了青年学生、工人、农民的斗争热情，将一二九运动掀起的抗日救亡高潮引向深入。通过抗日宣传活动，在与人民群众深入接触的过程中，广大青年学生也得到了很大的锻炼和提高，他们初步体验到：要担当起抗击帝国主义，解放中华民族的巨大使命，必须深入工农群众，把抗日爱国的种子撒播到工农群众中去。此后，许多青年学生参加了革命军队。

二、河北人民武装抗日反蒋浪潮迭起

冀南抗日讨蒋游击战争

1935 年至 1936 年春，中共直南特委在中共中央北方局和中共河北省委的指导下，发动了规模宏大、持续时间长，以“抗日讨蒋”为旗帜，以“分粮吃大户”为内容，以武装斗争为主要形式的农民游击战争。

早在 1934 年 9 月，中共河北省委就指示直南特委：目前形势要求你们千百倍努力地去加紧领导广大工农劳苦群众的日常经济政治斗争，实现大规模的游击战争，创造新苏区的任务。为适应形势的发展和革命斗争的需要，经省委研究批准，于 1934 年 11 月间，将原中共直南特委一分为二，南北分立。邯郸以北地区仍称直南特委（俗称新直南）。新直南特委是在原中共南宫中心县委的基础上建立起来的，所辖范围包括邢台、沙河、临城、内丘、柏乡、隆平、尧山、任县、南和、平乡、广宗、巨鹿、威县、南宫、永年、鸡泽、曲周、肥乡、新河、冀县、故城等县。由李菁玉任书记，刘文忠（刘子厚）任组织部长，王伯华任宣传部长，张霖之任盐委书记，张子衡任秘书长。邯郸及以南地区改称直鲁豫特委（俗称老直南）。直鲁豫特委是在原磁县县委、大名中心县委的基础上建立起来的，所辖范围包括邯郸、磁县、临漳、成安、大名、魏县和原属河北省的濮阳、清丰、南乐、东明、长垣以及河南的安阳、内黄、林县、滑县、武安，山东的临清、范县、观城、朝城等县。由河北省委代表黎玉兼任特委书记，王从吾任组织部长，王卓如任宣传部长，陈少敏任妇委书记，纪德贵任矿工部长，王明任秘书长。

为了落实河北省委指示，省委宣传部长必根（李华生）以中共中央北方局巡视员身份亲临直南了解情况，指导落实省委指示。必根抵达直南后，立即要求各级党组织贯彻中共中央北方局和中共河北省委关于要在直南开展游击战争的指示精神，广泛发动群众。1935 年二三月间，必根亲自起草了《抗日游击队行动纲领》，主要内容是：实行抗日讨蒋，没收日本在华北的一切财产，解除日本在平汉线的汉奸军事武装，反对日本走狗王克敏，反对日本的“反共自治”，没收日本和汉奸卖国贼的财产，充作抗日经费，救济贫民、灾民；抗捐、抗税、抗交钱粮，不交租不还债，实行分粮、抢粮、吃大户；反对平毁盐池，反对搜查、抓捕盐民，驱逐盐巡、盐警，实行盐运、卖盐自由；夺取反动武装，武装工农群众，建立、扩大游击队，创建抗日根据地。

1935 年 3 月，在南宫县和生店村召开中共直南特委会议。必根、李菁玉、张霖之、张子衡、马国瑞等参加了会议，讨论研究开展反蒋抗日游击战争。4 月间，中共直南特委又在任县刘家屯召开会议，研究发动暴动的一些具体问题，一方面扩大健全党团组织，实行党员军事化；一方面在农村建立发展“贫农会”“雇工会”“短工会”“盐民自卫会”“学生救国会”和“小学教员联合会”，使党和群众建立密切联系。为了便于对暴动进行领导，会议确定以滏阳河为界，将整个区域分为两片。滏阳河以西由刘文忠、马国瑞、李德负责，滏阳河以东由李菁玉、张霖之、于光汉、郭森负责。特委特设军事部，由刘文忠兼任军事部长，具体指导军事行动。会议最后决定：5月初举行暴动，先由滏西的刘文忠等人组织攻打当地保安分团，夺取枪支，然后到平乡县节固店与滏东的人会合，联合盐民一同攻打平乡县城。

刘家屯会议后，刘文忠、李德决定先打任县大北张和尧山县南楼、泽畔的保安分团。5月初，刘文忠等分别带领一帮人扮作去尧山赶庙会的样子，分赴大北张、南楼、泽畔附近的预定地点待命。因叛徒告密，敌人已有准备，使去大北张这一路的行动计划落空。去南楼的一拨人，刚到保安分团门口，被门卫发现，敌人慌忙携枪逃跑，暴动队伍缴获甚微。泽畔距南楼不远，南楼枪声一响，泽畔的敌人自然便有了准备，再去恐难取胜，只好作罢。滏东那边李菁玉、郭森没有按时把人集中起来。第二天早晨，滏东滏西两边的暴动队伍会合到一起，总共只有二三百人。经反复商量，认为凭这些人去攻打平乡县城，力量实在不够。因此决定，这次行动到此为止。

1935年5月底，根据中共中央北方局和中共河北省委的指示，中共直南特委在巨鹿县郭庄召开扩大会议，总结了5月暴动失利的经验教训，并作出三项决定：（一）积极做好第二次暴动的准备工作，要求各支部党团员组织游击小组，学习枪支的使用方法；（二）多方设法筹划枪支；（三）建立革命武装，同时要建立秘密的不脱离生产的游击小组，领导以分粮、抢粮、保护盐民利益为中心的群众斗争，逐步过渡到脱离生产、半脱离生产的游击队。在此期间，李菁玉与必根发生意见分歧，中共河北省委遂将李菁玉调往保属特委，由必根接任中共直南特委书记。

特委郭庄会议后，各县党组织传达和落实会议精神，积极准备暴动。随着贫苦群众的发动和武器的增加，暴动的骨干力量壮大起来。至1935年7月底，滏西地区已形成拥有100多人、60多条枪的革命武装。同时，滏东地区的武装也在迅速发展。1935年秋，成立了“中国工农红军平汉线游击队”。滏西游击队由刘文忠等负责，滏东游击队由张霖之、郭森、王光华等负责。两支游击队各自为战，独立活动，又相互支援，协同作战。同时，为做到知己知彼，各县都建立了交通站做耳目。

经过一系列暴动准备之后，中共直南特委及各县党组织都把开展暴动作为党的中心工作。进入1935年8月，各县纷纷举行暴动并形成高潮。游击队利用青纱帐、沙窝、树行子等有利地形、地物，昼伏夜出，到处开展砸局子、斗地主、分粮吃大户的斗争。暴动中心地带的任县、广宗、巨鹿、南宫、平乡等县，游击队几乎每天都与敌人战斗，打击和消灭反动武装力量，并把以平乡为中心的打盐巡斗争又推向新高潮。其中，较大的一次战斗是10月下旬滏西游击队在尧山县南汪店伏击任县和尧山县保安队。在这次战斗中，任县保安队长被击毙，还俘获团勇五六十人，缴获枪械50多支。

武装斗争的胜利开展，迫使许多地主主动捐款、献粮、交枪，表示支持抗日救国。时间不长，游击队就收到数量相当大的一批物资，中共直南特委除留下一部分用作壮大游击队之外，其余全部上缴中共河北省委和中共中央北方局，缓解了特委和省委经费不足的困难。而分粮吃大户的群众运动，也有效地解决了贫苦农民当时生活上的困难。

1935年底，中共河北省委书记高文华亲临直南视察工作，指导暴动。这时滏西的任县、尧山、隆平和内丘的平原地带与滏东的巨鹿、平乡、南宫、广宗等县，游击队的活动已基本连成一片。高文华根据直南游击战争发展的形势，向直南特委传达了省委的指示。为了在直南进一步发展游击战争，迎接已经到达陕北的红军东征，加强对游击队的统一军事指挥，提议把中国工农红军平汉线游击队扩建为华北人民抗日讨蒋救国军第一军第一师。这样从组织形式上便于广泛吸收和联合各种抗日力量，更容易形成和扩大抗日民族统一战线。1936年1月28日，在广宗县槐窝庄，华北人民抗日讨蒋救国军第一军第一师正式宣告成立，由刘文忠任师长，张杰（王光华）任副师长。下设两个团，刘文忠兼任第一团团长，基本活动区域在滏阳河以西；张杰兼任第三团团长，基本活动区域在滏阳河以东。同时，在滏东继续创造条件，积极筹建第二团。此时，整个队伍已达900多人，拥有长短枪 800 多支，成为一支颇具实力的革命武装。

直南游击队的发展壮大和武装斗争的蓬勃发展，使国民党河北省当局深感头痛，连蒋介石都感到十分恼火。为此，蒋介石紧急电令冀察政务委员会委员长宋哲元，限期“剿灭”直南“赤祸”。宋哲元受命立即在北平召开紧急会议，决定赶修（北）平大（名）公路，将各县军警民团一律改编为保安团，并从商震的第三十二军、冯占海的第六十三军和宋哲元的第二十九军各抽出大批正规部队，总共数千人开进直南，对游击队进行“清乡围剿”，妄图一举消灭直南革命力量。一些逃亡外地的地主也乘机返乡，充当捕杀共产党员、游击队员和革命群众的帮凶。刹那间，风云突变，一片白色恐怖。大批共产党员、游击队员、革命群众惨遭杀害。

面对敌人的疯狂“围剿”和屠杀，直南共产党员、游击队员和革命群众毫不屈服，他们化整为零，分散活动，与敌人巧妙周旋，顽强斗争，即使被敌人逮捕、杀头，也绝不低头弯腰。中共广宗中心县委书记李同庵被捕后，受尽各种酷刑，为保守党的机密，始终坚强不屈，最后壮烈牺牲。原四支队特务连长刘文信（朱三），在极其恶劣的环境下，带领游击队员转移到河北与山东交界的临清、馆陶、邱县边缘地带继续坚持斗争。他被敌人抓住后受尽折磨，在威县临刑时，高昂着头，向大街两旁的群众高喊：“各位父老乡亲，你们见过共产党吗？我就是共产党！共产党是领导穷人翻身的！”敌人用绳子勒住他的牙齿，他仍然竭尽全力高呼“打倒日本帝国主义”“打倒国民党反动派”等口号。刘文信临刑前的浩然正气和英雄气概，令在场的群众无不为之动容。

1936 年春天，正当敌人向人民猖狂进攻的紧要关头，刘少奇来到中共中央北方局，传达了中共中央关于建立抗日民族统一战线的方针和正确的军事路线的指示。根据中央的指示精神，中共中央北方局于 3 月底指示直南特委：在敌人大规模镇压，处于敌我力量悬殊的情况下，要有计划有组织地退却，以保存力量，等待时机。根据中共中央北方局的这一指示，中共直南特委在巨鹿县张庄召开会议，研究游击队的去向、斗争策略等重大问题。经过反复讨论、争辩，最后决定暂时“插枪”，疏散隐蔽。会后，中共直南特委机关转移到石家庄，刘文忠先到邯郸，又到彭城，后又辗转到北平。张霖之、马国瑞、王光华等先后到永年、高邑等地隐蔽。其他共产党员、游击队员有些被安排到国民党军队去当兵，从事地下兵运工作，有的投亲靠友到外地自谋生路。至此，一场轰轰烈烈的历时一年有余的农民游击战争结束了。

直南游击战争有力地打击了国民党政府的残酷统治和地方恶霸势力，极大地扩大了党在人民群众中的影响，锻炼培养了大批党的骨干力量。不久，马国瑞等人回到南宫、威县、广宗一带，秘密串连失去联系的党员，恢复重建党支部组织，坚持白色恐怖下的斗争，直至全面抗战爆发。

冀东人民反对“冀东防共自治政府”的斗争

“冀东防共自治政府”粉墨登场后，立即遭到全国人民的强烈反对和声讨。冀东人民身受其害，他们首先奋起反抗，站到了反对“冀东防共自治政府”的最前线。这场斗争，实质上是反对日本帝国主义的侵略政策和侵略势力。这样的斗争，实际上在伪政权成立前就已经开始了。在从 1933 年《塘沽协定》将冀东划为非武装区，至 1935 年 11 月伪政权建立这一段时间内，除孙永勤领导的抗日武装起义外，较有影响的还有共产党员王承祖组织抗日武装的活动和高志远领导的马城保卫团起义。

1935 年 11 月，殷汝耕伪政权的出笼，使几个月来对迅速恶化的华北局势备加关注的河北各界极为愤慨，汉奸殷汝耕及其伪政权顿时成为众矢之的。

伪政权出笼的第二天，冀东各县旅平同乡会及各县民众代表联合会立即发表宣言强烈谴责。国民党政府也明令通缉殷汝耕，但没有采取实际行动，继续妥协敷衍。11 月 27 日，乐亭、迁安等五县县长拒绝参加伪自治政府，先后离职而去。玉田等 11 县县长先后声明“绝不附逆”。据当时通讯系统业务员称，殷汝耕接到全国各地反对、劝告、唾骂等各类信件与电报，每日不下数百件。12 月 9 日，北平爆发一二九运动，全国抗日救亡运动再掀高潮。1936 年春，中共京东特委组织部长兼迁安县委书记王平陆建立了抗日游击队，并将原孙永勤抗日救国军一部改编为“抗日保国军”，在唐山北部山区黑河川、澈河川一带打击日伪政权。

伪政权成立后，殷汝耕从通州沿长城到山海关“阅边”，中共迁安地方组织闻讯即发动党员、群众在沿途树上、村头和石崖上贴出“打倒卖国贼”“打倒汉奸殷汝耕”的标语。殷汝耕由遵化县到迁安县三屯营（今属迁西县）时，听到迁安县境内长城、长河一带“抗日游击队十分活跃”的消息，非常惊恐，于是改变原拟路线，调转车头逃回唐山。在中国共产党的号召和影响下，各县人民还自发组织了“反殷自治军”“反殷人民自卫军”“驱殷自卫军”等反殷武装，一致反对殷汝耕汉奸政权的统治。由军长王道率领的“反殷自治军”，军部设在遵化县马兰峪。在遵化县的石河区有“反殷人民自卫军”，约千余人。该军着便衣持枪分赴滦县、遵化、玉田等地，向群众宣传驱殷。活动在乐亭、滦县、遵化、迁安等地的“反殷人民自治军”，编印了《揭发殷逆十大罪状告同胞书》，广为散发，进行推翻殷汝耕伪政权的斗争。各地民众群起响应，参加者甚众。殷汝耕对此十分不安，一面命令所属特警队疯狂抓捕杀戮，一面亲赴天津，请求日本驻屯军司令官田代皖一郎派日军前往镇压。

1936 年 12 月，在唐山、滦县等地由伪政府召集的成立一周年纪念庆祝会上，所有被迫到会的中国人以沉默来对抗，拒绝呼喊口号，拒绝唱“冀东政府”歌，并将歌词撕毁。在当天晚上的提灯会上，与会者一致咒骂伪政权，把提灯游行称为“给冀东政府发丧”，变“提灯会”为“踢灯会”，多数人在半路上把灯笼焚毁。

教育界爱国师生对殷汝耕卖国媚日的行为深恶痛绝，成为坚决反抗日伪统治的一支重要力量。受一二九运动影响，唐山丰滦中学学生出于对校方封锁政治舆论、讨好伪政府等举动不满，在高景云、郑朝珍等人领导下于 1936 年 1 月 3 日至 5 日组织全校师生举行了罢课斗争。交通大学唐山工程学院的师生坚决抵制挂伪政府的五色旗（红黄蓝白黑），仍然升中华民国国旗（青天白日满地红）。伪冀东政府于1936年决计接管交通大学唐山工程学院，拟更名为“冀东大学”。学校师生闻讯后，举行罢课、集会抗议，反对更改校名，使伪政府的更名计划未能得逞。同年，交通大学唐山工程学院学生与北平燕京大学民先队取得联系，在院内办起一二九流动图书社，开展革命启蒙教育，传播抗日救国思想。12月，该院学生还演剧募捐，援助正在抗击日伪军侵扰的绥远省中国军队。河北滦师校长王德周在校内领导师生创办《冀东烽火》刊物，宣传“抗日则生，不抗日则死”的道理。滦师学生吴绍周、高朗豁等人，组织同学节衣缩食，购买阅读马列主义书籍及宣传抗日救国的进步刊物，呼吁有骨气的中华青年要为自由解放而战，决不当亡国奴。同时，组织同学散发传单，张贴标语，教唱救亡歌曲，鼓动群众起来参加救亡斗争。在其他各县中小学教师中，抗日反汉奸政权的活动也很活跃。各地农村学校中，地下抗日活动逐步趋于半公开化。

唐山一带产业工人密集，这些工人们在困难的条件下，亦进行了艰苦的斗争。1936年3月，开滦唐山矿工人要求“加班”，增加收入以维持生活，遭到矿方拒绝，因此爆发了一场怠工斗争。斗争自3月开始至7月上旬结束，故称“百日怠工”斗争。斗争中，日本驻军和伪冀东政府插手作祟，工人们利用日伪与开滦资本家的矛盾，勇于斗争，结果伪冀东政府和开滦矿务局两败俱伤，工人斗争取得胜利。11月，日本东洋纺织株式会社强行接收华新纺纱厂一半的股份，从而使该厂管理权落入日本人手中。华新工人在中共地下党员李广宽的领导下，开展了一场反对日本侵略、反对日伪统治的政治罢工。日伪当局镇压罢工，逮捕6名领导罢工的积极分子，开除十几名工人，妄图使全厂工人屈服。结果，大批工人离厂，抗议日伪暴行，给工厂生产造成严重困难，打击了日伪政权。唐山商界为了维护自身利益，反对伪政府的经济掠夺，抵制伪钞流通，许多商号对伪钞有意不收不放，致使伪钞发行一年就被迫收回，停止流通。

伪政权统治下的反动武装中也存在着爱国力量。1937 年 7 月 28 日，驻通县保安队第一总队长张庆余、第二总队长张砚田等人不甘心附逆，发动兵变，激战 9 小时，摧毁了伪政权，殷汝耕倒台。8 月 10 日，伪冀东防共自治政府被迫迁往唐山，伪冀东防共自治政府秘书长池宗墨接任“政务长官”之职，重组伪政权。为了掌握伪政府的动向，以便继续与其进行斗争，中共河北省委负责人姚依林派朱欣陶打入伪冀东防共自治政府，先后任秘书厅秘书和警备科科长。朱欣陶利用工作之便，把敌军实力、敌伪内情等许多重要情报提供给党组织，同时深入开展抗日民族统一战线工作。

伪冀东防共自治政府在全国人民特别是冀东人民的打击下，日益削弱，始终处于风雨飘摇之中。到 1938 年 2 月 1 日并入伪中华民国临时政府，结束其两年两个月的可耻历史。

三、瓦窑堡会议与河北党的工作路线的根本转变

瓦窑堡会议召开

在民族危机空前严重、政治风云变化多端的关头，1935 年 12 月 17 日至 25 日，刚刚结束长征到达陕北的中共中央，在瓦窑堡召开政治局扩大会议，出席和列席会议的有毛泽东、张闻天、周恩来、博古、李维汉、王稼祥、刘少奇、邓发、凯丰、张浩、邓颖超、吴亮平、郭洪涛等。张闻天主持会议。会议着重讨论全国政治形势和党的策略路线和军事战略。

会上，张闻天作关于政治形势和策略问题的报告，张浩作关于共产国际七大精神的传达报告，毛泽东作关于军事战略问题的报告。会议通过了《中央关于目前政治形势与党的任务决议》。12 月 27 日毛泽东根据会议精神，在党的活动分子会议上作了《论反对日本帝国主义的策略》的报告。瓦窑堡会议决议和毛泽东的报告解决了党的政治路线问题，确立了建立抗日民族统一战线的新策略。

决议指出，当前的政治形势的基本特点是日本帝国主义“正准备并吞全中国，把全中国从各帝国主义的半殖民地，变为日本的殖民地”。在这种形势下，一切不愿当亡国奴、不愿当汉奸的中国人的唯一出路，就是“向着日本帝国主义及其走狗汉奸卖国贼展开神圣的民族战争”。决议认为，民族革命的新高潮推醒了工人阶级和农民中的落后阶层；广大的小资产阶级群众和知识分子已转入革命；一部分民族资产阶级，许多乡村富农和小地主，甚至一部分军阀也有对革命采取同情中立的态度以至有参加的可能。因此，“民族革命战线是扩大了”。党应该采取各种适当的方法与方式，去争取这些力量到反日战线中来。决议明确指出，在地方买办阶级营垒中间，也不是完全统一的，党应利用他们之间的矛盾和冲突，以利于抗日民族解放斗争。对于日本帝国主义与其他帝国主义之间的矛盾也应采取这样的策略。决议指出，最广泛的反日民族统一战线不仅应当是下层的，而且应当包括上层的。党的策略路线是发动、团结与组织全中国全民族一切革命力量去反对当前主要敌人——日本帝国主义与蒋介石。决议重申，统一战线的最高组织形式是国防政府和抗日联军。

毛泽东在《论反对日本帝国主义的策略》的报告中，指出了民族资产阶级与地方买办阶级的区别，论证了工人阶级与民族资产阶级联合的可能性和重要性，提出了要利用敌人营垒中间的“一切斗争、缺口、矛盾”来反对当前的主要敌人。

正如瓦窑堡会议和毛泽东所正确分析的那样，蒋介石和国民党中央对抗日的态度，在华北事变后也在发生变化。华北事变直接威胁到南京政府的生存，超出了它所能容忍的限度，使它不得不考虑调整对日政策。日本企图独占华北，也威胁到美英等帝国主义的在华利益。国民党内部亲美英派与亲日派的矛盾日益加深。在这种情况下，南京政府在1935年底开始试探，要求苏联援助，并设法打通同中国共产党的关系。此后，国共双方通过多种渠道进行秘密接触。

中共中央正是在这个历史时刻，不失时机地制定了抗日民族统一战线的新策略，克服了长期在全党占统治地位的“左”倾冒险主义、关门主义的指导思想，掌握了政治上的主动权。

瓦窑堡会议后，中共中央采取切实措施，积极地促进一二九运动后全国人民日益高涨的抗日救亡运动浪潮，尽可能地向国民党上层领导人和军队将领宣传党的抗日主张，以进一步加强统一战线工作。毛泽东、周恩来向国民党上层领导人和军队将领发出了大量信件，如华北的国民党地方实力派阎锡山、傅作义、宋哲元等人，商组北方联合战线。1936 年 8 月，还派张金吾为中共驻宋哲元处联络代表。

为了贯彻党的民族统一战线新政策，彻底转变党在北方白区的工作路线，中共中央具体讨论了北方局的工作，并于 1936 年 3 月派刘少奇到天津主持中共中央北方局工作并任书记。自此，河北党的工作开始出现新的局面。

刘少奇北方纠“左”

刘少奇到任后，根据瓦窑堡会议精神和河北省的具体情况，批判了“左”倾路线的错误，提出了新的工作路线。1936 年 4 月，刘少奇在《关于白区职工运动工作的提纲》中明确指出：目前中心城市与大的产业中心，是反革命的支撑点，反革命力量最强大，防护也最严密；而党的工作基础与组织基础还十分薄弱，所以党目前在中心城市与产业中心的工作任务是：争取群众，争取工人阶级的大多数，蓄积工人阶级的雄厚力量，以准备将来决定胜负的斗争。为着积蓄力量，刘少奇指出：必须首先注意保存与巩固党和工会在工厂企业中现有的组织工作，只有把这些组织和工作巩固保存起来，才能在此基础上去扩大和发展我们的工作与组织。因此，必须肃清实际工作中的关门主义和冒险主义；更加注意改善党的秘密工作，防止敌人的袭击。当着我们在某些工厂企业中建立了强大组织，团结了这些工厂的大多数工人时，就应当把组织更加巩固起来，培养与训练工人干部；派干部到其他工厂去开辟工作；派工人积极到农村中去参加游击队义勇军；参加一般的公开的社会与政治活动。为着争取群众、创造和蓄积力量的同一目的，还必须注意领导工人群众经济的和政治的斗争。在领导这些斗争时，必须用一切方法争取斗争的胜利。对于没有把握取得胜利的斗争，或者遇到再继续斗争对工人不利时，应在相当条件下适可而止暂时停止战斗。在某种情况下，我们还应利用国民党的调解仲裁和国民党工厂法、工会法上那些有利改善工人现状的条文，以取得工人的具体要求的实现。为着争取群众，蓄积力量，刘少奇还指出：应该利用国民党在工人中推行的卫生运动、文化娱乐活动、纪念节日等等一切可能去广泛组织工人群众，以便取得公开地位来领导工人斗争，使工人的要求获得实现。在有“黄色工会”的工厂和企业中，我们的同志应参加“黄色工会”的活动，应利用“黄色工会”组织工人群众和发动斗争。对于“黄色工会”每一个选举位置，“黄色工会”的全部领导机关，我们要努力争取到手里来，只有到了暴动之时，我们不需要“黄色工会”之外表的掩护了，才能公开转变为赤色工会。在反对日本帝国主义、卖国贼以及资本家的口号下，我们还应与“黄色工会”中的各派工人及其领袖建立统一战线（如罢工、示威、抵制日货、参加抗日义勇军等）。要在一切工人中宣传组织国防政府和抗日联军的主张，鼓励与推动“黄色工会”去参加一般的抗日救国运动。

刘少奇的《关于白区职工运动工作的提纲》，为河北省党的工作路线的转变奠定了基础。

为了更有力地指导北方党的工作，认真贯彻中央正确的政治路线，从理论上、策略上、工作方式方法上给北方党全体同志以具体指导，刘少奇又通过北方局机关刊物《火线》先后发表了许多极为重要的文章，来扭转过去北方党内存在的错误观点。

1936 年 4 月 10 日，刘少奇在《火线》发表了《肃清关门主义与冒险主义》一文，批评了一些同志在具体工作中，不懂得利用敌人的矛盾反击敌人，不懂得公开工作与秘密工作的联系，既破坏了秘密工作，又妨碍了公开工作；不了解经济斗争与政治斗争的联系；等等。指出在当前阶级关系变化的形势下，“广泛的民族革命统一战线，成为我党领导中国革命到胜利之路的中心问题和主要关键”①。要求在

① 《刘少奇选集》 上卷， 人民出版社 1981 年版， 第 24 页。

具体斗争中掌握客观形势，团结群众，灵活运用战略战术及领导艺术。刘少奇的这些论述极大地提高了全党的策略思想水平，使许多党员认识到“左”倾冒险主义给党造成的危害，促进了河北省党的工作路线的转变。

为了彻底肃清实际工作中的关门主义、冒险主义，为了把党的正确路线贯彻到底，以提高党的斗争策略水平，迎接革命高潮，1936年8月25日，中共中央北方局在刘少奇亲自领导下，发出了《华北政治形势与党的任务——给各级党部的一封指示信》。基于华北政治形势的特点，中共中央北方局在信中提出了党的主要任务：团聚和组织全民族一切抗日反汉奸的力量，来进行胜利的抗日反汉奸的民族革命战争。指示信还对城市工作、农村工作和党的组织工作作了具体的指示。这一指示信，对河北省党的工作路线的彻底转变起了决定性的作用。

此外，刘少奇还批评了过去“左”倾教条主义者在开展士兵工作方面的关门主义错误。刘少奇主张除继续加强士兵群众的争取工作以外，更要重视争取下层军官的工作。因为，军队具有高度的集中性，下层军官对部队有很大的控制力量，掌握住这些中心力量，就可以动摇其军队的基础。

在新的形势面前，河北省党组织在中共中央北方局及刘少奇亲自领导下，加强了政治思想领导，提高了领导斗争的策略水平，纠正了过去在实际工作中的关门主义和冒险主义，改变了河北省的白区工作面貌，使各地党的组织得到迅速的恢复与发展，河北省的工作很快地出现了一个崭新的局面。

争取国民党地方实力派

河北党组织做争取国民党地方实力派的工作，开始得比较早。在瓦窑堡会议之前，就曾经和冯玉祥等重要实力派取得联系。

为了贯彻瓦窑堡会议精神，建立更广泛的抗日民族统一战线，河北省党组织争取国民党地方实力派的工作显得更为迫切，策略也更加明确了。

针对当时平津学生运动存在的问题，刘少奇提出了两个小心谨慎的策略，即正确对待学校当局和教师；正确对待宋哲元的第二十九军。在一二九运动初期，北平学生与宋哲元的第二十九军之间完全处于尖锐的敌对状态。因为一二九运动的斗争锋芒，开始是直接反对宋哲元为首的“冀察政务委员会”；而宋哲元的第二十九军又参加镇压学生爱国运动，因此学生在游行示威中，愤怒地高喊“打倒卖国贼宋哲元”“打倒冀察政务委员会”的口号。后来，中共中央北方局和刘少奇在对宋哲元及“冀察政务委员会”当局进行了认真分析研究后，认为在日军进逼、全国抗日救亡运动高涨的形势下，宋哲元还不甘愿当汉奸，还有转向抗日的可能，因此，不能把主要斗争锋芒指向宋哲元和冀察当局。刘少奇及时地提出了“拥护宋委员长抗日”“拥护二十九军抗日”的口号。这两个口号提高了当时广大学生和干部的政策水平，激发了第二十九军广大官兵的抗日爱国情绪。如 1936 年深秋，冀县省立第六师范学校党支部利用宋哲元视察平大路途经该校之时，组织学校师生拦路搞了一次抗日群谏活动，敦促宋哲元再现长城抗战之雄风，继续抗击日本侵略者。这让宋哲元看到了民众的抗日热情，起到了促宋抗日的作用。爱国学生态度的转变也在相当程度上改变了宋哲元对学生运动的态度。这样就使当时爱国学生和广大群众的救国活动取得了进一步合法的可能，使学生运动获得了更广泛的支持和更迅速的发展。

做国民党将领傅作义的工作，则采取了另一种方式。1936 年 11 月，傅作义率部在绥东抗日，收复百灵庙。在中共河北省委领导下，河北人民和全国人民一样，及时地开展了援助绥远军队抗日的运动。如，石家庄组成了由石门商会、律师公会、学生联合会、商行经理、报界人士等参加的“石门各界慰劳前方将士联合会”。共产党员朱琏、马次青成为联合会的主要成员。联合会成立后，组织了工人、商人、律师、学生、妇女等募捐队。朱琏带领妇女募捐队挨家挨户募集捐款，亲自登台参加京剧募捐公演。西安事变发生后，傅作义在石家庄乘火车赴太原时，马次青等代表联合会前去会见，鼓励他联共抗日。傅作义离开石家庄时，石家庄各界代表又到车站送行。这使傅作义颇受感动。联合会还用各界人士的捐款，购买了慰劳品，组成石门各界慰绥代表团，并选派马次青带领代表团前往绥远慰问抗日将士。傅作义亲自接见了代表团，接受了锦旗和慰劳品，并表示感谢。同时，正太铁路员工救国会集资 1000 元，寄给了傅作义抗日部队。傅作义复电感谢正太铁路工人的支援，表示“惟有奉扬仁风，切加激策，庶期三军振奋，效命疆场，本此血诚，亦即仰答爱国同仁所厚赐也”。

中共河北地方组织还曾对东北军中的某些将领做统战工作。1936 年 8 月，张学良派主张联共抗日的黄显声到石家庄任东北军第五十三军副军长兼第一一九师师长。中共派共产党员孙志远到第一一九师协助黄显声工作，并担任了师部秘书和手枪队队长等职务。孙志远在该师所属的两个团建立了中共组织，并抽调军队中一部分青年士兵和北平进步学生成立了教导营，培训了大批干部和抗日骨干。孙志远和中共石家庄市委取得联系，共同组织和领导石家庄和当地国民党驻军中的抗日救国运动，师长黄显声给予了积极配合和支持，把石家庄的抗日救国运动推向了新的高潮。

河北省党组织争取国民党地方实力派的工作，推动了抗日民族统一战线的形成，收到了良好的政治效果。

广泛深入开展抗日救亡运动

为贯彻中共中央建立抗日民族统一战线的方针，河北各地党组织以各种形式广泛地发动和团结群众起来抗日。

直中的党组织为联络国民党中的左派，组织了冀中人民救国会，印发了告同胞书，号召人民起来抗日。中共石家庄市委主办了《正言报》《北风》半月刊，以此反映人民大众“救亡图存”的要求，褒扬共产党的抗日主张。石家庄市委还同东北军一三〇师六九一团团长吕正操（共产党员）取得联系，由六九一团官兵和正太铁路工人共同组建成立了歌咏队。歌咏队演唱《五月的鲜花》《大路歌》《大刀进行曲》

《救亡进行曲》等抗日救亡歌曲，大大激励了官兵和群众的抗日热情。

唐山铁路工厂党支部通过组织读书会争取群众、培养骨干，壮大抗日统一战线的力量。他们把发展党员开展隐蔽斗争，叫做“低潮之下，大浪潜流”。唐山火车站地下党组织派李守正等人建立了唐山“铁路抗日救国会”，调查日伪军政人员、装备运输等情况，掩护过往同志，转送文件和财物，配合地方抗日反汉奸活动。中共党员、开滦矿总医院护士谷云亭（谷少川）在开滦总医院创建“抗日自卫同盟”，出版盟刊《冬青》，对群众进行抗日宣传，后多数人加入抗日游击战争。唐山党组织还创办了《先锋》《冀东烽火》等刊物，宣传党的抗日主张。

中共津南工委领导下的第一特区有文化界救国会、民族解放先锋队，第二特区有武术队、篮球队、戏剧社，第三特区有两个短期小学、两个大的储蓄会、两三个武术团，第四特区有读书会、储蓄会、武术团。共产党员杨正泉等在大路庄（今属海兴县）建立抗日救国五人团。所谓五人团即每个成员发展 5 人入团，这 5 个人再发展 5 人入团，以此扩大抗日力量。

1936 年 12 月 12 日，西安事变的消息传到河北，各界人士热烈拥护张学良、杨虎城的政治主张。保定、石家庄、张家口等城市的大中学校学生，不顾当局禁令奔向街头游行，贴标语、呼口号、撒传单。中共中央关于和平解决西安事变的指示下达后，以刘少奇为首的中共中央北方局，领导中共河北省委所属各级党组织，立即在党内及各界群众中开展了宣传，还特派彭真到北平召集党的会议，提高党员对抗日民族统一战线的认识，纠正一些“左”的错误思想，极大地提高了河北各级党组织贯彻执行党的抗日民族统一战线方针的自觉性。

中国共产党调整后的一系列政策和团结对外一致抗日的立场，受到了全国各阶层人民的支持和欢迎，尤其是日伪统治下的冀东、察北等地人民深受鼓舞，抗日救亡逐渐上升为武装斗争。在冀东地区，有王平陆、高小安、苏林彦等领导的多股抗日武装。察北地区人民反抗斗争也日趋激烈，到 1937 年 6 月，察北的康保、张北、沽源等地均有起义事件发生，民众起义已成燎原之势。起义民众组织国民自卫军，同日伪军发生激战，予以重创。国民自卫军的抗日义举，赢得了察北人民的热情赞誉和积极支持，部队迅速壮大，很快发展到数万人。

四、河北党组织的健全与发展

各地党组织的恢复、重建、健全与发展

1936 年 4 月，在刘少奇主持下，1935 年 5 月以后的“一套班子，两个牌子”的中共中央北方局和中共河北省委，从组织机构设置到人员组成彻底分别设立。从此，中共河北省委便成为只领导河北省辖区内各级党组织的省委组织。中共河北省委仍由高文华任书记，柯庆施任组织部长，李大章任宣传部长。此后，在中共中央北方局领导下，中共河北省委经过纠正“左”倾冒险主义和关门主义，开始把整个组织工作转移到建立最广泛的抗日民族统一战线上来，并把党的秘密工作同群众的公开半公开活动正确地结合起来，使河北省各级党组织较快地得到了恢复和加强。这时，中共河北省委下属北平、天津、唐山三大城市市委和京东、冀热边、保属、直中、直西、直南、直鲁豫边、津南 8 个特委，除张家口市委尚未恢复外，省委之下的特、市委组织基本健全起来。

1935 年春，中共平山县委所属党员有 500 多名，并领导着一支武装力量。1935 年 8 月，中共河北省委派李华生到平山县组建了直西特委，先后由张惠森和栗再温任特委书记，实际活动范围为平山县和井陉县北部地区。12 月，由于直西特委书记张惠森在石家庄被国民党当局逮捕后叛变，组织遭到破坏。1936 年 6 月，中共河北省委遂将直西特委撤销。

1935 年夏，为抗日斗争的需要，中共京东特委分建为京东、冀热边两个特委，大体以京（北京）榆（临榆）公路为界，路南为京东特委，路北为冀热边特委，两特委均属河北省委领导，李葆华、王平

陆（高永祥）分别任书记。11 月，伪冀东防共自治政府成立，日伪军活动猖獗，冀热边特委遭破坏，两特委又合并为中共河北省京东特别区委员会，阎达开任特委书记。1936 年初，刘少奇主持中共中央北方局工作，纠正党在白区工作中“左”的倾向。4 月，中共中央北方局组织部长彭真来京东指导党的组织工作，并确定把党的工作重点由城市转向农村。是年夏秋间，为便于领导，京东地区又分建为京东、冀热边两个特委。京东特委由李运昌任书记，领导乐亭、滦县、丰润、丰滦边 4 个县委和昌黎县党组织，京东特委所属党组织获得迅速恢复和发展，1936 年至 1937 年上半年，党员人数发展到 460 人。冀热边特委由王平陆任书记，领导遵化、迁安、蓟县、丰（润）北 4 个县委。冀热边特委根据新的形势，对党组织的发展等作出了一系列规定，到 1937 年 4 月，党员人数已达到 500 多名。原来很多失掉关系的党员都主动找组织接关系，原来受“左”倾错误打击并被切断组织关系的李子光、韩东征接上了组织关系，并分别被任命为蓟县、迁安两县的县委书记。

1935 年 8 月，根据中共河北省委指示，在中共津南工委的基础上恢复中共津南特委。1936 年冬初，中共河北省委又决定将津南特委仍改建为津南工委。1937 年 2 月，中共津南工委在景县大刘庄成立，由赵榑任书记，王魁章（又名王育民）任组织委员，王任重任宣传委员。其组织活动范围划分为 4 个特区：第一特区为沧县、交河、献县；第二特区为景县、德州；第三特区为宁津、盐山、乐陵；第四特区为庆云、无棣、阳信。共有 7 个区委、20 个支部，党员 132 人。工委机关刊物为《实际生活》。

1935 年 9 月，中共保属特委组建，李菁玉任书记，开始恢复建立保定市及周围各县党组织。到 1936 年上半年，安平、饶阳、深泽、安新、完县、满城、唐县基层党组织普遍建立，党员人数发展到 800 余人。在农村党的基层组织迅速发展的同时，保定市内组织也开始恢复发展。1936 年 6 月，中共保属特委恢复保定市委，杨春圃任书记。之后，不到半年时间吸收 30 多名党员，建立了 7 个基层支部。

1935 年 9 月，李华生任中共直南特委书记。1936 年 2 月，李华生调回省委，张霖之继任中共直南特委书记，马国瑞任组织部长，王韵秋任宣传部长。尽管当时环境仍很恶劣，但他们积极整顿党的各级组织，寻找暂时失掉关系的党员，到年底，党员即发展到 2000 多人。1936 年四五月间，中共直鲁豫特委领导成员王从吾等被捕后，由少数特委人员坚持工作，直到全国抗战爆发。

为了尽快恢复唐山市党的组织，1935 年省委决定唐山市党的组织划归京东特委领导。京东特委几次派人到唐山市恢复党组织，于 1936 年夏建立了唐山市工委。唐山市工委隶属于河北省委领导。任命董昕为唐山市工委书记，同年秋天改任周文彬为唐山市工委书记。

1936 年初，中共河北省委派李衡（李致光）到石家庄巡视工作，未能恢复直中特委。6 月，河北省委调王卓如、傅贯一、郭森到石家庄重建直中特委，由王卓如任书记，傅贯一任组织部长，郭森任秘书长，1937 年 1 月，由李雪峰任书记，王卓如改任宣传部长。该特委只与定县、赞皇、元氏、高邑、灵寿及中共石家庄市委建立了联系。7 月，抗日战争全面爆发，直中特委划归平汉线省委领导。

党的工作路线转变以后，河北党的组织有了很大的发展，抗日救亡运动普遍而广泛地开展起来。1936 年 12 月西安事变和平解决以后，在党中央的正确领导下，国内和平得以实现，这一有利形势更加促进了河北人民抗日救亡运动的发展。

适应形势发展河北省委调整组织机构

1937 年 5 月，中共中央在延安召开了党的全国代表会议，这次会议讨论和批准了党在 1935 年遵义会议以来的政治路线，并为抗日战争作了政治上和组织上的准备。

党的全国代表会议后，1937 年 5 月，又召开了白区党的代表会议。刘少奇在会议上作了《关于白区的党与群众工作》的报告。基于日本帝国主义灭亡中国政策的实施，中国共产党抗日民族统一战线政策的执行，已经引起了全国政治形势的重大转化，但党在群众工作中还存在着严重的关门主义、宗派主义和冒险主义的历史情况，刘少奇在报告中明确地提出了白区党的工作与群众工作路线彻底转变的必要性，指出：白区一切工作的总方针与总目标是为了要准备雄厚的力量，提高群众的觉悟，使千百万群众团结在党的周围，使我党成为广大群众的党。

为了实现这个总目标，刘少奇指出："我们必须领导群众政治的经济的斗争"，"群众起来斗争，是为了达到当时他们直接的要求。但我们必须忠实的为达到群众直接的要求而斗争，才能实现我们组织群众与提高群众觉悟的目的"。刘少奇还根据群众斗争的一般规律论述了领导斗争必须掌握的三条原则：（一）"当着我们去准备群众起来斗争时，我们必须详细的估计当时当地的环境与条件，敌我力量的对比，敌我的优点与弱点，并应预测斗争的结果。斗争中可能发生的变动与危险等。"（二）"从政治上、组织上、经济上、动员上去准备斗争，……就应该慎重的选择发动斗争的时机。要选择与群众有利的时机来发动。如果时机于群众特别不利，就应该暂时避免斗争，等待有利的时机来发动（如可以等的话）。"（三）"如果斗争发动，一般的应该坚持，应当扩大斗争的阵线，提高斗争的阶段，应当击破敌人的各种进攻与破坏，应当从各方面去逼迫敌人在群众面前屈服，答应群众的要求，但是如果当时的形势坚持斗争于群众不利，那我们就应当设法在部分胜利的条件下，或在不损害群众与损害最少的条件下，结束斗争，保存自己的力量以待下次斗争。"刘少奇在报告中，对工人运动方面提出："争取与组织工人阶级的大多数，是党最基本的任务"；对农村工作提出："在国共合作成立后，土地革命的口号暂时成为宣传口号。抗租抗税分粮的口号，也应暂时停止。目前我们在农村中的主要任务是为改良农民的生活而斗争，为团结千百万的农民而斗争"；对兵运工作提出："争取中国一切武装部队走上坚决抗日的道路，是我们最重要的任务"。① 刘少奇的报告，为全国白区的党与群众工作

---

① 中共中央书记处编：《六大以来——党内秘密文件》（下），人民出版社 1981 年版，第 114—120 页。

指出了明确的方向，对于纠正全国白区的党与群众工作中的“左”倾路线的错误有着重大意义，使河北省党的工作路线得到彻底转变，将白区党的工作引向了党的正确路线的轨道。

中共河北省委派高文华、李运昌、李一夫、李菁玉、李雪峰、张霖之、吴德、黎玉、刘子久、陈少敏、黄敬等参加了白区工作会议。省委工作暂由马辉之主持。鉴于河北省自华北事变以来实际上已经形成冀东沦陷区和平汉线国民党统治区，为了适应即将到来的全国抗战形势以及在不同条件下开展党的工作，中央白区工作会议决定将中共河北省委一分为二：派李运昌到天津组建新的河北省委（俗称敌后河北省委或冀东省委），李运昌任书记，马辉之任组织部长，李大章任宣传部长，林铁任军事部长，统一领导平津地区和北宁路沿线冀东地区党的工作；派李菁玉在石家庄组建平汉线省委，由李菁玉任书记，组织部长刘秀峰，宣传部长李雪峰，委员有杨秀峰、薛振彦等，统一领导平汉铁路北平至安阳段两侧冀中、冀南地区党的工作。中共（敌后）河北省委成立后，直接领导京东特委、冀热边特委、平津唐点线委员会及津南工委的抗日工作。7 月，中共平汉线省委成立后，直接领导保属、直中、直南、冀鲁边 4 个特委的抗日工作。至卢沟桥事变时，河北各地共产党组织得到迅速恢复和发展。据不完全统计，在冀中地区有共产党员、共青团员 800 余人，在京东地区有共产党员 460 余人，衡水地区有共产党员 1300 人，邢台、邯郸地区有共产党员 300 余人，冀中、冀南党组织还掌握了几支武装力量。河北省委一系列调整和河北党组织的迅速恢复和发展，为迎接抗日战争作了组织上的必要准备。

第 三 编

全民族抗日战争时期

（1937 年 7 月—1945 年 8 月）

中国抗日战争，是在国共合作为基础的抗日民族统一战线旗帜下，全国各族人民及海外华侨总动员，共同进行的伟大的民族解放战争，是中华民族复兴的一次伟大的历史转折，在世界反法西斯战争史上占有重要的地位。

河北是中国共产党领导敌后抗战的主战场之一。中国全国抗日战争的战火首先在河北熊熊燃起。地跨晋察冀、晋冀鲁豫和山东三大敌后抗日根据地，包括冀晋、冀察、冀中、冀热辽、太行、太岳、冀南、冀鲁豫、冀鲁边等战略区。晋察冀边区是敌后第一个抗日根据地，晋察冀边区行政委员会是敌后抗日根据地中唯一得到国民政府行政院与军事委员会正式批准的边区政府，被中共中央誉为“敌后模范的抗日根据地及统一战线的模范区”①。晋冀鲁豫边区是敌后最大的抗日根据地和敌后华北战场的指挥中心——中共中央北方局、八路军总部的驻地。河北各抗日根据地，不仅在对敌斗争，而且在建党、建军、建政、群众工作和经济、文教等方面，都有许多新的开拓和创造，对于坚持敌后华北抗战和全国持久抗战，起了“坚强堡垒”的作用；对于反攻与配合盟军对日作战，收复热、察等地，进军东北，起了“前进阵地”的作用；为中国抗日战争的胜利，为新中国的建立和中华民族的复兴，做出了独特而杰出的贡献。

---

① 《中共扩大的六届六中全会主席团致晋察冀边区电》，1938 年 10 月 5 日，载《晋察冀抗日根据地》史料丛书编审委员会、中央档案馆编：《晋察冀抗日根据地》第一册（文献选编上），中共党史资料出版社 1987 年版，第 199 页。

第 十 章

开展敌后河北抗日游击战争
创立敌后抗日根据地

一、卢沟桥事变后的河北形势

卢沟桥事变河北各地沦陷

1937 年 7 月 7 日，日军制造卢沟桥事变，中国驻军第二十九军奋起抗战。中国爆发了全国规模的民族抗日战争。

卢沟桥事变发生的第二天，7 月 8 日，中共中央发表通电，号召“全中国人民、政府和军队团结起来，筑成民族统一战线的坚固的长城，抵抗日寇的侵略!”① 7 月 9 日，红军请缨开赴华北抗日。15 日，向国民党中央送交了《中国共产党为公布国共合作宣言》。23 日，毛泽东发表《反对日本进攻的方针、办法和前途》一文，号召实行全面的全民族的抗战，反对妥协退让和片面抗战。8 月 2 日，周恩来在彭德怀陪同下，由山西省经石家庄到达保定抗日前线，会见国民党高级将领程潜，看望守卫保定的原杨虎城部赵寿山第十七师官兵，在漕河车站接见该师营以上干部，鼓励官兵“巩固西安事变成果，坚持长期抗战”。8 月中旬，国共两党谈判达成协议，将红军改组为国民革命

---

① 《毛泽东选集》 第二卷， 人民出版社 1991 年版， 第 344 页。

军第八路军（后改称第十八集团军），朱德任总司令，彭德怀任副总司令，下辖第一一五师、第一二〇师、第一二九师，随后从陕甘宁边区开赴华北抗日前线。8月下旬，中共中央公布《抗日救国十大纲领》，号召动员千百万群众进入抗日民族统一战线。9月22日，国民党中央通讯社发表《中国共产党为公布国共合作宣言》。第二天，蒋介石在庐山发表承认共产党合法地位和国共合作抗日的谈话。至此，抗日民族统一战线正式形成。

卢沟桥事变发生后，国民政府军队广大爱国官兵进行了英勇顽强的持续抗击作战。但是，由于国民政府实行单纯依靠政府和军队抗战、不发动广大群众抗战的片面抗战路线和消极阵地防御的作战方针，造成了国民政府军队边抵抗边败退、河北各地很快沦陷的局面。

日军占领北平、天津后，为迅速消灭河北省内的中国军队，以根本解决华北问题，于8月31日编成华北方面军司令部，辖第一军、第二军，包括第五、第六、第十、第十四、第十六、第二十、第一〇八、第一〇九8个师团和1个独立混成旅团及1个临时航空兵团，总兵力达30余万人。同时，向华北派出毒气战部队，在北平城内天坛公园西门南侧原国民政府中央防疫处筹建“北支（甲）一八五五”细菌战部。

8月7日，日军以第十一旅团和第五、第十师团各一部从北平、天津地区出发，沿平绥铁路向西北进犯；以关东军一部由多伦、沽源，南下张北，企图会攻南口、居庸关、怀来、张家口，以保障平津侧背的安全，并掩护主力沿平汉铁路、津浦铁路向河北地区进攻。

平绥铁路是华北与西北的交通大动脉。8月18日、19日关东军攻陷外长城线上的神威口、汉诺坝，遂使张家口告急。第七集团军总司令傅作义率马延守独立第七旅由怀来回援张家口。第一四三师也于23日退守张家口。日军于23日向横岭城、居庸关阵地猛攻，并大量施放毒气，中国守军第四师、第八十九师死伤枕藉。25日南口失守，26日，汤恩伯部退守怀来。27日怀来失陷，张家口失守。汤部奉命向桑干河右岸突围，刘汝明部向洋河右岸撤退，傅作义部退守柴沟堡。沽源方面日军由独石口南下龙关，27日攻占赤城，28日攻占宣化。高桂滋第十七军在延庆与敌激战后，也向桑干河右岸撤退。至此，平绥路东段作战告一段落，中国军队先后投入兵力6万余人，伤亡1.6万人；日军投人兵力约7万人，伤亡1.5万人。日军占领张家口、宣化后，继续沿平绥路向察哈尔省西南部地区进攻，9月4日侵占怀安，9日侵占阳高，11日蔚县失陷，13日阳原失守。

沿平汉铁路南犯的是日本华北方面军第一军，日军攻占南口、居庸关后，坂垣征四郎率3个师团约七八万人，分三路南下，企图占领涿州，夺取保定，以策应山西忻口会战。9月14日，日军向中国守军第一道防线和永定河一线进攻，9月16日固安、永清失守，17日琉璃河失陷，18日涿州又陷。国民党军队南撤至第二道防线易县、涞水、高碑店一带，准备保定作战。9月21日起，日军猛攻白洋淀及满城主阵地，激战三日。23日，日军由满城方面突破防线，向保定包围，并以飞机轰炸保定城郊。9月24日，国民党军刘峙部向安国、望都、曲阳之线撤退，河北省会保定失守。日军沿平汉路及两侧地区继续南犯，月底攻陷定县（今定州市）、新乐等地。10月6日，日军猛攻滹沱河阵地东长寿一带，守军独立第四十六旅旅长鲍刚率部激战一昼夜，伤亡殆尽。10月8日，正定、灵寿失陷，日军强渡滹沱河，国民党军队南撤。10月10日，日军进占石门（今石家庄市）。此间，由于太原告急，卫立煌部奉命由河北增援山西，第一军团等部也撤守娘子关阵地。日军占领石门后，一部沿正太铁路西犯，于10月下旬攻陷娘子关。沿平汉路南下的日军，10月15日攻占邢台，17日、18日占领邯郸、磁县。到10月下旬，衡水、藁城、冀县、宁晋、柏乡、新河、隆平、尧山、任县、南和、平乡、永年、肥乡等冀南腹地20余县相继沦陷。为牵制入晋日军，宋哲元部侧击平汉线，于11月5日占领南和、任县和邢台以北官庄车站，并攻击邢台城，相持两昼夜。11月8日任县复陷，11月11日大名、广平失守。宋哲元部退守卫河南岸。

沿津浦铁路南犯的日本华北方面军第二军，8月7日一部进击独流镇，9月4日起攻取唐官屯、子牙镇阵地。9月10日，日军猛攻马厂，次日国民党军宋哲元部第五十九军放弃马厂，庞炳勋部第三十九师在姚官屯东西一线掩护其撤退。日军占领马厂后，第十师团于9月21日起在飞机、重炮配合下进攻姚官屯。第三十九师与敌激战三天，24日阵地被敌突破。同时，日军第十六师团主力于9月20日起由大城南犯，国民党军第六十七军吴克仁部在大城、文安间与敌激战三天，伤亡甚重。9月24日，国民党军队全线向泊头镇撤退，次日沧县（今沧州市）遂陷敌手。9月26日至29日，日军相继攻占冯家口、东光、连镇。10月4日，日军占领衡水。10月5日，日军攻陷德县（今德州市）。至此，国民党军队和党政机关全部撤离河北省境，河北等地沦为敌后。

日伪政权与团体的建立

日本帝国主义为灭亡中国，在政治上采取“以华制华”“分而治之”的政策，每占领一个地方，就搜罗亲日派政客，建立伪政权、伪团体，巩固殖民统治，加强对中国人民的镇压和掠夺。8月12日，日本陆军统帅部制定了《华北政务指导纲要》，规定：“在作战的后方地区（包括冀东），综合指导各种有关政务事项，使该地区成为实现日满华和睦共荣的基础。”① 9月25日，日本华北方面军特务部制定了《关于建立华北政权的方案》，规定：“适应时局的发展，及时地在华北建立以防共亲日满为政纲的政权”，“新政权虽然实质上是与南京政权分开的，但开始勿使其采取声明独立或进行易帜的态度”。②

1937年12月14日，即南京失陷的第二天，日本侵略者在北平成立了伪中华民国临时政府，以王克敏、王揖唐、董康、齐燮元、朱琛为常务委员会委员。伪临时政府以五色旗为“国旗”，继承中华民国

① 日本防卫厅防卫研究所战史室著，田琪之译：《中国事变陆军作战史》第一卷第一分册，中华书局1979年版，第236页。

② 日本防卫厅防卫研究所战史室著，齐福霖译：《中国事变陆军作战史》第一卷第二分册，中华书局1981年版，第126页。

年号。下辖伪河北、山西、山东、河南四个省公署，伪“北京”、天津、青岛三个特别市政府，伪威海卫行政专员公署及苏北专员公署。12月24日，日本内阁决定了《处理中国事变纲要》，其中规定华北的处理方针和政策：“在华北，以建立防共亲日满政权和建立日满华不可分离的经济关系为目标而促其实现；以逐步扩大和加强华北政权使它成为重建新中国中心势力，为政治指导方针。”①

伪临时政府成立后，伪河北省公署于1938年1月1日在天津成立，高凌震任伪河北省长。2月1日，伪冀东防共自治政府撤销，随后，所辖22县并入伪河北省。伪河北省公署下辖：伪冀东、津海、保定、冀南道公署，分别于4月10日、21日和6月1日、6日成立，企图统治范围有2市131县（设置局、办事处）。伪冀东道公署驻唐山市（1938年1月28日设伪市政府，4月1日改伪市公署），下辖：通县、昌平、密云、顺义、怀柔、平谷（此6县今划归北京市）、宝坻、蓟县（此2县今划归天津市）、丰润、滦县、遵化、迁安、昌黎、乐亭、宁河、玉田、抚宁、临榆（今秦皇岛市）、三河、香河、卢龙，及兴隆办事处。伪津海道公署驻沧县（今沧州市），下辖：天津（今天津市郊）、静海（今属天津市）、宛平、房山、良乡、大兴（今属北京市）、涿县、霸县、任丘、交河（今泊头市）、盐山、吴桥、景县、枣强、冀县、南宫、安次（今廊坊市）、固安、永清、文安、新镇、大城、青县、肃宁、南皮、东光、阜城、武邑、衡水、新河、故城，及新海设置局（今黄骅市）②、宁津、庆云（此2县今属山东省）。伪保定道公署驻清苑县（今属保定市），下辖：石门市（今石家庄市，1938年1月15日设伪市公署筹备处，1939年10月13日成立伪市公署）、定县、正定、获鹿（今鹿泉）、束鹿（今辛集）、深县、易县、

---

① 日本防卫厅防卫研究所战史室著，齐福霖译：《中国事变陆军作战史》第一卷第二分册，中华书局1981年版，第143页。

② 民国前期，以盐山县二区（旧城）、三区（韩村）、四区（羊二庄）及沧县滨海地区组建了新海设置局。1938年，日伪在新海设置局的基础上建立新海县，1943年由新海县、青城县合并为新青县。1945年，为纪念抗日战争中牺牲在该县的八路军第一一五师教导第六旅副旅长兼冀鲁边军区副司令员黄骅烈士，将新青县易名为黄骅县。

定兴、新城、蠡县、安国、饶阳、藁城、满城、徐水、涞源、涞水、容城、雄县、安新、高阳、博野、望都、完县（今顺平）、唐县、曲阳、行唐、灵寿、新乐、井陉、无极、深泽、安平、武强、晋县、栾城。伪冀南道公署驻邢台县（今邢台市），下辖：南乐、清丰、濮阳、长垣（此 4 县今属河南省）、东明（今属山东省）、邯郸、磁县、大名、永年、曲周、宁晋、赵县、元氏、赞皇、高邑、柏乡、临城、内丘、巨鹿、任县、南和、沙河、鸡泽、平乡、广宗、威县、清河、肥乡、广平、成安及隆平、尧山（今此 2 县并为隆尧县）。

日本关东军于 1937 年 9 月 4 日，在张家口成立伪察南自治政府，于品卿、杜运宇任最高委员，辖察南 10 县。10 月 15 日，在大同成立伪晋北自治政府，辖雁北 13 县。10 月 28 日，在归绥成立伪蒙古联盟自治政府，云王（云端旺楚克）、德王（德穆楚克栋鲁普）任正、副主席，辖察哈尔、锡林格勒、乌兰察布、巴彦塔拉、伊克昭等 5 盟及厚和（归绥）、包头 2 个特别市。11 月 22 日，关东军操纵 3 个伪政权的代表，在张家口组成伪蒙疆联合委员会。该联合委员会由总委员会和产业、金融、交通等专门委员会构成，由关东军金井章次任最高顾问并代行总务委员会委员长的职务，统一管理 3 个伪政权。1938 年 7 月，将各专门委员会改称部，增设财务、民政、警务等部。伪蒙疆政权管辖范围，今属河北省的有：张家口市和康保、尚义、张北、万全、崇礼、宣化、怀安、阳原、蔚县、涿鹿、怀来、赤城、沽源等县。

为配合伪政权进行殖民统治，日本华北方面军特务机关网罗一批汉奸官僚、地痞流氓和御用文人，于 1937 年 12 月在北平成立伪新民会。该会以民众团体作标榜，实际上是地道的汉奸特务组织。其宗旨是：（一）维持新政府（即汉奸政府）；（二）发扬东方之文化道德（即日本之奴化教育）；（三）在“剿共”（共产党）灭党（国民党及其他抗日党派）旗帜下，参加反共战线（即法西斯侵略战线）；（四）促进友邻缔盟之实现（把中国作为日本的殖民地）[1]。由王克敏兼任会长，张燕卿任副会长，中央指导部长缪斌，次长日本人根本博。“新

① 甘泗淇：《抗日民族统一战线在山西》，载《解放》杂志第 55 期。

民会”总部设在北平，它的下级组织遍布河北省和华北各地。其主要活动是制造汉奸理论，进行奴化教育，建立各种伪“民众团体”，如“劳工协会”“青少年团”“妇女会”“教育联合会”等，还设立伪合作社、借款处等，以配合伪政权进行治安保卫和经济掠夺。

河北各地出现抗日新高潮

河北人民素具反抗侵略和压迫的优良传统。卢沟桥事变前已沦为日本殖民地的唐山、承德、张家口一带的广大民众，早已对日军、汉奸恨之入骨。卢沟桥事变后，冀中、冀南、冀西各地，日军铁蹄所至，和平居民惨遭血腥屠杀。9 月 15 日，日军在永定河作战中，对固安、永清沿河各村民众进行大屠杀，在固安县辛务、冠家堡等 14 个村和永清县老君堂、鲁家窑等 11 个村，屠杀群众 1390 人。9 月 24 日，日军侵占保定，屠杀居民 3000 余人。10 月 8 日，日军占领正定，两三天内在县城及近郊 13 个村（街），杀害居民 1609 人，重伤 103 人，烧毁房屋 106 间，抢走牲畜 80 多头。10 月 12 日，日军攻占藁城县梅花镇，屠杀居民 1547 人，占全镇人口 60%，46 户被杀绝。10 月 24 日、11 月 5 日，日军在成安县城及附近村庄进行两次大屠杀，杀害居民 5200 余人，仅在城内就杀害 3718 人，烧毁房屋 1200 余间。11 月 14 日，日军在广平城附近村庄屠杀居民 2000 余人。11 月 15 日，日军在邱县城内杀害居民 800 余人。

河北广大人民，面对日军猖狂进攻，国民党军队向南败退，生命财产横遭涂炭的悲惨情势，没有被征服、被吓倒。他们满怀爱家、爱乡、爱国的民族义愤，奋起抗争，掀起了抗日新高潮。战地附近的工人，搜集大量钢材、木材、麻袋等，冒着枪林弹雨到抗战前线抢修防御工事。战地附近的农民搜集粮油、柴草和门板等，帮助军队修道路和防御工事，送饭、送水、送情报、抬伤员，运送弹药物资等。各地青年学生和市民及工商各界人士组织起募捐团、慰劳团、战地服务团、宣传队和抗战后援队，进行广泛的抗日活动。有识之士纷纷揭竿而起，涌上武装抗日第一线。9 月 20 日，日军小林中队 90 余人由保定乘船顺大清河去天津，傍晚在雄县娘娘宫（原兴隆庄）停泊，日军3人进村抢掠，奸淫妇女，被村中抗日救国会会员打死一人，两人逃回船上。日军随即包围该村，进行报复。附近几十个村庄的群众闻讯，手持各种武器前来围歼日军。激战一夜，日军伤亡甚重，拂晓始向东突围，又遭群众追击、堵截，一些残余日军跳进河水逃跑，遭到两岸群众穷追猛打，大部溺水而死。经一天围歼，除几个日军逃回天津外，小林中队长以下日军全部被消灭，缴获轻机枪3挺、步枪70余支，群众仅伤亡10余人。① 10月，在中共成安、临漳、大名地下党组织的帮助下，宋哲元部华北第一集团军第六十八军刘汝明部和大名、临漳等县地方武装，积极准备抵御日军自邯郸东犯。10月22日午夜，日军第八师团尚林部队一个大队自肥乡县城出发向成安县城发起进攻，成安县公安局巡逻队在城北曲村迎击日军，且战且退，将日军引至北城墙下。中国守城军民立即开火，激战至天亮，城周四乡的民众和义勇军、自卫团闻讯赶来，手持大刀、长矛等武器，一齐杀向日军，成安城内外杀声震天。战至23日上午9时，日军伤亡过半，向邯郸城败退。日军途经成（安）肥（乡）公路时，又遭到大堤以西群众和民团的截击，两辆辎重车被击毁。至此，日军尚林大队被击毙400余人，仅23人脱逃。② 这表明，抗日救国已成为河北各阶层民众特别是广大工农群众的紧迫要求。

当时河北各地在国民党旧的统治瓦解，整个社会处于无政府状态的极端混乱中，出现了打着“抗日”旗号的各色武装林立的局面，即所谓“司令遍天下”的景象。据不完全统计，在冀中，有各色武装不下数十股：旧军人武装，如隶属孙殿英部的范子侠部1000人，活动于无极、藁城、正定县一带；乔明礼部约700人，活动于藁城、晋县一带；段树声部4000人，活动于武强、束鹿县一带。地主联庄武装，

① 冀中人民抗日斗争史资料研究会、中共河北省委党史研究室编：《冀中抗日根据地斗争史》，中共党史出版社1997年版，第7页。

② 冀南革命斗争史编审委员会编：《冀南革命斗争史》，中央编译出版社1996年版，第106页；中共邯郸市委党史研究室编：《中国共产党邯郸历史》第一卷，中共党史出版社2001年版，第113页。

仅14个县计有9.5万人，其中脱产的有3.2万余人。会道门武装，冀中各县约有4万人。土匪武装众多，主要有深县的徐二黑部3000人、张八部500人；束鹿县的张安邦部500余人；安国、深泽、安平县一带的高建勋部2000余人、张大货部300余人；献县一带的白七部500余人。在冀南，各色大小武装多达120余股，主要有：刘磨头(国栋)、王子耀、时汝南、时风栖等部，活动于任县、尧山、隆平、南和、平乡一带；李景龙、赵山峰等部，活动于邱县、威县一带；赵云祥、葛贵斋、邵北武等部，活动于衡水、武邑、阜城、交河、景县、枣强一带；段海洲、徐亚平、金庆江等部，活动于冀县、武强、深县一带；还有临清的于德本部、宁晋的赵勤甫部、馆陶的王来贤部，以及冀鲁边界的王协山、邵华斋、李孔斋等部。各色武装，各据一方，招兵买马，称王称霸，任意摊派，征粮征税，打家劫舍，祸害乡里。广大群众在外侮内乱中痛苦煎熬。

为适应抗战爆发后的河北新形势，卢沟桥事变后，中共（敌后）河北省委、平汉线省委适时指示城市中的共产党员，脱下长衫，转移到农村开展抗日工作，要求各地党组织广泛宣传群众，放手发动群众、组织武装，开展抗日游击战争。

河北各地抗日火焰的迅猛燃起和中共党组织的调整与发展，在政治上、思想上、组织上为在敌后河北开展抗日游击战争，创建敌后抗日根据地，准备了极其有利的条件。

中共中央在敌后河北等地建立抗日根据地的决策

河北地处华北抗战的前哨，冀北有恒山、燕山山脉，冀西有太行山脉，冀中、冀南为一望无际的平原，东临渤海，交通发达，河流纵横，是联系东北、西北和南方地区的枢纽，战略地位极为重要。

全国抗战爆发后，中共中央于1937年8月22日至24日，在陕西省洛川县举行政治局扩大会议。会议根据毛泽东的报告，通过了《中共中央关于目前形势与党的任务的决定》和《抗日救国十大纲领》。会议分析了全国抗战开始后的新形势和战争的持久性，决定争取实现全面的全民族的抗战，坚持统一战线中的无产阶级领导权，在战区和敌后放手发动独立自主的山地游击战，配合正面战场、开辟敌后战场、建立敌后抗日根据地，并以减租减息作为抗战时期解决农民问题的基本政策。在研究建立敌后抗日根据地问题时，毛泽东就提出“红军可以一部于敌后的冀东，以雾灵山为根据地进行游击战争”。八路军出师华北抗战前后，毛泽东于 1937 年 9 月 12 日、9 月 21 日、9 月 25 日，多次致电朱德、彭德怀等，反复阐明了独立自主的游击战争的方针，指出：在总的战略下，八路军实行独立自主的游击战争，其基本原则包括：（一）依据情况使用兵力之自由；（二）发动群众，创造根据地，组织义勇军之自由，地方政府及邻近友军不得干涉；（三）南京国民政府只作战略决定，八路军有执行此战略之一切自由；（四）坚持依傍山地、不打硬仗。“这是决定地制胜敌人，援助友军的唯一无二的办法。”

八路军出师华北抗战前线时，中共中央计划将全部主力进至恒山山脉，建立抗日根据地，配合国民党军队保卫华北。当八路军向恒山地区开进时，日军已闯入晋北，华北战场国民党军队的败退已见端倪。9 月 16 日、17 日，毛泽东致电八路军总部，改变原计划，决定 3 个师分散配置：第一一五师进至晋东北，以五台山为活动中心；第一二〇师开赴晋西北，以管涔山和吕梁山为活动中心；第一二九师转至晋东南，以太行山为活动中心。10 月 21 日，八路军总部又决定第一一五师主力于适当时机南移，聂荣臻率一部兵力，以五台山为中心，在晋察冀三省边区创建抗日根据地。太原失陷后，八路军总部根据中共中央、毛泽东 11 月 8 日、9 日、13 日关于分兵深入敌后，实行战略展开的指示，进一步调整了部署：第一一五师主力转至吕梁山脉，创建晋西南抗日根据地；第一二〇师进入管涔山脉，创建晋西北抗日根据地；总部率第一二九师转至太行山脉，创建晋冀豫抗日根据地。①

为在敌后河北等地开展游击战争，创建抗日根据地，在卢沟桥事

① 中国人民解放军军事科学院编：《毛泽东军事文选》（内部本），中国人民解放军战士出版社 1981 年版，第 88 页。

变的第二天，中共中央在《关于卢沟桥事变后华北工作方针问题》的指示中，即强调立即在平绥、平津以东地区，着手组织义勇军，准备进行艰苦的游击战争。9月3日，毛泽东致电周恩来等，请他与彭德怀同阎锡山交涉八路军的活动地区，提出：河北的石家庄、山西的太原、察哈尔的张家口之间21个县的全部或部分地区，为第一一五师、第一二〇师的活动地区。八路军到达抗日前线后，毛泽东根据华北战局的急剧变化，在9月24日给中共中央军委华北军分会并转北方局的指示中又指出：山西地方党“应以全力布置恒山、五台、管涔三大山脉之游击战争，而重点于五台山脉”①。9月25日，毛泽东在《关于整个华北工作应以游击战争为唯一方向的指示》中强调：“应令河北党注全力于游击战争，借着红军抗战的声威，发动全华北党（包括山东在内）动员群众，收编散兵散枪，普遍地但是有计划地组织游击队。”“要设想在敌整个占领华北后，我们能坚持广泛有力的游击战争。”② 10月25日，朱德、彭德怀、任弼时在给毛泽东《关于冀察晋绥军事部署的报告》中，明确提出：“平绥以南、同蒲以东、正太以北、平汉以西为晋察冀军区”；“正太以南、同蒲以东、平汉以西、黄河以北为晋冀鲁豫军区”；“晋西南成立军分区”。③ 第二天，毛泽东代表中共中央正式批准了这一具有重要历史意义的决策。为全力贯彻中共中央和中央军委的决策和部署，北方局和华北军分会多次指示河北等地各级党委撤出城市，迅速转入农村开展抗日工作，放手发展抗日武装，开展游击战争，建立巩固的抗日游击战争的根据地和抗日政权。

上述决策和部署，为河北党组织指出了领导广大群众和各界人士，开展敌后游击战争、创建敌后抗日根据地的明确方向。

---

①《晋察冀抗日根据地》史料丛书编审委员会、中央档案馆编：《晋察冀抗日根据地》第一册（文献选编上），中共党史资料出版社1989年版，第46页。

② 同上书，第47页。

③《晋察冀抗日根据地》史料丛书编审委员会、中央档案馆编：《晋察冀抗日根据地》第一册（文献选编上），中共党史资料出版社1989年版，第49—50页。

二、河北各抗日根据地的开创

首创晋察冀、冀中抗日根据地

晋察冀边区最初限于平汉、平绥、同蒲、正太铁路中间的晋东北、察南、冀西的山地、半山地。它成立时，辖 36 个县，其中 21 个县在今河北省境内。

根据中共中央的部署，平型关作战前，八路军总部派罗荣桓率一一五师政治机关和骑兵营、教导队开赴阜平、曲阳等地，协同中共地方组织，着手创立根据地的准备工作。随着华北战局的变化，9 月 26 日中共晋察冀省委在阜平县成立，赵振声（李葆华）任书记，刘秀峰任宣传部长，王平任武装部长。10 月 21 日，八路军总部决定率一一五师主力南下驰援国民党军队的忻口会战，一一五师政治委员聂荣臻留驻五台山区，创建敌后晋察冀抗日根据地。当时留下的部队有：一一五师独立团、骑兵营、教导队、八路军总部特务团团直大部和第三营两个连，第三四三旅和一二〇师工作团，共约 3000 人。10 月 27 日，在山西省五台县成立聂荣臻领导的晋察冀军区司令部，并分兵深入到晋东北、冀西、察南地区，大刀阔斧地展开创建根据地的工作。

杨成武率领独立团向冀察边界发展。10 月 10 日，攻克涞源城。10 月 15 日，在广灵、灵丘间的冯家沟歼敌 100 多人，乘胜收复广灵、灵丘、浑源、蔚县、阳原、易县等城。月底，独立团发展到 7000 人，扩编为独立第一师（后改称支队），建立了县、区、村各级抗日政权，打开了晋察冀边区北部地区的局面。

赵尔陆率领军政工作团和总部特务团两个连，在晋东北地区，与原五台县县长宋劭文（共产党员）相配合，通过“民族革命战争战地动员委员会”（简称“动委会”）这一合法组织开展工作。他们很快改造了五台、定襄两县政权机构，并使工作扩展到代县、繁峙、崞县、忻县等地，成立中共晋东北特委和游击司令部，打开了晋察冀边区西部地区的局面。

王平率领的地方党政工作团和一一五师骑兵营（营长刘云彪）在以阜平为中心的冀西地区，发动群众，组织游击队，并成立阜平县“民族革命战争战地动员委员会”，先后攻占曲阳、唐县、完县、满城等县城，袭击保定附近敌江城兵站，缴获弹药1000多箱。至11月中旬，组建3个游击大队，共4000多人，打开了晋察冀边区东部地区的局面。

周建屏、刘道生领导的工作团和武装小分队250余人，活动于以平山、盂县为中心的地区，10月29日收复平山县城，并在井陉、获鹿、正定、阳泉、平定等地发动群众，组织多支游击队，打开了晋察冀边区南部地区的局面。

11月7日，晋察冀军区在山西省五台正式宣布成立，聂荣臻为军区司令员兼政治委员。而后，任命唐延杰为参谋长，舒同为政治部主任。下辖4个军分区：第一军分区，司令员杨成武，政治委员邓华，辖晋东北的灵丘、广灵，察南的蔚县、阳原、涞源，冀西的易县、涞水、定兴、徐水、满城等县；第二军分区，司令员兼政治委员赵尔陆，辖晋东北的五台、定襄、忻县、崞县、代县、繁峙、应县、浑源、山阴等县；第三军分区，司令员陈漫远，政治委员王平，辖冀西的阜平、曲阳、唐县、完县、望都、新乐，及定县西部；第四军分区，司令员周建屏，政治委员刘道生，辖冀西的平山、行唐、灵寿、正定、获鹿、井陉和晋东北的盂县、平定、寿阳、阳曲等县。从此，统一了边区的军事指挥。

11月18日，晋察冀军区领导机关由山西省五台县移驻河北省阜平县城。11月底，中共晋察冀省委改由黄敬任书记，赵振声改任组织部长，刘秀峰仍任宣传部长。

日军为把晋察冀边区消灭在摇篮中，投入2万余兵力，自11月24日起，从平汉、平绥、同蒲、正太铁路沿线出发，分八路“围攻”边区。在聂荣臻指挥下，军区部队展开广泛的游击战争，至12月21日，进行大战斗8次，毙伤日军1987人，粉碎了日军“围攻”计划，使边区抗日根据地站稳了脚跟。

冀中抗日根据地，地处平汉、北宁、津浦、石德（当时未筑成）铁路中间的河北中部平原。1937年8月，日军由平、津南犯时，中共平汉线省委决定：党员一律坚持地方，组织武装，开展游击战争。9月中旬，原红军团长孟庆山受中共中央派遣到达冀中，任保东特委军事委员。石家庄失陷后，中共平汉线省委西迁与一二九师会合，改称中共晋冀豫省委；保东、保南两特委根据中共平汉线省委在西迁前召开的紧急会议的决定，合并为中共保属省委，张君任书记，领导平汉线以东地区党的工作和抗日斗争，继续在原有保属游击队的基础上，大力组织抗日武装。保西特委也在平汉路西的唐县、完县、满城、易县等地大力组织抗日武装。孟庆山先后在蠡县、任丘、安新等地举办游击战争训练班，培训了200多名骨干，使冀中各地抗日游击队很快发展起来。至1937年底，中共保属省委领导的抗日游击队达3000余人。另有：地方组织和共产党员领导的晋察冀抗日义勇军第八支队、第九支队各七八百人，晋察冀抗日义勇军第五支队1000余人，饶阳人民抗日自卫军4000余人，蠡县华北抗日自卫军第一大队200余人，抗日自卫大队400余人和抗日自卫第八大队500余人，高阳、安新、新镇、安国、深泽、安平等地相继建立了人民自卫团。

10月10日，原国民党东北军第五十三军第一三〇师第六九一团由永定河撤退到冀中藁城县梅花镇，与日军激战一夜一天。之后，团长吕正操（共产党员）遵照中共中央北方局的指示，率领主力北上抗日。10月14日，在晋县小樵镇举行誓师大会，改编为人民自卫军，先后摧毁深泽、安国、安平等县伪政权，并与博野民军司令张仲翰会见，决定联合抗日。10月30日，攻占高阳城，消灭原伪冀东保安大队长殷松山等部700余人，对冀中震动很大。晋察冀军区派孙志远到冀中，带来电台及密码，从此，中共保属省委、人民自卫军与中共晋察冀省委、晋察冀军区建立起密切联系。人民自卫军很快扩编为4个团及2个营，共6000余人，并先后加委游击第一、第二师，游击第一、第二、第三、第四、第五支队。人民自卫军成为共产党领导下的一支重要武装力量。12 月 12 日，奉晋察冀军区命令，吕正操、孙志远率人民自卫军主力和晋察冀抗日义勇军第八支队及张仲翰领导的博野民军一部，开赴晋察冀军区进行整训，留下的人民自卫军与中共保属省委领导的地方武装合编为人民自卫军游击司令部。随后，中共保属省委将其改称河北游击军司令部，孟庆山任司令员，阎久祥任参谋长，侯平为政治部主任，继续创建冀中抗日根据地。河北游击军司令部以各县人民自卫团为基础，编成第一、第二、第三主力师，组建河北游击军回民教导队（马本斋任队长），并以加委或扩编方式先后成立第一至第十三路抗日队伍，一个多月时间，部队发展到六七万人。

1938 年 1 月，人民自卫军返回冀中。根据中共中央北方局及晋察冀军区的决定，在肃宁县召开中共保属省委会议，决定将保属省委改组为冀中省委，鲁贲任书记，张君任副书记，并确定了冀中党和部队的主要任务。会后，中共冀中省委由肃宁移驻安平，河北游击军司令部由肃宁移驻河间。人民自卫军和河北游击军相配合，很快消灭了定县、无极、藁城、深县、新乐五县靖乡司令刘大喜部，以及安平、深泽、深县、献县、安国地区的徐二黑、高建勋、张大货、白七部等汉奸、土匪武装，共十多股近万人，比较顺利地争取和改编了大部分地主联庄武装和会道门武装。还派出北上先遣队，在大清河以北地区，初步开辟了平津保三角地带。至 4 月初，先后委任县长和政治指导员，建立深泽、安国、安平、博野、蠡县、高阳、安新、任丘、河间、容城等 18 个县抗日政府，组织各级抗日救国会和抗日群众团体，稳定了冀中区抗日社会秩序。至此，冀中区平原抗日根据地基本形成。

晋察冀边区和冀中平原抗日根据地的创立，使山地与平原抗日根据地连接起来，提供了在山岳地带和在平原地带创建敌后抗日根据地的成功经验，揭开了开辟敌后华北抗日战场的新的一页。

创建晋察冀边区政府

当时，在晋察冀边区，改造旧的国民党政权，创立共产党领导下的抗日民族统一战线的民主政权，经历了群众性的半政权组织“动委会”“自卫会”“救国会”等过渡形式。这些组织，把党、政、民及地方武装统一在一个领导机关，担负了当时一切应由政权担负的抗战紧急任务，如：决定和征收合理负担，供给部队给养，逮捕审讯汉奸，颁布减租减息、改善工农生活条令等。并在这种综合的“一揽子”工作中，锻炼培养了大批干部和新的政权工作方式与作风。从而，为进一步改革旧政权和建立抗日统一战线的新政权架设了必要的桥梁。但是，它不是完整意义的政权，又只到县级，边区各地各自为政，政令不统一，财政不统一，人民负担不统一。建立统一的边区政权，势在必行。

晋察冀军区成立第二天，即 11 月 8 日，聂荣臻在给八路军总部的报告中建议“晋察冀既已成立军区，政权亦应有一统一之组织。我意即成立晋察冀临时行政委员会，下分财政、民政、交通、经济、文化、锄奸等处，即以阎①委之宋劭文任主席”。这个报告并致周恩来转北方局。5 天后，朱德、彭德怀、任弼时作了批复：“晋察冀边区政府稍迟成立为宜”，现在中心工作要加紧壮大武装，组织党，改造县区村政权机构。又过了 3 天，11 月 16 日周恩来与北方局书记刘少奇批复聂荣臻转晋察冀省委，同时致朱德、彭德怀、任弼时等，并向中央报告：“在晋察冀全区，为了加强与统一军事政治领导，应即进行统一战线的民主政权的改造与建设。”并对边区政府的组织和基本政策作了原则指示，要求一面筹备边区政府，一面向蒋介石、阎锡山提出，“力求取得其同意后向全国公开”。② 对上述指示，聂荣臻与宋劭文曾多次探讨“统一全区政权机构问题”。在军区机关由五台迁往阜平的头一天晚上，他们“一直商量到后半夜”。11 月 18 日，军区机关到达阜平后，聂荣臻随即出面召集冀察两省各军政民领导交换意见。12 月 5 日，正式成立“晋察冀边区军政民代表大会筹备处”，决定了边区军政民代表大会组织法，并派出宋劭文、李杰庸、王斐然、

---

① 阎，即阎锡山，时任第二战区司令长官兼山西省政府主席。

② 此三个原件，存中央档案馆。

白靖斋等人分赴山西和冀中、冀西各县进行联络。从而，为建立统一的边区抗日民主政权作了必要的思想理论准备和组织准备。

1938 年 1 月 10 日，晋察冀边区军政民代表大会在阜平县城第一完全小学开幕。出席大会代表 148 人①，代表着共产党和国民党，代表着边区各县政府、“动委会”“自卫会”“救国会”，代表着边区各群众团体，代表着边区各正规部队和游击队、义勇军，代表着汉、回、藏、蒙各民族和和尚、喇嘛等各界人士。全体代表背负着边区 43 县、1000 余万人民的期望，本着精诚团结、抗日高于一切的精神，共商救国大计。大会通过了统一边区的行政、军事、财政经济、文化教育、民运工作等各项决议案，并民主选举产生了边区政府——晋察冀边区临时行政委员会。1 月 15 日，大会通过《宣言》和《通电》，晋察冀边区临时行政委员会宣告成立。

大会《宣言》和《通电》公开申明边区政府的性质和任务，宣告：它是“以民族统一战线的政权形式，包含着各党、各派、各阶层及各种民族分子”。它在行政体系上是“中华民国的地方政府”，“它的实际内容是贯彻抗日与真正民主”。它的重大历史任务是：“普遍武装人民，动员人民参战”；“改善人民生活，保障民主权利，并彻底肃清一切汉奸”；“统一财政经济，保证部队给养，发动群众最高度的积极性去参加战争中的一切工作”；使边区“成为华北抗战的最好的根据地，以争取持久抗战的最后胜利”。②

晋察冀边区临时行政委员会经边区军政民代表大会选举产生后，又经过第二战区司令长官阎锡山转呈国民政府行政院和军事委员会，得到正式批准。从此，边区政府正式定名为“晋察冀边区行政委员会”，由宋劭文担任主任委员兼财政处长，胡仁奎担任副主任委员兼民政处长，张苏任委员兼实业处长，刘奠基任委员兼教育处长，娄凝

① 据《晋察冀边区军政民代表大会会刊》记载，正式代表 144 人，列席记者 2 人，军事学校代表 2 人。

② 《晋察冀抗日根据地》史料丛书编审委员会、中央档案馆编：《晋察冀抗日根据地》第一册（文献选编上），中共党史资料出版社 1989 年版，第 68 页。

先任委员兼秘书长，聂荣臻、吕正操、孙志远、李杰庸等为委员。

晋察冀边区政府成立后，根据边区军政民代表大会的决议，相继颁布了《政治主任公署组织法》《县政府组织大纲》《县佐公署组织章程》《区村镇公所组织法暨区长、村长、镇长、闾邻长选举法》。据此，设立了晋东北政治主任公署（不久改为晋东北行政督察专员公署，直属边区政府）和冀西政治主任公署，分别由宋劭文、张苏兼主任。在完整的县设立县抗日民主政府；在不完整的县视情况设立县政府或县佐公署；在几个县接合部设立联合县政府。在县以下，建立区、村、镇公所。还在晋察冀区和冀中区开展第一次民主选举村长运动，撤换鱼肉乡里的旧村长，选举新村长，初步改造了村政权。与此同时，晋察冀边区人民武装总指挥部成立，各县建立起总队部。3月3日，晋察冀边区工人、农民、妇女抗日救国会代表大会分别在阜平召开，选举产生了各自的领导机关，确定了各群众团体的抗战方针和具体纲领。到3月底，边区各地“动委会”一类组织全部结束，政权与人民武装、群众团体分开，晋察冀边区抗日民主政权从上至下初步形成了一套统一的组织机构和工作系统。

开创晋冀豫、冀南抗日根据地

晋冀豫边区抗日根据地包括晋东南、冀西和豫北地区，北至正太路，东至平汉路，西至同蒲路，南迄黄河，依托太行、太岳山脉，是华北的战略要地之一。辖区内，有井陉、获鹿、元氏、赞皇、高邑、临城、内丘、邢台、沙河、武安、涉县、磁县12县在今河北省境内。

1937年10月中旬，当忻口激战之际，八路军一二九师师长刘伯承、政治委员张浩奉命率部由晋北驰援太原、娘子关，进入正太铁路南侧山西省平定地区，配合一一五师主力阻击由石家庄沿正太铁路西犯的日军。10月26日至11月7日，一二九师连续在平定县七亘村、昔阳县黄崖底和平定县广阳、户封等地伏击日军，歼敌1000余人。随后，一二九师转入晋东南，担负开辟晋冀豫抗日根据地的任务。这时，八路军总部和一一五师三四三旅也由五台进入太行山。11月13

日，一二九师在山西和顺县石拐村召开干部会议，传达毛泽东关于依托太行、太岳山脉创建抗日根据地的指示，部署开展敌后抗日游击战争。会后，以营、连为单位，分别在平汉、正太、同蒲铁路沿线打击敌人，并抽调大批干部和一些连队，组成工作团和游击支队，分散到各地，在中共地方组织和青年决死队的配合下，发动群众，创建抗日根据地。同时，根据中共中央北方局的决定，中共平汉线省委于10月中旬改组为晋冀豫省委，李菁玉任书记，李雪峰任组织部长，徐子荣任宣传部长，统一领导晋冀豫边区党的工作。1938年1月15日，陈再道、李菁玉率一二九师东进纵队（3个步兵连、1个机枪连、1个骑兵连）开赴冀南，李雪峰接任晋冀豫省委书记。1月18日，邓小平接任一二九师政治委员。2月，在山西辽县召开一二九师军政委员会和团以上干部会议，进一步部署战略展开，创建抗日根据地的任务。到3月间，中共晋冀豫省委以下，建立起晋中、冀晋、冀豫、晋东南、晋豫等特委，党的组织恢复和发展起来。各地普遍建立起农救会、妇救会、青救会等群众抗日团体和游击队、自卫队等人民抗日武装。

在冀西，杨秀峰（共产党员）于1937年10月初，在井陉县成立冀西民训处①，向冀西各县派出工作组，结合中共地方组织，开展抗日工作，以临城、内丘两县保安队和部分西北军散兵为基础，建立了冀西游击队。12月初，一二九师骑兵团在赞皇县北马村消灭日军140余人，烧毁汽车18辆。同时，杨秀峰率领冀西游击队，解决了勾结日军、欺压百姓的内丘县民团团长张允明（张仁雄）。到1938年二三月间，赞皇、内丘、高邑、元氏、井陉、邢台、沙河等县建立了抗日县政府。与此同时，在中共冀鲁豫边区特委领导下，磁县于1938年11月1日建立抗日县政府。在一二九师工作团帮助下，武安也于11月间建立中共县委。

1938年二三月间，一二九师三八六旅和七六九团在游击队配合下，先后在长生口、神头岭、响堂铺伏击日军，三战三捷，共歼日军

---

① 国民政府革命军事委员会委员长保定行营民训处冀西民训指导特派员办事处的简称。

2000余人，烧毁汽车180辆，粉碎了日军打通邯（郸）长（治）大道的计划，对晋冀豫边区抗日根据地的开创起了关键作用。4月初，华北日军以一〇八师团为主力，集中3万余兵力，由平汉、正太、同蒲铁路和邯长大道各据点出动，分九路“围攻”边区根据地。八路军及时将分散游击的部队集中起来，以一部兵力钳制日军多路，集中主力击破日军一路。各地抗日政府、游击队和民众配合八路军作战。第二战区友军协力对敌作战。根据中央军委和八路军总部命令，4月下旬，晋冀豫军区在山西省辽县正式成立（对外称八路军一二九师后方司令部），司令员倪志亮，政治委员黄镇。下辖5个军分区（各军分区对外仍以支队名义出现）：秦赖支队（第一军分区），秦基伟任司令员，赖际发任政治委员；八路军游击支队（第二军分区），桂干生任司令员，张贻祥任政治委员；先遣支队（第三军分区），张贤约任司令员，张南生任政治委员；谢张支队（第四军分区），张国华任司令员，谢家庆任政治委员；赵涂支队（第五军分区），赵基梅任司令员，涂锡道任政治委员。① 全区基干武装由几千人发展到近2万人。晋冀豫抗日根据地的形成，为向平汉路以东平原地区扩展，准备了巩固的前进阵地。

冀南抗日根据地，位于河北省南部，大致包括平汉路以东，卫河、运河以西，德石路以南，漳河以北的广大平原地区，是连接晋冀豫、冀中、冀鲁豫、山东等抗日根据地的枢纽。卢沟桥事变后，中共临时直南特委（不久改称直南特委，书记马国瑞）在这一地区积极恢复和发展党的组织，到1937年底共产党员发展到700余人，并在隆平、任县、威县、广宗、南宫等地建立了抗日武装。11月，一二九师先遣支队进入沙河、邢台等地。12月，孙继先、胥光义率领30名干部组成的一二九师挺进支队进入冀南。1938年1月15日，陈再道、

① 1938年12月30日，根据第十八集团军总司令部的命令，晋冀豫军区改称晋冀豫边游击司令部，倪志亮任司令员，王树声任副司令员，王新亭任政治委员，下辖：第一支队（支队长桂干生，政委张南生）、第二支队（支队长唐天际，政委方升普）、第三支队（支队长张贤约，政委杨树根）、第四支队（支队长赵基梅，政委谭甫仁）。1939年秋，晋冀豫边游击司令部改称晋冀豫边游击纵队。1940年6月，晋冀豫边游击纵队在整编中撤销，成立太行军区。

李菁玉率领的东进纵队到达隆平县，大力开辟冀南平原抗日根据地。一二九师东进纵队、挺进支队在中共地方组织和游击队配合下，很快收复尧山、隆平，建立两县抗日政权和救亡团体，并乘胜进军巨鹿、南宫，争取改编了伪保安队，取消日伪维持会，建立起两县“战地总动员委员会”。3 月 19 日，一二九师政治部副主任宋任穷率领一二九师骑兵团到达冀南，与陈再道、李菁玉率领的东进纵队会合，确定以南宫为中心向西和周围地区发展，迅速打通太行与冀南的联系。不久，宋任穷接替李菁玉任东进纵队政委，率领部队在南宫县及枣强、冀县、新河、广宗、清河、威县等地打击日军，并争取日军清水部队威县伪警备旅 1000 人全部反正，攻克了土匪武装刘磨头、丘庆福部盘踞 20 多年的老巢环水村。同时，向北进军，收复了晋县、宁晋两城。

当时，冀南有多股游杂武装，较大者有活动在武邑、衡水、冀县、景县、武强地区的赵云祥部河北民军第二路近 1 万人，段海洲部青年抗日义勇军 6000 余人。为争取和解决这些游杂武装，经八路军提议，1938 年 3 月，由赵云祥、段海洲与八路军三方代表在南宫举行会议，成立统一战线性质的军政委员会，推举陈再道为主任，协调冀南各抗日武装的抗日斗争。这对于进一步争取改造游杂武装有重要的意义。冀南抗日武装在群众的支持下，3 月 29 日将伪军赵山峰部大部消灭。4 月初，全歼土匪刘磨头部。5 月中旬，段海洲部接受八路军改编，改称“八路军青年抗日游击纵队”，段任司令员。6 月下旬，赵辉楼部民众抗日自卫军接受八路军改编，改称“冀豫游击第一支队”，赵任司令员。至年底，先后收编、改编大小数十股游杂武装和 20 余县的民团、保安队。

根据中共中央北方局的指示，1938 年 3 月 20 日，中共冀南省委（4 月 20 日改称中共冀鲁豫边区省委，8 月改称冀南区党委）在南宫成立，李菁玉任书记，于光汉任组织部长，马国瑞任宣传部长，先后设立第一、第二、第三和鲁西、鲁西北、直南、冀鲁边等特委，统一和加强了党的领导。4 月 15 日，在南宫召开有近 40 个县的县长、战委会主任参加的会议，成立了冀南军政委员会筹备会，推举巨鹿县名绅乔铭阁为主任。随即，冀南区总战委会、农救总会、民先总队、总工会和妇救总会等抗日群众团体相继成立。4月27日，冀南军区成立，宋任穷任司令员，并建立了五个军分区：第一军分区（第一支队兼），司令员徐绍恩，辖束鹿、宁晋、栾城、赵县、藁城、晋县；第二军分区（第二支队兼），司令员周光策，辖巨鹿、尧山、隆平、任县、南和、平乡；第三军分区（第三支队兼），司令员宋树权，辖永年、肥乡、广平、鸡泽、曲周、成安、临漳、大名、邯郸；第四军分区（第四支队兼），司令员余伦胜，辖威县、广宗、南宫、新河、清河、冀县、临（清）邱（县）冠（县）特区；第五军分区（第五支队兼），司令员葛桂斋，辖枣强、武邑、景县、衡水、故城、阜城。从此，统一了冀南区的军事指挥。至此，冀南平原抗日根据地初步形成。

晋察冀、冀中、晋冀豫、冀南等抗日根据地的开创，使河北地区成为敌后华北抗战的主战场之一。

三、河北抗日游击战争的展开

开展河北平原游击战争

1938年春，随着冀中平原抗日根据地形成，晋察冀边区政府于4月1日决定成立冀中区政治主任公署，李耕涛任主任。4月21日，中共冀中区第一次党代表大会在安平县城召开。地方区以上、部队团以上各级党组织代表500多人参加会议。黄敬主持会议，并作关于贯彻抗日民族统一战线的报告。吕正操作关于建军和冀中形势的报告。大会选举产生了中共冀中省委领导机构，黄敬为书记，鲁贲为副书记。会议总结冀中区建军和创建根据地的工作，确定了坚持冀中平原抗日根据地的方针，通过了统一冀中党、政、军、群众团体的领导机构等重大决定，还通过了减租减息、统筹财政、调剂金融、统治贸易等政策。根据大会的决定，中共冀中省委（不久改称冀中区党委）下设4个特委（不久改称地委），分别由董汝琴、张雪峰、翟晋阶、罗玉川担任第一、第二、第三、第四特委书记，并较快地健全了县委、区委和党支部，统一了冀中区各级党的领导。5月1日，在安平正式成立冀中区政治主任公署，吕正操兼主任，李耕涛改任副主任。并公布冀中区政治主任公署的基本施政方针：发动群众，组织群众，训练和武装群众，积极参加抗战；实行民主，建立民意机关，广泛发展群众组织，实行区村普选；改善民生，取消苛捐杂税，提倡土著手工业，发展农村经济，实行合理负担，减租减息，优待抗属；动员财力、物力，保证部队经费、给养的充分供给。在冀中区政治主任公署以下设置4个行政区督察专员公署：第一专区，辖河间、献县、深县、武强、饶阳、肃宁、青县、交河及沧县津浦路以西地区，由冯钧任专员；第二专区，辖蠡县、博野、深泽、安平、安国、定南、无极及新乐县、正定县的部分地区，由王文仲任专员；第三专区，辖任丘、文安、新镇、安次、霸县、永清、静海、大城等县，由仇友文任专员；第四专区，辖雄县、固安、新城、容城、徐水（路东）、安新、新安、高阳、清苑等县，由韩德三任专员。从此，很快建立健全了县区村抗日政府，统一了冀中区的政权领导。同时，人民自卫军与河北游击军统一整编为八路军第三纵队，成立冀中军区，归晋察冀军区指挥。吕正操任八路军第三纵队司令员兼冀中军区司令员，孟庆山为第三纵队副司令员兼冀中军区副司令员，孙志远为政治部主任。下设4个军分区，由赵承金、于权伸、沙克、孟庆山分任第一、第二、第三、第四军分区司令员。8月，王平担任第三纵队兼冀中军区政治委员。同时，冀中回民武装合编为“回民教导总队”，马本斋任总队长。与此同时，冀中区农民、工人、青年、妇女抗日救国会也分别召开会议，健全了各级群众团体的领导机关。

冀中区军民在党代表大会前后，开展了广泛的平原抗日游击战争。1月至4月，冀中区军民粉碎了日军的春季“扫荡”，作战100余次，收复高阳、安新两县城，部队发展到6万人。而后，冀中部队在整编的同时，于4月底和“七七”抗战一周年之际，两次向平汉线出击，攻克日军据点和城镇多处。六七月间，冀中区党政军领导机关迁到任丘县曹口、出岸、青塔，大力开辟大清河以北地区。不久，在霸县成立第五特委（地委）、军分区和行政督察专员公署，马载任书记，朱占奎、周彪分别任司令员和政治委员，李凤林任专员。冀中区抗日根据地逐步扩展到拥有44个县，人口约800万，占有24座县城。冀中区军民还开展了拆城破路，改造平原地形的群众运动，拆除了蠡县等24县的城墙。同时，平毁平（北平）大（名）、津（天津）保（定）等公路，将贯通各村庄的大道挖成宽五六尺、深三四尺，只能走大车、不能走汽车的道沟。

根据冀中等地开展平原游击战争的新经验，毛泽东、张闻天、刘少奇于1938年4月21日发出《关于平原游击战争的指示》，指出：“根据抗战以来经验，在目前全国坚持抗战与正在深入的群众工作两个条件之下，在河北、山东平原地区扩大的发展抗日游击战争是可能的，而且坚持平原地区的游击战，也是可能的。”“党与八路军部队在河北、山东平原地区，应坚决采取尽量广大发展游击战争的方针”，“应即在河北、山东平原划分若干游击军区，并在各区成立游击司令部，有计划的系统的去普遍发展游击战争，并广泛组织不脱离生产的自卫军”。①

遵照中共中央和八路军总部的指示，一二九师决定抓住大好时机，向冀南、豫北和铁路沿线行动：徐向前、刘志坚于4月26日率领一二九师第七六九团和一一五师第六八九团及第五支队到达南宫；第三八六旅旅长陈赓率领旅主力进至平汉路以西冀豫边地区，相机向豫北发展；第三八六旅政治部主任王新亭率领第七七一团进至平汉路东侧。徐向前研究总结平原抗战经验，在《群众周刊》上发表《开展河北的游击战争》一文，提出在平原上创造“人山”的战略思想，指出：“把广大的人民造成游击队的人山”，“不管什么样的山，也没有

① 《关于平原游击战争的指示》，载中央档案馆编：《中共中央文件选集》第十一册，中共中央党校出版社1991年版，第505页。

这样的山好”。5月间，冀南部队攻克任县、南和、临清、威县等6座县城，将南宫、清河一带与八路军对抗的“六离会”数万人驱散，收缴全部武器，严惩首恶分子李耀庭等人。而后，趁青纱帐起来之机广泛出击。6月间，收复曲周、永年、肥乡、广平、成安、邱县、枣强、临漳等县城。8月间，消灭伪军苏启明、扈金录、王治金、李台、李福和等部。八路军经过数百次战斗，消灭日伪军7万余人，在冀南平原大多数县建立了抗日民主政府。

与此同时，中共冀南地方组织和八路军积极主动地同国民党河北省第十七区行政督察专员兼保安司令丁树本和国民党山东省第六区行政督察专员兼保安司令范筑先建立与加强了抗日统一战线关系，对于稳定冀南抗战局面，争取团结国民党地方上层人士和各阶层人物，促进冀南抗日民主政府的建立产生了较大影响。

在冀南平原抗战新形势下，一二九师政治委员邓小平于7月初由太行抵达冀南，冀西游击队司令员杨秀峰也来到冀南。为巩固冀南抗日根据地，邓小平、徐向前、宋任穷等针对国民政府将派鹿钟麟来河北担任省政府主席的情况，向毛泽东、刘少奇提出关于建立冀南行政主任公署的方案。8月8日，毛泽东、刘少奇作出批复。据此，冀南各县代表大会于8月14日至20日在南宫召开。大会决定撤销冀南军政委员会，成立冀南行政主任公署，选举杨秀峰、宋任穷为正、副主任。行政公署以下，设立5个行政区督察专员公署，共辖51个县。第一专署，辖井陉、获鹿、元氏、赞皇、高邑、临城、内丘、邢台、沙河、磁县，岳一峰任专员。第二专署，辖平乡、邯郸、广平、成安、永年、肥乡、鸡泽、南和、曲周，唐哲明任专员。第三专署，辖冀县、枣强、衡水、武邑、故城、阜城、景县，刘建章任专员。第四专署（含未建的第五专署），辖宁晋、新河、南宫、广宗、威县、隆平、尧山、清河、巨鹿、任县、柏乡、束鹿、晋县、藁城、赵县、栾城，宋任穷任专员。第六专署，辖盐山、庆云、宁津、南皮、东光、新海、吴桥、静海、沧县，杨靖远任专员。冀南行政主任公署成立后，毛泽东等迅即指示徐向前、邓小平、宋任穷和冀鲁豫边区省委，

“冀南新政府成立须即实行几件善事：（一）救济各地广大饥饿群众，粮款向富户筹集及提出一部分地方公款等；（二）组织秋收运动；（三）规定二五减租办法；（四）发布人民反匪自卫办法；（五）组织廉洁政府，规定各级政府人员生活费及公费。”要求新政府要“以完全新的姿态在人民面前出现”。[①] 根据毛泽东和中共中央的指示，冀鲁豫边区省委和冀南行政主任公署制定公布了冀南行政主任公署八大施政纲领：动员一切人力、物力，广泛开展游击战争；巩固扩大抗日民族统一战线，团结全体同胞，建立坚强的根据地，抗战到底；建立民主廉洁的县抗日政府，严惩贪官污吏；整顿各县金融，发展农村经济，提倡土货生产；废除苛捐杂税，实行合理税收，优待抗日军人家属；在有钱出钱、有力出力，改善民生的原则下，安定民生，发挥人民抗战积极性；实行抗日教育，普遍发动群众，组织战委会和工农妇学商各抗日团体及自卫队；肃清汉奸敌探，实行抗日戒严。与此同时，8月19日，根据中共中央北方局指示，撤销冀鲁豫边区省委，成立冀南区党委，李菁玉任书记，组织部长于光汉，宣传部长朱则民。下属各特委改称地委，由李力、李光亚、张增敬、信锡华、扈惠民、李启华、徐运北、张承先、王从吾分别担任第一至第五地委和冀鲁边、鲁西、鲁西北、直南地委书记。至此，冀南平原抗日根据地各方面工作走上了正轨。

中共晋察冀、晋冀豫省委召开重要会议

1938年徐州、武汉会战期间，巩固与扩大敌后抗日根据地，在战略上配合国民党军队正面作战，成为当时共产党、八路军的重大任务。

在新的形势下，中共晋察冀省委于4月间召开第一次党代表大会。会上，彭真作了《关于全国抗战形势和争取抗战胜利方针》的报告，聂荣臻作了《几个月来支持华北抗战的总结与我们今后的任务》

---

① 《毛泽东等关于冀南新政府成立后的工作指示》，载中央档案馆编：《中共中央文件选集》第十一册，中共中央党校出版社1991年版，第541页。

的报告，黄敬和舒同分别就几个月来地方党和部队工作作了总结报告。这次大会初步总结了晋察冀抗日根据地创建以来在发动群众、扩大武装、建党、建政等方面的成就和经验。会议指出："晋察冀边区党最近5个月的领导，基本上是执行党中央抗日民族统一战线的正确政策的。"因此，"已光荣的完成了中央、北方局当时所给予它的任务，创造、巩固、扩大了晋察冀边区抗日根据地，使它成为坚持华北抗战的堡垒，并在全国抗战中起了伟大的战略作用。在边区内部，已把一向完全生长在和平状态中的民众，开始吸引到神圣的民族自卫战争中，把落后的晋察冀边区初步地转化为全国较进步的统一战线的模范区。这种成绩是伟大的，也是光荣的。"① 同时，大会检讨了根据地创建过程中的缺点、错误。在党的发展上，有些地方有"拉夫"现象，追求数量，忽视质量，党的组织不够健全和严密。在统一战线工作中，政策上有某些"左"的偏差，过多地方伤害了士绅地主的利益。在财政政策上，尚有一些紊乱和方式不当。在群众工作中，还缺乏艰苦深入的组织和发动，群众的主动性、积极性尚未能充分发挥出来。

大会根据国内抗战形势和边区的具体情况，确定了目前边区党的方针和任务："巩固与扩大边区，在军事上、政治上给平津保等大城市，平汉、津浦两条铁路沿线以威胁及打击，以支持华北的抗战，并吸引牵制敌寇兵力，以配合主力军在武汉的会战。"② 并在此方针和任务下，提出了巩固与扩大边区抗日根据地的各项政策、措施。

大会认为保障党的独立性，巩固党的组织，健全党的各级领导机关，"成为当前最主要的任务"，并提出了整顿、巩固党组织的具体措施，要求：加强党的各级领导机关，建立起集体领导与个人负责制，实行民主集中制，健全支部、小组生活，发挥党员的主动性、积极

---

① 彭真：《在晋察冀边区第一次党代表大会上关于讨论黄敬报告的结论》，1938年4月。原件存中央档案馆。

② 《中共北方分局第二次党代表大会晋察冀边区党委工作报告》，1939年1月。原件存中央档案馆。

性；加强党的无产阶级成分和马列主义教育，提高党员的政治质量，反对贪污腐化堕落与自由主义等不良倾向；严密党的组织和组织生活，实行党员重新登记，考察干部，发展党内的批评与自我批评；在统一战线工作中，要保持党的独立性，提高党的纪律性和警觉性，防止“左”或右的偏差。

大会认为，敌后抗战必须坚持持久战的方针，反对保守观念，努力巩固和扩大根据地，使武装部队的回旋区域增大。为此，要加强边区武装力量建设，把新的部队变成富有战斗力的坚强部队，利用战斗间隙训练部队，巩固和提高战斗力，发扬艰苦奋斗精神，保持八路军的优良传统；要大量繁殖和发展新游击部队和游击小组，加强人民自卫队的组织与训练，建立基干自卫队。

大会认为，继续巩固与扩大边区抗日民族统一战线，是争取持久抗战胜利的最基本条件，指出：要认清边区所处的政治、经济条件，把民族统一战线运用于边区的具体环境；要健全和改善地方政权，密切党政军民的联系，加强团结；要克服统一战线问题上一些“左”的错误认识，耐心地争取各阶级共同抗日，加强对友党友军的联系。

大会强调，必须“巩固党和军队、政权及抗日群众组织”，必须加强党对军队、政权、人民团体的集中统一领导，巩固与扩大边区抗日根据地，使边区发展成为更坚强的抗战堡垒和前进有力阵地，发展成为统一战线的模范区域。① 还决定编辑出版中共晋察冀省委机关内刊《战线》，以加强党的建设和方针政策的研究、指导。会议期间，根据中共中央决定，彭真留驻晋察冀边区，代表中共中央北方局，会同聂荣臻，统一领导晋察冀边区和平汉路东及平津、冀东地区党的工作和抗日斗争。

与晋察冀边区的情况相似，在晋冀豫根据地，中共冀豫晋省委为使党的工作适应新的形势，于 1938 年 6 月间，在山西省沁县南底水村召开了省委工作会议。朱德、彭德怀、朱瑞、傅钟等与会。会议由

---

① 彭真：《在晋察冀边区第一次党代表大会上关于讨论黄敬报告的结论》，1938 年 4 月。原件存中央档案馆。

李雪峰主持，中心议题是总结创建边区根据地4个月以来的工作，分析反日军九路“围攻”以后的边区新形势，研究进一步坚持和巩固根据地、如何使党的工作适应新形势的问题。会上，由晋冀豫军区和中共赞皇中心县委、和顺中心县委、榆次中心县委、辽县中心县委的负责人介绍军区工作和各地党的工作情况。会议集思广益，通过了《新形势下省委工作的新任务》的决定（简称“六月决定”）。决定指出：通过反日军九路“围攻”的考验，表明在冀豫晋边区已经具有一个坚实的力量——正规军游击队，尤其是党与群众力量的密切结合，可以坚持持久的游击运动战。决定提出，新形势下省委的新任务是：“更高实现创造冀豫晋边区为坚持巩固的根据地，积极开展广泛的游击战争，大量吸引敌人到华北来，以牵制日军向武汉的进攻，保卫武汉；同时准备下不可动摇的党、群众武装及政权的基础，长期粉碎敌人可能同时并进的肃清华北的一切计划，以达收复失地与驱逐日寇的最后胜利。”① 决定认为，当前的中心工作是大大发展党及健全党的工作，扩大武装党员及武装群众。决定要求各级党组织，要认真总结前段工作，开展严厉的批评，坚决纠正领导上的不深入、不具体、不耐心、不经济、不严格的疏忽现象，反对工作中的不坚决、不负责、不准确、不经常的麻痹与自由主义的表现，努力学习政治理论，开展反“左”、右倾向的斗争。会议决定，创办《中国人报》作为省委的机关报，将晋中、冀晋两特委合并为晋冀特委。

中共冀豫晋省委工作会议后，各特委分别召开会议传达了“六月决定”精神，省委先后巡视了晋中、晋冀、冀豫三个区的党的工作，并于9月间召开了研究领导方法的工作会议。根据省委六月会议后全区工作的发展情况和巡视中发现的领导方法和领导作风问题，会议着重研究了在开创和建设根据地工作中，如何转变作风、深入实际，把党的领导水平提高一步的问题。这次会议期间，根据中共中央北方局的通知，省委决定将中共冀豫晋省委改为中共晋冀豫省委（1939年3

---

① 中共山西省委党史资料征集研究委员会、太行革命根据地史编写组编：《太行革命根据地大事记述》（初稿），1983年印，第21页。

月又改称晋冀豫区党委)。

上述会议，对于敌后河北各地抗日游击战争的发展与根据地的坚持与巩固，起了重要的指导作用。

开辟平西根据地发动冀东抗日暴动

平西地区位于北平西侧平汉、平绥两条铁路之间，面积1万平方公里，人口30余万。卢沟桥事变后，中共河北省委派北平市委李光汉、刘宗昌到青白口、宛平县指导工作。中共中央北方局派张湘、胡景翼带十几名军事干部到平西组织抗日武装。当时，东北流亡到关内的赵同、高鹏等在北平近郊沙河、昌平地区拉起队伍，8月下旬，宣布成立“国民抗日军”。随后，袭击北平德胜门外第二号监狱，救出几十名共产党员和爱国人士。不久，这支队伍奉晋察冀军区命令，到阜平进行整训，12月25日改编为晋察冀军区游击第五支队，1938年3月返回平西。同时，为迅速开辟平西根据地，晋察冀军区派邓华支队挺进平西。在中共地方组织和游击队配合下，邓华支队连克矾山堡、桃花堡、金水口、门头沟等据点，一度收复昌平、涿县、涞水、良乡等县城，并破坏了北平至门头沟的铁路和平绥铁路下花园至昌平段，摧毁伪组织，征服反动地主武装。很快解放10余万人口的地区，相继建立了以宛平第八区为中心的昌（平）宛（平）、房（山）涞（水）涿（县）、涿（县）宣（化）怀（来）3个联合县抗日政府和党的工作委员会。从而，开辟了平西抗日根据地，为向冀热察边区发展开辟了前进基地。

冀东大致指河北省东北部地区，人口700余万，处于东北通往华北的咽喉要道的位置。抗战全面爆发后，中共中央北方局和中共河北省委在冀热边区和北宁铁路以南建立了冀热边特委和京东特委，并派李润民、孔庆同等军事干部协助举办游击战争训练班。1937年12月，成立了由各抗日阶级、阶层参加的华北人民自卫委员会冀东分会，李运昌任主任，在冀热边很快发展会员1.5万人，还成立了华北抗日联军冀东游击支队。1938年3月，发动开滦3.5万工人进行了为期50

天的同盟大罢工。6 月，乐亭县 3000 雇工开展增资斗争。这样，开展冀东抗日游击战争的条件日趋成熟。

1938 年 5 月 14 日，中央军委将活动在晋西北的宋时轮支队调至平西，与邓华支队合编为 5000 余人的八路军第四纵队，执行“进据冀东、热南、察东北创建冀热察边区抗日根据地”的任务①。同时，为加强对冀东抗日武装暴动的领导，中共河北省委将冀热边、京东两特委合并为冀热边特委，胡锡奎任书记，李运昌负责军事工作。6 月 8 日，八路军第四纵队由平西分两路通过平绥路，挺进冀东，连克昌平、延庆、兴隆等县城，6 月下旬到达蓟县靠山集和遵化县将军关下营一线。其间，李运昌在丰润县田家湾子主持召开华北人民抗日自卫委员会冀东分会会议。会议通过了中共冀热边特委提出的起义行动纲领，决定组织冀东抗日联军，高志远任司令，李运昌、洪麟阁任副司令，并确定武装暴动的日期为 7 月 16 日。

由于起义消息泄露，冀东人民抗日武装暴动遂提前于 7 月 6 日举行。暴动由滦县港北村开始，很快席卷 7 县，进而扩展为 21 县的大规模游击战争，参加暴动的民众达 20 万人，抗日武装 10 万余人。除各地农民外，开滦各矿工人有 7000 多人参加，中共领导的冀东抗日联军系统成立了 48 个总队，7 万余人，国民党组织的第七路、第九路及其他武装约 3 万人。8 月初，起义进入高潮，八路军第四纵队与冀东抗日联军先后攻克卢龙、玉田、迁安、蓟县、平谷、乐亭、丰润等县城，并成立平谷、蓟县和丰玉遵联合县政府。8 月 27 日，第四纵队、冀热边特委、冀东抗日联军负责人在遵化县铁厂召开有同盟者代表参加的重要会议，决定成立冀察热宁军区，下设 5 个军分区；成立冀察热宁边区行政委员会，以统一军事指挥和政权领导。为进一步加强对抗日暴动的领导，马辉之、姚依林率领河北省委机关由天津迁到冀东。

---

① 《朱德等关于成立第四纵队开辟冀热察根据地的指示》，1938 年 5 月 14 日，载《晋察冀抗日根据地》史料丛书编审委员会、中央档案馆编：《晋察冀抗日根据地》第一册（文献选编上），中共党史资料出版社 1989 年版，第 162—163 页。

但是，铁厂会议后不久，10月8日，第四纵队党委、中共河北省委、中共冀热边特委和冀东抗日联军主要领导人在丰润县九间房召开会议，认为日军将大举围攻冀东，平原不好坚持，抗日联军战斗力弱，作出了第四纵队和冀东抗日联军全部撤回平西的决定。中共中央、晋察冀军区多次阻止西撤，均未奏效。全军向西转移，只留下包森、单德贵、陈群三个游击支队（各200人左右）坚持冀东抗日斗争。暴动队伍在西撤途中伤亡和散失很多。10月下旬，中共冀热边特委在平谷县西樊各庄召开紧急会议决定：余部停止西撤，率领冀东抗日联军一部6000余人返回冀东，李运昌率部经连日苦战，最后剩下130余人，回到丰润、滦县、迁安交界地区的腰带山一带，与留守部队一起，坚持冀东游击战争。第四纵队于10月撤至平西，部队和起义武装剩下4000余人。

冀东抗日武装暴动，虽然未能巩固胜利，但为以后冀热察边区抗日根据地的建立打下了基础，并在战略上配合了国民党军队保卫武汉的战役。

开辟冀鲁边区、冀鲁豫边区抗日根据地

冀鲁边区处于河北与山东的接合部，北临天津，南连济南，西至津浦铁路，东控渤海，战略地位很重要。此区包括河北省的沧县、南皮、东光、吴桥、宁津（今属山东）、盐山、新海、庆云（今属山东）8个县。卢沟桥事变后，在中共河北省委领导下，津南特委负责人马振华、邸玉栋在冀鲁边境盐山县旧县镇与当地有影响的开明士绅商谈，于7月15日公开宣布成立“津南人民抗日救国总会”。随后，组织了“民众抗日救国军”，邢仁甫[①]任司令员，马振华为政治处主任，并取得国民政府批准，命名为“国民政府军事委员会别动总队第三十一游击支队”。10月，中共中央北方局决定将津浦路以东党的工作交由山东省委领导。11月间，中共津南特委与鲁北工委合并为中共冀鲁边区工委，于文彬任书记，统一领导冀鲁边区党的工作。第三十一

① 邢仁甫，以后叛变革命。

游击支队克盐山，袭无棣，取庆云，攻乐陵，转战宁津、南皮等地，连战皆捷，到1938年3月，部队发展到2000余人，活动范围从旧县镇附近扩展到冀鲁边区的大部地区。根据中共中央决定，1938年4月和6月，曾国华率领八路军第一一五师永兴支队，孙继先率领第一二九师津浦支队，先后进入冀鲁边区。6月下旬，冀鲁边区划归中共中央北方局和第一二九师领导。7月8日，成立冀鲁边区军政委员会，马国瑞任书记。随后，成立冀鲁边区特委，李启华任书记，归冀鲁豫边区省委领导。9月27日，萧华率领第一一五师东进抗日纵队到达山东省乐陵，随即将原在边区活动的三支抗日部队统一编入挺进纵队，由萧华任冀鲁边区军政委员会书记、纵队司令员兼政治委员，并确定了“巩固津南，发展鲁北”的工作方针。随后，冀鲁边区行政督察专员公署成立（冀南第六行政专员公署），杨靖远任专员，隶属冀南行政主任公署领导。为支援山东抗日根据地的开辟工作，冀鲁边区自1938年10月至1940年3月，先后调出8批部队，共2万人枪，边区武装仅剩1500余人，边区抗日斗争遇到一些困难。经过反日军“扫荡”作战和反国民党顽固派“磨擦”的斗争，武装部队迅速发展，边区形势好转。到1941年2月，正式成立了冀鲁边区党委，李启华任宣传部长兼代理书记（不久王卓如到边区任书记），张晔任组织部长。接着，成立冀鲁边军区，周贯伍任政治委员兼代司令员（1941年7月黄骅任军区副司令员）。1942年12月，成立冀鲁边战时行政委员会，公布施政纲领，制定一系列发展生产、调动群众抗战积极性的政策措施。冀鲁边区管辖由冀南行政公署代管的第一、二、三地委、专署、军分区，均由冀南区代管。第一地委，刘青林代理书记，专员石景芳；第二地委，书记杜子孚，专员孙子权；第三地委，书记李广文，专员朱林森。

冀鲁豫边区北与冀南抗日根据地毗邻，南与豫皖苏抗日根据地相连，西至平汉铁路，东临津浦铁路，是华北与华中联系的枢纽。全国抗战开始后，根据中共中央北方局指示，刘大风在直南濮阳成立直南临时特委，积极恢复和发展党组织。1937年11月，组建河北民军第四支队。1938 年 1 月，在清丰县（今属河南省）正式成立中共直南特委，朱则民任书记（后为王从吾），刘大风为副书记。4 月间，通过与国民政府河北省濮阳（今属河南省）专员丁树本的统战关系，建立了冀鲁豫抗日救国总会，并先后成立县区村基层组织。五六月间，八路军东进纵队和第一一五师六八八团到达该区。8 月下旬起，八路军与地方武装配合，先后攻克日军据点多处，消灭伪军郭清部 4000 余人。之后，第四支队编入东进纵队，中共直南特委又组建了黄河支队。1939 年 2 月，杨得志、崔田民率领第一一五师三四四旅进入冀鲁豫边区，将黄河支队等地方武装与主力合编为冀鲁豫支队，统一了抗日武装的领导。1940 年春，在反击国民党第一次反共高潮中，石友三、高树勋部败逃陇海路两侧，丁树本部向日军投降。4 月间，冀鲁豫边区党委、军区和冀南六县（大名、清丰、南乐、长垣、东明、濮阳）行政督察专员公署先后成立。王从吾任区党委书记，杨得志任军区司令员，崔田民任政治委员，安法乾任专员。1941 年 1 月，冀鲁豫边区参议会在内黄县（今属河南省）召开，选举产生了冀鲁豫边区行政主任公署，晁哲甫、贾心斋任正副主任。下辖直南、豫北、鲁西南 3 个专署，共 15 个县。至此，成功地创建了冀鲁豫边区抗日根据地。

晋察冀边区反日军围攻战役的胜利

晋察冀边区军民粉碎日军“八路围攻”后，为发展敌后抗日根据地和配合国民党正面战场的徐州会战和武汉会战，于 1938 年 2 月、4 月、7 月，连续向平汉、平绥、正太铁路大举出击破袭，并以宋、邓纵队胜利挺进冀东，给日军以沉重的打击和巨大的牵制。据不完全统计，晋察冀军区成立 1 周年，共与日军作战 434 次，毙伤俘日伪军 15076 人，伪军反正 3087 人。日军认为：“山西北部及连接太行山脉的北岳地带，乃共军巢穴，其影响至今及于华北全区。因此，必须彻底扫除，以绝后患。”①

---

① 日本防卫厅战史室编，天津市政协编译组译：《华北治安战》（上），天津人民出版社 1982 年版，第 80 页。

日本华北方面军为维持华北占领区的“治安”，调集第一一〇、第二十六、第一〇九师团，第二、第三、第四独立混成旅团，共5万余人，从9月20日起，由平汉、平绥、同蒲铁路沿线各点出动，分进合击，企图围歼晋察冀边区领导机关和主力部队于五台、阜平地区，以摧毁边区抗日根据地。在东线：9月20日，日军第一一〇师团分三路向曲阳、唐县、完县进攻。当日，在曲阳七里庄和唐县店头镇，遭到冀中第三军分区部队的有力抗击，日军死伤250余人，遂大量施放毒气，第三军分区部队被迫撤出战斗。9月27日，日军攻占党城、灵山、王快一线，准备进犯阜平。28日，八路军袭击灵山镇，日军进攻受阻，遂利用顺风施放催泪性毒气筒130个，造成200米正面染毒区。同日，在北镇，日军又施放催泪性毒气筒120余个，造成300米正面染毒区，致使八路军部分官兵中毒，八路军主动撤出战斗。10月4日晨，日军1000余人，在飞机、炮兵火力掩护下，以骑兵为先导，向阜平进犯。日军进至东西庄、方太口地区时，遭到晋察冀军区第一、三军分区及冀中独立旅部队的有力抗击，在激战中，仅方太口一地，即歼日军300余人。战至中午，日军增援部队1000余人赶到，对八路军猛烈炮击，并发射毒气弹400余发，施放催泪性毒气筒200余个，毒气覆盖了八路军约5个营的阵地。为保存有生力量，八路军主动撤出战斗。日军于10月6日占领阜平。在西线：9月24日，日军第一〇九师团由代县、定襄出动，与南线日军相呼应，企图进占五台，合击晋察冀边区领导机关和主力部队。10月1日，日军一部在飞机掩护下，进至定襄以北受录、季庄一带，遭到八路军一二〇师七一四团阻击，伤亡严重。同日，向王进村一带进犯的日军，也遭到八路军的迎头痛击，伤亡重大。日军在增援部队到达后，以飞机、炮兵火力猛攻一二〇师阵地，并大量施放毒气。10月3日，日军侵占五台县城。

日军占领五台、阜平后，在边区腹地大肆筑点修路，以点、线为依托，实施分块“清剿”。10月26日，一二〇师三五九旅七一七团及晋察冀军区第一军分区第三团袭击阜平县城，巧妙地引起日军自相混战。27 日晨，占领阜平的日军在 8 架飞机掩护下，弃城东逃。

至 11 月 7 日，边区军民经过 48 天的浴血奋战，进行大小战斗 167 次，军区部队主力以伤亡 1000 人左右的代价，歼敌 5200 余人，取得了反日军围攻战役的胜利。日军占领了边区的五台、涞源、灵丘、唐县、完县、曲阳 6 座县城。晋察冀边区这次反日军围攻战役的胜利，对于巩固和发展边区抗日根据地，坚持敌后华北抗战，具有重要的意义。

毛泽东为《模范抗日根据地晋察冀边区》题书名

为了总结晋察冀边区创建以来在战火中成长发展的历程和经验，聂荣臻在边区反日军围攻、“扫荡”的激烈战火中，废寝忘食，写成了关于晋察冀初创时期的情况向中央的报告。这份报告约 10 万字，着重叙述了边区发动群众、依靠群众，开展敌后游击战争的情况，并于 1939 年 1 月报送中央。聂荣臻在报告中，阐述了晋察冀边区在抗日战火中形成发展的极其困难的历程，说明了边区一年来在敌后战斗的重大收获，介绍了粉碎敌人对边区“八路围攻”的斗争情况，总结了晋察冀边区抗战的经验教训。聂荣臻在总结边区基本经验后，高度概括地指出：“就因为我们高举着鲜明的民族自卫战争的旗帜，紧握着统一战线的武器，……各级干部发挥了艰苦奋斗英勇牺牲的精神，获得军、政、民的高度亲密合作与民众的热烈的帮助，而正确的运用了游击战术，发挥我们自己的一切长处，抓住敌人的弱点，我们才得到了许多战斗的胜利。”并表示：“我们相信有力量把敌人全部从边区里赶出去，犹如我们相信我们整个中华民族的抗战必能取得最后胜利一样，将来胜利的经验与事实，必将最后证明我们是有力量最后战胜敌人的。”①

毛泽东看到聂荣臻的上述报告后，决定将这个报告单独成书出版，并亲自为该书题写了书名：抗日模范根据地晋察冀边区。1939

① 聂荣臻：《模范抗日根据地晋察冀边区》，载《八路军军政杂志》，1939 年 5 月 1 日，第 102 页、第 99 页。

年3月18日，毛泽东在《致聂荣臻》的信中说：你著的书“是十分宝贵的”，“书准备在延安、重庆两处出版（我与王主任各作一序），照片正传观各同志。望努力奋斗，加深研究，写出更多的新作品”①。1939年5月1日，该书由八路军军政杂志社正式出版。

《模范抗日根据地晋察冀边区》一书，向国内外介绍华北敌后第一个抗日根据地进行抗日与民主民生改革的斗争及其经验，具有极其重要的意义。这集中体现在毛泽东、朱德、王稼祥等分别为本书所作的序中。

毛泽东在序中指出：“晋察冀边区是华北抗战的堡垒。”“聂荣臻同志的这个小册子，有凭有据地述说了该区一年半如何实行三民主义与如何坚持游击战争的经验，不但足以击破汉奸及其应声虫们的胡说，而且足以为各地如何实行三民主义，如何唤起民众以密切配合抗战的模范。”②

朱德在序中赞扬：“聂荣臻同志此书之作，以忠实的报道，以亲自的经历，来阐明晋察冀边区的创造、发展与巩固，来叙述一年多以来边区艰苦奋斗的经过，来介绍边区斗争的经验教训，来检讨边区工作的优点与缺点。其目的在于向全国军民与全世界人士面前宣告：‘我们要胜利，我们一定能胜利’。”指出：“晋察冀边区的创造、巩固与发展，对于我国的抗战，有着重大而深切的意义。首先它给全国军民以坚持敌后抗战之信心与模范的榜样；同时它给日寇以无穷的打击与深痛的隐忧；再有，它给汉奸伪组织以无情的扑灭与摧毁，使丧心病狂之败类不无顾忌，使敌后伪政权难以组成，及无法巩固其统治。还有，它也给全世界先进人士以正确的启示，在国际人士面前宣告：中华民族是不可侮的，因而增强了我国之外援。凡此种种，它起着在今天配合全国军民之英勇战斗，去停止敌之进攻；在将来配合全国主

① 《毛泽东书信选集》，人民出版社1984年版，第153页。

② 聂荣臻：《模范抗日根据地晋察冀边区》，载《八路军军政杂志》，1939年5月1日，第2页。

力之出击，成为反攻敌人之最前线有力阵地之伟大作用。”①

中央军委副主席兼总政治部主任王稼祥在序中认为：“晋察冀边区已经成为在敌后方的一个抗日模范根据地了，聂荣臻同志的这本小册子叙述了这个模范根据地的产生、发展、巩固，及其与日寇的艰苦卓绝的奋斗。”指出：“晋察冀边区的这些经验，应当成为全国抗战——特别是敌后抗战的借镜。”②

---

① 聂荣臻：《模范抗日根据地晋察冀边区》，载《八路军军政杂志》，1939 年 5 月 1 日，第 6 页、第 5 页。

② 同上书，第 6 页。

第十一章

河北各抗日根据地的巩固与扩大

一、武汉会战结束后的河北形势

日军在河北等地实施“治安肃正”作战

1938年10月，日军攻占广州、武汉后，由于人力、物力的大量消耗和战区的扩大，使其兵力、物力不足而分散，不得不基本上停止对国民党正面战场的战略进攻，改取以保守占领区为主的方针。中国共产党领导的敌后抗日根据地的迅猛发展，使日军的后方感受巨大威胁。日军开始转向逐步集中力量打击中共抗日力量，而对国民党则由军事进攻为主、政治诱降为辅的方针，转变为以政治诱降为主、军事打击为辅的方针，企图引诱国民政府妥协投降。由此，中国抗日战争开始进入战略相持阶段。

1938年11月间，日本大本营制定了《陆军作战指导纲要》，确定今后的陆军作战方针是：“确保占据地区，促进其安定，以坚强的‘长期’‘围攻’态势，扑灭残余的抗日势力。”“要专心确保占据地区并使之安定，特别要首先迅速恢复河北北部、山东省、山西省北部及蒙疆等重要地区的治安，并确保主要交通线。”并强调要“在占据地区内，进行大规模的扫荡作战”。[①] 1939 年 3 月间，日军进一步提出了“以战养战”的方针。随之，敌后河北等地的抗战形势发生了重大而复杂的变化。

日本侵略者不断加强华北的兵力，河北等地首当其冲。到 1939 年 6 月，华北日军增至 15 个师团、12 个旅团、12 个骑兵团、1 个航空部队，计 40 余万人，占侵华日军半数以上。日本华北方面军制定的《昭和十四年度治安肃正计划》和《治安肃正纲要》，规定根本指导方针是：“通过讨伐作战，全部摧毁匪军根据地，同时进行高度的分散部署兵力，随后即依靠这些分散的据点，对匪团进行机敏神速的讨伐，使残存匪团得不到喘息时间和安身处所。”[②] 并规定，同时进行各项治安建设，包括：重建伪政权、伪组织，培植亲日武装团体，“开通道路”，“恢复商业机构和运输事业”，改造伪币，掠夺粮棉矿产等物资，进行奴化教育，“把握民心”，挑拨国共关系等。企图以这种“军政会民一体”的“总力战”，达到“彻底消灭”敌后抗日根据地，确保其占领区的侵略目的。[③] 特别强调，日军“治安讨伐作战”的重点专以中共军的“游击战术为对象给予完全封锁”。[④] 为此，日本华北方面军在 1939 年 1 月至 1940 年 3 月间，进行了三期“治安讨伐”作战：第一期，1939 年 1 月至 5 月；第二期，1939 年 6 月至 9 月；第三期，1939 年 10 月至 1940 年 3 月。日本华北方面军司令官多田骏还提出实行所谓“囚笼政策”，即：以铁路为柱，以公路为链，碉堡为锁，辅之以封锁沟墙，从占领区向抗日根据地构成网状的“囚笼”。企图依靠“囚笼政策”，实行“分散配置”“分区扫荡”“灵活进剿”，消灭八路军和抗日根据地，以巩固其占领区。

---

① 日本防卫厅防卫研究所战史室著，田琪之译：《中国事变陆军作战史》第二卷第二分册，中华书局 1980 年版，第 69 页。

② 日本防卫厅战史室编，天津市政协编译组译：《华北治安战》（上），天津人民出版社 1982 年版，第 105 页。

③ 同上书，第 109—110 页。

④ 日本防卫厅防卫研究所战史室著，田琪之译：《中国事变陆军作战史》第二卷第二分册，中华书局 1980 年版，第 154—155 页。

为了大量屠杀中国抗日军民，解决日本缺少钢铁资源和兵力不足的难题，“以寡抵众，以少胜多”，日本侵略者还加紧了细菌武器的研制和使用。1938 年 5 月，日军在济南、太原分别建成了两个细菌战支部。到 1939 年，日本华北方面军防疫给水部本部——北支（甲）1855 部队本部在北平城内建成，成为隐藏在北平城内的华北细菌战总部。同时，日军在天津、保定、石家庄、张家口及山西的大同、运城，河南的郑州、新乡、开封，山东的青岛，绥远的包头，江苏的徐州等城市，先后建立了细菌战支部。在河北及邻省广大地区构筑了细菌战网络。

日军还在河北各地大力加强伪政权和伪团体建设。1940 年 3 月 30 日，在南京成立以汪精卫为首的伪国民政府，宣布撤销伪中华民国临时政府，成立伪华北政务委员会，王克敏为委员长（同年 6 月，王克敏下台，王揖唐继任）。同年 9 月 1 日，在张家口成立伪蒙古自治政府，主席由德穆楚克栋鲁普兼任，最高顾问为日本人金井章次，李守信为蒙古军总司令。其间，伪河北省公署于 1939 年 3 月自天津迁驻清苑（今保定市），任命保定道尹吴赞周为伪河北省长。省以下设道、市、县，并任命道尹、市长、县知事。1940 年 8 月，在河北省增设渤海、燕京、真定、顺德 4 个道，全省共划分为 8 个道：保定道，驻清苑，辖 12 县；真定道，驻石门（今石家庄），辖 15 县；冀东道，驻唐山，辖 11 县；渤海道，驻沧县（今沧州市），辖 19 县；燕京道，驻北平，辖 15 县；津海道，驻天津，辖 12 县；顺德（今邢台市）道，驻顺德，辖 22 县；冀南道，驻邯郸，辖 14 县；石门、唐山为伪省公署直辖市。日军还对伪新民会进行了改组。1939 年底，安滕纪三郎中将、王揖唐、缪斌任伪新民会副会长，片同护郎少将升任顾问。1940 年 8 月，王揖唐兼任伪新民会会长，同时任命伪华北政务委员会委员、各总署督办、省长、特别市长为伪新民会中央委员会委员。进一步确立了政会一体的体制，加强了伪新民会的汉奸特务活动。与此同时，日军更加紧了特务机构及情报工作。1937 年 8 月，驻中国宪兵队司令部隶属日本华北方面军司令官指挥，有 10 个宪兵队，

1个宪兵教练所，计1624人，分驻在北平、天津、石家庄、张家口和河北邻省的太原、济南、青岛、临汾、徐州、开封等地，至1941年6月，总人数达2595名。还有各种特务情报机关。日军企图利用军事进攻和伪政权、伪组织及特务机关，来树立其政治统治，巩固其占领区。

日军为了“以战养战”，在其河北等地的占领区，对金融、工矿业、农业等物资，进行了各种形式的掠夺。在金融方面，在河北等地，没收了中国官办、民办的银行，停止使用法币、冀钞、察钞；并于1937年9月，在张家口成立察南银行（11月改组为蒙疆银行），资本总额为1200万元；1938年3月，在北平成立伪中国联合准备银行，作为华北地区的中央银行，在河北等地设立30余处分行，发行额开始为2亿元，1938年底达4.58亿元，1940年为7.15亿元，1941年增至9.66亿元。日军利用这些银行，发行大量伪钞，控制金融，掠夺物资。在交通工矿业方面，日军在河北等地先实行“军管理”的直接掠夺方式，由于不能奏效，改为中日合作方式进行掠夺。1938年10月，成立伪华北国策公司，在河北等地分别设立许多分公司和企业，开发和经营煤铁等矿产和盐、电力、交通、通讯等。规定国策公司各企业由中国投资45%，日本投资55%，以引诱中国资本家“合作”。实际上，沦陷区的交通、工矿业完全为日本所掌握和控制。1938年龙烟铁矿日产矿石600吨左右，除供应石景山炼铁厂一部外，其余全部运往日本。日本对河北农村的掠夺十分残酷：日军修筑兵营、仓库、铁路、公路、据点、碉堡、飞机场、封锁沟墙，任意强占农民土地；由日伪政权强制征收名目繁多的苛捐杂税，低价收购农产品，甚至由日伪军直接掠夺粮食、棉花等物资。

1938年7月，日本制定《从内部指导中国政权大纲》，规定了从文化教育方面奴化中国的方针。1940年，日军制定《华北地区思想战指导纲要》，进一步贯彻其灭共亲日思想。河北各地中学都派有日本教官，对小学经常派人监视，对教员和课程内容严加控制，以保证向学生灌输奴化思想。伪新民学院、蒙疆学院等高等教育，完全为培养各级傀儡官吏和高级奴才服务。课本和教材宣扬所谓的“中日亲善”“建设大东亚新秩序”。还提倡所谓“尊孔读经”，以利用封建伦理道德来维护日伪统治。日伪还利用伪新民会等团体来举办训练班，毒化青少年。据日伪资料统计，1939 年末，伪新民会有分会 292 个，会员 125582 人；开设青年训练所 115 个，训练 12822 人；有伪青年团 58 个，团员 260337 人；有伪少年团、少女团 86 个，团员 49275 人。并出版大量报刊，如伪河北省公署的《河北日报》（后改为《保定华北新报》），北平的伪《新兴报》《新民报》《全民报》《北京益世报》《新北京报》和天津的伪《庸报》《东亚晨报》《东亚晚报》《新天津报》《华北人民救国报》《天风》《天声》《国语》等汉奸报纸。放映电影，演出戏剧，进行欺骗宣传。还扶植、利用封建会道门来宣传封建迷信，为维护日伪殖民统治服务。

国民党在河北等地制造反共磨擦事件

抗战初期，国共两党合作抗日，国民党抗战比较积极努力。共产党及其领导的人民军队在敌后广泛开展游击战争，建立了抗日根据地，力量迅速发展。蒋介石集团为此深为忧虑，惊呼“大有失地愈多，该党发展愈速之趋势”。武汉会战结束后，抗战进入相持阶段，日本对国民党进行政治诱降，国民党内部发生了分化，以国民党副总裁、国防最高委员会副主席汪精卫为首的亲日派公开叛国投敌，以蒋介石集团为代表的亲英美派集团也发生动摇而表现出妥协倒退的倾向。

1939 年 1 月，国民党召开五届五中全会，会议宣称“坚持抗战到底”，决定设置国防最高委员会，由蒋介石任委员长，统一党政军的指挥。但按蒋介石的解释，所谓“抗战到底”，就是恢复卢沟桥事变以前的状况。会议把对付共产党提上重要议题。蒋介石在会上作了《唤醒党魂，发扬党德，巩固党基》的报告，发表了《整理党务》的讲话，会议确定了“防共、限共、溶共”的方针，决定成立防共委员会。会后秘密制定《防制异党活动办法》《共党问题处理办法》《沦陷区防范共党活动办法》等文件。这次全会，是蒋介石集团由联共、积极抗日变为限共、消极抗日的一个转折点。

国民党五中全会前后，蒋介石集团开始在抗日的旗号下，向敌后华北伸展力量，限制共产党和人民力量在敌后的发展，河北等地成为与中共争夺的首要目标。1938年6月，国民党政府任命鹿钟麟为河北省政府主席兼国民党河北省党部主任委员，张荫梧为河北民军司令、省保安司令兼省政府民政厅长。9月15日，鹿钟麟率领河北省政府机关进入南宫。同年11月，国民党政府又决定设置冀察战区，由鹿钟麟任总司令。

张荫梧原是晋绥军将领，九一八事变后，回到老家博野县，打起抗日的旗号，成立军事化的四存中学，组织武装，其私人势力迅速扩展到博野、蠡县等13县范围。卢沟桥事变后，国民政府第一战区司令长官程潜委任张荫梧为委员长保定行营河北民训处处长兼第一战区司法监。日军侵占保定时，张荫梧带领四存中学的学员和13县的政府、警察局、保安队等2000余人全部南撤，到河南林县安顿下来。1937年10月，成立河北民军第一团。到1938年初，河北民军扩编为8个团，河北民训处改称河北民军总指挥部，张荫梧任总指挥，王长江、乔明礼任副总指挥，张存实任参谋长。这时，张荫梧与共产党的关系尚好。1938年6月，张荫梧因对让鹿钟麟当河北省主席一职不满，到武汉求见蒋介石，经陈诚介绍，宣誓加入特务组织三民主义青年团（简称“三青团”），受到蒋介石赐见，委任为三青团河北支团主任，并接受特务头子康泽的直接领导。国民党五中全会前后，蒋介石决定派60个师回到敌后，进行“游击战争”，由各省主席兼游击司令，对敌后国民党游击队进行整理。国民党军队回到敌后河北等地后，起初还能发挥一定的抗日作用，不久即不断制造反共磨擦事件，对八路军抗日活动的牵制和破坏日益严重，后期则大多投敌叛国公开当了汉奸、伪军。

上述情况表明，武汉沦陷后，随着抗战进入战略相持阶段，敌后河北的抗战形势发生了重要变化，敌后河北各抗日根据地一方面遭受到日伪军的围攻、“扫荡”，另一方面又受到国民党顽军的磨擦进攻，河北各抗日根据地共产党组织面临着与日本侵略者及国民党顽固派的复杂关系与矛盾斗争。

中共中央关于巩固与扩大河北各抗日根据地的指示

面对敌后斗争的复杂形势，中国共产党于1938年9月29日至11月6日，在延安召开了扩大的六届六中全会。会上，毛泽东作了《论新阶段》的政治报告和会议总结。会议通过了《抗日民族自卫战争与抗日民族统一战线发展的新阶段》的政治决议等重要文件，要求全党认识和担负起领导抗战的重大历史责任，提出把工作重心放在战区和敌后，决定了巩固华北和迅速发展华中抗日游击战争的方针。10月5日，大会主席团发出《致晋察冀边区电》，说："全会完全同意边区党委所执行的坚定的统一战线的方针，并在这个方针下，依靠全党全军的努力，已经创造晋察冀边区成为敌后模范的抗日根据地及统一战线的模范区。这些都在华北抗战中已经和将要尽其极大的战略作用，而且你们的经验将成为全党全国在抗战中最有价值的指南。"又说："希望你们继续坚持统一战线的方针，动员一切力量，执行灵活的游击战与运动战，进行坚壁清野，准备长期战斗，镇压汉奸日探，粉碎敌人的进攻。""长久保持晋察冀边区是最进步的模范的抗日根据地，作为将来进攻日寇的最好的前进阵地。"①

1939年2月10日，中共中央发出《关于河北等地磨擦问题的指示》指出："河北之磨擦原因，就在于军政不一致，鹿向八路军抢夺政权与地区所引起。"晋察冀边区、冀中、冀南现行政权，不但决不能取消，相反地，应当在山东及其他地区，"依照战略形势划分新的行政区域"。强调：共产党、八路军必须坚持自己的立场，"对非理进攻，必须反击，决不能轻言让步"。② 中共中央于7月7日发表《为抗

---

① 河北省社会科学院历史研究所、河北省档案馆等编：《晋察冀抗日根据地史料选编》（上），河北人民出版社1983年版，第26—27页。

② 中共中央书记处编：《六大以来——党内秘密文件》（上），人民出版社1981年版，第1013页。

战两周年纪念对时局宣言》，提出了三大政治口号："坚持抗战到底，反对中途妥协!""巩固国内团结，反对内部分裂!""力求全国进步，反对向后倒退!"1939 年 11 月 1 日，中共中央又作出《关于深入群众工作的决定》，要求："在八路军、新四军活动区域，必须实行激进的有利于广大抗日民众的经济改革与政治改革。""在经济改革方面，必须实行减租减息，废除苛捐杂税和改良工人生活。""在政治改革方面，必须实行民选制度。"①

中共中央上述指示，为河北和全国人民指明了坚持抗战团结进步，反对投降分裂倒退，巩固、建设和扩大敌后抗日根据地的正确方针。

1938 年 11 月 9 日，中共中央晋察冀分局成立，以聂荣臻、彭真、关向应、程子华为分局委员，彭真兼书记。1939 年 1 月，中共中央晋察冀分局改称中共中央北方分局，代表中共中央和北方局对晋察冀地区党政军民工作实行全面领导。分局下辖 3 个区党委：中共晋察冀区党委，刘澜涛任书记；中共冀中区党委，黄敬任书记；中共冀热察区党委，马辉之任书记，领导平西、平北、冀东党的工作和北平、天津、唐山等敌占大城市党的工作。

中共中央北方分局成立后，彭真与聂荣臻于 1939 年 1 月在平山县蛟潭庄附近的苍蝇沟主持召开晋察冀边区第二次党代表大会。会上，彭真作了传达中共六届六中全会决议的报告，并作了《关于新阶段诸问题》的结论；聂荣臻作了《十四个月抗战的经验与总结》的报告，并作了《关于各区党委报告》的结论。会议根据中共六届六中全会精神，总结边区创建以来的重大成就和基本经验，分析华北与边区的形势，确定了巩固和建设边区抗日根据地，为建立三民主义共和国而奋斗的基本方针和各项任务。会议强调：马克思主义的中国化、民族化"即具体化不多也不少"。指出"抗日民族统一战线的前途，就是建立三民主义共和国"，它的性质不是西欧式的纯粹资产阶级的共

① 中央档案馆编：《中共中央文件选集》第十一册，中共中央党校出版社 1991 年版，第 208—209 页。

和国，也不是苏维埃共和国，而是民族独立、民权自由、民生幸福的三民主义共和国，这是“抗战的目标”，“国共合作的目的”，“是走向社会主义社会必经的阶段”。[①] 为巩固和建设边区根据地，会议要求部队本身要充实现有单位，紧缩和健全机关；要以正规化观念去开展游击战争，克服游击主义习气；要着重技术训练，同时要加强政治教育，从自觉中建立铁的纪律，提高部队党的质量，使部队成为边区的坚强支柱。要求边区全党坚持抗日民族统一战线的政策，加强政权建设，发动普选运动，刷洗顽固分子，反对与克服贪污腐化、堕落、官僚现象，树立吃苦耐劳的廉洁作风。同时，要积极开展群众运动，加强经济文化建设，保证改善民生；要加强青年工作，以青抗先为中心，把广大青年组织起来。

1939 年 9 月 10 日至 28 日，中共晋冀豫区党委在山西省武乡县东堡村召开了全区第一次党代表大会。会上，中共中央北方局书记杨尚昆作了政治报告，朱德、彭德怀分别发表重要讲话，区党委书记李雪峰作了工作报告，组织部长何英才作了党的建设报告。大会贯彻中共六届六中全会精神，分析进入战略相持阶段后华北和晋冀豫边区的形势，确定了全区党的任务。大会决定：发展游击战争，建设军区，扩大正规军；大胆开展民主运动，改造村政权，建立参议会；适当改善民生，巩固社会统一战线；开展生产运动，进行经济建设，发展合作事业；囤聚爱国公粮，厉行节约，筹集资财；统一领导，统一行动，军民联系，深入下层；巩固根据地，努力开展敌占区工作。会议根据抗日、反顽斗争的新形势，通过了《告全区同胞、各抗日部队、各抗日党派及全区党员同志书》，号召全体共产党员继续发扬党的艰苦卓绝、英勇奋斗的光荣传统，确实地深入工作，埋头苦干，加强马列主义学习，以坚定的政治立场，去克服一切困难，粉碎日军的围攻、“扫荡”，打退国民党顽军的磨擦进攻。

中共六届六中全会及中共中央北方分局代表大会、中共晋冀豫边

---

① 彭真在中共中央北方分局代表大会上《关于新阶段诸问题的结论》，1939 年 1 月。原件存中央档案馆。

区党代表大会，对于坚持抗战团结进步，克服投降分裂倒退危险，巩固、建设和扩大敌后河北各抗日根据地，具有重要的指导意义。

二、河北各根据地粉碎日军围攻、“扫荡”

冀中区军民粉碎日军五次围攻战役

日军1938年秋围攻晋察冀边区基本区而遭失败后，掉转来围攻冀中平原。1938年11月12日，日伪军6000余人，两个战车中队，在飞机掩护下，围攻大清河以北的雄县、霸县、容城、新城、固安地区。冀中第三、第四、第五军分区部队及冀中独立第二支队、华北民众自卫军、冀中民军北上先遣队等部，与日军奋战26天，作战29次，毙伤日伪军600余人，俘伪军1000余人，粉碎了日军第一次围攻。12月21日，日伪军1500余人进攻安国、博野、蠡县地区。冀中第二军分区部队与日军作战22次，至1939年1月20日，消灭日伪军300余人，粉碎了日军第二次围攻。1939年1月25日开始，日伪军7000余人，配合飞机、坦克、大炮，围攻冀中根据地中心区的河间、献县、任丘、肃宁、大城地区，企图围歼冀中部队主力和领导机关。在日伪军大兵力围攻之下，冀中主力部队由于还缺乏平原游击战的经验，情势变得严重起来。这时，贺龙、关向应根据中共中央军委命令，由晋西北率一二〇师主力于1939年1月25日到达冀中区高阳县惠伯口（后划归任丘县，今属河间市）。程子华也率100多名军政干部由冀西到达冀中，并任冀中军区政治委员。2月，成立以贺龙为首的冀中区军政委员会和作战指挥部。在贺龙、关向应、吕正操的统一指挥下，一二〇师和冀中部队并肩作战，集中兵力打击由沧县向河间、肃宁进攻之敌。2月2日，一二〇师第七一六团在曹家庄毙伤日伪军150余人。2月4日，在大曹庄战斗中，又毙伤日伪军300余人，缴获物资80余大车，日军被迫停止第三次围攻。2月9日起，日军对冀中发动第四次围攻：从博野、蠡县、安平、献县、深县集结近3000

兵力，企图合击八路军一二〇师第七一五团。该团给予日伪军大量杀伤后主动撤出战斗。日军合击失败后，于2月15日转攻冀南抗日根据地。3月18日，日军又集中9000余兵力，在4架飞机、2个坦克中队配合下，对肃宁、任丘、文安、大城地区发动第五次围攻，企图捕捉一二〇师主力和冀中区党政军领导机关。一二〇师和冀中主力部队跳出敌军合击圈后，相机打击敌人，至4月1日，与日伪军作战35次，毙伤日伪军900余人，日军第五次围攻作战失败。4月23日，一二〇师主力在冀中部队配合下，由贺龙亲自指挥，在河间县齐会村，将日军第二十七师团第三联队吉田大队800余人包围，激战两昼夜，毙伤边佳行联队长以下700余人，缴获日军防毒面具70余个，毒瓦斯10余筒，创造了平原歼灭战的光辉范例。

冀中军民在一二〇师配合下，经过五次反日军围攻战役，共与日伪军作战158次，毙伤日伪军4264人，伪军反正1100人，一二〇师和冀中部队伤亡1581人。① 冀中军民提高了坚持平原游击战争的信心，锻炼了冀中部队，巩固了冀中平原抗日根据地。

在冀中反日军围攻战役中，涌现了一支活跃在白洋淀苇丛中的水上游击队。1938年，安新县第三区区委书记徐健、区长李刚义，在大张庄召集猎户开会，动员大家拿起“大抬杆”，参军参战。当时，有二三十名靠打雁、打野鸭子为生的猎人，带着“大抬杆”参军，组成水上游击队。因为这支游击队，原来在打水禽时，为了防止浪花打湿枪膛内的火药，在枪的点火处插上一根雁翎，所以被命名为“雁翎队”。当年夏天，徐水、雄县日军1000余人进犯安新城。雁翎队埋伏在北关桥附近，打死敌骑兵20多人。1939年秋天，雁翎队埋伏在下张庄以西、李庄子以东河道两边的苇丛中，打死赵北口的伪军20多人，缴获步枪20多支，子弹4箱，机枪1挺，俘日军2人。1941年3月，安新日军头目龟本从天津、保定等地集中130多只汽船，配合步兵和骑兵，对白洋淀进行“扫荡”。7月1日，当日伪军50余人，乘坐2只汽船，从赵北口返回安新城时，雁翎队在中途设伏，将敌全部

① 吕正操著：《冀中回忆录》，解放军出版社1984年版，第133页。

击毙，然后，在密密的荷花掩护下，转移到了安全地带。因此在群众中传诵着这样一首歌谣："雁翎队，是神兵，来无影，去无踪。千顷苇塘摆战场，抬杆专打鬼子兵。"

1939 年 8 月，一二〇师主力离开冀中，赴晋察冀军区整训待命。一二〇师主力在冀中的 8 个月中，共与敌作战 116 次，歼灭日伪军 4900 人，部队由 6300 余人发展到 21900 人，圆满完成了中央军委给予的巩固冀中、帮助三纵队和扩大部队的三项任务。①

晋察冀区军民取得 1939 年反"扫荡"胜利

1939 年 3 月，晋察冀军区开始分期分批整训部队。至 11 月，晋察冀、冀中、冀热察 3 个战略区的部队整编为 31 个战斗团，每个团 2000 人至 2500 人左右，并建立健全了各种制度，基本上达到了正规化、八路军化的要求。由于日军的围攻、"扫荡"，各战略区部队的整训是在对敌战斗中进行的。5 月 9 日至 19 日，王震率一二〇师三五九旅七一八团，与晋察冀军区第一军分区部队配合，在山西省繁峙县上下细腰涧歼灭日军 700 余人。5 月 21 日，第一军分区部队在易县大龙华毙伤日伪军 350 人，缴获机密文件 50 多册，包括日军华北方面军司令部颁发的《关于剿匪与警备的指针》《关于使用特种器材（毒气）之参考》等文件。6 月 18 日至 29 日，平西抗日根据地军民粉碎日伪军 2500 余人的"扫荡"，扩大了根据地的区域。9 月 25 日至 30 日，一二〇师部队在晋察冀军区第四军分区部队协同下，在灵寿县陈庄歼灭日军第八独立混成旅团 1200 余人，被称为"模范的歼灭战"。

1939 年 10 月 25 日，日军调集第一一〇师团和独立第八、第三混成旅团及第二十六师团和独立第二混成旅团等部，共 2 万余兵力，对晋察冀边区基本区进行冬季大"扫荡"。晋察冀区军民在一二〇师主力一部配合下，展开反"扫荡"战役。11 月 3 日，在涞源县雁宿崖村西北设伏，激战一天，歼敌 500 余人。次日，日本蒙疆驻屯军最高司

① 参见谢忠厚、肖银成主编：《晋察冀抗日根据地史》，改革出版社 1992 年版，第 144 页。

令官兼第二独立混成旅旅团长阿部规秀率领 1500 余人前来报复，企图寻找晋察冀军区主力决战。11 月 7 日，一二〇师特务团和晋察冀军区第一军分区部队将其包围在涞源县黄土岭地区，激战至 8 日，歼敌 900 余人，击毙日军旅团长阿部规秀中将。日本华北方面军司令官多田骏哀叹“名将之花凋谢在太行山上”。11 月 20 日起，日伪军 2 万人左右分路向阜平地区进攻，企图压缩合击晋察冀军区主力部队。八路军灵活地与日军周旋，抓住有利时机歼灭敌人。晋察冀军区部队在阜平县五丈湾村设伏，歼灭日军 100 余人，逼进攻之敌撤退；在高洪口地区伏击，歼灭日军 300 余人。冀中区和冀热察区部队积极出击平汉铁路，牵制日军。

日军“扫荡”平汉铁路以西山岳根据地的同时，对冀中平原又有三次分区“扫荡”。10 月 8 日起，日伪军 6000 余人“扫荡”大清河以北地区，冀中区军民经 7 次战斗，至 10 月 23 日，将日伪军击退。12 月 3 日起，日伪军 1500 余人“扫荡”正定、新乐、无极、深泽地区，冀中军民经五天战斗，将日伪军击退。从 12 月 16 日开始，日军集中 1.3 万余人，同时“扫荡”三个地区：一是滏阳河左岸以西、以北和滹沱河西岸地区，包括深县、武强、饶阳、安平、蠡县、肃宁、束鹿等县；二是滏阳河、子牙河右岸以东、以南地区，包括河间、沧县、献县、交河（今泊头市）、阜城、武邑、衡水、景县地区；三是大清河以北地区。12 月 27 日在雄县神堂孙村，冀中第二十七团 500 余人，同日伪军 3000 余人激战 8 小时，将日伪军击退，毙伤其 450 余人，击落日机 1 架，创造了以少胜多的光辉战例。冀中区军民这次反“扫荡”斗争，共作战 60 次，毙伤日伪军 2500 余人。

至 12 月 8 日，此次晋察冀区反“扫荡”战役结束，共作战 108 次，毙伤日伪军 3600 余人，缴获大批武器弹药等军用物资，军区部队也伤亡 2000 人左右。①

---

① 参见谢忠厚、肖银成主编：《晋察冀抗日根据地史》，改革出版社 1992 年版，第 146—147 页。

冀中区军民粉碎日军春季全面“扫荡”

冀中区经历冬季三次反“扫荡”斗争后，进一步发动群众性的挖道沟、改造平原地形的斗争及“打狗运动”，便利八路军部队的运动隐蔽和夜间活动，而不利于日军的机械化部队运动。

1940 年 4 月上旬，日军 3 万余人和伪军 6000 余人，对冀中区进行为期 50 天的全面“扫荡”，从军事、政治、经济等方面破坏冀中平原抗日根据地，企图达到“由点线扩大到面的占领”“以战养战”的目的。日军这次“扫荡”，在四个地区同时进行：一是子牙河流域，有三个“扫荡”队在河间、肃宁之间奔袭“扫荡”；二是大清河以北地区，对固安、永清、新城、雄县、霸县等地进行反复抢掠和搜剿；三是唐河、潴龙河流域，对保定、定县的冀中第九军分区部队连续合击；四是沧石路沿线，在路北“扫荡”深县、武强、饶阳、安平等地，在路南“扫荡”新河、宁晋、冀县等地。冀中区军民展开了反击日军全面“扫荡”的战役。冀中区的后方机关和部分主力转至山地整训，留下的部队分散坚持斗争，相机集中打击敌人；民兵日夜袭扰敌人。同时，广泛开展政治攻势和群众性锄奸运动，坚壁清野，封锁敌人。冀中军民还大力开展了交通破袭战。4 月 10 日至 14 日，深县一带 7 万余群众破坏深县至晋县、安平至魏家桥等公路 75 公里。4 月 12 日开始，3 万余群众对沧石路进行 7 天大破袭，毁路基 50 余公里。至 5 月底，冀中部队与日伪军作战 216 次，毙伤日军 4300 余人，毙伤伪军 400 余人，炸毁汽车 14 辆，击落飞机 1 架，各路日伪军被迫撤退。接着，6 月 1 日至 25 日，冀中军民开展了护麦斗争，先后作战 43 次，毙伤日伪军 854 人，攻克日伪军据点 9 处。6 月 25 日至 8 月 10 日，冀中军民又发动青纱帐战役，共作战 146 次，毙伤俘日伪军 3100 余人，破坏公路 150 余公里，攻克部分日伪军据点，恢复与扩大了抗日根据地。

冀南区军民粉碎日军冬春季“扫荡”

1938 年 11 月 14 日至 30 日，日军第三独立混成旅团和一一四师团各一部3700余兵力，配合200余辆战车，对冀南抗日根据地进行“扫荡”。冀南军民作战20多次，毙伤日伪军600余人，迫敌退出了冀南抗日根据地的南宫中心地区。但是，由于日军占领了冀南抗日根据地周边的宁晋、永年、故城、恩县、高唐等城镇，特别是由于范筑先牺牲，汉奸王金祥、李树椿控制了范筑先在鲁西北地区的抗日武装，公开进行反共活动，因而形成了日伪军对冀南抗日根据地的东、西、南三面包围的态势。

为坚持冀南平原游击战争，刘伯承、邓小平于12月下旬，率领一二九师主力三八六旅和先遣第一支队第三大队由太行区进入冀南区，在威县张庄召开冀南党政军干部会议。会议确定了依靠工农群众，依靠广大乡村，坚持平原游击战争，坚持抗日民主阵地的方针。会后，冀南军民掀起了拆城墙、破路、挖交通沟等改造平原地形的群众运动。至1939年7月，全区破路10950公里，开挖只能通大车、不能通汽车的交通沟2500公里，拆除坚固的城墙23座，2/3以上村镇的寨墙、碉堡被拆除，为长期开展平原游击战争创造了较好的条件。

1939年1月7日，日军集中第一一〇、第十四、第十、第二十七师团各一部，共3万余人，由平汉、津浦两铁路出发，分11路，对冀南抗日根据地进行大规模“扫荡”。到2月9日，日军主力合击南宫、冀县、枣强地区，占领了冀南中心区全部县城。一二九师和冀南军民展开了顽强的反“扫荡”战役。2月10日，三八六旅在威县以南的香城固伏击日军第十师团第四十联队一个加强中队，击毙日军大队长以下200余人，俘10人，缴获各种炮4门，烧毁汽车8辆，创造了平原歼灭战的一个范例。香城固战斗，成为粉碎日军此次大规模“扫荡”的关键性战斗。次日，日军以70余辆汽车、2000余兵力，在飞机掩护下大举反扑。八路军迅速转移，使日军扑空。此后，日军以南宫、巨鹿、广宗、威县为重点，进行分区反复“扫荡”。冀南军民则采取分散游击的办法，不断破坏交通，袭扰敌人。至3月，冀南军民进行大小战斗100余次，毙伤日伪军3000余人，粉碎了日军的

“扫荡”计划。①

晋冀豫区军民反日军“扫荡”战役的胜利

1939年初，日军出动6000余兵力，占领正太路、同蒲路沿线重要城镇，向晋冀豫区抗日根据地延伸，为大“扫荡”做准备。为迎击敌大“扫荡”，一二九师从冀南返回晋冀豫区。晋冀豫区军民对平汉、正太、道清等线进行破击，并袭击了邢台县皇寺镇、武安县伯延镇、磁县彭城镇等日军据点，消灭日伪军400余人。7月3日，日本华北方面军集中第二十、第一〇九师团主力等部共5万余兵力，由第一军军长梅津美治郎指挥，从同蒲、正太、平汉、道清铁路各点出动，分九路向晋冀豫区全面“扫荡”，企图合击一二九师主力，分割和摧毁晋冀豫边区山地根据地。在八路军总部直接指挥下，一二九师主力、一一五师三四四旅、晋豫支队和决死第一、第三纵队，在广大群众和民兵配合下，展开空前的反“扫荡”战役。到8月下旬，反“扫荡”作战结束。日军占领了晋冀豫区20多个县城，控制了白晋路北段，平（定）辽（县）公路和邯长大道。八路军共作战70余次，毙伤日伪军2000余人。而后，八路军一部主力在民兵配合下，从8月下旬至10月初，对深入根据地的白晋公路、邯长大道等交通线和据点，广泛进行袭击，先后进行邢台县土岭、武安县康二城等大小战斗200次，毙伤俘日伪军2800余人，击落敌机1架。

由于日军占领了白晋公路和邯长大道，晋冀豫区划分为太行、太岳两区，太行区又分为太北、太南两部分。根据八路军总部指示，一二九师主力、一一五师三四四旅和晋冀豫军区部队一部，举行邯长战役。12月8日开始，游击队对邯长大道进行全线破袭。主力部队配合地方武装连续袭击邯长大道之赵店、黎城、停河铺、东阳关、涉县等据点，截击日伪军运输队，使日伪军各据点交通断绝、粮弹无援。八路军主力部队乘日军惊慌、疲惫，攻克黎城和赵店、戚里店、东阳关

① 军事科学院军事历史研究部编：《中国抗日战争史》中卷，解放军出版社1991年版，第452—453页。

等据点。第七六九团和三四四旅一部收复涉县城，先遣支队收复涉县东北的井店。至12月26日，邯长战役结束，共毙伤日伪军700余人，打破了日军对太行区的分割局面，使太南、太北连成一片，对巩固晋冀豫区抗日根据地起了重要作用。

冀中回民支队和冀鲁边回民支队的抗日斗争

在创建敌后根据地的过程中，河北的回、满、蒙、藏等少数民族与汉族同胞并肩战斗，涌现出许多可歌可泣的英雄人物和事迹。

冀中回民支队最初是由回民干部教导队和回民教导队合编而成。

抗战爆发后，共产党员肖秉钧动员回民爱国知识分子刘文正等，在定县、安国一带组织起二三百人的抗日武装。1938年2月，根据中共冀中省委的指示，这支武装经过改编，命名为冀中人民自卫军回民干部教导队，肖秉钧任政治主任，刘文正为副主任，马永恩为队长，活动在定县、蠡县、深泽一带。在这支队伍的影响下，以河间、肃宁、定县的回民为核心，成立了冀中回民抗日建国联合会，提出“爱教必先爱国”的口号，很快团结了冀中广大回民群众。

同时，在孟庆山领导下，1938年初，马仲三在河间组建河北游击军回民教导队，马本斋（献县东辛庄人）等在献县组织起三四百人的抗日武装。1938年5月，马本斋率部到河间，两支武装合编为河北游击军回民教导队，马本斋任队长，马仲三任副队长，刘文正任政治主任。6月，根据冀中军区的指示，人民自卫军回民干部教导队与河北游击军回民教导队在河间城合编为冀中军区回民教导总队，马本斋任总队长，马仲三任副总队长，杨铁成（刘文正）任政治主任（不久丁铁石继任）。随后，各连建立党支部，逐步健全了政治工作制度。1939年初，总队党委决定，大量吸收汉族青年参加回民抗日武装，同时决定不论回汉各族官兵一律按回族习惯生活。部队很快由七八百人扩大到2000余人。10月，回民教导总队改称回民支队，马本斋为支队司令员，郭陆顺为政治委员，丁铁石为政治部主任。

1940年2月，回民支队奉命到达深县南部地区。当时，日军正在全面“扫荡”冀中。回民支队连续战斗50余天，先后作战30余次，毙伤日伪军500余人，鼓舞了深南群众的抗战热情。百团大战中，回民支队在深南地区拖住了日伪军2000余人，有力地支援了兄弟部队的作战。毛泽东亲笔题字：“百战百胜的回民支队”。1941年7月，回民支队参加青（县）大（城）战役，进入建国县[①]一带牵制日军。两个月间，在沧（县）河（间）公路、景和、曹辛庄等地作战27次，毙伤俘日伪军600余人。8月27日（农历七月初五），日军山本联队长带1000余兵力包围献县东辛庄，抓住马本斋的母亲，企图逼她给儿子写信劝降。马母在河间城内敌人的监狱中顽强地坚持绝食斗争，于9月7日（农历七月十六）为国捐躯。朱德、彭德怀等第十八集团军首长给冀中军区发电，“向马母英灵致崇高的悼念”，高度赞扬马母：“像这样的大义凛然、视死如归的女子，不愧为中国人民最优秀的代表。这样惊天动地忠于中华民族的无上气节，足以愧死一切充当日寇走狗、出卖民族的衣冠禽兽，愧死一切对抗战大业表示动摇的民族败类。中国人民有这样的母亲，不仅是中国人民的光荣、回民的光荣、中国妇女的光荣，而且是中华民族绝不灭亡最具体的例证。”[②]10月10日、12月12日，《解放日报》连续载文，称赞马本斋的母亲“气节凛然”“气壮山河”。

1942年4月27日，回民支队在交河县陈庄（今属泊头市）一带遭1000余日伪军袭击，在大李庄激战一天，击退日伪军数十次进攻，歼敌200余人，乘黄昏突出重围，郭陆顺中弹牺牲，年仅28岁。在空前残酷的五一大“扫荡”中，回民支队奉命攻击泊镇、交河、淮镇等日军据点，成功地吸引、牵制了日军主力东移，减轻了冀中中心区的压力。5月下旬，日军“扫荡”冀中的主力向东移，回民支队陷于河间、献县、阜城等地日伪军的合围。6月2日，回民支队在阜城县高庄、纪庄一带，经与日军激战，伤亡150余人，歼敌300余人，突

① 建国县，系新设县，包括河间、献县及交河县各一部分。

② 《十八集团军首长电勉冀中军民并慰问马本斋》，载《晋察冀日报》，1941年11月13日。

出重围。于7月初，越过北运河、津浦铁路，转战到冀鲁边区。马本斋率领回民支队抵达冀鲁边区后，立即派中队长白振武带领20余人的武工队返回冀中，活动于交河、献县、建国一带，继续坚持抗日斗争。这支队伍，后来发展壮大成为冀中区新的回民支队。1942年9月间，马本斋率领回民支队又到达冀鲁豫边区的中心区濮（县）范（县）观（城）一带。1944年2月1日，回民支队奉命由冀鲁豫军区司令员杨得志率领，从鲁西北奔赴延安，担负保卫中共中央的任务。马本斋因积劳成疾，患对口疮转急性肺炎，未能随军西行，于2月7日不幸逝世，年仅42岁。8日、9日，冀鲁豫边区党政军民举行公葬仪式，将马本斋的遗体安葬在鲁西北回民聚居地莘县张鲁集村。3月16日，延安回族各界代表300余人在清真寺举行马本斋追悼大会。吴玉章、林伯渠、叶剑英等出席追悼大会，毛泽东、朱德、周恩来等送了挽联。

1940年7月20日，冀鲁边区回民抗日救国总会在宁津县魏家庵村成立，王连芳任总会主任。同时成立冀鲁边区回民大队，刘震寰任大队长，王连芳任政治委员。由冀南军区第六军分区代管。回民大队成立后，在回民聚居区沧县、盐山等地动员回民参军，队伍很快由20余人发展到100余人。8月1日，在沧县新县镇（今属孟村回族自治县）清真寺，召开庆祝冀鲁边区回民抗日救国总会、冀鲁边区回民抗日大队的成立大会，当场有很多回汉群众要求参加回民抗日大队，仅谭庄一个30户的小村，就有20多人参军。这支回民抗日大队在战斗中迅速壮大，发展为四五百人的少数民族抗日武装。1941年8月1日，为纪念冀鲁边区回民抗日大队成立一周年，100多名官兵于黎明前，袭击新海县旧城（今属黄骅市）据点，封锁日军驻守的东炮楼，猛攻伪军驻守的西炮楼，经一小时战斗，击毙西炮楼伪军5人，俘35人。第二天，驻守东炮楼的日军中队被迫撤回盐山城。同年9月间，根据冀鲁边军区的决定，冀鲁边区回民抗日大队扩建为冀鲁边区回民支队，直属冀鲁边军区领导，刘震寰任支队长，王连芳任政治委员，王立朝任参谋长，支队辖4个大队、1个手枪连。随后，冀鲁边军区又派津南支队参谋长何士兴任回民支队参谋长，派刘济民任回民支队副政治委员兼政治处主任，李子华任政治处副主任，加强了冀鲁边区回民支队的各级领导力量。1942 年 3 月，冀鲁边区回民支队建立中共党支部，各大队建立党小组，1943 年 8 月，冀鲁边区回民支队建立中共党总支委员会，各大队建立党支部，加强政治教育和军事训练，提高了部队的军政素质和战斗力。

1943 年除夕之夜，支队长刘震寰和副政治委员刘济民率领冀鲁边区回民支队第一大队和手枪连 100 余人，巧攻沧（县）盐（山）交界处的姚庄据点。部队迫近据点围墙，由内应、正在值班的伪军回族班长张增起引路，越过围墙，打开寨门，冲进据点，堵住伪军各住房的门口，结果，一枪未发，全俘伪军中队长以下 100 余人，缴获机枪 1 挺，步枪 50 余支。同年 6 月，冀鲁边军区司令员邢仁甫叛变，谋杀军区副司令员黄骅，加之驻沧县日伪军数千人，在 900 余骑兵配合下，于 8 月间进驻新海县韩村，加紧“扫荡”“围剿”，新海、盐山一带的形势相当严峻。冀鲁边区回民支队以小部队，采取麻雀战术，将日伪军几千人拖在海边捉迷藏。当日伪军疲惫不堪，企图撤退之时，冀鲁边区回民支队 500 余人，在韩村以东的公路两旁设伏，全歼日伪军的后尾部队，缴获大批武器。

1945 年 2 月，冀鲁边区回民支队奉命配合军区部队，拔除齐家务伪民团总部及其所辖青县、静海、新海三县交界地带 20 多个伪民团据点。当时，这些伪民团据点，共有 2000 多人枪，由天津日军直辖。冀鲁边区回民支队利用愿立功赎罪的伪警官、伪政府官员做内线，里应外合，当部队向齐家务等据点发起总攻时，部队通过内线打开寨门，进村包围伪民团总部、伪团长家，伪团长被迫同意参加抗日。经教育整编，齐家务及附近 20 多个日伪军据点全部解放，该民团被改编为冀鲁边区回民支队减北大队。

冀鲁边区回民支队自建立到抗战胜利，五年间，历经 100 余次较大战斗，攻克日伪军据点 40 多处，歼灭日伪军 2300 余人，在战斗中部队由数十人发展壮大为 2000 多人的人民抗日武装。

三、打退国民党顽固派在河北的磨擦进攻

打退鹿钟麟、张荫梧的磨擦进攻

敌后各抗日根据地的创建和发展，成为日本侵略者的心腹大患，也使国民党蒋介石甚感不安。蒋介石在成立以鹿钟麟为首的国民党河北省政府和冀察战区后，又于1939年3月任命石友三为冀察战区副总司令兼察哈尔省政府主席，庞炳勋为冀察战区副总司令。国民政府军事委员会还转发了《今后关于华北共产党之对策》等文件，密令在华北搜罗反共人才，组织反共专门机关。这样，河北等地国民党顽固派的反共磨擦活动日益严重起来。河北各抗日根据地军民在粉碎日军“扫荡”的同时，根据中共中央的指示，本着“有理、有利、有节”的原则，对国民党顽固派的磨擦进攻，进行了坚决的回击。

鹿钟麟、张荫梧等1938年9月到达河北南宫县城后，中共冀南省委、冀南军区和冀南行政主任公署召开纪念九一八事变七周年和欢迎鹿钟麟来冀南大会，中共中央北方局代表朱瑞与冀南根据地主要领导人先后与鹿钟麟等会商，以争取国共两党合作抗战。共产党、八路军划出藁城、衡水、冀县、故城、新河等6县为鹿钟麟等省政府和部队人员的物资供给地，并将已经被收编的邵北武、王子耀部队交给鹿钟麟指挥。但鹿等遵照蒋介石向共产党“收复失地”的旨意，不断制造破坏团结抗战的磨擦事件。鹿钟麟依仗张荫梧部河北民军，网罗土匪游杂武装赵云祥、胡和道等部，并与国民党山东省主席沈鸿烈结成所谓“冀鲁联防”，与国民党河北省濮阳专员丁树本配合，企图限制共产党、八路军的发展。当日军“扫荡”冀南、冀中之际，在鹿钟麟的指使下，游杂武装胡和道部策动反动道门白吉会，于9月30日包围枣强县城，提出“撤换县长，赶走八路”的无理要求。11月25日，鹿钟麟又乘日军占领南宫之机，以“不知去向”为借口，宣布取消冀南行政主任公署。而张荫梧则乘机向蒋介石报告称：日军“扫荡”冀

南，八路军“尽行他调”，鹿钟麟“束手无策”，唯张荫梧“毅然决然，独立支撑”①，其野心昭然若揭。

张荫梧为瓦解张仲翰领导的博野民军，早在1938年5月，就策动亲信张文祥率博野民军第二团到献县，将博野民军特务营包围缴械，逼走博野民军司令张仲翰和共产党员齐健秋。9月，张荫梧又策动张文祥、李侠飞率博野民军两个团南逃赞皇、元氏一带，沿途抓捕中共冀中第二特委宣传部长宋振恒、中共深泽县委书记何昆山和农会主任何福林、县基干队指导员张振安，在安平县崔安铺村将他们活埋杀害，制造了安平惨案。

在上述情况下，中共中央12月2日发出《关于与鹿钟麟斗争策略的指示》，指出：“我之基本方针是促其改变态度与我合作。但当其无理进攻时，应给予有力反抗。”据此，冀南、冀中军民在中共中央北方局和八路军总部的领导下，一方面加强了统战工作，特别是巩固与国民党山东省聊城第六区行政督察专员兼保安司令范筑先部的抗战合作，一方面发动了反击鹿钟麟、张荫梧磨擦进攻的斗争。

1938年12月25日，张荫梧派河北民军副总指挥王长江率张文祥、李侠飞等3个团约3000人，进犯博野、安国、蠡县地区。冀中军区第二军分区部队将其全部包围，战斗中，王长江率部分官兵起义，其余民军大部被解决，吴嘉谟被俘，李侠飞、张文祥率一部逃回冀南。冀中军区将民军编为3个团，王长江任司令员，张存实任副司令员，并于1939年2月改称冀中民军，通电脱离张荫梧河北民军。1939年11月，冀中民军又与挺进支队合编为冀中军区警备旅，王长江任旅长，旷伏兆为政治委员。

此时，蒋介石把第十八军团石友三部由鲁南调到冀南和冀鲁边区，令其对付八路军；还给鹿钟麟拨款12万元，用于发展河北国民

---

① 《河北省政府民政厅长兼民军总指挥张荫梧呈蒋委员长报告日伪军进攻南宫之际共军尽行他调假手敌人以粉碎冀省府企图电》（1938年11月19日），载（台湾地区） 中国国民党中央委员会党史委员会编印、 秦孝仪主编：《中华民国重要史料初编·对日抗战时期·中共活动真相》（二），第250页。

党组织。因此，鹿钟麟、张荫梧、石友三等进行反共磨擦活动更加卖力。他们到处委任第二专员、第二县长，使冀中、冀南出现了“双重政权”的混乱局面。

1939年2月，张荫梧通过伪新镇县长王宗祺策反冀中军区独立第二支队队长柴恩波叛国投敌，张荫梧在写给蒋介石的电报中称柴恩波是施行“曲线救国”，已委任柴为“河北民军第三师师长”。

1939年4月下旬，鹿钟麟遵蒋介石电令，划定冀、热、察、鲁、豫各省游击根据地区域，其中，冀省只有第四区新镇、雄县、任丘属吕正操部，其余各区全部划给张荫梧、侯如镛等部。① 张荫梧乘机向冀中大搞磨擦，诬蔑八路军是“伪抗日军”，密令所部当日军进攻八路军时，“应不迟疑地予以夹击”。② 6月上旬，张荫梧又以鹿钟麟电令增援冀中反“扫荡”之名，率民军5000余人由冀南进入冀中，企图报与八路军“积怨”之“仇”。③ 张部一到深县南部地区，即从王家井、磨头至北马庄、张骞寺一带，到处摧毁民众抗日团体和民选的抗日政权，摧残抗日干部和群众，6月11日袭击冀中军区第三纵队在深县的后方机关，残杀干部战士400余人，制造了深县惨案。④ 但因张荫梧所到之地“秩序混乱，目标过大”，也招致石门等地日军的进攻，当时日军侦知实情后便主动撤退。⑤ 张荫梧随即在张骞寺召开军事会议，准备攻击八路军留守处。⑥ 张荫梧在给蒋介石的电报中说：“日

---

① 《鹿（钟麟）电冀游击区域划分，张荫梧借此北进》，中央档案馆，秘14卷36号。

② 参见叶剑英：《在蒋介石召开的全国军以上参谋长会议上的发言》（1940年3月8日），载《叶剑英军事文选》，解放军出版社1997年版；《聂荣臻回忆录》（中），解放军出版社1984年版，第454页。

③ 冀察战区总司令部政治部印行：《第十八集团军在河北活动纪实》（民国二十七年九月至二十八年十月），载《中华民国重要史料初编·抗日战争时期第5编·中共活动真相》（二），第231—244页。

④ 曹振家：《深县张骞寺事件》，载《深县文史资料选集》第2辑，第157—160页；《程子华回忆录》，解放军出版社1987年版，第220页。

⑤ 肖泽西：《关于民军的一些情况》，载《冀中人民抗日斗争资料》第2集，1984年2月15日（内部印）。

⑥ 王新哲著：《保定军校史研究》，光明日报出版社2002年版，第194页。

军‘扫荡’八路，在他人以为大难当前，在我以为军政开展好机会。”① 石友三也将八路军在清河县城以北埋藏的迫击炮 2 门、步枪 600 支和大批物资全部抢走。

为解决河北等地磨擦问题，刘伯承多次与鹿钟麟会谈。1939 年 6 月 13 日彭德怀到冀南与鹿钟麟谈判。彭德怀提出《坚持河北抗战共同纲领》（八条），其主要内容是：停止武装冲突，进行政治解决，各驻军统筹解决筹款、筹粮等问题。由于八路军作了一些让步，鹿钟麟表示基本同意这个纲领。但是，张荫梧公开提出“限共、防共、杀共、罚共”和“专门打八路军”的口号，并同日伪军秘密订立进攻八路军的协定。冀中军区和一二〇师决定，在张荫梧坚持破坏冀中的方针下，争取无效时，准备进行必要的自卫。② 1939 年 6 月 22 日至 23 日，当张荫梧部向深县刘家庄冀中部队进攻之时，一二〇师一部和冀中军区赵承金部在深县北马庄、张骞寺一带歼灭张荫梧部 2500 余人，缴获张荫梧部电台及全部文件，张率 20 余人逃走，乔明礼被俘。不久，八路军为合作抗战计，将乔明礼及被缴人枪一并送回。张荫梧却大肆吹嘘，宣称：北马庄、张骞寺事件，民军伤亡 250 余人，八路军死伤四倍于民军。③ 8 月 12 日，张荫梧又率 3000 余人，进攻赞皇县八路军工作团和独立支队第二大队。冀南部队反击，至 27 日，将张部歼灭，张只身逃脱。与此同时，7 月 8 日，国民党军王子耀部进攻冀南青年纵队，八路军反击，将其大部消灭。9 月间，鹿钟麟派郑继成率部再次进攻冀中，张荫梧派乔明礼部协同作战。他们刚从冀南渡过滏阳河，就被一二〇师和冀中第一军分区部队包围歼灭，郑、乔受伤被俘。不久，八路军为有利于统一战线，又一次主动把郑、乔二人送回。

---

① 冀中人民抗日斗争史资料研究会、中共河北省委党史研究室编：《冀中抗日根据地斗争史》，中共党史出版社 1997 年版，第 120 页。

② 吕正操、程子华：《王长江、张子元部动向及我对张荫梧部之方针》（1939 年 4 月 28 日），中央档案馆，秘 14 卷 35 号。

③《河北省民军总指挥张荫梧针对毛泽东谈话说明河北磨擦真相》（民国二十八年十月），载（台湾地区）中国国民党中央委员会党史委员会编印、秦孝仪主编：《中华民国重要史料初编・对日抗战时期・中共活动真相》（二），第 267 页。

1939年9月19日，蒋介石看到八路军总部痛陈张荫梧投敌罪行的报告后，不得不下令“着张荫梧停职查办”。又因鹿钟麟未能收拾河北局面，准其辞去河北省政府主席职务，由庞炳勋接任。同年12月24日，蒋介石又正式下令张荫梧“应免本兼各职”，任命国民党第九十七军军长朱怀冰为冀察战区政治部主任及河北省民政厅长，乔明礼为河北民军总指挥。

打退朱怀冰、石友三的磨擦进攻

1939年11月，国民党五届六中全会确定了由政治限共为主发展为军事限共为主的方针。12月，国民党发动第一次反共高潮，太行、冀南为其重点之一。

还在1939年9月间，石友三就把高树勋部新八军由冀鲁边区调到观城、濮阳地区，命令驻枣强、南宫、威县、清河地区的第六十九军向西南发展，不断对八路军挑衅。11月30日，石友三以袭击石门日军为名，派独立第四旅进驻冀南军区第一军分区的晋县、束鹿、赵县、栾城一带，控制了平汉路东、西地区。朱怀冰于11月26日率第九十七军北进，12月6日，先头主力到达邢台、内丘以西地区。国民党冀察游击纵队夏维礼部和别动第四纵队侯如镛部共3000余人也到达沙河以西的渡口、册井一带。此时，乔明礼也背弃“不反共”的诺言，在束鹿县屠杀群众。

一二九师根据中共中央指示，决定首先回击侯、乔两部。1940年1月12日，侯、乔两部6000余人向驻赞皇地区的范子侠部进攻。一二九师三八五旅主力、冀西游击队和冀中军区警备旅、第二十一团、第二十二团予以反击，将侯、乔两部大部消灭。15日，侯如镛带残部700余人在日军营救下逃入赞皇县城。

1940年初，朱怀冰、庞炳勋、石友三等部不断向冀南、太行抗日根据地进攻。中共中央和八路军总部决定：抽调晋察冀军区第一、第五主力团和冀中军区警备旅组成“南下支队”，陈正湘任司令，刘道生任政治委员，由聂荣臻率领，于2月中旬到达太行区，配合一二九师反击朱怀冰部顽军。抽调冀中军区第十六、第二十一、第二十二、第二十三、第二十四团和津南自卫军，组成“南进支队”，赵承金任司令，谭冠三任政治委员，在程子华率领下，开赴冀南，配合冀南部队反击石友三部顽军。

反击石友三部顽军的战役，由宋任穷、程子华统一指挥。2 月 11 日，冀南、冀中、冀鲁豫部队在威县东北、清河以西地区消灭石友三部两个团，而后将其主力包围在临清县西部的下堡寺、马鸣堂、摇安镇地区。16 日前后，日军出动 3000 余人进攻八路军，石友三乘机逃到漳河以南的清丰、濮阳地区，与丁树本、高树勋部会合。

这时，蒋介石命令鹿钟麟、朱怀冰、孙殿英据守磁县、武安、涉县、林县地区，并增派第四十一军开赴太行山南部地区，企图由南往北会攻太行、冀南抗日根据地。

八路军总部决定举行磁武涉林战役和卫东战役，以打退国民党顽军的进攻。3 月 5 日夜，磁武涉林战役开始。中央纵队的冀南青年纵队、冀中警备旅向朱怀冰部主力补充团进攻，激战至第二天下午，歼灭其大部。同时，中央纵队的晋察冀挺进纵队将顽军新二十四师第七团击溃。右翼纵队一二九师三八六旅第一团一部和独立支队、师部特务团将冀察游击第二纵队第四支队 700 余人击溃，并攻占南王庄、齐家岭，消灭顽军 1 个营。左翼纵队先遣支队第一大队主力进至张尔庄东南山地，阻止朱怀冰部向东南逃窜。6 日夜，中央纵队和左翼纵队向朱怀冰部的巢穴南北盆口、东西花园、南北贾壁地区进攻。至 8 日，共消灭朱怀冰部第九十七军和其他杂牌军计 1 万余人，朱带残部 2000 余人逃向河南修武县境。

卫东战役于 3 月 4 日开始。冀中、冀南、冀鲁豫部队共 17 个团，由东、南、西三面向石友三、高树勋部进攻，石、高率部南逃。至 11 日，卫东战役结束，共毙伤石、高所部 3600 余人，卫河以东之抗日根据地得到全部恢复。4 月间，石友三、丁树本两部北进，企图占领直南地区。丁部被八路军击溃，石部南撤曹县、定陶一带。由于石友三投敌叛国罪行已暴露，蒋介石密令高树勋于 11 月 24 日夜，在濮阳将石处决。

1940 年 3 月 14 日，中共中央发出关于山西、河北反磨擦斗争告一段落的指示。南进支队完成任务后，留下第十六、第二十四团，归冀鲁豫军区建制，其余部队陆续返回冀中。南下支队于 6 月初返回晋察冀军区。反磨擦斗争的胜利，把国民党顽军驱除出河北省境，使河北抗日根据地军民得以集中力量对付日军“治安肃正”作战。

四、创造冀热察区大块抗日游击根据地

中共中央继续创造冀热察区抗日根据地的方针

冀东抗日大暴动受挫后，1938 年 11 月 25 日，毛泽东、王稼祥、杨尚昆对冀热察区工作发出指示，给予冀东抗日大暴动很高评价，并作出了继续创建冀热察区根据地的重要决策，指出：“宋邓纵队深入冀东苦战数月，配合并促成地方党所领导的冀东起义，恢复了冀东的中国政权，发动了群众，建立了冀东的游击区，扩大了我军在敌深远后方的政治影响，给敌人以打击，一般说来是获得了成绩的。但是，没有尽可能地保持并发展这一胜利……以致退出原地区，军队及群众武装受到相当大的损失。”强调：“估计冀热察区的军事政治环境，认为那地区有许多有利条件，是可能坚持游击战争，创造游击抗日根据地的。但是，也有很多困难，要在长期艰苦斗争中才能达到。”决定成立第八路军冀热察挺进军，派萧克前往工作，成立军政委员会，统一领导军队、地方党政工作。① 根据中央指示，中共河北省委改组为冀热察区党委，马辉之任书记，统一领导平西、平北、冀东地区党的工作。1939 年 2 月 7 日，八路军冀热察挺进军以第四纵队为基础在平西野三坡正式成立，萧克任司令员兼政治委员；同时，由萧克、马辉之、伍晋南、宋时轮、邓华组成冀热察军政委员会，萧克任书记，马

---

① 《晋察冀抗日根据地》史料丛书编审委员会、中央档案馆编：《晋察冀抗日根据地》第一册（文献选编上），中共党史资料出版社 1989 年版，第 217 页。

辉之为副书记，统一了平西、平北、冀东地区的军事指挥。3月间，中共冀热察区党委在平西斋堂召开党员代表大会，确定了“巩固平西抗日根据地，开展冀热察游击战争”的战略任务。八九月间，在中共冀热察区党委和军政委员会联席会议上，萧克提出“巩固平西抗日根据地，坚持冀东游击战争，开辟平北新的游击根据地”的三位一体的任务，对从战略上统一思想，成功地创建冀热察区游击根据地，具有重要意义。

巩固与扩大平西抗日根据地

平西抗日根据地，在八路军第四纵队挺进冀东后，由于日军“扫荡”，受到很大破坏。1938年10月，宋时轮、邓华率部返回平西后，摧毁日军在斋堂的维持会，消灭汉奸武装，使各项工作恢复开展起来。挺进军成立后，边战斗，边整训，连续扩军4个月，主力扩大3000余人，发展游击队1.2万人。1939年春，开始向东、向北发展。首先开辟了房（山）涞（水）涿（县）小平原地区。随即向察南的宣（化）涿（鹿）怀（来）地区伸展。3月间，在平西成立了晋察冀边区第四行政督察专员公署，专员杜伯华。下辖房（山）良（乡）、涞（水）涿（县）、昌（平）宛（平）、宣（化）涿（鹿）怀（来）4个联合县政府。不久，又开辟了永定河北岸地区，建立了昌（平）延（庆）联合县政府。

平西的巩固与扩大是在抗日战火中实现的。1939年2月至6月，日军以2000多人的兵力，连续三次对平西进行大“扫荡”，被平西抗日根据地军民粉碎。同年底，又粉碎了日军对妙峰山的大“扫荡”。1940年1月，挺进军主力一部出击宛平、房山境内的王平口、佛子庄、长口峪、周口店一线，袭占南窖、北窖等重要据点，毙伤日伪军200余人。3月间，日伪军9000余人分数路“扫荡”平西。平西军民经过14天战斗，消灭日伪军600余人，至22日，日军被迫退出平西抗日根据地。至1941年初，形成了巩固的平西抗日根据地，包括宛平、房山、涞水县的大部，良乡、涿县、宣化、涿鹿、怀来、昌平、延庆等县的一部，人口达30余万。这就为坚持冀东、开辟平北，打下了巩固的前进阵地。

冀东抗日游击根据地的形成

1938年11月初，李运昌率一部暴动队伍由西撤路上返回冀东，只剩下130余人。在迁安县柳沟峪村，李运昌主持召开中共冀热边特委和抗联司令部干部会议，决定重整旗鼓，坚持冀东游击战争，创建抗日根据地。会后，积极恢复地方工作，收拢失散队伍，至年底，队伍扩大到1400余人，重建抗联总队。暴动后八路军留在冀东的陈群支队、包森支队、单德贵支队分别在冀东东部、中部、西部活动，逐步发展到约2000人。1939年6月，中共中央北方分局在唐县军城召开会议，确定了"冀东的坚持与发展主要依靠于冀东的党、冀东的人民的艰苦斗争，由小股的多股的游击队发展成为大的游击队，由多块小块的游击根据地发展成为大块根据地"① 的新方针。同年7月，中共冀东地委改称中共冀热察区委员会冀东区分委员会（简称冀热察区党委冀东区党分委），李楚离任书记。9月，冀东部队改编为冀热察挺进军第十三支队，李运昌任司令员，李楚离任政治委员，包森任副司令员，部队发展到4000余人，编成第二十八团、第三十团。10月间，成立丰（润）滦（县）迁（安）联合县政府，在10县、200万人口的地区建立了若干小块根据地。同年底，晋察冀边区政府设立冀东办事处，丁振军任主任。

1940年1月，中共冀东区党分委在遵化县阎老湾召开扩大会议，传达和贯彻军城会议精神，决定巩固原有游击区，开辟新区，建立多块小块游击根据地，建立抗日政权和群众团体，采取正确的财政经济政策和改善人民生活，加强锄奸和争取伪军伪组织人员的工作，大量发展党员和加强党的领导机构。并决定将冀东抗日武装编成9个游击

---

① 《中共中央北方分局对冀东工作的指示》（1943年3月25日），《晋察冀抗日根据地》史料丛书编审委员会、中央档案馆编：《晋察冀抗日根据地》第一册（文献选编下），中共党史资料出版社1989年版，第823页。

总队，建立地方武装，各县设大队部，领导县、区游击队和群众武装。其间，冀东区党分委机关报《救国报》创刊。这是冀东大块游击根据地创建中的一次重要会议。至 5 月，先后建立以盘山、鲁家峪、潘家峪 3 个小块根据地为基础的蓟（县）平（泉）密（云）、迁（安）遵（化）兴（隆）、遵化、丰（润）玉（田）遵（化）4 个抗日县政府，管辖 1000 余村庄。7 月 4 日，撤销冀东办事处，成立晋察冀边区第十三行政督察专员公署，焦若愚任专员，并设立冀东东部地区办事处，丁振军任主任。1940 年 5 月，日军对冀东游击根据地发动分区"扫荡"。冀东军民在一个多月的反"扫荡"斗争中，与敌作战 47 次，毙伤日伪军 1500 余人。根据晋察冀军区命令，7 月下旬，撤销第十三支队番号，成立冀东军分区，并将各总队除一部充实第十二团外，大部编为第十三团，由包森兼团长、政治委员。至 8 月上旬，新开辟了蓟县南部地区和宝坻县北部地区，冀东初步形成了东、西两大块抗日游击根据地。在百团大战中，第十二团、第十三团东、西两路出击北宁铁路和日伪据点，袭入唐山市，并发动 1 万余群众破路，给日军以沉重打击。至年底，冀东部队共作战 50 余次，毙伤日伪军 1000 余人，攻克日伪据点多处，冀东区抗日游击根据地共建立 7 个联合县政权，人口达 110 万，共产党员发展到 6000 人，使东、西两大块游击根据地连接起来，基本区进入巩固建设阶段。

平北抗日根据地的开辟

平北地处北平以北、长城内外与承德、张家口之间冀热察三省边区，是平西与冀东联系的桥梁，又是伪满洲国、伪蒙疆与伪华北政权的接合部。八路军第四纵队挺进冀东期间，曾派纵队政治部主任伍晋南带领一支武装进入密云、昌平、滦平一带开辟工作。1939 年夏，挺进军第三十四大队进入十三陵地区开辟工作。1939 年秋，中共冀热察区党委和挺进军决定：采取波浪式的发展、在发展中求巩固的方针；在战术上以小部队多点渗透，隐蔽开辟。1940 年 1 月，苏梅、钟辉琨率领平北工作委员会和第九团第八连及平北游击支队进入平北，活动于延庆、昌平之间的十三陵以北地区，很快建立了包括5个区的昌（平）延（庆）联合县政府。而后，向怀来、延庆、赤城、龙关地区发展，基本站住了脚跟。5月，白乙化又率领第十团到丰（宁）滦（平）密（云）地区开辟工作，段苏权也带领一支小部队和部分干部进入平北。7月，程世才率领第七团进入平北，由于目标过大，很快撤回平西。至此，平北地区开辟了6小块游击根据地，包括后七村为中心的昌延地区，红旗店为中心的白河西岸地区，青龙口为中心的延庆北部地区，黑河以西、长城以东地区，四海、永宁地区，赤城以北地区。1940年7月，成立中共平北地委，苏梅为代理书记。同时，成立晋察冀边区第十四行政督察专员公署，张致祥任专员，辖昌（平）延（庆）怀（柔）、龙（关）崇（礼）赤（城）、龙（关）延（庆）怀（来）、昌（平）怀（来）密（云）等联合县政府。并正式成立第十四军分区，程世才任司令员（不久由覃国翰接任），段苏权任政治委员。1940年5月开始，日军对平北几块游击根据地进行分区“扫荡”。9月至11月，日军4000余兵力多次“扫荡”密云以西白河西岸地区。第十团在游击队配合下，与日伪军作战37次，毙伤俘日伪军700余人。12月初，日军1500余人“扫荡”延庆、怀来以北地区，平北军民经过3天战斗，将敌逼退。到1941年春，平北由数小块游击根据地连接扩大为大块游击抗日根据地，包括东西250公里、南北200公里的广大地区。

至此，平西与平北、冀东连接起来，创造了冀热察区大块抗日游击根据地，从而使晋察冀边区进一步扩大，直接威胁日军在伪华北、伪蒙疆和伪满洲国的统治。

第 十 二 章

河北各抗日根据地的全面建设

一、河北各抗日根据地党政军建设的全面加强

中共北方局黎城会议和北方分局扩大干部会议

抗日战争进入战略相持阶段，在思想理论战线上的复杂而激烈的斗争中，中共中央彻底揭露了日本帝国主义“反共、亲日”宣传的殖民主义侵略本质，驳斥了国民党顽固派所谓“一个国家”“一个主义”“一个政党”“社会主义不适合国情”“共产党没有存在的理由”的反动谬论，先后发表《中国共产党在抗日时期的任务》《论持久战》《〈共产党人〉发刊词》《中国革命和中国共产党》《新民主主义论》等著作，集中全党的智慧，形成和确立了新民主主义的科学理论体系，明确地规定了新民主主义的政治、经济、文化纲领，描绘了新民主主义的社会制度的蓝图，科学地回答了中国向何处去的问题。指出：抗日战争是新民主主义革命的一个特殊阶段。新民主主义革命的目标，就是要建立工人阶级领导之下的反帝反封建的各革命阶级联合专政的新民主主义的共和国，在抗日时期就是抗日民族统一战线的共和国。从而，在思想理论和方针政策上，明确地为敌后河北等地的共产党组织进一步巩固和建设抗日根据地，指出了根本方向。

打退鹿钟麟、张荫梧和朱怀冰、石友三等顽固派的磨擦进攻，消

除了国民党顽固派的破坏和干扰，敌后河北各抗日根据地的抗战形势大为改观，抗日政权走向巩固，抗日武装有很大发展，人民群众有较大发动，为敌后河北各抗日根据地党政军民集中精力、集中力量，粉碎日军的“治安肃正”作战，进一步巩固和建设抗日根据地，创造了有利的条件。

因此，在反磨擦斗争告一段落后，1940 年 4 月间，中共中央北方局在山西黎城召开了高级干部会议，中共中央北方分局在河北阜平召开扩大干部会议，学习毛泽东的《新民主主义论》等著作，总结抗战以来抗日根据地的斗争和建设的经验，研究进一步巩固和建设抗日根据地的问题。

中共中央北方局高干会议于 4 月 11 日至 26 日在山西黎城县举行。会议由北方局书记杨尚昆主持。参加会议的有朱德、傅钟、刘锡五、李大章、张友清、杨献珍、刘伯承、邓小平、李达，冀南区的杨秀峰、宋任穷、李菁玉，太行区的李雪峰、戎伍胜、徐子荣、黄镇、李一清，太岳区的薄一波、安子文，晋豫太南区的聂真，晋察冀根据地的聂荣臻、彭真、吕正操，晋西北根据地的赵林。

会议期间，4 月 16 日，杨尚昆代表北方局作了《目前政治形势与统一战线中的策略问题》的报告，着重阐述了如何巩固与扩大抗日民族统一战线问题，并根据华北地区的形势和存在的弱点，提出了“建军”“建党”“建政”的三大建设工作，作为华北党今后的主要任务。会议指出：军队建设“是全党的任务，总目标是建立党军”。党的建设问题，基本任务是“建立思想上、政治上、组织上都巩固的布尔什维克的党”，“支部工作，是巩固党的基本工作”。“根据地建设工作，应按中共中央 3 月 6 日的指示搞好政权建设！要培养治国人才”，实行民选政府工作人员，通过联合办事处的形式统一太行、太岳、冀南的政权。要搞好根据地内的国民教育、财政工作。

4 月 21 日，一二九师师长刘伯承作了《党军建设问题》的报告，提出了军队建设和军区、军分区建设的指导方针。他指出：应建立一支“在政治上能够支持和开展政权与民众血肉相连一起抗战，不被日寇、汉奸、顽固派破坏的军队，在经济上能协助民众生产、改善民生，不被敌人经济破坏的军队，在军事上能以较敌劣势的装备，正确运用技术战术，无论大的协同与独立作战，都能作运动战、游击战，配合群众斗争，粉碎敌人，首先是粉碎敌人的囚笼战斗”。他强调这种军队，“只有在党领导之下的，其成分是工农小资产阶级，才能适应各种斗争，发扬战斗力，这样才能实现新民主主义的军队”。并给军区、军分区建设提出了明确的要求。

会议后期，邓小平综合会议讨论的意见，就成立冀南、太行、太岳行政联合办事处（简称冀太联办）及财政问题与建军问题，发表了重要讲话。关于冀太联办的性质及工作方式，指出：“联合办事处是一种权力机关，用指示信方式实现政策法令之指导，以达实际内部的统一。以三专署为工作机关，每一指示对本区直接指导，对其他地区间接指导。下设办事处，编制同专署，划区一般要将就旧省界。”要以支部与农会改造为基础，对旧政权普遍进行改造，秋后再来普遍的村选运动。关于财政经济工作，指出：要自给自足，发展国民经济，运用政权及经济机关作调剂作用，统一收支、开源节流、加强银行管理；冀太联办成立财经委员会，领导根据地的生产；实行官民合办、奖励民办生产事业的政策；要重点搞好农业生产，实行“四一”减租；对敌占区“采取逐渐排挤法”。还提出每县要办一个完全小学，一个地区要办一个中学。关于建军问题，强调：要在 5 月底以前补充好部队，要创造模范部队。要使部队服从于党，而不是某个人。军粮一年征收一次，两季交纳，并实行粮票制度。这次高干会议，着重研究解决了在新形势下如何巩固和建设根据地的问题，提出了建党、建军、建政三大建设及粉碎日军“囚笼政策”的任务和方针，强调要巩固和扩大抗日民族统一战线，发展进步势力，争取中间势力，孤立顽固势力，争取时局好转。会议决定：成立太行军政委员会，由刘伯承、邓小平、蔡树藩等 7 人组成，邓小平任书记，以加强统一领导；筹备成立冀南、太行、太岳联合办事处，以统一三个战略区的军政领导。会议还在总结反顽斗争经验教训的基础上，提出了群众性反顽斗争中出现的“左”的倾向问题，要求在斗争、捕杀顽固势力的问题上，应及时采取措施，制止随便捕人、杀人的现象发生。

中共中央北方局黎城会议，对敌后华北抗日根据地的巩固和建设，特别对晋冀豫抗日根据地统一党政军民的领导和完善各种政策，有很重要的指导意义。

中共中央北方分局扩大干部会议于1940年4月6日至10日在阜平县召开。分局、军区和边区政府主要领导干部与会，会议由北方分局书记彭真主持。会议中心议题是根据毛泽东《新民主主义论》和中共中央《关于抗日根据地政权问题》等指示的精神，讨论研究在抗战处于战略相持阶段的条件下，如何进一步巩固和建设晋察冀边区，使边区不仅成为敌后模范的抗日根据地，而且成为新民主主义中国的雏形，制定在边区改造旧社会、创造新社会，特别是彻底改革政权机构、建立健全新民主主义政权机构的方针、政策。会议期间，彭真作了报告和结论。

彭真在报告中，分析了国内外形势和边区形势，阐明了克服投降危机，争取时局好转的策略方针，揭示了抗日与革命的内在联系，提出了在边区抗战中“改造旧社会、创造新社会”的战略任务。他指出：“抗日战争与整个新民主主义革命是密切联系着的”，“现阶段中国革命的目标是：驱逐日本帝国主义出中国，建立独立（驱逐一切帝国主义在华势力）、自由（推翻政治上的半封建制度）、幸福（肃清经济上的半封建制度）的新中国”。而“边区是抗日的根据地，也是党的革命的根据地”。“我们在边区正改造一个旧社会，创造着一个新社会。”

彭真在报告中，要求党的干部必须明确边区政权的抗日民族统一战线性质、任务和施政方针，这是政府各种具体政策的出发点，并对边区政权建设和民主选举运动的基本原则和方法，提出了具体意见。

边区政权的性质：抗日民族统一战线的政权，它是一切赞成抗日民主的人们的联合政权，是几个革命阶级联合起来对汉奸反动派的民主专政。

边区政权的任务和施政方针：反对日本帝国主义及真正的汉奸反动派，保护一切抗日人民，调节各抗日阶层的利益，改善工农生活。

政权人员的分配：党员占 1/3，左派进步分子（坚决拥护抗日和民主的）占 1/3，不左不右的中间派占 1/3。这不是死板的公式，只是一般的原则，在政权中保障绝对优势仍然是必要的。汉奸和投降反共顽固分子，要坚决从政权中清除出去。

边区政权的组织机构和民主选举制度：边区、县建立参议会、议会，区、村建立代表会。专区不是一级政权，故不建立参议会。边区参议会以县作单位，县议会以区作单位，区代表会以村作单位，按人数比例选举代表。各级政权执行机关（国家管理机关），一律由代表会或参议会选举、罢免。在上述组织未建立前由适当的政府召集。边区参议会、县议会、区村代表会及政权执行机关的组织原则，一律实行民主集中制。凡年满 18 岁之公民，不分阶级、民族、党派、信仰、男女、文化程度，均有选举权和被选举权。村代表会为唯一的村政权机关，村长由村代表会选举（作村代表会主席），各委员会由代表会负责组织，邻闾制、保甲制、牌户制一律取消。

彭真在报告中还提出：边区各级政权机关要有大众的民主主义的作风，铲除官僚主义、文牍主义、形式主义，树立检查会议制度。在政权工作中的党员应当发扬统一战线的工作作风，大众的民主主义的作风，铲除英雄主义、自高自大、家长制的作风，不民主的作风。

会议经过充分讨论，研究确定了在边区改造旧社会、创造新社会的各种具体政策，并决定 7、8、9 三个月举行边区民主选举运动，彻底改革边区政权机构，建立健全边区新民主主义的政治制度。①

彭真在会议结论中，重点阐述了党的战略和策略问题。他指出：在整个相持阶段中，“敌人在方针上对敌后是进攻的”，“敌后没有战略上的相持，只有在两个战役空隙之间的战役上的相持”。目前的中心任务，是巩固边区和迎击日军不断的新“扫荡”，“党在一切方面应准备更残酷的斗争局面”。目前党的本身工作的中心，是全面地巩固

① 《彭真在中共中央北方分局扩大干部会议上的报告》，1940 年 4 月。原件存中央档案馆。

党，就是自上而下和自下而上地从政治上、思想上、组织上进一步地巩固党。要在党内培养有远大的政治眼光、有坚强的布尔什维克的组织性纪律性的伟大政治家。①

这次北方分局扩大干部会议，把边区高级干部对敌后根据地建设的认识提高到了一个新的水平，将边区根据地建设特别是民主政治建设推进到了一个新的阶段，在晋察冀边区抗日根据地建设史上具有重要的意义。

各抗日根据地党组织的大量发展和整顿与巩固

敌后抗日根据地四大支柱——党、政权、军队、群众团体，党是领导一切的。河北各抗日根据地开创以来，贯彻中共中央关于大量发展党的方针，各地共产党组织得到很大发展。抗战爆发前，晋察冀边区平汉路以西的 8 个县有党员、团员 800 人，至 1938 年 6 月初，党员发展为 1.046 万人（缺五分区和阜平县六区党员数字）。冀中区，1938 年 4 月党员发展到 1.2 万人，同年 8 月党员增至 2 万人，1939 年 8 月党员已达 7 万余人。冀南区，1937 年底党员发展为 700 人，1938 年 5 月党员猛增至 5 万人。太行区，1938 年 2 月党员发展为 1000 人，1939 年 2 月党员增至 1 万人。邢台县不到半年时间，至 1938 年底，全县党员由 200 人发展到 2578 人。由于党组织的大量发展，建立了党的广大群众基础，党的领导力量进一步加强，适应了抗战初期大刀阔斧地发动群众、武装群众，在敌后组织和领导浩浩荡荡的抗日队伍的需要。如安平县，至 1938 年底，已有共产党员 800 余名，全县 108 个行政村都建立了党支部，使抗日斗争在全县城乡蓬勃展开。但各地也比较普遍地出现了降低标准问题，甚至有些投机分子、阶级异已分子混入党内，使党的组织不够巩固。“在思想上、政治上、组织上巩固党”，“成为完成党的政治任务的决定因素”。② 为此，根据 1939 年 8 月中共中央《关于巩固党的决定》的精神，敌后河北各抗日根据地

① 《彭真在中共中央北方分局扩大干部会议上的结论》，1940 年 4 月。原件存中央档案馆。

② 参见《中共党史教学参考资料》（二），人民出版社 1979 年版，第 280 页。

先后加强了党组织的整顿与巩固工作。

在晋察冀区，这项工作起步较早。1937 年 12 月晋察冀军区政治工作会议后即开始了纠正党在发展中出现的“拉夫”现象。[①] 1938 年 4 月，中共晋察冀省委召开的边区第一次党代表大会上，即作出决定：党员一律重新登记，洗刷投机分子和阶级异己分子。这标志着党组织由大量发展走上巩固发展的阶段。但个别地方出现了盲目洗刷的现象，一些地方片面强调巩固而停止了发展。1938 年 6 月间，中共晋察冀省委召开组织工作会议，纠正了这些偏差，使党的建设走上了在发展中求巩固的正确轨道。1939 年 10 月，中共中央北方分局在曲阳县青山村召开组织工作会议，贯彻中共中央《关于巩固党的决定》的精神，根据晋察冀边区党委、冀中区党委、冀热察区党委，在党的发展和巩固方面，在抗战动员工作、政权工作、武装工作、群众工作等方面，已经取得的进步、成绩和存在的缺点，要求从思想上、政治上、组织上巩固党，提高党的质量，保证党的纯洁性，战胜混入内部的敌人，确定：目前党的发展一般的停止，全面进行党组织的整顿和巩固工作，为期半年，同时加紧克服党的工作的不平衡现象。在指导上，大致分三类地区：第一类，已有相当数量党员（或党员数量不大），但组织不太巩固，工作混乱的地区，要一律停止发展党员，集中精力进行整顿和巩固工作。第二类，党组织一般的尚属巩固，但发展不平衡的县份，要在巩固中克服不平衡现象。第三类，根本无党组织或党员极少的地区，要继续个别地、慎重地积极发展党员。在步骤上，从组织巩固入手，然后转为政治上、思想上的巩固工作。在方法上，主要抓住审查干部、整顿党支部和健全领导制度三个重要环节。同时，大力加强马克思列宁主义教育和党的知识教育。由于三个战略区的敌情和工作状况不同，三个区党委展开巩固党的工作在时间上也略有不同。如冀中区，1940 年 1 月，中共冀中区党委在武强北代村扩大会议上，作出整顿党的组织和审查党员的决定。而后，用半年时间，分两步进行：第一步，审查和鉴定县委和区委委员，通过自上而

---

① “拉夫”现象，特指当时某些地方降低党员标准，把一些不合格的人拉入党内的现象。

下的审查、鉴定，保证党的领导机关掌握在经过考验和忠诚可靠的干部手里。第二步，分批分期整顿党的支部，每批整顿四五个支部，每期12天，通过发扬民主，走群众路线，开展批评与自我批评，检查党支部的战斗堡垒作用及党员的政治思想与模范作用。

遵照中共中央《关于巩固党的决定》的精神，中共晋冀豫区党委于1939年9月召开了第一次党代表大会，决定将整顿和巩固党组织作为今后一个时期的中心任务，一段时期内暂停一般的组织发展，只在薄弱地区和薄弱部门适当发展。同时，中共冀南区党委召开县委书记联席会议，要求加强对党员的马列主义教育，提高党员的政治思想觉悟，整顿各级党的组织，建立健全各种制度。1940年4月黎城会议后，冀南、太行各地整党工作普遍展开。首先从审查干部入手，整顿基层组织，使各级党组织特别是基层党支部的领导权掌握在经过考验的忠实可靠的干部手里。在整党中，首先组织党员学习党的基本知识，学习党的方针政策，强调用党员标准要求和教育党员。然后对党员进行审查。对缺乏党的知识、犯有错误的党员，经过教育，愿意按党章要求去做的，一般保留在党内。对觉悟低、经过教育仍不起作用的党员，劝他们退党。对思想上拥护党、但不愿执行党的严格纪律和起模范作用而自动要求退党的，允许他们退党。对少数混进党内的阶级异己分子、奸细、投机分子，经审查确认后，坚决、慎重地清洗出党。

经过整顿和巩固工作，敌后河北各根据地党的组织状况和工作状况有显著进步。党的组织更加纯洁、巩固。冀中区9万党员中，洗刷阶级异己分子、投机分子和太落后分子2738人，占党员总数3.03%，这对长期坚持艰苦的对敌斗争具有决定性的意义。经过整顿，敌后河北各根据地党在政治上、思想上、组织上更加纯洁和巩固，党的各级领导从区党委、地委、县委及区委，直到党支部，普遍地健全起来，领导作风和领导方法有很大转变。各战略区党委确定了试验县，地委、县委建立了试验制度，干部深入基层，深入群众，调查研究，及时解决问题。党的基层组织的战斗力和核心堡垒作用普遍增强，并涌现了大批模范党支部。到1940年，各地党的组织得到进一步巩固和发展，中共冀中区党委以下，拥有5个地委、44个县委；中共冀南区领导以下，拥有6个地委、47个县委，共产党员各发展为10万人左右。敌后河北各抗日根据地党组织，走出了抗战开始时的狭小范围，形成了拥有广大党员，领导着大块根据地的政权、武装和群众，成为思想上、政治上、组织上巩固的广大群众性的无产阶级政党。

各根据地新型抗日武装体系的建立和形成

武装斗争是中国革命的三大法宝之一。敌后抗日根据地的主力部队，是坚持抗日根据地对敌斗争的主要武装力量，其作战是正规性的，因此，需要进行正规化建设。

在晋察冀根据地，1937年12月军区政治工作会议后，即着手主力兵团的建设。1939年3月至1940年前后，开展了两期大规模的部队整编和政治整军运动。如冀中区第三纵队，于1939年3月，抽出2/3部队，组成新编第十六、第十七、第十八主力团，在唐县地区进行第一期整训。8月底至11月间，又抽调第二十一、第二十二、第二十三主力团，进行了第二期整训。其间，晋察冀军区于1940年7月中旬在唐县娘子神村召开高级干部会议，总结三年来军事斗争和部队建设的经验，提高了高级干部的思想政治水平，进一步加强了部队正规化建设。经过整编整训，晋察冀全区主力部队共94762人，编为31个战斗团，还有大量游击队。1940年底，主力部队达到108952人，军区骑兵营扩建为骑兵第一团。聂荣臻任晋察冀军区司令员兼政治委员，参谋长唐延杰，政治部主任舒同。下辖八路军第三纵队兼冀中军区、冀热察挺进军、12个军分区、回民支队、南进支队。

在太行、冀南抗日根据地，整军工作从1940年1月陆续展开。首先在作战间隙进行政治整军，5月初转向整编阶段。6月，撤销晋冀豫军区，成立太行军区（第一二九师兼），晋冀豫边区纵队第一、第三团和保安第六团及平汉纵队，改编为新十旅；冀西游击队、边纵第二团、宗大队和赞皇独立团，改编为新十一旅。同时，第一二九师东进纵队与冀南军区合并（撤销东纵番号），陈再道任司令员，宋任穷任政治委员，副司令员王宏坤，参谋长范朝利，政治部主任刘志坚。冀南军区辖第一二九师新编第四、第七、第八、第九旅，旅首长兼军分区首长：新四旅兼第二军分区，旅长兼分区司令员徐深吉，政治委员吴富善；新八旅兼第三军分区，旅长兼分区司令员张维翰，政治委员肖永智；新九旅兼第四军分区，旅长兼分区司令员桂干生，政治委员李定灼；新七旅兼第五军分区，旅长兼分区司令员易良品，政治委员文建武。冀南军区的部队计 13 个团 31745 人，另有各县区脱离生产的游击队 4373 人、脱离生产的基干游击队 2654 人。

这次整军整编工作，使各抗日根据地主力部队走上了正规化的轨道，加强了党对军队的绝对领导，充实健全了参谋机关，部队的政治素质和战斗力明显提高。但由于地方武装过多升级，如冀南有 2/3 的地方武装直接补充到野战部队，曾一度对开展群众性游击战争产生了不利影响。不久，纠正了这种偏向。

在 1939 年和 1940 年，河北各根据地在整军整编中，对地方武装也进行了整训。地方武装主要是基干游击队：各军分区建立游击支队或游击总队；县基干游击队，设队长、指导员，分负军政专责，下设分队、小队；并建立区游击队，在基础较好的村建立游击小组。1939 年 12 月，冀南各军分区基干武装和县、区游击队发展到 1.6 万余人。1940 年 7 月，晋察冀区有 8 个游击支队；冀中区有 2 个游击支队、5 个游击总队，共 3 万人；冀东有 9 个游击总队，连同平西、平北共有地方武装近 1 万人。

为了健全地方武装的统一领导与指挥，河北各根据地加强了军分区建设和干部配备。1940 年 7 月，晋察冀边区将军事、行政区划统一排列：晋察冀区辖第一至五军分区，冀中区辖第六至十军分区；军分区司令员分别为杨成武、郭天民、黄永胜、陈正湘、邓华、王长江、于权伸、常德善、韩伟、朱占奎；政治委员分别为罗元发、赵尔陆、王平、刘道生、李天焕、旷伏兆、吴西、王远音、帅荣、周彪。冀东为第十三军分区，李运昌、李楚离分别任司令员和政治委员。平北为第十四军分区，程世才、段苏权分别任司令员和政治委员。

地方武装经过整训，战斗力大大增强，发挥了重要作用。1940年7月22日至31日，冀南地方武装和群众配合主力部队破击石德铁路，作战21次，毙伤日伪军200余人，破坏铁路路基12.5公里，并破坏枣强、冀县、南宫、威县等地公路90余公里和沿路大部分电话线。在地方武装的大力配合下，晋察冀军区部队1939年对敌作战1332次，歼灭日伪军32614人；1940年对敌作战2131次，歼灭日伪军32290人。

民兵自卫队是抗日根据地初创时建立起来的，属于不脱离生产的群众武装组织。在根据地巩固发展阶段已成为一支重要的抗日武装力量。其基本任务是：站岗放哨、传递消息、反奸除特、运送伤员和物资、袭扰敌人、保护群众利益、维护社会秩序等。

民兵自卫队的骨干是模范自卫队和青年抗日先锋队（简称青抗先）。模范自卫队也叫基干自卫队，是23岁至35岁的壮年武装组织，主要由共产党员和先进分子组成，由区人民武装委员会模范队部领导，设队长、指导员。青抗先由16岁至23岁的青年积极分子组成，受民兵自卫队指挥，又有独立的领导系统。军区有青抗先总队部，军分区、县设队部，县以下设区分队长、中心村队长等。由于青抗先队员大部分又是青救会员，因此，青抗先工作又在青救会的政治领导下进行。

各根据地还建立了妇女自卫队、游击小组、警卫队等群众武装组织。妇女自卫队以村为单位，编为大队、中队和班，受人民抗日武装委员会指挥。游击小组是游击区和接敌区秘密的不脱离生产的人民武装组织，是由一部分模范自卫队员和青抗先队员组成的精干有力的武装组织，能配合部队作战和独立进行游击活动。

随着民兵的发展，实现了“寓兵于民”“全民总武装”的方针，各地出现了“母亲叫儿打东洋，妻子送郎上战场”的动人景象。

各根据地抗日民主政权新体制的创建

抗日民主政权建设是敌后抗日根据地建设的根本问题。1940年3

月 6 日，中共中央发出《抗日根据地的政权问题》的指示指出："在抗日时期，我们所建立的政权的性质，是民族统一战线的。这种政权，是一切赞成抗日又赞成民主的人们的政权，是几个革命阶级联合起来对于汉奸和反动派的民主专政。"要求在政权的人员分配上实行"三三制"原则，即：共产党员、左派分子、中间分子各占 1/3，并对民主集中制的组织原则、选举政策、施政方针等作了明确规定。[①] 根据上述指示，河北各抗日根据地普遍加强了抗日民主政权建设。

中共中央北方分局在 1939 年 1 月边区党代表大会上，提出了边区政权建设的基本方针，要求"进一步实施民主政治，建立起各级政权的民主集中制，密切政府与人民的联系，使之更能成为统一战线的廉洁的地方政府；发挥抗日政权的最大能力，以它的模范作用影响并推动全国各地政府进步"[②]。会后，晋察冀边区各级政权机构进行了初步改革。村政权是根据地政权的基石，村政权不健全，根据地政权就不巩固，各项政策就无法落实。为改造村政权，在 1938 年春第一次村选举运动后，又在 1939 年春和 1940 年春，连续两年开展大规模村选举运动。1940 年春，晋察冀区和冀中区各县参选人数占公民总数 80%以上，有 1 万余名正副村长、2 万余名村代表会主任、近 30 万名村代表走上政治舞台。各地村政权机构得到根本改造，废除了封建的以户为基础的村长闾邻制度，普遍建立了村民代表会和村公所。冀中区除敌据点及敌占城市附近村庄外，有 4989 个村政权完成了改造，建立了 1700 个模范村。区政权在战争环境下有特殊重要作用，是县和村的中间环节。为此，1938 年春，在设置区公所的同时，建立了区政会议作为区的议事机关。1939 年 9 月起，对区政会议进行改革，取消了由各机关、团体委派代表组成的办法，改为区政会议由区民代表组成，区民代表由村民大会直接选举。规定区政会议有权审议区公所的各项工作，决定区政实施计划，区公所必须执行。因而，使区政会议带有了区最高权力机关的性质。同时，实行了划小区，每个

---

① 《毛泽东选集》 第二卷， 人民出版社 1991 年版， 第 741 页。

② 中共中央北方分局党代表大会上《晋察冀边区党委工作报告》，1939 年 1 月。

县把原来4个至5个区，划为6个至10个区，区辖村30个以下，辖境不超过30公里，使区公所更便于对村公所的领导。县政权是独立领导抗战和根据地建设的单位。随着县政府的建立，1938年各县建立了县政会议，实际上是军政民联席会议。1939年春开始改革，规定在县政府之上设县政会议，由县长、县政府秘书各一人、县自卫队部一人、区长和区士绅代表若干人，县、区群众团体代表若干人，共同组成。它的职权是讨论县地方兴革事宜，讨论并布置上级政府命令及交办事项，检查工作。从此，县政会议开始带有权力机关的性质。

1940年下半年，晋察冀边区开展了大规模的民主选举运动。6月15日，边区政府颁布《晋察冀边区县区村暂行组织条例》《晋察冀边区参议会暂行组织条例》《晋察冀边区暂行选举条例》三个重要文件，揭开了这次民主选举运动的序幕。经过广泛深入的选举动员和组织工作，7月15日，开始区代表会和区长的民主选举。区代表会以村为单位选举，200个公民以下的村选举区代表1人，200个公民以上的村每增加300人，增选区代表1人。在区选中，边区政府总结推广了灵寿、井陉两县的区选经验。各区代表候选人，有的公布竞选纲领，发表演说；有的由团体组织竞选宣传；有的进行个别鼓动。选民也对候选人公开进行批评或赞扬，形成了空前的群众参政议政的热潮。到7月底，各地圆满选出了区代表会和区长。8月初，进行县议会和县长及国民大会代表的选举。县议会选举以区为单位进行，2万公民以下的县选举县议员20名，2万公民以上的县每增加2500人增选议员1人。国民大会代表每县推选1人，各职业团体也规定了代表名额。在县选高潮中，中共中央北方分局和晋察冀边区国民党部于8月19日同时在《抗敌报》上公布了《关于晋察冀边区目前施政纲领》和《竞选纲领》。中共中央北方分局《施政纲领》是在分局书记彭真的主持下，经过深入调查研究，反复讨论修改而制定的，并经中共中央毛泽东批准后才颁布的。这一纲领，共20条，简称“双十纲领”。它是在毛泽东的新民主主义理论的指导下，科学地总结了根据地开创以来的建设经验，正确地规定了最适合于抗战需要的民族统一战线的、新民主主义的政治、经济、文化、宗教、民族、妇女及社会等各项基本政策。8月19日，彭真在《抗敌报》上发表《关于我们的目前施政纲领》一文，从目的和意义、出发点和基本精神及各种基本政策等方面，对“双十纲领”作了系统、全面的阐释。彭真指出：这个纲领“纯然是本党中央抗日民族统一战线的方针与抗日救国十大纲领的地方化与具体化，同时也是完全符合于孙中山先生的三民主义与国民政府抗战建国纲领的政策的”。它的出发点，即基本精神，是为了巩固发展边区的统一战线，是要从政治上经济上保障工农劳苦群众生活的改善，是为了保障边区有顽强的健康的持久性，从而使“边区不但成为模范的抗日根据地，而且成为新民主主义的即三民主义的政治经济建设模范，亦成为建国的模范”。“它所处理的是边区政治经济建设发展的现阶段实际亟待解决的问题”，“并不是只讲原则和总的方针的宣传纲领，而是当前具体的行动纲领”。[①]《边区目前施政纲领》的颁布实施，标志着边区抗日根据地建设进入了“改造旧社会、创造新社会”的一个新的阶段。10月3日，中共中央机关报《新中华报》发表社论《中共晋察冀边委的施政纲领》，中共中央机关刊物《解放》杂志第117期刊载《晋察冀边区抗日民主政治发展上的重大事件》一文，指出：这一纲领，“是最适合目前抗战需要的，同时又是目前全国模范的抗日民族统一战线的、新民主主义的施政纲领”，保证边区“能成为全国最模范、最进步的民主抗日地区”，能成为全国“总反攻的前进阵地”，“大大推动着全国团结抗战进步和民主化的进程”。号召“全国各地，特别是敌后方各抗日根据地，在政治经济军事文化设施计划上，都应以它为最好的参考和借镜”。由于“双十纲领”的颁布，解决了边区各阶级、阶层人士亟待回答的问题，很快成为各阶层人民共同的行动纲领。9月至10月，进行民主选举边区参议员。以县为单位，3万人以下的县选举参议员2人；万人以上的县每增加3万人增选参议员1人；沦陷区的县、市不能选举者，由边区政府聘请参议员；各职业团体、少数民族、正规部队，均以单位选举参议员。到

---

① 彭真：《关于我们的目前施政纲领》，载《抗敌报》，1940年8月19日。

10 月初，全边区民主选举运动基本结束。这次民主选举运动，是中国民主政治发展史上的一个创举，具有重要历史意义。（一）它是一次由广大群众参加的革命运动。在晋察冀区，区、县和边区三级选举，参选人数一次比一次更多。平均参选人数占公民总数 80%以上；中心区的阜平、平山参选人数达 98%以上，有的区、村达 100%；游击区选举秘密进行，参选人数一般也达 70%以上。妇女参选参政更为突出，女议员占 1/5，有女县长 1 名，女县议会负责人 6 名，女区代表会主席 19 名，女区长 7 名。在冀中区，全面完成村、区、县、边区及国大代表选举的有 21 个县，除少数村庄外，都实行了直接选举，敌占区有些村庄也秘密进行了选举，冀中区 32 个县选出边区参议员 161 人，31 个县选出县参议员 1278 人，29 个县选出国大代表 55 人。据定（县）南、安平、深（县）（无）极、饶阳、博野、蠡县、清苑 7 个县的统计，83.9%的公民参加了村选，81.9%的公民参加了区选，78.3%的公民参加了县选。这是几千年封建统治的中国历史上所没有的。（二）它是在抗战过程中彻底改革旧的政权机构，建设新民主主义政权机构的一次成功的尝试。经过选举，产生了村代表会、区代表会、县议会、边区参议会和各级政府，按照民主集中制原则，系统地建立起新型的民意机关和行政机关。从而，健全了立法与行政统一的新民主主义政权机构和一套正规的民主政治制度，密切了政权与人民的联系。（三）这次民主选举运动使各级政权初步实现了“三三制”原则。据晋察冀区统计，5 个专区 19 个县 924 名县议员中，共产党员占 55.3%，进步分子占 26.3%，中间分子占 18.5%；4 个专区 13 个县 4749 名区代表中，共产党员占 47.84%，进步分子占 40.89%，中间分子占 11.27%。有些县、区基本上实现了“三三制”的要求。中共中央机关报《新中华报》11 月 10 日发表社论《晋察冀边区民主建设的新胜利》指出，这次民主选举运动“其成就是伟大的，其在政治上的意义是极其重大的。它奠定了彻底实现新民主主义政治，更加巩固和发展晋察冀边区坚持敌后抗战的坚实基础。这一选举运动的经验，应成为全国首先是其他敌后抗日根据地，在民主建设上宝贵的参考和借镜”。

根据中共中央北方局黎城会议的决定，1940 年 5 月，冀南行政主任公署正、副主任杨秀峰、宋任穷与晋东南第三、第五专署专员薄一波、戎伍胜会商，决定成立冀南太行太岳行政联合办事处（简称“冀太联办”）。8 月 1 日，冀太联办在河北省涉县东辽城村正式成立，杨秀峰任主任，薄一波、戎伍胜为副主任。冀太联办是冀南、太行、太岳抗日根据地统一后的最高行政领导机关，又是行使权力的机关。冀太联办设行政委员会，以主任的名义，聘请各抗日党派、抗日军队和各界领袖人物、地方士绅、名流学者和专家组成，一切大政方针和重要法令的制定必须经过行政委员会会议。并组织了教育、水利、经济等各专门委员会，来协助行政委员会工作。冀太联办的任务是：团结冀太区人民，建立坚强的抗日民主政权，巩固敌后抗日根据地，坚持抗战到底，反对投降妥协；巩固统一战线，开展民主政治；加强财政经济统一和建设；密切山地与平原的配合，发展生产，促进经济交流，改善广大人民的生活；促进各区间文化教育工作的配合，培养各种专门技术人才，建立正规的教育制度，开展大众的文化运动，聘请各种专家开展各种研究工作。冀太联办辖冀南、太行、太岳 3 个行政区、15 个专区、115 个县。太行区是冀太联办的直辖区，有 5 个专区、36 个县，其中涉及今属河北省的有第一、第五专区：第一专区即冀西专区，辖内丘、临城、赞皇、获鹿、元氏、井陉、邢（台）西、沙河、武（安）北和山西省的平（定）东、昔（阳）东、和（顺）东 12 县；第五专区即漳北专区，辖涉县、武安、磁县和河南省的林（县）北、安阳和山西省的偏城（今属河北涉县）6 县。冀南行政主任公署改称冀南行政公署（简称冀南行署），主任宋任穷，副主任刘建章。冀南行署辖 6 个专署、47 个县：一专署[①]辖临漳、成安、大名、魏县、元城、漳河 6 县；二专署辖柏乡、隆平、尧山、任县、巨鹿、新河、平乡、南和、宁晋 9 县；三专署辖鸡泽、曲周、永年、

① 原冀南第一专署的束鹿、晋县、藁城、赵县、栾城、宁晋 6 县，于 1940 年 6 月 30 日划归冀中，与深南县组成冀中区第一专署。

邯郸、肥乡、永（年）肥（乡）、广平、邱县、馆陶 9 县；四专署辖南宫、威县、广宗、企之、广（宗）曲（周）、垂杨、清江、临清 8 县；五专署辖冀县、衡水、武邑、故城、阜（城）东、枣（强）南、枣（强）北、景县 8 县；六专署①辖山东省的清河、夏津、高唐、平原、恩县、武城、德县（今德州市）7 县。冀太联办成立后，制定颁布了《冀南太行太岳行政联合办事处施政纲领》，包括民族、民生、民主三部分，共 20 条。它体现了抗日民族统一战线的精神，是建设抗日根据地的方针和准绳。冀太联办的成立和施政纲领的颁布，对于统一冀太区的政权领导，实现巩固和建设根据地的各项任务，起了重要的作用。

在抗日战火中，冀南区参议员大会于 1939 年 9 月 18 日在威县召开，250 名参议员参加大会。会上，杨秀峰作了《冀南抗日根据地开创经过和今后施政方针》的报告，通过了冀南行政工作计划，决定改组冀南行政主任公署，增设行政委员会，推举杨秀峰、宋任穷为正、副主任，并选举王乃堂、平杰三为冀南区参议会正、副议长。在此前后，专区和县建立了参议室，聘请素孚众望的士绅和各界人士为参议，代表民意，协助专员、县长筹划工作。并进行了基层政权的改造工作，先后颁布《冀南区县政府组织规程》《冀南各县区公所组织规程》《冀南各县村选举暂行条例》《冀南各县村政权改进办法》等法规，12 月又颁布《冀南各县村政权改选办法》，要求在原村公所基础上普遍建立村政委员会制度，村政委员会由村民大会直接选举产生，村政委员会由村长、副村长及各群众团体负责人组成，村政委员会所辖村公所，由村长、副村长和财政、动员、粮秣、教育干事组成，并在人员分配上贯彻“三三制”原则。至此，在冀南区普遍建立了村民大会和村政委员会，民主政治建设步入一个新阶段。

各抗日根据地群众团体的统一与发展

河北各抗日根据地开创以来，普遍建立了各种抗日群众团体，包

① 原冀南第六专署即冀鲁边专署，改由冀鲁边区军政委员会直接领导。

括工救会、农救会、青救会、妇救会、文救会、儿童团和回民建国会、佛救会、抗敌后援会和自卫队等各种抗日团体，并逐步走上统一领导和统一行动。1938 年 9 月至 1940 年，群众运动处于全面巩固和发展时期，各种群众团体经过整理，建立了党支部，选配了得力干部，加强了统一领导，开展了减租减息和民主选举运动，树立了基本群众的政治优势。

农民抗日救国会在群众团体中规模最大、影响最广。农民是抗日和生产的主力军，抗日群众运动以农民为主体。如晋察冀边区农民抗日救国会，1938 年 3 月成立，1939 年 5 月颁布《工作纲领》，1940 年 7 月颁布《组织章程》。其最高权力机关是农救会边区代表大会，代表大会闭幕期间执行委员会为最高权力机关，执行委员会选举 5 人至 7 人组织常设委员会，互推主任 1 人。区以上各级农救会委员会设组织部、宣传教育部、生活改善部、武装动员部、秘书处等。

工救会是工人阶级的抗日群众组织。河北各根据地先后建立了工人抗日救国总工会，颁布了组织章程和工作纲领。规定工救会在抗日民主政府领导下，以团结矿产工人、手艺工人、雇农、店员、职员参加抗战，以加强抗战力量，拥护工人利益，提高工人政治文化水平，实行抗战建国纲领，争取民族和工人的解放为宗旨。在工救会执行委员会和常设委员会以下，设总务、组织、宣传教育、抗战动员和劳动保护等部。

妇救会是妇女抗日和反封建斗争的组织。河北各抗日根据地妇救会都在其组织章程和工作纲领中明确规定：妇救会以推动根据地妇运，组织与团结妇女参加抗战建国事业，争取最后胜利，促使新民主主义共和国之实现并谋妇女解放为宗旨。在区以上各级妇救会，设执行委员会和常设委员会，下设生活改善、组织、宣传、武装、青妇等部和秘书处。

青救会是 15 岁至 23 岁青年的抗日组织。其宗旨是：团结抗日革命青年，参加抗战建国神圣事业，教育、提高青年的政治文化水平，改善青年生活，提高青年地位，驱逐日本帝国主义出中国，建立新民主主义共和国。在区以上各级青救会，设执行委员会和常设委员会，下设组织、宣传、生活改善、武装、儿童等部。在青救会领导下，儿童团发展很快，很活跃，团结 7 岁至 14 岁儿童，站岗放哨，传递信息，打日本，锄汉奸，保卫根据地，同时学习知识本领，成为抗日群众工作中的一大创造。

此外，河北各根据地还建立了抗敌后援会和文化界抗日救国会。如晋察冀边区抗敌后援会于 1939 年 4 月在阜平成立，公布《组织简章》，选举杨耕田为主任。晋察冀边区文化界抗日救国会，于 1940 年 10 月召开成立大会，公布《组织章程》和《工作纲领》，选举周巍峙、叶正宣为正、副主任。

各抗日根据地均创办了群众干部学校，有的还创办了群众运动刊物，如晋察冀边区各群众团体联办了《群众》杂志，冀南抗日根据地各群众团体联办了《冀南群众》杂志。

实践证明，党、军队、政权、群众团体，是敌后抗日游击战争和敌后抗日根据地的四大支柱。它们是密切联系、相互配合的，又是缺一不可的，党是领导一切的核心。

各抗日根据地法制建设的加强

法制建设是抗日根据地政权建设的重要组织部分，其任务是保护抗日各阶层人民的利益，维护根据地的抗日民主社会秩序，对汉奸、反动派及违法犯罪分子进行制裁。

公安保卫工作是抗日根据地法制建设的重要组成部分。河北各根据地开辟后，为了镇压汉奸、敌探，维护抗日秩序，取消了旧的公安局和警察制度，逐步建立健全了新型的公安保卫部门。1939 年 6 月 25 日，晋察冀边区公安总局在阜平县花山村成立，李波任局长。它是边区政府的职能部门，直接领导晋察冀区各县公安局和冀中区、冀北区（冀热察区）公安分局的工作。冀北公安分局 6 月间筹建，领导平西、平北和冀东专区公安局和各县公安局工作。冀中区公安局 9 月间筹建，领导冀中各专区和县公安局工作。1940 年 8 月，冀太联办公安处建立，并在专区、县、区建立了相应的公安保卫机构。与此同时，中共中央北方局、北方分局和各区党委、地委、县委相继建立了社会部，负责肃清内奸和情报、派遣工作，并先后在冀中、冀南、平西、平北、冀东等地建立了情报站。

各根据地公安保卫工作的加强，侦破了不少重大汉奸、敌探案件。但也出现了一些乱捕、逼供，甚至乱杀的现象。冀中区在内部肃反（肃托）工作中，曾处理“托派”案件115起，如冀中人民自卫军政治部主任李晓初案、第六军分区政治部主任许涛案、冀中军区总务处长刘亦渝案、冀中军区供给部长熊大正案等，都是冤假错案，实际上冀中区根本不存在“托派”。根据中共中央和北方局的指示，1940年9月和10月，中共中央北方分局召开扩大干部会议和第一次县委社会部长联席会议，明确了社会部与公安局的分工，强调“要正确地执行党的锄奸政策！重证据不重口供”“废止肉刑”。冀太联办相继公布了一系列公安保卫制度和条令，提出保障人权，规定区无捕人权，县无杀人权。从而，纠正了执行锄奸政策中“左”的错误和偏向，进一步加强和改进了公安保卫工作。

河北各抗日根据地初创时，没有统一的司法机关，县政府有承审处或司法科，动委会（战委会）有锄奸部。1938年2月1日，晋察冀边区临时高等法院成立，并在冀中成立办事处，在各县成立司法处，还成立了易（县）满（城）徐（水）地方法院，形成了独立的司法系统。同年5月，边区临时高等法院改组为边区政府司法处，冀中办事处改为冀中分处，各县司法处改为县政府的司法科，撤销易满徐地方法院。1939年，冀中分处改为冀中区政治主任公署司法科，同时建立专署级司法机关。从而，使司法与行政走上统一的轨道。在冀南区，1939年春国民党河北省高等法院撤离后，成立了冀南行政主任公署司法处，并整顿恢复县承审处。1940年8月正式成立冀太联办司法处，各专区、县、区建立相应的司法机构，初步形成了司法工作系统。各根据地还选派一批共产党员和进步分子加强司法工作，并逐步健全了各项司法工作制度。如晋察冀边区建立了二级二审制度、复判制度、复核制度、声辩制度、陪审制度、巡回审判制度、检查制度和废除诉讼费 8 种司法工作制度。司法机关把重点放在审判上，逐步形成了新型审判工作的特点：依据证据而不只凭口供，反对刑讯逼供；实行公开审判，请陪审人陈述意见，将审判结果公开宣布；审判官独立行使审判权，不受任何人非法干涉；在法律面前人人平等，没有人可以享受不受法律制裁的权力。

河北各抗日根据地的监狱和看守所，是强制性管理犯人的场所，但不是如旧社会那样的“人间地狱”，而是感化教育使人向善的“学校”。其监、所政策，是对犯人进行政治教育和劳动教育及识字教育，使犯人改过，成为新民主主义社会的公民。对犯人严格管理，但绝对不许非法打骂。因此，在日军“扫荡”的紧急情况下，平山、安平、安国、肃宁、高阳等地曾令犯人回家或分散活动，事后一召集，马上能全部集合起来。不少较轻微犯人经过教育、动员，自愿参加了抗日部队。

各根据地司法工作从无到有，逐步发展，对保证抗日民主政府的各项政策、法令的实施起了重要作用。

二、河北各根据地经济建设的全面展开

统一根据地的金融事业

战前，河北的货币流通非常混乱。法币流通量很少，主要是冀钞和平、津杂钞，县有县钞，银行、商号也发行钞票。冀、晋、察三省省钞互不流通，使物资贸易不畅。抗战开始后，日军没收了原河北省银行和原察哈尔省银行，利用伪蒙疆银行和伪中国联合准备银行，发行大量蒙银券和联银券，企图在抗日根据地内流通，套取物资，占领金融市场。

河北各抗日根据地为了统一货币，自力更生发展经济，支持长期抗战，相继建立了银行。1938 年 3 月，晋察冀边区银行成立，发行晋

察冀边区币（简称“边币”），关学文任行长，胡作宾任副行长，总行设在五台县石嘴村，分行设在河北安平，各专区设银行办事处，各县设代办所，资金共10万余元。边币采用石印，以粮食、棉花和法币做准备，发行1元、2元、5元、5角、1角等几种，与法币等值流通。边区银行经营储蓄、汇兑、贷款、兑换等业务，并代理金库即边区公款和地方款的保管和支付。根据中共中央指示和边区情况，边区政府制定了货币政策：边币作为边区的本位币独占发行，境内贸易一律使用边币，逐步清理法币和杂钞，绝对禁止法币外流，严禁伪钞入境。

晋冀豫抗日根据地起初建立了上党银号，发行上党票，在山西第三、第五专区流行。1939年10月15日，冀南银行在南宫县后滚泸村成立，上党银号即行并入，在各专区设立分行。冀南银行发行冀钞，在冀南、太行两区流通，后来发行范围扩大。根据彭德怀1940年1月20日指示，冀南银行与晋察冀边区银行、山东北海银行、晋西北银行实行沟通，取缔晋钞，注意保护法币，冀钞的角票、1元票尽量发，2元票发一部，5元票暂停发，准备发行1500万元，铜元改为分。同年7月，冀钞成为冀南、太行、太岳三区的本位币。

冀鲁豫根据地，1940年初筹建鲁西银行，1941年7月鲁西区与冀鲁豫区合并后，鲁西币成为冀鲁豫边区的本位币。

各抗日根据地在统一货币的斗争中，都进行了货币战，包括市场、比价、反假钞等斗争。所谓市场斗争，就是本位币与伪币、假钞、法币争夺流通市场的斗争，坚决抵制日本票、朝鲜票、蒙古票、满洲票、旧冀钞等敌伪货币，同时保护法币，严禁白银外流。如晋察冀根据地主要采取了以下措施：（一）严禁使用伪钞，杜绝伪钞在边区流通。为不使群众吃亏，边区银行在接敌区设立伪钞兑换所，让群众把伪币按比值兑换成边币，由政府贸易部门统一掌握伪币从敌占区购进必需品。（二）停止法币、杂钞流通，确定边币是唯一的交换媒介，持法币、杂钞者必须兑换成边币才能进行交易。（三）采取降低比值和坡度贬值的办法把杂钞驱逐到敌占区去。以旧冀钞为例，1939

年初，日伪将冀钞9折使用，边区即以7折兑换，一直保持比敌占区低2成的行市。同时，以阜平为中心向周围地区延伸，1元旧冀钞兑换边币渐递为5角、6角、7角、8角、9角。所谓比价斗争，就是根据地外汇管理中对本位币与外币交换的比价，要根据情况和需要进行适当调整。比价过低，会刺激输入，阻碍输出，减少外汇来源；比价过高，又会引发根据地物价上涨。及时、适度地调整外汇比价，才能争取主动，保护根据地经济利益。所谓反假钞斗争，就是打击日伪以汇票、假钞形式套购、掠夺根据地物资。如晋察冀边区政府1941年8月发布《为严防假法币、本币流行的通令》，列出各种假币与法币、边币在纸质、花纹、图案、字迹、号码、图章、颜色等方面的区别，并设立边区对照所，及时发现和揭露敌人的假钞阴谋。

通过上述斗争和措施，根据地货币走上统一，金融保持稳定。在晋察冀边区，广大群众把边区银行看成自己的银行，有的群众把过去埋藏地下的金银首饰挖出来，送到边区银行，换成边币，边区银行储蓄保证金也日益增多起来。到1940年夏，边币成为唯一的本位币，实现了独立自主的货币制度。

银行对于根据地解决财政军费的需要、恢复发展经济，起了重要作用。晋察冀边区银行从成立到1940年底，累计发行边币5424万元，历年银行透支占财政军费支出的比例是：1938年70%，1939年85%，1940年89%。鲁西银行1940年发行150万元，全部用于透支的财政军费开支。各根据地银行大力办理生产贷款和投资业务，以优惠利率扶植工业、农业和商业。晋察冀边区银行一般工农矿业贷款利息月息5厘，商业为8厘。1939年冀中区遭到大水灾，冲毁农田17万亩，淹没村庄1万多个。1940年春，边区银行以月息4厘的低利率，发放合作贷款300万元，赈济贷款100余万元，种子贷款4765石，耕牛补充6921头（每头贷款50元至100元）。冀南银行发放的生产贷款，1940年为1216万元，1941年达2596万元。从而，有效地支持了根据地财政经济的恢复和发展。

实行统筹统支、合理负担

抗日根据地财政工作的基本任务，是保障抗日军队和政府的供给，减轻人民负担。根据地初创时，财政比较混乱，负担也不合理。抗日部队和各项费用，随筹随支，有些地方按公平负担办法，多数地方临时摊派。虽然支持了抗战急需，但也造成负担不均，滥筹款，发生浪费、贪污等严重现象。因此，各根据地抗日民主政权建立后，大力克服这种无政府状态，普遍实行了统筹统支和合理负担。

1938 年 1 月，晋察冀边区在军政民代表大会上通过了《财政问题决议案》，决定废除一切苛杂的间接税，实行合理的直接税和关税，统一财政制度，实行统筹统支和预决算制度。据此，晋察冀边区政府采取了以下措施：（一）开征田赋，停止县合理负担，实行村合理负担。3 月间，公布《村合理负担实施办法》《村合理负担评议会简章》，对村合理负担办法作了严格规定：根据每户的资产、收入和消费情况，计算应负担的数目。资产平均不及 50 元的不计，50 元以上者，每 50 元算作 1 厘，每 500 元算作 1 分。收入每年每人平均不足 30 元者免征，30 元以上者，每 5 元算作 1 厘，每 50 元算作 1 分，从 50 元到 500 元之间每 50 元为一级，从 500 元到 1000 元每百元为一级。每人应征数最高不超过本人收入的 35%。冀中区行署根据本区情况，按村户土地多少、好坏来计算定级：每人平均 1.5 亩地（抗日军属 3 亩）者免征，其超过部分按累进法计算，5 亩为一级，共分六级（六级以上土地按六级计）。土地好坏按上等地折合中等地 1.5 亩，下等地 1.5 亩折合中等地 1 亩。这种新税制，消除了过去在旧政权之下穷人出力又出钱的不合理现象，实行了“有钱出钱，钱多多出”的原则，负担面达 50%左右，大多数贫雇农负担较轻或免于负担。（二）恢复合理税收，发行救国公债，征收救国公粮。1938 年 5 月，晋察冀边区税务局成立后，开始征收烟酒税、烟酒牌照税、烟酒特税、进出口税、印花税和营业税。同年 7 月，边区政府公布《救国公债条例》等法规，规定：救国公债年息 4 厘，自 1939 年起，每年 6 月底一次付给；自1942年起还本，分30年还清，每年抽签还本一次。这次救国公债在边区发行200万元，在冀中发行100万元。同年9月至11月，边区政府发布《征收救国公粮条例》《军用粮票使用办法》《救国公粮储存保管办法》，规定：救国公粮的征收，按户收入折米计算，每人平均小米1石4斗以下者不收，1石5斗至2石者收3%，2石1斗至3石者收5%，以上每增加1石递增1%，增至20%为止。从此，救国公粮成为抗日根据地的一项重要的农业税。它的妥善储存、保管，极大地便利了军队和群众。

在晋冀豫边区抗日根据地，在黎城会议上对合理负担办法作了修改、完善，确定：每年征收一次公粮，起征点从贫农开始计算，最高负担率不超过个人收入的30%，纠正了地主富农过多负担的现象。并决定实行统筹统支的财政制度，禁止县、区、村擅自向群众筹款。1940年8月19日，冀太联办又发出了实行新合理负担的指示信，次日公布合理负担条令。在冀南区和太行区的广大农村中，建立起合理负担审查委员会，反对逃避负担，纠正不合理现象。并规定审查委员会有偏见者处以罚金，有贪污行为者由民众大会公审，保证了合理负担政策的真正落实。

开展减租减息群众运动

减租减息是大革命时期国共两党于1926年10月提出的，但国民党从来没有付诸实践。抗战开始后，中共中央在洛川会议上决定将减租减息作为抗战时期解决农民问题的基本政策。为了使广大农民群众的生活得到改善，又团结各阶层合作抗日，河北各抗日根据地先后实行了以减租减息为主要内容的逐步限制和削弱封建剥削的政策。

八路军一一五师一部进入阜平地区后，即提出“二五减租”“一分利息”的口号。1938年2月9日，晋察冀边区政府颁布《减租减息单行条例》，这是敌后抗日根据地第一个完整的减租减息条令。规定：“地主之土地收入，不论租佃、伴种，一律照原租额减收25%”，“钱主之利息收入，不论新债、旧欠，年利率一律不准超过一分（即

10%）”。还规定除正租外，严禁庄头剥削，禁止一切杂租和高利贷。[①] 据此，在晋察冀区和冀中区及平西，自上而下发动了广大农民群众的减租减息运动。开始时，地主势力相当大，有的威胁佃户、债户搞明减暗不减，有的以假“自耕”“转让”“出卖”“出典”土地抗拒减租减息，有的佃户也将已减的租息又暗地里给地主送回。随着减租减息运动的发展，与改造区村政权的民主运动相结合，农民群众的觉悟有很大提高，在政治上树立了优势，于是广大农民群众开始自下而上行动起来，要地主减租减息。如霸县，据1940年2月统计，全县减租1200户，减租土地8122亩，减息900户，减息40000元。但也出现了不交租、不交息等“左”的偏向。

为了解决减租减息运动中出现的新问题，晋察冀边区政府1940年2月1日修正公布了减租减息条例，并发出《关于减租减息的意义与执行问题的指示信》。规定：地租不得超过耕地正产物收获总额的37.5%，耕地副产物一律归承租人所有，地主未得租户、佃户、伴耕户之同意不得将耕地转租转佃伴耕他人。1940年8月，又颁布“双十纲领”，规定地主要减租减息，农民要交租交息。因而，在法律上限制了地主对农民的封建剥削，巩固了农民的既得利益，又缓和了地主与农民的紧张关系，使减租减息运动发展到依法减租减息和交租交息的新阶段。到1940年底，晋察冀区和冀中区普遍实行了减租减息，平西中心区初步实行了减租减息。

在晋冀豫、冀南、冀鲁边和冀鲁豫抗日根据地，也都先后作出了二五减租、一五减息或半分减息及五一增资等规定。1938年至1940年，在群众基础较好的地区开展了减租减息和借粮反霸斗争。当时，一方面存在减租减息开展不普遍的问题，另一方面少数地方出现了农民不交租息，甚至乱打、乱罚的偏向。1940年4月，中共中央北方局在黎城会议上提出了巩固和扩大统一战线，但只强调了克服“左”的偏向，因而，在一定范围影响了减租减息运动的广泛开展。同年12

① 《晋察冀抗日根据地》史料丛书编审委员会、中央档案馆编：《晋察冀抗日根据地》第一册（文献选编上），中共党史资料出版社1989年版，第88页。

月3日，冀太联办颁布了《减租减息暂行条例》，要求在冀南、太行实行减租减息。

通过减租减息运动，农民基本生活得到改善，削弱了农村封建势力，阶级关系发生了很大变化。1939年至1940年6月，仅晋察冀区2个专区减租额614.5吨，4个专区减息额32.6万余元，还从高利贷者手中抽回土地46900余亩。阜平、曲阳、平山、灵寿、行唐、唐县、定（县）北、涞源、易县和（山西）五台、灵丘等12县32个村庄的调查，中农户增加45.11%，雇农户减少38.18%，贫农户减少13.39%，地主户减少31.63%，富农户减少2.53%。减租减息与民主运动相结合，树立了基本群众的政治优势，极大地调动了广大农民的抗战积极性。1940年，据冀中区7个县的调查，村民代表大会中贫农、工人、中农占87.1%，地主、富农占8.1%。村长中贫农、工人、中农占89.9%，地主、富农占7.6%。1938年到1942年，晋察冀区民兵参战10649次，毙伤俘日伪军1885人，锄奸1658人；冀中区民兵参战累计达143万人以上，毙伤俘日伪军6000余人。

发展生产、贸易、合作事业

发展生产是支持长期敌后抗战的根本措施，是根据地新民主主义经济建设的基本内容，而农业生产是根据地的经济支柱。河北各根据地农村人口占98%左右。由于日军的“扫荡”和“封锁”，根据地农业生产遭到很大破坏，劳动力大量减少，荒地增加，产量下降。因此，各根据地均把恢复和发展农业生产放在首位。晋察冀边区政府先后颁布《垦荒单行条例》《奖励兴修农田水利暂行办法》《奖励生产事业暂行条例》。1939年10月，冀南区党委作出了开展生产运动的决议，从而，使根据地的农业和林牧副业得到较快的恢复和发展。1939年底，阜平、平山等9个县共垦荒1.5万亩。1939年至1940年，晋察冀区整理旧渠2734道，开新渠1290道，凿井2000余眼，可浇地36万亩。同时，积极开展救灾斗争。1939年7月河北全省遭水灾，有60多个县被淹，其中，冀中区被淹没良田53925顷，淹没村庄

6752个，冲毁房屋168904间，损失1.6亿元，灾民达200余万人；冀南区被淹没村庄3000余个，冲毁良田55096顷，灾民达300余万人。为战胜水灾，恢复生产，冀中区主任公署拨急赈款9万元，急赈粮3000石，救济款553290元；晋察冀边区政府拨给救济贷款200万元，赈济贷款100万元。冀南区行署拨急赈款6.5万元，救济贷款13万元，并采取以工代赈的办法，发动27个县数十万群众投入治河工程。从而，战胜了敌祸天灾，使农业生产得到恢复和发展。

在工业生产方面，各根据地主要发展农村手工业、促进家庭副业，提倡较大规模的手工业经营，同时注意发展国防工业。为适应对敌斗争和独立自主地进行根据地建设的需要，晋察冀边区政府1940年提出了“争取边区工业品的自给自足”的口号。冀中、冀南等地家庭纺织业一向很发达，特别是高阳土布驰名中外，由于日军进攻而被迫停顿。各地抗日民主政权建立后，家庭纺织业逐步得到恢复和发展。如行唐、唐县的土布数量大，质量高，销往平津和华北各地，深受群众欢迎。火柴、造纸、制革、面粉加工、榨油、毛织、制盐、制碱和其他日用品工业也有很大发展。根据地人民生活的日用工业品已达到大部自给。为发展根据地工业，各根据地积极提倡、广泛动员小生产者和私人企业家开办工厂、作坊，使他们在有利于民生军需的原则下，自由自主地去从事生产和贸易。对于私人不易经营的军需工业、矿业、冶炼业、纺织机制造等工业，主要由政府和部队公营生产。1940年，冀南区生产建设总局直接领导的有皮革厂、工具制造厂、造纸厂、电池厂等9个小企业，资本达12万元。1941年春，冀太联办发放工业贷款12.48万元，不但发展了军需工业，而且建立了不少日用工业品的工厂，差不多每个县都有了小工厂。晋察冀军区1939年4月在完县神南镇建立了军事工业部，领导军火研究和生产，将原有的几个修械所合并为7个军工连（厂），到1940年军工连（厂）发展到10个。

由于抗日根据地处在农村，敌人占据城市和交通线，因而，抗日根据地要取得对敌经济斗争的胜利，必须发展商业贸易。抗日根据地的商业贸易政策是：境内贸易自由，统治对外贸易。晋察冀边区政府1938年8月17日制定《统治对外贸易执行方案》，9月发出《我们的贸易政策》的指示，1940年8月制定《管理对外贸易条例》。据此，根据地的贸易政策应成为粉碎敌人经济阴谋的武器之一，它包括两方面内容：一方面，统治对外贸易，对抗战有利的东西尽量输入，对抗战无关的东西尽量限制输入，鼓励一切土货输出，粮食等战略物资严禁出口，以维持贸易平衡，争取出超，巩固根据地的财政；另一方面，在根据地内部，原则上实行自由贸易，打破各种垄断现象，活跃商业和集市，各级贸易机关的任务是调节军需民用，促进土货出口，平衡物价，稳定金融，不能与民争利。冀南行政主任公署也于1939年11月建立冀南贸易总局，各专署建立贸易分局，还建立了30多个县局。由于实行正确的商业贸易政策，根据地有计划地输出和输入，控制了对外贸易，使敌占区农产品供不应求，迫使敌人不得不以工业品来换取农产品。同时，根据地吸引了大量商人从事商业活动，只要不投机操纵、囤积居奇，就允许他们自由地赚钱和发展。到1940年，河北各根据地境内出现了贸易的繁荣景象，集市贸易额有较大增长，并在唐山、张家口、保定、石家庄、邢台等敌占城市建立了秘密的贸易点，购买根据地急需的大批物资，对打破日军的经济“封锁”起了重要作用。

抗日根据地的经济主要是小农经济，特别在战争环境下，广大群众对粮食、山货等的出卖和布、盐、油的购买，经常感到困难，容易被奸商垄断、操纵。为方便和改善群众生活，调剂军需民用，河北各根据地均号召群众集资兴办合作事业。1939年2月，晋察冀边区政府颁布《合作社暂行规程》规定：合作社须有9人以上方得设立，社股不限。合作社按经营性质分为生产、运销、消费、信用等合作社。并对民主办社原则、盈利分配、奖励办法等作了具体规定。各地开办了合作干部训练班，培养经营管理、会计业务等骨干。晋察冀边区银行还于1940年1月发放300余万元合作贷款，重点发展运销、生产合作社。在抗日民主政府扶植下，各根据地合作事业发展很快。冀中区合作事业发展比较广泛、健全，至1940年7月，有合作社3338个，社员113万人，股金272.5余万元。同年5月至7月，冀中区合作社营业总额达1300余万元，盈余390余万元，每股分红超过原股。冀南区行署1939年11月号召成立合作社，仅第四专署即成立合作社845个，有社员75128人，股金119万元。合作事业在根据地经济生活中发挥了重要的作用。据统计，1940年，晋察冀边区各种合作社资本总额已占市场资本总额的10%，从敌占区运进的必需品和向敌占区输出的山货土产均有一半是合作社经营的。

河北各抗日根据地经过三年财政经济建设，各项生产事业得到恢复和有所发展，在经济上初步形成了乡村对敌占城市的包围。

三、河北各根据地抗战文化建设的开展

新闻出版事业的开创

敌后河北各根据地，与开创新民主主义的政治、经济制度相适应，新民主主义文化建设也得到较快发展。新闻建设成效最显著，各机关、部队、群众团体均创办了油印、石印或铅印的多种报刊。部队的新闻工作开展较早。八路军野战政治部和一二九师政治部在开创晋冀鲁豫根据地之初，即创办了《先锋报》。晋察冀军区成立不久，军区政治部于1937年12月11日创办了《抗敌报》，舒同兼任社长，沙飞为副社长。1938年4月《抗敌报》划归边区党委后，军区政治部又于6月间在《抗敌副刊》的基础上创办了《抗敌三日刊》，石印，以广大战士为主要读者对象，1940年改为排以上干部为主要读者对象（1942年6月5日更名为《子弟兵报》）。军区政治部还创办了《晋察冀画报》《晋察冀画刊》《子弟兵画报》《熔炉》《抗敌月刊》《抗日战场》等刊物。各二级军区和军分区也很重视新闻报刊工作，如，冀中人民自卫军1937年底创办《自卫报》，河北游击军1938年1月创办《国防报》，人民自卫军与河北游击军合编为八路军第三纵队后，《自

卫报》改为《抗敌报》，冀中军区成立后，《抗敌报》停刊改出《前线报》，《国防报》停刊创办《火星报》。一一五师三四四旅1937年底创办《战友报》，1940年成为冀鲁豫军区的机关报。冀南军区创办了《团结报》。

中共中央北方局的机关报《新华日报》华北版，于1939年元旦创刊，何云任社长兼总编辑，陈克寒为副总编辑，是华北敌后第一份四开四版的铅印报纸，单日出刊，每期发行3万份，1940年初达5万份，读者遍及河北和华北各地，乃至北平、天津等敌占区。《抗战生活》是晋冀鲁豫根据地的主要综合性杂志，1939年4月1日创刊，为石印半月刊，张磐石任主编，第6期后休刊，1940年5月1日复刊，改为16开铅印，由何云任社长兼总编辑（1941年12月并入《华北文艺》）。中共晋冀豫省委于1938年5月1日创办《中国人报》，为油印四开的隔日刊，11月1日改为铅印，由通俗文学作家赵树理负责编辑，出版后，秘密送入敌占区，起了很大宣传作用，不久合并于《新华日报》华北版。1939年9月，《胜利报》将《冀西导报》等合并，成为中共晋冀豫区党委的机关报（1941年7月改名为《晋冀豫日报》，年底合并于《新华日报》华北版）。中共冀南区党委1939年9月18日创办《冀南日报》，艾大炎任社长，莫循为总编辑，1940年发行达5000份，还办了党刊《平原》。各地委还创办了《黎明报》《滏阳报》《人山报》《群众报》《滏运报》等。此外，冀南区还有《团结报》《工农兵》《新平原》等报刊。中共冀鲁豫区党委1940年4月创办《卫河日报》（1942年春该报与《鲁西日报》合并为《冀鲁豫日报》，作为区党委的机关报）。

在晋察冀边区，《抗敌报》划为中共晋察冀省委的机关报后，于1938年8月16日改为铅印四开四版的隔日刊，1939年初成为中共中央北方分局（后改称晋察冀分局、晋察冀中央局）的机关报，1940年11月7日改名为《晋察冀日报》。该报在邓拓主持下，在极艰苦的战争环境中，从未停过刊，成为边区最权威的报纸，他们“八条骡子办报”的事迹，为各根据地的新闻工作树立了榜样。中共中央北方分局还创办了《战线》《新长城》等机关理论刊物。晋察冀边区行政委员会1938年6月13日创办政府机关刊物《边政导报》，1939年1月15日创办政府机关报《救国报》，还主办了《抗战建设》和不定期的《边政往来》，边区行政委员会教育处主编了《边区教育》（后来改为《教育阵地》）。边区以下，形成了区党委、地委和县委三级报刊。中共冀中区党委1938年9月10日创刊机关报《冀中导报》，铅印，四开四版，彭檠任社长，朱子强为总编辑，一般发行2000份。中共冀东地委1940年元旦也创刊《救国报》，油印，7日刊。

河北各根据地的群众团体也油印、石印、铅印了大量报刊。如，晋察冀边区文化界抗日救国联合会的综合性刊物《边区文化》，边区文协会的《晋察冀文艺》，边区剧协会的《晋察冀戏剧》，边区音协会的《晋察冀音乐》，边区美协会的《晋察冀美术》等刊物。冀中区各群众团体创办报刊200余种，主要有冀中新世纪剧社先后创办的《歌与诗》《诗与画》《新世纪诗刊》，冀中妇女抗日救国会创办的《冀中妇女》，冀中文建会创办的《文化工作》等刊物。

河北各根据地的出版工作当时尚依附于新闻机构，书店主要是发行部门，而书刊的出版多由报社兼管。在太行和冀南区，主要出版发行中心是《新华日报》华北分馆和太行文化教育出版社。在中共中央北方局组织领导下，太行文化教育出版社于1938年10月成立，张柏园任社长，张磐石为编辑部长，主要编写和出版中小学教科书；党政军领导机关的文件和图书的印刷出版，主要由《新华日报》华北分馆担负。1940年初，太行文化教育出版社与《新华日报》华北分馆合并。至1941年初，两机构共出版发行哲学社会科学、马列主义著作及教材等达40余万册。在晋察冀边区，晋察冀日报社、子弟兵报社等边区级报社及各战略区的报社，不仅出版报纸，而且担负编辑出版图书的任务。1941年5月5日，新华书店晋察冀分店成立，业务上受延安新华书店总店的指导，行政上与晋察冀日报发行科是一个机构，主要任务是销售报刊、图书。晋察冀日报社自1938年出版毛泽东的《论持久战》，至1942年底的5年间，共出书156种，计1113207册，其中政治类书占80%以上。

干部、学校、民众教育事业的创办

河北各抗日根据地在艰苦的敌后抗战和改造旧社会、创造新社会的复杂情况下，非常重视干部、学校、民众的教育事业，并初步形成了较为完整的、具有特色的新民主主义教育体系。

干部教育的经常工作和主要途径是在职教育，为此，各根据地普遍建立了学习日制度，领导干部建立了学习中心组，各级干部分别不同情况，有计划地学习理论、时事政策和文化知识，强调理论联系实际，以自学为主，开展学习竞赛，并将马克思的诞生日5月5日定为学习节，以总结经验，表彰先进，推进在职干部学习热潮的发展。为了广泛吸收知识分子，培养各级干部和专门人才，各根据地都创办了高等教育、中等教育和各种训练班。这是干部教育的又一重要途径。

中国人民抗日军政大学（简称抗大）及其分校和华北联合大学（简称联大），是培养高、中级干部的主要高等学校。抗大总校及分校认真执行“坚定正确的政治方向，艰苦奋斗的工作作风，灵活机动的战略战术”的教育方针，坚持“团结、紧张、严肃、活泼”的校风，培养了一批又一批的优秀军政干部。抗大第一、第二分校于1938年冬创办。第一分校1939年2月进入太行区，何长工任校长，副校长周纯全。同年11月，抗大第一分校除留守大队外，全部迁往山东抗日根据地。第二分校1939年初到达晋察冀边区灵寿县陈庄，校长陈伯钧（后为孙毅），副校长邵式平，3月初开学。抗大总校于1939年8月开始，绕道晋察冀边区，于1940年2月进入太行区，11月初到达邢台浆水地区，并与一分校留守大队会合。这时总校的工作，由副校长滕代远、罗瑞卿和政治部主任张际春、教育长何长工主持。在总校领导下，1940年11月，第六分校在太行区正式成立，校长刘忠，政委黄欧东。华北联合大学，于1939年7月7日由陕北公学、鲁迅艺校、工人学校和战时青年训练班部分教职员在延安组成，共1500人，成仿吾（原陕北公学校长）任校长，经济学家江隆真为教务长兼社科部长，10月间到达晋察冀边区首府阜平。联大以培养大批华北地方干部，提高华北人民的抗战觉悟和文化科学知识为主要任务，确立了“团结、前进、刻苦、坚定”的校训。当时，联大设社科部、文艺部（原鲁迅艺校副校长沙可夫、著名音乐家吕骥为正、副部长）、青年部和工人部，1940年7月增设师范部（部长李凡夫），下设队。同年10月，联大提出向正规化发展的口号，将部改为院，院下设系：社会科学院下设财政、法政两系；文艺学院下设文、音、美、剧四系；教育学院设教育系，学制由三个月、半年、一年不等延长为一至二年；并选拔优秀毕业生作为研究生，以培养高级文化干部。1941年3月，晋察冀边区抗战建国学院与联大社会科学院合并成立了法政学院（院长郭任之），边区群众干部学校并入联大，在联大增设群众工作部和高中部（部长何干之）。各根据地为解决急需的各类干部，还开办了综合性和专门性的院校及各种训练班。晋察冀军区1937年11月创办军事学校，8个月内即培养1200名军事政治干部。冀中、冀南两区1938年7月合办河北抗战建国学院，杨秀峰兼校长，1939年2月因环境恶化而停办，共培养干部2700人。1939年7月，冀南政治干部学校（后改为冀南抗战建国学院）成立，至1940年底培养干部2000余人。晋察冀边区于1939年4月创办抗战建国学院，宋劭文兼院长，至与联大合并，两年间共培养税务、银行、合作、区助理等行政和专业人才1020人。晋冀鲁豫边区创办了抗战建国学院和鲁迅艺术学院分院。晋察冀边区还于1938年4月创办蒙藏学校，1939年春扩建为蒙藏学院，专门培养少数民族干部。全国抗战前期，中学也属于干部教育的性质。至1940年，晋察冀、冀中两区有中学8所，学生3216人；1941年7月，冀中区有中学和职中4所，学生2645人；冀南区也建立了冀鲁中学和滏东中学。为解决急需的师资问题，师范教育发展较快，至1940年，冀中区有4个专区和藁（城）新（乐）晋（县）安（国）深（县）北等县建立了短期师范，有学生1000余人。河北各根据地干部学校教育的创办与发展，为新中国的高等教育建设积累了宝贵的经验。

普及小学义务教育，是抗日政府的基本方针。全国抗战爆发后，日本侵略军烧毁、破坏了河北各地的学校设施。敌后根据地建立后，各级抗日政府一面恢复、重建学校，一面对旧的教学制度和教学方法进行改造，使之适应革命战争的需要。1939 年底，冀中、冀南根据地绝大多数村庄恢复了小学，至 1940 年底小学生总数超过了战前。至 1940 年底，据武强等 23 个县统计，冀中区恢复和新办小学 3142 所，高小 178 所，入学儿童 316342 人，有 11 个县入学率超过 75％，有的县达 95％以上；其中，女生数在 1938 年为 2 万人，1939 年为 4 万人，1940 年达 13 万人。在游击区和接敌区，许多学校打游击上课，还准备了敌伪课本，敌人来了即照本宣科，敌人走了又进行抗日文化教育，还有隐蔽的抗日小学、巡回小学和地道小学，有不少教师化装成农民、货郎等，走街串巷，进行分组教学，“敌来停课，敌走上课”。

河北各根据地社会教育十分普及。大多数村庄开设了识字班和民众学校，农忙时办午校、夜校，农闲时办半日制的冬学。有些地方开办了“民革室”或“救亡室”等俱乐部，还有展览会和民众教育馆等，各群众团体也都建立了自己的学习组织。把广大青年和成人组织到学习中来，进行抗日、民主的政治教育和生产、救灾等科学知识教育，以及扫除文盲为中心的文化教育。在扫盲中，许多地方实行了小先生制和在街口、门口设识字牌的办法，识字的教不识字的，或互相问答。冀南区 1939 年有识字班 1000 余处。冀中区第八专区冬学的女学员，1938 年有 7976 人，占学员总数 25.13％；1940 年达 160153 人，占学员总数 47.38％。几千年愚昧落后的劳动人民开始在文化上翻了身。

大众文学艺术方兴未艾

在各抗日根据地创建中，一批又一批文艺工作者来到河北，各种文艺团体纷纷成立。

在晋察冀边区，1938 年春成立边区文化者救亡协会，翌年 2 月正式组成边区文化界抗日救国会（简称文救会），推选叶正宣、邵子南、周明、李宗美、陶宗侃等 5 人为执委会常委，并成立冀中区文建会，在专、县、区、村成立文救分会、文救小组，主要任务是推动农村的各项文化工作。边区文救会直属的文艺、戏剧、音乐、美术等协会也建立起来。1940 年初，中华全国文艺界抗敌协会晋察冀边区分会（简称边区文协）成立，推举沙可夫、田间、魏巍、何洛、康濯 5 人为执委会常委，主要任务是推动文学创作。在晋冀鲁豫边区，1939 年 5 月成立晋东南文化教育界抗日救国总会（简称文救总会）。11 月，成立中华全国文艺界抗敌协会晋东南分会（简称文协分会），以李伯钊、何云、孙泱、刘白羽、陈荒煤等组成理事会，并派大批文艺工作者到冀西等地开展工作。1940 年 9 月，晋东南文救总会改为文化艺术界联合会，同时冀南区文化界抗日救国总会也宣告成立。加上延安和大后方的文艺分支机构，至 1941 年，晋冀鲁豫边区已有文艺作家协会、诗歌研究会、戏剧协会、音乐协会、美术协会、新文字研究会、木刻协会等文艺团体。

在文艺团体和“文化人”的推动下，各根据地专业文艺工作者与群众性的文艺运动相结合，创作了大量反映战争和根据地建设的、为人民群众喜闻乐见的诗歌、报告文学和小说。

1938 年 10 月，海燕文艺社在《抗敌报》以副刊《海燕》为阵地，介绍“延安街头诗运动日”和田间创作的街头诗，推动了晋察冀边区街头诗的兴起。同年 12 月，铁流社成立，由钱丹辉、蓝矛、叶正宣、郑成武等人负责，并于 1939 年元旦在平山县组织了“街头诗活动日”，随后创刊《诗战线》。1939 年 2 月，战地社正式成立后，创刊《诗建设》，田间、邵子南、方冰先后为主编。边区文救会和文艺前卫社也分别创办了《边区诗歌》和《前卫诗刊》。1938 年 10 月，著名诗人岗夫（王玉堂）等人创办《文化哨》，为诗歌创作提供了阵地。1939 年 3 月，《新华日报》华北版副刊《新地》开辟街头诗专页。1940 年冬，出版岗夫揭露日军暴行的诗集《九月谷上场》。

报告文学成为根据地文学的主要形式。周而复的报告文学集《晋察冀行》和《诺尔曼·白求恩片断》，周立波的报告文学集《晋察冀边区印象记》，沙汀的长篇报告文学《随军散记》和《敌后琐记》，丁玲的长篇报告文学《一二九师与晋冀鲁豫边区》等，最为著名。陈荒煤的《刘伯承将军会见记》和《陈赓将军印象记》，杨朔的《西战场上》《征尘》和《铁骑兵》，华山的《窑洞阵地战》和《头顶露青天喽》，赵树理的《孟祥英翻身》，魏巍的《雁宿崖战斗小景》《黄土岭战斗日记》和《平原雷火》，孙犁的报告文学集《白洋淀纪事》，碧野的《北方原野》，李英儒的《子弟兵夜袭安平城》和《攻克文安》等，都有较强的艺术感染力和较大的影响。各根据地群众性的文学创作运动也很活跃。如 1939 年 1 月，“晋察冀一周”群众创作活动，收到作品 15 万余字。

抗战初期多是短篇小说，抗战中后期出现了不少中篇和长篇小说。孙犁先后发表《邢兰》《女人们》《丈夫》《荷花淀》等小说，其代表作《荷花淀》，成功地塑造了白洋淀水乡妇女的英雄形象，在《解放日报》副刊连载后，得到延安文艺界的好评。蒋弼的《我要做公民》，反映了根据地人民的思想变化。邵子南以晋察冀边区反“扫荡”为题材，先后发表《贾希哲夜夜下西庄》《阎荣堂九死一生》和《李勇大摆地雷阵》，颇受读者赞誉。康濯的《初春》《腊梅花》《灾难的明天》《我的两家房东》和《春种秋收》等小说，深刻反映了解放区农村社会的改革和进步。

战前，河北农村十分缺少文化生活。抗战后，凡八路军所到之处，戏剧活动非常活跃。各根据地均有一些艺术水平较高的专业剧团，如晋察冀军区政治部的抗敌剧社和自卫周刊社的自卫剧社，及第一至四军分区的战线、七月、冲锋、火线等剧社，冀中的火线剧社和新世纪剧社，晋冀豫边区的火线剧团等。晋察冀边区于 1939 年 7 月成立边区戏协分会，晋冀鲁豫边区于 1941 年 8 月成立边区戏协分会，为指导戏运的发展，晋冀鲁豫边区戏协分会创办了《新华日报》副刊《戏运》，晋察冀边区戏协分会先后出刊了《抗敌报》副刊《戏运》和《晋察冀戏剧》。广大农村普遍建立了民众剧团和宣传队。如晋察冀边区，1940 年有大型剧团 25 个，村剧团 1000 多个。抗敌剧社刘萱芜创作的大型话剧《我们的乡村》和刘佳创作的独幕话剧《到山那边去》，一二〇师战斗剧社莫耶创作的三幕话剧《齐会之战》，华北联大文工团丁里创作的歌话剧《参加八路军》等，深受群众的欢迎。

各根据地大力普及群众性歌咏活动。晋察冀边区要求每个妇女和儿童至少要会唱六首救亡歌曲。著名的《在太行山上》《八路军进行曲》《二月里来好风光》《朱德将军》《松花江上》《游击队之歌》《黄河大合唱》等歌曲，广为流传。同时，建立音乐团体，创办音乐刊物。在晋察冀边区，西北战地服务团创办了边区最早的音乐刊物《歌创作》，周巍峙领导的音乐组两年多时间即创作歌曲 200 多首。1940 年 4 月，吕骥等人筹办成立了中华全国音协晋察冀分会，并创刊《晋察冀音乐》。在晋冀鲁豫边区，于 1939 年 5 月成立中华全国歌协分会，1940 年初创办前方鲁迅艺术学校，不久增设音乐系，并出版《鲁艺校刊》。各根据地还千方百计培养音乐人才，如晋冀鲁豫边区，除鲁艺学校音乐系和民革艺校培养一般音乐人才外，还于 1940 年底在鲁艺学校开办音乐研究班，培养了一批音乐骨干。

根据地开辟之初，广大乡村到处以形象生动的墙头画进行救亡宣传。随后，外来的美术工作者与新培养的青年美术人才相结合，沿着美术大众化的道路前进，使美术工作有了较快的发展。1939 年 3 月 3 日成立中国美术协会晋察冀分会，并成立画报社，先后编辑出版《抗敌画报》和《晋察冀美术》。到 1940 年，晋察冀边区有上十万条街头写满了标语、诗和画满了画。1939 年，木刻家陈铁耕、胡一川率鲁迅艺术学校木刻工作团从延安到达晋冀鲁豫边区，主编《敌后木刻》，作为《新华日报》华北版的增刊出版，并为边区培养了一批青年木刻家。陈铁耕运用国画技巧，创作的抗日题材 48 幅连环画《黄阿福》与 28 幅连环画《穷孩子》，被公认为奠定了运用国画技巧表现抗日现实的基础。青年木刻家华山的连环画《王家庄》，具有力与美的现实感，颇受欢迎。

新型医药卫生事业的创办

随着根据地的开辟，抗日部队和政府为适应敌后抗战与军民健康之急需，都积极发展医药卫生事业。1937 年 11 月 9 日，晋察冀军区卫生部成立，叶青山任部长，设医务科、材料科、管理科和后方医院。不久，冀中军区卫生部成立。晋冀豫、冀南、冀鲁豫等军区及各军分区也先后成立卫生机构。为培养急需的医务人员，各根据地以部队为主创办了卫生学校和医务训练班。1939 年 9 月，晋察冀军区卫生学校在唐县牛儿沟成立，江一真任校长，殷希鹏任教务主任，设军医、护士、调剂 3 个专业，学员 150 人，并把军区后方医院第二医院并入该校，作为治疗与实习的基地，后来发展成为白求恩卫生学校。八路军前方总部与一二九师创办了培养医生的卫生学校和供重伤员疗养与补习的荣誉军人学校。冀中、冀南等二级军区也先后创办了军区卫生部等培训、医疗机构。各根据地军政机关的医药卫生部门，除战地医护外，还经常组织医疗队分赴各地为广大群众治病防疫，派出医疗骨干协助地方开办中、西医训练班和妇幼卫生训练班及乡村卫生员训练班，促进了农村医疗网点的形成和群众性卫生事业的发展。

白求恩大夫是敌后河北各根据地医药卫生战线上的一位杰出人物，也是可歌可泣的一位国际友人。

白求恩大夫是加拿大共产党员、著名的胸外科医生。抗日战争爆发后，他率领加拿大和美国援华医疗队来到中国，1938 年 6 月 17 日来到晋察冀边区，被委任为晋察冀军区卫生部顾问。他曾先后创办晋察冀军区模范医院、特种外科医院，积极筹办军区卫生学校，还穿过平汉铁路敌人的封锁线，到冀中根据地开展医疗工作。他以精湛的医术为军民服务，亲自抢救了无数伤病员，培养了一批又一批的医疗骨干。在 1939 年冬季反日军“扫荡”的斗争中，他率领医疗队赶往战斗最激烈的摩天岭前线，在日军已接近手术地的紧急情况下，坚持为最后一名伤员做完了手术，才肯转移。在这次手术中，白求恩大夫左手指不幸被手术刀划破而感染病毒。11 月 12 日，白求恩大夫的病情恶化，抢救无效，在唐县黄石口村逝世。他在生命的最后一刻，给聂荣臻司令员和晋察冀人民留下了如下遗言：“请转告加拿大和美国共产党，我在这里十分愉快，我唯一的希望是能多有贡献！”“让我把千百倍的谢忱送给你和其余千百万亲爱的同志。”① 为纪念与弘扬白求恩的国际主义精神，晋察冀军区于 1940 年 2 月将军区卫生学校命名为白求恩卫生学校，将学校附属医院命名为白求恩国际和平医院，并在唐县修建了白求恩墓。毛泽东写了著名的《纪念白求恩》一文。

四、百团大战的胜利

对日军主动进攻战役的展开

华北日军加紧推行“治安肃正”计划和“囚笼政策”，广修据点、沟墙，除巩固原有铁路、公路外，1940 年 6 月中旬起又抢修石（门）德（县）铁路，还以石门为中心先后开辟与拓宽了通往正定、获鹿、元氏、栾城、藁城、沧县、赵陵铺等 8 条公路，企图分割和封锁各抗日根据地，之后重兵“扫荡”，以消灭八路军，摧毁抗日根据地。为了粉碎日军上述计划，遏制国民党顽固派的投降活动，八路军总部决定发动一次对日军华北交通干线的全面破袭战役，重点在正太铁路。此役，先后共有华北各根据地（除山东外）105 个团参战，故称为“百团大战”，河北为主要战场之一。

8 月 20 日夜 10 时，对正太路发起全线攻击。晋察冀军区部队破袭正太路阳泉至石门段。郭天民、刘道生指挥右纵队向乱柳（阳泉附近）至娘子关段破袭，重点进攻娘子关。杨成武指挥中央纵队破袭娘子关至微水段铁路和井陉煤矿。熊伯涛指挥左纵队向微水至石门段铁路攻击。同时，一二九师部队向正太路阳泉至榆次段进攻，重点破袭阳泉至张净镇段铁路。至 9 月 10 日，正太路破袭战结束。八路军基

① 转引自《聂荣臻回忆录》（中），解放军出版社 1984 年版，第 488 页。

本上控制了正太路全线，并破坏 2/3 以上铁路，使正太路全线瘫痪，井陉煤矿被严重破坏。为配合正太路作战，冀中、冀南、冀东等地军民在“不留一条铁轨，不留一条枕木，不留一座桥梁”的战斗口号下，向平汉、北宁、石德等铁路和邯长、沧石等公路展开破击。一二〇师也对同蒲路北段和晋西北部分据点进行攻击。因而，使河北乃至整个华北日军据守的铁路、公路陷入人民战争的火海之中。

根据八路军总部部署，9 月 10 日开始第二阶段战役，总任务是摧毁敌深入根据地内的交通线和据点。晋察冀军区进行了涞（源）灵（丘）战役。22 日夜 10 时，右翼队向涞源城和附近据点发起攻击。经过一夜激战，攻占了东、西、南三面城关和几个据点，由于日军防守严密，伤亡较多，进展不大。23 日，改为集中主力扫清周围据点，进攻东团堡的部队经反复冲杀，日军多次大量使用毒气，攻击部队 300 多人中毒，战至 25 日下午，全歼守备日军第二混成旅团士官教导队大队长以下 100 多人，残敌 27 人投火自焚。日军驻涞源警备司令作了所谓“大日本皇军驻东团堡井田部队长恨歌”，刻于石上。由于日军准备大举“扫荡”，涞灵战役于 10 月 10 日结束，共毙伤俘敌 1100 余人，缴获各种枪支 2000 多支。为策应涞灵战役，冀中部队进行了任（丘）河（间）大（城）肃（宁）战役，共作战 112 次，毙伤俘敌 800 多人，缴获各种枪支 300 多支，攻克据点 20 多处，破坏铁路 5 公里、公路 150 公里，沉重打击了日军控制冀中中心区的企图。

与此同时，一二九师进行了榆（社）辽（县）战役。为策应此役，冀南、冀西部队对平汉铁路元氏至安阳段进行了严重破坏，一度攻占邢台车站，并破坏了石德铁路和邯（郸）济（南）公路的部分路基。太行区部队破袭了磁县至安阳间的铁路。

粉碎日军的报复“扫荡”

日军遭到突然打击后，从 10 月 6 日起逐次“扫荡”晋东南、晋察冀等根据地。10 月 13 日，日军集中 1 万多兵力数路进攻平西。平西部队经过半月苦战，迫敌主力撤退。10 月 24 日，日军对冀中区进行报复“扫荡”，在蠡县、安国、博野地区屠杀民众800多人，屠杀抗日政权干部200多人；27日又在赵晖、郭家庄屠杀民众2200多人，屠杀抗日政权干部数百人。11月初，日军数路向晋察冀区进攻。晋察冀军区机关和主力部队及时跳出了日军的合围圈。15日，日军占领阜平后，实行分区“围剿”。边区各界民众立即行动起来，实行彻底的清野空舍，广泛开展游击战争。20日，晋察冀军区部队攻克陈庄，歼敌1000余人。在边区军民的英勇打击下，日军自25日起，除留1000多人企图长期盘踞外，主力开始撤退。1941年1月1日，晋察冀军区部队收复阜平城。至1月4日，晋察冀边区反“扫荡”作战结束，共毙伤俘日伪军4800余人。

为配合反日军“扫荡”作战，冀南部队在群众协助下，10月30日至11月12日，对石德铁路和邯济、邯大等公路及乡村大道展开大破击，歼灭日伪军350多人，破坏铁路100多公里，破坏公路330多公里。冀中区部队11月15日向石德铁路进攻，至11月26日，共作战60多次，歼灭日伪军1100多人，争取伪军反正120人，参战群众7.7万多人，毁坏铁路10公里、公路240公里。12月7日起，冀中区第三纵队又进攻平汉路，至17日，歼灭日伪军470余人，炸毁机车2辆、汽车15辆。12月26日，又在定县至新乐宣村伏击满载日军300余人、汽车40辆和大量物资的一列军用火车，仅半小时，全歼日军，炸毁机车和全部军用物资。

百团大战是抗战以来八路军首次大规模的主动进攻战役。百团大战期间，抗日根据地军民共进行大小战斗1824次，毙伤俘日伪军5万余人，破坏铁路474公里、公路1500余公里，车站、桥梁、隧道261处，使正太铁路3个多月无法修复，日军在华北的交通线一度全部陷于瘫痪。百团大战沉重地打击了日军，提高了共产党、八路军的声望，增强了全国军民抗战必胜的信心，对于遏制国民党顽固派的妥协投降逆流，起了积极作用。

第 十 三 章
河北各抗日根据地的艰苦抗战

一、战略相持阶段最困难时期的河北形势

河北抗战严重困难局面的出现

1941 年 12 月 8 日太平洋战争爆发后，由于美、英等国缺乏必要准备，日军在半年内攻占了菲律宾、马来半岛、泰国、新加坡、印度尼西亚、缅甸等几乎所有东南亚国家。同时，更加紧了对中国正面战场特别是敌后战场的进攻。

1941 年 1 月，日本制定《对华长期作战指导纲要》，决定以确保占领区为主，使占领区成为支持扩大侵略战争的基地。为确保华北占领区，日本的华北方面军在 1941 年增至 3 个军团、1 个直辖兵团、11 个师团、12 个独立混成旅团、1 个骑兵集团，共 32.5 万人，占侵华日军 40%以上；华北伪军达 10 万人以上，占全部伪军近一半。从 1941 年 3 月到 1942 年底，日伪推行五次“治安强化”运动。将华北划分为“治安区”“准治安区”“未治安区”。“治安区”即日军所谓能够稳固统治的地区，“准治安区”是敌我力量均能进入的地区，即游击区，“未治安区”是共产党领导的敌后抗日根据地。针对三种不同地区，日伪采取不同的“治安”措施，企图通过“治安强化”运动，把巩固占领区、控制游击区、“蚕食”抗日根据地边沿区和“扫荡”

抗日根据地腹心区结合起来。

地处敌后华北抗战前哨的河北各抗日根据地，是华北日伪推行“治安强化”运动和“清乡”运动的重点地区。第一次“治安强化”运动期间（1941年3月30日至4月5日，实际延续到6月），日军“扫荡”了冀中第十军分区和冀东区，迫使两地八路军主力部队分别暂时转至平汉路以西和长城以外地区。第二次“治安强化”运动期间（1941年7月7日至9月7日），日军集中7万兵力对北岳、平西根据地进行了为期两个月的“铁壁合围”大“扫荡”。在第三次“治安强化”运动期间（1941年11月1日至12月25日），日军对太行区进行了三次较大规模的“扫荡”。第四次（1942年3月30日至6月中旬）、第五次（1942年10月8日至12月10日）“治安强化”运动期间，日军集中兵力对冀东根据地进行了三次大规模的“扫荡”，对冀南和冀中根据地进行了极端残酷的四二九大“扫荡”和五一大“扫荡”，对太行根据地进行了四次5000人以上的“扫荡”。至此，河北各抗日根据地的巩固区大大缩小，大部分变为游击区和敌占区。

日伪军通过建碉堡、修路、挖沟、筑墙等手段，来分割包围封锁河北各抗日根据地，企图隔断根据地与根据地、根据地的山地与平原、根据地与敌占区之间的联系，以便于逐一“蚕食”“扫荡”各抗日根据地。在晋察冀边区，日伪军从1940年开始挖封锁沟：一条东起涿县，向西经易县、紫荆关、涞源一直到（山西）灵丘、浑源，企图把北岳区①分割为南北两块；另一条北起易县，向南经满城、完县（今顺平县）、唐县、曲阳、行唐，一直到灵寿，并与平汉路平行，企图把山区根据地与冀中平原根据地分割开来。日伪还在冀、晋交界的各县之间、各乡之间，铁路、公路沿线和据点周围，均挖了封锁沟，有的还引河水灌入，实行严密封锁。为了分割、封锁冀中与冀南两根据地，日伪军新修了德石铁路和大量公路，开凿了永定河与大清河之间的运河。1941年春，冀南区的公路由1940年底的83条、2000多公里，增加到160条，2500多公里；1942年又增加到约600条、

① 1941年1月1日晋察冀区改称北岳区，辖境未变。

5000多公里。在晋察冀边区，日伪军的据点在1941年春有800多个，1942年6月增至1460多个，平均每县有据点15个。在冀中平原，日军1942年五一大“扫荡”后，修建据点碉堡1753个，平均4个半村有1个；修建铁路、公路8379公里，建筑封锁沟墙4186公里，平均每百平方公里有公路20公里、封锁沟20公里、封锁墙1公里。至此，冀中平原抗日根据地被日军分割成为2670小块。在冀鲁边区的24个县内，1942年下半年，日军的封锁沟达1400公里，公路达4000公里，据点碉堡密布，第一军分区平均7个村有1个据点，第二军分区平均8个村有1个据点，第三军分区平均10个村有1个据点。

日军为分割、封锁抗日根据地，阻断八路军与人民的联系，还惨绝人寰地在冀东、平北的长城沿线和平汉铁路以西的冀晋边界，制造了大块“无人区”。长城沿线的“无人区”面积最大、斗争最惨烈。日本侵略者为保障伪满洲国境之安全，自1939年开始，至1944年初，制造了沿长城线西起赤城县独石口以东的老丈坝，东至山海关以西的九门口，长约1000公里，宽约25公里到250公里，总面积约5万平方公里的“无人区”，有140万居民被驱赶而进入2506个“人圈”（日军称“部落”）。①

日军在河北各地进行“治安强化”运动和“清乡”运动中，肆意进行烧杀奸淫。日军自1939年提出杀光、烧光、抢光的“三光”政策，至太平洋战争爆发前后，在“扫荡”中结合“三光”政策，其暴行达到了登峰造极的程度。日军杀害中国人的方法达百种以上，常用的有：刺杀、打靶、吊死、活埋、灌水涨死、毒气毒死、铡死、碾死、锯死、腰斩、煮死、喂洋狗、悬崖摔死、烧死、肢解、剜心、剥皮、凿眼等。1941年1月25日，日军在冀东制造了潘家峪惨案，全村被杀1301人，重伤84人，烧毁房屋1398间，全村（包括下落不明者）只剩303人。1941年冬，日军对北岳、平西大“扫荡”，烧毁房屋25万间、粮食2900万公斤，杀害群众4800多人，抢走壮丁1.7万多人，抢掠牲畜1

① 中共河北省委党史研究室编：《长城线上千里无人区》第一卷，中央编译出版社2005年版，第43页。

万多头。在涞源县东杏花村，日军把23名干部、群众捆在木桩上，或刺死，或开膛，还把两个人的头骨砸开，取出脑汁掺在玉米粥中，取名“开脑粥”，强迫群众喝下。在曲阳县沟里村，日军把100多人赶进房中，放火焚烧，不少群众冲出后又被抓住，将50多人扔在一口井里，还往井下甩石头、手榴弹和燃烧的木柴，群众全被残害致死。

日军在“扫荡”中，大肆使用毒气和细菌，由过去主要对部队使用发展为主要对群众使用，主要是较小规模地使用发展为主要是大规模地使用，由间隙时间较长发展为经常性地使用。据不完全统计，在冀东地区，从1941年至1945年，日军制造了21起毒气战惨案，中毒伤亡军民2300余人，其中伤700余人，亡1600余人。1941年，日本关东军在冀东进行“冀号”作战，命令各大队要携带毒瓦斯和防毒面具。小川政夫所在的独立守备步兵第七大队各中队携带红筒5个、绿筒100个、绿棒100个、发烟筒100个及防毒面具50个，7月中旬，在河北省玉田东南母庄，为搜查兵器，将村民150人赶到村东北路旁洼地里，点燃了小型绿筒1个、绿棒5个、发烟筒2个，进行集体拷问达30分钟以上，有半数村民呕吐，不能走路的十几人，有3名幼儿窒息而死。1942年，日军对冀中进行五一大“扫荡”中，在无极县、定县之间赵户村，灵寿县朱食村和朱骇村，定县北疃村，唐县岳烟村及拒马河，无极县里贵子村，深泽县白庄和宋庄，及冀南威县掌史村等地，施放毒气10余次，仅5月27日，在定县北疃村向地道内施放毒气，就使800多名战士、群众中毒死亡。1943年春，日军“扫荡”灵寿作战结束时，在上、下石门村散布鼠疫跳蚤，致该村200多户每天死亡40至60人。同年三四月间，日军“扫荡”易县后，在油味村投放鼠疫老鼠，几天内村民死亡70多人。同年8月底至11月上旬，日军在北平城内进行霍乱试验后，又进行鲁西霍乱作战，掘开卫河左岸堤防，投放霍乱细菌，仅冀南抗日根据地即受灾30多县，灾民400多万，水淹、霍乱、饿死近20万人。

与此同时，日军更加紧了对敌后河北各地的经济掠夺。

日本通过没收英国经营的开滦煤矿和门头沟煤矿，控制了河北各地的全部煤矿。到 1942 年 3 月，日本的“兴亚院”控制了包括河北等地的全部交通工矿企业。侵华日军和各财团、民间组织、个人均在沦陷区经商办企业，从事经济掠夺。日本大力开发龙烟铁矿，1942 年矿石产量占华北铁矿石产量的 80%。全国全面抗战八年间日本共掠走龙烟铁矿矿石 300 万吨以上。庞家堡铁矿约有 5 万名劳工，到 1945 年上半年有 8000 余人惨死。日本从英国人手中接管开滦煤矿后，疯狂进行掠夺性开采，最高年产达 660 多万吨，在三年零九个月里共掠走煤炭 2260 多万吨。

河北的农产品，尤其粮食、棉花，是日本掠夺的主要战略物资。日军推行所谓“囤粮保管”和“计口授田”政策，在沦陷区，麦收、秋收时，强迫农民到“公共打粮场”上收打，收获的粮食要全部交给日军据点的仓库“保管”，然后，再每月按定量“配给”农民很少一点口粮。日军还制定了对冀中、冀南、冀东等地的抢粮计划，组织抢粮队、运输队，抢掠了大量粮食。为掠夺棉花，日军强迫农民多种棉花，规定冀中、冀西等产棉区农户必须 7/10 的耕地种植棉花，并强制农民必须把棉花低价卖给伪新民合作社。

畜产品也是日军掠夺的重要物资。日军除大肆抢掠外，还以所谓“公定价格”强制收购牲畜、皮毛。据伪蒙疆畜产股份有限公司 1944 年 5 月 1 日至 1945 年 4 月 30 日年度决算报告，一年间日本掠夺的皮张有：绵羊毛皮 67414 张，山羊皮 28380 张，子绵羊毛皮 28214 张，子山羊皮 34322 张，绵羊胎子皮 1076 张，山羊胎子皮 1742 张，犬毛皮 12472 张，牛皮 31702 张，马皮 1766 张，驴皮 1721 张，狐皮 773 张，黄羊皮 4393 张，猫皮 1841 张，狼皮 158 张，裘制皮 177 张，黄鼠皮 15 张，玛瑙皮 2 张。还有骆驼皮、牛头皮、牛腿皮等 31 种共 270640 张。按当时所谓“公定价格”价值 2.95 亿元，而市场价格为 29.6 亿元。①

① 李志亮、姜济民：《日本帝国主义对蒙疆地区的经济掠夺》，载中国人民政治协商会议河北省张家口市委员会文史资料研究委员会编：《张家口文史资料》第四一五辑合订本（纪念张家口解放专辑），1986 年版。

日本还疯狂掠夺劳动力，征发大量劳动力筑点碉、挖沟、修路。据冀南区巨鹿县大韩寨和大吕寨、冀县北冯村、新河县西干庄共1150户的统计，一个月内出夫工18294人次，平均每户6人次；依此类推，冀南区每年为日军出夫工3.6亿人次，平均每个劳动力要用1/5的时间为日军出夫做工。日军还把大量青壮年抓去东北和日本做苦工，至1942年6月，日军从河北及整个华北抓掠青壮年600万人以上。日本还与汪伪国民政府签订了所谓“联运契约”，从1943年7月至日本投降前，日军由河北等省抓捕3.8万人，其中河北人涉及132个县。抓捕的人员分别被关押在保定、石门、北平、塘沽和青岛等地日军收容所，然后，押运到日本做苦工。8年间惨死和下落不明者达8000多人。①

日军不断增加苛捐杂税，巧立名目榨取老百姓。河北等地沦陷区人民负担的捐税多达100多种。太平洋战争爆发后，日军更以“皇军慰劳金”“国防献金”“飞机献纳金”等名目进行搜刮。沦陷区农民的捐税负担高达年收入的80%以上。日军每年从冀南区强征各种税款达20亿元，平均每人每年负担350元。

在日军的疯狂掠夺和破坏下，河北广大农村土地荒芜，产量大幅度下降，民族工商业纷纷倒闭，沦陷区人民挣扎在死亡线上。大米、白面确定为日军军粮，禁止老百姓食用。县以上城市实行粮食“配给”制度。而所谓粮食是由豆饼、树皮、草根等制成的“混合面”，“配给”数量很少，远远不够食用。由于粮食奇缺，物价飞涨，城乡普遍发生饥荒，许多农民全家数口只有一条被子盖，炕上连席子也没有，卖儿卖女的、饿死的不计其数。

日军的“蚕食”“扫荡”和“三光”政策，使河北等地遭到深重摧残，各抗日根据地的巩固区大大缩小，冀中、冀南平原抗日根据地大部变为敌占区、游击区，财政经济也出现了空前严重的困难。

当日军加紧“蚕食”“扫荡”敌后各抗日根据地之时，国民党顽

① 晓李：《侵华日军对中国劳工的掠夺与残害》，载冀中革命根据地史编审委办公室编印：《冀中史工作通讯》，1990年第1期。

固势力在日本的压力和劝降下，又加紧了反共磨擦活动。当时，国民党冀察战区司令长官兼河北省党部主任委员、河北省政府主席庞炳勋部第四十军和孙殿英部新五军驻豫北林县，高树勋部新八军驻河北濮阳地区（今属河南），第九十三军驻晋东南，孙良诚部第三十九军、游杂武装齐子修部驻鲁西和鲁南。这些国民党顽军曾先后从东、西、南三面向冀南区抗日根据地进犯。高树勋部还于4月、6月、11月三次进犯冀鲁豫边区根据地。第九十三军还配合阎锡山部向太行区根据地进攻。对于国民党顽固派的反共活动，河北各抗日根据地党组织领导军民进行了坚决的回击。

1943年3月23日，驻豫北林县的庞炳勋率领第二十四集团军21个团兵力，向太行、太岳抗日根据地大举进犯。当时，正值日军进行春夏季“扫荡”作战。由于八路军展开了广泛的群众性抗日游击战争，使日军摧毁八路军总部和一二九师主力的企图未能得逞。但是，庞炳勋部国民党军队在日军围攻下纷纷叛国投敌。4月24日，新五军军长孙殿英投敌。5月初，第二十四集团军主力第四十团被日军击溃。5月6日，庞炳勋在豫北临淇以西的双脑村被俘后投敌，侯如镛、杨明卿、赵星彩、于光辉等军官一起投敌。6月22日，汪伪南京政府委任庞炳勋为伪第二十四集团军总司令，孙殿英为副总司令，驻河南新乡。国民党第二十四集团军副司令马法五率残部渡黄河，由河南转到陕西后，升任第二十四集团军总司令兼国民党河北省政府主席、河北省党部主任委员。至此，河北境内及周围地区的国民党军队或撤退到黄河以南，或投敌当了汉奸。

国民党冀察战区与河北省政府投敌，在某种程度上也加大了共产党领导敌后河北等地抗战的困难。

中共中央关于克服严重困难的方针

日军推行“治安强化”运动，实行“三光”政策，使河北广大地区的土地、劳力、牲畜、农具和物质财富遭到极大损失，严重破坏了社会生产力，河北各抗日根据地遇到了极为严重的困难，面临严峻的考验。

为克服困难，战胜敌人，1941 年 11 月 7 日，中共中央军委发出《关于抗日根据地军事建设的指示》，进一步提出各根据地都要建立健全主力军、地方军和人民武装“三位一体”的军事体系的任务。指示规定：山地根据地主力军与地方军的比例为二比一，平原根据地为一比一；在冀东等某些最困难的地区，应全部武装地方化。不脱产的自卫队应包括人民的大多数，其骨干力量即民兵、模范自卫队、青抗先等武装的数量，应超过主力军与地方军的总量。要求各地大力发展民间武器，如手榴弹、地雷、土枪、火炮等，以解决广泛发展群众性游击战争的武器弹药困难。

1941 年 12 月，中共中央在《关于太平洋战争爆发后敌后抗日根据地工作的指示》中，对敌后抗战形势作了透彻、详尽的分析，提出“长期坚持游击战争，准备将来的反攻”的总方针，要求各地普遍地实行“精兵简政”，使根据地的军队与地方党政民机关的脱产人数，“不超过甚至更少于居民的 3%”。

1942 年初，中共中央作出了开展全党整风运动的决定，要求通过整风，使全党克服各种非无产阶级思想和作风，在思想上、政治上、组织上进一步巩固和团结起来，更好地团结和领导全体人民战胜困难，坚持长期抗战，迎接伟大的新时期的到来。

针对日军的“总力战”，中共中央 1942 年 9 月作出了《关于统一抗日根据地党的领导及调整各组织间关系的决定》，确定中央代表机关（中央局、分局）和各级党委（区党委、地委）为各地区的最高领导机关，统一对各地区的党政军民工作的领导，取消过去各地党政军委员会。各级党委的成分，必须包括党务、政府、军队中主要负责的党员干部，而不应全部或绝大多数是党务工作者。特别强调严格执行“下级服从上级、全党服从中央”的原则，指出这对于“党的统一领导，是有决定意义的”。

1942 年 12 月，毛泽东在陕甘宁边区高级干部会议上的报告中，提出了“发展经济，保障供给”的财政经济工作总方针。1943 年 10

月，中共中央指示各抗日根据地开展减租、生产、拥政爱民运动，号召党政军民“自己动手，克服困难”，“自己动手，丰衣足食”。而后，中共中央把这一时期为克服困难、长期坚持抗日游击战争所必须执行的主要政策，归纳为十大政策：对敌斗争、精兵简政、统一领导、拥政爱民、发展生产、整顿三风、审查干部、时事教育、“三三制”政权、减租减息。

上述方针和政策，为敌后河北各抗日根据地克服困难，长期坚持抗日游击战争，深入开展根据地建设，准备反攻，指出了明确的方向。

二、河北各根据地反日军“扫荡”的浴血作战

北岳、平西军民反日军“扫荡”的英勇作战

1941 年 8 月，日军华北方面军司令官冈村宁次亲自指挥日军 6 万多人和伪军 1 万多人，分为进攻兵团和“封锁”兵团，对晋察冀边区抗日根据地北岳、平西地区进行“铁壁合围”大“扫荡”。进攻兵团又分为甲、乙、丙兵团：甲兵团以第二十一师团一个联队为主配置在北平附近；乙兵团以第一一〇师团一个旅团为主配置在石门附近；丙兵团以第三十九师团直属队和第一军、驻蒙军各一部组成，在平汉路北段、同蒲路北段、正太路和涞源、广灵、灵丘一线，对北岳、平西地区形成“封锁”包围。并以第一军三个步兵大队和第十一装甲车队主力作预备队，配置在石门地区，由飞行团支援作战。

针对敌情，北岳、平西区此次反日军“扫荡”的战役，大体分为三个阶段。

第一阶段，从 8 月 14 日至 22 日。日军为隐蔽企图，由甲兵团“扫荡”平北抗日根据地的古北口、密云地区，由乙、丙兵团“扫荡”冀中抗日根据地的深泽、安国、无极、安平等地区；同时由封锁兵团 2 万多人对北岳、平西区抗日根据地实行“封锁”包围。针对日军的

企图，晋察冀军区 8 月 21 日发出反“扫荡”作战命令，主力转移到平汉铁路、正太铁路沿线等外线地区，以待机破敌。

第二阶段，从 8 月 23 日至 9 月 3 日。8 月 23 日，日军突然将“扫荡”转向北岳、平西地区，封锁了平汉、正太铁路和涞（源）易（县）公路，从东西南北四面，先对北岳区第一、二、四军分区，而后对第三军分区的阜平、陈庄和平西的蓬头等地区进行合围“扫荡”，企图围歼晋察冀军区主力和领导机关。晋察冀军区内线部队和党政军领导机关，在聂荣臻率领下，与日军艰苦周旋，在阜平以西的常家渠一带山区隐蔽 5 天，中断与各方的无线电联络，不烧火做饭，靠红薯、瓜果等充饥，最后化整为零，安全转移到平山县寨北村一带。萧克率领平西部队主力也于 8 月 30 日跳出了日军的合围圈。数路日伪军扑空后，9 月 3 日占领阜平。

第三阶段，从 9 月 4 日至 10 月 15 日。9 月 4 日起日军进攻兵团分驻各要地，在封锁兵团配合下，进一步“搜剿”分散隐蔽的晋察冀军区部队和机关，摧毁抗日根据地的设施，抢筑据点、碉堡和公路、沟墙。为粉碎日军的“清剿”，晋察冀军区转至外线的部队迅速集结，打击日军分散“清剿”部队和运输部队，并以游击战争保卫群众的秋收。同时，根据八路军总部命令，一二〇师、一二九师和冀中第三纵队分别向同蒲、平汉、石德铁路进攻，分别攻克广平、南和、沙河、隆平等县城和忻口火车站，给予敌人很大打击和威胁。9 月 26 日，晋察冀军区部队收复阜平城。至 10 月 15 日，日军被迫大部撤退。

北岳、平西区抗日根据地此次反日军“铁壁合围”大“扫荡”的战役，历经两个月英勇斗争，与日伪军作战 800 多次，歼灭日伪军 5500 余人，粉碎了日军消灭边区党政军领导机关和主力部队，摧毁晋察冀边区的山地根据地的企图。9 月 25 日，在易县狼牙山战斗中，第一军分区第一团第七连第六班战士，为掩护主力部队转移，在班长马宝玉带领下，打退日伪军数百人猛烈进攻，在棋盘坨顶峰，又杀伤日伪军 20 余人，最后 5 名战士英勇跳崖，表现了中华儿女英勇不屈的英雄气概和民族气节。

日军此次大“扫荡”，给晋察冀山地根据地造成了空前的损失。军区部队伤亡2000余人，干部群众伤亡4500余人，被抓劳工2万余人，被烧毁房屋15万余间，数万亩庄稼被毁坏，粮食被抢被烧2900余万公斤，牲口和家畜被抢8万余头，农具被毁坏23万余件，群众罹病10万余人。日军在根据地内修据点113处，修公路530余公里，并沿晋、冀边界和冀中与冀西交界地带挖封锁沟158公里，还在晋东北地区北起五台，南到盂县、平定，制造了长50多公里，宽15公里，包括182个村庄的大块“无人区”。至此，北岳、平西区抗日根据地被敌分割、封锁，巩固区缩小，进入了抗战最艰苦的时期。

冀东、冀西、冀南军民反日军“扫荡”的艰苦斗争

1941年6月至7月，日军在第一次、第二次“治安强化”运动期间，集中6万兵力对冀东游击抗日根据地进行大“扫荡”。冀东军分区由于未能侦知日军的意图，在反“扫荡”战役中失利，第十二团团长陈群牺牲，部队减员1000余人。8月1日，中共冀东区党分委在遵化县大张屯村召开扩大会议，总结了反“扫荡”失利的教训，确定了坚持冀东和开辟热南山区的任务。经过3个月艰苦斗争，坚持了蓟（县）玉（田）丰（润）遵（化）平原基本区，开辟了西起雾灵山，中经五指山，东至都山，南起长城，北到锦承路，40多万人口的热南山区，使冀东扩展成为横跨长城，既有平原，又有广大山区的抗日游击根据地。日军在第三次“治安强化”运动期间，于1941年11月至12月，将伪华北治安军7个集团、21个团3万余兵力移防冀东基本区。中共冀东区党分委召开王厂沟紧急会议，决定在热南的主力部队返回冀东基本区，进行打伪治安军战役。1941年12月至1942年2月，冀东军民先后作战20余次，大部歼灭和全歼伪治安军4个整团，部分歼灭1个团，击溃2个团，毙伤俘伪军5000多人，击毙日军中佐以下官兵526人，缴获炮8门、机枪68挺、步枪2000多支。打伪治安军战役的胜利，打破了日军企图以伪治安军维持冀东殖民统治的计划，冀东八路军总兵力由4000余人发展到7000余人，初步形成了

主力团、游击队和民兵三结合的人民战争体制。此役结束后，冀东军分区副司令员兼第十三团团长、政委包森在遵化县野瓠山与伪满军的战斗中，不幸中弹牺牲，年仅 32 岁。

1942 年 2 月 25 日至 26 日，日军华北方面军召开各兵团参谋长会议，下达了上半年重点“扫荡”冀中的命令，为隐蔽此企图，决定首先对冀东、冀西、冀南抗日根据地分别进行“扫荡”。日军在第四次“治安强化”运动期间，进行了“冀东一号一期作战”。从 4 月 1 日起，日军第二十七师团主力、第十五独立混成旅团和关东军、伪军各一部共 5 万余人，对冀东抗日根据地基本区进行大规模“扫荡”。冀东根据地军民采取内线与外线相结合的战法，展开反“扫荡”作战。坚持内线斗争的两个营与地方武装配合，灵活机动地在日伪军之间穿插，使日伪军连连扑空，疲于奔命；主力越过长城转至热河南部山区开展游击战争，有力地配合内线部队反“扫荡”作战。至 5 月底，日军结束此次“扫荡”。冀东根据地遭受很大损失，约有 2 万群众被杀害，数千名青壮年被掳走，1000 多个村庄被洗劫一空，根据地基本区变为游击区与敌占区。随后，中共冀东地委和军分区发动青纱帐复仇战役，6 月中旬，各部队由热南山区返回冀东平原基本区，到 7 月底，共作战 50 余次，歼灭日伪军 1600 余人，被日伪军“蚕食”的地区，除玉田、蓟县平原等地外，大部得到恢复，粉碎了日军“冀东一号一期作战”。

与此同时，日军于 4 月 25 日至 27 日，以第十五独立混成旅团和第一一〇师团各一部共 4000 余人，分别对北岳区之易县刘家台、管头一带和平山县慈峪、南沟等地进行“扫荡”，均被抗日根据地军民打退。

1942 年起，日军对冀南抗日根据地反复进行“扫荡”。1 月至 3 月，日军千人以上的“扫荡”有 4 次之多；接着，日军集中第一、第七、第八、第九独立混成旅团和第五十九师团、第二十七师团各一部及伪军，共 3 万余兵力，于 4 月 29 日对冀南抗日根据地进行大规模“扫荡”，史称四二九大“扫荡”。首先对冀南抗日根据地党政军领导机关所在地武（城）北地区进行合围。在冀南军区新编第七旅第二十一团和军区特务团等部掩护下，冀南党政军领导机关大部突出重围。冀南军区新编第四旅和第四军分区机关及主力一部在威县香城固、下堡寺地区遭敌合围，经过激战，也大部突围，第四军分区司令员杨宏明、政治部主任孙毅民等干部、战士壮烈牺牲。为纪念在反日军四二九大“扫荡”中牺牲的烈士，冀南军区和行署决定将临清、威县、清河交界地带划为宏毅县。5 月 7 日以后，日军转入“清剿”，大力建据点、修公路和封锁沟墙。至此，冀南平原根据地大部变为游击区和敌占区，党支部被破坏近 1/2，党员由 4 万人减至 2.1 万人。

冀中军民反日军五一大“扫荡”的浴血奋战

日军确定于 1942 年上半年重点“扫荡”冀中平原抗日根据地，并做了充分的准备。日军第一一〇师团于 1942 年初至 4 月在冀中挖封锁沟 3900 公里，沿平汉路两侧修封锁墙数百公里，在冀中平原建立据点碉堡 1300 多处，并对冀中各军分区进行了轮番“扫荡”和“清剿”，使冀中根据地的基本区面积、人口减少了 2/3，把冀中区主力部队和领导机关压缩在中心区的狭长地带。从 4 月起，日军对冀东、北岳、冀南等抗日根据地进行大“扫荡”，在隐蔽对冀中大“扫荡”的意图下，进一步切断了冀中与周围各抗日根据地的联系，完成了对冀中抗日根据地的封锁和包围。5 月 1 日起，日军以第一一〇、第二十六、第四十一、第二十七师团和第七、第九独立混成旅团及 2 个联队，共 5 万余兵力，由冈村宁次亲自指挥，采取“铁壁合围”“拉网扫荡”战术，对冀中平原抗日根据地进行空前残酷的大“扫荡”（史称五一大“扫荡”）。

中共冀中区党委、军区预料到日伪军将要“扫荡”，3 月 20 日发出关于开展地道斗争的指示，4 月 26 日正式发出反“扫荡”的命令，并变更电台密码，破坏了敌人的无线电跟踪。

冀中区军民反日军五一大“扫荡”的浴血奋战，大体分为三个阶段：

第一阶段，从5月1日至10日。日军从冀中抗日根据地的边沿区开始，以第一一〇、第二十六师团各一部“扫荡”潴龙河以北地区，以第七独立混成旅团一部“扫荡”滹沱河以北地区，以第九独立混成旅团和骑兵第十三联队“扫荡”石德铁路以南地区，企图压缩聚歼冀中抗日根据地主力部队和领导机关于中心区的深县、武强、饶阳、安平地区。冀中区各军分区部队由于未能突破敌人包围，大部向中心区退缩，陷于被动局面。

第二阶段，从5月11日至15日。日军在滏阳河落闸截水进行全线封锁，由第四十一师团主力和第九独立混成旅团从石德铁路往北，由第一一〇师团和第七独立混成旅团从滹沱河沿岸往南，在冀中抗日根据地中心区进行拉网“扫荡”。这时，冀中军区留下主力一部坚持中心区斗争，党政军领导机关和第二十七团等部转至滏阳河以东地区，各军分区部队和机关也陆续突出重围。

第三阶段，前半期从5月16日至27日。日军分兵追击突围到滹沱河以北地区的冀中部队，并调整部署，准备对根据地中心区进行“清剿”。此时，中共冀中区党委、军区误认为“扫荡”之日军撤退，乃命令第六、第八、第九军分区部队返回冀中中心区，恢复根据地。5月23日，第六军分区主力在深县以南地区遭日军第四十一师团等部1.5万多人的合击，激战终日，当夜突围。28日，第八军分区主力在河（间）肃（宁）公路以南的雪村、顶旺遭日军重兵合围，在突围激战中，司令员常德善、政治委员王远音等壮烈牺牲。冀中第九军分区主力部队得知上面情况后及时返回白洋淀地区。

第三阶段的后半期，从5月27日至6月20日。日军控制冀中抗日根据地中心区以后，转入全面“清剿”，到处搜捕坚持分散斗争的党政军民工作人员，破坏抗日政权和群众组织，建立伪政权、伪组织，大力筑据点，修公路，挖封锁沟墙。在此严重局势下，中共冀中区党委、军区接到晋察冀分局和军区转来的八路军总部5月18日指示，为了坚持冀中某些地区，要改变斗争方式，减少损失，一部分主力部队，与其被迫，不如先机转移山地。为此，中共冀中区党委、军区决定留下主力一部分，配合地方武装和民兵，高度分散活动，开展地道战、地雷战、爆破战，坚持地区，坚持反“清剿”斗争；主力部队和领导机关于6月上旬分别向北岳区、冀鲁边区和冀南区抗日根据地转移。

吕正操和黄敬率领冀中区党政军领导机关和第二十七团于6月初转入冀南地区活动。12日，在威县掌史村，冀中区党政军机关2000余人，突遭日军包围。在吕正操的指挥下，第二十七团官兵英勇善战，以伤亡100余人的代价，歼敌800余人，突破了日军的“围攻”，创造了“平原游击战中坚持村落防御战的范例”，转战至冀鲁豫军区。冀中区党政军机关经月余休整，于8月底越过平汉路到达太行区，11月又通过正太路到达北岳区，与由冀中区直接转到北岳区的党政军机关人员会合。

与此同时，遵照八路军总部命令，冀南、太行、北岳、平西和山东等地的八路军分别向平汉、正太、津浦等铁路沿线广泛出击，有力地支援了冀中区军民的反“扫荡”斗争。

冀中军民在反日军五一大“扫荡”的浴血奋战中，表现了英勇善战、顽强不屈的中华民族精神。5月10日，在深县护驾池村，冀中部队一个营兵力抵抗日军4000多兵力进攻，激战一天，毙敌400多人，当晚突围，仅伤亡40多人。5月13日，在无极县小吕、王村，冀中第七军分区某团三个连伏击“扫荡”之敌，击毙伪真定道尹，毙伤日伪军官兵200多人，而该团无一伤亡。5月30日，在深泽县东白庄村，冀中部队两个半连配合民兵，打退了日伪军1000多兵力连续五次冲锋，击毙日军晋藤联队长以下400多人。6月9日，在深泽县宋庄，冀中部队三个连配合县大队一部，打退了日伪军1800余兵力连续28次冲锋，击毙日军冀渤特区司令官坂本以下1200多人。在无极县南北侯坊和赵户村，冀中地方部队和民兵利用联村地道，打退日伪军八次进攻，坚持村落战达一个多月，毙伤日伪军400多人。

在反日军大“扫荡”的战斗中，冀中老百姓或以血肉之躯，或以母认子、妇认夫、子认父等方式，掩护抗日干部和战士，他们的民族浩气与世长存。安平县刘庄村青救会主任刘志清被捕后，日军架起铡刀，逼他说出抗日干部。他说："是中国人就不能出卖祖国，出卖民族，你刘爷纵死也永远不会屈服！"从容就义。安平县佟家羽林村，有母子两人被日军捉住。日军痛打母亲，逼她说出村干部，她一口咬定"不知道"。日军对她的 12 岁孩子施毒刑，母亲大声叮嘱儿子："你死了也不能乱讲，可不能给祖宗丢人留骂名！"孩子至死未吐露一个字。深县南王家铺村有 27 名老百姓被日军捉住，拉到井边，逼问八路军伤员、枪支、公粮藏在什么地方，一连砍杀 14 人，没有得到一句口风。

冀中军民经过近两个月的浴血奋战，作战 272 余次，毙伤日伪军 1.1 万余人，粉碎了日军消灭冀中区领导机关和主力部队的企图。但由于日军在"扫荡"中实行"三光"政策，冀中抗日根据地遭受到十分严重的损失。冀中军区部队伤亡 4671 人，减员 5500 余人（大部在群众中分散隐蔽），区以上干部牺牲 1/3，群众被惨杀 2 万余人，被掳走 5 万余人，造成了"无村不戴孝，处处闻哭声"的悲惨景象。从此，冀中平原抗日游击战争进入了更加残酷和困难的阶段。反日军五一大"扫荡"的战役结束后，根据中共中央北方局的决定，冀中区党委书记黄敬和冀中区行署副主任徐达本留在冀鲁豫区工作。

太行、冀鲁边军民反日军"扫荡"的艰苦斗争

日军为消灭中共中央北方局、八路军总部和一二九师主力，并策应对冀中区的大"扫荡"，于 1942 年 5 月 17 日，出动 2.5 万余兵力，对太行根据地北部地区进行大"扫荡"。日军第三、第四独立混成旅团和第一、第八独立混成旅团各一部由平汉路石门至安阳段和正太路沿线各点出动，从东、北两面向八路军总部驻地推进；日军第三十六师团主力由长治、武乡、辽县等地出动，从西、南两面向八路军总部驻地推进。25 日，日军在空军支援下发起攻击。中共中央北方局机关和八路军总部在三八六旅七六九团掩护下突出重围，八路军副参谋长左权在十字岭指挥后勤人员突围时不幸被炮弹击中，光荣殉国。10

月 20 日，日军又以第三十六、第三十七、第六十九师团和第四独立混成旅团及伪军各一部，共 1.6 万多人，分别对太行区、太岳区进行“扫荡”。太行区、太岳区根据地军民采取内线坚持与外线出击相结合、主力军与地方部队、民兵相结合的战法，展开广泛的群众性游击战争，迫使日军于 11 月 12 日和 16 日分别撤退。这次反日军“扫荡”作战的胜利，巩固了太行区、太岳区抗日根据地。

日军“扫荡”冀中开始后，冀鲁边区党委根据上级命令，一面在津浦路沿线接应冀中突围出来到冀鲁边区的部队，一面做好反“扫荡”的准备工作。从 6 月 9 日起，日军集中 2 个师团与部分伪军，共 2 万余兵力，由德县（今德州市）连镇、泊镇等铁路沿线据点出发，对东光、南皮、宁津、庆云一带进行拉网“扫荡”。6 月 10 日，冀鲁边一地委研究部署反“扫荡”作战。6 月 18 日，冀鲁边区第一军分区部队和地委、专署领导机关及冀中原第八地委书记翟晋阶率领的冀中参观团，转移到东光县四柳林（宫柳林、王柳林、赵柳林、孙柳林）和大小单家村一带，陷入日军的包围圈。全体干部战士奋力突围，从拂晓一直到中午，战斗异常惨烈，伤亡惨重。在战斗中，除一分区青救会主任燕明、专署秘书主任傅炳翰等少数干部战士脱险外，地委书记兼军分区政治委员杜子孚、专员石景芳、地委组织部长邸玉栋、地委副秘书长赵德华、专署财政科长陈介青、军区政治部宣传科长徐镜尧、妇救会主任崔兰仙、边区文救会主任吕器、原冀中八地委书记翟晋阶，以及当地开明绅士杨万和、兰桂波等 300 多名干部战士壮烈牺牲，有 40 余人被俘后宁死不屈，全部被日军杀害。6 月下旬，在五一反“扫荡”中突围转移到冀鲁边区的冀中第八军分区第二十三团一营，在沧县东圈子村，被日伪军包围。一营官兵与日伪军激战一天，打退日伪军 10 余次围攻，傍晚，突出重围。这次战斗，毙伤日伪军 600 余人，一营官兵伤亡 100 余人，副团长赵振亚、政治部主任孟庆武、副营长戴敬武在战斗中牺牲。这次大“扫荡”结束后，中共山东分局派彭瑞林接任第一地委书记，王亦山接任专员，领导军民投入到坚持和恢复根据地的斗争中。7 月初，冀鲁边军区第十八团在南皮县七拨村附近被日伪军包围，经苦战，突出重围，团长杨柳新等80余名干部战士英勇牺牲。其间，冀鲁边军区副司令员周贯五率一部兵力，向日军兵力空虚的宁津、乐陵、盐山一带进攻，一夜间，拔除三县日军的三个据点。日军六九大“扫荡”结束后，根据中共山东分局的指示，迅速恢复重建了一地委、专署和军分区，遭到破坏的党政群团组织也相继恢复起来。

冀东、平北军民反日军“扫荡”、制造“无人区”的艰苦斗争

日军早在1939年和1940年，就在热南山区兴隆县两次小规模制造“无人区”。冀东暴动后，坚持冀热边抗日斗争的八路军部队，至1939年夏秋，开辟了兴隆县五指山游击根据地，威胁到伪满洲国西南边境的安全。1939年10月，日军开始第一次小规模的“集家并村”，在兴隆县五指山之黑河川、横河川及杨树台以北34个小山村，烧毁3300间房屋，驱赶760户人家，集家到安子岭、双炉台。这次“集家并村”被抗日军民摧毁后，日军又于1940年秋第二次“集家并村”，重点在五指山中心区之横河川、羊羔峪，其范围由黑河川、横河川，扩大到狗背岭、驴儿叫一带山区，以及长城北侧罗文峪以西之冷嘴头、沙坡峪，马兰关以西之花市，古北口以北之大小黄崖一带。同时，在遵化县马兰峪皇陵区也开始“集家并村”。由于迁（安）遵（化）兴（隆）游击队袭击西台子伪警察所，加之羊羔峪集家点伪警察害怕染上瘟疫而逃走，日军这次制造“无人区”又宣告流产。1941年，平北和冀东抗日军民向长城沿线之热河西部山区和南部山区发展，平北地区从独石口到古北口，冀东地区从古北口到桃林口，沿长城线内外开辟了广大抗日游击区，同伪满和伪华北地区的日伪军展开了殊死战斗。日本侵略者为了隔断八路军与人民的联系，防止华北抗日战火向伪满境内发展，日本关东军西南防卫司令部1941年9月制定了《时局应急西南特别肃正计划》，承德日本宪兵本部拟定了《国境地带无人区化》实施方案。伪满、伪华北、伪蒙疆之日伪军相配合，1941年10月开始，集中重兵，疯狂“扫荡”，有计划地、大规模

地“集家并村”，制造“无人区”。

平北抗日游击根据地是北岳区与冀东区联系的桥梁。日军曾于1941年9月至11月，集中1万余兵力对平北进行大“扫荡”，被平北抗日军民粉碎。从1942年4月开始，日军沿丰（宁）滦（平）密（云）西部山区的桃峪口到石匣，挖成了长40公里、宽3.6丈、深1.6丈的封锁沟，每隔半公里设一个碉堡进行防守；并沿长城西起渤海所，东至板城子，南起白道峪，北至于营子，纵横约60公里的地区，制造了大块“无人区”。为消灭平北抗日部队主力，摧毁根据地，日军于7月9日至8月19日，集中两个独立混成旅团和伪满军、蒙军一部，共1万多兵力，又向平北根据地西部山区进行大规模“扫荡”。平北八路军主力部队一部潜入东部、南部之敌后，袭扰日军，进行恢复根据地的工作，大部主力转移到坝外草原。在一个多月的反“扫荡”作战中，平北军民与日伪军作战38次，毙伤俘日伪军320余人，粉碎了日军消灭平北抗日部队主力的企图。深入平北东部地区的八路军部队先后袭击了燕落、石岩、康各庄、溪翁等日伪军据点，发动7000多群众破坏公路320余公里、桥梁24座、壕沟22条，收割电线750公斤，给日军以很大打击。

1942年8月1日至9月5日，日军实施“冀东一号二期作战”，集中3万余兵力，对冀东东部平原基本区反复“扫荡”。冀东抗日军民展开反“扫荡”作战，至9月底，与日伪军作战20余次，毙伤俘日伪军900余人，恢复平原基本区470多个村庄，并一度袭入唐山市。冀东军民平原基本区反“扫荡”作战的胜利，鼓舞了冀东军民在北宁路南、滦河以东、热河等外线地区的开辟工作。9月17日至11月15日，在第五次“治安强化”运动期间，日军实施“冀东一号终期作战”，集中第二十七师团、伪华北治安军、伪满军，共5万余兵力，对东自滦河、南北宽20公里的正面，以拉网式向西平推，实施大“扫荡”；而后“辗转剔抉”，“梳篦清剿”，企图消灭八路军主力；后期，日军沿长城构筑三道封锁线，企图割断长城内外的联系。并由日本关东军配合，集结数万兵力，封锁长城线，在热南山区反复“扫荡”，制造“无人区”。在中共冀东地委和军分区的领导下，八路军主力团及时转到外线，未受到大的损失，但地方工作遭受严重摧残，长城沿线各县山区抗日根据地被日军制造成“无人区”，平原根据地基本区也被日军严重“蚕食”，地方武装和地方干部大部被迫由平原根据地基本区转移到热南山区。

在热南、热北地区，由于冀东、平北抗日根据地的共产党、八路军，一面坚持反日军制造“无人区”的武装斗争，一面开展反日军制造“无人区”的群众斗争，打乱了日军推进“无人区”的计划。日本华北方面军原计划在长城以南，东起卢龙县桃林口，向西经迁安、遵化、蓟县、三河、平谷、密云，至平北地区的昌平县桃峪口，东西长600公里、南北宽8至10公里，总面积4000平方公里的“非治安区”，制造成禁耕、禁住、禁行人的“无人区”。但是，至1942年底，日本华北方面军才将1000多个村庄、5万间民房烧毁，制造成1500平方公里的“无人区”。日本关东军和伪满军原计划将长城以北，东起冷口，西至古北口，宽32公里的地区，制造为“无住禁作地带”，拆除、烧毁一切民房，将居民赶进“人圈”。直至1943年6月，关东军和伪满军才大体完成热南地区的“集家”。日军在冀东、热南等地，疯狂实行“三光”政策，制造了一起又一起灭绝人性的惨案。在宽城一个县，日军就制造大小惨案153起。1942年12月5日，日军在滦南县潘家戴村一次屠杀群众1280人，烧毁1030间民房。在兴隆县，制造“无人区”1195平方公里，占全县总面积72%，有11.1万余人被“集家并村”、赶进199个“人圈”，占全县总人口81%。在“人圈”里，群众的生活极端悲惨，1943年兴隆县“人圈”内发生伤寒等疫情，死亡6000余人。

与此同时，日军在长城南侧之冀东抗日根据地平原基本区沿山地的几块根据地，如把遵化、丰润、迁安、滦县的部分村庄，划作“无住地带”，强迫当地民众，并从冀中、山东等地强征10万劳工，挖成东西5条、南北6条封锁沟，不能挖沟的山区修筑封锁墙，沿封锁沟墙设置碉堡、据点，进行严密的分割、封锁，将这些沿山地的村庄制造成了暂时“无人村”。如迁丰滦三县交界处以莲花院为中心的50多个村庄、滦县赵家峪为中心的5个村庄、遵化县鲁家峪为中心的5个村庄和娘娘庙为中心的12个村庄，均被日军制造成暂时“无人村”，老百姓被驱赶到5公里以外。

到1944年春，经过5年多时间，日本侵略者宣称在长城沿线热辽地区“集家并村”，制造“无人区”的计划基本完成。近年来，经中共党史研究部门进行实地勘察测量，日军制造“无人区”的范围，不仅远大于“华北治安战”及日本史著所载，而且远大于日军原拟定之“无人区”计划，实际制造成的“无人区”，其范围，东起九门口、西迄独石口，长约1000公里，北起围场，南至长城以内，宽约8至30公里，最宽处250公里，包括青龙、宽城、承德、兴隆、滦平等5县全境，丰宁、隆化、怀柔、平泉、宁城、建昌、凌源等7县大部，平谷、密云、延庆、赤城等县长城以北伪满辖地，围场、绥中、喀喇沁旗的部分地区及遵化县马兰峪一带，“无人区”总面积约达5万平方公里。其中“无住禁作地带”约8500平方公里，共“集家并村”1.7万个自然村，建立2506座“人圈”，驱赶“集家并村”的群众约140万人。这样，日军在长城沿线构成了一个庞大的特殊战略地带。

三、总结抗日根据地斗争和建设的经验

中共中央指示河北等地开展全面反“蚕食”斗争

由于日军实行“蚕食”政策和“治安强化”运动，敌后河北各抗日根据地出现了严重退缩局面，中共中央北方局、华北军分会于1942年5月4日向冀南发出《关于反对敌人“蚕食”政策的指示》指出：“蚕食”政策，是目前敌人向华北各抗日根据地进攻的一个重要手段，而许多地区对敌人这一恶毒的阴谋表现了不能容许的忽视与麻痹，表现了消极退缩与单纯应付。强调必须立即展开坚决的有系统的全面的反“蚕食”斗争，要求：第一，在敌人准备“蚕食”的情况下，应运

用抗日政权，破坏敌之维持会；第二，在敌人已达到“蚕食”目的的情况下，则应以武装斗争为主，政治攻势配合，给敌以不断袭扰，使敌人不能轻易建立据点；第三，在敌人已达到“蚕食”目的，估计一时不易撤退的，应深入各方面秘密工作，切实掌握一切伪组织；对不能撤退又不能公开立足的干部，要积蓄力量，待机恢复。1942 年 6 月 22 日，中共中央北方局又发出了关于坚持冀南的指示指出：华北敌后抗战形势极为严重，战局发展将更加残酷，冀南目前正处在严重困难危险之中。对此，应有充分的认识和极大的警惕。但是，又要看到整个国际形势有利于巩固山区根据地和坚持平原游击战争。因此，要坚决克服悲观失败情绪，提高坚持敌后抗战的信心。要求冀南：第一，必须发动群众开展游击战争，保护群众利益，密切党与群众的关系；第二，游击根据地在执行政策时，要根据情况有所变通，但必须防止游击主义和“抓一把”的倾向；第三，在不同地区应确定不同的斗争方针和任务；第四，迅速改变组织形式和斗争方式，领导机关应力求紧缩，抽出干部加强基层；第五，政权要加重领导武装斗争的任务，随军行动。号召冀南“全党、全军与冀南千百万群众共存亡”。此后，中共中央向华北、华中各根据地转发了北方局上述指示，指出这个指示虽多针对冀南，但对全局都有指导意义。接着，八路军副总司令彭德怀于 1942 年 7 月 15 日作出《关于平原游击战争的几个具体问题对魏巍同志的答复》，强调反“蚕食”斗争的基本方针应当是：以武装斗争为中心，密切配合政治、经济、思想、文化的各种合法与非法的斗争，发挥党政军民的整体力量，展开全面的对敌斗争，以粉碎敌人“一元化”的“总力战”。要求各抗日根据地要以主力军的 1/3 至 1/2，以连、营为单位，分散到各县去活动，到敌后之敌后去，与当地党政机关密切配合，开展群众性的游击战争；并要求充分发挥敌后武工队的作用，以正面反击和敌后骚扰的办法，打退敌人的“蚕食”进攻，以坚持根据地。

晋察冀边区召开高级干部会议

为了扭转晋察冀根据地的被动局面，中共中央北方分局和晋察冀军区于1942年9月11日至15日在平山县寨北村召开高级干部会议。会议贯彻中共中央和北方局关于反“蚕食”斗争的重要指示，集中讨论和决定了边区反“蚕食”、反“扫荡”的正确方针。

会议检查了反“蚕食”斗争中存在的问题。指出：不少干部对日军“蚕食”进攻的危害性认识不足，普遍表现了麻痹轻敌，在日军“蚕食”进攻面前缺乏有效的办法，或是单纯正面硬抗，或是消极退缩，有的甚至曲解“两面政策”，把公开的抗日政权变为应酬敌人的“维持会”。因而造成了根据地缩小，财政困难的严重被动局面。要求坚决纠正这种“左”的和右的错误倾向。

会议着重分析了日军在兵力配置上“前紧后松、前强后弱”，敌占区的群众抗日基础仍很雄厚，以及日军对山地和平原进行“蚕食”的不同特点，确定了反“蚕食”斗争的正确方针。提出：大力发展人民抗日游击战争，以武装斗争为核心，向敌后之敌后挺进，摧毁敌占区的治安和统治，在敌占区建立多块小块抗日游击根据地，变敌占区为游击区，变游击区为根据地。要求把敌后斗争与正面斗争、平原斗争与山地斗争、军事斗争与政治斗争、主力军与地方军和民兵相互配合起来，形成一个有机的整体，以彻底粉碎日军的“蚕食”进攻。

会议指出，全军必须在军事思想上来一个大转变。认清在日军分割、包围、“封锁”的形势下，敌后已不适宜过多地集中兵力打大的运动战，而只适宜于打更加分散的广泛的群众性游击战争，天天打小仗，积小胜为大胜，达到逐步歼灭、消耗和瓦解敌人有生力量的目的。会议决定，地方军全部和主力军的1/3到1/2，经常分散深入到各县和敌后之敌后，发展群众游击战争。对民兵和地方武装也作了必要调整，取消区游击小队，普遍发展村游击小组，使游击战争具有更扎实广泛的群众基础。

会议强调：党在敌占区运用的革命“两面政策”的实质，是以敌人允许的合法形式进行欺骗敌人的非法斗争。在敌占区工作中必须以武装斗争为核心，以非法斗争为主。如果把革命的“两面政策”纳入“合法主义”的轨道，势必束缚自己的手脚，走上退却和取消主义的道路。

会议还指出，“蚕食”和“扫荡”是敌人“治安强化”运动中相互联系、密切配合的两环，必须把反“蚕食”与反“扫荡”的斗争紧密联系起来，以彻底粉碎日军的“扫荡”进攻。

这次会议，正确地全面地解决了晋察冀边区在对敌斗争中遇到的重大问题，确定了正确的反“蚕食”、反“扫荡”的斗争方针，纠正了“左”的和右的错误倾向，统一了边区全党全军的思想和行动，成为边区根据地扭转被动局面的一次具有关键意义的重要会议。

彭真向中共中央政治局的七次汇报

在晋察冀抗日根据地开始进入最困难时期之际，1941 年 6 月 4 日至 8 月 21 日，中共中央北方分局书记彭真到延安，全面系统地向毛泽东和中央政治局先后七次报告了晋察冀根据地工作。毛泽东、朱德、任弼时、张闻天、何凯丰、李富春、叶剑英、王若飞、杨尚昆、王稼祥、博古、林伯渠、胡乔木等曾出席会议听取报告，毛泽东还亲手笔录了“边区的具体政策”“边区党的建设”“边区今后坚持”等要点。毛泽东认为，晋察冀根据地工作从实际情况出发，“是马列主义的”①，是“把马列主义中国化，是一条活的马克思主义路线”②。中共中央肯定了晋察冀边区的建设经验，决定将彭真报告的要点，以“晋察冀边区的各种具体政策及党的建设经验”为题，逐次批转敌后各根据地党委“参考、研究和讨论”。而后，彭真根据中共中央和毛泽东的指示精神，在中央批转报告要点的基础上，集中各方面的智慧，进一步补充、修改、整理，还增写了锄奸工作和文化建设，从而集成《关于晋察冀的工作报告》一书③，于 1941 年底在延安由解放出

① 薄一波著：《七十年奋斗与思考》上卷，中共党史出版社 1996 年版，第 359 页。

② 陈模：《彭真在延安中央党校》，载《缅怀彭真》，中央文献出版社 1998 年版，第 296 页。

③ 中共中央党校出版社 1981 年重印该书时，题为“关于晋察冀边区党的工作和具体政策报告”；人民出版社 1991 年 5 月出版《彭真文选》时，收录题为“晋察冀边区各项具体政策及党的建设经验”。

版社出版。全书10多万字，分为：边区内几个主要阶层在抗战中的政治动向、政权建设、锄奸工作、财经政策、金融政策、劳动政策、土地政策、文化建设、党的建设等部分，创造性地运用和发挥毛泽东的新民主主义理论，解决了敌后抗日根据地创立、巩固和建设中的一系列理论问题和实践问题。

《报告》首先指出，要巩固和建设敌后根据地，必须坚决执行中共中央各项政策；而在决定晋察冀边区各项具体政策时，应当遵循四个基本原则：第一，在抗战时期，中日民族矛盾始终是主导的、基本的，国内的阶级矛盾是从属的。这是边区的“一切具体政策的基础”。第二，抗日战争是中国共产党领导的新民主主义革命的一个阶段，因此，对于国内的封建势力与反封建势力的矛盾和无产阶级与资产阶级的矛盾，不能同等看待，无产阶级与资产阶级和富农的斗争，主要的是“争取领导权的斗争”，是“在允许资本主义生产发展的范围内适当改良工人生活的斗争”，“而不是根本反对资本主义和削弱资本主义经济的斗争”。第三，由于中日民族矛盾是主要矛盾和发展抗日民族统一战线的需要与可能，在根据地内，对于封建制度“只能采取逐渐削弱的政策，而不能采取直接推翻打倒的政策”。这样，使地主一方面仍然是革命的对象，同时又成为抗日的同盟者之一。第四，在民主问题上，由于富农及中等资产阶级与地主阶级具有极不相同的政治作用和政治地位，因此，“在政策上严格加以区别是必要的”。

《报告》深刻总结了晋察冀边区政权建设和改革的经验。第一，“要以群众为基础，武装为骨干”，依靠群众建立人民军队、专政机关和民兵自卫队，代替地主资产阶级的军队和旧的警察、保安队。第二，用逐步改革的办法，摧毁旧的封建的政权组织机构，建立新的民意机关和行政机关。第三，摆正民意机关和行政机关的关系，民意机关是全权的，政府对民意机关的决定有绝对服从的义务。第四，民意机关与政府行政机关都以民主集中制为基本组织原则，实行定期改选，防止公务人员因独断专行和任职过久，变成“为民之上”的旧官僚。第五，在政权组织成分上，要保证共产党的领导和工农基本群众占优势，又要实行“三三制”，以巩固统一战线，争取地主、资本家共同抗日。第六，建立抗日统一战线的民主秩序，对于一切汉奸、反动派实行专政，对于一切抗日人民实行民主，保障一切抗日人民的人权、政治权利和财权、地权。“只有这样才能使抗战的各阶层不致在无益的斗争中同归于尽，而亲密团结起来共同抗日。”第七，运用“三三制”政权进行适当的阶级斗争，逐步改良工农群众的经济生活和政治地位，“这是可能的，也是允许的”。但是，“不应妨害它成为民族斗争武器之作用”。“否则不利于民族抗战，同时即不利于在政权中占优势的阶级”。根据这些经验，《报告》肯定地说：“推翻封建政治制度的民主革命，不但为抗战所必需，而且可以在抗战过程中，在我军占优势的根据地内，逐渐实现。”

《报告》详细总结了根据地经济建设的经验。指出：敌后根据地经济改革和建设的根本任务，是“以各种形式和不同速度摧毁着或削弱着旧的半殖民地、半封建的经济制度，创造着新民主主义的经济制度”。这既是增加财力、物力，支持敌后长期抗战的需要，也是为打下新民主主义社会的经济基础。为此，中共中央北方分局和晋察冀边区政府制定、实行了独立自主的财政经济政策，包括：（一）发展生产，依靠农业、工业和林业，增加财力、物力。农业生产是“根据地经济之中心关键”。（二）由于敌后战争环境和落后生产条件，除军事工业外，公营企业只能占极小的比重。要解决军需、民生的迫切需要，“唯一的正确方针，是启发小生产者和私人企业家的生产积极性和自动性，使他们在有利于民生军需的原则下，自由自主地去努力从事他的生产和贸易”。只要不是投机操纵、囤积居奇，就应该让他们积极自主地发展其事业。（三）在敌后根据地，应允许富农经营和资本主义生产顺利地发展，在政策上把它与封建经济制度严格加以区别。（四）采取贸易自由、自由竞争的政策，促进根据地经济的发展。这是“社会经济的推动机，鞭策小生产者和私人企业经营者乃至劳动者前进的鞭子”。同时，加强对外贸易的管理，依靠群众和关税，对必需品鼓励输入，禁止或限制输出；对非必需品鼓励输出，禁止或限制输入。在根据地内，保障贸易自由，货畅其流。并利用合作社等形式，对广大群众的生产和贸易进行必要的指导和调节。（五）实行劳资契约自由的劳动政策，资本家有雇佣工人的自由，工人有出卖劳动力或告退的自由。这是敌后根据地“调节劳资关系的水平仪”。（六）建立银行，发展合作社，构成完备的金融网，以巩固边币，保持金融的适当稳定。（七）根据地财政建设的总原则“是要能够健康地持久”。为此，要统筹统支，切忌无计划地滥征滥支；要量出为入，量入为出；鼓励发展生产，调节金融，繁荣贸易，蓄养民力，照顾整个国民经济的发展；实行统一累进税，既规定适当的免征点以照顾贫苦群众，又规定累进最高率以照顾统一战线。“保障80%的人口共同合理的担负抗日经费。”

《报告》总结了晋察冀边区执行土地政策的经验。为了发动广大农民群众起来抗战，同时又要地主合作抗日，必须实行减租减息的政策。边区执行土地政策的实践表明，当抗日根据地创造的初期，右的倾向是主要的危险，忽视农民生活改善，忽视农民的组织与动员，只要与地主联合抗日，不要农民对地主斗争。在根据地已经巩固，基本群众已经起来后最危险的是“左”的倾向：因为地主阶级有两面性而根本怀疑它抗日的可能性；“每当反共高潮发生，大地主对抗战表现动摇时，即以为整个地主阶级将叛变投敌”，“不了解地主阶级中也有各种不同的阶层，不同的利害关系与政治动向”；违反党的保障一切抗日人民的人权、财权的政策，减租减息后未依约交租交息，甚至无端侵犯地主、富有者人权、财权；对地主与富农、地主经济与富农经济未加以区别，对富农经营也采取限制削弱的政策；已经适当减租减息、增加工资减少工时的地区，不是适时“转移改善农民生活的重心于发展生产方面”，而是“始终停止在改变佃东间、劳资间分配关系的阶段”；等等。因此，在敌后根据地执行土地政策中，必须防止和及时纠正右的和“左”的错误倾向。

《报告》总结了晋察冀边区党的建设的经验。在根据地巩固时期，党在组织上、思想上、政治上的巩固和建设极为重要。中共中央北方分局为此采取了以下政策措施：第一，从组织上巩固党。“审查干部、整理支部和健全领导是从组织上巩固党的三个重要环节。”审查干部和整理支部，主要是对干部、党员进行教育，同时将混入党内的奸细、投机、异己分子和太落后分子洗刷出党。在审查干部和整理支部之后，立即实行各级民主选举，健全各级领导。第二，加强党的干部队伍。“党必须放在党性强的正派的干部手里，才能养成正派的作风，才有巩固的基石。”为此，要基本依靠本地干部，同时适当调剂外来干部，要使本地干部与外来干部互相帮助、学习；要爱护党的干部，把干部放在斗争和工作的实践中去锻炼，及时给予具体指导；要大胆地按级逐渐地提拔干部，必须以称职为前提，必须正派，党的领导机关对野心分子、投机分子、个人第一、成事不足坏事有余的幸进之徒等钻营分子，“应该紧紧的关起门”。第三，加强党内教育。由于敌后根据地内党员的成分，绝大多数是农民、手工业工人、小资产阶级知识分子，产业工人成分极小，要从思想上、政治上巩固党，“党内教育还是一个异常严重的任务”。党内教育的内容包括：从思想上稳定党员的人生观，要干部党员实际能为抗战、为新民主主义革命和最终实现共产主义而奋斗，不怕艰苦，不怕牺牲；进行党的策略教育，使干部党员把党中央在每个时期的政策指示和边区的具体情况结合起来，正确地运用抗日民族统一战线中联合与斗争的原则；进行党的组织原则的教育以及文化教育，使干部党员了解党的建设的知识和经验，正确地开展反对党内错误倾向的斗争。无论哪一种教育，都要贯彻理论联系实际的原则。

此外，《报告》还简略总结了晋察冀边区群众工作的经验。总之，《报告》全面系统地总结了晋察冀边区创建以来的实际经验，不仅对本区的巩固和建设具有极其重要的指导意义，而且对河北和敌后各根据地建设具有普遍的借鉴作用，也为之后新中国建设提供了宝贵经验。

四、开展全面反日军“蚕食”“清剿”的斗争

北岳区军民粉碎日军的“蚕食”进攻

1942年下半年起，日军对北岳区第一、第三、第四军分区的边沿地区实行正面的“蚕食”推进，占去1000多个村庄，日伪军的据点由上年864处增加到1786处。为了迅速制止日军的正面“蚕食”进攻，晋察冀军区和中共北岳区党委认真贯彻边区高级干部会议确定的新方针，实行了党的一元化领导，以党政军民的革命的“总体战”，战胜日军的“总力战”。各军分区主力部队以1/3或1/2，分散深入到敌之侧后开展游击活动，阻止日军正面“蚕食”推进。各军分区分散活动的部队袭扰和打击修路、建碉、挖沟之日伪军，围困据点，破坏交通，驱散日军抓来的民夫，烧毁器材，破路，平沟，拆墙，使日军的正面“蚕食”受到巨大打击。如9月初，日伪军在满城县吴家庄至韩家庄挖封锁沟，北岳区第一军分区第三团先后袭击15次，伏击3次，炮击4次，驱散民夫5000多人，民兵还在日伪军必经之路埋设地雷，迫使其放弃挖沟计划。各团和地区队组织若干支武装工作队，深入到沟线外去恢复、开辟新区，配合正面的反“蚕食”斗争。仅3个月时间，逮捕伪组织人员6000多人，恢复、建立了1600个抗日村政权。

至1942年底，北岳区军民共进行较大战斗593次，歼灭日伪军4290人，摧毁点碉116处，破路平沟59公里，基本上制止了日军的正面“蚕食”进攻，并冲破了日军的沟墙“封锁”线。同时，粉碎了日军的抢粮计划，有效地保卫了秋收、秋征，并从边沿区和敌占区运回了大批粮食。

日军正面“蚕食”被粉碎后，又于1943年进行了跃进“蚕食”。至4月，日军在阜平、平山、行唐、曲阳等地向根据地内跃进“蚕食”了15到20公里，面积约3000平方公里，使北岳区与冀中区的

联系更加困难。

针对日军跃进“蚕食”的特点，北岳区军民采取了新的方针：正面、侧后和沟线外有机配合，给日军的跃进“蚕食”以沉重打击。如日军以跃进方式“蚕食”唐县西大洋地区时，八路军对日军作战 48 次，消灭日伪军 329 人，攻克日伪军据点 5 座。日军以跃进方式“蚕食”平山、灵寿地区时，八路军组织数十个飞行射击组和爆破组，在日军的交通线上和警戒线内，袭击 143 次，毙伤日伪军 863 人，攻克据点 12 座。3 月 4 日，驻满城的日伪军 600 余人押着民夫 1.8 万余人，开始在满城东北的西黑山至唐湖之间挖沟、建点。北岳区第一军分区部队乘日伪军立足未稳，发起猛袭，驱散民夫 8000 人，迫使日伪军停工。3 月 10 日，驻满城的日伪军又押着民夫 2 万人，再次挖沟建点。第一军分区部队击毙日伪军 270 多人，驱散民夫 1.5 万人，并将刚刚修成的碉堡、公路、沟墙全部平毁。日军被迫放弃了“蚕食”计划。

至 1943 年 4 月中旬，北岳区军民基本上粉碎了日军的跃进“蚕食”。日军虽然“蚕食”了根据地部分地区，但北岳区军民向敌后之敌后挺进，正面部队与敌后部队配合，形成了对日军的夹击之势。

冀中区军民粉碎日军的反复“清剿”

日军五一大“扫荡”后，冀中根据地大部变为敌占区和游击区，小块根据地和游击根据地被细碎分割。日军反复进行“清剿”，大肆捕杀抗日干部和部队人员，残酷镇压抗日群众。

中共冀中区党委 6 月 21 日、25 日两次发出《关于青纱帐时期工作的指示》，但未能正确分析冀中形势和确定新的组织形式与斗争方式，因此没有能够及时提出扭转严重局面的具体措施。7 月 15 日，彭德怀发表《关于平原游击战争答复魏巍同志的几个具体问题》，对平原根据地的严重形势、坚持平原公开武装斗争的条件、非法斗争与合法斗争的关系等问题，作了科学、具体的说明，旗帜鲜明地批驳了放松平原抗日武装斗争的做法。据此，中共中央北方分局和晋察冀军区

8 月 10 日进一步指出，坚持冀中平原必须以武装斗争为主，要求抓紧青纱帐有利时机，打击和粉碎日军建立统治秩序的企图，进而造成许多小块抗日根据地。

中共冀中区党委坚决贯彻上述指示，很快克服了一度放松武装斗争的偏向。适应游击区和游击根据地斗争的需要，初步将过去公开的组织形式和斗争方式转变为隐蔽、半隐蔽的组织形式和斗争方式。在冀中区和军分区成立党政军委员会，军分区部队由地委统一领导，地委书记兼军分区政治委员，军分区司令员和政治部主任参加地委。各地委根据情况划分为几个小地区，由地委委员任书记，地区队队长和政治委员及县委书记为委员，组成精干的领导机构，全面领导各小块地区的斗争。部队按地方化进行编组：地区队和县、区游击队穿便衣，以班为单位分散活动。彻底精简机关，县、区干部与部队一起活动，昼伏夜出，坚持斗争。许多基层干部返回本区、本村开展工作，使基层党政民组织逐步得到恢复。还通过控制伪组织，建立秘密交通线，保持了上下级的联络。

在初步整理组织的基础上，冀中军民积极开展平原游击战争，夺取了青纱帐战役的胜利。8 月 25 日至 10 月上旬，共作战 95 次，毙伤俘日伪军 1600 多人，伪军反正 350 多人，平毁公路、封锁沟 100 多公里，逼退日伪军据点 66 处。在一些敌人统治比较薄弱的地区和白洋淀小网区及文安、新镇、胜芳等苇塘区，恢复、建立了游击根据地或隐蔽根据地。

中共冀中区党委根据新的经验，于 1942 年 11 月作出了《关于冀中形势与任务的指示》。决定：由县、区委书记兼任县、区游击队政治委员，实行党政军统一编组，地方武装取消排的编制，改为小连大班制；地方党政干部与大班一起编组活动，每组 18 人左右。并从游击小组、青抗先和模范自卫队中挑选优秀分子，组成秘密的民兵游击小组，受党支部直接领导，以专门打击零散的汉奸敌特。至此，冀中区较好地完成了组织形式和斗争方式的转变，基本上结束了日军五一大“扫荡”后的混乱局面。在日伪军据点碉堡林立、沟墙路密如蛛网的大平原上，冀中军民以高度分散、机动灵活的游击战术，如捕捉战、院落伏击战、堵门战、挑帘战等，到处袭扰、歼灭敌人，搞得敌伪人人自危。同时，冀中军民运用革命的“两面政策”，把伪政权改造成为抗日的两面政权或抗日的一面政权，使一些伪军伪组织人员改恶从善，掩护、帮助抗日工作，使敌占村逐步变成抗日村，使敌占区逐步变为游击区和游击根据地。

冀中军民在青纱帐过后，展开了大规模建设、改造地道的群众运动。改造原有地道，与新挖地道配套，使之既适于隐蔽，又能依托作战。一些小型工厂、报社、电台、医院等陆续搬进了地道，在日伪军眼皮底下开展各项抗日工作。到1944年，冀中军民挖地道达1.25万公里，花费约1500万个劳动日。

1943年1月，中共冀中区党委在唐县张各庄召开区党委扩大会议。参加会议的有冀中区党委委员、地委书记、军分区司令员和冀中区党政军领导机关各部门的负责人。会议根据上级的指示和冀中区的具体斗争形势，总结五一反日军大“扫荡”半年多以来，坚持冀中平原游击战争的经验教训，统一思想，端正政策，进一步明确了以武装斗争为主与其他斗争及两面政策紧密结合的方针，研究决定了进一步贯彻各项政策，推动冀中形势好转的具体措施。经过会议讨论研究，冀中区党委发出了《关于整理组织工作的决定》《关于除奸保卫工作的指示》《关于反自首斗争的指示》《关于今后敌伪军工作的指示》《关于统一战线工作的指示》《关于对敌斗争两面政策与合法斗争的指示》《关于对敌经济斗争的指示》。会议还对开展地道斗争、小部队分散活动的各种战术、建立“外围军”等问题进行了讨论研究。这是一次扭转冀中形势的具有历史意义的会议。会议期间，冀中军区发出了《关于武装斗争的补充指示》，冀中行署发出了《关于人民负担问题的指示》。4月间，冀中区党委又发出了《关于青纱帐时期的工作方针》和《关于群众工作的指示》，冀中军区发出了《反“清剿”斗争的指示》。冀中区党委扩大会议精神和这些指示的贯彻执行，对于克服严重困难，打开冀中抗战的新局面，发挥了强大的威力。

1943年春，日军为扑灭正在恢复的冀中抗日根据地，不断从各据点抽集四五百至千人兵力，奔袭合击和“清剿”冀中小部队活动地区，还对一些村庄进行“驻剿”，有的村竟“驻剿”10多天。针对这种情况，冀中小部队和游击队或先期跳出日伪军的包围圈，到外线钳制、打击敌人；或运用村落联防战，待机歼敌，进行反合击。对“驻剿”之日伪军，由县、区地方武装依托地道坚持斗争；对小股日伪军，坚决予以歼灭；对防守薄弱的日伪军据点，抓住有利时机坚决拔除。3月间，冀中第八军分区青（县）沧（县）交（河）联合县大队和第七区小队共约50人，在沧石公路以北西河头村遭日伪军1500多人包围。县大队和区小队依托地道进行顽强斗争，坚守各村角，阻击日伪军紧缩包围，打退日伪军连续多次进攻，使其不得不撤退。4月12日，定南县第一区小队化装巧袭日军四合庄据点，生俘伪军34人。同时，冀中各军分区都组织了多支武工队，深入敌占区开展游击战争，配合粉碎日伪军奔袭合击和“清剿”，积极恢复、开辟地区。到6月间，冀中区县大队以上部队共作战410余次，毙伤俘日伪军3978人，共恢复和开辟游击根据地和隐蔽根据地54块，八路军小部队和党政干部已能在冀中4/5的地区内活动。

在1943年青纱帐期间，冀中部队的活动由高度分散走向适当集中，作战规模由大班为单位发展为以连队为基本单位。9月起，冀中部队开始主动出击作战，冀中根据地进入恢复与再发展的新时期，各军分区的对敌斗争均有新的扩展。至1943年底，中共冀中六地委和军分区领导第四十四地区队等部队大力恢复西部之藁城、栾城、赵（县）元（氏）宁（晋）地区和东部之深南、晋县、束（鹿）冀（县）地区，使东西两块游击根据地连成一片，部队转为半公开活动，“两面政权”伸展到石门封锁沟附近的槐底和平汉铁路以西的南北牛家庄等村庄，并建立藁城、正（定）获（鹿）两抗日县政权；中共冀中七地委和军分区领导第三十二、第三十六地区队积极恢复地区，开辟新区，攻克、逼退日伪军点碉70多处，中心区的伪政权被大部摧毁，游击根据地连成一片，县大队、区小队恢复到“五一”前的规模，还新建立了第四十五地区队；中共冀中八地委和军分区领导第三十七地区队，打开了献（县）武（强）饶（阳）地区的局面，任（丘）河（间）大（城）地区和青（县）建（国）交（河）地区恢复到“五一”前的态势，并成立中共青县工委、中共青（县）沧（县）交（河）工委，组建了两个工委支队，向津浦路以东开辟发展；中共冀中九地委领导第二十四团和第四十二地区队，攻克和逼退日伪军点碉167处，恢复大片地区，使潴龙河地区游击根据地与白洋淀地区游击根据地连成一片，向西伸展到保定近郊，向东一度攻克任丘县城；中共冀中十地委和军分区开展秋季总力攻势，以武装开路，各项工作密切协调，恢复了部分地区。

冀东区军民开辟新的抗日游击根据地

在日军“扫荡”“蚕食”冀东游击抗日根据地的基本区，加紧在热南地区制造“无人区”的严重形势下，中共中央北方分局和晋察冀军区1942年5月15日发出《对冀东工作的指示》指出：今后敌对冀东之争夺必将更趋激烈，斗争必将日益残酷。应进一步深入巩固冀东原有根据地，为敌控制之地区应力图恢复。关于发展方向，目前应相机向东、向南发展，开辟新区域；今后应该注意加紧向北发展，坚持锦（州）承（德）路南游击战争，并开辟路北工作，准备在适当时机开展路北游击战争。据此，中共冀东地委于6月下旬召开第一次扩大会议。会议确定：冀东全党目前的中心任务，是夺回被“蚕食”的地区，巩固原有阵地，开辟新的游击区，突破包围封锁。为此，今后必须贯彻以发展为主，在发展中求巩固的方针，在粉碎敌对基本区“扫荡”的同时，实行“敌进我进”的策略，调集主力和大批干部，向外线、向敌占区挺进，创造新的游击区。冀东八路军主力部队除留下两个营坚持基本区的斗争外，其余大部突破敌人的封锁，转移到外线坚持斗争，开始开辟热（河）北、滦（河）东和北宁路以南新的游击根据地。

北宁路南地区，指北宁铁路以南乐亭全县和丰润、滦县、宁河三县的北宁路以南的地区，濒临渤海，物产丰富。1942 年 8 月，中共冀东地委组建了北宁路南工委和路南工作团，宣布建立丰（润）滦（县）昌（黎）乐（亭）办事处。冀东地委抽调部分北宁路南籍的干部深入该区，利用青纱帐，采取隐蔽方式，很快在 300 多个村庄开辟了抗日工作。接着，组织起路南地方武装第一区队，向丰润和滦县南部地区开辟工作。到 11 月底，在东迄滦河、西至陡河，新开辟 500 余村庄，连同原有 470 个村庄，设立 5 个总区。同期，迁（安）滦（县）丰（润）联合县在唐山以南的稻地、钱营地区开辟 100 余村庄，建立 1 个分区；丰（润）玉（田）宁（河）联合县在胥各庄至芦台一线以南开辟 100 余村庄。总计在北宁路以南的游击区达 1170 余村庄，抗日武装 500 余人。至 1943 年 2 月，东、中、西三块游击区连成一片，形成对北宁路、唐山、开滦矿区的南北夹击态势。

滦东地区，指冀东的东部，西起滦河，东至河北省与辽宁省交界，北到长城沿线，包括滦河以东的迁安（大部）、昌黎、卢龙、抚宁、临榆及青龙等县，是东北通往华北的咽喉之地。在这一地区，日伪军沿青龙河东岸挖壕沟，修据点，进行封锁，组织“伙会”武装，镇压抗日群众。针对这种情况，中共迁卢抚昌联合县工委和办事处，积极宣传群众，控制“伙会”，做好瓦解伪军工作，青龙河沿岸的伪军大部分被争取过来。这时，冀东八路军第十二团主力一个连封锁大恒河日军据点，由地方干部率领数万名群众破坏公路，平毁壕沟，并与据点里的伪军里应外合，炸掉碉堡，摧毁了敌人的“封锁线”。经过 3 个月战斗，在迁、卢、抚、临、昌、青等县开辟 400 多个村庄，在日军要“确保区”的滦东打下了立足点。到 1943 年 2 月，滦河以东，洋河以西，南至北宁路，北至长城，建立 9 个总区，游击区村庄达 700 个。

热北，指锦（州）承（德）铁路以北之热河省北部地区，包括宁城和围场、隆化，及承德、平泉的北部，这一广大地区，跨越伪满洲国西南边界线，接近其腹地，地势险峻，物产丰富。1940 年 7 月，青平工作团已在这一地区秘密地开辟工作，1942 年初抗日游击队发展到40多人。1942年5月，中共冀东地委又派出承平宁工作团，进入锦承路北，与之配合开辟地区。同年10月，冀东军分区组织第三区队，到承平宁坚持游击战争。至年底，在锦承路以北开辟出200多个村庄，建立5个抗日区政权，形成了以七老图山主峰光头山为中心的游击根据地。而后，以光头山为基地，向西、向东、向北发展，到1943年5月，又在宁城与平泉交界地带建立第五、第六区，游击队发展达600余人，建立了中共承（德）平（泉）宁（城）联合县工委、办事处，并不断向东之伪满洲国腹地发展。

为开展东北工作，准备反攻，中共中央北方分局东北工作委员会成立后，冀东地区相应成立了冀东工委，派部分干部进入青龙地区，与原在那里的干部一起，开辟凌（源）青（龙）绥（中）地区。这一地区，处于伪满洲国境，是进入伪满洲国的咽喉通道。1942年，中共冀东地委扩大会议后，派出凌青绥武装工作队，进入青龙县东部隐蔽开辟地区。同时，派出第十二团一个营的兵力，自青龙、绥中西部、建昌西南部、凌源南部，边打边走，震慑敌人，激励群众，促进开辟工作。至11月，以青龙县花厂峪为中心的100多个村开辟为游击根据地，12月，建立中共临（榆）抚（宁）凌（源）绥（中）工委和行政办事处，不久，在工委、办事处以下建立起6个区政权。

在冀东西部地区，根据中共冀东地委6月扩大会议的决定，在坚持基本区的同时，大力向平津方向开辟新区。将1941年成立的冀东西南工作团改为蓟宝三联合县香（河）武（清）宝（坻）工作团。至1942年底，香武宝工作团隐蔽开辟200多个村庄。在此期间，丰玉宁联合县也于1942年秋冬派出两批干部和地方武装，开辟了宁河西部地区，为日后建立武宝宁联合县打下了基础。

在极为艰苦的斗争中，中共冀东地委和军分区贯彻巩固原有根据地，开辟新区，在巩固中发展的方针，粉碎了日伪军摧毁冀东抗日游击根据地的计划，虽然基本区一部分被“蚕食”，但开辟了以上新区及隐蔽游击区，至1942年底，共新开辟2000多个村庄，冀东抗日县政权达11个，地跨长城内外，深入伪满洲国境内，冀东八路军发展到 8100 余人。

冀南区军民的反“蚕食”斗争和小块根据地的创造

日军四二九大“扫荡”后，冀南抗日根据地进入最艰苦时期。冀南抗日根据地的巩固区缩小，大部地区变为游击区和敌占区，日伪军据点林立，铁路、公路、封锁沟墙交织，抗日部队活动困难，广大群众情绪暂时受挫。

为了扭转冀南平原抗日根据地的退缩局面，中共冀南区党委和军区根据北方局《关于反对敌人蚕食政策的指示》，迅速发出了《打开冀南严重局面的指示》。5 月 27 日，中共中央北方局任命宋任穷为冀南区党委书记兼冀南军区政委。中共冀南区党委随即召开地委书记扩大会议（史称“五月地委会议”）。会议根据上级指示，从党的工作本身和根据地对敌斗争策略上，讨论总结了造成冀南严重局面的原因，在此基础上，于 5 月 30 日作出了《关于贯彻党的正确政策以打开冀南目前严重局面的指示》，提出了扭转冀南困难局面的斗争方针。会议确定：以政治斗争为主，以军事斗争为骨干。当前冀南工作的紧急任务是：开展对敌伪的宣传战，以巩固思想阵地，提高胜利信心；开展反“左”倾斗争，克服目前对敌斗争中发生的右倾错误；展开对敌伪政治攻势，努力发展游击战争；加强民运工作与统战工作，完成财粮征收任务。在组织领导上，紧缩上层领导机关，统一使用力量；加强县区独力工作能力，以适应各地艰苦分散的游击战争环境。五月地委书记扩大会议，对于冀南抗日根据地扭转严重困难局面起了重要的指导作用。这次会议，成为扭转冀南严重退缩局面的转折点。会后，中共冀南区党委迅速实现了一元化领导，由区党委委员兼任地委书记，军分区主要领导人参加地委，由地、县委书记兼任军分区、县游击队政治委员。同时，大力紧缩野战部队，充实和加强地方武装，将野战旅与军分区合并，取消旅的番号。新七旅与第六军分区合并，易良品任军分区司令员，文建武任地委书记兼军分区政治委员，郭鲁任专员。新八旅与第三军分区合并，张维翰任军分区司令员，肖永智任政治委员，乔晓光任地委书记，孟夫唐任专员。新四旅与第四军分区合并，由区党委宣传部长王任重兼地委书记、军分区政治委员，由军区参谋长范朝利任军分区司令员。从而，加强了冀南区党政军领导力量，提高了坚持冀南平原游击战争的信心和勇气。

1942 年 6 月 11 日，日伪军 1.2 万人对枣（强）南地区进行合围“扫荡”，企图歼灭冀南区党政军领导机关。冀南区党政军领导机关及时跳出了日军的包围圈，在战斗中，冀南区行署秘书长刘铁之、军区武装部长李力、第五专署专员李松霄牺牲。这次“扫荡”，使根据地进一步缩小，斗争形势更为严重。

为扭转严重局面，中共冀南区党委、军区和行署提出了“面向敌占区”“面向交通线”“敌进我进”的口号，组织小部队深入到碉堡林立的格子网内，组织敌后武工队深入到敌占区，开展抗日游击战争，建立隐蔽的抗日游击根据地，逐步使敌占区变成游击区和小块抗日根据地。从部队抽调具有独立战斗能力的连、排干部，组织精干的党政军一体化的武工队。至 7 月底，共建立武工队 21 支、队员 438 人。根据不同地区日伪军的统治强弱和抗日工作基础等条件，确定了武工队的不同斗争策略。在敌人统治比较巩固的地方，如平汉铁路沿线，坚持“长期隐蔽，积蓄力量”的方针，着重加强党的秘密工作、统一战线工作和伪军伪组织工作；同时，团结基本群众，采取革命的“两面政策”，利用伪组织的一套合法形式，开展抗日斗争，也就是所谓“白皮红心”。在敌人统治比较薄弱的交通线和据点，以合法斗争为主，配合以隐蔽的武装斗争。在敌人占优势的游击区，利用半公开的群众组织或其他灰色组织，团结各阶层群众，开展反“蚕食”、反“维持”的斗争，以牵制敌人向根据地基本区的推进。在抗日游击根据地，积极进行武装建设，以公开的抗日群众组织，开展民主民生斗争和对敌斗争，建立“三三制”的民选村政权。

1942 年 8 月 5 日起，冀南区军民进行元城战斗。当时，伪东亚同盟自治军 4 个旅企图攻占元城，进而向冀鲁豫区“蚕食”。陈再道指挥冀南部队展开反击战。至 8 月 31 日，歼敌三个半团，巩固了元城。

同时，桂干生率领第一军分区部队插入邯（郸）大（名）公路以南，收复了魏县、成安、漳河等县的根据地。此役，揭开了创造小块根据地的序幕。

1942年9月初起，日军不断出动数百人、千余人的兵力，对小块抗日根据地进行“扫荡”。9月12日，日军第四十一师团和第七、第八独立混成旅团各一部及伪军，共1万余兵力，对冀南进行大规模“扫荡”，重点合围枣（强）南地区，企图消灭冀南区及第六军分区党政军领导机关。冀南区及第六军分区党政军领导机关和部队适时跳出了日军的合击圈，安全转移到威县以南地区和故城地区。

为扩大创造小块根据地的成果，冀南区军民自1942年10月5日起，进行为期3个月的秋季攻势。实行内线作战与外线作战相结合的方针，采取袭击、伏击、伪装等多种方式，灵活地打击日伪军，共进行大小战斗546次，毙伤俘日伪军3980余人，缴获机枪23挺、长短枪2000余支。至1943年初，冀南区小块抗日游击根据地有了较大发展。第一军分区在威县（时属第四军分区）地区攻克敌据点10多处，在大名地区攻克敌据点5处，不仅巩固了小块根据地，还组织起100多人的邯大路南抗日支队。第二军分区在滏（阳河）西地区发展，巩固了隆平、尧山以南和隆平东北等地区。第三军分区开辟了馆陶县的卫河以东、冠县北部和永年县西部地区，并组织起100多人的特务队在邯（郸）磁（县）边界站住了脚。第四军分区恢复了平乡、广宗、巨鹿交界地区，开辟了平乡北部地区，还在清河、广宗一带组织了200多人的游击队。第五军分区开辟了景县、衡水南部地区，使之与故城、枣（强）北根据地连接起来。第六军分区在清河、武城地区打开了局面，在垂阳①地区的工作也有较大进展，在三县均建立了100多人的游击队。

① 垂阳，抗战中在南宫一带的新设县，撤销县治后，设垂阳镇，今属大名县。

第 十 四 章
河北各根据地的深入巩固和恢复发展

一、河北各根据地实现党的领导一元化

各根据地的全党整风

1942 年起，河北各抗日根据地遵照中共中央的决定，认真开展了全党整风运动。

晋察冀边区党政军机关 1942 年 5 月开始整风。7 月 1 日，《晋察冀日报》发表《纪念“七一”全党学习毛泽东思想》的社论和聂荣臻的署名文章《全面展开整顿三风的学习和检查》一文，阐述了整风的基本精神，提出一面学习，一面工作，一面检查。8 月 1 日起，整风运动全面展开。在北岳区成立了各级学习委员会，制定了学习计划和制度。冀中、冀东和平北地区因战斗紧张，党的整风运动开展较晚，并且是在战斗间隙结合进行的。北岳区的整风运动，从 8 月至次年 4 月，为第一期整风学习。各地普遍组织学习了毛泽东关于整顿三风的报告和中央规定的有关文件，在领会精神实质的基础上，开展批评与自我批评，把钻研文件、反省个人、检查工作三者有机结合进行，总结执行党的政策的经验教训，提高自觉性，克服盲目性。1943 年 5 月至年底，为第二期整风学习。在地方系统，以县以上领导干部和边区机关为主；在军队系统，以军分区以上领导干部为主。结合业务和工

作实际，进行全面检查整顿，以便提高业务水平，改进领导作风，促进边区的各项建设。1944 年起，边区整风运动结合审查干部进行，更深入地接触实际问题，展开必要的思想斗争。在县以上党委成立了整风委员会，以加强领导，并将整风重点放在地委和军分区以上干部。北岳区县、团级以上干部凡需离职整风的，都进入中共中央北方分局举办的整风训练班；一般干部除少数进入地委举办的整风训练班外，多数就地在职参加整风。冀中、平北和冀热边地区，由于战斗紧张，只有少数干部参加中共中央北方分局党校的整风训练班，多数干部就地安排整风学习。在坦白运动中，党员干部去掉顾虑，向党交心，全面反省了自己历史上的问题和一切非无产阶级的思想表现，形成了群众性的思想革命运动，达到了审查干部和纯洁组织的目的。1944 年 7 月至 10 月，中共中央北方分局在阜平县柏崖村召开了扩大的高级干部整风会议。会后，边区机关和北岳区的整风运动告一段落。冀中、冀热辽地区党的整风运动到 1945 年 6 月抗战胜利前夕才结束。

晋冀鲁豫根据地，1942 年上半年开始机关和太行区党的整风运动。前期，主要是学习整风文件，联系个人思想，领会精神实质，以解决思想认识问题为主。1943 年至 1945 年，中共中央太行分局（1943 年冬季，分局撤销，改为太行区党委）党校先后举办四期县以上干部整风班。同时，在涉县索堡村举办了边区政府、交通局、工商局干部的整风班；在涉县温村举办了报社、文联、干校、联中、工会等单位干部的整风班。各整风班的做法不同，一般都经过了三个阶段：第一阶段，学习整风文件，端正整风态度。第二阶段，开展思想运动，经过大家思考、争辩，解决自己的认识问题。第三阶段，进行系统反省和总结，按照“实事求是”“放下包揪，开动机器”的原则，“抛弃旧我”，“树立新我”，提高革命自觉性和执行党的正确路线的自觉性。冀南区的地委和军分区以上高级干部，于 1943 年上半年集中到中共中央北方局党校参加整风。冀南区的县区级干部和团营级干部，于 1943 年 11 月起，抽出 700 人到太行区偏城集中整风。冀南与冀鲁豫两区合并后，又抽调县级和连级以上干部到太行区林县中共中央冀鲁豫分局党校进行集中整风，学员有2000多人，其中原冀南区有1100多人。此外，部分干部参加地委举办的整风班，其他干部安排在职整风学习，一面整风，一面战斗，互相促进。到1945年6月，全区党的整风运动基本结束。

河北各根据地还开展了文艺界的整风运动。文艺工作者学习毛泽东《在延安文艺座谈会上的讲话》，对文艺思想上存在的“艺术至上”“脱离政治、脱离群众、脱离实际”等不良倾向，进行了检查、清理。因此较好地解决了文艺为工农兵服务、文艺为无产阶级政治服务，以及普及与提高的关系等根本性的问题，使文艺工作者坚定了走与工农相结合的道路，使文艺运动走上了面向实际、面向群众的崭新阶段。

河北各根据地这次全党整风运动，具有重大而深远的意义。虽然在整风后期的坦白运动和反特斗争中，由于受康生的“抢救失足者”的影响，出现了“扩大化”的倾向，尤其冀南区出现了比较严重的“逼、供、信”的现象，伤害了部分干部，但根据中共中央的指示，及时纠正了这些问题。通过整风，广大党员干部受到一次深刻的马列主义、毛泽东思想教育，进一步明确了马列主义普遍原理与中国革命实践相结合的根本方向，增强了执行党的正确路线、防止和纠正“左”的和右的错误倾向的能力；主观主义、宗派主义、官僚主义、军阀主义等倾向有了很大克服，思想作风和工作作风有了很大转变，党的理论联系实际、批评与自我批评、密切联系群众的三大作风从此开始形成；促进了党员干部世界观和阶级立场的转变，克服剥削阶级和小资产阶级的思想影响，树立全心全意为人民服务的思想，大大增强了党内团结、意志统一、行动统一，使党从思想上、政治上、组织上得到全面巩固。总之，全党整风运动，为各根据地克服困难，准备反攻，夺取抗战最后胜利，从领导上提供了根本保证。

各根据地党的领导体制的一元化

在抗战最艰苦时期，为了粉碎日军的“总力战”，河北各抗日根据地遵照中共中央1942年9月1日《关于统一抗日根据地党的领导及调整各组织间的关系的决定》，适时对党政军领导机关进行了调整，实现和加强了党的领导体制的统一和一元化。

在晋察冀抗日根据地，中共中央北方分局书记彭真赴延安后，至1942年8月12日，中共中央正式决定由聂荣臻任北方分局书记、晋察冀军区司令员兼政治委员，程子华、刘澜涛任北方分局副书记兼军区副政治委员，萧克任北方分局委员兼军区副司令员，杜理卿（许建国）、李葆华（赵振声）、刘仁为北方分局委员。1942年10月24日，中共中央北方分局发出通知，要求更好地贯彻中共中央关于“一元化”的决定，调整区党委和二级军区以下的各级领导机关。11月2日，中共北岳区党委改组，增补晋察冀军区政治部主任朱良才、边区政府党团书记张苏为北岳区党委常委，刘澜涛任书记，朱良才任副书记，从而，使中共北岳区党委成为本区内党政军民统一的领导机关。边区政府党团改由中共北岳区党委领导，但在讨论决定有关全边区问题时仍须取得中共中央北方分局的批准。晋察冀军区政治部也改由中共北岳区党委领导，撤销了区党委和县以上的军事部。而后，北岳区各地委改组，地委书记分别由军分区司令员或政治委员担任，原地委书记改任副书记兼军分区政治委员或副政治委员。在冀中区，日军五一大“扫荡”后，为扭转极端严重的局面，已成立了“一元化”的临时区党委，由程子华兼书记，各地委、军分区也均合并了领导机关。1942年9月，程子华正式担任冀中区党委书记兼军区政治委员，马辉之任区党委副书记。不久，刘亚球、黄兴义赴延安参加整风，张国坚任区党委组织部长。为了进一步贯彻精兵简政，1943年8月，中共中央北方分局决定：撤销北岳区党委建制和冀中区党委、军区、行署建制，由分局、军区、边区政府直接领导北岳区和冀中区各地委、军分区、专署的工作；成立由林铁、刘澜涛、胡锡奎组成的北岳区工作委员会和由马辉之、周小舟、张国坚组成的冀中区工作委员会，作为分局的办事机构，协助处理北岳区、冀中区的日常事务。在冀热察区，于1942年2月撤销中共冀热察区党委和挺进军建制后，由分局、军区、边区政府直接领导平西、平北、冀东地区的工作。为使平北根据地向西发展与北岳区连接，1943 年 2 月，中共中央北方分局决定：平北东部划归冀东领导，平北西部划归平西领导，建立平北地分委。同年 7 月间，中共中央北方分局又决定加强冀东党的统一领导，设立中共冀热边特委（全称“中共晋察冀边区冀热边特别委员会”）、军区、行署，由李运昌任特委书记、军区司令员兼政治委员、行署主任，李楚离任特委副书记兼军区副政治委员，朱其文任行署副主任。下辖第一至第五地委、军分区、专署。与此同时，各地委对县以下领导机构也进行了精简和调整。从而，在冀中、北岳、冀东、平西、平北等根据地，自上而下实现了党的领导的统一和一元化。

根据中共中央和北方局的决定，1942 年 9 月 1 日，成立中共中央太行分局，以邓小平为书记。10 月 20 日，中共冀鲁豫区党委改组，由黄敬任书记，并撤销晋冀豫区各级军政委员会，由区党委和各级党委实行一元化领导。同时，对军分区进行调整，使主力军与军区合并，原则上由地、县、区委书记兼任军分区和县、区基干部队的政治委员。从而，把党政军民的各项工作统一在党委的领导之下。为进一步贯彻精简和加强党的统一领导，中共中央于 1943 年 10 月 6 日，决定撤销太行分局，由中共中央北方局直接领导冀南、晋冀豫、冀鲁豫、太岳区党委，邓小平任中共中央北方局代理书记。并决定一二九师师部与八路军总部合并（保留一二九师番号）。10 月 9 日，晋冀豫区党委和军区改称太行区党委和军区，在行政上仍为晋冀鲁豫边区政府的直辖区。1943 年 11 月，成立中共中央冀鲁豫分局（通称平原分局），黄敬任书记，宋任穷任组织部长，李菁玉任宣传部长，对冀南、冀鲁豫两区党委工作实行统一领导。

此外，在中共中央山东分局领导下，冀鲁边区与清河区于 1944 年 2 月合并为渤海区，原在河北境内的冀鲁边区第一地委、军分区、专署，改称渤海区第一地委、军分区、专署。

各抗日根据地在日军封锁沟以外的地区，除了主力团和地区队的主要领导干部参加所在地区的县委外，还采取了一些补充办法。如，北岳区沟线外的一些小块地区，成立了由敌后武工队的政治委员、队长和该区政府、群众团体有关干部组成的领导一切的党委会，统一领导该地区的全面对敌斗争。

敌后河北各根据地领导机关的精简、调整和党的领导的统一与一元化，使党政军民的力量形成了有机整体，为粉碎日军的“总力战”，恢复、发展抗日根据地，准备反攻，从组织上领导上提供了可靠保证。

抗日群众团体领导的一元化

1942 年 5 月，冀南区农、工、妇、青、文等各抗日救国会进行合并、精简，改组为统一的冀南区各界抗日救国联合会，由习从真任主任。在此前后，太行区和冀鲁豫区各群众团体也分别精简、合并为各界抗日救国联合会。1943 年 4 月 25 日至 5 月 2 日，北岳区 20 多个群众团体、180 多名代表（列席代表）举行联合大会，决定共同组织统一的北岳区各界抗日救国联合会，选举杨耕田为主任。同时，冀中区召开各群众团体常委扩大会议，决定组成统一的冀中区各界抗日救国联合会，推选杨新月为主任。平北、冀东地区群众团体的统一改组工作也先后完成。在此基础上，1943 年 9 月 16 日，召开晋察冀边区抗联会扩大执委会议，北岳、冀中、冀热边和平北等地群众团体代表数十人与会。会议决定成立晋察冀边区各界抗日救国联合会，选举杨耕田为边区抗联会主任，并决定北岳、冀中两区抗联会停止活动，各专区抗联会团体会员由边区抗联会直接领导。

经过调整、改组，河北各抗日根据地所属区以上各级农、工、妇、青等群众团体组成了统一的各界抗日救国联合会；产业工会、各界抗敌后援会、文联、学联、教联、医救等成为抗联会的团体会员，保持其单独组织系统的独立性；村保持农、工、妇、青等各单独组织，在这些组织之上，建立村抗联会。至此，河北各抗日根据地的群众团体组织系统，按行政区分为六级：边区（晋察冀边区、晋冀鲁豫边区）抗联会，战略区（冀中、北岳、冀热边、冀南、太行、冀鲁豫）抗联会，专区、县、区、村抗联会。区以上各级抗联会领导机关是执委会、常委会，设正副主任，下设组织、宣传、工、农、青、妇等部，县以上各级抗联会设秘书处。为适应敌后分散的斗争环境，改组后的专区抗联会可以单独行动；专区、县抗联会可以在敌人分割地区设立办事处，作为代表机构实行就近领导。到 1945 年初，晋察冀边区各群众团体会员达 300 万人；群众团体干部，北岳区有 2900 多人，冀中区有 1800 多人。

在河北各抗日根据地，共产党在领导群众运动中，特别是在领导群众进行民主民生的斗争中，创造了丰富的经验。1943 年 4 月，中共北岳区党委召开群众团体联合代表大会，会议不仅选举产生了北岳区抗联会领导机构，更重要的是总结了 6 年来群众工作的经验教训。在此基础上，中共中央晋察冀分局副书记刘澜涛于 1945 年 1 月在《晋察冀边区群众工作》一文中，对边区群众工作的基本经验，作了比较全面的阐述，概括为以下十一条：（一）抗日根据地土地问题的解决，应采取革命的改良办法，实行减租减息和交租交息的政策；（二）抗日根据地内农民与地主阶级的斗争是长期的，地主阶级的政治优势丧失后，它的经济优势还没有丧失；（三）基本群众发动起来，农民与地主才可能在法律面前讲平等，才能有平等的统一战线；（四）抗日、减租减息、民主政权三者相互联结，每一时期必须有重点，根据地进入正规后，应以生产为主要环节；（五）群众运动必须与群众武装相结合；（六）从上层统战可以打开创造根据地的局面，但只有发动了基本群众，才能使根据地得到巩固；（七）群众运动应以农民为主，青年、妇女等组织应以农救会为中心；（八）要保护群众利益，应适时由减租减息、增资为中心，过渡到以发展生产为中心；（九）正确对待群众运动中出现的过左行动，要教育和引导，不能把一些基层干部当成“新兴黑暗势力”来打击；（十）基本群众没有起来时，应强调斗争，待基本群众起来后，应强调团结，争取地主合作抗日；（十一）群众起来以后，要强调组织性、纪律性，但不要束缚群众，要让群众通过亲身体验而自觉接受党的政策。晋察冀边区群众运动的经验说明：必须正确处理党、政权、军队与群众团体的关系，讲究群众斗争的策略。这些经验教训，对进一步推进冀中、冀东、北岳等抗日根据地的群众工作，起了重要的作用，对冀南、太行、冀鲁豫等抗日根据地的群众工作也有一定的借鉴意义。

二、河北各根据地“三三制”政权的建立健全

晋冀鲁豫边区政府成立和太行分局温村会议

1941 年 3 月 16 日，邓小平受中共中央北方局委托，在冀太联办第二次行政会议上，提议在抗战四周年时召开晋冀豫边区临时参议会，按照“三三制”原则，选举产生临时参议会，成立晋冀豫边区政府。自 4 月起，晋冀鲁豫边区各地选举参议员的工作全面展开。4 月 5 日，中共中央北方局提出了关于晋冀豫边区建设的 15 项主张。4 月 15 日，邓小平在中共中央北方局机关刊物《党的生活》上发表《党与抗日民主政权》一文，深刻地阐述了党关于抗日民主政权的主张，指出：“三三制”政权的实质，是贯彻民主精神，团结一切抗日力量。这些，对晋冀鲁豫边区政权建设起了重要的指导作用。

1941 年 7 月 7 日，晋冀豫边区临时参议会在山西辽县桐峪镇开幕。根据中共中央北方局建议，会议同意将冀鲁豫区与鲁西区合并，划入本边区，将会议改为晋冀鲁豫边区临时参议会，并成立晋冀鲁豫边区政府。出席大会的参议员 133 人，其中共产党员 46 人，占 1/3。会上，冀太联办主任杨秀峰作了《工作报告》，并建议将鲁西 33 县划归冀鲁豫区，改临时参议会为晋冀鲁豫边区临时参议会；彭德怀作了《目前形势与抗日根据地的各种政策》的报告；李大章作了《以中共中央北方局十五项主张为基础，制定边区政府施政纲领》的发言。会议制定并通过了临时参议会组织条例、边区政府的组织条例、边区政府施政纲领及各项政策。选出临时参议会驻会委员 15 人，八路军方面参议员申伯纯为议长，国民党方面参议员宋维周、邢肇堂为副议

长。选出边区政府委员 14 人，候补委员 4 人，杨秀峰为边区政府主席，薄一波、戎伍胜为副主席，浦化人为高等法院院长。大会还通过了《土地使用法》《统一累进税条例》《婚姻条例》《新民主主义的新闻政策》《一九四一年度全区财政预算案》。8 月 15 日大会宣布结束。晋冀鲁豫边区政府设秘书处、民政厅、财政厅、教育厅、建设厅、公安总局等机构。全边区辖太行、太岳、冀南、冀鲁豫 4 个战略区，共 21 个专区、154 个县。

晋冀鲁豫边区临时参议会的召开和边区政府的成立，实现了边区政权的统一领导，对本区和其他敌后根据地的民主政治建设，起到了巨大的推进作用。

根据中共中央的决定，中共中央太行分局于 1942 年 9 月 1 日成立。邓小平任书记兼组织部长（后由李雪峰任组织部长），李大章任副书记兼宣传部长，刘伯承、蔡树藩、李雪峰为委员。太行分局统一领导晋冀豫、太岳、冀南、冀鲁豫 4 个区党委的工作。为扭转晋冀鲁豫边区的困难局面，太行分局于 1943 年 1 月 25 日至 2 月 20 日，在涉县温村召开了高级干部会议。会上，邓小平作了《五年来对敌斗争的概略总结与今后对敌斗争的方针》的报告和会议结论；李大章作了《过去群众工作的简单回顾与今后工作的方针》的报告；戎伍胜作了《进一步加强经济建设开展对敌经济斗争》的报告；彭德怀、罗瑞卿作了重要讲话。会议确定了全区工作的基本方针：坚持华北抗战，坚持根据地和抗日游击战争，从各方面积蓄力量，为反攻和战后做准备。今后的具体任务是：巩固抗日民族统一战线，调动人民抗日的积极性；加强武装建设，发展群众性抗日游击战争；加强根据地财政经济建设，打下自给自足的基础；在敌占区，加强对伪军伪组织工作，建立小型、隐蔽的游击根据地；加强党的一元化领导，深入全党整风，彻底实行精兵简政。这次会议，为全面开展对敌斗争和根据地各项建设，根本扭转困难局面，奠定了思想政治基础。

晋察冀边区参议会召开

晋察冀边区第一届参议会于 1943 年 1 月 15 日在阜平县温塘村召

开。出席会议的有来自北岳、冀中、冀东等地的议员 288 人，中外来宾和边区各界列席人员 80 余人。中共中央对这次会议作了重要指示，指出 1940 年 8 月北方分局提出的目前的施政纲领“在群众中有很大影响，并且直到现在还是适当的”，应成为新选出的边区政府的施政纲领。并对制定施政纲领的实施重点作了明确的指示。会上，聂荣臻致辞，宋劭文作了《边区行政委员会工作报告》。

会议按着“三三制”原则，选举产生了边区最高政权机关。与会参议员中，党外人士占近 50%，中间势力和上层士绅代表及专家、学者、名流占 36.1%。选举结果，正副议长成仿吾、于力都是大学教授，驻会参议员办事处 7 名成员中，国民党员和民主人士占 2/3 以上；新产生的边区行政委员会由聂荣臻、宋劭文、吕正操、张苏、王承周、刘奠基、胡仁奎、刘皑风、王久茎 9 人组成，其中共产党员 3 人，国民党员 2 人，民主人士 4 人。王斐然为边区高等法院院长。从而，建立健全了由村至边区的各级“三三制”政体。

会议审议通过了宋劭文的工作报告，通过并正式颁布了《晋察冀边区选举条例》《晋察冀边区参议会组织条例》《晋察冀边区行政委员会组织条例》《晋察冀边区县区村组织条例》，使边区民主政治建设进入了新的发展阶段。会议一致同意中共中央北方分局副书记刘澜涛的提议，确定《中共中央北方分局关于晋察冀边区目前施政纲领》（“双十纲领”）为边区行政委员会的施政纲领，并确定了施政纲领的《实施重点》。会议还通过了《边区租佃债息条例》《边区统一累进税税则》《边区婚姻条例》《边区抗战勤务条例》等 14 个法规、条令，为边区全面开展对敌斗争和各项建设提供了比较完备的法律依据。

这届参议会，是晋察冀边区民主政治建设史上的新起点，也是根据地建设史上的转折点。大会《宣言》宣布，边区今后的施政重点是：继续深入贯彻“双十纲领”和统一战线的各项政策，更加巩固各党各派各阶层人民的团结；加强游击区对敌斗争，变游击区为根据地；精兵简政，节省民力，发展生产，繁荣经济，亲密军政军民关系，积极积蓄反攻力量。《解放日报》发表题为《晋察冀边区参议会的成功》的社论，指出：这届参议会“给边区人民带来了胜利的信号”。

各根据地“三三制”政权的普遍建立

在晋冀鲁豫边区临时参议会和晋察冀边区参议会召开前后，河北各根据地进一步掀起新的民主建政热潮，普遍建立健全了各级“三三制”政权。

村政权是抗日民主政权的基石。根据冀太联办专员、县长会议的决定，冀南区 1940 年 11 月至 1941 年 3 月完成了村选，在根据地 1/3 以上的村庄建立起民选的抗日政权。太行区 1941 年上半年完成村选，普遍建立了村政委员会（村公所）。晋冀鲁豫边区政府成立后，各地加紧村政权的改造。1942 年和 1943 年，以村选为主要内容的大规模民主选举运动，与以减租减息为主要内容的民生运动相结合，使冀南、太行、冀鲁豫区广大农村政权得到普遍的改造和巩固。同 1941 年比较，村政权真正体现了“三三制”原则，贫雇农的比例上升，中农比例略有下降，富农受到保护，开明士绅占一定比例，具有了更广泛的群众基础。

晋察冀边区 1940 年民主大选以来，北岳区、冀中区的村政权基本上实现了“三三制”原则。据阜平、行唐、易县等 10 个县统计，1941 年在村民代表会和村政委员会中，共产党员占 33%，进步分子和中间分子占 67%。边区参议会成立后，立即作出《关于整顿各级政权组织的决定》。在 1943 年 1 月至 3 月，集中力量对专署以下政权进行检查、整理，包括：“三三制”原则的落实、政策法令的执行、政权的政绩和自身建设改进等内容。与整理村政权组织相结合，冀中、北岳等地进行了 1943 年的村选，更好地落实了“三三制”原则，使村政权工作焕然一新。

县政权是独立领导对敌斗争和各项建设的战斗堡垒。晋冀鲁豫边区在推选参议员的过程中，冀南、太行、冀鲁豫区对县一级政权，按照“三三制”原则进行了调整。晋冀鲁豫边区政府成立后，各地对县政权又做了大量调整工作，吸收一批民族资产阶级和开明士绅参加民意机关和政府机关，从而使县政权更好地团结各抗日阶级和阶层。晋察冀边区政府1943年3月9日发出《关于县议会改选和县议会工作的指示》。据此，以北岳区为主开展了第二届县议会选举运动，冀中、冀东视战争环境而灵活进行。各地召开了各种座谈会，听取各界人士的意见。各阶层人士踊跃参选、竞选，各县参选人数均在90%以上。

区不是一级政权，但它是县领导村的桥梁和纽带。因此，河北各根据地都很重视区民代表会和区公所的加强和改善，选派优秀干部担任区的领导，使区能够独立工作和斗争。

河北各抗日根据地各级“三三制”抗日民主政权的普遍建立健全，从政治上巩固与扩大了抗日民族统一战线，调动了各阶级、阶层的抗战积极性。

游击区抗日政权建设的新发展

1941年后，由于日军的“蚕食”“扫荡”，河北各抗日根据地的巩固区大大缩小，游击区不断扩大。因此，加强游击区政权建设，成为开展游击区人民的抗日斗争，粉碎日军的“蚕食”政策，恢复和发展抗日根据地的一个关键。

1942年9月，在中共中央北方分局召开的高级干部会议上，确定了向敌后之敌后挺进的方针，并总结冀东游击根据地及冀中根据地游击区村政权建设的经验教训，对游击区实行“两面政权”的策略作了明确的阐述，指出：它的实质是以合法的形式掩蔽非法的斗争，纠正了游击区工作中“左”的关门主义和右的合法主义等错误倾向。同时，晋察冀边区政府作出了《关于目前游击区政权组织工作的决定》，又发表了张明远的《游击区的村政权建设问题》和《对敌斗争中抗日两面政策问题》等文章。据此，北岳、冀中、冀东等地在1942年底、1943年初，普遍完成了游击区抗日政权的组织形式和斗争策略的转变。游击区包括接敌区和游击根据地，当时存在三种两面村政权，因而采取了不同的建政方针和策略：一种是抗日的两面村政权，主要存在于游击根据地和接敌区，大部由抗日一面村政权应变而成。对此种村政权，必须坚持抗日行政村建制和村公所组织，村民代表会因过于暴露可以暂时停开。为应付敌人，可以另设伪组织和人员，如伪村长、保甲长等，但必须控制在抗日的村公所之下。还必须掌握民兵游击小组，使之掩蔽在伪组织内，以合法形式掩护抗日武装斗争。待时机成熟，这些村政权应转变为抗日的一面村政权。再一种是中间两面村政权，主要存在于接敌区敌我力量均薄弱的地方。这种村政权，往往被地主、流氓把持，对敌我两面应付。我们的策略是，以争取为主，打击和削弱其亲日的一面，争取和发展其抗日的一面，逐渐改造其成分，使之由中间两面转变为抗日两面或抗日一面政权。第三种是亲日的两面村政权，实质是日伪政权，但有时也不得不对我应付。对这种村政权，要以分化、打击为主，加强群众工作和武装工作，通过对亲日的上层分子实行孤立、打击、动摇、争取，或由改变人事而改变组织，或由改变组织而改变人事，逐渐使它由亲日“两面政权”变成中间“两面村政权”或抗日“两面村政权”。同时，对日伪在游击区推行的“大乡大村制”，能拒绝的就拒绝，能迟缓的就迟缓，能打击的就打击，不能拒绝、迟缓、打击时，则掌握其人物，削弱其组织，准备将来摧毁它。1942 年 12 月初，即太平洋战争爆发一周年时，北岳区军民发动了对敌政治攻势突击周，并依靠小部队和民兵游击小组，逮捕游击区日伪政权人员 6000 多人，基本上摧毁了各伪大乡公所，敌后武工队乘胜在游击区恢复重建 1200 多个抗日村政权。在冀东区，1943 年基本区初步恢复后，开始恢复和建立健全抗日村政权，有抗日的一面政权，抗日的“两面政权”、中间的“两面政权”和日伪控制的“两面政权”及日伪政权。到 1944 年，冀东抗日游击根据地进入巩固阶段，各地加强了基层政权的转化工作，据 15 个联合县统计，在 8201 个村庄中，彻底摧毁旧政权的抗日一面村政权占 22%，抗日的“两面村政权”和中间的“两面村政权”占 60%。

冀南、太行、冀鲁豫区的游击区抗日政权建设起步较早，特别是敌后武工队起了重要作用。1942 年 3 月 14 日，刘伯承、邓小平给冀南军区的指示中提出："对特别严重的地区，必须依照北方局指示组织武装工作队，深入到敌占区、接敌区、三角区进行工作。这种工作队以 50 人为一队，以营特派员为队长，好的县委书记或委员为政委、书记。队长和队员质量要非常优良，都能懂得政策。"据此，派出了首批武工队，并发出《武装工作队初次出动到敌占区工作的指示》。1942 年 9 月 3 日，一二九师政治部颁发《关于武装工作队的几项规定》，提出了武工队的任务和准则：（一）切实照顾和保护群众利益，发动和依靠群众进行斗争；（二）由武装作依托，坚持斗争，保持优势；（三）惩治死心塌地的汉奸、特务；（四）加强武工队的自身建设。

武工队在敌占区、接敌区，以团结农村各阶层开展对敌斗争、减轻人民负担为主。他们领导群众进行反勒索、反劳役、反抓丁的斗争，并以合法形式实现减租、增资，还说服富户借粮帮助灾民渡荒。在群众的拥护和支持下，武工队镇压汉奸，瓦解伪组织人员，运用革命的"两面政策"，建立隐蔽的抗日政权，逐步变敌占区为游击区和小块抗日根据地。在冀南区，武工队先后镇压了巨鹿县伪警备大队长和情报主任、南和县伪军大队长等，抓捕了 22 个敌探，破获一个特务机关。到 1943 年底，冀南区攻克和逼退敌据点 140 多处。在晋冀鲁豫全区，由武工队和小部队恢复发展的抗日根据地约占 3/5。

各根据地法制建设的加强和完善

进入严重困难时期，潜入根据地的汉奸、敌探，以及反动会门，乘机进行破坏活动，暗杀、暴乱、抢劫等案件剧增，尤其边沿区社会秩序更为混乱。因此，河北各抗日根据地都加强了公安保卫工作，以保障抗日根据地和人民生命财产的安全。

首先，确定了公安部门以锄奸反特为主要任务的方针，提出了一系列具体政策。中共中央北方分局 1941 年 3 月在平山县红岭北村召开北岳、冀中、冀东党政军领导干部参加的联席会议，边区公安总局局长李波和军区锄奸部长余光文分别作了工作报告，许建国代表分局作了结论。会议明确了公安部门与党委社会部、军队锄奸部的分工、协作关系，要求加强各级公安部门的组织建设和公安管理的法制建设，把专门机关与群众性锄奸工作结合起来，正确执行党的锄奸政策，严格执行捕杀批准手续。据此，北岳、冀中分别召开公安保卫工作会议，进一步确定了本区公安保卫工作的任务。晋冀鲁豫边区政府成立后，在明确公安保卫部门以锄奸反特为主要任务的基础上，1943年1月，在中共中央太行分局温村高级干部会议上，邓小平提出了镇压政策与宽大政策相结合的方针，要求保障一切抗日党派和人民的人权、地权、财权，保护基本群众利益，以团结对敌；对死心塌地的汉奸、特务、坏分子和叛徒，采取坚决镇压政策，一方面防止乱捕、乱杀，一方面防止放纵汉奸、坏分子的偏向。两边区公安保卫工作的方针和具体政策的制定，为河北各抗日根据地加强和健全公安保卫工作指出了正确的方向。

其次，加强党和政府对公安保卫工作的领导，健全各级公安保卫工作机构。1941年4月，晋察冀边区政府颁布《公安局暂行条例》，对边区各级公安局的任务、权限、组织机构作了明确规定。边区公安总局在北岳、冀中设分局，各专区设公安督察员，县设公安局，区、村设治安员，在集镇由县公安局设派出所。同年底，中共中央北方分局决定进一步加强对公安部门的领导，将边区公安总局改为北岳区公安局，受北岳区党委和边区政府的领导；冀中、冀北公安分局改为冀中、冀北公安局，分别受冀中区党委、行署和冀热察区党委、冀北办事处的领导；并决定县以上各级公安局内设立党团，以保证党的政策、决定的认真及时的执行。至此，冀中、北岳、冀东均健全和加强了公安保卫工作。在冀南区公安局和冀鲁豫区公安局成立后，1941年9月晋冀鲁豫边区公安总局成立，并逐步健全了专区和县的公安保卫机构。冀鲁豫区还于1943年3月发出《关于加强公安工作的指示》，决定有步骤有重点地建立群众性锄奸组织，在基本区设立村公安助理员，在政权经过改造的村设公安助理员，在对敌斗争尖锐的地区建立群众性的锄奸团。从而，使公安保卫工作深入到农村群众中去。

第三，加强和完善根据地公安管理的法制建设。1942 年，晋察冀边区政府和边区公安总局陆续颁布《公安局警务规约》《村治安员的工作决定》《群众锄奸组织纲要》《村锄奸小组工作纲要》等公安管理法规。特别是 1942 年 4 月，晋察冀边区政府颁布了《关于特种刑事案件审理程序之决定》，严格地健全了公安部门进行搜查、逮捕、审讯、侦查汉奸特务等特种刑事案件的手续。规定：特种刑事被告除公安机关直接拘捕外，其他单位、团体、个人在依法羁捕后，务于 24 小时内解送公安局侦查。公安机关羁押被告，侦查时限不应超过 2 个月，审判时限不应超过 1 个月。冀鲁豫区行署 1941 年颁布《保障人权暂行条例》，次年又召开公安司法会议，要求把保障人权与镇压死心塌地的汉奸结合起来，注重侦查工作和全面调查研究，防止重审讯而忽视侦查的偏向。这就使公安工作走上了法制化、制度化。

河北各抗日根据地的公安保卫工作，经过整顿和加强，既有效地严厉打击了汉奸特务，又保障了人权，为粉碎敌人“蚕食”“扫荡”的阴谋，保卫抗日根据地领导机关的安全和人民生命财产安全，做出了重大贡献。据北岳、冀中、冀东等区不完全统计，1941 至 1943 年，公安部门先后破获了汉奸特务组织“新民会”“佛教会”“清乡队”“反共自卫团”“暗杀团”“和平会”等策划的重大案件 10 起，破获敌特组织数十起，逮捕镇压汉奸特务数百人，及时防止了敌特在涞水等地策划的数起大规模武装暴乱。在战斗中，晋察冀边区公安干警 1000 余人英勇牺牲。

与此同时，河北各抗日根据地的司法工作也得到了改善和健全。为适应敌后严重形势的需要，加强和改善了司法组织机构。1941 年 9 月晋冀鲁豫边区高等法院成立后，冀南、冀鲁豫区高等法院先后改为边区高等法院司法处，太行、冀南、冀鲁豫区的专区、县建立了相应的司法机构，实现了全区司法工作的统一领导。在晋察冀边区，根据 1943 年 1 月边区参议会的决定，边区司法处改为边区高等法院，王斐然任院长；冀中行署司法处改为边区高等法院冀中分院；各专署设边区高等法院分庭，各县司法科改为司法处。到1944年10月，晋察冀边区高等法院以下又增设了冀晋、冀察、冀热辽三个分院。

制定、颁布各项法规，使司法工作有法可依，以充分发挥其作用。在晋冀鲁豫根据地，从1941年9月边区政府成立至1943年9月第二届参议会召开，先后颁布74项政策法令，有的适用于全区，有的是专为太行、冀南或冀鲁豫区而制定的。在晋察冀边区根据地，为加强司法部门打击制裁汉奸特务等罪犯的职能作用，1942年4月颁布了《关于特种刑事案件审理程序之决定》，1943年1月又修订为《关于逮捕、搜索、侦查、处理特种刑事犯之决定》和《关于游击区特种刑事犯的紧急处理》等法规。一方面，在抗日根据地内进一步健全了逮捕、搜索、侦查、处理刑事、特种刑事案犯的严格程序和手续；另一方面，规定在游击区和敌占区，任何抗日的个人、团体、区公所和武装工作队均有依法在紧急情况下当场逮捕、处决证据确凿的汉奸特务现行犯的权力，但处决后务于10日内上报县政府备案。还颁布了《晋察冀边区惩治贪污条例》《破坏坚壁物资惩治办法》等法规。为加强司法机关维护抗日人民权益的职能，晋察冀边区政府正式颁布了《减租减息条例》及其《实施细则》，以及《调解工作条例》等，以解决土地、债务、婚姻、财产继承等民事纠纷案件。还实施了《劝诫办法》，以进一步发挥司法工作的教育作用，对那些行为不检而未达到犯罪的人，给予劝告、警告，使他悔改。

改进司法制度和作风。在严重困难时期，河北各抗日根据地结合全党整风运动，普遍检查纠正了司法工作中存在的主观主义、不深入、不细致等不良作风，进一步健全了司法工作制度。晋察冀边区1944年3月召开了司法工作会议。会议总结了6年来司法工作的经验，克服了片面强调“司法独立”、脱离政治、脱离实际的主观主义和官僚主义的作风。5月间又颁发了《关于改进司法制度的决定》。规定：（一）建立健全各级司法机关的巡回就审制度；（二）加强县司法处巡回就审对区、村调解工作的指导和帮助；（三）加强专署法庭二审对县司法处一审的指导和联系，使一、二审配合；（四）建立由政府首长主持、政府各部门参加的各级审判检查会议，督促审判工作更好地执行政府法令。从此，使各级司法干部的作风有了很大的转变。

河北各抗日根据地公安、司法工作的加强和完善，保障了根据地抗日民主社会秩序的稳定和发展，对于克服困难、准备反攻，夺取抗战最后胜利，具有重要的意义。

三、河北各根据地财政经济困难的克服与缓解

各根据地实行精兵简政

1941 年 12 月 17 日，中共中央提出精兵简政的政策，规定根据地脱产人员不得超过负担人口的 3%，要求通过精兵简政达到“精简、统一、效能、节约、反对官僚主义的目标”。这是减轻人民负担，克服财政经济困难的一项极其重要的政策。

晋冀鲁豫边区是执行精兵简政政策的模范区。当时，太行区的负担人口只有 150 万，而有脱产人员 6 万，大大超过了中央规定的比例。1942 年 1 月至 8 月，一二九师等部队系统由 420 个单位减为 269 个单位、由 26697 人精减为 20047 人，使脱产武装人员不超过负担人口的 2%；边区党政民学机关的脱产人员由 2 万余人精减为 1.5 万人，占负担人口的 1%。1943 年部队系统又精简 118 个单位，政民系统减至 1.1 万人，边区政府本身由 540 人减至 100 人。至此，边区政府先后减员 48%，节省经费 46%。冀南区在 1942 年至 1943 年 6 月，先后多次进行精简。冀南军区司令部只保留 4 个科、11 名干部，部队精编为 4070 人，并将骑兵团和第二十一、第七七一、第十、第二十等 5 个主力团分别调赴冀鲁豫、陕北、太行、太岳等地，冀南只保留第二十六、第二十五、第二十三、第十一、第二十七等 6 个团；县区游击队也大量精简。冀南区党委系统人员减至 2000 人以内，各级政府和群众团体干部减至 1 万人以内。冀南全区脱产人员减少 50%，群众负

担 1943 年比 1942 年减少 2/3。

1944 年 5 月，结合精兵简政，中共中央北方局决定将冀南和冀鲁豫两区合并，由冀鲁豫分局和新成立的冀鲁豫军区统一领导，但仍保留冀南区党委、冀南行署和冀南军区名义。6 月 15 日，冀南行署和冀鲁豫行署合署办公，1945 年 3 月 14 日正式合并成立冀鲁豫行署。为便于领导，1945 年 6 月和 7 月又在分局和军区之下成立冀南作战指挥部和冀南工作委员会。

在晋察冀边区，由于敌人的“蚕食”“扫荡”，根据地面积、人口减少，军政供给与人民负担之间的矛盾很突出。1941 年底，北岳、冀中两区的巩固区人口减少到 500 万，部队和党政民脱产人员占负担人口的 5%。因此，中共中央北方分局和晋察冀边区政府 1942 年起采取了一系列精兵简政的措施。2 月，撤销冀热察区党委和挺进军的建制，改为在平西、冀东、平北分别建立第十一、第十三、第十四地委、军分区，直属分局和军区领导。同时，缩编主力军，充实地方部队，严格控制政府机关人员编制。主力部队减少 5000 人，精简 8.3%，保留甲种团（2770 人）11 个，乙种团（1080 人）21 个；党政民脱产人员减少 8000 多人，精简 24%。1943 年进一步将甲种团缩编为小团，北岳、冀中共保留 25 个小团、21 个地区队，平北、冀东因战斗残酷未能精简。8 月，又撤销冀中区党委、军区、行署和北岳区党委的建制，设立冀中、北岳两工作委员会，作为中共中央北方分局的办事机构。而后，根据中共中央 1943 年 8 月 5 日电告精神，晋察冀边区又进行了更为彻底的精简，至 1944 年初才告一段落。经过多次精简，边区党政民机关人员比 1942 年减少一半，边区政府由 2000 人减为 500 人，边区各级政权人员比例变为：边区政府占 17.07%，专署占 14.33%，县占 32.73%，区占 35.87%。晋察冀军区和北岳区各军分区后方机关减少 2000 人，又先后两批将 12 个团的兵力和抗大二分校、白求恩国际和平医院、陆军中学等 1.6 万多人调往晋绥和陕甘宁边区，使晋察冀边区总兵力精简 40%，战斗部队人数由精简前的 73.4%提高到 84.36%，非战斗人员由精简前的 26.51%

下降为15.64%。晋察冀全边区脱产人数最终达到了不超过负担人口3%的要求。

河北各抗日根据地的精兵简政是结合增产节约、反对贪污浪费的运动进行的。各根据地党政民机关和部队都举办了自给性的生产活动，千方百计从事种菜、养猪、榨油、造纸等养殖和手工生产，尽量增加自给。同时，建立健全审计机关，严格人员编制和经费开支，厉行节约，杜绝浪费，惩治贪污。仅晋察冀军区部队1942年，就节约粮食7万余公斤，节约军衣4万余套，节省民工120万人次。

开展大规模减租减息群众运动

1942年1月和2月，中共中央发出《关于抗日根据地土地政策的决定》和《关于如何执行土地政策决定的指示》。随后，中共中央北方局结合各地贯彻土地政策的情况，发出《中央土地政策决定的讨论提纲》，对地租、佃权、债务和特殊土地处理等问题，提出了具体意见。9月，刘少奇从华中回延安途经冀鲁豫区时，对减租减息问题作了重要指示，指出：如果不迅速把群众发动起来，给群众看得见的物质利益，根据地就不能巩固；没有牢固的群众观念，不搞减租减息，就是机会主义。根据上述指示精神，河北各抗日根据地开展了大规模的减租减息群众运动。

晋察冀边区的减租减息运动，1940年、1941年进入高潮。1942年3月20日边区政府第二次修正颁布《减租减息条例》和《实施细则》，对边区土地政策作了必要的调整。规定：减租减息后，必须交租交息；死契地一律不能回赎；耕地副产物一律不能超过正产物的1/10，超过部分以正产物论；钱租地可以双方自愿改为半实物或实物地租。并按照各地情况确定了减租减息的不同重点。加之，广大干部深入实际调查研究，及时解决存在的问题，使减租减息群众运动不断向纵深发展。如北岳区，在已经实行减租减息的地方进行了复查，据涞水县6个村的统计，183个佃户，得到退租粮190石5斗9升。冀东区，由于战争环境极为复杂，直到1943年恢复基本区后，才在局部地区实行减租减息。1944 年初，中共冀热边特委作出开展减租减息和雇工增资运动的决定，冀热边行署颁布《土地政策条例》。到年底，在冀东全区的巩固区，实行减租减息的村庄约占一半。经过减租减息，农村阶级关系发生显著变化，两头减小，中间增大，原来的雇农、贫农和中农的地位上升。据北岳区 35 个村调查，1942 年与抗战前相比，各阶层占有土地的比重为：地主由 16.4%下降为 11.7%；富农由 21.92%下降为 19.35%；中农由 41.69%上升为 49.14%；贫雇农由 17.92%上升为 19.37%。地主由 127 户减为 109 户；富农由 310 户上升为 333 户；中农由 1857 户上升为 2539 户；贫农由 2122 户上升为 2162 户；雇农由 370 户减为 185 户。

在晋冀鲁豫根据地，由于领导上对中共中央 1939 年 11 月关于深入群众工作的指示理解不深，加之 1940 年 4 月中共中央北方局黎城会议较多地强调了纠正"左"的偏向，因而在 1940 年至 1942 年上半年，冀南、太行、冀鲁豫区的减租减息群众运动没有真正发动起来，影响到根据地的巩固程度。在贯彻中共中央关于土地政策的决定和刘少奇的指示以后，晋冀鲁豫边区经过总结经验和试点，从 1942 年 6 月起，在太行、冀南、冀鲁豫区迅速形成了大规模的减租减息群众运动。这次减租减息运动，太行区以减租、保佃、清债、退押为主要内容。如涉县，首先开展群众性反维持敌人的斗争，逮捕了首恶分子；接着，开展反贪污反摊派的斗争，实行合理负担；而后，1942 年 11 月至 1943 年春，展开以减租减息、增资、清债为中心的群众运动。1943 年 1 月 12 日，在井店召开斗争全县头号地主任聚伍大会，有 100 多个村庄 1.1 万人参加。此次运动，涉县农民共抽回契约 8474 份，清理抵押地 4642 亩，房屋 1691 间，清理旧债 35140 元，减租 98475 公斤，退租 68025 公斤，增资 89100 公斤。全县人民抗日热情高涨，农会会员猛增到 18300 人，青救会和妇救会员达 7500 多人，民兵发展到 5000 多人。在冀鲁豫（含冀南）区，黄敬调任区党委书记后，1942 年 11 月至 12 月召开全区高级干部会议，实现了工作重心向减租减息、发动群众的转移。经过一年多时间，广大群众普遍发动起来，基本群众的生活得到改善，基本上树立了贫雇农在政治上的优势。

大力发展生产和抗灾救灾

1941年至1943年，日军的“蚕食”“扫荡”和“三光”政策，严重破坏了河北广大地区的生产力，使抗日根据地的生存条件遭受极大破坏。敌祸、天灾使河北各地瘟疫流行，罹病者不计其数。1942秋，日军“扫荡”北岳区后，群众害病达10万多人，平山等地死亡1万多人。1942年秋至1943年夏，河北全省大旱。北岳区39个县中有30多个县大旱，灾民18万人。冀中、冀南旱灾面积达4/5，有大批难民逃亡以至饿死。1943年8月，太行区的武安、涉县、磁县和冀南区的30多个县发生罕见的蝗虫灾害，遮天盖地的蝗虫把几十亩、几百亩庄稼很快吃光。冀南等地旱期刚过，又暴雨成灾，日军乘河水暴涨，将鲁西卫河决堤，施放霍乱细菌，造成冀南30个县、400万人口遭灾，有近20万人被淹死、饿死、病死。

面对敌祸、天灾，河北各抗日根据地党和政府领导群众，进行了大规模的生产救灾斗争。1943年春，中共中央北方分局和晋察冀边区政府号召党员干部“以儿子爱护母亲的态度”对待灾区人民，逐户解决困难；在部队中开展“节约一两米运动”；在群众中开展“一口饭、一把糠、一把菜”的互助募捐运动。晋察冀边区政府给冀中灾民发放4000大石救济粮，给北岳灾民发放60多万元救济款、4000多大石救济粮，进行急赈；拨出300万元为群众修建被毁的房屋，300万元为群众购买药物，几十万元添置衣被。还拨出210万元扶植冀西重灾区群众开展生产自救。晋冀鲁豫边区政府号召全区军民紧急动员起来，战胜灾荒，在各地建立救灾委员会。冀南区于1943年4月开展群众借粮运动，有835个村11万人，借粮163.5万公斤，借贷食品2.5万公斤，筹款12万元，借棉花24.5万公斤，有效地解决了灾民的吃穿问题。同时，冀南行署大力放赈，拨出15万元防疫治病，还推行了以工代赈的办法。大旱期间，规定每打一眼井，奖粮10公斤，全区共打井1万眼，群众得奖励粮10万公斤。同时，开展群众性灭蝗斗争，如宏毅县5天内就捕蝗14822公斤，保障了大部地区能有二三成至五六成的收成。在大水灾后，冀南区又采取政府管饭、组织群众疏通新旧河道的办法，共动土500万立方米，使鸡泽、永年、南和、任县、武邑、衡水等10多县受益，增加水地3万多亩。上述措施，控制了灾情，解决了灾民的燃眉之急，也为发展生产准备了一定条件。

河北各抗日根据地都把发展生产作为战胜敌祸、天灾的基本举措。晋察冀边区政府1941年8月6日至16日召开第二次经济会议。张苏作了《边区经济发展的现状与我们的经济政策》报告和会议总结。会议明确地提出了迅速建立自给自足的独立的抗战经济的任务，确定了各项具体政策。1943年2月又召开第三次经济会议，宋劭文作了《当前对敌经济斗争方针》的报告。会议决定：把严禁必需品出口改为主动地有计划地组织必需品的专卖出口，以平衡进出口贸易，活跃边区市场，促进生产运销事业的发展，提高边币的地位。根据边区两次经济会议的决定，边区各地大力发展农副业生产。共计修旧渠、开新渠1056道，凿井1309眼，可浇地19.3万亩，修滩得良田44.2万亩。并推广了“燕京”“靠山黄”“曲五”等抗旱品种，以及温汤浸种、压绿肥等农业技术和病虫害防治技术。边区各地还以“组织劳动力、互助解决人力畜力困难”，“普遍锄三遍、保证粮食增产”，“订户计划、提出奋斗目标和季度管理措施”等三项内容为主，开展了农业生产竞赛运动，特别是灾区的生产自救运动搞得轰轰烈烈。如冀西12个县，组织4万灾民纺纱织布，2万灾民从事运销贸易。上述措施，促进了晋察冀边区生产事业的恢复发展。农业方面，1941年边区统一累进税征收，完成计划的70%以上，实收粮食比1940年增加18.5%；1942年边区公粮征收，完成95.24%，创造了历史最好水平。工业方面，民用工业有较大发展，拥有3个煤矿和皮革、造纸、农具、瓷器、炼油、纺织等7个直属工厂。特别是北岳区的手工业得到了迅速发展，到1941年初，有公营、私营纸厂数十家，月产纸数百万张，有公营、私营油坊近200家。

在晋冀鲁豫边区政府的领导下，冀南、太行、冀鲁豫区的生产事业也取得了显著成绩。冀南各地的庄稼班、拉犁队、短工队等互助组很普遍，如曲周县有互助组966个，庄稼班67个。因而，解决了人力、畜力的不足，保证了1943年的小麦及时播种。冀南的纺织业也很活跃，如妇女土布生产合作社，很快发展到3600多个，生产的土布除供给本区外，还销往太行等区。此外，各级政府都组织了运粮队，如企之县运粮大队拥有推车300辆，1943年底至1944年6月，共运粮100多万斤，不仅解决了党政军民的口粮，也为生产筹集了部分资金。冀南区的卷烟、饲养等副业也有较大恢复和发展。

各根据地实行统一累进税

实行统一累进税，是加强财政建设，克服财政经济困难的一项重大措施。中共中央1940年12月发出调整税收政策的指示，提出："必须按收入多少规定纳税多少。一切有收入的人民，除对最贫苦者应该规定免征外，80%以上的居民，不论工人农民，均须负担国家赋税，不应该将负担完全放在地主资本家身上。"① 为改革税收政策，晋察冀边区首先实行了统一累进税。

中共中央北方分局1940年8月颁布的"双十纲领"中宣布：实行有免征点和累进最高率的统一累进税。同年11月，晋察冀边区政府公布《统一累进税暂行办法和施行细则》。1941年春在北岳、冀中、平西地区正式实行统一累进税。规定：把过去的村合理负担改为统一累进税，即把过去的田赋、公粮、营业税、烟酒税、牌照税、印花税6种财产税和收入税统一为一种税，以粮、钱、秣三种形式统一交纳，由边区政府按年所需一次征收，其他机关不得再向群众征收钱粮柴草。统一累进税征收后，除出入口税和田房契税外，田赋和其他捐税一律停征。军队和各级政权机关均由边区政府统筹统支，县以下不得再征收地方附加。在边区政府领导下，各地成立了征收委员会和

---

① 《毛泽东选集》第二卷，人民出版社1991年版，第767页。

人民代表机构，形成了一套民主调查、评审和科学的计算方法。按照《晋察冀边区统一累进税暂行办法》，以富力作为农业、工业、商业等财产和收入的统一计算单位，析分计算纳税，扣除免税部分后，按人均富力分数分级累进征收。农业：以土地产谷1石2斗为1标准亩，自耕地以1标准亩为1富力分；出租地以1.5标准亩为1富力分；田租地以2标准亩为1富力分。工商业等各种资产（除土地外），以资金200元为1富力分，收入40元为1富力分。免征点为人均1.5富力分，凡资产、收入超过者，对超过部分按累进率征收。最低税率与最高税率之间不超过1.6倍，最高税率不超过收入的30%。统一累进税的实行，使各阶层人民负担趋于更加合理，负担面一般不低于总人口的70%，不超过总人口的90%，既照顾了贫困户，又减轻了地主、富农和资本家的负担。1943年1月，晋察冀边区参议会修正通过了统一累进税税则，将农业税和工商税分别征收。规定农业税取消以资产和收入计算富力的办法，改为将财产与收入合并，以收入计算纳税富力；工商业，取消按资金计算富力的办法，改为按纯收入计算纳税富力。这样计算更简便，负担更趋合理。统一累进税实行后，边区财政建立在更加稳定持久的基础上，进一步巩固发展了边区抗日民族统一战线。如冀中区3个县6个村调查，各阶层统一累进税的负担比例为：地主占17.04%，中农占9.76%，贫农占3.79%。纳税后，各阶层的盈余比例为：贫农占5.82%，地主占9.31%，中农占16.91%，富农占18.82%。当时，这个比例是合理的，也增加了根据地财政收入。1940年，冀中动员62万民兵、4191辆大车，秘密给平汉路西的山区根据地运送粮食950万公斤（12万石）。1941年实行统一累进税后，冀中除本区开支外，尚余11%，给山区运送土布10万多匹，上结款300万元。

在晋冀鲁豫边区政府的领导下，冀南、太行、冀鲁豫区也先后实行了统一累进税。晋冀鲁豫边区临时参议会1941年8月10日讨论通过了统一累进税条例。1942年9月21日，晋冀鲁豫边区政府公布了《游击区接敌区财粮累进负担办法》。该区统一累进税的计算方法为：

免征点为每人全年收入不到2石谷（135公斤），超过免征点部分，划分为七等计分征收。超过免征点5斗以下为一等，累进率按每斗3毫计算；超过免征点30石以下为七等，累进率每斗为3厘6毫计算；30石以上者不再累进。除粮食外的工商业、副业、利息、房租和其他临时收入，按实价折谷计算。自耕、佃耕的土地，按实收数八折计算。工商业按纯利计算。各种资产一律免税。

统一累进税的实行，克服了河北各抗日根据地财政上的混乱现象，更合理地调节了各阶层人民的负担和收入，保障了抗战的需要，为建立新民主主义的财政税收制度奠定了基础。

根据地军事工业的大发展

军工生产是河北各抗日根据地工业生产的重要组成部分。在八路军总部军工部的领导下，太行区先后建立了军工一、二、三、四所和铁厂、复装子弹试验厂、炸弹厂、机器厂等8个兵工厂。如1940年在武安县梁村建立的军工部第四所，拥有机床36台，职工610多人，主要生产手枪、步枪、掷弹筒和“六〇”迫击炮弹。冀南区1941年3月建立军工科研队，先后研制了燃烧弹、信号弹、手榴弹等。八路军总部军工部长刘鼎和第一所副所长刘贵福经过几年努力，1940年8月1日研制成功了新型步马枪，实践效果优于日制“三八”式步枪，被命名为“八一”式步马枪。

晋察冀边区军工生产起步较早。1939年4月，晋察冀军区工业部在定县神南镇成立后，在平山县桑园口村和骆驼庵村、五台县跑泉村、完县孟子峪村、易县张家庄子、曲阳县红岗村和牛粪岭等地，建立军工第一至八所（工厂），每月生产步枪、小口径手枪各200支，刺刀3200把，复装子弹2万发，地雷1000个，手榴弹4000枚。

1941年以后，日军频繁“扫荡”抗日根据地，把兵工厂作为重点破坏目标。据太行区统计，到1943年6月，军事工业共损失机器108马力，占总数的58.5%；军事工业的房屋被毁250多间，职工牺牲和被俘80多人。为坚持发展根据地的军工生产，保障子弟兵的武器供给和补充，各抗日根据地实行了“兵工生产游击化”的方针，把原有的兵工厂化整为零，分散组成生产单一产品的小厂。工厂的编制，也实行精兵简政，转移到离日军驻地远的山地村庄坚持军工生产。晋冀鲁豫边区根据地的军工生产由 1941 年的 9 个单位，分散改组为 15 个单位，职工由 3200 多人减为 1700 多人。晋察冀边区根据地的军工生产，由 8 个单位分散组成 13 个单位，并按地理位置分为：以完县、唐县为中心的北区军事工业管理区，以五台、平山为中心的南区军事工业管理区，实行分区管理。这种小型工厂和分区管理，机动灵活，减少了敌人“扫荡”造成的损失，使根据地军事工业在极端困难的环境中坚持下来，并得到一定的发展和提高。

晋冀鲁豫边区根据地，到 1943 年，军事工业形成了比较完整配套的生产体系，包括枪厂、炮厂、子弹厂、化学厂、炸弹厂、机器厂、煤矿、铁厂等，各军分区还建立了炸弹厂和修械所。军工生产数量很大，不仅供给本区，还支援了其他根据地。晋察冀边区根据地的军事工业，在 1941 年至 1943 年间，先后自力更生研制成功了无烟火药和黄铜弹壳，实现了完全自制子弹；研制成功了杀伤力很大的硝化甘油炸药和硝铵混合炸药，特别是雷银雷管，使自制地雷、炮弹、手榴弹、炸药包、掷弹筒、枪榴弹等重型火器得到迅速发展。到 1944 年，达到月产捷克式马步枪 100 支，掷弹筒 65 个，枪榴弹 223 个，决枪 220 支，硝铵炸药 670 公斤，无烟火药 250 公斤，黑色无烟药 90 公斤，黄药手榴弹 1 万枚，全自制“七九”子弹 1.9 万发，复装各种子弹 6 万发，基本上满足了部队和民兵的武器弹药供应。

进入 1944 年，日军再无力对抗日根据地进行大规模“扫荡”。这时，根据地的军工生产很快进行调整，将分散的小型工厂，按产品、工艺加以合并和扩大，使生产能力大大提高。到 1945 年初，晋冀鲁豫边区根据地建立了 6 座大型武器制造厂和化学厂、化钢厂、子弹厂、试验所各一座。晋察冀边区根据地除军区工业部直属兵工管理处的 4 个兵工厂外，冀中、冀晋、冀察、冀热辽区都建立了兵工管理处，各设有子弹厂、化学厂、机器厂等 3 个兵工厂，全区军工生产职工达5000人。

对敌经济斗争的全面展开

在抗战严重困难时期，河北各抗日根据地在恢复发展经济的同时，全面展开了对敌经济斗争，取得了重大的胜利。

粮食是敌我争夺的主要战略物资。河北各抗日根据地为了生产和掌握粮食，打击日伪对粮食的掠夺和破坏，除了继续掩护群众耕种、收获和坚壁粮食外，还采取了不少新措施：（一）控制和调剂粮食。1940年秋，晋察冀边区政府组织了政民合办的粮食平粜局。共募集民股247.8万元，银行期票343.5万元，购进粮食60101大石（每斗13.5公斤），相当于当年公粮总数的2/3。由于掌握了大批粮食，阻止了日军对粮食的掠夺，使抗日根据地的粮价物价比较平稳。1941年秋，边区政府再次由平粜局购进粮食30186大石，防止了粮食向敌占区流动，使军民顺利渡过了1942年的严重灾荒。（二）停止粮食出境禁令，实行粮食专卖制度。太行区1941年起改变严禁粮食出境的限制，开始组织大批力量从西部的白晋铁路沿线购进低价粮食，一部分作为内部调剂，一部分向东部平汉铁路沿线的敌占区出口，换回军民急需的工业品。因此，使粮食成为打击敌人封锁的有力武器。（三）坚决打击敌人掠夺粮食的计划。1942年秋，日军计划在华北掠夺2000万石粮食。河北各抗日根据地军民对此进行了坚决的斗争。晋察冀边区针对日军的抢粮阴谋，将抢收抢征抢运粮食作为10月、11月份的中心任务，建立各级征收委员会，各地对粮食的征收、运输、储存、坚壁等作了周密安排，游击区和敌占区的不少伪大乡长、联保长也出面为边区催粮催款。北岳区完成秋粮入库计划的95.2%，有的专区超额完成了任务。

敌我市场斗争的实质是争夺物资。抗日根据地的市场贸易政策，是内部自由贸易，对外统治贸易。进入严重困难时期，各抗日根据地为争取市场贸易和掌握物资的主动权，采取了更加灵活的政策措施：（一）把贸易的内部自由和对外统治结合起来。如晋察冀边区，1941

年8月，边区经济会议确定的对敌市场斗争方针是：大力整顿和发展合作贸易，克服合作社统治、垄断贸易的现象，鼓励和发展私人商贩，在内部大力发展、开辟和保护市场，达到内部贸易自由繁荣；对外贸易实行统治，严禁粮食、棉花等必需品出口资敌。因此，使抗日根据地的内部市场得到恢复和发展，并空前活跃起来。（二）采取对外贸易主动进攻方针。一是利用税率调节输入和输出物资，使抗日根据地在对敌市场贸易斗争中处于主动地位。如晋察冀边区政府颁布了《征收外货入境税暂行办法》和《征收本产货物出境税暂行条例》，晋冀鲁豫边区政府颁布了《征收出入境税条例》和《特种出口贸易统治暂行办法》。通过征税，使根据地获得大量收入。二是主动组织粮棉等必需品的专卖出口。如北岳区，打通了东西两线的销路，从西线晋东北、雁北购进粮食，运到东线冀西的敌占区、游击区专卖出口；再由东线冀西购进棉花、土布、盐等，运往西线专卖出口；在东西两线物资交流中，由抗日根据地内部加工和运销。这样，促进了贸易和生产的发展，改变了抗日根据地贸易逆差的被动局面。（三）掌握和夺取游击区、敌占区的市场。通过建立“两面政权”，教育群众，团结商人，采取必需品专卖出口与缉私相结合的办法，吸引和破坏敌人掌握的市场。如北岳区第四专区，到1943年底，在游击区建立缉私小组78个，有效地封锁了敌伪市场，保护了抗日根据地的专卖出口，因而，从敌人手中夺回游击区市场15个，占市场的40%，在敌伪尚控制的21个市场中，已经暗中控制和严密封锁了5个，暗中流通部分边币的有14个。

对敌货币斗争是与对敌市场斗争、粮食斗争密切结合进行的。太平洋战争爆发后，日本不能再利用法币从美国购买物资，加之法币在国民党统治区恶性膨胀，因此，有大量法币向抗日根据地排放。河北各抗日根据地为保护自身的经济利益，先后决定使边币脱离法币，建立独立的单一的本位币制，边区银行和税收贸易机构不再接收法币，使边币价值免受法币贬值的影响，而完全建立在抗日根据地经济发展和金库有价物的基础上。同时，绝对禁止伪币入境和在抗日根据地内流通，违者一经查出全部没收，用查获的伪币到敌占区购回物资。在外汇管理上，及时适度地调整边币与伪币的交换比值，争取主动。对敌伪制造假钞、扰乱抗日根据地金融的活动，及时广泛发动群众，开展反假、打假斗争。因此，随着根据地的恢复发展和对敌市场、粮食斗争的胜利，边币市场也不断扩大，边币对伪币的比值不断上升，最终取得了对伪币的压倒优势。到1945年上半年，在北岳区，边币占领了巩固区和游击区几乎全部市场，迫使伪币以3.5∶1、4∶1、4.8∶1的比值迅速贬值；在冀中区，边币也控制了半数以上的市场。

抗日根据地对敌粮食、市场、货币斗争的胜利，使日军的经济“封锁”和掠夺计划遭到破产，敌占区的伪币发行指数和物价指数大幅度上涨。1940年1月至1944年10月，华北伪联银券发行指数和物价指数分别上涨2128.54%和6481.19%，大大高于同期抗日根据地货币发行指数和物价上涨指数的幅度。

四、河北各根据地抗战文化的发展与繁荣

各根据地科学技术工作的加强

1941年起，河北各抗日根据地为适应发展生产、争取自给自足的需要，把提高科学技术作为发展生产最积极、最有效的途径，采取了若干奖励政策和管理措施。晋察冀边区政府1941年7月7日公布《奖励生产技术条例》，规定：对生产技术的发明者和改良者、外货代用品的制造者，矿产的发现者，给予荣誉奖或100元至1万元资金。1942年3月2日，又公布《优待生产技术人员暂行办法》，规定：技术人员按其学历、经历、技术水平和贡献等条件，由边区政府核定为技正、技士、技佐和技术员，每月零用费分别为30元、20元、15元、10元，家境困难者每年补助技正300元至500元，技士200元至400元，技佐100元至300元，技术员80元至200元。1942年10月，晋察冀边区政府召开首次边区自然科学大会，制定了边区科技工作的

方针和任务，及一套适合敌后环境的科技工作管理办法，宣布成立晋察冀边区自然科学界协会（简称边区科协），通过边区科协章程和工作纲领，边区科协下设电、工、农、医等学会，各协会又分设专业组。

在抗战最困难时期，河北各抗日根据地的科学技术事业呈现出繁荣的局面。在自然科学理论研究上，发表了不少重要论文。晋察冀边区科协主办的《自然科学界》杂志，先后发表《大碳炉化铁》《小鼓风炉冶炼生铁略谈》《炼油的研究》《制碱法》《玻璃试制经过》《纸浆的碎解及胶填料》《大麦黑穗病防治研究》《枣树步曲防治研究》等论文，还发表了外籍学者林迈可的《避音器的制造》《日晷的原理与制造地》，傅莱的《疥肺（结核）自觉症及预防治疗法和虐子症》，班威廉的《液体氦气的研究》《超等电导率的理论》等论文。在自然科学应用研究上，取得很多重大成果，其中，军工生产技术最为突出。在晋冀鲁豫抗日根据地，1940 年研制成功“八一”式新型步马枪，又相继由复制子弹到自制枪弹，自制无烟火药和烈性炸药，自制比日本造更适用的掷弹筒，将迫击炮弹改为手射炮。在晋察冀抗日根据地，自制的雷银和雷银雷管，创制了雷银纸雷管，成本低，灵敏度高，安全可靠，完全代替了雷汞制造的铜雷管。从而，缩小了敌我的武器差距。在育种、肥料、栽培和病虫害防治等农业技术上，取得了多项成果。如“881”号、燕“15”号谷子，经过两年试验，亩产可提高15%至 20%；平“4”号玉米，亩产可达 250 公斤。各抗日根据地还开展了群众性科技普及工作，编辑出版了育种法、病虫害防治法、家畜疾病治疗法等科技通俗读物，举办流动科技展览，在民校讲解科技知识和农业常识，对于改进生产技术，促进生产，起了一定的作用。

各根据地教育事业的整顿和改革

河北各抗日根据地在抗战最困难时期，对文化教育事业进行了整顿和改革，数量减少，但质量提高，形成了敌后抗日根据地特有的新民主主义教育结构。其基本特征是：在全部教育工作中，干部教育第一，国民教育第二；在干部教育中，在职干部教育第一；在国民教育中，工农业余教育重于儿童教育。

干部教育之所以是第一位的，“这是因为一切工作，包括国民教育工作在内，都须经过干部去做”①。在抗战最困难时期，河北各根据地对高等教育、中等教育和干部教育进行了精简和改革。在晋冀鲁豫边区，1940 年 2 月转至太行区建校的抗大总校，于 1942 年返回延安，三年间共培养连、营、团级干部 7500 人。太行区抗大六分校并入抗大总校后，又于 1943 年初成立新的抗大六分校，培养部队和地方一般干部，年底结束。为培养干部，冀南、冀鲁豫根据地也创办了抗战学院。冀南抗战学院 1941 年 1 月改为冀南行政干部学校，9 月间冀南民运干部学校并入后，改称冀南政治干部学校。该校 1942 年停办后，冀南第二、第三分区又设立了冀南政治干部学校第一、第二分校，一直开办至 1944 年 5 月才结束。为加强中等教育，太行区 1943 年停办抗战学院后，将第一、第二、第三中学合并为太行联合中学，冀鲁豫区也办起了联合抗日中学等 8 所中学，均以培养基层的行政、经济、教育干部为主。在晋察冀边区，抗大二分校于 1942 年将干部班改为陆军中学，培养连级干部，同时成立附属中学培养预科生，共有学员 1500 人。该校至 1943 年春迁往陕甘宁边区，共办 8 至 10 期，前 4 期培养干部 1 万余人。华北联合大学 1941 年改为三院二部：法政学院、教育学院、文艺学院和群工部、中学部，共有学生 4000 余人，达到全盛时期。后经几次精简，只保留教育学院，分为师范班、中学班、政治班和短期训练班等，共有 600 名学员。1942 年北岳区 5 所中学合并为晋察冀边区联合中学，学制三年，由公费改为自费。随着抗战形势的好转，1944 年后，冀中区恢复了抗战建国学院，建立了 6 所中学；冀鲁豫区的中学发展为 11 所，学生达 2000 人。河北各抗日根据地的高等教育、中等教育和各种干部训练班均得到不同程度的恢复与发展。各抗日根据地在干部教育中，要求贯彻学以致用、理

---

① 《中共中央关于在职干部教育的决定》（1942 年 2 月 28 日），载中央档案馆编：《中共中央文件选集》第十三册，中共中央党校出版社 1991 年版，第 347 页。

论联系实际的原则，学习业务、政治和文化，肃清主观主义、宗派主义和党八股的影响，并对党政民干部的学习制度和学习情况实行考核、测验和奖惩，作为干部鉴定的标准之一。这对于提高广大干部的政治思想水平和业务能力，战胜困难，准备反攻，起了至关重要的作用。

在国民教育工作中，工农业余教育重于儿童教育，这是因为当时农村的成人与儿童不同，是战争和生产任务的主要担当者，他们提高一步，战争和生产就能提高一步。1941 年后，河北各抗日根据地的工农业余教育，配合反日军“扫荡”的斗争，与群众性锄奸运动、誓约运动、参军运动相结合，形成了广大的群众运动。晋察冀边区政府 1942 年制定《冬学教育实施大纲》，按学员识字多少，划分为四个年级，对各门课程比重和应达到的标准作了具体规定。1943 年 2 月要求各地在冬学基础上建立民校，3 月又发出办好春学的号召，要求加强生产和政治教育，11 月确定边区工农业余教育试行民办公助的方针和自愿的原则，纠正业余教育工作偏重政治教育、轻视文化学习及强迫命令的做法。晋察冀边区的工农业余教育从此走上经常化和普遍、深入的轨道。北岳区的民众教育比较普遍、完备，阜平县每个村庄都有民校，曲阳县游击区中有民校的村庄占 96%。冀中区在日军五一大“扫荡”后的极端残酷环境中，民校以新的形式坚持下来。晋冀鲁豫边区政府 1942 年 4 月决定民众学校开办识字班和政治班，规定公民必须识字 1000 个，每年识字 250 个。1943 年 4 月公布《民众学校暂行规程》，要求把民众教育与扶植群众的民主民生运动结合起来，把公民识字提高到 1200 个。至 1944 年，太行区有冬学 4836 处，学员 415955 人；冀南、冀鲁豫区的民众教育也得到恢复和发展。

河北各抗日根据地自开创以来，即大力恢复、普及小学义务教育。1941 年后，各地提出“小学正规化”的口号，使小学教育由量的恢复和发展，进到质的提高阶段，但也出现了脱离生产、脱离群众的倾向。在激烈的反日军“扫荡”斗争中，各地小学经过整顿、改革和反奴化教育，特别是提出“小学民办公助”的方针后，小学教育走上健康发展的道路。由于日伪频繁“扫荡”，许多地方的小学被迫停顿下来。晋察冀边区政府先后颁布《小学教师考核奖励条例》《优待敌占区学生入学办法》《关于优待高小贫寒优秀学生的规定》《关于整理小学加强儿童生产教育的指示》等，各地小学相继实行以全日制为主附设半日制随学班、半日二部制、半日巡回制或隔日巡回制等灵活的教育形式，并把生产成绩作为评定学生的标准之一。1944 年 4 月，晋察冀边区政府召开教育工作会议，决定推行“小学民办公助”的方针，进一步克服了教育脱离群众、脱离生产的倾向。晋冀鲁豫边区政府教育厅 1943 年 10 月作出《加强学校教育的决定》，提出适当增设学校，解决教育经费，提高小学教员待遇等措施。因而，促进了河北各抗日根据地小学教育的恢复、发展和巩固。针对日伪军的“扫荡”和奴化教育，河北各根据地加强了学校的爱国主义和民族气节教育。在游击区，有隐蔽的抗日小学、巡回抗日小学和地道小学，环境特别残酷的村庄有抗日“两面”小学或岗楼小学，不少老师化装成农民、货郎等，走街串巷，进行分组教学，“敌来停课，敌走上课”。完县、望都等 11 县，1943 年有各式伪装小学 154 处。根据地广大儿童参加了童子军，热烈响应三大号召：积极入校学习，努力帮助家庭生产，按时出操上课；广泛开展“五不誓约”运动：“不上鬼子学，不念鬼子书；不听鬼子话，不参加鬼子会；不吃鬼子糖，不要鬼子东西；不见鬼子面，不告诉鬼子一句实话；不受鬼子骗，不参加鬼子少年团。”在极其艰苦的敌后抗战中，儿童中涌现出许多学习模范、生产模范和宁死不屈的气节英雄。武强县儿童温三郁，敌人一刀一刀砍断他的五个手指头，他始终忍痛保守着军事秘密，掩护了隐藏在他家地道里的一个抗日武装小队。北岳区抗联会 1943 年统计，17 个县涌现出模范童子军 113 人，受到北岳区童子军理事会表彰奖励的有完县野场村王璞、行唐县方村张六子、井陉县新庄村田金保等 30 人。

各根据地新闻宣传工作的改善和加强

根据中共中央宣传部 1941 年 7 月 4 日《关于各抗日根据地报纸

杂志的指示》，河北各抗日根据地迅速对新闻出版和宣传工作进行了整顿，建立健全了编辑、通讯、出版、发行机构和各种制度，加强了报刊管理工作。经过全党整风，贯彻“全党办报”的方针，新闻宣传战线的干部提高了党性原则，加强了报刊对党的各项工作及群众运动的指导性，文风、编排、印刷等方面也大大提高。

在晋察冀边区，邓拓带领《晋察冀日报》工作人员，一面打游击，一面出报纸，无论敌情多么严重，从来没有停过刊。在反日军“扫荡”的斗争中，晋察冀日报社的记者、编辑胡畏、戴烨、司马军城、罗夫等近20人英勇牺牲，八路军记者团的雷烨、新华社晋察冀分社记者陈辉等人为国捐躯。1941年元旦，冀东区出版《救国报》，作为冀东区党分委的机关报，油印版，发行5000份。冀中区1941年有大小报纸三四十种，发行达2万份，《冀中导报》改为石印，并增刊《情报》（隔日电讯）、《导报月刊》和青年读物《战斗生活》。五一大“扫荡”后，中共冀中区党委的机关报《冀中导报》停刊，改由各地委出版《团结》《黎明》《前进》等小报。1945年3月15日《冀中导报》复刊，冀中各地委小报停办，不久即由石印改为铅印。在图书出版发行工作上，1942年成立晋察冀文化供应站，冀中区有抗战学社和青塔书店等。1944年，中共中央晋察冀分局决定，由邓拓主编《毛泽东选集》，收入毛泽东重要著作29篇，共50万字，经中共中央宣传部批准，分为五卷公开出版。这是中国第一部毛泽东著作选集本。

在晋冀鲁豫边区，在极艰险的环境中坚持出版发行《新华日报》华北版，先后有何云等50多名记者、编辑伤亡。1943年10月1日，该报改为太行版，发行范围为晋冀豫区。《冀南导报》1941年并入太行区《胜利报》后，改称《晋冀豫日报》，成为中共晋冀豫区党委的机关报。同年，《卫河日报》和《鲁西日报》合并为《冀鲁豫日报》，成为中共冀鲁豫区党委的机关报。1943年3月冀鲁豫军区创办《战友报》，在华北产生了较大影响。冀南区除区党委机关报《冀南日报》外，各地委办了《黎明报》《滏阳报》《人山报》《群众报》《滏运报》等，冀南军区创办了《团结报》。四二九大“扫荡”后，中共冀南区党委的机关报《冀南日报》停办，至 1945 年 9 月 11 日《冀南日报》才复刊，其间由各地委办小报。《抗战生活》是晋冀鲁豫边区的主要杂志，该杂志 1941 年 12 月并入《华北文艺》，此外还有《华北妇女》《教师之友》《敌伪研究》等杂志。晋冀鲁豫军区主办了《前进》半月刊和《战场》周刊等杂志。在图书出版方面，太行区 1942 年建立华北新华书店，1944 年建立冀鲁豫书店。1944 年太行区发行的各种图书、大众读物、教材和宣传品达 13498 册。

各根据地文化艺术的繁荣与提高

文化艺术是敌后抗日根据地事业的一个重要方面。1941 年后，河北各根据地的文化艺术工作在整顿、改革中继续沿着民族化、大众化的方向前进，呈现出日渐繁荣的景象。

在晋察冀边区，1941 年 6 月成立边区文化界抗日救国联合会（简称“边区抗联”），统一领导边区文化运动，边区抗联由边区文救会、文协、音协、剧协、美协等文化艺术团体组成。边区的诗歌运动最为活跃。同年 7 月成立边区诗会，出版边区诗会机关刊物《诗》。同年 8 月 8 日，冀中新世纪诗歌社创办诗刊《新世纪诗歌》。1943 年 1 月，张苏、邓拓、于力倡议创办《燕赵诗社》，并出版诗集。《晋察冀文艺》杂志和《晋察冀日报》副刊《晋察冀艺术》《鼓》等，也经常发表各种诗作。著名诗人田间、魏巍、孙犁、陈辉等人后来都出版了诗集。1941 年冀中文化界发动“冀中一日”创作活动，有 10 万军民参加，经王林为主任的编委会编选，筛选出 230 篇作品，分为《鬼蜮魍魉》《铁的子弟兵》《民主自由幸福》《战斗的人民》等四辑，发表后影响很大。边区剧协 1942 年还创办了《晋察冀边区戏剧》杂志。傅铎的大型话剧《王秀鸾》，杜烽的大型话剧《李国瑞》，火线剧社的独幕话剧《把眼光放远一点》，颇为群众所喜闻乐见。阜平高街村剧团创作演出的《穷人乐》，受到中共中央晋察冀分局的表彰，号召全区文艺工作者“沿着高街《穷人乐》的方向，发展边区群众文艺运动”。边区的歌咏、音乐、美术等工作也相当活跃，如《晋察冀画报》最受欢迎，有许多外国朋友对在敌后极困难条件下能够出版如此精美的画报，深表惊讶和赞美。

在晋冀鲁豫边区，诗歌、报告文学、小说、戏剧、音乐、美术等不断繁荣发展。1941年5月创办《华北文艺》月刊，同年6月成立太行诗歌社，社员200余人，出版社刊《太行诗歌》。经过整风，小说创作有新的发展，赵树理1943年初完成《小二黑结婚》，10月又写了中篇小说《李有才板话》，郭沫若著文称赞赵树理的《李有才板话》和邵子南的《李勇大摆地雷阵》，是“抗战以来文艺作品的杰出者”，“有新的天地、新的人物、新的感情、新的作风、新的文化”。在戏剧方面，1941年8月成立晋冀鲁豫边区戏剧分会后，各剧团在反日军“扫荡”的斗争中，创作改编了历史剧《花木兰》《忠臣血》和《天堂地狱》等一批以旧形式充实新内容的剧本。太行区各地曾发起征集剧本活动，收到各类剧本275部。抗战歌曲创作和群众性歌咏活动很普遍，作曲家岗夫、张林移、孙泱等人一年内发表了51首新歌，张林移的四部合声优秀乐曲《好男儿要当兵》，在各抗日根据地流行甚快颇广。墙头画、漫画、连环画也很普及，还创办了太行区木刻工厂，创作单幅民间年画，使木刻版画大众化，每幅作品印制1万至5万份，以满足群众需要。

各根据地医药卫生事业的新发展

抗战最艰苦时期，河北各抗日根据地医药卫生事业不断地进行改革和加强，有了长足的进步和发展。

第一，建立健全了教学与医疗相结合的体制。白求恩卫生学校，1941年2月增设军医高级班和妇产班，连同原军医、调剂、护士各班，共9期，师生451人。1942年日军五一大“扫荡”后，冀中军区卫生部与晋察冀军区卫生部合并，冀中军区卫生教导班与白求恩卫生学校合编，学员增至770人，有教授17人，教学水平大大提高。该校附属医院白求恩国际和平医院，在印度援华医生柯棣华的主持下，坚持和发展了白求恩的办院方针和制度，并在冀中、冀东各军分区设立分院，使白求恩国际和平医院不仅成为教学实践的主要基地，而且成为全边区的医疗中心。1943 年该校进行精简，部分学员赴延安，9 位教授到各军分区从事医疗或训练工作，全校仅剩学员 129 人，医院床位由 250 张减为 80 张，但保留了教学骨干。随着抗战形势好转，至 1945 年 7 月，白求恩卫生学校和白求恩国际和平医院迅速恢复发展。抗战期间，白求恩卫生学校共培养军医 386 人、调剂员 339 人、护士 203 人；白求恩国际和平医院由最初 23 人发展到 3000 人，日门诊 1000 人次，住院人数最高达 6000 人次，治愈率达 68%，伤员存活率达 93%。

第二，加强医学研究，自力更生解决缺医少药问题。晋察冀边区 1942 年成立医药技术指导委员会，作为边区最高的医药技术指导机关和医药界的权威组织，同时创办《卫生建设》杂志，作为卫生建设的学术刊物和医务人员业务学习的重要教材。这个时期，研究成功了交感神经节切除术、外伤性下肢神经痛和一般下部神经痛治疗法；用针灸治疟疾病，用青核桃皮制作扑疟母灵，疗效都很好。据统计，1942 年，疟疾病患者 14910 人，治愈 12555 人，占 84%；死亡 33 人，占 0.22%。为解决医药器材奇缺的困难，1941 年成立军区材料厂，生产脱脂棉、纱布、丸散膏丹等 100 多种药品、器材。1942 年，广泛开展了自制药品、器材的活动，以保障自给。经过精兵简政，冀中化学制药厂和各军分区制药厂统一编入晋察冀军区伯华制药厂，职工达 230 人。抗战期间，伯华制药厂共生产药品 119 种，医疗器械 21 种，全区所用药品、器械有 70%为自制，还有部分销往冀南、太行、晋西北等抗日根据地及平、津等敌占城市。

第三，群众性卫生运动广泛展开。由于战争和灾荒，特别是日军实行毒气战、细菌战，各地疾病流行，伤寒、霍乱、鼠疫、疟疾、疥疮等，严重地威胁着抗日根据地军民的生命和健康。因此，在共产党和抗日民主政府领导下，各根据地都把乡村卫生运动作为卫生建设的一项重要任务。大力培养卫生干部和卫生人员，推广中西医结合、以中医为主的治病办法。在群众中大力宣传科学卫生常识，破除迷信，改变不讲卫生的陋习。并采取民办公助的形式，培养民间医生，扶植私人药铺，举办卫生合作社。还派出一批一批医疗队、卫生队，到灾区为群众防病治病。1943 年，晋察冀边区政府拨款 300 万元，用于生产药品，分发各地公营和私营的医药合作社代售给群众治病；晋冀鲁豫边区政府仅在太行区就拨款 3 万元医药费，并组织各种医疗队、卫生队下乡防病治病，在武（安）北县为 3661 人种牛痘。1943 年夏，行唐、灵寿、平山等地疾病流行，晋察冀军区派出的医疗队在 3 个月中，施诊 1012 次，治愈 8354 人。龙华县南城司村张明远开办的县中西医药研究所和县医疗所，采用针灸、土药、偏方，或以贱药代替贵药，被群众誉为“模范医务工作者”。群众卫生运动的开展，对于保障根据地军民的生命健康起了重要的作用。

这一时期，继白求恩之后又涌现了柯棣华大夫等可歌可泣的国际友人。柯棣华大夫原名德瓦卡纳斯·桑塔拉姆·柯棣，出生于印度孟买省绍拉普尔镇的一个职员家庭，1936 年毕业于孟买省格兰特医学院。1938 年夏天，他随同印度援华医疗队来到中国，为了表达援华的决心，在自己的姓氏后面加了一个“华”字，从此，改名为柯棣华。柯棣华于 1940 年 6 月到达晋察冀边区，担任白求恩卫生学校外科教员，后来被任命为白求恩国际和平医院第一任院长。柯棣华处处以白求恩为榜样，对工作极端负责任，对医术精益求精。他在边区两年多时间里，亲自做手术 900 多例，战斗紧张时，每天平均做五六个手术。在抗战最困难的 1942 年，他于 7 月 7 日毅然加入了中国共产党。由于工作过于紧张，他写完教材《外科总论》，又在赶写《外科各论》时，终因癫痫病发作，抢救无效，于 1942 年 12 月 9 日在唐县以身殉职，年仅 32 岁。晋察冀边区和延安分别于 12 月 18 日和 30 日举行了追悼大会。毛泽东题写挽联：“印度友人柯棣华大夫，远道来华，援助抗日，在延安、华北工作五年之久，医治伤员，积劳病逝，全军失一臂助，民族失一友人，柯棣华大夫的国际主义精神，是我们永远不应该忘记的。”①

① 《聂荣臻回忆录》（中），解放军出版社 1984 年版，第 490 页。

五、河北各抗日根据地的恢复与再发展

武工队深入敌后之敌后

冀南、冀中、冀东等抗日根据地自 1942 年冬季开始恢复。进入 1943 年，在国际反法西斯战线转入战略反攻的形势下，河北各抗日根据地在中共中央、北方局关于“为反攻和战后作准备”的方针下，与根据地军民的反“蚕食”、反“扫荡”的斗争紧密配合，进一步派遣大批敌后武工队和小部队挺进到敌占区、接敌区，开展军事斗争和政治攻势，积极打击日伪军，使抗日根据地得到恢复和再发展。

在晋冀鲁豫根据地，敌后武装工作队的建设和战斗取得了显著的成效。中共冀南区党委自日军四二九大“扫荡”后，即积极加强各军分区武装工作队（简称“武工队”）的建设。武工队的组成人员，大多是从部队抽调出来的连排级干部，主要是连队政治指导员、党支部书记，以及从地方抽调出来的具有丰富斗争经验的党政机关干部。至 1942 年 7 月，冀南各军分区共组成 21 支武工队，计 438 人。第一军分区组成了 3 个武工队，分别活动于大名以北，魏县、漳河一带和成安、临漳地区。第二军分区组成了 7 个武工队，分别活动于宁（晋）南、南宫、隆平、尧山、南和、平乡和冀特区的三角地带。第三军分区组成了 3 个武工队及一个民运工作队，分别活动于永（年）北洺河两岸，漳河以东，邯（郸）南、磁（县）东、肥（乡）西的三角地区。第六军分区组成了 2 个武工队，一个武工队在垂杨的一、五、六区活动，另一个武工队在故城的一、二、三、四、五区活动。第四军分区的武工队在威县第一区活动。第五军分区的武工队在武邑县北部的赵桥、石海坡一带活动。这些武工队突破日军的封锁线，深入敌占区，在当地党组织的配合下，调查研究，打击日伪汉奸、土匪和反动会门，组织、发动、武装群众。在短短几个月内，先后逮捕敌探、汉奸 100 余人，处决罪大恶极者 30 余人；采取各种办法，领导群众开

展反资敌斗争，减轻了人民的经济损失和经济负担；隐蔽地开辟地区，迅速扭转了四二九大“扫荡”后冀南那种混乱、退缩的局面，形成了敌进我进、互相插花、游击抗日根据地范围不断扩大的局面。1943年1月起，为贯彻中共中央太行分局温村会议的精神，在晋冀鲁豫全区大力贯彻“敌进我进”的方针，共组织近1000支敌后武工队和小部队，深入边沿区、敌占区。他们开展锄奸反特斗争，加紧政治攻势和瓦解伪军工作，领导群众进行反掠夺、反劳役、反抓丁的斗争。因而，争取和控制了一些日伪据点，在许多村镇建立了隐蔽的抗日政权。冀南区1943年1月至4月，瓦解伪军9097人，利用伪军关系拔除日军据点109处。经过一年的奋斗，冀南区恢复和开辟10个县，占本区面积的1/5。晋冀鲁豫全区，由敌后武工队和小部队恢复和开辟的面积，约占全年恢复和开辟总面积的3/5。

在晋察冀抗日根据地，1943年北岳区继续组织众多支武工队深入敌后，宣传、动员群众，镇压汉奸、特务，争取和瓦解伪军、伪组织，运用建立“两面政权”的策略，恢复根据地和开辟新区。至1943年底，北岳区共恢复和开辟2000多个村庄，建立5个县抗日民主政权，并粉碎了日军在平汉路西侧建立第二道封锁线的计划，争取了对敌斗争的主动权。冀中区以小部队分散活动，建立“堡垒户”，开展村落隐蔽伏击，进而有计划地深入敌后之敌后，开辟地区。至1943年，军民共攻克、逼退敌人据点600多处，恢复和开辟3500个村庄、54块游击根据地，使许多小块根据地连接起来。冀东区也于1943年春夏季派出大批武工队和小部队，重返丰润、宁河、滦县、遵化、玉田等地，先后攻克日伪军据点40多处，基本上恢复了原有的平原基本区，在热南山区和昌平、延庆地区沉重打击了日军“集家并村”、制造“无人区”的计划。

开展民兵联防和地道战、地雷战、交通战

为恢复、发展根据地，河北各根据地均大力加强了民兵建设。各根据地民兵的数量和质量不断提高，战斗力和作战艺术显著增强。北

岳区民兵由1941年的30万人，到1942年增至40万人。冀中、冀南、冀东等地民兵也有很大发展。在广泛的群众性游击战争中，民兵发展了地道战、地雷战、水上游击战、交通战和民兵联防等游击战法，取得了辉煌的战绩。

地道战始于五一反“扫荡”前后的冀中区，进入1943年在冀南、北岳、冀东等地得到广泛发展。冀中区的许多地方，不仅形成了户户相通、村村相连的地道网，而且进一步改进，构成了“三通”（房上、地下、院户相通）、“三交叉”（高房顶、院落、地道三层火力网交叉）、“五防”（防水、防毒、防掘、防钻、防火）的战斗型地道体系。到1944年初，全冀中挖地道达1.25万公里。深泽县白庄村在地道作战中，有一次八路军和民兵以不足300人的兵力，抗击日伪军1000余兵力，取得歼敌400余人的胜利，而抗日部队只伤亡20余人。冀南区肥乡县，有的地方几十个村地道相连，变成了打击敌人的“迷魂阵”。利用地道，还有效地掩护了党政军民干部，使他们能够坚持地区，领导抗战。还有不少小型工厂、报社、电台、医院等，掩蔽在地道内，坚持正常开展抗日工作。

地雷战也在群众性抗日游击战争中得到普遍运用。各地民兵不仅制造了铁雷、石雷、木雷、砖雷、瓦罐雷、瓷瓶雷等，而且创造了拉雷、绊雷、滚雷、水雷、连环雷、子母雷等巧妙的埋雷方法，以封锁敌人，大量杀伤敌人。阜平县李勇、新乐县李混子等人，是闻名的爆炸英雄。1943年上半年北岳区民兵用地雷炸死日伪军1000多人；李勇领导的游击小组使用地雷，几分钟内炸死日伪军36人，创造了游击小组一次杀敌的新纪录。《晋察冀日报》6月9日发表社论，号召全区军民“广泛开展李勇爆炸运动”。新乐县李混子领导的爆破组，制造了大型地雷，炸毁了敌人的火车头。太行区民兵在反“扫荡”的战斗中，巧布地雷阵，使日伪军触雷1900多个，死伤1000余人。在涉县的赤岸、王堡等地，日军不得不到处标记“危险区”，连厕所都不敢进。地雷战的广泛运用，对于打击进犯之敌，配合主力作战，保卫抗日根据地，发挥了巨大的作用。

1941年后，河北各抗日根据地都开展大规模的交通破击战，给日伪军以沉重打击。冀南区军民1941年8月至12月，连续三次开展交通破击战，并配合太行区军民对平汉铁路的破击战，共破坏公路326公里，攻克据点33处，歼灭日伪军3189人，缴获枪1659支，机枪31挺，炸毁汽车5辆。冀中区军民三次对石（门）德（县）、平汉铁路的破击战，参战达70万人次，作战约150次，歼灭日伪军2000多人，破坏铁路175公里，平毁封锁沟125公里，攻克碉堡47个，炸毁桥梁12座，炸毁火车一列，收割电线4500多公斤。交通战的广泛开展，使敌人的交通运输和作战计划受到打击和破坏，对于配合主力部队的反"扫荡"作战，坚持和发展抗日根据地，起了重要作用。

这一时期，民兵由过去的村自为战，逐步发展为地区性的民兵联防作战。民兵一面生产，一面监视敌人，发现敌情，立即按预定的信号，通知附近各村军民，以准备联合作战，打击敌人。如冀中区，在民兵联防中，抓住敌人外出活动的规律，创造了"堵门战"（埋伏在据点附近，敌人一出门，就给予迎头痛击）、"捕捉战"（埋伏在村边、树林等处，捕捉零散活动的敌人）等战法，搞得敌人龟缩在碉堡内，不敢轻易外出活动。

晋察冀边区取得反日军"毁灭扫荡"战役的胜利

日军在太平洋作战被迫转入战略守势之时，敌后河北等各抗日根据地也在迅速恢复和发展，日军为确保华北"真正成为大东亚战争的兵站基地"，于1943年秋冬，纠集20万兵力，对敌后华北各抗日根据地逐一进行了大"扫荡"。

日本华北方面军第一军于1943年4月完成对国民党第二十四集团军和河北省党政军要员的逼降、诱降后，从5月5日起，以第三十六师团和第三、第四独立混成旅团，分三路对太行区根据地进行大"扫荡"。八路军总部和一二九师师部先期跳到外线。5月8日，日军形成了对左权县麻田和涉县王堡、赤岸为中心的合击圈。太行军区以军分区基干部队和民兵组成游击集团，坚持内线斗争；以主力部队在外线，攻击平汉路和白晋路等交通线，破坏日军的后方。日军合围扑空后，转入“清剿”。这时，一二九师和太行军区的游击集团分散开展麻雀战、地雷战，使日军处处挨打、挨炸，十分惊慌。至5月22日，日军撤回原交通线。太行区军民这次反“扫荡”作战，共歼灭日伪军2500多人，民兵发挥了重要作用，仅涉县89个村民兵就作战200多次，歼灭日伪军350多人。

日军把1943年秋冬季“扫荡”的重点，放在晋察冀边区的北岳区。日军抽集第一一〇、第六十三、第二十六师团主力，第六十二师团一半，第三独立混成旅团，第一、第二独立混成旅团各一部，以及伪华北治安军等，共4万多兵力，对北岳区进行为期3个月的“毁灭扫荡”，实行杀光、烧光、抢光的“三光”政策，企图毁灭北岳区抗日根据地军民的生存条件。

针对日军此次“毁灭扫荡”的特点，晋察冀军区采取了内线与外线相结合、主力与民兵相结合、军事打击与政治攻势相结合的方针，实行党政军民一体化的总力战。北岳区反日军“毁灭扫荡”的战役，大致经历了三个阶段：

第一阶段，反日军“毁灭扫荡”作战。自9月15日起，日军先头部队1.7万余人从平汉、正太、同蒲、平绥等铁路沿线，分路向北岳区抗日根据地的边沿集结。16日至18日，日军以分进合击的方式，分别占领了第一军分区的易县松山、第三军分区的唐县唐梅、第二军分区的平山县蛟潭庄、第四军分区的平山县会口、盂县东北的六岭关和灵丘以南的下关等地。日军占领这些要点后，企图合击晋察冀边区首府阜平，抢占战略要地神仙山。晋察冀军区为打破日军的合围，以军区主力团和1/3地区队的兵力及边沿区的县大队、区小队、武工队，伸至日军的封锁沟线外，破坏日军的交通和后方设施；以主力团和2/3地区队的兵力，在内线以连、营为单位，配合民兵开展游击战、地雷战，阻击、消耗和疲惫日军。9月23日、24日，各路日军合击、占领了边区首府阜平县城，开始依据要点实行分区“清剿”，大肆烧杀抢掠。为打击“清剿”之敌，晋察冀军区各军分区大力组织射击组、爆破组，与民兵游击组相结合，展开地雷战、麻雀战，并适当集结主力打击小股“清剿”之敌。9 月 25 日，日军 4000 多兵力在空军掩护下，围攻阜平县城东北的神仙山和完县西北的青虚山。晋察冀军区第四十二团和第二团一部，为保卫边区党政军领导机关和大量弹药物资，坚守制高点 12 个昼夜，在第六团和特务团等部的配合下，终于将日军击退。

至 10 月中旬，晋察冀军区开始转入第二阶段反日军“毁灭扫荡”作战。10 月 13 日起，日军集中兵力对唐河、沙河、滹沱河沿岸的产稻地区进行“扫荡”，企图抢掠粮食。晋察冀军区以一部主力，配合民兵，掩护党政干部到各地领导群众抢收粮食，进行坚壁清野，并集中主力打击分散之“清剿”和抢粮的日军。经过反复争夺，85%的粮食被抗日军民抢收回来。日军的抢粮计划失败后，又妄图集中兵力寻找晋察冀军区主力决战。这时，晋察冀军区以主力之大部分散坚持内线斗争，而以主力一部转至外线打击敌人。至 11 月中旬，日军伤亡已达 7000 余人，其后方也不断遭到袭击，因此不得不开始分批撤退。

晋察冀军区反日军“毁灭扫荡”作战即转入第三阶段。但日军遭到沉重打击，开始撤退中，改变了以往离心外撤的方法，采取了依托据点，连续奔袭、合击边区机关、部队，大肆烧杀破坏，交替掩护其主力撤退的方法。对此，晋察冀军区采取了新的对策：以小部队逼近、监视日军，迟滞日军的奔袭行动；以一部兵力引诱、牵制日军；主力大部分转至外围包抄歼灭日军。内线与外线紧密配合，先后在盂县的上社、涞源的曹庄台、平山的双石洞等地，给日军以重创。至 12 月 15 日，反日军“毁灭扫荡”作战胜利结束。

这次北岳区军民反日军“毁灭扫荡”作战，历时 3 个月，共作战 5600 多次，毙伤俘日伪军 1.1 万多人，攻克、逼退日伪军据点 204 处，一度袭入保定、望都、唐县等 13 座城镇，缴获山炮 1 门、轻重机枪 17 挺、步枪 800 支，炸毁坦克车 3 辆、汽车 244 辆、火车 8 列，平毁公路 950 公里、铁路 5 公里、封锁沟 50 余公里，恢复、开辟 1074 个村庄，晋察冀军区部队也伤亡 2427 人。日军在大“扫荡”中犯下了无数暴行，致使无辜群众伤亡 8925 人，烧毁房屋 49785 间，损毁粮食 30 万担，抢掠牲畜 7 万多头，破坏农具 17 万多件。日军还制造了许多大惨案，如阜平县的平阳惨案，易县的寨头惨案，涞源县的走马驿惨案，平山县的岗南、焦家庄惨案，井陉县的黑水坪、老虎窝惨案。日军仅在平阳惨案中就残杀群众 1000 多人，一些村庄尸体遍地，惨不忍睹。

此次晋察冀边区反日军“毁灭扫荡”战役的胜利，宣告了日军的“蚕食”“扫荡”政策的彻底破产，为晋察冀边区军民转入 1944 年的攻势作战，创造了有利的条件。

冀东区军民取得恢复平原基本区战役的胜利

冀东区军民经过开辟新区，到 1942 年底，出现新的局面。但在冀东基本区，由于日伪军重兵“扫荡”“蚕食”，沿长城内侧大片游击根据地变成“无人区”，平原游击根据地大部变为敌占区、隐蔽游击根据地，并被沟墙、碉堡、据点严密分割、封锁，处境仍十分困难。为恢复基本区，中共冀东地委和军分区于 1943 年 2 月 1 日，发起恢复基本区战役。集中 2/3 以上主力，由李运昌率领，分东、中、西三路，跨越长城封锁线，向基本区挺进。西路第十三团由热南山区进抵蓟县东部时，遭敌 5000 兵力围攻，部队突破日军围攻后，于 5 日返回热南根据地。东路第十二团，遭敌重兵阻截，未能由滦东渡河进入迁滦丰地区，而留在滦东地区作战。中路李运昌率军分区直属队和第十一团，由喜峰口过长城封锁线，12 日进抵遵化县，击退敌阻击，17 日进抵离唐山 25 公里处南青坨，与第四区队会合。18 日，遭日军 6000 余人围攻，突围后北返。19 日，在遵化县马家峪、东水头一带，再遭日伪军 6000 余人围攻，突围后，于 22 日转到滦东地区休整。是役，击毙日伪军 500 余人，八路军仅伤亡 85 人，极大地鼓舞了坚持基本区斗争的军民，给日伪汉奸以很大震慑。

此次恢复基本区战役后，军分区主力和游击队一部北出长城，配合热南群众反“集家并村”斗争，巩固热南游击根据地；另一部留在长城以南，坚持反“扫荡”斗争，配合地方干部群众恢复地区。从此，基本区整个局面开始由被动守势转化为主动攻势。在此基础上，根据中共中央北方分局和晋察冀军区的指示，中共冀东地委和军分区于 1943 年 6 月发起青纱帐战役，即第二次恢复基本区战役。冀东八路军分东、中、西三路向长城以南进军。东路第十二团，一部转战滦东，一部渡滦河经迁滦丰联合县北部山区进入平原地区。中路李运昌率第十一团等部由喜峰口南下，恢复丰润、玉田、宁河及遵化南部地区。西路第十三团等部，由兴隆经平谷、密云南下，恢复平谷、顺义、三河地区。经 3 个月紧张战斗，共作战 50 余次，攻克敌点碉 40 余处，毙伤俘日伪军 2500 余人，原被日军“蚕食”的地区，除蓟县平原、玉田西部及迁滦丰联合县的一区外，全部得到恢复，平毁沟墙，摧毁伪组织，中共基层组织和村政权及群众团体得到恢复和初步整理；长城沿线南侧和平原地区的多块“无人区”重见天日，群众恢复居住、耕作，成为巩固抗日根据地。

至此，冀东抗日游击根据地得到大的发展。开辟了北宁路南、滦河以东和热河南部，在热北地区开创了承（德）平（泉）宁（城）和凌（源）青（龙）绥（中）两块游击根据地，建成了横跨热河、河北两省的冀热边区抗日游击根据地，全区人口由 1941 年 150 万发展为 363 万，由 3000 个村庄发展为 9094 个村庄，抗日县政权由 7 个发展为 19 个，总兵力由 7300 余人发展为 1 万人以上。

河北各抗日根据地反“蚕食”、反“扫荡”作战的胜利，使各抗日根据地得到恢复与再发展。到 1943 年底、1944 年初，在北岳区，恢复与开辟了 3000 多个村庄，被日军“蚕食”的地区得到基本恢复，还新建了 5 个抗日联合县政府，日伪军据点从 1942 年的 1876 个减少至 840 个①。在冀中区，根据地恢复到五一大“扫荡”以前的局面，日伪军据点从 1943 年夏天的 1753 个减少至 495 个，有些县城已经见

① 北京军区晋察冀战争史编译组编：《晋察冀军区抗日战争史》，军事科学出版社 1986 年版，第 477 页。

不到日军。[1] 在冀热辽边区，根据地平原基本区大部得到恢复，摧毁了日军制造的部分“无人区”，并开辟了新的抗日游击根据地，新设置了8个抗日联合县政府，八路军已经深入到伪满洲国境内展开活动。在冀南区，抗日根据地恢复到四二九大“扫荡”以前的状况，许多小块根据地连接起来，形成了对日伪军的犬牙交错的包围态势。冀鲁边区、太行区、冀鲁豫区等根据地也得到了恢复与再发展。这就为河北各抗日根据地军民转入1944年攻势作战，奠定了有利的条件。

河北等地日伪统治陷入危机

面对反法西斯同盟国和中国战场行将到来的反攻形势，日本御前会议于1942年12月21日，决定了所谓“对华新政策”：让汪伪政权正式成为日本的“参战同盟国”，允许它扩充伪军，停用日本军票，维护伪钞，归还其部分工厂及英美产业，以使汪伪政权能够增强“自治力”，从而达到“以战养战”“以华治华”，以应付日益恶化的战局。据此，日本华北方面军于1943年上半年，撤销了方面军参谋部主管政务的第四科，将方面军特务机关改称“陆军联络部”，取消其对各级政权的幕后指挥职责及派往各县的特务联络员。

按照日本侵略者的意图，汪伪政府于1943年1月9日，对英美宣战，2月5日去掉伪国旗上的傀儡象征“黄三角布片”。伪华北政权于2月9日开始大改组，王揖唐被免职，由朱琛任伪华北政务委员会委员长；原由王兼任的内务总署督办改由治安总署督办齐燮元兼任；原王的亲信政务厅长兼秘书长夏肃初被免职，由张仲直继任；教育总署督办汤尔和与建设总署督办殷同病死后，分别由周作人、余晋酥继任。华北四省二市的首脑也相继换班。原伪河北省长兼警备司令吴赞周被免职，由伪华北政务委员会治安总署署长杜锡钧继任，并成立河北省保安司令部以代替警备队，由杜兼任伪保安司令；伪河北省各厅局和道、县官吏也依次换班。在此前，1942年成立了伪保定市公署，

[1] 《中共中央晋察冀分局关于目前边区形势与工作方针的指示》，1944年5月12日。原件存中央档案馆。

辖清苑为中心的86个村庄、9万人口，刘凯任伪市长。

与此同时，伪新民会进行了改组，由朱琛任会长，汪精卫任名誉会长，开始在华北实行所谓“保民”（即“剿共”自卫）、“养民”（即勤俭节约）、“教民”（即思想统治）的“新国民运动”。3月30日，伪华北防共委员会和伪“治安强化”运动总本部合并，改组为伪华北“剿共”委员会，朱琛任委员长，省、市、道、县设立各级“剿共”委员会，成为伪政权、新民会、伪军三位一体进行“剿共”的“总力战”机关。朱琛于7月2日死去，6日王克敏被再次起任伪华北政务委员会委员长。8月5日，汉奸荣臻继任伪华北“剿共”委员会委员长。11月，王克敏又改组伪华北政权，撤换了掌握伪华北军政实权的齐燮元，由杜锡钧任治安总署督办，并将伪治安军改称伪绥靖军。伪河北省长由原省建设厅长陈曾轼接任。余晋龢死后，陈改任伪建设总署督办，汉奸荣臻接任伪河北省长，直至抗战胜利。

日军为了扭转战局被动和政局混乱的颓势，在王克敏上台后，采取了“治安特别措施”，即从8月9日至10月30日，开展“华北新建设运动”：乘秋收季节，配合日伪军的武力讨伐，由伪政权、新民会、合作社、采运社等伪组织一起出动，大肆收购和掠夺粮食，以维持敌占区日益崩溃的经济。同时，宣布推行“扩大新国民运动”，实行“剿共建国”“增产救民”“肃正思想”“革新生活”，其目的是妄图加强伪政权的政治、经济和思想建设。同年秋，又将北平以南的霸县、永清、安次、固安4县划为伪华北政务委员会第一直辖行政区，作为重点“剿共”区，由日军第六十三师团担任“剿共”和行政的幕后指挥。1944年7月，日军在冀东建立唐山行政区公署，由伪绥靖军首领姜凤飞任伪区公署主任，并驻守伪绥靖军10个团兵力，配合日军实行军政统治，以确保治安和对开滦的煤炭等重要物资的掠夺。

华北日军为了加紧对共产党的谍报工作，1943年9月2日，将日本华北宪兵队改组为“华北特别警备队”（简称北特警）。它包括对共调查班、科学侦谍班、特别侦谍队和临时特别情报队等特种部队，具有进行小规模清剿、剔抉的作战能力。下辖5个大队、6个特别侦谍队，其中驻在河北境内的有：第一、第三大队驻冀东，配合日军第八独立混成旅团作战；第四大队驻冀中的安国、饶阳、无极地区，配合日军第一一〇、第六十三师团作战，并搜集北岳区、太行区和中共北方局的情报；第五大队驻北平，配合日军第六十三师团活动；第二大队第四中队驻固安，配合第一直辖行政区的“清剿”工作。第一至六特别侦谍队分别驻北平、天津、开滦、井陉、山海关及枣庄煤矿，负责侦破共产党的地下组织。1944 年 6 月，北特警新增 5 个大队计 5000 多人，其司令部和主力于 7 月 10 日由北平移驻唐山。1943 年 9 月 20 日至 1944 年 6 月 9 日、1944 年 6 月 10 日至 1945 年 1 月 4 日，北特警分别进行了第一期和第二期作战，重点均在唐山、冀东地区和北平、天津，一度对共产党的地下抗日斗争造成不少危害。

但是，华北日伪的上述“治安特别措施”挽救不了其殖民统治的日益恶化。日军不得不承认“综观管内全面治安情况，难说有所改善。相反，不少地区正在趋于恶化或复杂化”。“与中共方面党政军民结成一体的情况对照，我方的军政民则是支离破碎的一盘散沙”。“新政权的腐化堕落和政治上的无能，已达到严重的地步”。使占领区的“民众穷困，生产下降，壮丁缺乏，牲畜减少”，“农村经济破产，几乎陷入饥饿的困境”。[①] 1945 年 1 月，王克敏再次被免职，由王荫泰任伪华北政务委员会委员长。至此，包括河北在内的整个日伪统治陷入危机。

---

① 日本防卫厅战史室编，天津市政协编译组译：《华北治安战》（下），天津人民出版社 1982 年版，第 390—399 页。

第十五章

河北各根据地对日反攻夺取抗战胜利

一、河北各抗日根据地的局部反攻

1944年的对日局部反攻

自1943年下半年，世界反法西斯战争转入战略反攻，德意日法西斯在战略上失去了主动权。英美对日太平洋作战节节胜利，日本的所谓“绝对国防圈”迅速被盟国军队的进攻所打破。日本为扭转战略颓势，决定进行打通中国大陆交通的作战，企图使中国大陆继续与日本本土及东南亚占领地保持联系。由于蒋介石和国民政府对日军的大规模进攻缺乏准备，因而尽管爱国官兵奋勇抵抗，还是出现了溃败局面。日本为集中兵力，打通中国大陆交通线，不得不从华北抽调兵力，而在华北只得因兵力更加空虚而转取战略守势。

在这样有利的国际国内形势下，中共中央制定了为反攻和战后做准备的方针。毛泽东于1944年4月强调：“现在的任务是要准备担负比较过去更为重大的责任。我们要准备不论在何种情况下把日本赶出中国去。”① 中共中央北方局在《关于1944年工作方针与任务的指示》中，号召华北全党全军要“团结全华北人民的力量，克服一切困难，

① 《毛泽东选集》第三卷，人民出版社1991年版，第945页。

坚持华北抗战，坚持抗日根据地，积蓄力量，准备反攻，迎接胜利”。①

根据中共中央部署，在日军为打通中国大陆交通而向国民党正面战场进攻时，敌后战场抗日军民转入了局部反攻。在河北各抗日根据地，从年初到年终，军事攻势与政治攻势相结合，正规军、游击队、民兵相结合，战斗战役规模愈来愈大，攻势愈来愈猛，取得了具有战略意义的胜利。

北岳、冀中、冀热边区的局部反攻 1944 年 5 月 12 日，中共中央晋察冀分局发出《关于目前边区形势与工作方针的指示》，对边区的局部反攻作出了具体部署。指示提出：各战略区要积极向敌后之敌后伸展。北岳区，要向西北和东北伸展，争取察南 10 县全归我有，同时开展桑干河两岸与雁门关外的工作，在冀西主要是在敌纵深积极活动，以逼退与孤立第一线敌据点；冀中区，要继续扩大与开辟地区，大量瓦解与打垮日伪军，将两面负担地区变为对我一面负担地区，以断绝敌之支应，迫使敌再收缩集中；冀热边区，要坚持伪满境内原有阵地，深入巩固，并逐步向东向北发展；平西、平北和冀中第十军分区，要与冀东配合，向北平近郊进逼，造成紧围北平之势，冀中第九军分区要积极向天津附近发展。指示强调：这一“向敌后之敌后伸展”的具体部署，不是在定期的战役计划下的统一行动，而是统一步调、互相配合的巩固的向前发展。② 5 月 28 日，晋察冀军区发出了《关于继续向敌后之敌后开展工作的训令》，指令各战略区依照分局上述指示作出具体布置，切实执行。③

遵照中共中央晋察冀分局和军区的指示，北岳、冀中、冀热边区军民展开了持续全年的攻势作战。北岳区部队自 1 月起主动出击，至

① 中共中央北方局：《关于 1944 年的工作方针和任务的指示》，1944 年 1 月 1 日，原件存中央档案馆。

② 中共中央晋察冀分局：《关于目前边区形势与工作方针的指示》，1944 年 5 月 12 日。原件存中央档案馆。

③ 晋察冀军区：《关于继续向敌后之敌后开展工作的训令》，1944 年 5 月 28 日。原件存中央档案馆。

5月，攻克日伪据点358处，新开辟工作的村庄2360个，有1990个村由两面政权转变为抗日一面政权。在护麦战斗中，又作战88次，歼敌1500多人，开辟了部分新区。6月，向日军的纵深地区攻击，连续袭击了保定、望都、完县、涞源和山西的灵丘等城。接着，第四军分区部队收复平山县回舍全区，扩大根据地100余平方公里；第二军分区部队突破日军在冀晋边的封锁线，摧毁日军在五台山南麓石嘴至耿镇段和盂县以北椿树底至张家坪段的封锁线；第三军分区部队突破唐县至曲阳间的封锁线，解放曲阳以北100多个村庄。到9月，北岳区部队已扫清了日军的第一线点碉，使晋东北与冀西连成一片，冀西地区的敌占各县城处在八路军包围之中。察南的八路军部队在涿鹿县深井堡以西建立游击根据地，并开辟了怀安、宣化、阳原、涿鹿部分地区，打开了察南地区的局面。平北的八路军部队积极向北扩展，开辟了张家口东北崇礼县大部地区，骑兵部队进到张北、沽源的坝外草原上；同时向北平之北郊和宣化、赤城地区发展。9月，又粉碎了日军对大海陀地区的“扫荡”，从而扩大和巩固了平北根据地。

冀中区的八路军部队发动春季“拔碉战役”。从2月初至4月底，攻克、逼退敌据点、碉堡519处，致使日军据点、碉堡由1943年的1082处减至563处，根据地恢复到五一大“扫荡”以前的局面。接着，展开护麦战役，配合民兵，掩护群众快收、快藏，至6月底，共作战100余次，攻克、逼退日伪据点、碉堡42处，一度收复任丘县城，消灭日伪军1476人，粉碎了日军在河北抢麦10万吨的计划。在青纱帐战役中，冀中部队歼敌3000余人，攻克据点数十处，开辟了石门以东藁城、无极地区和天津以南青县地区，并派一部兵力进入北平近郊的武清地区活动。在秋冬季攻势作战中，第九军分区部队9月30日攻占肃宁县城，并解放肃宁县全境，为冀中区解放的第一座县城；第七、第八、第十军分区部队先后攻克武强，攻入深泽、安平、献县、饶阳、文安等县城，袭入保定西关和天津市区，并奔袭了北平西南的长辛店车站。至年底，冀中军民共作战1845次，歼灭日伪军21339人，攻克和袭入城市25座，攻克、逼退敌据点、碉堡815处，解放村镇 3892 个，面积 11420 平方公里，人口近 370 万。至此，冀中区管辖村镇达 20250 个，面积 30350 平方公里，人口近 820 万，与平西、平北、冀热边区配合，形成了对北平、天津的包围态势。

在冀热边区，中共冀热边特委和行署的建立，引起日本关东军和华北方面军的关注。日本关东军在长城以北的热辽地区疯狂扩大“无人区”。日本华北方面军将华北派遣宪兵队改编为“华北特别警备队”，抽集 3 个大队加强对冀东基本区的警备，并于 1943 年 9 月至 1944 年 2 月，集中 1 万余兵力，采取长途奔袭、分进合击的方式，对长城以南的遵化、迁安、卢龙、抚宁、蓟县、平谷、密云、通县、三河、香河、宝坻、宁河及北宁路南各县，先后进行 6 次大“扫荡”。中共冀热边特委和军区连续组织反“扫荡”战役，打击“北特警”的“蚕食”活动，1 月至 5 月，粉碎了日军对热南山区的“扫荡”和对遵化、玉田地区的合击，并以一部兵力穿插到日军的纵深地区，先后攻入宁城、昌黎县城，共作战 55 次，消灭日伪军 2962 人。在夏季攻势中，冀热边部队收复了蓟县平原、玉田西部和宝坻北部地区，结束了根据地基本区被分割的局面，并向平、津近郊发展，开辟了三河至通县公路以南和武清、宝坻、宁河三角地区，与冀中进入武清的部队会合。9 月 15 日起，日军以第八、第九旅团和第六十三师团及“北特警”、伪绥靖军（由伪治安军改称）、伪满军、伪保安队等共 6 万余兵力，对冀热边区抗日根据地进行大“扫荡”。冀热边部队经过 3 个月艰苦的反“扫荡”作战，作战 106 次，毙伤俘日伪军 3000 余人，拔除、逼退日伪军点碉 58 处，迫使日军于 1945 年 1 月撤退。但在反“扫荡”作战中，冀热边特委领导机关于 10 月 17 日在丰润县杨家铺村遭日军合击，特委组织部长周文彬、宣传部副部长吕光和第四地委书记丁振军等 430 多名干部、战士壮烈牺牲，170 多人负伤、被俘。冀热边部队还积极向伪满境内之热河、辽宁西部地区伸展，在日军制造的“无人区”和“人圈”内展开抗日武装斗争。至 1945 年初，冀热边区扩展到西抵平津，东至山海关、秦皇岛的广大地区，包括抗日县政权 25 个，10800 个村，599 万人口，共产党员达 36200 人，主力部队达1.4万余人。

晋察冀全区部队一年中，共歼灭日伪军4.5万人，攻克、逼退日伪军据点、碉堡1600余处，解放人口758万，收复了广大地区。为适应对日反攻作战的需要，中共中央1944年7月28日决定在晋察冀分局、军区、边区政府下划分4个区党委和军区、行署，并对地区划分、机构设置和干部配备作了原则指示。据此，9月下旬，北岳区划分为冀晋、冀察两区。冀晋区由第二、第三、第四、第五分区组成，区党委书记王平（兼军区政治委员），司令员赵尔陆，行署主任杨耕田。冀察区包括第一、第十一、第十二、第十三分区，区党委书记刘道生（兼军区政治委员），司令员郭天民，行署主任张苏。10月10日恢复冀中区建制，区党委书记林铁（兼军区政治委员），司令员杨成武，行署主任罗玉川，下辖第六、第七、第八、第九、第十分区。1945年1月上旬，根据中共中央指示，冀热边区改称冀热辽区，为二级军区，李运昌任区党委书记兼军区司令员、政治委员，副书记李楚离（兼副政治委员），行署副主任张明远（不久接任主任），下辖第十四、第十五、第十六、第十七、第十八地委、专署、军分区。

太行、冀南、冀鲁豫区的局部反攻 根据八路军总部和一二九师师部的统一部署，为进一步摧毁日军的分割封锁，缩小敌占区，扩大根据地，晋冀鲁豫边区部队展开了春夏季攻势作战。太行区部队六七月间向平汉路西侧邢台、沙河以及临城至内丘段的日军第三道封锁线发起攻击。第六军分区部队进行了沙河战役，以摧毁日军第三道封锁线为目标，拔除12个据点，解放60余个村庄。第一军分区部队在临（城）内（丘）段第三道封锁线上拔除日伪军14个据点。至此，平汉路西侧日军第三道封锁线被大部摧毁。同时，冀南、冀鲁豫等区部队配合民兵，一面反“扫荡”，一面向日军突出、孤立的据点和城镇发起攻击，收复了一些地区和城镇。

为适应攻势作战的需要，根据中共中央的决定，1943年11月成立中共冀鲁豫分局，黄敬任书记，组织部长宋任穷，宣传部长李菁玉，民运部长张霖之。1944年5月11日，冀南与冀鲁豫两区合并为冀鲁豫边区。成立新的冀鲁豫军区，宋任穷任司令员，王宏坤、杨勇任副司令员，黄敬兼政治委员，苏振华任副政治委员。成立新的冀鲁豫行署，孟夫唐任主任，徐达本、贾心斋任副主任；设冀南办事处，范若一为主任。原冀南第一、第三地委、军分区和专署合并为冀鲁豫边区第三地委、军分区和专署，原第二、第四、第五、第六、第七地委、军分区和专署改为冀鲁豫边区第二、第四、第五、第六、第七地委、军分区和专署。从而，加强了抗日根据地建设和对敌作战的统一领导。

冀南、冀鲁豫两区合并后，积极发动攻势。五六月间，冀南第六军分区部队攻克故城县重镇郑家口，歼敌 300 余人；第四军分区部队攻克邱县城；第六军分区部队在大马厂歼灭伪军赵挺柱团长以下 400 余人，开辟了清平地区。

日军遭受春夏季攻势的打击后，即从平汉路南段调回部分兵力，同时就地抽集兵力，自 9 月起对晋冀鲁豫根据地各区进行局部“扫荡”，却顾此失彼，使后方城镇据点和交通线的兵力更为空虚。太行、冀鲁豫、冀南区部队针对日军的弱点，展开秋冬季攻势作战，大力向敌占城镇和交通线推进。太行区部队在平汉线上先后袭击石门、内丘、邢台等车站，在正太线上先后袭入井陉县微水和寿阳县马首、上湖等车站。冀南第四军分区部队解放枣（强）南全境，并攻克广宗县桃园日军据点。

晋冀鲁豫边区军民 1944 年攻势作战，共歼灭日伪军 7.29 万人，收复包括 11 座县城万余平方公里国土，解放 500 余万人口。

1945 年春夏季的对日局部反攻

1945 年初，国际形势发生根本性的变化。在苏军和英美军队进攻下，5 月 8 日德国投降，欧战结束。德国战败后，日本帝国主义已濒临绝境：美军将直接进攻日、“满”、华的核心地区，日本在南洋各地和太平洋上的南方军将完全孤立；苏军将迅速对日作战；中国军队特别是共产党军队将配合盟军反攻。

根据国际国内形势的发展，1944 年 12 月，毛泽东代表中共中央向全国各抗日根据地发出了“扩大解放区、缩小敌占区”的号召，指出“1945 年，我们唯一的任务是配合同盟国打败日本侵略者”。[①] 4 月 23 日至 6 月 11 日，中国共产党在延安召开了第七次全国代表大会。会议在抗战胜利的前夜和两种中国之命运的斗争日益尖锐的关头，制定了“放手发动群众，壮大人民力量，在我党的领导下，打败日本侵略者，解放全国人民，建立一个新民主主义的中国”的政治路线，提出了废止国民党一党专政，建立民主联合政府的迫切任务，并对新民主主义国家的政治、经济、文化纲领和外交政策的基本原则作了全面具体的说明，使全党在毛泽东思想的旗帜下，达到了空前的团结和统一，为争取抗战胜利，实现中国的光明前途，提供了可靠的保证。

冀晋、冀察、冀中、冀热辽区的春夏季局部反攻 根据中共中央部署，1944 年 12 月 20 日，中共中央晋察冀分局作出了《关于全面开展平绥路工作的决定》，明确提出：“冀晋、冀察两区党委应把开辟平绥路工作当作目前工作主要的任务”，争取雁北、察南全部地区“成为我之根据地与游击区”。[②] 随后，中共中央晋察冀分局和军区制定了《1945 年扩大解放区方案》，明确规定：扩大解放区要坚持向北发展的方针，以解放平绥路两侧地区和锦（州）承（德）公路以南地区为主要目标，开辟雁北、察南、绥东、热河、子牙河东、大清河北与津浦路东等地区；并要尽可能逼退敌深入根据地内与边沿区之据点，缩小敌占区，扩大根据地。方案还具体规定了各战略区在扩大解放区战役中的具体任务，包括冀晋、冀察区的平绥路战役，冀中区的子牙河东战役和北宁路北战役，冀热辽区的开辟热辽战役等。[③] 冀晋、冀察、冀中、冀热辽区部队与民兵、群众相配合，展开更大规模局部反攻作战。从 1 月至 7 月末，席卷了察南、雁北、热河、辽西，直逼

① 毛泽东：《一九四五年的任务》，1944 年 12 月 15 日。

② 中共中央晋察冀分局：《关于全面开展平绥路工作的决定》，1944 年 12 月 20 日。原件存中央档案馆。

③ 中共中央晋察冀分局、晋察冀军区：《1945 年扩大解放区方案》，1945 年 2 月。原件存中央档案馆。

平、津、张等市郊，作战2700多次，歼灭日伪军2.8万多人，收复县城15座，拔除据点700多处，解放国土13.5多万平方公里、人口500多万，并夺取了进军东北的前进阵地。晋察冀全区部队发展到11万余人，民兵数十万人。

冀察区部队配合民兵，向根据地内和边沿区敌占城镇进行围困攻击。第一军分区部队攻入徐水南关、北关和保定东关，进逼涞源城，收复紫荆关。第十一军分区部队攻克平西的斋堂和北平近郊的栗园据点。第十二军分区部队一度袭入崇礼县城。第十三军分区部队解放了察南的平绥路南、张家口西南包括327个村庄的广大地区。5月12日发起察南战役，展开夏季攻势，向张家口、阳高、宣化以南地区进攻，攻克怀安、涞源两城，围困广灵县城，袭入宣化南关，直逼张家口市郊。6月中旬，又发起平北战役，向龙关、赤城、后城外围的日军据点展开进攻，袭占崇礼县城，迫使独石口至四海一线日伪军全部撤到长城以外，全歼伪满军一个营，进入热河西南开辟地区。7月初，骑兵支队挺进察北，建立万全、尚义两县抗日政权。从而，使冀察与冀晋新解放区连成一片。同时，冀察区部队配合冀中区的大清河北战役，向房山、涿县、涞水、易县、满城外围据点进攻，一度袭入房山县城，进一步打开了平西的局面。

冀晋区部队先后袭入平山和（山西）繁峙、山阴县城，拔除平山、灵寿地区的日军据点24处，解放52个村庄。

冀中区部队1945年4月13日至6月6日先后进行任（丘）河（间）战役、文（安）新（镇）战役、饶（阳）安（平）战役。共作战330多次，歼灭日伪军3700多人，拔除点碉359个，收复任丘、河间、新镇、文安、饶阳、安平、武强、深泽8座县城，解放村镇527个。在夏季攻势中，冀中区部队6月8日发起子牙河东战役，在民兵和群众支援下，至7月初，突破了日伪军北起静海县独流镇、南至献县的防线，攻克献县、大城两县城，拔除子牙河沿岸全部据点，东进到渤海边，歼灭日伪军3072人，伪军投诚590人，解放272个村镇、25万人口。7月3日，又乘胜进行大清河北战役，向霸县、永清、固安、武清地区进攻，至 18 日，歼灭日伪军 3500 多人，进逼到平、津市郊，收复交河县城，拔除 70 多处据点，解放国土 1000 多平方公里、人口 75 万。

1945 年春，由于日军调集伪满军、第八旅团和伪军等 4 万多兵力，先后对冀东西部地区、北宁路以南昌黎、滦县、乐亭地区和古北口以东、密云东北的长城内外地区，进行分区“扫荡”，冀热辽区部队进行了以打伪治安军为主要目标的反“扫荡”战役。经过 4 个月苦战，歼灭日伪军 5035 人，攻克据点多处，粉碎了日军的“扫荡”。而后，冀热辽军区组成 3 个挺进支队，于 6 月 12 日北出长城，发起热辽战役，由此展开了夏季攻势。至 7 月下旬，挺进支队西路进至热河西部围场、隆化地区；中路活动于平泉以东、凌源以南和赤峰附近地区；东路进到山海关东北及辽西的叶柏寿以南地区，从而开辟了锦（州）承（德）公路南北广大地区，恢复了长城以北“无人区”的工作，并开辟辽西地区，为向东北发展夺取了前进阵地。

太行、冀鲁豫、渤海区的春夏季局部反攻 太行区部队在攻势作战中，6 月初，太行第一、第二军分区部队发动元（氏）获（鹿）战役，攻克几十个据点，歼灭日伪军 400 多人，收复元氏、获鹿、赞皇三县大部地区。冀南部队在地方部队、民兵和群众配合下，3 月间围攻威县至清河公路上的王官庄据点，逼退日军，解放清河县全境；5 月间，拔除了大名以南、卫河以西的日伪大部据点，2 日收复南宫、新河，14 日收复大名。冀鲁豫区第四、第五军分区部队攻克阜城（5 月 14 日），收复故城、枣强、威县等县城。第三军分区部队对进犯广平、馆陶之日军展开反击，消灭日军第一旅团第七十三大队长以下 190 多人。在八路军攻势威慑下，巨鹿至（山东）冠县一线之日军纷纷撤逃，八路军收复巨鹿、广宗、馆陶和（山东）冠县、武城等县城。

渤海区部队在中共山东分局和军区领导下，1944 年 8 月中旬发起秋季攻势，至 10 月 27 日，第一军分区部队攻克南皮县城；各军分区部队共歼灭日伪军 5000 多人，攻克县城 3 座，并打通了各军分区的联系，威胁天津、德县和济南等敌占城市。1945 年春夏季攻势中，6 月上旬起，在小清河以北广大平原地区积极进攻，歼灭日伪军 3400 多人，再度收复南皮和庆云（今属山东）等 6 座县城，日军在渤海区的中心据点惠民陷于孤立。

1945 年春夏季的局部反攻作战，歼灭了大量日伪军，收复了广大国土，为进行全面反攻创造了条件。

二、河北各根据地全面反攻作战的准备

深入减租减息和大生产运动

为进一步调动广大群众生产和抗战的积极性，适应反攻和夺取抗战最后胜利的需要，河北各根据地依据中央《关于减租生产拥政爱民及宣传十大政策的指示》，在 1944 年和 1945 年上半年开展了大规模的普遍减租减息运动。

晋察冀抗日根据地的减租减息运动开展比较早，比较普遍。但在根据地最困难时期，部分地区环境恶化，部分地区地主乘调整政策之机向农民反攻，加之一些地方干部执行土地政策的片面性，使农民减租减息后的既得利益受到损害。为此，1943 年 10 月 18 日中共中央晋察冀分局发出《关于彻底实行减租减息政策的指示》，针对减租减息政策已经彻底执行、基本执行、初步执行、尚未执行和环境变化、群众利益得而复失等不同地区的不同情况，规定了彻底实行减租减息政策的不同重点。1943 年冬季开始，北岳、平西、平北、冀中、冀东迅速展开了“查减”和深入普遍的减租减息群众运动。北岳区推广平山县“查减”运动的经验，将运动由点到面展开，取得了很大成绩。对减租后地主所得仍超过土地正产物 35.5%，凡增租、死租改活租、“明减暗不减”等，一律从 1941 年起实行退租。对非法夺佃的，重新订立契约和规定年限。对当地回赎，按当前价适当增补一些钱或粮，以弥补承当户因币值变动所受损失。坚决废除杂租、“上打租”、大斗

收租、“送工”等各种超经济剥削。北岳区 8 个县 1461 个高租案，计退租 1509.57 石，平均每个佃户得退租 1.03 石。平山县解决了 211 户 184 件当地回赎问题，补粮 383.7 石。平西地区，对没有实行减租减息的，从 1941 年后一律退租；对减租后仍超过 35.5%的或地主以各种形式增租的，依法纠正。据统计，房（山）涞（水）涿（县）联合县 24 个村，退租粮 461 石 5 斗 1 升，订立新约 395 份（平均租额占产量 30%左右）；涞水县 6 个村 183 个佃户，得退租粮 190 石 5 斗 9 升，平均每户得退租 1 石 4 升。在平北地区，由于过去基本没有实行减租减息，地租一般在 40%，有的高达 70%以上，还存在着高利贷剥削和各种非法剥削。因此，在已经初步实行减租减息政策的少数地区开展了彻底减租群众运动，在其他大部地区开展了减租减息群众运动。到 1943 年底，平北区 370 个抗日一面村中，已有 182 个村、1200 户地主、6500 亩土地实行了减租；龙（关）赤（城）联合县还清理了旧债 83 件，减粮息 21.4 石，减钱息 5022 元，并实行了雇工增资。

在冀热辽区，过去只有个别地区实行过减租减息政策，1944 年 9 月 1 日中共冀热边特委作出《关于减租运动决定》，重点放在山地的中心区和平原基本区。这次减租运动，基本群众普遍发动起来，在基本区约有 1/3 至 1/2 的村减了租，农民生活初步得到改善。丰（润）玉（田）宁（河）联合县 586 个村中约有 500 个村实行了减租，有 321 个村组织了农救会。

在冀中区，由于五一大“扫荡”后基本群众利益得而复失，这次减租运动，在过去已经减租至今为游击根据地的地区，深入巩固群众既得利益；在减租已经被推翻的地区，有条件的即恢复之。经过一年的减租运动，冀中区基本上清算了五一大“扫荡”后地主富农对农民既得利益的侵害，基本群众重新取得优势。冀中区 10 个县的 1879 个村中，有 1397 个村实行了减租，定县、蠡县、安国、任丘等县彻底减租的村占1/3至1/2。经过彻底减租运动，晋察冀边区各战略区，解决了减租、退租、退差、典当地、抵押地、认差地、夺佃、夺当、争夺优先权、死契赎回、公地、庙地、黑地及逃亡地主和汉奸土地等大量的土地纠纷问题。

在中共北方局和晋冀鲁豫边区政府领导下，1944 年 11 月 17 日太行区党委发出《关于贯彻减租运动的指示》，各地启发农民自觉起来减租减息，不仅在基本区，而且在新解放区很快形成向封建势力全面开火的农民翻身运动。冀鲁豫区吸取一度放松减租减息而使根据地遭受严重损失的沉痛教训，1942 年下半年以来以减租减息为中心内容的民主民生运动不断深入，在全区广泛展开减租减息增资和查黑地、反贪污的群众运动，同时注意群众起来以后，及时用党的政策教育群众，防止和纠正过左的偏差。因而使群众运动健康深入地发展，到 1945 年上半年，在基本区和广大新解放区贯彻减租减息政策取得了巨大成绩。

冀南区由于 1942 年以来敌祸、天灾严重，大批农民失去土地，因而 1944 年首先开展了赎回土地的运动。规定：贫农典卖给中农以上和中农典卖给地主的土地，一律照原价赎回；贫农典卖给中农和中农典卖给富农的土地可增价赎回或只赎回一半；同等阶级间不许赎回土地；典卖地户人均地数超过买地户者也不许赎回土地。在赎地基础上，冀南区开始大规模减租减息运动。1945 年 3 月，大批参加整风的干部回到冀南，减租减息运动在冀南全区展开。半年内，群众普遍发动起来，在冀南基本区，彻底实行了“二五”减租、分半减息（月息减至 1 分半）、“五一”增资（工资增 20%）；在（敌我）两面负担地区，实行“一五”减租（减租 15%）；地主、债主违法拒减的租、息和拒增的工资，要追算到 1942 年初边区政府颁布减租减息法令之时，并重新订立了契约。1945 年 6 月 6 日，邓小平在冀鲁豫分局群众工作会议上就边区民主民生运动作了总结发言，指出：“这次运动是在中央正确路线之下进行的，并且获得很大成绩。”但也产生了“推平”的做法，伤害了中农，对地主、富农打击过重。强调晋冀鲁豫边区过去最沉痛的教训，是在 1940 年、1941 年没有真正执行中央 1939 年关于深入群众工作的指示，影响到根据地的巩固，这是造成 1942 年严重困难的主观原因，特别是冀南区1942年后敌情极端严重，丧失了发动群众的时机，最为可惜。要求全区今后仍以发动群众为中心，务求把减租减息政策贯彻到底。

在减租减息的同时，为保证抗战供给和军需民食，河北各根据地开展了轰轰烈烈的大生产运动。晋察冀边区政府和抗联会于1944年1月16日至24日召开扩大的经济会议，确定把广大人民与党政军民的一切力量组织起来，以大生产（农业和副业）运动为主，以大运销运动为辅，普遍深入地开展群众性生产运动。这次大生产运动主要在北岳区进行。在各级政府和抗联会领导下，成立了各级生产委员会，广泛制订户计划，组织拨工组。边区政府贷粮1.8万石，贷款2000万元，赈粮900石，以解决群众缺乏种子、农具、耕畜、肥料等困难。冀西、晋东北26个县，有劳动互助组织38500多个，23万人参加，占劳动力28.1%，劳动生产率一般提高30%左右。机关、部队、学校也投入了大生产运动。在环境恶劣的游击区，实行劳武结合，部队在战斗间隙进行生产，如北岳区第二军分区第四区队和冀中区的第四、第六军分区及第八区队、徐定支队、保满支队等，均取得极好的成绩。毛泽东1945年1月31日为《解放日报》撰写了《游击区也能进行生产》的社论，给予晋察冀边区游击区大生产运动很高的评价。北岳区全年扩大耕地面积53万多亩，旱地变水地11万多亩，施肥比上年增加10%至50%，因此，农业获得大丰收，粮食产量普遍超过上年。据42个先进村的统计，比上年增产43%。特别突出的是，平山县劳动英雄戎冠秀一家，1944年造肥2030担，开荒地21.5亩，新修水地6.4亩，收粮24.58石，比上年多9.93石，收蔬菜3670公斤，比上年多2765公斤，合作社入股1100元。大生产运动增加了群众收益，过去那种吃树叶、青黄不接的现象大大减少。北岳、冀中两区部队、机关生活开始改善，再没有吃不饱的现象。

在晋冀鲁豫边区政府领导下，太行区党委1944年1月决定把大生产运动、防灾救灾作为一项中心工作。农村互助组飞速发展，到1945年春互助组达2.3万个，参加互助组的劳力占总劳力20%。水利发展很快，1944 年修渠 14 条，增加水地 1.3 万亩，仅涉县王堡和（山西）黎城大寺、上遥三条大渠每年就可增产细粮 49 万公斤。1944 年粮棉产量均为抗战以来的最好收成，据 24 个县统计，全年收获粮食 6.15 亿公斤，棉花 75 万公斤；其他农副业生产也有较大发展。冀南、冀鲁豫区 1944 年春掀起大生产热潮，7 月间全军全民紧急动员扑灭蝗虫，保证了农业获得较好收成。纺织、运输等副业生产也发展起来。冀南第三专署童养媳出身的荣林娘，组织起 14 个纺织小组，实行按件计工，按工发粮，调动了妇女的纺织积极性。到秋后，根据地的粮食基本上满足了民食军需，第一次出现了丰衣足食的景象。

在大生产运动中，河北各根据地还采取公营、私营、合作经营、公私合营等多种方式，发展工业，特别是军需工业发展很快。到 1945 年，太行区已经有制造枪弹、火药、手榴弹、地雷等军工工业和纺织、造纸、采矿、卷烟、染料、肥皂、熬盐、文具等日用工业。冀南与冀鲁豫合并后，组建了冀鲁豫军区子弹队，重建了炸弹厂，原冀南各军分区均扩建了炸弹所、修械所和被服厂、鞋袜厂等，到日本投降，冀鲁豫全区军工生产单位有 22 处，职工达 2650 人。

河北各抗日根据地大规模减租减息运动和大生产运动，为举行全面反攻做了充分的群众动员和较好的物质准备。

大练兵运动和拥政爱民运动

根据国际国内战局的变化，中共中央 1944 年 7 月 1 日向各中央局、中央分局发出《关于整训军队的指示》。10 月 12 日，中共中央军委发出《加强全军练兵与部队大整训的决定》，要求各部队利用冬季，整训 60％的主力部队和 30％的游击队及全部民兵。河北各根据地根据中央指示和本区情况，在 1944 年下半年至 1945 年春，均开展了群众性的大练兵运动。

按照中共中央晋察冀分局和军区的军事训练计划，11 月 1 日起，主力部队、地方军和民兵自卫队掀起大练兵的热潮。冀晋区和冀察区第一军分区环境较为稳定，抽出 60 个连队和 32 个县支队各半数参加整训。冀中区和冀察区第十一军分区战斗任务较重，大练兵运动至12月上旬先后展开，有3个团、15个地区队、38个县大队和7个县支队参加整训。冀中区为建设主力部队，1945年2月又抽调第二十四团、第三十二区队、第三十七区队、第六军分区练兵区队（第三十一、第四十四区队各2个连）和第六、第七、第九军分区教导队，组成冀中军区练兵团，在平汉路以西进行了为期3个月的整训。冀热辽区由于战斗频繁，大练兵运动是在战斗间隙中进行的。各部队以古田会议的建军原则整顿政治思想工作，着重反对军阀主义，密切官兵关系，在此基础上，实行官教兵、兵教兵、兵教官的群众性互教方法，展开以投弹、射击、刺杀三大技术为中心的练兵运动。1945年初，还建立了炮兵，针对敌占城市的设防情况做了必要的攻坚战准备。冀中、冀晋、冀察、冀热辽各区的民兵和自卫队也以村为单位，利用生产、战斗空隙，普遍地进行了制造、使用地雷和提高射击、投弹技能为主的练兵运动。到1945年3月，第一期练兵运动基本结束。

太行区大练兵运动从11月开始，由政治整训入手，接着进行以练兵为主的军事整训。主力部队的政治整训，主要是肃清军阀主义倾向，树立正确的领导作风，加强时事教育和阶级教育，以保证饱满的士气，提高胜利信心。军事训练着重射击，辅以刺杀和投弹。民兵、自卫队利用冬季集中整训，以军分区为单位，集中训练县区武装干部。然后以县为单位，集中训练区村干部和杀敌英雄，再以区为单位训练民兵、自卫队的骨干。据邢台、沙河、武安和（山西）武乡、黎（城）北、祁县等6县的统计，民兵8063人中，有8032人参加了训练；自卫队13534人中，有13172人参加了训练。冀鲁豫军区1944年12月5日召开历时两个月的全区县大队以上主要干部整训大会。会后，全区部队普遍进行了政治和军事训练。政治训练的主要内容是：拥干爱兵，发扬民主，反对军阀主义倾向，改善官兵关系和军民关系，以增强内部团结。在军事训练中，开展以投弹、刺杀、射击和土工作业等四大技术为主的群众性练兵运动，提高部队的作战能力。

河北各抗日根据地在1944年春节和1945年春节开展了大规模的

拥政爱民、拥军优抗群众运动。中共中央晋察冀分局 1943 年 12 月 25 日作出了《关于执行拥政爱民及拥军政策的指示》。晋察冀军区制定、公布了《晋察冀人民子弟兵拥政爱民公约》。同时，晋察冀边区各界抗日救国联合会制定、公布了《晋察冀边区人民拥军公约》。在党政军民的共同推动下，春节期间各地形成了拥政爱民和拥军优抗的高潮。正月初一（1945 年 1 月 25 日），北岳区各地，从阜平城到小山村，到处张灯结彩，喜气洋洋。部队与地方举行联欢会、座谈会，主动自我批评，交流意见。党政军民机关领导与驻在村群众互相拜年。村干部和童子军给抗属贴春联，戴光荣花，送光荣匾。部队为群众做好事，群众捐款献物慰劳部队，场面十分动人。冀中、冀东、平北等地也掀起了拥政爱民和拥军优抗的群众运动。1945 年春节，冀晋、冀察、冀中、冀热辽各区的拥政爱民和拥军优抗运动，规模更大，动员更深入，进一步密切了根据地党政军民的团结。在太行和冀鲁豫、冀南区，1944 年春节期间发动了热烈的拥政爱民与拥军优抗活动。12 月开始，各部队集中进行拥政爱民教育，向驻地政府和群众征求意见，检查对政府、人民关系上存在的糊涂观念和问题，订出改正办法。正月初一至十五，地方党政民代表到部队送慰问品，开座谈会，征求意见；各部队到地方党政民机关和驻地村庄，开联欢会、座谈会，征求意见。双方主动自我批评，改进工作。1945 年春节，再次掀起拥政爱民和拥军优抗高潮，从而使拥政爱民、拥军优抗成为根据地广大军民的自觉行动。

召开群英大会

河北各抗日根据地在对敌斗争和各项建设中，涌现出一批批杀敌英雄、劳动模范和先进工作者，成为战斗和建设的榜样。为了宣传、推广他们的模范事迹和经验，大力发扬革命英雄主义精神，各根据地均召开了群英大会。

晋察冀边区第一届群英大会于 1944 年 2 月 10 日至 14 日在阜平召开，北岳区战斗英雄、抗日模范共 104 人，冀中、冀东、平北根据地因战斗紧张未能派英雄模范到会。会议期间，战斗英雄、模范交流了事迹和经验。大会宣布：授予李勇“晋察冀边区爆炸英雄”称号，授予邓世军“晋察冀边区子弟兵战斗英雄”称号，授予戎冠秀“北岳区拥军模范——子弟兵的母亲”称号。3月8日边区抗联会召开“三八”妇女劳动节纪念会议，表彰模范妇女干部张树风等10多人。3月31日至4月7日又举行边区各界模范妇女大会，表彰了北岳区50名模范妇女干部和妇女劳动英雄。1944年12月20日至1945年1月30日，召开了晋察冀边区第二届群英大会。大会在阜平县史家寨村举行，冀中、冀晋、冀察的代表到会共816人，其中英雄模范和参观者389人，列席175人，各级干部252人。程子华致开幕词，并作了《关于边区形势与今后任务》的报告，唐延杰作了《1944年军事斗争总结与今后任务》的报告，宋劭文作了《1944年大生产运动总结及1945年的任务》的报告。群英大会期间，20余名英雄模范介绍了战斗、生产、文教、医药、拥军等方面的事迹和经验。晋察冀边区首届展览会于1945年元旦开幕，分为战斗、生产和文教三个展馆。仅20多天，部队、机关、学校和群众有5000多人参观。晋察冀边区第二届群英大会后，冀热辽区于3月16日至19日召开首届群英大会，到会英雄模范117人。广大军民中大批英雄模范的涌现和群英大会的召开，表现了中华民族不可征服的伟大力量，对于完成1945年的各项任务是一个巨大的推动力。

太行区第一届杀敌英雄大会和第一届劳动英雄大会，经过县、专区逐级评选和充分准备，于1944年11月21日至12月7日在山西黎城县南委泉村召开。区党委书记李雪峰、司令员李达、边区政府副主席戎伍胜作了重要报告，邓小平发表讲话。大会评选出太行区一、二等杀敌英雄31名，劳动英雄39名。会议期间，举办了战绩展览和生产展览。这次群英大会，是太行区抗日根据地军民力量的大检阅，有力地鼓舞了广大军民的杀敌和生产的积极性。

中共中央冀鲁豫分局于1944年7月1日发出《关于表扬模范、选举群英办法》的指示。此后，由村至区、县，由连队至团、军分区，先后举行劳模大会，并推选出席全区群英大会的代表。1945 年 3 月 1 日，冀鲁豫边区（包括冀南）第一届群英大会在濮阳县城（今属河南）举行。到会的战斗英雄、劳动模范、模范工作者共 186 人，其中，战斗英雄 36 人，民兵英雄 15 人，劳动英雄 62 人，模范工作者 57 人，女英雄 13 人，学习模范 3 人。大会经过三天民主讨论、评定，选出战斗英雄、民兵英雄、劳动模范和学生学习模范共 258 人。3 月 9 日，举行欢迎群英大荣典，英模骑马，濮阳城内外四五万群众夹道欢迎，盛况空前。宋任穷在闭幕会上作了《今年的三大工作》的讲话，要求大家拔除敌伪军据点，展开全区反攻；深入进行减租减息、反贪污、反恶霸、查黑地的工作；继续开展大生产运动。这次群英大会，为迎接全面反攻，夺取抗战最后胜利，进行了一次有力的思想动员。

情报、交通和城市及东北工作的加强

在敌后河北抗日战场上，共产党除了依靠人民群众和武装力量对日本侵略者进行各种公开的斗争以外，还必须紧密配合情报、通讯、地下交通工作和城市工作以及对敌伪军的工作等隐蔽的斗争。这些隐蔽的斗争，构成了敌后河北抗日战场上一条特殊的战线。

为了开展锄奸保卫和情报工作，根据中共中央的部署和指示，河北各根据地都建立了社会部、公安局，持久深入地进行了各种情报、地下交通和通讯联络工作。在晋察冀边区，1939 年 6 月，中共中央北方分局社会部（后来分局社会部与晋察冀边区政府公安局合并，对外称边区公安管理处）成立后，着眼全局，以根据地为基点，把数百名情报工作人员派往平、津、保、石以及上海、南京、沈阳、哈尔滨、长春、大连等广大地区，组织联络当地的秘密党员、进步青年、抗日爱国人士等，渗透到敌人的军、政、警、特内部，形成了一支数以千计的地下尖兵，获取了大量战略、战术情报。在远离中共中央、晋察冀军区的冀东，无线电通讯工作最初只有一部电台，1942 年成立第十三军分区无线电区队，拥有 3 部电台，到 1943 年，中共冀热边特委、军区、行署及军分区司政供卫及各团、各地区队，都有了电台设备。还先后建立了多条骨干专用的秘密交通线：从北平到古冶沿北宁线与晋察冀分局、冀热察区党委及各根据地之间的交通线，由冀东经平北到平西根据地的交通线，从抚宁县北部山区到热东建平县（叶柏寿）长约150公里的交通线，迁青平、蓟遵兴、承兴密、承平宁等地多条穿过“无人区”的交通线。此外，从1944年起，在冀东所有新开辟区，自开辟之日即为中心各村另起一个化名，每村指派秘密交通员，昼夜值班，专门负责传送情报和转运物资，在整个抗日游击区的上千个村庄，形成了一个千百万群众参加的庞大的秘密交通网。

在晋冀鲁豫边区，1940年冬，中央社会部派一批专门人员到北方局，开辟情报工作。1941年8月，在中共中央北方局领导下，在前总司令部成立情报处，下设派遣、情报、技侦、爆破4个科。1942年，一二九师和冀南军区、冀鲁豫军区、太行军区等战略区，相继成立了情报处。总部情报处主要搞战略情报，各军区情报处和军分区情报站，主要是搞战役与战术情报，并搞好交通站。前总情报处，自1941年冬，开始向敌占区大中城市、交通要道，进行秘密派遣工作。1942年至1945年，情报处秘密派遣情工，先后在开封、北平等城市建立了情报站，并建有秘密电台。为了给这些情报站服务，传递情报，接送人员，又先后建立了安阳、邢台、邯郸、天津等交通站。还开辟建立了西起林县任村镇、东至内黄井店，全长150公里的地下交通线，这条交通线，走北路经安阳城，走南路经汤阴，沟通了冀鲁豫与太行、冀南的秘密交通联络。

随着抗战形势的发展，河北各根据地对敌占城市和交通要道的工作，逐步建立和加强。抗战开始后，城市中的大批共产党员和进步分子转移到农村，开展抗日游击战争，只留少量干部坚持城市工作。中共河北省委主要领导北平、天津、唐山和北平至山海关铁路工作委员会的工作。抗日根据地在敌后广大地区建立后，中共中央城市工作委员会1940年、1941年发出《关于城市工作的指示》和《关于敌后大城市群众工作的指示》，提出了对开展敌占城市工作的具体要求。据此，河北各抗日根据地先后建立各级城市工作委员会或城市工作部，向敌占城市和交通要道派遣共产党员和抗日干部，建立联络点、站，开展抗日工作。1943 年以后，随着国际国内战局的巨大变化，为迎接战略反攻，中共中央 1944 年 6 月 5 日发出《关于城市工作的指示》，对新形势下城市工作的思想教育、计划与组织、工作方向与方法、干部培养及经费保障等作了具体指示。河北各抗日根据地在普遍开展日伪军工作的同时，进一步加强了城市和交通要道的工作。

中共中央晋察冀分局决定将各级城市工作委员会改称城市工作部，建立各级敌工部。从 1944 年到 1945 年上半年，冀中区党委城市工作组建立了以大清河为主干自北平、天津至白洋淀的水路、陆路交通，并积极开展了对天津市的“围城工作”。中共冀热边特委城工部 1944 年 1 月建立后，以开滦的唐家庄、林西、赵各庄等煤矿为主要工作目标，积极准备武装起义，同时抓紧进行承德市和口外各交通干线及平、津、唐三大城市工作。各地均特别加强了对北平的工作。冀察区平西地委城工部建立了通往北平的三条交通线：妙峰山——温泉——颐和园——西直门；妙峰山——陇各庄——三家店——西直门；妙峰山——羊坊——沙河——西直门。到抗战胜利前夕，晋察冀分局城工部系统平、津、唐、张、保等城市的地下党员达 500 人，北平达 200 多人。在大反攻中，分局还派张大中率领 100 多名干部进入北平，与北平地下党一起，发动群众，一夜之间把八路军的布告和传单贴满了全城。

中共太行区党委 1944 年初召开扩大干部会议，确定城市工作重点是争取千百万群众，争取伪军伪警，准备武装起义，配合八路军夺取城市和交通要道。区党委城工部向敌占的邯郸、邢台、石门、阳泉、安阳、北平、天津、太原等大中小城市派出城工人员。中共太行区石门城市工作委员会（对外称第一军分区前方办事处）在城内和近郊农村发展抗日力量，建立共产党组织，先后发展了几百名党员。1945 年 6 月 22 日夜还利用敌人的“兴亚工作队”发动起义，在元（氏）获（鹿）独立营接应下，将 80 多人的部队拉到太行根据地。

中共冀鲁豫分局 1945 年 1 月作出《关于大城市工作的决定》，随后，各地委、县委分别成立城市工作部，并确定几个大城市的敌伪军工作分别由几个地委直接领导。从1944年初到1945年8月，冀鲁豫区各重要城市和交通要道，均迅速开展了对日伪军的瓦解和争取工作。

根据中共中央部署，东北工作主要由晋察冀抗日根据地担负。1942年8月，中共中央北方分局建立了东北工作委员会，聂荣臻兼书记。至1943年3月底，共训练东北工作干部48人，先后向沈阳、长春、哈尔滨、齐齐哈尔、吉林、抚顺、鞍山、阜新、辽阳、赤峰、承德、密山、营口、陵南等地派出37人。1943年11月，建立冀东东北工作委员会，李楚离任书记，赵濯华任副书记。1944年后，为适应攻势作战和为反攻与战后做准备的需要，10月31日中共中央晋察冀分局发出《关于东北工作的指示》，决定：冀中、冀热辽两区成立东北工作委员会；冀晋、冀察两区的东北工作，由分局东北工作委员会直接领导；与东北联系较多、能派出较多干部的县，成立东北工作部门。冀察区党委组成了总的东北工作委员会，领导平西、平北和第一军分区的东北工作。冀热辽军区成立了联络科，除负责了解冀东战役情况外，积极调查研究东北的敌伪政治、经济和军事情况。联络科工作关系由冀东很快发展到辽宁、吉林、热河和黑龙江，并绘制完成了秦皇岛、北戴河等地详图和标有陆、海、空军防御设施的要图。1945年4月13日，中共中央晋察冀分局在《关于苏日中立条约废除后边区形势及工作的意见》中，要求部队和地方各级主要干部要设副职，以备将来能抽调大批干部去开辟察北、东北；进行主力部队、地方部队和民兵的训练与扩大，以备将来抽出若干主力部队去收复察北、东北。从此，东北工作进入大发展的新阶段。

广泛深入地开展敌伪军工作

抗日战争进入战略相持阶段，特别是太平洋战争爆发后，日军深感兵力不足，不得不逐步扩大伪军。在冀南，伪军由1942年初29649人至1943年初增为33748人。在冀中，日军由1942年7月时10830人至1943年6月减少为5343人，而伪军由27902人增至41000人，全区406个据点中由伪军单独驻守的占74%。在冀东，虽然与冀中、冀南有所不同，日军为巩固这个战略走廊地带，驻有大批日军主力，但同时也在不断扩大伪军政警特组织。因此，做好争取日伪军工作，特别是争取伪军伪组织的工作，对于坚持敌后抗日游击战争，克服困难，巩固与扩大抗日根据地，具有重要的意义。

为此，敌后河北各抗日根据地，根据中共中央、北方局的指示，都广泛深入地开展了争取日伪军的工作。晋察冀边区开展日伪军工作较早。1941 年 8 月，晋察冀军区和中共北岳区党委就作出了《关于敌伪军工作组织问题的决定》，在县以上（县委、地委、区党委）地方与部队共同组织敌伪军工作委员会，负责研究、讨论、总结并指示下级开展敌伪军工作问题。据此，晋察冀边区县、团级以上领导机关先后建立了党政军统一的敌伪军工作委员会，选配了一批得力的干部，普遍地加强了对敌伪军工作的领导，列入了重要议事日程，并很快形成了敌工科、敌工股、敌工站、敌工小组等敌伪军工作网络系统。各级敌伪军工作委员会开办训练班，培养敌伪军工作干部，还开展了创造“模范敌工小组”“模范敌工团”的竞赛活动，提高了敌伪军工作干部、人员的素质和技能。

1942 年和 1943 年，河北各抗日根据地的敌伪军工作更广泛深入地开展起来。如冀东，1942 年 6 月，中共冀东地委和军分区建立敌军工作委员会，专署和各县政府分别建立联络科，专门负责日伪军工作，部队无论到哪个县，都要主动与县联络科联系，促进了日伪军工作的深入开展。又如冀中，中共冀中区党委及各地委加强了敌工部的领导，县委设立了敌工部，区委配备了敌工委员、干事，各级敌工部由党委书记、副书记或常委兼任部长，冀中军区政治部敌工部并入区党委敌工部，各军分区政治部敌工科并入地委敌工部，使整个日伪军工作置于地方党委的统一领导之下，形成了党政军民一齐动手，做好争取日伪军工作的新局面。在各抗日根据地党的一元化领导下，对日伪军政警特组织、人员，实行普遍宣传教育与重点打击相结合，政治攻势与军事打击相结合，内线工作与群众性的工作相结合，获得了显著的成效。

开展日伪军工作的有效方法之一，是开展政治攻势，加强攻心战。广泛开展群众性的政治攻势，党政军民齐动员，以各种方式、方法，向伪军、伪组织宣传抗战形势和共产党、八路军对伪军、伪组织人员的政策，号召伪军、伪组织人员，要“身在曹营心在汉”，不要做违背中国人“良心”的事。各级敌伪军工作部门对所辖范围内的伪军、伪组织的编制、分布情况，伪军、伪组织人员的思想表现、家庭状况、目前处境、对抗日态度及群众评价，进行深入的调查和详细的记录。许多地方为伪军、伪组织人员“记黑红点”，建立“善恶录”“生死簿”，做了好事记一个红点，给予鼓励；做了坏事记一个黑点，提出警告，劝其为自己留条后路。这些生动具体的政治攻心活动，使许多据点的伪军发生动摇，转向同情或倾向八路军。如驻深县的日军到凤凰池进行“清剿”，伪军发现地道口后，隐藏在里面的干部和战士要冲出来拼杀，伪军急忙劝说“赶快藏到里面去，鬼子快来了”，又迅速把洞口伪装好。在冀东，经过以攻心为主的政治攻势，日伪军人员反正自首者到处皆有，1943 年 9 月，承兴密联合县境内的伪满“讨伐”队队长张汉辰带领 150 余人携械反正；丰滦密联合县境内的伪军，几天内有 109 人逃回家乡，并主动向抗日政府登记。

打击首恶，争取多数，是开展日伪军工作中的一个重要的政策和策略。这既能震慑罪大恶极、死不悔改的伪军、伪组织头目的嚣张气焰，保护群众的利益，又能有力地推动伪军、伪组织多数人员向抗日方面转化。对镇压对象，严格掌握政策，详细掌握材料，报县以上党委批准，或先揭露其罪恶，或处决后公布其罪恶。中共垂杨县委敌工站，紧密依靠群众，在很短的时间内，连续处决了曹家寨据点的伪军大队长、宪兵队小队长、警察所所长、治安军排长等 10 余名铁杆汉奸，每除掉一个，就在街头、集市上张贴布告，公告其罪恶。新乐县的叛徒樊生弟，原是中共新乐县委机关的一个通信员，投敌后，多次带领日伪军烧杀抢掠，亲手杀害几十名抗日干部，中共新乐县委决定处决这个民族败类，由一名打入日伪组织中的派遣人员将他诱到煎饼铺，由“单打一”将其击毙。安新县大淀头伪乡长朱玉其罪恶累累，雁翎队摸进朱家大院，由民兵英雄赵波将其处决。这样，起到杀一儆百的效果，伪军、伪组织人员中为非作歹的人大大减少。

做好日伪军工作，最为细致的是“打进去，拉出来”，在伪军、伪组织中建立内线关系，在日伪军内部进行争取瓦解的工作。为大量向伪军、伪警察和特务机关派遣政治坚定、有社会关系掩护的干部人员，河北各抗日根据地党组织都高度重视，极其缜密。如中共冀中区党委，从领导上做了分工，向大中城市的派遣，主要由地委以上敌工部负责；向县镇的派遣，党员干部由县委批准，一般人员由区委批准。被派遣的干部人员，根据党的指示，潜伏在敌人内部，以合法身份，巧妙地进行工作。各级敌工部门还在大中城市、县城及大据点，以开设货栈、商店、小摊等为掩护，建立秘密联络站，以沟通内外联络。这些被派遣的干部人员，除了有目的地争取伪军、伪组织的头目，发展内线关系，积蓄力量，以待时机之外，还以各种秘密方式，提供日伪军的军事情报和潜伏特务的情报，以及利用日伪军内部矛盾，假敌人之手打击叛徒特务，对于争取、瓦解伪军、伪组织，起了巨大的作用。1940 年，冀中公安局情报联络科成功地争取了青帮首领张怀三。张怀三曾参加过抗日义勇军，在冀中有徒弟数千人。他表示愿意接受共产党领导，将几十支长短枪交给冀中公安局，还协助冀中公安局情报联络科人员策反了衡水、河间、任丘等县的保安队，在津浦路、德石路及深县、饶阳周围几百里地区建立起情报点线网格，为搜集日伪军情报，保护冀中领导机关和干部群众，做出了贡献。1944 年 7 月，在北平市清河镇伪军官学校学习的张伯坚等 6 人，到冀东投奔八路军。八路军当即派谷松（范祖尧）、杨光（杨振鹤）二人打入伪绥靖军内部，编入驻守乐亭县刘石各庄据点的伪第三集团第五团。谷、杨二人经过秘密工作，掌握了伪军内部情况，配好打开据点大门门锁的钥匙，并与八路军及当地党组织取得联系。1944 年 12 月 22 日夜，冀东第一警队 6 个连与丰滦联合县基干大队、民兵，共约 1000 人，在谷、杨二人内线配合下，一枪未发，生俘伪团长以下 700 余人，夺取刘石各庄伪军据点。中共中央晋察冀分局敌工部认为“这在边区对伪军的瓦解中，是属比较重大的事件”，推广了这一“里应外合”的经验。

河北各根据地经过广泛深入地开展日伪军工作，在日伪军占领的城镇内部和伪军、伪组织内部，发展秘密共产党员，建立地下党组织。在冀东区范围内，建立了近1000个秘密联络点；冀中区，绝大多数日伪军据点碉堡内都有了共产党、八路军的内线关系，有的地方还在伪军中发展秘密共产党员，建立了地下党支部；冀南区，至1943年4月，瓦解伪军9097人，占当时伪军总数的23.7%，伪军内线关系配合八路军行动177次，拔除日伪军据点129处。这些，为准备对日反攻，创造了有利的条件。

教育改造日军俘虏，使其觉醒，并组织日本人反战组织，是深入开展日军工作的一个重要方面。抗战时期，在河北各抗日根据地先后活跃着日本人“觉醒联盟”“反战同盟”“解放联盟”等反战组织，这些组织，由在华日本人部分有识之士发起，得到共产党、八路军的支持，是共产党抗日统一战线政策和俘虏政策的积极成果，反映了中日两国人民在人道主义、国际主义基础之上的合作。

1939年11月7日，在山西辽县麻田村八路军总部，由日本士兵杉本一夫等创立“在华日人觉醒联盟”，至1942年3月，先后建立觉醒联盟太行支部（1940年6月23日，由松井英男等建立）、冀南支部（1941年8月7日，由秋山良照建立）、冀鲁豫支部（1941年8月15日，由水野靖夫等建立）等5个觉醒联盟支部。

1940年7月7日，日本士兵森建、高山进等在延安建立“在华日本人反战同盟”延安支部，先后建立反战同盟冀中支部（1941年2月23日，由田中实等建立）、晋察冀支部（1941年5月4日，由宫川哲治等建立）等反战同盟支部。

1942年8月15日至30日，在延安召开华北日本士兵代表大会和华北日人反战团体大会。大会决定把觉醒联盟和反战同盟合并，改称“在华日人反战同盟华北联合会”，在延安设本部，在华北设联合会，统一了在华日人反战力量。大会制定了《在华日本人反战同盟华北联合会纲领》，通过了《日本士兵要求书》，提出不服从非人道的命令，让士兵吃饱饭，不许打耳光等228条要求。1944年4月，“日本人民解放联盟”成立，反战同盟解散，一切事宜移交解放联盟。

在敌后河北抗日战场活动的太行、冀南、冀鲁豫、晋察冀、冀中、冀东等6个日本人反战支部，在中国共产党的领导下，高举反战旗帜，配合八路军作战，开展各种反战活动，由起初数十人，发展到200余人，为结束日本法西斯侵略战争，做出了显著的贡献。

这些日本人反战支部的成员，绝大多数是被俘后经教育而觉醒的日本有识之士。为了开展反战宣传活动，他们创办了《战友》《日本人民之友》《光明月刊》《前进画报》多种刊物，介绍国内外形势，揭露日本法西斯的侵略面目，宣传八路军的对敌政策。他们采用印刷传单、制作慰问袋、演出文艺节目、举办座谈会、战场喊话、唱日本歌曲等多种方式，劝告日本士兵放下武器，弃暗投明。他们还利用各种办法，与日本士兵交朋友，拉同乡，建立联系，促使更多的日本士兵觉醒。他们还积极为部队培训日语骨干，教部队战士唱日语歌，用日语对日军战场喊话，以帮助八路军瓦解日军，教育改造日军战俘。当他们得知八路军缴获了日军武器而不会使用的困难以后，主动地组织起来，分别到部队中去，给八路军官兵讲授日制“八八式”掷弹筒、“九二”重机枪等武器的构造、射击、排除故障等技术。

这些觉醒的日本反战志士，在日伪军对抗日根据地进行残酷的大“扫荡”中，大部分亲自参战，配合八路军的反“扫荡”作战，冲锋陷阵，英勇顽强，不怕牺牲。在日军四二九大“扫荡”中，日本人反战同盟冀南支部书记秋山良照带领的反战同盟成员，遭到日军数十人追击，在冲破日军第二道包围时，他被日军抓住，利用装聋作哑，假意带路，途中找机会逃走。他找到盟员后，带领盟员寻找失掉联系的军区机关，在麦田里发现一名负伤的八路军战士，轮流背着这名战士走了20多里，最后把他安顿在一位老百姓家里。冀南军区为秋山良照记了一等功。冀中反战同盟支部长田中实在反“扫荡”战斗中，被日军抓住，在日军的引诱逼供、酷刑拷打之下，坚贞不屈，英勇就义，忠诚地履行了日本人反战同盟的誓言。

河北各根据地日本人反战同盟的艰苦深入的反战活动，使日军部队中的反战、厌战情绪日益蔓延、剧增，避战、逃跑、自杀、投诚的事件屡屡发生。据晋察冀边区的统计，1943 年在战场上投诚的日军占俘虏总数的 43％，是 1940 年的 7 倍。侵华日军指挥官悲叹：反战同盟“如同火种，不扑灭，它会越烧越旺，它会烧掉皇军的战斗力”。

三、河北各根据地大反攻　夺取抗日战争的胜利

1945 年夏天，日本法西斯已四面楚歌。欧洲战争结束后，苏联远东军迅速做好了进军中国东北的准备。在太平洋方面，日本各岛已被美英盟军海空封锁。中国国民党军队特别是共产党军队的攻势作战已迫使日军龟缩在少数大城市和交通要道附近。7 月 26 日，中、美、英三国政府发表《波茨坦公告》，促令“日本政府立即宣布所有日本武装部队无条件投降”。日本政府 28 日宣布“不理睬波茨坦公告”。8 月 6 日，美国在广岛投下第一颗原子弹。8 日，苏联对日本宣战，并宣布参加《波茨坦公告》。9 日，150 多万苏军从北、东、西三个方向进攻侵占中国东北的日本关东军。同日，美国又在长崎投下第二颗原子弹。10 日，蒙古人民共和国也对日本宣战。苏蒙出兵和美国投原子弹，加速了日本帝国主义的投降。中国抗战转入了战略反攻的阶段。

在中国抗日战争行将取得最后胜利的关键时刻，美国对华政策发生了逆转，由支持国共两党合作抗日，变为以“调解”国共关系为名，实际上实施扶蒋反共的反动政策。在美国的支持下，蒋介石竭力保存、扩充武力，准备抢夺抗战的胜利果实。8 月 10 日，蒋介石连发三道命令，即：要第十八集团军“原地驻防待命”，不得“擅自行动”①；要国民党各部队“积极推进，勿稍松懈”②；要日伪军“负责

① （台湾地区）“国防部”史政局：《中日战争史略》，正中书局 1968 年版，第 504 页。

② 《毛泽东选集》第四卷，人民出版社 1991 年版，第 1142 页。

维持地方治安”，等待国民党去收编①。

在此复杂形势下，中共中央主席毛泽东于 8 月 9 日发表《对日寇的最后一战》的声明，指出：“对日战争已处在最后阶段，最后地战胜日本侵略者及其一切走狗的时间已经到来了。”“中国人民的一切抗日力量应举行全国规模的反攻，密切而有效力地配合苏联及其他同盟国作战。八路军、新四军及其他人民军队，应在一切可能条件下，对于一切不愿投降的侵略者及其走狗实行广泛的进攻。”② 8 月 10 日至 11 日，朱德总司令发布受降和配合苏军作战等七道命令。在中共中央和延安总部的命令下，敌后各抗日根据地部队自 8 月 10 日起转入战略反攻，向敌占大城市和交通要道展开全面进攻。

向大城市和交通要道进军

根据中共中央和延安总部的命令，河北各根据地党政军民紧急总动员，坚决实行对日的战略反攻，形成了夺取抗战最后胜利的最威武壮观的一幕。

晋察冀军区司令员兼政治委员聂荣臻 8 月 10 日由延安致电分局和军区：全区部队立即向北平、天津、保定、石门、大同、阳泉、张家口、唐山、山海关前进，冀热辽军区抽出 3 个团挺进辽宁，冀晋军区抽出 2 个团逼近太原。根据中共中央和聂荣臻的电示，中共中央晋察冀分局和军区 8 月 11 日向日本华北方面军司令官发出最后通牒，限其 48 小时内令其所属部队投降。并迅即将 38 个小团扩编为大团，将地方武装编成 62 个团，使反攻的正规兵团扩大一倍，达 100 个团。在郭天民、刘道生指挥下，冀察第一、第十一军分区和冀中第十军分区及冀热辽第十四军分区部队一部，从东、西、南三面向北平逼近，8 月 20 日攻占通县飞机场，一度袭入顺义县城，歼敌 500 多人，并破坏了古北口到通县的铁路，部队分别推进到长辛店、丰台附近和南苑等地，构成了对北平的包围态势。冀中区第八、第九、第十军分区等

① 参见蒋介石：《对沦陷区地下军、伪军之命令》，1945 年 8 月 10 日。

② 《毛泽东选集》第三卷，人民出版社 1991 年第 2 版，第 1119 页。

部队共13个团，在杨成武、林铁指挥下，于8月19日夜，向北起杨村、南至唐官屯一线日伪军展开进攻，占领杨村飞机场，攻占杨村、北仓、陈官屯、杨官屯等火车站和杨柳青、韩柳墅等天津外围据点，一度攻入静海县城，使天津陷入包围之中。冀中第六军分区部队向德石铁路进攻，攻克束鹿县城，全歼守敌；第七军分区部队向平汉铁路北段进军，攻占明月、张登和南、北大冉据点，一度攻入保定市，歼灭日伪军1100多人。冀晋区部队在赵尔陆、王平指挥下，第二、第三军分区的6个团收复（山西）盂县城，配合晋绥军区部队进攻太原；第五军分区部队攻克（绥远）丰镇、集宁和（山西）阳高等城，配合晋绥军区部队进攻大同；第四军分区部队配合冀中区部队收复平山、行唐等城，一度攻入石门。冀热辽区留在冀东的部队积极向日伪军进攻，解放了唐山外围的古冶、赵各庄等据点，并攻克开平城，歼敌2000多人。冀察区第十二、第十三军分区部队进攻张家口，8月16日察绥骑兵支队在张北与苏蒙联军会师后，20日6时左右各部队向张家口发起攻击，22日占领万全县城。至23日15时，第十、第四十团在第二十团和蔚涿支队配合下，全部占领了张家口市。策应部队在民兵配合下，先后收复崇礼、多伦、康保、宝源、德化等城和察哈尔盟、锡林郭勒盟，攻占龙烟铁矿、下花园发电厂和怀来火车站。此役，共歼敌2000多人，活捉了伪蒙疆自治政府副主席于品卿和伪张家口市市长韩广森。8月29日成立中共张家口市委、市政府，杨春甫、张孟旭分别任书记、市长。9月14日晋察冀边区党政军领导机关迁驻张家口市。张家口市是大反攻以来夺取的第一个较大城市，使晋察冀与晋绥两区连成一片，为进军东北创造了条件。

刘伯承、邓小平、滕代远于8月10日从延安致电晋冀鲁豫边区各军区：迅速准备夺取城市，太行、太岳主力集结于沁源以北地区，保障晋西北部队夺取太原；太行第二军分区部队以全力相机夺取榆次、太谷，并协同晋绥部队围攻太原；冀鲁豫主力相机夺取开封、新乡、归德（今商丘）三城及沿线城市；冀南主力相机夺取安阳至元氏段沿平汉路各城市。据此，各军区作了周密部署。在大反攻中，冀鲁豫军区北路军（冀南部队）在军区副司令员王宏坤指挥下，第一至第五梯队于8月22日分别解放广平、曲周、平乡、鸡泽县城，并向平汉路之敌进攻；第六梯队8月17日、21日、23日收复冀县、武邑、景县城，切断了德石铁路。太行区部队8月20日解放赞皇县城。

夺取中小城市和广大乡村

8月15日，日本政府宣布无条件投降。但在中国战场很快出现了美、蒋、日、伪勾结的严重局势。22日，日军大本营命令各地日军从25日零时起停止一切战斗行动，但命令中国派遣军“在局部地区实行自卫措置”①。美国不准日军向解放区军队投降，要他们向蒋介石政府投降，并全力帮助国民党调兵遣将。蒋介石指令日军“维护”占领区秩序，等待国民党军队受降，并指挥国民党军向解放区推进，抢夺人民抗战果实。冈村宁次8月18日通令各部，只向国民党军队投降，不向其他军队投降。在这种形势下，中国共产党军队如继续执行夺取大城市的作战方针，势必陷入日伪军与国民党军队的夹击，因此，适时改变作战方针，成为夺取反攻胜利的重要关键。根据中共中央和中央军委的指示，河北各根据地8月22日起立即调整部署，以一部兵力继续威胁大城市，主力转向夺取中小城镇，控制广大乡村。

在晋察冀军区的统一部署下，冀中部队展开新的进攻：第六军分区部队在南线进攻，28日攻占深县城和魏家桥、高古庄等日伪军据点，9月1日攻占赵县城，9月2日收复宁晋县城，并占领辛集镇和王家井、磨头、贡家台等火车站和晋县城，控制德石铁路70多公里，歼灭日伪军1000余人。第七军分区部队在西线进攻，8月24日至27日，收复博野、蠡县、安国、无极县城，29日攻克安新县城，并肃清了高阳县城外围的日伪军据点。第八、第九、第十军分区部队在北线向大清河以北地区进攻，8月23日收复霸县城，27日攻克永清县城，收复固安、容城县城，29日进占安次县城，并先后攻克旧州镇、

① 日本防卫厅防卫研修所战史室著：《昭和二〇年的支那派遣军》（2），朝云新闻社1971年版，第550页。

牛驼镇、礼贤镇、王庆坨、小站、咸水沽、葛沽等20多处日伪军重要据点。冀察区部队一部于8月31日占领柴沟堡（今怀安县城）和怀安城；一部沿平绥路东进，逼迫沙城伪军投降，9月8日占领宣化城。冀晋区部队收复完县、唐县、行唐、曲阳、灵寿和（山西）阳高等县城，破坏了正太铁路和同蒲铁路北段。冀热辽区挺进东北的部队8月28日、29日接管前所、绥中，与苏军会师；30日在苏军炮火配合下攻克山海关，歼敌2000多人，并收复临榆县城，为八路军后续部队进军东北打开了通道。冀热辽区留在冀东的部队在民兵配合下，9月9日进攻蓟县，激战3天，歼灭伪军4000多人；22日攻占玉田县城，歼灭日军350多人、伪军1500多人；并攻占香河、宝坻、迁安、抚宁，收复丰润、平谷、三河、顺义、遵化等城，解放了冀东广大地区。冀中第六军分区部队围攻石门附近仍存的唯一日伪军县城据点藁城，10月4日起，一部兵力猛攻藁城县城，一部兵力打击从石门来援的日军，5日拂晓，日伪军大量施放毒气，15时冀中部队发起总攻，至7日上午，全歼守敌，毙伤俘日伪军2000余人。同时，冀中第七、第八军分区部队分别攻克高阳县城及部分日伪军据点，扫清了北平东南地区的全部日伪军。至此，冀中区除新城县城及极少数日伪军据点外，广大地域已经全部收复。

根据中共中央新的方针部署，晋冀鲁豫军区确定以一部兵力威胁开封、新乡等城之敌，以主要兵力夺取中小城市，消灭分散孤立之敌。冀南部队8月28日收复隆平、清平县城后，集中第四、第五、第六军分区部队，于31日收复尧山县城。冀南第四、第二军分区部队和太行第一支队在2000多名民兵和近万名群众的配合下，9月23日晚11时，对平汉线上的重镇邢台，发起总攻，至24日拂晓，全歼伪军3000人，邢台市宣告解放，并成立邢台市人民政府。10月1日，冀南部队与太行第一支队开始进攻邯郸，战至18日晨，歼灭伪军2300多人，邯郸解放，并成立邯郸市委、市政府。太行军区第一支队进攻平汉路沿线之敌，由彭城、临水、峰峰等地向磁县逼近，9月29日攻占磁县四关，10月2日发动总攻，全歼守城伪军3000多人，解放磁县城，并先后攻占了临城、内丘、武安、沙河、高邑等县城。冀鲁豫军区中路军第三纵队于9月初攻克长垣县城（今属河南省），歼灭伪军1000多人。渤海区部队收复盐山后，于9月24日攻占韩村（今黄骅县城），向津浦线挺进，发起平（原）禹（城）战役，第一军分区部队攻克南皮县城和许官屯、桑园火车站。12月13日夜，冀南军区第五、第四、第二军分区共4个团计4000人，在县大队、民兵配合下，对衡水城发起总攻，至14日拂晓，歼灭伪军2500余人，解放衡水城。

解放热、察两省

根据战局的新发展，中共中央、中央军委于9月11日、19日指示各战略区：目前全党全军的主要任务，是继续打击日伪军，夺取中小城市，扩大解放区，完全控制热、察两省，发展并争取控制东北。

据此，晋察冀军区部队在集中阻击向张家口进犯的国民党军队的同时，加紧肃清热、察两省残存的日伪军。冀察区部队9月2日攻克宣化后，于9月10日至10月14日，先后收复涿鹿、新保安、怀来、延庆、龙关、赤城，并配合苏蒙军收复绥东部分地区。冀晋区部队10月1日收复阳原县，并收复（山西）浑源县城，从而肃清了平绥路东段附近地区的残敌。冀中第七、第八、第九军分区主力和第六、第十军分区部队一部，组成冀中野战纵队（第十一、第十二、第十三旅），于9月中旬开赴察东地区。第十二旅奉命歼灭察南之敌，于9月29日发起蔚（县）广（灵）暖（泉）战役，当日全歼暖泉伪军，10月26日全歼广灵守敌，11月3日攻占蔚县，历时35天，歼灭伪军3000多人。至此，察哈尔全境获得解放。与此同时，冀热辽区出关部队中路和西路挺进热河省。8月19日，苏蒙联军进占热河省会承德，日伪军投降。西路军进入热南，促成驻兴隆县伪满热河军管区西南地区防卫司令黄方刚率伪满军及“讨伐”大队、警察队近2万人起义，而后进入承德，与苏军会师。原在围场、隆化地区活动的冀热辽挺北支队于8月20日解放围场，22日解放隆化县城。驻青龙县的伪满讨伐队张金祥部 2000 多人也接受改编。至 9 月 20 日，冀热辽部队在地方武装配合下，共收复 16 座县城，歼灭和改编伪满军和伪警察队 2 万多人，热河全境获得解放。

至 1945 年 12 月，河北共产党组织领导河北人民，肃清了河北境内广大城乡的日伪军，河北基本获得解放，并解放热河、察哈尔两省，使各解放区连成一片，控制和切断了平汉、津浦、正太、平绥、北宁、德石等铁路和公路交通干线，为中国抗日战争的胜利做出了独特的贡献。

日军在河北各地的战争罪行

从 1933 年侵华日军侵占热河开始到 1945 年 9 月正式投降，侵华日军在河北各地犯下了累累战争罪行，这段历史，河北人民是不会忘记的。

日本侵略者侵占河北期间，实行了疯狂的“扫荡”、残酷的“清剿”，有组织、有计划的杀光、烧光、抢光的“三光”政策。日军制造的惨案，遍及河北各市镇和广大乡村，据不完全统计，日军在河北境内制造的 30 人以上的惨案超过 300 起，其中 800 人以上的超过 20 起，千人以上的至少有 15 起。日军残杀民众的手段达 100 余种，有机枪扫射、刀劈、刀剐、踩地雷、大卸八块、铡刀铡、狼狗咬、火烧、放毒、铁丝勒死、摔死、碾死、砸死、吊死、淹死、闷死、活埋、冻死、剥皮、挖眼、割耳、割舌、割鼻、剁手脚、剜筋、割生殖器、剖腹、扒心、碎身、捧火球、压杠子、灌辣椒水、电击、灌热油、点天灯等。为了隔断民众与共产党、八路军的联系，日本侵略者疯狂地设置“无住禁作地带”，推行“集家并村”政策，建立所谓部落（“人圈”），制造了长城沿线、冀晋边境等大块“无人区”和若干小块“无人区”。仅长城沿线“无人区”，即包括今河北、辽宁、内蒙古、北京、天津 5 个省、市、自治区的青龙、承德、宽城、兴隆、滦平等 25 个县的全部或一部，面积达 5 万平方公里，其中“无住禁作地带”约 8500 平方公里，被集家的自然村 1.7 万多个，共建“人圈”

2506座，被驱赶集家的群众约140万人。

日军对河北广大妇女、儿童，肆意进行了有组织的、大规模的强奸或残杀。上至七八十岁的老妪，下至几岁的幼女，都难逃日军的奸辱和残害。日军往往强迫妇女扒光衣服，集体扭舞，供日军取乐，或强迫群众围观日军轮奸他们的妻子、女儿、姐妹，甚至强迫群众男女集体性交，父奸其女，子奸其母。龙华县（今易县）的两个村有500名妇女，全部遭受日军强奸；阜平县的两个村有400名妇女，其中大部遭日军强奸。不少妇女被日军强奸甚至残杀后还往阴道里塞满了谷子、高粱等杂物；一些孕妇遭日军强奸后，肚子里的孩子又被用刺刀挑出来；甚至有的妇女遭日军强奸后，又被日军一片片割死。这种惨绝人伦的暴行，并不是一般的“满足”日本士兵的性要求，而是另有极端阴险的“特殊目的”，即：“破坏中国国民的道德观点，叫中国在沦陷区的民众因在伦理关系上忘了羞耻，而逐渐在政治上也忘了羞耻，认贼作父。”① 日军还在各地建立了五花八门的日军慰安所，有日军直接、间接设立的慰安所，挂着妓院招牌的变相的日军慰安所，临时性的日军慰安所或巡回的日军慰安所，分布最广、最残暴的是日军据点碉堡抓捕或索要“花姑娘”。这些“花姑娘”被关押在日军据点碉堡里，成为日军的性奴隶，直到含冤惨死，幸免一死者也在精神上、肉体上受到极大摧残。据中国解放区救济总会1946年4月的统计，因遭受日军强奸和性奴役，冀晋、冀察、冀中、冀热辽有469339名妇女患性病，晋冀鲁豫全区有122090名妇女患性病。② 较严重的冀热辽区，每18名妇女中，就有1名以上的妇女因遭受日军奸污而患性病。

日军为了大量屠杀河北抗日军民，使用生化武器日益频繁。日军把河北等地作为实验和推广毒气攻击作战的实验场之一，先后实验推广了催泪性、喷嚏性、窒息性和糜烂性的毒气武器。从日军1937年7

---

① 陈豹隐：《关于敌人的政治阴谋》，载《大公报》，1939年3月9日。

② 中国解放区救济委员会：《中国解放区抗战8年中损失初步调查》，1946年4月。原件存中央档案馆。

月27日在卢沟桥投下第一颗毒气弹，至1945年10月5日在藁城县城最后一次使用毒气弹，共在河北地区实施毒气战达8年零2个月，毒气作战遍及河北各地。日军1938年9月20日至11月底，“扫荡”晋察冀边区的山岳根据地，使用毒气13次以上，毒气炮弹数百发，仅在阜平、定襄方向即使用毒气筒3236个，造成八路军中毒者有一团大部、三团1个营、七一七团4个连。1942年日军对冀中根据地五一大“扫荡”期间，使用毒气10次以上，仅5月27日在定县北疃村，向地道中投放赤筒、绿筒，就造成该村及附近10余村群众800余人全部死亡。日本华北派遣军防疫给水细菌部队，在北平、天津、保定、石家庄、张家口等城市，使用八路军战俘和平民做细菌武器的活人实验和活杀解剖，就近研制和使用细菌武器。日军采取十分原始而又极其隐蔽的方式散布细菌，往往霍乱、伤寒、鼠疫、疟疾等疫病传染猖獗而广大群众还以为是天灾。1943年8月至10月，日军进行鲁西霍乱作战，利用雨季卫河暴涨，掘毁卫河西岸，施放霍乱病菌，仅冀南根据地即被淹30余县，灾民400万，霍乱、淹死、饿死近20万人，其中，邱县有160个村传染霍乱，死亡15201人；馆陶县有179个村传染霍乱，死亡10329人。

日本侵略者为解决劳动力缺乏问题，同时减少八路军的兵源，从河北各地利用招募、摊派、强征、抓捕等手段掠夺大批民众充当劳工。这些劳工除了被强制从事修筑铁路、公路和军事工事，开采铁矿、金矿、煤矿等繁重的体力劳动外，还被强掳到中国的东北地区、蒙疆地区、华东地区以及日本、朝鲜等国，受尽了奴役和迫害。据中国劳工问题研究专家居之芬、何天义的调查研究，河北省被强押赴东北、蒙疆、华中及日本、朝鲜做劳工的平民与战俘约有360万人，在华北地区做劳工的平民约有200万人，合计强掳劳工约达560万人。恶劣的工作环境，繁重的体力劳动，非人的折磨和迫害，使众多劳工死在了军事工地和工厂、矿山及异国他乡。据不完全统计，日本在河北地区抓捕劳工中，致残、死亡者即达74.74万人以上。（赴满劳工中，河北劳工死亡者占41%；入蒙劳工中河北劳工死亡者占66%；赴朝、日河北劳工不足2万人死亡者占20%。）日军为把战俘和平民变成奴隶劳工，建立了石门等集中营；为了强制劳工从事奴隶劳动，制造了井陉矿区、龙烟铁矿、下花园煤矿、石门、承德水泉沟等多处“万人坑”。

日本侵略者把河北等地视为“日满华经济圈”的骨干部分，经济统制与掠夺极端疯狂。日本在“开发”“建设”的旗号下，几乎全部霸占了河北的金融、工矿、盐业、电力、交通等主要公私企业，大力统制和掠夺煤、铁、盐和粮、棉等战略物资。根据“工业日本、农业中国”和“以战养战”的原则，重点开发棉、粮、皮毛等农牧产品，实施严密统制和疯狂掠夺。日本侵略者为了消灭八路军和抗日根据地，采取了毁灭政策，甚至肆意制造和扩大灾荒，企图毁灭人民群众的生存条件。1939年夏天，华北地区暴雨成灾，河水猛涨，日军乘机掘开永定河、大清河、拒马河、滏阳河等河堤，致使河北全省遭水灾，有60个县一片汪洋。冀中、冀南两区根据地，淹没良田10.8万余顷，淹没村庄9752个，灾民达450余万人。

日本侵略者的战争犯罪，使河北人民的生命财产遭受严重损失。据近年来的调研，在整个抗战期间，全省有据可查的人口伤亡：直接人口伤亡1534255人，其中，死585704人、伤884231人、失踪64320人，间接人口伤亡524210人，全省总计人口伤亡2058465人。全省整体社会经济和社会生态环境遭到严重破坏。

四、河北党组织在抗战时期的独特贡献

中国抗日战争是中华民族的伟大壮举，是国共合作、中华民族大团结的硕果，也是人类战争史上的奇观。在全国抗战中，中共河北党组织做出了杰出而独特的贡献。

始终起着独特的战略作用

全国抗战的历史表明，党所领导的敌后河北抗战，始终起着独特的战略作用。

在全国抗战之初，按照中共中央和北方局的决策和部署，河北党组织配合八路军部队，开创了晋察冀、冀中抗日根据地和晋冀豫、冀南抗日根据地。这四块敌后抗日根据地的开创，不仅开创了在敌后山岳地带坚持抗战的先例（以五台山为中心的晋察冀区、依傍太行山的晋冀豫区），而且开创了在敌后平原地带坚持抗战的先例（冀中平原区、冀南平原区），标志着中共中央、毛泽东关于在敌后发动独立自主的游击战争、建立敌后抗日根据地、开辟敌后战场的理论和决策，在实践中获得了成功。这四块抗日根据地的创立和发展，打开了敌后华北抗战的新局面，对于敌后其他抗日根据地的创立和敌后抗日战场的形成，起了重大的促进作用，给全国人民昭示了坚持持久抗战的正确道路。在全国抗战初期，大片国土沦陷、悲观气氛笼罩的情势之下，河北有山地抗日根据地和平原抗日根据地屹立在敌后华北，向全中国和全世界人民宣告：日本法西斯虽然占领了中国许多城市和交通要道，但是中国是不会灭亡的，中国共产党和中国人民有能力、有办法，坚持持久抗战，把日本法西斯从中国领土上赶走。因而，极大地提高了中国人民的民族自尊心和自信心，提高了中华民族的国际声誉。这种首创意义和深远影响，“在中国及全人类的历史上都是开辟新纪元的最光辉的一页”①。

在抗战的战略相持阶段，河北党组织根据中共中央、北方局、八路军总部的部署，配合晋察冀军区和一二九师，将敌后河北抗日战场，从恒山、太行山、燕山，向冀、鲁、豫大平原推进，使之扩展为地跨晋察冀、晋冀鲁豫、山东三大抗日根据地，成为敌后华北抗战的主战场之一，是联系延安、华北、华中各抗日根据地及东北抗日联军的枢纽，坚持敌后华北抗战和全国持久抗战的“坚强堡垒”。河北各根据地党政军民艰苦奋战，抗击、牵制和消灭了大量日伪军。晋察冀抗日根据地（冀中、冀晋、冀察、冀热辽等战略区）不仅经常抗击和牵制着大量华北日军和华北伪治安军，而且还抗击和牵制着部分伪蒙军、伪满军及日本关东军。1937 年抗击日军 6.2 万人以上，1938 年

---

① 聂荣臻：《晋察冀边区抗战十二个月的总结》，载《八路军杂志》第一卷下期。

抗击日军7.6万人以上，1940年抗击日伪军11万人以上，1941年抗击日伪军13万人以上，1942年抗击日伪军18万人以上，1943年以后抗击日伪军20万人以上。① 至抗战胜利，共与日伪军作战3.2万余次，粉碎日伪军的大“扫荡”110余次，消灭日伪军35.1万余人。晋冀鲁豫抗日根据地（冀南、太行、冀鲁豫、冀鲁边等战略区）从创立至1944年8月的七年中，与日伪军作战3.1万余次，消灭日伪军19万余人，至抗战胜利，共歼灭日伪军42万余人。晋察冀、晋冀鲁豫两大边区八路军，不仅直接威胁着日军后方的平汉、津浦、平绥、正太、北宁、石德等铁路交通动脉和北平、天津等中心城市及关内外的咽喉要道北宁线及山海关，而且与晋绥、山东、华中等抗日根据地及东北抗日联军相呼应，在军事上、战略上形成了对华北日军及伪华北、伪蒙疆及伪满洲国的犬牙交错的包围态势，使华北日军深陷于人民游击战争的汪洋大海，使日本法西斯无法抽兵北攻苏联，也不得不推迟南攻美英的时间。同时，在战略上也有力地配合了国民党正面战场。

在抗战的反攻阶段，河北党组织根据中共中央关于对日反攻的部署，动员各根据地党政军民一切力量，配合八路军，较早地对日伪军展开攻势作战，使河北各根据地成为对日反攻的“前进阵地”。在全面大反攻中，河北各根据地部队向日军在华北的巢穴进攻，收复了张家口、承德、山海关、邢台、邯郸、衡水等170余座城市，使河北基本解放，热河、察哈尔两省全部解放，还解放了河南省北部、绥远省东部、辽宁省西部等广大国土。据此，中共中央1945年9月19日作出了“向北发展向南防御”的重大战略部署，调集11万军队和2万余名干部，大力开辟东北地区。其中，晋察冀边区调派12个团、一个营及25个团架子和数千名干部挺进东北，晋冀鲁豫边区抽调主力第一纵队和25个团开往东北，与苏军会师，并会同山东等根据地部队，解放了东北广大的国土，为建立东北巩固的解放区打下了基础。

---

① 《晋察冀边区七年来军事战果》，载《晋察冀日报》，1944年7月12日增刊。

在敌后构建新中国的“模型”

全国抗战的历史表明，河北各抗日根据地党组织，在抗战中领导军民，改造旧社会，创造新社会，在敌后华北构建了新民主主义的新中国的良好模型。

“驱逐日本帝国主义”“建立自由平等的新中国”①，是中国抗日战争的相互联结的两个战略目标，也是中华民族复兴的必由之路。在抗日战争时期，抗日高于一切，但抗日的民族解放战争与社会的民主改革是相互联结、不可分离的，必须同步进行。敌后抗日根据地的斗争与建设，实质上是在抗日的民族解放战争中，采取和平的、渐进的改革方式，改造旧的殖民地、半殖民地、半封建的社会制度，创造新民主主义的社会制度。所谓敌后抗日根据地，就是中国共产党领导下的一定地域的人民、武装、政权和一定的经济、文化所构成的抗日民主的社会整体力量，是中国人民在敌后进行抗日游击战争的战略基地。它是“抗日的力量”，又是“民主的力量”，即新民主主义社会的雏形。

如前所述，晋冀鲁豫边区创造了建党、建军、建政三大建设的经验和精兵简政、大生产运动、立功运动的经验。而晋察冀边区，它在华北敌后一诞生，就公开申明：它是中华民国的地方政府，“它的实际内容是贯彻抗日与真正民主”②。1938 年 10 月，中共中央北方分局书记彭真根据开创抗日根据地的经验，进一步指出：“今天的抗日民族统一战线，也不是简单的抗日”，“必须把民族革命与民主革命联系起来”。③ 中共中央北方分局在总结根据地斗争和建设经验的基础上，1940 年制定和颁布了《关于晋察冀边区目前施政纲领》（简称《双十

---

① 《毛泽东选集》 第二卷， 人民出版社 1991 年版， 第 479 页。

② 《晋察冀边区军政民代表大会宣言》，1938 年 1 月 14 日， 载《晋察冀抗日根据地》 史料丛书编审委员会、 中央档案馆编：《晋察冀抗日根据地》 第一册 （ 文献选编上 ）， 中共党史资料出版社 1989 年版， 第 289 页。

③ 彭真在中国共产党扩大的六届六中全会上的发言，1938 年 10 月 28 日。 原件存中央档案馆。

纲领》），公开宣布：要使晋察冀边区“不但成为模范的抗日根据地，而且成为新民主主义的即三民主义的政治经济建设的模范，亦成为建国的模范”①。中共中央机关报《新中华报》社论指出：这一纲领是“目前全国模范的抗日民族统一战线的、新民主主义的施政纲领。全国各地，特别是敌后方其他各抗日根据地，在政治、经济、军事、文化设施计划上，都应以它为最好的参考和借镜”②。

根据中共中央、北方局的部署和方略，河北党组织在敌后抗战中，进行了广泛而深刻的社会改革，模范地实践了驱逐日本侵略者与建立新中国的伟大战略目标。各根据地的党组织，坚持马克思主义中国化，坚持党中央的总政策在本战略区地方化、具体化，坚决执行中共中央的抗日民族统一战线的方针和政策，在领导党政军民坚持抗战的进程中，以和平改革的方式，改造殖民地、半殖民地、半封建的旧社会，创造新民主主义的新社会。在民主政治的改革与建设上，先后创建了中国共产党领导的抗日民族统一战线的民主政权，并经过自上而下、自下而上的改造，特别是历次民主选举运动，按照民主集中制原则，贯彻“三三制”政策，逐步调整了各级抗日民主政权的成分，健全了各级民意机关和行政机关，保证基本群众占优势，又使根据地内的国民党、各少数民族和各阶层爱国民主人士有更多的参政机会，实行法制，保障人权，巩固和扩大了抗日民族统一战线。在根据地经济文化和社会的改革与建设上，先后开展了大规模的减租减息运动，充分发动了广大农民的抗战和生产的积极性；建立了边区银行，发行边币；实行了统收统支、救国公粮和军用粮票制度，推行了“合理负担”和比较完备的统一累进税，卓有成效地保障了游击战争的战勤供给。并采取一系列发展农、工、商业、合作运动，奖励生产和技术发明，恢复、繁荣经济，力求自给自足的有效措施。从而，使根据地财政经济即使在遭受敌祸、天灾严重破坏的最艰苦时期，仍具有持久的

---

① 彭真：《关于我们的目前施政纲领》，1940 年 8 月 19 日，载晋察冀日报史研究会编：《晋察冀日报社论选》，河北人民出版社 1997 年版，第 135 页。

② 《新中华报》1940 年 10 月 3 日社论：《中共晋察冀边委的施政纲领》。

耐力。与此同时，有效地开展对敌货币斗争、粮食斗争和市场、物资的争夺战，使日本侵略者“以战养战”和变华北为大东亚战争的“兵站基地”的计划，遭到沉重的打击。

因此，在河北各抗日根据地里，社会阶级结构发生了根本性的变化。据1943年5月，对易县、完县、唐县、阜平、平山、灵寿、昌（平）宛（平）房（山）、房（山）涞（水）涿（县）及平定、灵丘、繁峙等13县35个村的调查，地主阶级，抗战前占总户数2.42%，占总人口3.61%，占全部土地16.43%，1942年下降为占总户数1.91%，占总人口2.5%，占全部土地8.05%；贫农，抗战前有2478户，占总人口46.67%，1941年减少为2155户，占总人口下降为39.55%；中农，抗战前有1676户，占总人口31.57%，1941年增至2423户，占总人口上升为44.47%，占有全部土地近一半(49.14%)。① 在各抗日根据地里，旧的殖民地、半殖民地、半封建的经济关系和社会关系日渐被削弱着、摧毁着，新民主主义的新的经济关系和社会关系日渐创造着、发展着。从而，成功地改造了旧社会，创造了一个新民主主义的新社会，使全国人民看到了未来新民主主义的新中国的光明前景。正如毛泽东1941年5月所指出：“现在各根据地的政治，是一切赞成抗日和民主的人民的统一战线的政治，其经济是基本上排除了半殖民地因素和半封建思想因素的经济，其文化是人民大众的反帝反封建的文化。因此，无论就政治、经济或文化来看，只实行减租减息的各抗日根据地，和实行了彻底的土地革命的陕甘宁边区，同样是新民主主义的社会。各根据地的模型推广到全国，那时全国就成了新民主主义的共和国。”② 这也正是河北各抗日根据地人民群众充分发动起来，创造出人民抗日战争种种奇迹的根本原因。

---

① 刘澜涛主持、郑天翔具体组织进行的《抗战六年来北岳区农村经济与阶级关系的变化》调查，1943年5月，载魏宏运主编：《晋察冀边区财政经济史资料选编》，南开大学出版社1984年版，第213—242页。

②《毛泽东选集》第二卷，人民出版社1991年版，第785页。

凝聚了民族复兴的强大力量

全国抗战的历史还表明，河北党组织及其领导的人民力量，在抗日与根据地建设的伟大斗争中，得到了迅速发展壮大，凝聚了强大的物质力量和精神力量。

全国抗战前夕，中共河北省委及其领导的各特委、市委、县委，有共产党员3500余人，约占华北地区党员总数的一半，但尚未真正走出地下党的狭小范围。全国抗战开始后，河北党组织处在敌后被分割的状态，一面大刀阔斧地开展群众性抗日游击战争，一面大力进行党的发展建设工作。在中共中央北方局的统一领导下，1938年上半年，河北党组织已适应地区被分割的新形势，由晋察冀省委、冀中省委、晋冀豫省委、冀南省委及（敌后）河北省委分区领导。在冀中区，1938年初，党员发展到1.2万余人，1939年9月，党员人数增至7万余人。在冀南区，1937年4月有党员300余人，1938年初党员发展到1500余人，到同年6月党员猛增到50000余人。1941年底，平西、平北各有27个区委，合计有党员6150人。为了巩固党的组织，各抗日根据地在1939年和1940年前后，普遍地进行了整顿和巩固党的工作，重新登记党员，审查干部，在巩固中发展，在发展中巩固。1939年，阜平县有党员7300人，其中，工人占13%，农民占80%，知识分子占2.5%，其他阶层占4.5%，青年占9%，妇女占6%；平山县有党员5950人，工人占12.8%，农民占82%，知识分子占4.8%，女党员占3%；涞源县有党员5949人，工人占5%，农民占75%，知识分子占7%，其他占13%，女党员占10%。[①] 至1940年，在中共中央北方局、北方分局的领导下，敌后河北已有晋察冀区、冀中区、冀热察区、晋冀豫区、冀南区、冀鲁豫区6个（省）区党委，30多万党员。其中，冀中区党委领导着5个地委、44个县委的抗日斗争，拥有党员9万余人；冀南区党委领导着6个地委、47个

① 彭真：《关于晋察冀边区党委路西的统计报中央并周恩来的电报》，1939年。原件存中央档案馆。

县委的抗日斗争，拥有党员 10 万人。经过整顿和巩固工作，河北各抗日根据地党组织不仅更加纯洁、更加严密、更为巩固，而且走出了过去长期以来地下党的狭小范围，发展成为一个伟大的拥有广大党员的群众性的政党。在此基础上，于 1941 年和 1942 年，进一步从政治上、思想上、组织上巩固党，实现了党的一元化领导体制；于 1943 年和 1944 年，开展全党整风运动，党的各级领导干部特别是高级干部，普遍地纠正和克服了主观主义、宗派主义和官僚主义的不良作风，树立了理论联系实际、密切联系群众和批评与自我批评的优良作风，党的领导能力和领导水平，党组织的战斗力和模范作用，党的团结和统一，得到了空前提高。在抗战最困难的时期，各根据地党组织经受了最残酷、最复杂的斗争环境的严峻考验。在四二九大“扫荡”和五一大“扫荡”中，冀南、冀中抗日根据地受到严重损失，两区党员较前各减少了约 2 万人。这其中，有牺牲的，有外转的，也有动摇、投敌的。但绝大多数党的组织和党员，经受住了严峻考验，在根据地恢复、发展和深入建设的斗争中，在局部反攻、全面反攻的战斗中，各根据地党组织有了飞跃性的发展。至抗战胜利，河北党组织发展壮大为分属冀晋、冀察、冀中、冀热辽、冀南、冀鲁豫、太行（由晋冀豫区于 1943 年 10 月 9 日改称）、渤海 8 个区党委，包括 29 个地委、229 个县委，拥有 40 余万党员，成为政治上、思想上、组织上完全巩固的马列主义政党，在中共晋察冀中央局和中共晋冀鲁豫中央局的领导下，开始从抗战以来的分割状态走上集中统一领导的新阶段。

河北各根据地党组织在加强自身建设的同时，建立健全了主力兵团、地方武装和民兵“三位一体”的人民战争的武装力量体系，创造了一整套适合于人民战争需要的后勤供给、兵员补充、伤员救护、敌情侦察、通讯联络等保障系统，以及地道战、地雷战、交通战、麻雀战、水上游击战等多种游击战法。不论在山地还是在平原，均组织起了浩浩荡荡的大军，造成了陷敌于灭顶之灾的汪洋大海，形成了战争史上的奇观。在抗日战争后期，各根据地部队迅速实现着由游击战向运动战的转变。晋察冀边区八路军部队，由最初的 3000 人，发展到

32万余人，民兵从无到有发展到90余万人，解放国土30余万平方公里。晋冀鲁豫边区八路军部队由出发时的9000余人，发展到30余万人，民兵从无到有发展到40余万人，解放国土18万平方公里。并培养和锻炼了数以万计的工农干部与知识分子干部、本地干部与外来干部相结合的干部队伍。广大群众充分动员和组织起来，晋冀鲁豫根据地参加农、工、青、妇和民兵等组织的群众达500余万人①；晋察冀根据地参加工人、农民、青年、妇女、儿童和文化界、宗教界、工商界等各种群众组织的会员，计300余万人。到抗战胜利时，晋察冀与晋冀鲁豫两大根据地基本连成一片，拥有近6000万人口，奠定了华北解放区的基础。

河北各抗日根据地除对东北解放区的重大支援外，一二九师与晋冀鲁豫根据地1940年派出第二纵队1.3万人南进华中，后来改编为新四军第三师，成为苏北地区的骨干武装力量；1944年又抽出7个团和一批干部深入河南的登封、新安地区，迅速开辟了豫西抗日根据地。冀中区根据地1940年组建的南进支队一部兵力留驻冀鲁豫区，1942年回民支队归属冀鲁豫区建制，加强了该区的抗战力量；1943年由吕正操率5个主力团支援晋绥根据地，并归属晋绥边区建制。1944年晋察冀军区先后有骑兵团、炮兵营、1个工兵连和5个团兵力及抗大二分校、陆军中学、抗大附中、白求恩卫生学校大部等调赴陕甘宁边区。河北各根据地还数次抽调许多干部支援友区根据地。

这些在抗日战争中打下的阵地和积聚起来的力量，成为继续完成中国革命的历史任务，实现中华民族复兴的重要的战略基地和物质力量。

河北各抗日根据地党组织与人民群众血肉相连，历尽艰辛，创造出种种奇迹，成为凝聚和升华中华民族精神的一个典范。各党、各军、各界人士和各族人民及海外华侨，共同凝聚和升华了内涵深邃而丰富的中华民族的伟大精神，诸如："国难当头，捐弃前嫌，团结御

① 张廷贵：《晋冀鲁豫根据地在抗日战争和解放战争中的地位和作用》，载《党史研究》1985年第2期。

侮，共赴国难”的中华民族大团结精神；“国家有难，匹夫有责，同舟共济，同仇敌忾”的国家至上、不畏强敌的爱国主义精神；“自尊自信，浩然正气，舍生取义，视死如归”的民族气节和大无畏的英雄主义精神；“独立自主、自力更生、艰苦奋斗、与时俱进”的创业创新精神；“马克思主义中国化、实事求是、求真务实”的科学精神和探索精神；一切反侵略、反民族压迫的国家和人士联合起来结成国际反法西斯统一战线的国际主义精神。这些优秀的中华民族精神，成为河北各族人民广泛认同和接受的思想品格、价值取向与道德规范，处处展现在人民群众的思维方式、行为方式和情感方式上。投敌、叛国、妥协、变节、分裂、顽固、倒退，只顾个人或一党、一派、一军之私，而不顾国家、民族利益的倒行逆施之错误言行，遭到河北各族人民的口诛笔伐。据不完全统计，在抗日战争时期，晋冀鲁豫边区八路军伤亡 10.7 万余人（至 1944 年 8 月的数字），晋察冀边区八路军伤亡 11.6 万余人，在河北抗战中阵亡的旅及支队长以上干部约 70 人。区级以上的党政民干部人员牺牲、被俘、负伤、病死者，据不完全统计，晋察冀边区至 1942 年已有 3700 余人。在敌后河北抗战中，涌现了无数抗敌不屈、临难不苟、英勇殉国、可歌可泣、动天地泣鬼神的壮烈事迹，高度地表现了崇高的中华民族精神。著名的狼牙山五壮士，回族抗日英雄马本斋和他的母亲白文冠，少年英雄王璞，战斗英雄邓世军、王五保、李仕亮，爆炸英雄李勇、李混子，子弟兵的母亲戎冠秀，人民的好干部左权、黄骅、周建屏、王溥、李光汉、白乙化、王仲华、王平陆、包森、周文彬、鲁贲、常德善、翟晋阶、袁心纯、王先臣、唐聚五、洪麟阁、刘萍、范子侠、郭国言、易良品、杨宏明、赵义京、萧永智、李林、董天知、李忠、魏大光、王少奇等，伟大的国际主义战士加拿大援华医生白求恩和印度援华医生柯棣华等，民族英雄吉鸿昌、孙永勤等，他们作为河北抗战中千千万万个干部、战士、群众的抗日英雄代表，体现了中华民族精神的无比威力和无限生命力。这种凝聚和升华的以爱国主义为核心的抗战精神，是取得抗战胜利、奠定国家独立解放的基础，是实现中华民族伟大复兴的强大精神力量。

总之，抗日战争教育了河北党和人民，锻炼了河北党和人民，提升了河北党和人民，河北在军事、政治、经济、文化及法制、社会等方面都有很多开拓和创造，建立了新民主主义新中国的模型，提供了根据地局部执政的经验。抗日战争的胜利，宣告了帝国主义殖民地式的现代化、民主化道路在中国的终结，中国旧的国民党代表的半殖民地、半封建式的现代化、民主化道路受到巨大冲击和削弱，共产党代表的中国新民主主义的民主化、现代化道路，在敌后抗日根据地光芒四射，已为中国各族人民所憧憬。正如瑞典学者达格芬·嘉图曾指出的，"正是这种阶级关系的基本变化，把抗日战争和解放战争两个时期联系起来了。人们可以说，前一个时期的社会变化为后一个时期推翻国民党的统治奠定了基础。"① 历史的选择正是这样，抗战时期所积聚起来的革命阵地和革命力量，准备了两个中国命运的决战，为中华民族大步走向繁荣振兴的社会主义的前程，奠定了深厚而坚实的根基。中共河北党组织在抗战时期所做出的杰出而独特的贡献，其影响是十分深远的。

① ［瑞典］达格芬·嘉图著，杨建立、朱永红、赵景峰译：《走向革命——华北的战争、社会变革和中国共产党 1937—1945》，中共党史资料出版社 1987 年版，第 15 页。

第 四 编

解放战争时期

（1945 年 8 月—1949 年 10 月）

抗日战争胜利后，国民党蒋介石不顾全国人民渴望和平的愿望，在美国政府的支持下，坚持独裁、内战的方针，发动全面内战。面对严峻形势，河北各解放区军民在党的领导下，投入伟大的人民解放战争。1946 年 6 月全面内战爆发后，中共晋察冀中央局和中共晋冀鲁豫中央局以及边区政府，先后发出指示或紧急动员令，动员解放区全体军民积极行动起来，灵活、准确地执行中共中央制定的军事原则，消灭国民党军的有生力量，大力开展土地改革运动，激发广大翻身农民保卫土地支援革命战争的热情。1947 年 6 月后，河北解放区军民转入战略进攻。按照中共中央的战略部署，完成了支援刘邓大军和东北民主联军的反攻作战任务，并抓住有利战机，成功组织了清风店战役，解放了石家庄，使晋察冀和晋冀鲁豫两大解放区连成一片。河北各解放区深入贯彻执行《中国土地法大纲》，广泛开展整党和新式整军运动，同时积极探索接管城市的经验，并迎来中共中央进驻西柏坡与华北人民政府成立，为进行战略大决战做好充分准备。1948 年夏，随着人民解放战争转入战略决战阶段，河北各解放区的人民群众，全力以赴地投入支援辽沈战役、平津战役的战勤和支前工作，为两大战役的胜利和东北野战军南下做出了重要贡献。同时，河北各解放区党委根据中共中央的指示精神和中共华北局的具体部署，抽调大批干部随军南下，到新解放区工作，为夺取全国解放战争的胜利做出了巨大贡献。

第 十 六 章

保卫抗战胜利果实
做好自卫战争的各项准备

一、抗战胜利后河北的形势和党的方针任务

抗战胜利后河北的形势

1945年8月初，在世界反法西斯阵线正义力量的打击下，日本侵略者失败在即。此时，国民党蒋介石在河北境内无成建制的军队。为了抢夺抗战胜利果实，1945年8月10日，蒋介石利用其“最高统帅”的名义，连续发出三道命令，一是命令八路军、新四军部队“应就地驻防待命”，“勿擅自行动”；二是命令国民党军“加紧作战”，“对伪军要宽大为怀，不咎既往”；三是命令日伪军“负责维持地方治安”，阻止八路军收复失地。同时，蒋介石不顾全国人民的反对，分别委任华北地区的伪军将领庞炳勋、孙殿英、孙良诚、吴化文、门致中等为第一、第二、第四、第五、第六先遣军总司令，并以“国军”名义进攻解放区。于是，伪新民会摇身一变而成为国民党部，伪军摇身一变而成为国民党的“先遣军”，汉奸摇身一变而成为国民党的党国要人。

对于国民党蒋介石的无理命令，中国共产党当然是不会服从的。8月13日，毛泽东起草了一份以朱德的名义给蒋介石的电报，义正词严地驳斥说：“现在日本侵略者尚未实行投降，而且每时每刻都在杀

中国人，都在同中国军队作战，都在同苏联、美国、英国的军队作战，苏美英的军队也在每时每刻同日本侵略者作战，为什么叫我们不要打了呢?”“我们认为这个命令你是下错了，而且错得很厉害。使我们不得不向你表示：坚决地拒绝这个命令。因为你给我们的这个命令，不但不公道，而且违背中华民族的民族利益，仅仅有利于日本侵略者及背叛祖国的汉奸们。”毛泽东严正指出：“究竟谁有权接受日伪的投降呢？中国解放区的抗日军队，在国民党政府毫无接济又不承认的条件下，完全靠自己的努力和人民的拥护，得以独力解放了广大的国土和一百万以上的人民，抗击着侵华敌军50%和伪军的95%。要是没有这个军队，中国绝无今天的局面！实在说，在中国境内，只有解放区抗日军队才有接受敌伪军投降的权利。”

中共中央的上述主张和方针，得到晋察冀边区、晋冀鲁豫边区和其他解放区军民的热烈欢迎和拥护。

然而，国民党蒋介石当局把全国抗战中流过血、立下赫赫战功的中国共产党及其领导的抗日武装视为“奸党奸匪”，不仅不允许其有合法的地位，而且还采取军事“清剿”以及政治“和谈”等欺骗政策，企图彻底将其消灭。蒋介石在1945年9月20日给各战区司令长官的一份密电中就曾明白地说：“目前与奸党谈判，乃系窥测其要求与目的，以拖延时间，缓和国际视线，俾国军抓紧时机，迅速收复沦陷区中心城市。待国军控制所有战略据点、交通线，将寇军完全受降后，再以有利之优越军事形势与奸党作具体谈判。彼如不能在军令政令统一原则下屈服，即以土匪清剿之。”于是，国民党蒋介石一方面装出笑脸，与中国共产党进行和平谈判，并签署了《双十协定》，以应付国内外要求和平、反对内战的舆论和争取内战的时间；另一方面，发出“剿共”密令，在美国政府的帮助下，在日伪军的掩护下，迅速调动大量兵力到华北地区，以“受降”的名义，抢占大城市和交通要道，完成对解放区的分割包围。

蒋介石任命孙连仲为国民党第十一战区司令官兼河北省政府主席，负责河北地区的受降。孙仲连受命后于9月命其参谋长宋肯堂率新八军、第四十军、第三十军、第三十二军 60 余万人，在孙殿英部的掩护下沿平汉路北上，向晋冀鲁豫边区大举进攻，准备接收石家庄、保定。不久又将第十一战区改为保定绥靖公署。与此同时，蒋介石任命李宗仁为国民党政府军事委员会北平行营主任，主持北平市的接收任务，并任命何思源为北平市长。9 月蒋介石又派杜建时、张廷谔飞往天津，在美国海军陆战队的接应下，接收了天津，并收编了南满、冀东、平津地区伪军，协同美军打通北宁路，为国民党抢占东北铺平道路。

1945 年 9 月底，美国海军陆战队第三师、第一师及海空军第二大队、第三大队，以“援助中国接受日本投降”为借口，不顾中国人民的抗议，在大沽和秦皇岛登陆，分兵进驻北平、天津、唐山、塘沽、芦台、滦县、昌黎、北戴河等铁路沿线的重要城镇。随后在美国海军的帮助下，国民党第十三军、第五十二军、第六十军先后在秦皇岛登陆，准备抢占被八路军收复的山海关、承德、锦州等战略要地。国民党第九十二军、第九十四军和新三军也被美国飞机和军舰相继运到北平、天津、保定、石家庄等城市。除此之外，在河北省的西北部，原驻绥远西部五原、临河一带的国民党傅作义军队，也在美军的策应下，向察哈尔解放区大举进攻，迫近晋察冀首府张家口。

上述情况说明，摆在河北各级党组织面前的任务是复杂的、艰巨的。一方面必须坚决反对内战独裁，争取和平民主；另一方面又要贯彻党中央提出的“针锋相对，寸土必争”的方针，给进犯解放区的国民党军队以坚决反击；还要在斗争过程中不断揭露美蒋相互勾结、抢夺抗战胜利果实的嘴脸，从而教育和团结广大人民群众积极投入革命斗争。

河北各解放区党政军领导机构的建立和调整

为进一步加强华北地区党政军的统一领导，以适应抗战胜利后新形势的需要，中共中央决定从组织上调整、建立新的战略区党的领导机构和军事机构。1945 年 8 月 20 日，中共中央决定撤销中共中央北方局，成立中共晋冀鲁豫中央局和中共晋察冀中央局，分别领导晋冀鲁豫和晋察冀解放区的工作。

中共晋冀鲁豫中央局以邓小平、刘伯承、薄一波、滕代远、王宏坤、张际春、王从吾、杨秀峰为常委，邓小平任书记，薄一波任副书记。同时，成立晋冀鲁豫军区，刘伯承任司令员，邓小平任政治委员。中共晋察冀中央局下属单位与原中共中央晋察冀分局相同，相应的军政机构也保持不变。聂荣臻、程子华、刘澜涛、赵振声（李葆华）、萧克、罗瑞卿、刘仁、许建国、胡锡奎、朱良才、成仿吾、赵尔陆、李运昌、詹才芳 14 人为中共晋察冀中央局委员，聂荣臻、程子华、刘澜涛、赵振声、萧克、罗瑞卿为常委，聂荣臻任书记，程子华、刘澜涛、罗瑞卿任副书记，姚依林任秘书长。同时，成立了晋察冀军区，聂荣臻任司令员兼政治委员，萧克为副司令员，刘澜涛、罗瑞卿为副政治委员，唐延杰为参谋长，朱良才为政治部主任。

中共晋察冀中央局和晋察冀军区下辖冀晋、冀察、冀中、冀热辽 4 个区党委、4 个军区和 2 个野战军。经重新调整后的河北各解放区的行政区划、设置和区党委、行署、军区主要领导人如下：

冀晋区位于同蒲路以东，正太路以北，平汉路保定至石家庄段西北，包括原北岳区（1944 年 9 月，中共中央晋察冀分局将北岳区划分为冀晋、冀察两区）的第一专区、第二专区、第三专区、第四专区和第五专区，共 31 个县。党、政、军领导机关分别为：中共冀晋区委员会、冀晋区行署、冀晋军区、冀晋区人民武装部。机关均驻河北省阜平县城。中共冀晋区党委书记王平、副书记王昭。区党委下设 4 个地委、1 个地分委，抗战胜利前夕，所属党员 11.2611 万名。冀晋区行署主任杨耕田，秘书长侯薪。行署下辖 4 个专署。冀晋军区司令员赵尔陆，政治委员王平，副政治委员王昭，参谋长唐子安，政治部主任王平（兼）。军区下辖 4 个军分区。

冀察区位于平汉铁路北平至保定段西北，长城以南地区，包括原北岳区的第一专区、第十一专区（平西）及平北、察南地区和察北、热西地区。党、政、军领导机关分别为：中共冀察区委员会、冀察区行署、冀察军区、冀察区人民武装部。机关均驻河北省涞水县境内（1945 年 8 月八路军收复张家口，各机关随之进驻张家口。11 月冀察区改建为察哈尔省）。中共冀察区党委书记刘道生，副书记刘杰。区党委下设 5 个地委，共有党员 12.7914 万名。冀察区行署主任张苏，秘书长吕东（9 月后为宋致和）。行署下辖 5 个专署。冀察军区司令员郭天民，政治委员刘道生，参谋长易耀彩，政治部主任刘道生（兼）。军区下辖 4 个军分区。

冀中区位于平汉、津浦、平津、沧石路之间。该区下设 5 个专署，辖 51 个县。党、政、军领导机关分别为：中共冀中区委员会、冀中区行署、冀中军区、冀中区临时人民武装委员会。中共冀中区党委书记林铁、副书记金城。区党委下设 5 个地委。冀中区行署主任罗玉川，秘书长赵介。行署下辖 5 个专署。冀中军区司令员杨成武，政治委员林铁，副政治委员李志民，参谋长沙克（后黄寿发），政治部主任李志民（兼）。军区下辖 6 个军分区。

冀热辽区北跨长城，西抵平津，南临渤海，包括当时河北省冀东区、热河省大部和辽宁省西部。党、政、军领导机关分别为：中共冀热辽区委员会、冀热辽区行署、冀热辽军区。中共冀热辽区党委书记张明远（代理）①、副书记李楚离（未到任）。区党委下设 5 个地委。冀热辽区行署主任张明远、副主任朱其文。行署下辖 5 个专署。冀热辽军区司令员李运昌，政治委员张明远（代理），副司令员詹才芳，副政治委员李楚离，参谋长彭寿生，政治部主任李中权。军区下辖 10 个军分区，其中有 7 个在河北管辖范围。

冀南区属晋冀鲁豫边区，其基本辖区位于卫运河以西、漳河以北、平汉铁路以东、沧石公路以南的今河北省南部，并扩展到卫运河以东的鲁西地区和漳河以南的豫北地区。党、政、军领导机关分别为：中共冀南区委员会、冀南区行署、冀南军区。中共冀南区党委书记李菁玉，副书记刘志坚、马国瑞。区党委下设 5 个地委、1 个市委。

---

① 中共冀热辽区党委书记李运昌于 1945 年 8 月率主力部队进军东北后，由张明远代理书记。

冀南区行署主任孟夫唐，副主任王任重，秘书长范若一。行署下辖5个专署、1个市政府。冀南军区司令员杜义德，政治委员李菁玉，副司令员王光华，副政治委员刘志坚，参谋长张希才，政治部主任刘志坚（兼）。军区下辖5个军分区。

这样，除冀南区外，晋察冀全区在行政区划分上，辖有冀晋、冀察（1945年11月15日，察哈尔省政府成立，冀察区行署撤销，其辖县均归察哈尔省政府领导）、冀中和冀热辽（1945年11月热河省人民政府成立，冀热辽改为冀东）4个区行署、1个直辖市、22个专署、164个县、27个旗、4个自治区（县），人口将近4000万。从而形成了以张家口市为中心，包括河北省大部，察哈尔、热河两省全部和绥远省及辽宁省和山西省各一部，纵横千里的基本战略根据地。

中共晋察冀中央局、晋察冀军区及地方各级党政军领导机构的建立，加强了对晋察冀解放区党政军的统一领导，使晋察冀人民武装形成了一个铁拳头，牵制了国民党43万大军，打乱了国民党蒋介石的战略部署，配合了各兄弟解放区部队的战略展开，有力地保证了中共中央关于“向北发展，向南防御”战略方针的实现。

二、冀热辽部队先机挺进东北抢先取得占领东北的主动权

冀热辽部队抢先进入东北

日本宣布投降后，全国形势急剧变化，中共中央密切关注着东北形势的发展。因为东北的战略地位极为重要，如果蒋介石控制了东北，就会对华北各解放区形成南北夹击的包围态势；如人民军队能控制东北，不但可以摆脱根据地长期处于被敌人四面包围的态势，而且还可与热河、察哈尔两省连成一片，背靠苏联、蒙古、朝鲜，依靠东北发达的工业与丰富的物产资源，建设成长期支持革命斗争的战略基地，并以此为依托，与全国各解放区相配合，同国民党进行斗争，将

使人民军队处于极为有利的地位。

早在抗日战争胜利前夕，中共中央和毛泽东就把战略的目光投向东北，并在冀热辽地区布下“棋子”。1945 年 4 月，当欧洲战场胜利在即之时，中共中央就从第二次世界大战发展的趋势中预见到，苏联将出兵东北，这对中共争取东北提供了十分有利的条件。因而中共中央指示邻近东北的中共晋察冀中央分局：从现在起，即须加紧主力军、地方军的训练与扩大，以便能抽出若干主力，准备配合苏军作战，用于开辟东北。中共晋察冀中央分局依据冀热辽区所担负的特殊使命，指示中共冀热辽区党委，对开辟热河工作，在热河建立根据地并站稳脚跟，应下最大决心。而且把热河作为进一步开辟东北，直接配合苏联的前进阵地。根据中共中央和中共晋察冀中央分局的战略部署，从 1945 年 6 月 20 日开始，中共冀热辽区党委和军区集中大部分主力部队和大批地方干部，组成三路北进支队，向热河和辽宁挺进。到日本宣布投降，这一战役行动一直在实施过程中。1945 年 8 月 11 日，中共冀热辽区党委接到延安总部发出的“现驻河北、热河、辽宁边境的李运昌所部即日向辽宁、吉林进发”第二号命令后，迅速作出冀热辽部队进军东北的决定。

1945 年 8 月中旬，冀热辽军区成立了以司令员李运昌为首的“东进委员会”和前方指挥所，并将准备进入东北的部队分编为东、中、西三路进军的先遣部队。东路部队由第十六军分区第十二团、第十八团合计 2000 人编成，在军分区司令员曾克林率领下，从冀东抚宁地区出发，先后配合苏联红军攻克山海关、兴城、绥中、锦州、北镇等城。9 月初进抵沈阳。中路部队由第十五军分区第十一团及青（龙）平（泉）支队（后改编为第五十一团）共 2800 余人编成，在军分区司令员赵文进率领下，从喜峰口出发，经平泉于 9 月初抵达热河的赤峰。西路部队由第十四军分区第十三团和北进支队 2000 余人组成，在军分区司令员舒同率领下，自蓟县地区出发，经兴隆奔赴承德，于 9 月初到达热辽交界的围场。9 月 6 日，中央军委命令：请冀东李运昌组织一个千人以内的侦察支队，附三个电台，派得力干部率领，深入辽宁境内之黑山、辽中、辽阳、康平、清源、岫岩地域，侦察军事与社会情况，特别是苏军未到之地区，并将所得情况随时电告。

日本投降后，驻东北的苏军对中共及其军队态度不明。因此，中共中央对八路军如何进入东北的问题，采取谨慎的态度，开始时只是试探性地进军。随着冀热辽部队和山东部队在东北的发展扩大，中共中央对东北的情况有所了解并着手酝酿新的战略决策。由于还缺乏更准确的高级战略情报，所以难以最终确定新的战略决策。在这个关键时刻，先期挺进东北的冀热辽军区第十六军分区司令员曾克林经李运昌同意，于 9 月 14 日陪同苏军驻中国东北最高统帅马林诺夫斯基的全权代表卫斯别夫乘飞机来到延安。中央政治局在详细听取了曾克林有关冀热辽部队挺进东北及苏联红军的态度之后，中共中央最终下定决心实行新的战略方针。

9 月 19 日，主持中央工作的刘少奇在与参加重庆谈判的毛泽东、周恩来等磋商之后，为中共中央起草并发出《目前任务和战略部署》的指示，提出了“向北发展，向南防御”的战略方针。山东、华中等各路大军和干部随即开赴东北。

山海关之战

国民党蒋介石原打算凭借《中苏友好同盟条约》，从苏军手中“和平接收”东北，抢夺人民的抗战胜利果实，但由于冀热辽区李运昌部先机进入东北，从而使国民党的“和平接收”成了泡影，于是，国民党遂以武力向冀热辽解放区和东北解放区发动军事进攻。

1945 年 10 月 11 日，毛泽东从重庆回到延安。10 月 16 日，中共中央电示中共中央东北局书记彭真指出：“蒋军从秦皇岛登陆，向山海关、锦州攻击前进是必然的。”“望你就现有力量加强训练，并动员民众坚决阻止登陆，争取时间。”中共中央东北局接到中央指示后，迅速进行了部署。10 月 23 日，彭真等致电李运昌：“山海关以西铁路破坏如何？顽军必由唐山、秦皇岛进攻山海关，山海关军事部署须加速。”

山海关北依燕山，南临渤海，地势险要，是东北、华北间的咽喉要冲，历史上为兵家必争之地，有“两京锁钥天双地，万里长城第一关”之说。国民党蒋介石为了抢占东北，于1945年10月18日，成立了以杜聿明为司令长官的“东北保安司令长官部”。山海关是进入东北的门户，所以自然而然地成为国民党进攻东北的必争之地。

国民党军在美国政府的帮助下，于10月下旬和11月初，先后将全部美式机械化装备的国民党第十三军3个师和半机械化装备的国民党第五十二军2个师以及第九十四军1个师，共6万余人运抵河北秦皇岛。集结于秦皇岛的国民党军，在美国海军陆战队及其航空兵的掩护下，抢修通往山海关的铁路，逐步逼近山海关。

中共中央对山海关保卫战十分重视。11月1日，中共中央直接致电冀热辽军区司令员李运昌：“你即在彭真、林彪指挥下担任山海关、锦州地区指挥作战，整编部队，运输干部等项任务，而以作战为中心任务，坚决歼灭北进之敌。”李运昌当时正在锦州前线。接到中共中央电报之后，他立即着手部署山海关保卫战。当时冀热辽部队在山海关周围的兵力虽然不少，但并不集中，大部分分散在辽西的各个地区，几个主力团摆在山海关到锦州铁路沿线，真正守在山海关的只有第十九旅的两个团。

11月3日，中共中央又电令途经古北口准备挺进东北的山东渤海军分区司令员兼第七师师长杨国夫：速率部赶往山海关前线，参加山海关保卫战。11月4日，国民党东北保安司令杜聿明派人到山海关八路军驻地送来最后“通牒”，限令解放区部队“撤出山海关”，“离开铁路30公里以外”，“不然就用武力接收山海关”。山海关守城部队严辞拒绝了国民党的无理要求。

国民党妄图利用威胁手段夺取山海关的阴谋破产后，遂于11月5日开始对山海关八路军阵地发起进攻。守卫山海关的第十九旅第四十六团，进行了英勇的反击，先后三次打退了国民党军的疯狂进攻，但国民党军占领了二郎庙等山海关外围据点，并突进到离山海关北城门只有一里多远的地方，对山海关构成了极大的威胁。为了消除山海关的威胁，守城部队决定组织反击，夺回阵地。反击部队兵分两路，在强大火力掩护下，突击到了失守的阵地前，与国民党军展开白刃格斗，最后夺回失陷的阵地。

国民党军几次进攻失利后，误认为守城部队“人数众多，火力强大”，甚至对能否攻占山海关产生了动摇情绪。守城部队则乘胜发挥夜战优势，连续几夜以小股部队突袭国民党军阵地，打乱其部署。

11 月 11 日，杜聿明重新部署兵力，在美军飞机的掩护下，两次向山海关八路军阵地发起猛烈进攻。山海关守军各部队在南至海边，北至九门口、城子峪、黄土岭的百里防线上，顽强阻击，战斗异常激烈。各阵地与数倍于己的国民党军展开浴血奋战，打退其多次进攻。

12 日，国民党军占领山海关外围重要据点南龙腰阵地后，杜聿明命令攻城部队停止进攻，进一步调整部署。11 月 13 日，国民党第五十二军抵达秦皇岛，14 日，杜聿明重新下达进攻山海关的命令。

14 日，中央军委再次致电李运昌、沙克等：山海关、绥中、兴城，必须坚守，掩护主力黄梁①集中锦州，时间至少 3 个星期，多则 2 个月，望动员民众，构筑多道防御工事。凡不得已放弃之地，必须于放弃前，破坏道路，阻敌前进。

15 日，调整后的国民党第十三军的 3 个师、第五十二军的 2 个师在强大炮火和飞机的配合下，对山海关全线发动猛烈进攻，并以第十三军的八十九师和第五十二军的二十五师出九门口，经角山寺东麓对山海关守军侧后的薄弱部位进行包围，企图切断守城部队的退路，对守城部队造成巨大威胁。在敌我力量巨大悬殊的情况下，为争取主动，保存实力，山海关守军于 11 月 16 日撤出阵地，沿北宁路后退。

山海关之战，八路军以 1 万兵力和落后的武器装备，顽强抗击了用美式机械化装备武装起来的 6 万多国民党军队，坚守山海关达半月之久，以伤亡 500 余人的代价，歼灭国民党军 1000 余人，大大延误了国民党军由陆路抢占东北的战略计划，有效地掩护了新四军黄克诚

① 黄，指黄克诚，当时任新四军第三师师长兼政治委员。梁，指梁兴初，当时任山东军区第一师师长。

部和山东等主力部队迅速进入东北，为建立东北根据地奠定了基础。

三、反击国民党军对河北解放区的进犯和“蚕食”

堵住华北的南大门

国民党蒋介石为了迅速打通平汉线，调兵北上抢占平津以及整个华北进而夺取东北，抢夺全国抗战胜利果实。他一面在台上与毛泽东握手言欢，一面向部下发出抢占战略要地，进攻解放区的密令。

1945年10月13日，蒋介石发布进攻解放区的密令，要求国民党军队将领：“遵照中正所订的剿匪手本，督励所属，努力进剿，迅速达成任务，其功于国家者必得膺赐，其迟滞贻误者，当必执法以罪。希转饬所属剿共部队官兵一体悉遵为要。”① 同时将其十年内战时期亲自拟订的《剿匪手册》重印，分发到国民党官兵手中，驱使那些厌战的官兵去打内战。

在蒋介石的亲自督战下，国民党第十一战区所辖第三十军（辖第二十师、第三十师、第六十七师）、第四十军（辖第三十九师、第一〇六师）及新编八军（辖新六师、第二十九师、河北民军、第八纵队）约4.5万人，在战区副司令长官马法五（兼四十军军长）、高树勋（兼新八军军长）的率领下，于10月14日起，从河南新乡地区出发，采取梯次行军的方式，以左、右两个纵队并列，两纵队又分前后两个梯团，交替掩护前进，沿平汉路北进；第三十二军及收编的伪军孙殿英部为第二梯队，进至安阳地区；另有后续部队4个军尾随，向新乡等地集结。企图先占领邯郸，再沿石太线西进，与先期进驻石家庄的胡宗南先头部队第三军、第十六军会合，然后继续北进，与空运到北平的第九十二军、第九十四军会师，达到完全控制平汉铁路大动

---

① 中共中央文献研究室编：《毛泽东年谱（一八九三——一九四九）》（修订本）下卷，中央文献出版社2013年版，第36页。

脉，分割晋察冀、晋冀鲁豫两大解放区的目的，并最终抢占东北。

对国民党蒋介石的军事图谋，中共中央和毛泽东早就有所准备。在《双十协定》公布的当日，毛泽东在为中共中央起草的给各中央局、分局、区党委的指示中，就明确指出："和平基本方针虽已奠定，但暂时许多局部的大规模的军事冲突仍不可避免，除粤、鄂、豫、浙及苏南等地顽军正在向我进攻外，沿平汉、津浦、同浦（蒲）、正太等路顽军正向我大举进攻，争夺北宁、胶济、平绥三路的战斗亦将到来，我方必须提起充分注意，战胜这些进攻，绝对不可松懈。"① 10月17日，又专门给中共晋冀鲁豫中央局发电报，指出："即将到来的新的平汉战役，是为着反对国民党主要力量的进攻，为着争取和平局面的实现。这个战役的胜负，关系全局极为重大。你们须准备一个半月以上的时间，在连续多次的战斗中，争取歼灭8万顽军的一半左右或较多的力量，方能解决问题。"② 并指示刘、邓除以太岳军区兵力阻止胡宗南部北进外，动员太行、冀鲁豫两区全力在平汉线上发起一个邯郸战役（又称平汉线战役），争取第二个上党战役的胜利。

10月10日，上党战役尚未结束，刘伯承与邓小平就率晋冀鲁豫军区指挥所回到涉县赤岸。当天就向军区第一、第二纵队下达了关于平汉路作战的部署，开始了战役的具体行动。早在三天前，他们已将冀鲁豫军区主力部队和冀南、太行、太岳各纵队依次编为第一、第二、第三、第四纵队，进一步加强了野战兵团的力量。几天后，他们又移到离邯郸不远的峰峰矿区。刘伯承、邓小平接到中共中央和毛泽东的电报指示后，立即签署了中共晋冀鲁豫中央局和军区的指示，对全区各级党委、各军区提出了具体要求："所有的党、政、军主要负责干部，均须集中意志，大部分亲临前线参战。"并指出："应放松次要方向，应将大军使用于平汉线有决定意义的方向"，"集中意志、集中大军是争取胜利的关键"。因此，除了调集第一、第二、第三纵队

① 中共中央文献研究室编：《毛泽东年谱（一八九三——一九四九）》（修订本）下卷，中央文献出版社2013年版，第35页。

② 同上书，第37页。

及冀南、冀鲁豫、太行军区部队共6万余人参战外，还动员了10多万民兵自卫队和群众参战或担任战勤工作。刘伯承、邓小平下定决心“一定要使蒋介石的如意算盘变成黄粱美梦”，完成党中央和毛泽东赋予的战略任务。

刘伯承、邓小平根据敌我态势和地形条件，把战场选择在平汉线东侧滏阳河以南、漳河以北的河套里。10月20日，国民党军先头部队北渡漳河，占领邺镇、丰乐镇等处，掩护架桥。为了保障晋冀鲁豫军区部队集结，刘伯承、邓小平命令第一纵队先行打击敌人，迟滞其前进。第一纵队遂于20日夜，以一部奔袭邺镇，进行运动防御。22日，国民党军主力开始北渡漳河。晋冀鲁豫军区第一纵队一部，即与国民党军右翼先锋第四十军所属第一〇六师接火，至24日上午，国民党军右翼先锋才行进到邯郸东南的崔曲、赵庄、南堡一带。

此时，晋冀鲁豫军区所有参战兵团已大部进入预定作战区域。第二纵队第四、第五旅及太行一支队已控制邯郸东南阵地，分三路由北向南，向阎家浅至崔曲一线的国民党军反击。第一纵队主力向突击者的侧后发动反突击，国民党军第四十军和第三十军的接合部被晋冀鲁豫军区参战部队突击成功。第一纵队第二旅攻占其接合部的赵横城；第一纵队第一旅和第二纵队第五旅向崔曲实施东西钳击，进至南泊子、北泊子和沙河口的国民党军第一〇六师被迫缩回崔曲。第二纵队第六旅在邯郸以南的南张庄进入阵地。第三纵队的第七、第八、第九旅、太行五支队、独立支队由北而南地集结于台城镇、车骑关、光禄寺、磁县以西地区。至此，晋冀鲁豫军区参战部队对国民党军已形成三面包围的态势。显然，这时国民党军已钻进了刘伯承、邓小平预设的口袋阵里了。刘伯承当时曾兴奋地说：“现在态势非常之好，敌人钻进了牛角，进也进不得，退也退不得。”

国民党军在晋冀鲁豫军区参战部队三面包围和不断攻击下，急忙向南北左良、崔曲等地收缩，并急电蒋介石救援。26日，石家庄的国民党军第十六军、安阳的第三十二军各以一部南北对进，增援被围的国民党军。晋冀鲁豫军区在加紧攻击被围敌人的同时，一面增调太行军区部队一部，协同晋察冀军区部队一部在高邑阻击由石家庄南援之敌；一面加强漳河阻援阵地和在安阳以南袭扰敌人，阻止和拖住第三十二军。28日黄昏，晋冀鲁豫军区部队对被围之敌发起总攻，同时派军区参谋长李达赴新八军军部，敦促第十一战区副司令长官兼新八军军长高树勋率部起义。高树勋原系冯玉祥西北军的将领，七七事变前任河北保安处副处长，抗战开始后任第二十七集团军暂编第九师师长。1938年2月以后任第六十九军副军长等职。由于蒋介石集团一贯歧视和排斥杂牌军，他与蒋介石的矛盾一直很尖锐。中共为了争取和团结一切力量抗日，先后派了一批共产党人以高树勋好友的身份到该部做统战工作，从此建立了联系。抗战胜利之后，高树勋对蒋介石破坏和平，发动内战极为不满，为此，多次遭到蒋介石的训斥。邯郸战役战至30日，高树勋率新八军大部及河北民军等部约万人举行反内战起义。

国民党第三十军和第四十军官兵听到新八军起义的消息后，内部立刻恐慌起来，遂采取逐次掩护的部署开始突围南窜。这时，晋冀鲁豫军区第一、第三纵队已先机转移到敌退路两侧，立即从东西两面对敌实施多路突击，太行、冀鲁豫军区部队则到漳河北岸对敌实施袭击，并组织民兵在各要道捕捉溃散之敌。至11月2日，国民党军除少数漏网外，被全歼于临漳、磁县间的旗杆樟、辛庄、马营地域。石家庄、安阳的国民党援军闻讯撤回。邯郸战役获得全胜。

邯郸战役，自10月21日至11月2日，历时10天激战，除新八军等部起义外，共毙伤国民党军3000余人，俘国民党第十一战区副司令长官兼第四十军军长马法五、副军长刘世荣、军参谋长李旭东、战区参谋长宋肯堂以下1.7万余人，缴获大量美式装备和弹药。此次战役，对挫败国民党军的进攻，迟滞其沿平汉路北上，掩护其他解放区部队调整部署和展开，均起到了重要作用。

面对国民党军队的进犯积极实行战略转变

尽管遭到解放区军民的阻击，但在美军的支持和配合下，从1945

年9月至11月，仍有大量的国民党军运到河北的主要城市和交通线上。其中第十一战区孙连仲部、第一战区胡宗南部等在晋察冀解放区正面展开了6个军、17个师共19.5万余人。其部署为：第九十二军驻北平近郊及平承铁路沿线；第九十四军驻天津市郊、津浦铁路沧县至天津和北宁铁路天津至唐山段；第十三军、第五十二军从秦皇岛登陆，占领山海关与北戴河车站；第十六军经同蒲、正太、平汉铁路进到北平以北的昌平、南口地区；第三军的两个师进占石家庄、正定地区。第十二战区傅作义部，在日伪的配合下，沿平绥铁路东犯，先头部队一度进到渡口堡，逼近张家口。国民党军的战略企图十分明显，就是抢占华北各主要城市及交通要道作为立足点，打开进入东北的通路，并进而侵占热、察、绥广大地区，分割华北解放区，切断晋察冀地区与东北地区的联系，以实现其首先抢占各解放区战略要点和抢占东北的野心。在蒋介石和北平行辕李宗仁的统一指挥下，第十一战区、第十二战区和第二战区的部队，连同他们收编的伪军在内，总兵力达43.4万人，对以张家口为中心的热河、察哈尔两省战略基地形成东西夹击的态势。

紧要关头，中共中央和中央军委适时地实行战略转变，调整战略布局。中共中央在《关于向北发展向南防御的战略方针部署的指示》中，对晋察冀军区的任务作了具体规定，提出：晋察冀（除冀东外）及晋绥两区坚决打击国民党军自绥远和可能自北平向张家口的进攻，保障对察哈尔全境、绥远大部，山西北部及河北一部的占领，使之成为以张家口为中心的基本战略根据地之一。

遵照中共中央和中央军委的指示，晋察冀军区部队一面执行以保卫张家口为中心的热、察两省战略基地的任务，一面调整部署，以便迅速完成从分散的游击战到大兵团运动战的转变，在组织体制上，分别编组了野战军和地方军。

以冀中军区部队编成两个纵队，下辖第一、第二、第三旅（由冀热辽军区第二十五旅改称）和第十一、第十二、第十三旅；冀晋军区部队编成两个纵队，下辖第一、第二、第四旅；冀察军区部队编成两个纵队，下辖第六、第七、第九旅、骑兵旅和第八、第十旅。冀热辽军区部队编为两个纵队，其中冀东纵队下辖第十二、第十三、第十四旅，热辽纵队下辖第二十二、第二十七、第三十旅、混成旅。以上新编成的野战纵队，连同1945年11月到达热河后奉命停止进入东北的晋冀鲁豫军区第一纵队所辖的第一、第二、第三旅，全军区共有9个野战纵队、26个旅、81个团、21.531万人。地方部队这时也发展到了10.4万余人。这样，晋察冀野战军、地方军共计32万余人。

为了适应晋察冀边区东西两面作战的需要，中共晋察冀中央局决定，在晋察冀军区司令员兼政治委员聂荣臻统率下，组成两支野战军。以冀中、冀晋军区各一个纵队，冀察军区两个纵队共4个纵队编为第一野战军，聂荣臻任司令员兼政治委员，耿飚兼任副参谋长，协同晋绥军区部队打击国民党第十二战区傅作义和第二战区阎锡山所部的进犯；以冀热辽军区的冀东纵队、热辽纵队和冀中、冀晋军区各一个纵队，连同原晋冀鲁豫区第一纵队，共5个纵队编为第二野战军，由晋察冀军区副司令员萧克任司令员，罗瑞卿任政治委员，彭寿生任参谋长，打击进攻冀热辽地区的国民党军，配合东北人民自治军作战。

在迎击国民党军进犯、调整部署的同时，晋察冀各部队还普遍进行了集中统一，加强组织纪律性的教育，着重解决了过去长期在游击战争中形成的游击性和地方性。并结合实战，利用战斗间隙，抓紧进行应用训练，提高部队打运动战的能力。

反击国民党军抢夺战略要点

晋察冀、晋绥、晋冀鲁豫等解放区军民自卫反击战的胜利，沉重打击了国民党蒋介石抢占抗战胜利果实的进攻。蒋介石从3个月军事较量的失败中感到，需要争取时间调动军队，重新部署。中共在“当时也需要停战整顿”，如野战军的扩大、整编、训练，解放区的巩固与发展等。

在美国的调停下，于1946年1月5日，国共双方终于达成了

《关于停止国内军事冲突的协定》。协定的主要内容是：停止国内各地一切军事冲突，并恢复一切交通，国民党政府与中共各派代表一人会同马歇尔组织三人委员会；另外组织军事考察团。停战令于1946年1月13日午夜起生效。

与此同时，各党派参加的政治协商会议召开，并于1946年1月31日通过了《政治协商会议决议案》，就政府组织案、施政纲领案、军事问题案、国民大会案、宪法草案达成了五项协议。全国人民对于从内战乌云中透出来的一线和平曙光，寄予期望。但这只不过是国民党反动派迷惑广大群众的一颗烟幕弹而已。果然，在《停战协定》和《政协决议》达成不久，蒋介石就密令他的军队在停战令生效前，抢占战略要点。为此，国民党军参谋总长何应钦亲自到北平具体部署抢占华北各战略要点，计划在热河、冀东地区首先攻取古北口、喜峰口，配合由朝阳沿锦（州）承（德）铁路前进的军队会攻承德，妄图分割东北与华北解放区的联系。在绥东、雁北地区，企图夺取卓资山、集宁、丰镇、左云、浑源等要点，打通归绥、大同间的铁路交通，切断晋察冀与晋绥两解放区的联系，以便从东西两面构成对晋察冀首府张家口进攻的态势。

对于国民党蒋介石的阴谋，中共中央和毛泽东早就有所警觉。中央军委在停战令颁布前10天，发给各战略区的电报中即指出："国民党在停战前可能向我作突然袭击，如在热河的国民党军即正积极地准备进攻，企图在停战前控制更多的要点，造成彼有利之形势，然后实行停战。望各部提高警惕，坚守阵地，对于来攻击的敌人，须坚持彻底消灭之。"

河北军民根据中共中央"针锋相对，寸土必争"的方针，按照中共中央和晋察冀中央局的指示和部署，展开了英勇的反抢夺战略要点的斗争。

保卫张家口。由于以张家口为中心的察哈尔省战略位置十分重要，占领张家口具有极其重要的战略意义。1945年8月23日，八路军攻克张家口，国民党接收张家口的阴谋破产。

从9月到11月，国民党军先后抢占北平、天津、石家庄、保定、山海关等主要城市后，就以张家口为主要目标，对晋察冀解放区从东西两面夹击，企图攻占张家口，占领热河、察哈尔两省，从而打开由陆路进入东北的通道，并切断华北、东北、西北解放区的联系。从10月中旬起，国民党军傅作义部集中其全部主力5万余人，由丰镇、集宁出动，继续东进，进犯张家口，并扬言要肃清察哈尔“匪氛”。

为粉碎国民党反动派的进攻，中共中央军委于10月15日发出《目前我军行动纲领》指出：目前我军任务为继续扩大解放区，保障以张家口为中心的热察、晋北、绥东、察北战略基地，为解除或减轻西顾之忧而组织绥东战役。令晋察冀主力消灭集宁至丰镇线以东各敌。为完全控制热察，巩固以张家口为中心的战略基地，保证八路军向东北展开，决定发起绥远（平绥路）战役。绥远战役从11月18日开始至12月14日结束，八路军收复了绥东、绥南广大地区和集宁、丰镇、卓资山等城，歼灭傅作义部1.2万余人，减轻了西线国民党军对张家口的威胁。接着，晋察冀主力一部回师张家口东线，加强东线的防御，并在延庆、康庄以东阻止了国民党军的进攻，又一次粉碎了国民党军进犯张家口的企图。

为了粉碎国民党侵占张家口的阴谋，中共晋察冀中央局副书记刘澜涛在宣化主持召开了县以上干部会议，号召动员一切力量，站在自卫立场上，粉碎国民党军队的进攻，保卫张家口解放区。张家口的广大干部群众在中共晋察冀中央局、察哈尔省委、张家口市委和各级人民政府领导下，在积极搞好张家口经济建设和城市建设的同时，踊跃投身到保卫张家口的伟大斗争中来。

承德保卫战。承德市是热河省的省会，是连接华北、东北两大战略地区的重要交通枢纽，所以承德成为停战生效前国民党蒋介石抢占的重要战略要点。1946年1月，国民党军兵分三路直逼承德。

第一路，国民党军第十六军一个师、第九十二军两个师及收编的伪治安军的一个师，共4个师的兵力，沿平承铁路北进，企图夺取古北口，进占承德。古北口是长城要隘，雄踞雾灵山脉，是北平至承德必经之地。1 月 10 日至 12 日，敌以两个师的兵力，在飞机掩护下，攻占了兵马营及新开岭，进到了东至南台、贾家峪，西至王堡子一线。这时，冀晋纵队第一旅赶到了古北口，与进攻的国民党军展开了英勇顽强的搏斗。阻击部队在广大民兵和人民群众的全力支援下，连续打退国民党军 10 多次冲锋。13 日下午，第一旅分两路实施反击，恢复了部分阵地。到 14 日，冀察纵队主力赶到，国民党军退到石匣。古北口保卫战胜利结束。

第二路，国民党军第九十四军第五师和第四十三师两个团在停战令下达的当天，由唐山出发，进犯冀东根据地腹地，并企图北出喜峰口，进攻承德。冀东纵队第十三旅及工人总队、两个县支队在民兵和广大人民群众的配合下，以一部兵力在正面阵地担任阻击，主力则实施迂回，击其侧翼，迟滞其前进。国民党军以绝对优势兵力于 1 月 13 日进占丰润，随后又猖狂北犯，被阻击在遵化城以南的青草坞、古石城一线。14 日，在停战令生效后，国民党军又占领玉田城、榛子镇。15 日，冀东军民全线发起反击，到 18 日收复玉田城、榛子镇，国民党军主力缩回唐山。

第三路，国民党军第十三军和第五十二军的第一九五师，由阜新沿锦承路西犯热河。1 月 5 日占领朝阳，9 日占领叶柏寿，10 日占领凌源。这时杜聿明收到蒋介石密令，说停战令将于 13 日生效，命令其督率所部星夜攻击前进，务必于停战令下达前占领平泉等重要城镇。于是，国民党军拼命西进，冀东纵队第十二、第十四旅在平泉郊外全力阻击。但由于力量悬殊，13 日平泉失守。东线广大军民的英勇抗击，挫败了国民党蒋介石军队抢占承德的企图。

胜芳保卫战。胜芳市在天津以西 40 公里，北距北平、西距保定各百余公里，北靠津保公路，南临大清河，水陆交通都较便利。它既是津西的门户，又是冀中解放区北部的战略要地。1946 年 5 月中旬，国民党军第九十四军、第九十二军各一部共 9000 余人，由九十四军军长牟廷芳任总指挥，分别从天津、杨村、廊坊、王庆坨、独流等地出动，向天津以西、大清河北的解放区进犯。5 月 23 日前，占领辛章、策城、堂二里、何家堡、台头、王口等地，对胜芳市形成三面包围。

对于国民党军的大举进犯，冀中军区制订了“内线近战防守，外线迂回进攻”的作战方针，并迅速作出安排部署。胜芳市的党政军民积极备战，提前做好各个方面的准备。当地民兵积极参战，四乡群众踊跃支前，组织担架队、大车队、船运队。5 月 24 日，由国民党军大举进攻而拉开胜芳保卫战的战幕。战斗持续五昼夜之后，国民党军损失惨重，士气一落千丈，很难再组织起强大的攻势。5 月 31 日仓皇撤退。至此，历时七昼夜的胜芳保卫战胜利结束。此役毙伤国民党军团长、营长以下官兵 1500 余人。

河北广大军民，在中共晋察冀中央局和晋冀鲁豫中央局的领导下，坚决贯彻执行中共中央和毛泽东提出的“针锋相对，寸土必争”的方针，给抢夺解放区和各战略要点的国民党军队以坚决有效的还击，在政治上和军事上都取得了胜利。

四、巩固和发展河北解放区

开展清算复仇斗争

日本投降后，为了使新区广大农民安定生活，恢复生产，巩固解放区，1945 年 9 月 16 日，中共晋察冀中央局发出了《关于组织群众发动群众的指示》，要求各地各级党组织支持与领导群众开展清算复仇运动，把汉奸特务以及恶霸地主的反动统治与社会地位彻底打垮，建立人民的民主政权，使广大人民真正成为解放区的主人。1945 年 10 月 20 日，中共中央又发出了《中央关于和平建设过渡阶段的形势和任务的指示》，指出，实现新解放区的减租减息，肃清汉奸分子，建立民主政权是解放区一切工作的中心任务。

河北解放区的各级党组织遵照中共中央和晋察冀中央局的指示，在部署武装斗争的同时，在新解放区广泛开展了清算汉奸、恶霸、特务运动，即清算复仇运动。在新解放区，一般先从发动群众清算复仇入手，把清算复仇和减租减息斗争结合起来进行；在老解放区，一般从复查减租减息入手，进一步发动群众，深入开展减租减息和增资的斗争。

为了加强对运动的领导，更好地完成新老解放区的清算复仇和减租减息任务，各解放区党组织都抽调了大批干部，组成工作队深入农村宣传和发动群众。通过宣传动员、张贴布告标语、开座谈会、走访调查等方法，广泛发动群众，揭发检举汉奸、恶霸、特务的罪行。在此基础上，分片召开群众斗争大会。斗争大会一般有两种形式：一种是由政府组成法庭，召开公审大会，一般的宣判程序是：由民主政府对被告人提出公诉，受害人控诉，被告人答辩，征求群众意见，宣判、游街示众等。对不杀不足以平民愤的罪大恶极分子当场处决。另一种形式是由群众主持召开的，以要求赔偿经济损失为主的清算斗争大会，根据被斗争对象的罪行和群众的要求，按照镇压与宽大相结合的政策，给以不同惩罚。对于民愤一般，认罪态度较好，群众能够谅解的，给以教育释放或勒令赔偿群众经济损失。到1946年初，这一运动在河北各解放区达到高潮，成千上万的翻身农民向汉奸、恶霸、特务和封建地主阶级展开了坚决的斗争。渤海区的反奸清算运动，发展极为迅速。仅黄骅、靖远（盐山）、庆云、吴桥、振华（宁津）、东光、南皮7个县，参加运动的人数就达60万人。吴桥县在20天的时间内就有57%以上的村庄掀起了斗争。冀南以及太行的邢台、赞皇、沙河、内丘、临城、高邑、元氏、获鹿、井陉等县29个区，参加运动的人数已达当地人口的一半以上。冀东的乐亭县，在1946年2月，仅10天左右的时间群众运动即普遍发动起来，其中七区60多个村发动斗争达170多次。在此基础上，河北广大新解放区普遍对欺压人民的汉奸、恶霸、特务进行了公审。1946年2月前后，冀东的蓟县、香河、迁安、卢龙、丰润、滦县、玉田和蓟玉宝联合县、丰玉宁联合县、香武宝联合县、武宝宁联合县、蓟遵兴联合县等23个地区都召开了群众公审大会。

清算复仇运动，打击了日伪残余势力，提高了群众的阶级觉悟程度和组织程度。在不少仍为反动分子把持的新解放区村庄，通过这次群众斗争，树立了基本群众在农村的优势，改造了基层政权，巩固了解放区。

减租减息和增资政策的进一步贯彻

随着清算复仇运动的开展，广大农民提出了减租减息的要求。为了满足人民群众的利益要求，1945 年 11 月 7 日，中共中央发布了《减租和生产是保卫解放区的两件大事》的指示。指示指出："为了保卫解放区，争取和平局面的出现"，"务使整个解放区，特别是广大新解放区，在最近几个月内（冬春两季）发动一次减租减息运动"，"使解放区农民普遍取得减租利益，使工人和其他劳动人民取得酌量增加工资和改善待遇的利益；同时又使地主还能生活，使工商业资本家还有利可图。"同年 12 月，中共中央又发出了《关于 1946 年解放区的工作方针》，指出："各地务必在 1946 年，在一切新解放区，发动大规模的、群众的，但是有领导的减租减息运动，使广大群众在运动中翻过身来，并组织起来，成为解放区自觉的主人翁。"

根据中共中央的指示精神，中共晋察冀中央局、中共晋冀鲁豫中央局对减租减息运动作出具体部署。要求在已进行清算复仇运动的地区，开始转到减租减息、查租查息上来；尚未开展清算复仇运动的地区，把清算复仇和减租减息结合起来进行。从此，一场轰轰烈烈的减租减息运动在河北各解放区全面展开。关于减租：在老解放区已经减过租的地区，要贯彻查减，继续发动群众；经过民主斗争的地区，地主已被削弱得很重，就不决定倒租；其被削弱不重的地区，亦可进行适当的倒租。许多地区规定倒一年，最多不超过二年。具体办法是：对地主一律实行"二五"减租或"工半"减租，"三七"分成或"四六"分成；对中农以下成分的孤寡与抗属，因无劳动力而出租土地，不能看作地主，应以少减或不减，并一律决定不倒租。关于减息：主要是新解放区和灾荒刚过的老解放区。具体减息标准：一般地区都按群众旧有之“银三粮五”的习惯去做，即一定期间（有的按月计息、有的按年计息、有的是按一段时间计息）借款按 3 分行息，借粮按 5 分行息。这次运动的主要特点是：（一）减租减息运动与清算复仇相结合。大部分地区是在清算复仇后，很快转入减租减息运动的，也有部分区、村是在清算复仇的同时，着手进行减租减息的。未开展运动的村庄，则把清算复仇结合起来进行。（二）放手发动群众训练队伍，与展开说理斗争紧密结合。（三）同一区的几个村农民联合起来与地主斗争。（四）培训骨干与加强基层党组织建设相结合。

河北各解放区通过这一运动，封建势力大为削弱，农民的经济地位有了很大提高，土地关系发生了重大变化。据鸡泽县 82 个村的调查，减租前各阶级阶层占有土地按每人平均计：封建地主 9.2 亩，经营地主和富农 7.2 亩，中农 4.89 亩，贫农 1.93 亩，赤贫 1.1 亩。减租后各阶级阶层每人平均占有土地：封建地主 7.9 亩，经营地主和富农 5.9 亩，中农 4.96 亩，贫农 2.56 亩，赤贫 2.8 亩。鸡泽县北风正村经过这次运动以后，各阶级阶层每人平均占有土地已基本上接近平衡：封建地主 6.3 亩，经营地主和富农 4.4 亩，中农 5.6 亩，贫农 4 亩，原来的赤贫平均每人占有土地 5.8 亩。

在广大农村开展清算复仇斗争和减租减息运动的同时，中国共产党在新解放的城镇和部分乡村还开展了增资斗争。老解放区和根据地由于已实行了半实物工资制，所以增资内容主要是进行查资、查待遇。在新解放区则对各类工人分别制定工资标准，改善工资待遇，正确贯彻执行党的城市工作政策。

新解放区的工人包括三部分：新接收的公营企业工人、私营工商业、手工业工人和农村雇工。在日伪统治时期，城市工人饱受压榨，生活困苦。这些城市解放后，晋察冀边区党委、政府和工会对工人生活问题十分关心，在张家口、宣化、承德等工商业比较集中的城市，工会组织采取多种措施帮助工人解决困难，协助政府增加工人工资。公营工厂工人的工资由政府作了统一调整，例如张家口解放不久，公营企业和私营企业即根据情况给工人增加了工资。生活必需品的价格

上涨后，政府又实行了新的工资标准。新标准规定，按工人的工种、技术划定工资。普通工人每月工资 210 斤至 280 斤小米（按小米时价折款计算），熟练工人每月工资 300 斤至 400 斤小米，学徒工、童工每月工资 100 斤至 200 斤小米。另外，规定重工业工人工资高于轻工业工人工资；带危险性作业工人工资高于一般作业工人工资。张家口公营工厂工人的工资，从 12 月份起，在 10 月份评定工资的基础上，轻工业工人工资平均增加 10%左右，重工业工人工资平均增加 15%左右。

对私营工商业工人、店员的工资，政府未作统一规定。工人在工会的组织下，按照“公私兼顾，劳资两利”的原则，通过与资本家说理和协商的方法，达到增资的目的。如宣化制酒业 10 家缸房全是私营企业，工人数百人。解放后，通过与资方协商和个别的说理斗争，工人的工资得到了不同程度的增加。私营企业工人和店员随着增资，其福利待遇经劳资协商，也有了改善，适当地减少了劳动时间，规定了病假不扣工资等。

农村雇工的增资标准，按晋察冀边区政府有关农村雇工保护法令规定，成年雇工的工资以养活一口到一口半人的生活为标准（按当地一般生活水平计算）。雇工增资工作一般与复工相结合，在雇主与雇工双方自愿的基础上，把增资项写入合同。经过增资，工人收入普遍高了，生活水平有了较大提高。

冀东地区雇工增资后，全区一般工人年均工资达到 600 至 800 斤小米，牧童 150 斤至 200 斤小米。迁安县 1200 名工人普遍提高原工资的 60%至一倍。丰润县北夏庄村雇工原每人年均收入 35 元，增资后每人增加小米 100 斤，大王庄雇工年均收入从 40 元增到 50 元。

经过增资活动，工人群众的劳动热情高涨，生产效率提高。如张家口市电业工人提高工作效率 20%以上，宝兴煤矿产量增加了一倍。农村经过减租清算和增资之后，广大农户增补农具，购买耕牛，大量积肥，修房补屋，发展副业，兴修水利等，为解放区大生产运动的开展，打下了良好的基础。

积极开展大生产运动

清算复仇、减租减息和增资斗争的胜利使生产关系发生了变化，农村和城市的生产力初步获得解放，广大贫雇农和工人的生产积极性有了显著提高。同时，由于经过全国抗日战争，在人力、物力、财力严重消耗的情况下，广大工人、农民群众迫切要求休养生息，医治战争创伤，重建家园。

为了尽快恢复遭受长期战争破坏的解放区经济，使解放区有足够的力量来支持争取和平、民主的伟大斗争，中共中央在1945年11月发出《关于减租与生产》的指示，指出："发展大规模的生产运动，增加粮食与日用必需品，改善人民生活，救济饥民难民，供给军队需要，成为非常迫切的任务。"

遵照中共中央的指示，晋察冀解放区的大生产运动开展得扎实，成就显著。1946年1月24日，中共晋察冀中央局发出《关于开展1946年大生产运动的指示》，要求"今年大生产运动的方针是在固有的生产基础上，更加普遍深入的开展群众性的大生产运动。继续贯彻以农业为主的方针，大量增产粮食棉花与其他农产品；在工业上用大力恢复与发展纺织业及其他手工业，有重点的恢复与建立机器工业、矿业；在贸易上贯彻解放区自由贸易的方针，顺畅城镇与乡村物资交流，发展交通运输，保护农工商业，稳定金融物价"。为了集中全力开展大生产运动，中共晋察冀中央局指示各区党委一律恢复1944年的组织形式，由党政军组织各级生产委员会，各级政府的负责干部任主任委员，生产委员会建立上下级领导关系，统一布置检查，总结报告。为加强生产工作，各级均应选择最优秀的党员和干部，到经济部门去工作，彻底纠正党内轻视经济工作、技术工作的思想。

自中共晋察冀中央局、边区政府和军区发出大生产运动的指示后，各区党委在1946年初又先后召开了各种形式的生产会议。根据河北各解放区处于农村，军民需用主要依靠粮棉生产的实际情况，会议确定以农业生产为主的方针，提出了精耕细作，实现耕三余一的要求。同时，针对群众资金不足，牲畜、农具缺乏等困难，政府除发放农业贷款和教育群众把胜利果实留一部分用于生产以外，各区党委均根据农民组织起来的经验，把“组织起来，互助互济”作为解决生产中的困难和发展农副业生产的主要方法。此外，为了不违农时，减少误工，还提出了“各地必须注意节省民力，调整与减轻勤务，采取各种有效办法，务使农忙时节，大量减少人力畜力动员”。

在机关、部队的生产方面，各区党委遵照中共晋察冀中央局提出的“在不妨碍工作与学习的条件下，机关、部队人员，仍应以大力进行生产，建设长期的革命家务，减轻人民负担”的指示，确定了首长负责，亲自动手，统一领导，分散经营的原则，并根据不同地区不同环境对各机关、部队、学校提出了不同的生产任务。同时，提出了禁止支差种地、与民争地和违法做投机生意等违反群众利益的做法，以利于发展生产。

由于中共中央和中共晋察冀中央局的正确领导，各解放区的生产运动蓬勃地开展起来。冀东区广大农民在区党委、政府关于“荒地谁种谁收，三年免征农业税”的奖励性政策鼓舞下，积极开荒种地。到1946年9月，全区耕地已达到1822万亩，超过了抗战时期最高亩数。为了减少水旱灾害，增加粮食产量，冀东区政府还按年拨款挖河治水，兴修水利，仅1946年即堵河坝缺口78处，疏理河道、河床71条。这些水利工程大都收到了显著效益。滦河堵口，受益农田达50多万亩。玉田荣辉河改道，受益农田达10万多亩。香河县挖通箭杆河与北运河，宝坻县疏通青龙湾河，大大减少了蓟运河水患。此外，冀东区政府还分批发放农业贷款。1946年春，发放贷款3亿元（边币），帮助贫苦村庄和农户解决生产资金、工具、种子等困难，支援灾区生产自救。

由于中共冀东区党委和政府的全力扶持和广大翻身农民的积极努力，全区的农业种植面积和粮棉产量逐年增加。据乐亭、玉田、卢龙、密云等12个县中31个村的调查统计，种植面积已达到抗战时期最高亩数的105%，过去日伪统治时期的“无人区”的荒地大部分消灭。此外，由于兴修水利，精耕细作，优选良种，粮食平均亩产由抗战时的 49 斤，增加到了 68 斤。

在各解放区党和政府的正确引导下，广大农村中拨工、换工等生产互助组也蓬勃发展起来。冀中区安国县三区 42 个村就有 41 个村普遍建立了互助组织。由于组织起来，充分发挥了劳动力的作用和提高了牲畜、农具的使用率，一般地区春播作物都做到了适时下种。

部队、机关、学校的大生产运动，也取得了很大成绩。冀南军区所属各部队开荒种地 2.1663 万亩，其中播种小麦 6980 亩，收小麦 25 万多公斤。冀中部队系统，通过开荒和利用逃亡户无人耕种的地，经营土地 1.5 万余亩。1946 年全年收粮 79.5 万多公斤，不仅增加了收入，改善了生活，而且大大减轻了人民负担，从而密切了党群关系和军民关系。不少县级机关还开展了种菜、种粮食作物和轧花、卷烟、养猪、运销等各种生产，既完成了上交任务，又改善了机关生活。

大生产运动的开展，促进了互助合作和农业的发展，使粮食和生活日用必需品有了很大增长，改善了人民的生活，保证了军队的供给，为争取和平，粉碎国民党反动派对河北的军事进攻，提供了物质力量。

争取和平民主与做好自卫战争的各项准备

重庆谈判，国民党被迫接受了中共提出的和平建国方针，并答应召开政协会议，共商和平建国大计。1946 年 1 月 10 日，国共签订了停战协定，并于当日在重庆召开了政治协商会议，通过了五项协议。“双十协定”、停战协定和政协协议签订后，河北各解放区军民欢欣鼓舞，热烈拥护。然而，国民党蒋介石却反其道而行之，破坏各项协定，进攻各解放区。仅在停战协定生效后的一个月内，国民党军就向河北各解放区进犯达 200 余次。1 月至 6 月底，国民党军向北宁、平古铁路两侧“蚕食”解放区村庄 2000 余个。

为了揭露国民党蒋介石真内战、假和谈的阴谋，河北各解放区军民进行了一系列争取实现和平民主和自卫战争的准备。

第一，进行形势和任务教育，克服和平麻痹思想。“双十协定”、停战协定和政协协议签订后，党内外相当一部分人产生了这样和那样的模糊认识。党内一些人在胜利面前盲目乐观，等待进大城市，到国民党政府中去当官，滋长了享乐情绪；有的对斗争前途缺乏信心，害怕打内战，产生了悲观厌战情绪；有的看到“双十协定”的签订，对国民党发动内战丧失警惕，产生了和平麻痹思想，以为可以“过太平日子了”；还有的部队和地方干部居功自傲，组织纪律涣散。另外，过去一些拥护共产党的和平民主主张，反对国民党独裁政策的开明绅士、工商业者和一些上层民主人士，由于存有较深的“正统”观念，则往往过高地估计国民党的力量，因而对斗争前途也表现了不同程度的动摇。

为了统一思想认识，认清形势和任务，中共晋察冀中央局于1945年10月初，召开了干部扩大会议，聂荣臻代表晋察冀中央局作了《目前的时局与任务》的报告，指出：“抗战阶段已经过去，我们的任务，是为了和平民主团结而斗争。反和平反民主的势力正在积极的向我进攻，我们必须为和平民主而战斗；大地主大资产阶级要夺回中国人民在政治上经济上的既得利益，我们必须为巩固我们的胜利而战斗。因此一切盲目的乐观心理……天下从此便可太平的心理，是不对的。我们目前正处在历史的最紧要的关头，抗日战争结束了，为和平民主团结的斗争正在开始。我们必须坚决的进入斗争中去，以不懈怠的继续斗争，来巩固与扩大我们的胜利。”这次会议之后，中共晋察冀中央局所属区党委对党政军民进行了一次广泛的思想教育运动。通过这次思想教育运动，各解放区的广大党政军民基本上达到了统一思想，认清形势和任务的目的，开始有了进行自卫战争的思想准备。

第二，发动群众，揭露国民党违反停战协定，破坏政协协议的罪行，进一步认清内战爆发的危险性。面对国民党政府倒行逆施，恣意破坏停战协定、公然推翻政协协议、破坏团结与和平、准备挑起内战的严重局势，河北各解放区纷纷隆重集会，用大量事实揭露和抗议国民党违反停战协定、破坏政协协议的罪行。

1946年2月17日，冀东区党委、行署在遵化县城举行了有3万余人参加的庆祝“双十协定”和停战协定签订大会。大会向国民党政府发出通电，申明冀东解放区军民对实现和平民主的殷切期望，提出了释放政治犯、恢复和开放国民党占领区与交通区之交通、国民大会代表由全区民主选举等26项严正要求。3月23日，为了制止国民党反动派破坏和平民主的不断升级，冀东区路南（北宁路以南）解放区各界代表和群众2万多人，在倴城举行了反对破坏和平民主的抗议示威大会，会上各界代表控诉了国民党军自停战协定生效后，多次进犯路南解放区，屠杀群众，抢掠财物的罪行，并通电北平军事调停执行处，立即采取有力措施，制止美国军队和国民党军队肆意侵犯解放区的暴行。

1946年4月11日，冀南各界代表1000余人集会威县县城，强烈谴责国民党北平市当局4月3日指派军警宪特人员闯入解放日报社、新华日报社，非法拘捕报社34名工作人员和非法搜查八路军参谋长滕代远公馆的野蛮行径，并通电全国。会议还向国民党当局提出了严重抗议。

第三，动员各解放区广大军民提高警惕，充分做好自卫反击战的准备。面对国民党军队进犯解放区规模的步步升级，1946年5月26日，中央军委致电中共晋察冀中央局主要领导人聂荣臻等，指出：“国民党积极准备进攻，你们必须积极准备作战。为此，除加紧练兵、加紧剿匪、加紧解决土地问题外，应注意扩大民兵，加以整训，以便将来作战时动员一部民兵，补充前线之消耗。”① 根据中央军委的指示精神，中共晋察冀中央局于1946年5月30日，作出了《关于目前时局与对策的指示》，指出：“目前一切准备工作，则必须处处从内战可能方面着想，必须提高高度警惕性，深入动员，积极准备。只有这样，只有从军事上、经济上、群众基础的广泛上，才能有效的制止或推迟全国性的内战，并于内战一旦爆发时，得以从容应付，立于不败

① 中央档案馆编：《中共中央文件选集》第十六册，中共中央党校出版社1992年版，第172页。

之地。”此后，河北各解放区党政军民，积极投入了一系列自卫战争的动员准备工作。

根据全国的紧张形势和冀东地区大规模战争即将来临的情况，中共冀东区党委于 5 月 1 日发出了《对目前形势的紧急指示》，要求全党务必克服和平麻痹思想，立即进行战争动员。6 月 10 日，区党委又发出了《全党紧急动员起来，为完成补兵归队重大任务而奋斗的指示》。据此，各地、县掀起了参军热潮。至 7 月底各县均超额完成了预定补兵任务，有力地保障了自卫战争的胜利。

1946 年 5 月 4 日，中共冀南区党委、行署和军区联合发出了《关于紧急的战争动员指示》，要求各地立即向全区进行紧急动员，团结一致，反对内战，粉碎反动派的进攻；军区和各军分区的部队加强对伪顽军侦察和边沿区警备以及加强反特活动；各县、区组织指挥部，统一指挥游击队、公安队、民兵自卫队，组织联防，维护治安，保障战争供应及运输等任务的完成。

为了适应自卫战争的需要，晋察冀军区于 1946 年 6 月 24 日发布了野战军与军区调整的命令：野战军编为 4 个纵队，每个纵队以 2 旅 6 团编制之。地方军划为冀晋、冀察、冀中、冀东、热河、热辽 6 个军区，其中冀晋军区下辖 2 个独立旅，共 4 个团，又 3 个分区；冀察军区下辖 2 个独立旅，共 4 个团，又 4 个分区；冀中军区下辖 2 个独立旅，共 6 个团，又 4 个分区；冀东军区下辖 3 个独立旅，共 6 个团，又 4 个分区；热河军区下辖 2 个独立旅，共 6 个团，又 3 个分区；热辽军区下辖 2 个独立旅，共 6 个团，又 3 个分区。每个分区辖 1 个警备团，每县设县大队，区设区小队。

晋察冀各解放区军民为取得自卫战争的主动权，作了极大努力，到 1946 年 6 月底国民党挑起全面内战时，基本上完成了思想上、军事上和物质上的各项准备。

第十七章
河北军民反击国民党军的大举进攻

一、反击国民党军对解放区的大举进攻

全面内战爆发后河北的形势与党的任务

1946年6月，国民党蒋介石在美国支持下，悍然撕毁停战协定和政协协议，以大举围攻中原解放区为起点，挑起了全面内战。

由于河北各解放区毗邻北平、天津等大城市，对国民党在华北的统治中心造成极大的威胁，同时，河北又是连接陕甘宁、晋绥以及东北地区的重要枢纽，因此，国民党军把进攻华北解放区的重点放在河北各解放区。

当时，河北境内敌我双方军事力量的对比，和全国一样，处于敌强我弱的形势。国民党军向晋察冀解放区进攻的兵力约16.2万人，向晋冀鲁豫解放区进攻的兵力约24.9万人，在数量上均超过人民解放军数倍。

全国内战爆发时，国民党军在河北境内的战略意图是，打通与山西、绥远以及东北的战略联系，实现华北与东北的联防；企图分割河北各解放区，占领山区，控制平原，以达其消灭各解放区共产党的组织和人民解放军的目的。于是，从1946年8月底国民党军进攻冀热辽区强占承德起，就不断向河北各解放区进行疯狂进攻。9月4日，

国民党蒋介石集中 16 个师的兵力，纠集反动地主武装，13 万余人，从东起山海关，西至密云，南迄武清，北达滦平，疯狂地进攻冀东解放区。9 月下旬，国民党蒋介石集结 3 个军以上的兵力，由怀来一线，进攻晋察冀边区首府所在地——张家口。盘踞在绥远的国民党傅作义军队，则从西路集宁一线，倾巢出动夹击人民军队。在此期间，国民党军队对冀中、冀南、太行等解放区展开了大规模的“蚕食”。从此，国民党发动的全面内战的炮火，燃烧到河北各个解放区。

面对河北各解放区的严峻形势，中共晋察冀中央局和中共晋冀鲁豫中央局以及边区政府，都先后发出指示或紧急动员令。1946 年 8 月 9 日，中共晋察冀中央局发出了《为坚决进行自卫战争，彻底粉碎蒋介石的进攻，恢复国内和平给全党全军的指示》，8 月 30 日，中共晋察冀中央局又发出了《关于紧急动员参军补军的号召》。1946 年 8 月 15 日，中共晋冀鲁豫中央局发出了《为粉碎蒋介石进攻争取爱国战争胜利的号召》，与此同时，晋冀鲁豫边区政府也发出了《为全力支援前线争取爱国自卫战争胜利向全区人民与行政工作人员的紧急号召》。在上述指示和号召中，一方面对国民党蒋介石发动全面进攻给各解放区带来的严重困难作了充分的估计，教育全党和全体军民“决不轻视敌人，决不否认自己的困难，我们要以清醒的头脑、充分的胜利信心去战胜困难，粉碎敌人的进攻”①；另一方面也全面地分析了敌我双方的特点，揭示了国民党蒋介石必败的结局。为了战胜敌人，党在当前的中心任务是：动员解放区全体军民积极行动起来，投入伟大的人民解放战争，在自卫战争中粉碎蒋介石国民党反动派的全面进攻，恢复国内和平。为完成这一艰巨而光荣的任务，要求努力壮大主力军，提高地方武装的战斗力，加强对民兵的领导和训练，以达到主力军、地方武装和民兵的有力配合，充分发挥人民战争的伟大力量。在作战方针上，根据具体情况要求灵活地、准确地执行中共中央制定的军事原则，以消灭敌人有生力量为主，必要时放弃一些城镇，以保

---

① 中央档案馆等编：《晋察冀解放区历史文献选编（1945—1949）》，中国档案出版社 1998 年版，第 184 页。

存力量最后战胜敌人。在作战方法上，总的要求是以运动战为主，游击战为辅，但在边缘区或被敌分割比较严重的地区，则要求以游击战和运动战并重。在政治上，坚决执行党中央提出的必须和人民群众密切合作的指示。在解放区大力开展土地改革运动，消灭封建制度，解决农民的土地问题；在国民党统治区，除团结工人阶级、小资产阶级和一切进步分子外，还注意团结一切中间分子，并在此基础上开展广泛的爱国民主运动，以孤立反动派。在经济上，要求作长期打算，要努力生产，提倡节约，力戒浪费，以减轻人民负担，保障军民供应，支持长期的革命战争。

河北各解放区的党组织，依据上述任务领导所属地区的军民同国民党蒋介石的全面进攻展开了坚决的斗争。

解放区军民奋起自卫

面对国民党军的疯狂进攻，河北各解放区的党组织根据党中央“以自卫战争粉碎蒋介石的进攻”的指示和本地区所处的形势，对国民党军的进攻奋起自卫。

1946 年 8 月 21 日，国民党军集中 3 个军 7 个师的兵力开始向热河省会承德地区进攻。当时，冀热辽主力部队第一纵队被西调，参加大同、集宁及保卫张家口之战，所剩部队只有 4 个旅、1.5 万人，力量十分薄弱，武器装备也差，无力阻止国民党军的大举进攻。为保存有生力量，在掩护中共冀热辽中央分局和中共热河省委、省政府等领导机关转移后，于 8 月 28 日撤出该城。国民党军占领承德后，又集中 6 个军 14 个师的兵力，于 9 月 4 日开始向冀东解放区发动大规模进攻，冀东部队遵照中央军委关于以歼灭敌人有生力量为主，不以保守和夺取地方为主的战略方针，在相机给敌人以大量杀伤后，主动放弃了所有县城，至 9 月 21 日，敌将冀东解放区所有县城全部占领，根据地也被敌分割。

国民党军占领承德、集宁、丰镇等城市和冀东地区后，蒋介石于 9 月 10 日令绥远第十二战区傅作义部和北平第十一战区孙连仲部，集中主力分别从集宁、丰镇和南口、怀柔两个方向，会攻张家口。晋察冀野战军和各地方部队，在处于两面作战的不利情况下，为了不使敌人轻易占领张家口，并尽可能在战斗中大量歼灭敌人的有生力量，与国民党军展开了针锋相对的斗争。1946 年 9 月 29 日，国民党第十六军全部及第五十三军之第一三〇师共 4 个师，在空军的配合下，沿平绥路及其两侧，分两个梯队向怀来阵地进攻。守军面对敌人的强大攻势，进行了顽强的抵抗。经过两周的激战，共歼敌 7000 余人，并将国民党军两路并进占领怀来的计划打破。与怀来战役同时，冀中、冀察、冀晋区的地方部队和县大队及广大民兵，为配合张家口战役，向保定南北和石家庄外围及正太沿线广泛出击。至 10 月中旬共歼敌 1.27 万余人，连克望都、徐水、容城、定兴 4 座县城及松林店、高碑店、方顺桥等车站和数十处据点，有力地配合了张家口方面的作战。人民军队在给敌人很大杀伤以后，为保存有生力量，于 1946 年 10 月 11 日主动撤离张家口。在张家口保卫战中，解放区的广大民兵和人民群众积极参战，仅冀晋、冀察两区直接参战的民兵和各界群众即达 50 万人。并展开了大规模的破击战，仅平汉线即破坏路基 160 余里，割电线 1.1157 万斤，平毁封锁沟 110 余里。

此外，冀东部队为配合张家口保卫战，也主动向敌展开了广泛的出击。在两个多月的时间里，主动出击作战 82 次，共歼敌 7000 余人，收复青龙、宁河、宝坻、乐亭 4 座县城，摧毁了各县一大批敌占之村镇据点。

河北各解放区的军民在军事上的胜利，初步改变了由于敌人的全面进攻所造成的严重局势，安定了群众情绪，坚定了我军必胜、蒋军必败的信心。但是，河北各解放军在军事上取得的一些胜利，还没有改变敌强我弱的形势，还未能阻止敌人的战略进攻。因此，中共晋察冀中央局发出指示，要求全党全军，坚决按照中共中央和毛泽东提出的政治原则和军事原则，进一步发动群众，动员一切力量，支持长期的自卫战争；坚决执行运动战、歼灭战的作战方法，力求更加主动地继续大量歼灭敌人之有生力量，以尽快争取河北各解放区形势的根本改变。

1946年11月3日到12月22日，晋察冀野战军在冀中、冀察、冀晋地方部队配合下，发动了易（县）满（城）战役。战役开始以后，首先于11月13日在门墩子山阻击战中歼灭由涞水地区进犯的国民党军1500余人，在涞水、石亭一线歼敌1800余人。国民党军在两次进犯失利后，于12月19日又组成两个作战集团，分路向易县、满城进攻。中共晋察冀中央局书记聂荣臻命令杨成武统一指挥晋察冀野战军第三、第四纵队和冀中第七、第八两个独立旅，将敌阻击于满城以东，并以10个团的兵力包围敌3个团于大留村一带，于12月22日将其全部歼灭。此役先后歼敌7900余人，粉碎了国民党蒋介石“进攻冀西，打通平汉路”的企图。这是人民解放军在撤离张家口以后，在运动中集中优势兵力大量歼灭敌人的良好开端。

继易（县）满（城）战役之后，晋察冀野战军和冀中地方部队于1947年1月21日至2月5日，在保定以南的望都、定县、新乐地区，发动了保南战役，在寨西店以南歼敌两个团，乘胜攻占新乐、灵寿、定县等地。这一战役，共歼敌9600余人，切断了保定与石家庄敌人的联系，控制了保定以南、石家庄以北之平汉铁路200余里。与此同时，河北省各解放区的各级党组织都积极地领导本区军民英勇地开展了自卫作战，机动灵活地歼灭了敌人的有生力量。中共冀东区党委根据敌我力量的对比和处于游击环境的情况，遵照中央军委指示，确定了以游击战和运动战并重，逐步向运动战发展的作战方针，采取了“围点打援”“避强击弱”等战术，不断整连整营地歼灭敌人。为了配合野战军及友邻部队作战，1947年1月3日，冀东军区部队对通县、香河、武清地区的国民党军队展开攻击作战，经过10余次战斗，攻克据点10余处，歼灭国民党军900余人。1月10日，对敌坚固设防的武清县城发起攻击，全歼守敌2000余人，并缴获大量军用物资，恢复了西部大片解放区。2月9日，冀东军区一部又乘胜奔袭北平外围国民党军重要据点通州县城，经一昼夜激战，于10日晨攻克该城。这次战斗共歼敌800余人，俘敌伤员1000余人，缴获各种枪700余支。两次战役的胜利，切断了平津和通唐公路，使冀东中部之敌陷于孤立。

随着上述自卫战中我军的不断胜利，许多被敌人占领的解放区在不断的恢复和扩大。同时自卫战争的胜利，也把战场逐渐推向国民党占领区，甚至推进到平、津、保、石等大中城市附近，为彻底打退国民党军对河北解放区的进攻创造了条件。

彻底打退国民党军对河北解放区的进攻

从 1946 年 6 月到 1947 年 2 月，全国各个解放区战场上的人民解放军经过 8 个月的对敌作战，共歼敌 67 个旅、71 万多人，平均每月歼敌 8 个旅。蒋介石在各个战场上不断遭到沉重打击的不利形势下，从 1947 年 3 月起，不得不放弃对解放区的全面进攻，改为向陕北和山东两解放区的重点进攻。这时，在河北地区的国民党军由于不断受到解放区军民的沉重打击，也不得不停止全面进攻，将兵力集中到一些大中城市和主要交通线上，妄图确保平、津、保三大战略据点，固守华北。国民党军在河北地区的战略上的防守，并未停止战役性的进攻，而是妄图以重点战役性的进攻达到战略上的防守的目的。国民党蒋介石为了摆脱河北各解放区军民对天津、保定、石家庄等各战略要点的威胁，打通平汉线，除不断加强其各个战略要点的防御工事以外，并对冀中区的永清、胜芳等发动了进攻，企图夺取大清河以北地区，以达其扩大占领区，确保各战略据点的目的。

晋察冀野战军为了肃清石家庄外围的国民党军，切断正太路，进一步孤立石家庄之敌，于 1947 年 4 月 9 日起，发动了正太战役。经四昼夜激战，解放了正定、栾城，攻克了石家庄外围大小碉堡近百处，随后野战军主力一部乘胜沿正太路西进，继续扩大战果，至 5 月 4 日，共歼敌 2 个师及大批反动地方武装 3.5 万余人，控制了正太路 360 余里，切断了太原与石家庄之敌的联系。

与此同时，冀中区地方部队，为了坚持大清河北地区，配合野战军发动的正太战役，当敌军进攻胜芳时，英勇地展开了自卫战。参战地方部队采取了内线重点防御、外线以运动战反击和敌后游击战三者结合的作战方针，经过20余天的对敌作战，毙伤俘敌军2300余人。冀中地方部队这一积极主动的进攻，不仅牵制了国民党“保定绥靖公署”统辖下的全部机动兵力，同时也有力地配合了晋察冀野战军发动的正太战役。

为了配合东北的夏季攻势，牵制住华北之敌，阻止其增兵东北，正太战役胜利之后，晋察冀野战军和各地方部队，遵照中央军委指示，于1947年6月12日至15日，向津浦路北段出击，发起青沧战役，连克青县、沧县，以及唐官屯、陈官屯、马厂、兴济、姚官屯、捷地等城镇和车站。这一战役共歼敌1.3万余人，控制铁路180多里。青沧战役胜利后，晋察冀野战军在地方部队的配合下，于6月25日至7月6日，又发起了保北战役，向保定以北平汉路出击，共歼敌8000余人。

冀东地区各部队，遵照中央军委和中共晋察冀中央局的指示，为配合东北及热河解放军的夏季攻势，也展开了对敌军的反击。1947年5月17日至26日，发动了滦（河）东战役。战役的主要任务是切断北宁铁路，主要攻击目标是昌黎县城及附近各大小据点。这次战役历时10天，先后攻克了昌黎县城和北宁路沿线重要据点5处以及山海关外围据点3处。共歼灭国民党军3400余人，缴获各种枪2800余支、炮9门。滦（河）东战役胜利之后，又乘胜发动进攻，在六七月间，相继收复了平谷、蓟县、遵化、卢龙县城。与滦（河）东战役的同时，热南地区各部队也展开了进攻，收复了上板城和下板城，切断了敌人由承德至平泉的铁路交通线。上述战役的胜利，打击了国民党的锐气，打乱了其战略部署，钳制住了华北国民党军队出关增援东北，从而保证了东北民主联军粉碎国民党军企图分割南北满的计划。

地方武装策应野战部队反“蚕食”、反“扫荡”

在奋起自卫反击国民党军全面进攻的过程中，河北各解放区的地方武装，利用有利地形，修筑地道和高房堡垒等工事，展开了反“蚕食”、反“扫荡”的斗争，不断给进犯解放区的国民党军以有力的反击，策应了野战部队的运动战和歼灭战。

1946年底，进犯冀东解放区的国民党军队在全面进攻受挫后，被迫改为“局部进攻”“重点扫荡”“全面蚕食”行动计划，把冀东19个县划为“绥靖区”。1946年12月12日，国民党第九十二军万余人，向路南解放区和路北玉田、宝坻等地进行了重点“扫荡”。1947年1月以后，国民党军又对滦东临（榆）抚（宁）昌（黎）地区，中部的丰润、唐山、韩城三角地带，西部的三（河）通（县）香（河）武（清）地区进行全面“蚕食”。

为了彻底粉碎国民党军的重点“扫荡”、全面“蚕食”，冀东区的各级党组织加强了对反“扫荡”、反“蚕食”斗争的组织领导。第十三地委自路南反“扫荡”以来，先后下发了五次指示，要求各县、区深入进行政治动员，积极开展游击战争，彻底分散、坚壁、保护物资，广泛开展瓦解国民党军的工作，严厉打击反动地主和汉奸、特务的反攻倒算活动。冀东区党委及时转发了这些指示，有力地指导了全区反“扫荡”、反“蚕食”斗争和对路南反“扫荡”的积极策应。

在冀东区主力部队转战国民党军占领区实施机动作战时，坚守在解放区的地方军民广泛开展了游击战。第十三军分区第四十八团和各县大队、区小队，为策应路南反“扫荡”和边缘区反“蚕食”斗争，在广大民兵配合下，不断寻机作战，打击“扫荡”敌军。至1947年6月，共进行大小战斗499次，歼灭敌军494人。

在边缘区的反“蚕食”斗争中，各地区普遍加强了游击队建设，重新配备了一批干部。各县、区还组织了一批民兵进行军政训练。游击队、武工队在民兵的配合下，广泛开展游击战。他们埋设地雷、破坏交通，阻击进犯的国民党军，迟滞其行动；袭扰和围困国民党军据点，限制其活动；还经常以突然袭击的方式，深入被“蚕食”地区，镇压罪大恶极的反动分子和反攻倒算的还乡团；有的村还开展了地道战，打得国民党军晕头转向。从1946年12月至1947年2月，第十四军分区的民兵共作战193次，歼灭国民党军283人，破坏公路126

里、铁路36里、桥梁19座，割电线4486斤，毁电线杆1122根，捣毁国民党建立的大乡43个，恢复解放区村镇政权646个。在国民党军全面进攻后的4个月中，冀东区游击队、武工队和民兵，共单独作战1523次，配合主力部队作战238次。仅单独作战就歼灭国民党军2340人，破坏铁路250里、公路1900里、桥梁111座，炸毁火车7列、机车9辆、飞机1架、碉堡47座，割电线两万斤，沉重地打击了国民党军队的全面“蚕食”活动。

在反击国民党“蚕食”解放区的斗争中，河北各解放区涌现了一批民兵英雄。冀中区定县郝白村民兵郝庆山被誉为吓破敌胆的民兵英雄。1946年6月，国民党军一个营的兵力“扫荡”郝白村时，他带领民兵据守的高房工事被摧毁后，就转入地道继续作战。在敌众我寡的情况下，他沉着指挥民兵在暗处不断杀伤敌人，敌人在无计可施的情况下，被迫退回城去。两个月后，不甘心失败的国民党军团长丁瑞达亲自率领部队，第二次攻打郝白村。郝庆山指挥民兵打垮了敌人10多次进攻，创造了以一人伤亡歼灭国民党军58人的战绩。新乐县第一区北李庄李混子爆炸组更是令敌人闻风丧胆。自全面内战爆发到1946年12月底，李混子和他的爆炸组共炸毁敌火车头7个、车皮30余节、桥梁数座，毙伤敌人150余人。李混子的爆炸组不仅成为本村民兵的骨干，而且在其影响下使全区、全县、全冀中区的爆炸运动开展起来。为了表彰李混子爆炸组的英雄事迹，1947年1月10日，晋察冀边区行政委员会向全区发出《关于嘉奖李混子爆炸组的通令》，“赠予李混子为边区爆炸英雄，对李混子及其领导之爆炸组通令嘉奖，并奖给弹药费200万元”①。冀东丰润县第一区民兵大队长刘勇，带领民兵多次打击进犯的国民党军队，有效地配合了主力部队作战，保护了解放区人民的利益和民主政权，得到冀东行政公署的嘉奖，被授予“战斗英雄暨模范工作者”的光荣称号。

随着自卫战争的不断胜利，河北各解放区也在不断恢复和扩大。

① 中央档案馆等编：《晋察冀解放区历史文献选编（1945—1949）》，中国档案出版社1998年版，第218页。

许多曾被敌人占领过的地区恢复了党的工作。群众性的自卫战争逐渐推向国民党主要据点，甚至推进到平、津、保、石等大中城市附近。同时，解放区军民的不断胜利，进一步增强了广大群众的胜利信心，壮大了革命力量。

二、解放区的土地改革运动和参军支前热潮

“五四”土地政策在河北解放区的贯彻执行

抗战胜利后，国内的阶级矛盾已成为主要矛盾。中共中央审时度势，于 1946 年 5 月 4 日发出了《关于清算减租及土地问题的指示》（即“五四指示”），决定把抗战以来实行的减租减息政策发展为消灭封建剥削制度、实现“耕者有其田”的政策。中共中央指出：“解决解放区的土地问题是我党目前最根本的历史任务，是目前一切工作的最基本环节，必须以最大的决心和努力发动与领导目前的群众运动来完成这一历史任务。”

为了认真贯彻执行“五四指示”，中共晋察冀中央局、中共晋冀鲁豫中央局于 1946 年 7 月，分别发出关于执行中央“五四指示”的决定。各区党委按照指示要求，分别召开会议，对“五四指示”进行深入学习和讨论，并以“五四指示”作为准绳，检查了前一段的清算复仇、减租减息运动，并从总结经验入手，提出了执行“五四指示”的意见或决定。中共冀东区党委于 5 月下旬召开了扩大会议，全面检查总结了日本投降后的减租减息运动情况，于 5 月 30 日通过了《关于群众运动的初步检讨及执行中共中央〈五四指示〉的初步意见》，中共热河省委根据热河土地高度集中的情况和农民对土地的迫切要求，于 6 月 6 日发出了《关于贯彻中央土地问题的指示的指示》。另外，各区党委还根据各自不同的条件，确定了不同的要求、方法和步骤。

河北各解放区从 1946 年 6 月开始，凡是环境许可的地区，普遍

开展了实现“耕者有其田”的土地改革运动。察哈尔地区经过重点试验后，土地改革运动于8月即全面铺开，冀中区也于同年8月开始进行土地改革。冀南地区由于在减租减息运动中放手发动了群众，清算复仇斗争中老解放区土地问题已大部解决，因而“五四指示”下达后，对老解放区是彻底复查，对新解放区则把土地改革作为重点。冀晋地区情况与冀南类似，这次土地改革的重点也只在新解放区。冀东地区由于战争影响较大，土地改革运动只是在部分地区进行。

河北各解放区党政机关普遍组织了土改工作队，深入到各县、区帮助发动群众。经过广泛深入细致的发动群众，各地参加斗争的群众越来越多，一般村庄有80%，甚至是90%以上的户数参加了斗争。在运动中，农民对地主的斗争较过去更积极，不仅将地主的土地、房屋、牲畜、财产等全部没收，重新分配，而且对其隐藏的农具、粮食、衣物、器皿、现金等财产亦全部追出，分配给贫雇农。如冀东解放区能够进行土地改革的8190个村庄中，从1.1272万户地主和1.7536万户富农手中清算出土地186.9524万亩、粮食2258万斤、边币26500万元、房屋1.1531万间、牲畜3177头及大批其他实物。在运动中也曾出现了一些偏差，有的地区发生了打死人的事件；有的地区发动群众不够充分；有些地主漏斗；有些地区的某些干部、党员，因为个人和家庭的利益，干扰“五四指示”的全面贯彻执行。为了使土地改革运动健康发展，1947年2月，中共晋察冀中央局召开土地改革汇报会议，总结了贯彻“五四指示”以来土地改革运动的经验教训，并针对有些地区还没有把群众发动起来，有些地区出现了地主搞假“献地”欺骗，农民还没有从思想上发动起来，漏斗了一些地主，有些地区由于形势的变化，地主、还乡团反攻倒算，农民又失去斗争果实等情况，提出了进行复查的任务。会后，冀东、冀中、冀晋、察哈尔等地区均进行复查，使党的各项政策得到进一步落实，真正实现“耕者有其田”的土地改革政策，到1947年春，河北各解放区有条件进行土地改革的地区，都胜利结束了这一运动。

河北各解放区开展的轰轰烈烈的减租土地改革运动，大大改变了农民与地主、富农之间的土地关系。仅据冀中、冀东、冀晋、察哈尔、热河、冀南、太行 7 个地区 187 个县的不完全统计，有近 819 万农民获得了近 1198 万亩土地，无地少地的贫雇农，都获得了比较多的土地。冀东的玉田、丰润、遵化、宝坻、蓟县、滦县、乐亭等 12 个县 4249 个村庄，贫雇农约 55 万人，获得 11.7 万亩土地，每人平均分得土地两亩以上。中农在这次土地改革中也得到经济利益或少量土地。如在冀中九分区 10 个县 2115 个村中，有 5.1389 万户中农分得了果实，占分得果实总户数的 36.68%。

随着土地关系的改变，河北各解放区的阶级关系也发生了巨大变化：赤贫基本上消灭，贫农大量减少，中农成为农村中最大的阶层，地主、富农的经济地位有了明显下降。据冀中区 32 个县、67.1838 万户的统计：土地改革前地主为 5187 户，占农村总户数的 0.77%；土改后仅剩 206 户，占农村总户数的 0.03%，即 1 万户中仅有 3 户地主。土改前的富农为 2.6451 万户，占 3.94%；土改后，剩 1.2959 万户，占总户数的 1.93%。

土地改革运动，不仅使广大农民在经济上、政治上翻了身，同时也进一步密切了党同群众之间的关系，党和群众组织也有了很大发展。翻身的农民纷纷要求入党，经过斗争中的培养与考验，大批积极分子被接纳为新党员，党增加了新的血液。仅冀中八分区 32 个区，就吸收新党员 8961 人。同时，农会的会员也有了大幅度增长。冀中青沧交县的大白洋村原来只有 40 名农会会员，土改后增至 460 名。过去群众组织基础比较薄弱的乡村，也随着土地改革运动的深入发展，逐步健全了工、农、妇、青各群众团体。据冀东迁安、卢龙、迁西、平谷、滦县、三河、密云、通县、玉田、滦西等 10 个县的统计，参加群众革命团体的农民达 68 万人。此外，在这次土地改革运动中，各地还选拔了大批优秀干部。据冀中第八分区、第九分区和第十一分区 25 个县的统计，提拔村级干部 8813 人，加强了村级政权的领导力量。

解放区的工农业生产运动和节约运动

全面内战爆发之后，河北各解放区的财政经济都遇到了巨大的困难。为了支持长期战争，争取解放战争的最后胜利，就必须要克服由于国民党蒋介石发动内战给解放区造成的财政经济困难。要克服财政经济上的困难，最根本的办法就是发展生产，同时还要力求节约使用人力、物力和财力。为此，全面内战爆发不久，中共中央和毛泽东就向全党发出指示："必须十分节省地使用我们的人力资源和物质资源，力戒浪费。……必须努力生产，使一切必需品，首先是粮食和布匹，完全自给。"①

遵照中共中央和毛泽东的指示精神，中共晋冀鲁豫中央局和中共晋察冀中央局分别于1946年10月10日和1947年1月10日，发出了《关于财经工作的决定》，指出："为使战争能从容支持，而群众又不感到过于繁重，发展大生产运动。"同时还指出："必须深刻认识当前财政经济的困难情况，以最大的决心和努力紧缩编制，厉行节约，精密计算，才能克服困难。"②

各区党委先后召开了生产会议或财经会议。1947年1月15日，中共冀东区党委召开了生产会议。4月又召开了经济工作会议。这两次会议总结了过去一年来的大生产运动和财经工作，确定了对财经工作的基本方针是：发展经济，保障供给，加强对国民党的斗争，增加人民收入。要求大生产运动必须与自卫战争密切结合，大力增加农业产量，发展纺织业和其他工业、手工业，达到某些生活必需品的自给。中共冀南区党委于1946年7月1日和1947年4月20日，相继召开了生产会议，制定了1947年生产运动的方针和计划，并根据具体情况，确定了继续全面开展大生产运动的具体措施。

农业生产是各解放区克服困难，保证财政经济收入的主要来源。

---

① 《毛泽东选集》 第四卷， 人民出版社1991年版， 第1185页。

② 中央档案馆等编：《晋察冀解放区历史文献选编（1945—1949）》， 中国档案出版社1998年版， 第220页。

广大翻身农民积极响应党和政府关于努力生产、支援战争的号召。他们在生产工具和牲畜不足，劳动力严重缺乏的情况下，在自愿互利的原则下，自由结合起来，组成农忙临时互助组。互助组实行合理计工制度，有的地方还实行了“工票”制度。互助组通过代耕、贷款、减免战勤等各种办法帮助军、工、烈属和孤寡户解决困难。临时互助组在实践中得到了发展，有一部分逐步成为固定的常年互助组或农业生产合作社。“组织起来”不仅解决了劳力不足的问题，促进了农业生产，而且也使广大农民感受到走合作化道路的优越性。冀中安平县的常年互助组实行大拨工后，适时完成了播种任务。深泽、故城由于实行了大拨工，使原来需要一周左右时间完成的小麦收割任务，仅用三天时间就完成了。在改良生产技术方面，冀南、太行地区，普遍推广了“金皇后玉米”和“一六九小麦”，并做到了浸种、拌种，使产量增长一倍。

为了减少水旱灾害，增加粮棉产量，各级政府按年拨款兴修水利。在农闲季节，组织广大农民群众、党政机关干部和部队官兵，参加挖河治水。冀东区仅 1946 年即堵河坝缺口 78 处，整理河道、河床 78 处。加上修堤、挡石坝，共用土方 53 万立方米，用工 94 万个。这些工程大都收到了显著效益。

为了帮助贫苦农民扩大再生产，河北解放区的各级政府还分批发放农业贷款。贷款的项目包括耕牛、家具、肥料、种子、副业、家庭手工业等。冀南区政府 1946 年发放农业贷款 2.1 亿元（边币），1947 年发放贷款 2.5 亿元（边币）。冀东区政府 1946 年发放贷款 3 亿元（边币），1947 年发放贷粮 1 万石（每石约 75 公斤），帮助贫苦村庄和农户解决了生产资金、工具、种子等困难，有力地促进了生产的发展。

河北各解放区的党组织在领导人民群众开展以增产粮、棉、布为主的生产运动过程中，还发动广大工人开展了劳动竞赛和增产节约运动。冀中区裕民工厂的工人，为了以实际行动支援前线，粉碎国民党军队的进攻，他们主动早上班、晚下班，日产量提高 15%到 50%。

冀中区武委会所属工厂为保证前线的军火供应，工人们每天自动工作12小时，产量提高30%。子弹厂在全厂掀起科与科、组与组、人与人之间的挑战竞赛，一个月生产七九步枪子弹3.6363万粒、三八式步枪子弹5005粒，盒子枪子弹1261粒，超过计划指标的40%到50%。冀南区胜利被服厂的工人用64天的时间完成了100天的生产任务，先进生产者每人每日机制单衣45套，超过当时天津电动缝纫机每天30套的产量。赞皇裕记丝棉织厂职工赵秀书一天织布9.6丈，创造了太行区织布的最高纪录。冀南军区炸弹厂，原每人日产手榴弹6枚，后提高到每人日产27枚。

河北各解放区的党组织领导人民群众开展了以农业、工业和手工业为主的生产节约运动。1947年5月28日、6月20日，中共晋察冀中央局先后发出了《关于各机关部队停止经营商业的决定》和《补充指示》后，各解放区所属之机关部队，把各自所经营的商业均交国营商店经营，这不仅解决了长期以来部队机关与民争利的问题，同时节省出大量的人力、物力、财力来从事粮食生产，减轻人民的负担。由于全体机关干部和部队广大指战员的积极努力，粮食生产取得了巨大成绩。许多部门不仅完成了上交任务，减轻了人民的负担，而且改善了机关部队的生活。在冀中，分区以上机关，全年每人完成上交粮5斗米，地方机关全年每人完成1石米。冀东区，分区以上的机关部队，全年每人平均完成上交粮90公斤，旅团以下战斗部队平均完成60公斤。在节约方面，河北各解放区的所属机关部队和广大工人开展了节粮捐薪、增产节约、减资运动。1946年8月20日，中共冀中区委机关召开“捐献支前活动大会”，提出“加紧工作，节衣缩食，支援前线”的口号，号召每人每天省下一两米，支援前方战士改善伙食。晋察冀边区银行冀中分行提出节粮捐薪支援前线，全体职工共节约小米2025公斤。饶阳、安国、肃宁、武强、定县、安平、胜芳、固安各地群众团体号召会员开展“节约一把米”运动，广大会员纷纷响应。据统计：饶阳捐小米2200公斤；安国捐小米4750公斤、小麦1490公斤，款19万余元；肃宁捐小米1850公斤、小麦105公斤、高梁 1.073 万公斤，款 66 万余元。安平寨子村，一个工会会员把打了一天短工挣来的 800 元钱（边币）全部捐出；宣化伯华药厂工人平均每人捐边币万元以上，电话局、造纸厂、发电厂工人平均每人捐边币 5000 元至 8000 元。

与此同时，冀中区还在工人和机关部队中开展增产节约和减资运动。冀中十分区被服厂工人厉行节约，千方百计降低产品成本，他们在生产中把两寸见方的碎布都挑出来垫鞋底，节省了原料。深泽县民利火柴厂王小培刻苦钻研技术，创造了以骨头代替胡粉的方法，每箱（240 包）火柴节省成本 5 万元。在减资运动中，仅冀中裕化厂 5 个月即减少工资米 4500 多公斤（当时为保证职工的实际收入，均按小米计工资）。冀南区职工总会于 1947 年 4 月发出“生产节约，献金献工”的指示，广大职工积极响应。冀南银行印刷二厂干部职工在“减低薪资，增加工时，生产交公，节约献金”运动中，捐献边币 145.6 万元，减少供应口粮小米 1000 余公斤；冀南书店全体职工捐献边币 1.39 万元，节约毛巾 35 条，肥皂 37 条；南宫县各公营工厂、商店一致提出过年不放假，捐献边币 50 万元；邯郸市面粉公司工人捐献边币 2 万多元，电灯公司捐献边币 1 万多元，酒精厂捐献边币 7000 多元，鸿兴工厂捐献边币 4000 多元，邯郸市店员工会 500 多名会员，捐献边币 4 万余元。河北各解放区所属机关部队和广大工人的生产节约运动的开展，使河北各解放区的经济获得了很大发展，不仅保证了机关部队的供给，减轻了人民的负担，克服了财政经济遇到的困难，同时支持了长期战争。

对敌经济斗争的开展

为了克服财政经济方面的困难，河北各解放区在开展大生产运动的同时，还进行了对敌经济斗争。对敌经济斗争，主要集中在贸易斗争和货币斗争两个方面。1946 年 7 月 15 日，晋察冀边区政府提出了《关于下年度（1946 年 10 月至 1947 年 9 月）财政经济工作方针的指示》，指出：“下年度财政经济工作的总方针，应是：在可能爆发的反帝反封建反独裁的自卫战争条件下，坚持独立自主的原则，力求自给自足，用大力发展农工生产，保障供给，反对国民党反动派的卖国政策，抵制美帝国主义的经济侵略，支援自卫战争的胜利。……在贸易方面，必须严格管理出入口贸易，调节境内物资交流，掌握物资，稳定物价；在金融方面，必须肃清境内杂钞，杜绝金融倒把，管理外汇，提高边币。”① 为了加强对敌经济斗争，1946 年 7 月 25 日，晋察冀边区政府又专门制定了《晋察冀边区进出口贸易及外汇管理办法》。为了加强对河北各解放区的财政经济工作的一元化领导，1946 年 12 月 1 日，中共晋察冀中央局还作出了《关于成立财政经济委员会的决定》，“在中央局、分局、区党委三级成立财经委员会”。各级财经委员会在党委的领导下，加强了财政的收支审计和集市贸易对敌经济斗争的管理。

在贸易斗争中，河北各解放区始终坚持贸易自由政策，同时对敌人开展反封锁、反抢掠抢购和对敌实行封锁的斗争。对敌人向解放区抢购粮棉，采取限制政策。同时对出入口实行严格管理，举办出入口商登记，严禁粮食、布匹输出。对内地非出口不可的粮食、布匹，由政府掌握的贸易公司收购，有计划地出口一些，换回军需品。凡是能够自给的或与友邻区能够交换的必需工业品，一律禁止流入解放区。凡是经过努力才能自给的工业品，虽暂不禁运，但是要通过税收政策给以一定限制，从而为发展自给性的民族工业、手工业创造条件，使“边区工业、手工业在美帝国主义经济侵略的威胁中，得到生存与发展”②。但是，反对美蒋货物进入各解放区的斗争是极其复杂的，它一方面是严重的对敌经济斗争，另一方面也涉及解放区人民内部问题。许多地区，特别是属于大中城市经济体系的边沿区群众，历史上他们就有向城市出售粮棉等农作物，换回自己生活日用品的习惯。因此，绝不是单纯依靠缉私或处罚所能奏效的。根据这种复杂情况，各

① 中央档案馆等编：《晋察冀解放区历史文献选编（1945—1949）》，中国档案出版社 1998 年版，第 149 页。

② 同上书，第 155 页。

地区均采取了对与敌接壤的边沿区设口缉私，在内地加强查私、追私和对敌封锁与加强群众教育相结合的方法。

河北各解放区，由于正确地贯彻和执行党的各项政策，采取了切实可行的办法，在对敌贸易斗争上取得了巨大成绩。经过广泛的宣传党的政策，广大群众认识到用边区土货是热爱解放区的表现，树立了以用土货为荣的观念。因此，反对国民党统治区货物和缉私查私的斗争，在各个解放区均形成了广泛的群众运动，使国统区货物在解放区内地市场已基本绝迹，有力地打击了国民党的倾销和抢购政策，从而给解放区的自给性的民族工业和手工业的发展开辟了道路。

在河北各解放区党和政府的扶植下，40 多种自给性的民族工业和手工业得到恢复或发展。到了 1947 年 6 月，冀中区、冀晋区的纺织品、卷烟、肥皂等一些日用品均能自给自足。另外，由于各解放区加强了党对税收、贸易部门的统一领导，有计划地扩大采购队伍，打破了国民党对解放区的封锁，除将解放区过剩的商品，如瓜、果、枣、鸡鸭蛋、山货等高价出口外，并逐步压低急需的一批军需品和民用商品的入口价格。

在货币斗争中，河北各解放区，紧紧围绕平稳物价，维护人民利益，保障边区生产和繁荣经济的政策，开展了扩大边币市场、排挤法币阵地，提高边币币值、贬低法币币值的斗争。

为保护边区境内民族工业、手工业与稳定物价，发展农工生产，河北各解放区对其境内的边币坚持了一元化政策，对出入口作严格的管理，“如果我们不能这样做，则国民党反动派的经济势力与美国经济势力相结合对我进攻，将使我边币严重贬值，外货大量内流，民族工业遭受严重打击，我区经济体系将因此而陷于大混乱”①。各解放区提高边币、贬低法币的主要措施：一方面依靠法令措施严格禁止法币在境内流通携带，另一方面就是主动掌握法币。这样在出超时期掌握大量法币在手，使银行能取得主动，规定边币、法币牌价，只要准

① 中央档案馆等编:《晋察冀解放区历史文献选编（1945—1949）》，中国档案出版社 1998 年版，第 154 页。

许入口的货物，需要法币时，银行可以无限制兑换，这样边币、法币比值不致为私商所操纵，边币即可主动提高。各解放区扩大边币市场，排挤法币阵地的主要手段，一方面是通过军事斗争胜利的影响，增强境内、境外广大人民群众对边币的信心，另一方面就是不断扩大解放区的物质力量，以此作为坚强的经济后盾。据冀中区统计，在1947年上半年即扩大边币阵地700余村，收兑和排挤法币43亿元，相对地压缩了法币市场，边币与法币的比值由原来的1∶0.8元，提至1∶2元，基本上摆脱了法币的影响，稳定了边币币值和解放区的物价。

对国民党军的掠夺和抢购，河北各解放区军民开展了反抢掠、反抢购的斗争。这一斗争，一方面表现为武装斗争，另一方面也是经济斗争。各解放区，在与国民党军接壤边沿地区以武装保卫秋收，实行劳武结合。一方面打击敌人的抢粮活动，另一方面广泛发动群众，实行快收、快打、快藏，熟一片、收一片、打一点、藏一点的办法，不让敌人抢走一粒粮食。同时，教育群众不要“资敌”。此外，还采取必要的高价收买的办法，以对付敌人的抢购。冀中区以1.4万元（法币）一斗或以6公斤盐换5公斤小麦的高价，将石家庄附近敌占区的小麦吸引过来。仅1947年6月，即收购小麦45万多公斤。

河北各解放区对敌经济斗争的胜利，大大改变了解放区的经济面貌，克服了财政经济的困难，保证了不断增长的物资供给，为解放战争进行反攻，创造了物质条件。

为保卫胜利果实农民踊跃参军支前

土地改革运动极大地激发了广大翻身农民保卫土地支援革命战争的热情。为了彻底粉碎国民党蒋介石的武装进攻，保卫解放区，保卫土地改革的胜利果实，在群众觉悟不断提高的基础上，中共晋冀鲁豫中央局、中共晋察冀中央局，于1946年8月15日和30日，先后发出了《为粉碎蒋介石进攻争取爱国战争胜利的号召》和《紧急动员参军补军的号召》。中共晋察冀中央局在号召中指出：“自卫战争动员的热潮，正在各地广泛开展，各地参军运动亦有很大成绩。但目前必须特别注意，挑选质量最好、年青壮健的新战士到前线作战的野战纵队中去，使前线我军战斗力更加充实，以便更多的歼灭敌人。”① 这期间，中共晋冀鲁豫中央局、中共晋察冀中央局工、农、青、妇各群众团体，也纷纷发出紧急通知和号召，要求各团体的会员们紧急动员起来，积极参军和支援自卫战争。经过党的各级组织的动员，河北各新老解放区很快掀起了参军热潮，各地都出现了许多妻送郎、父送子、兄弟相争入伍的动人情景，以至许多县出现了整连、整排参军入伍的村庄。冀中区宁晋县东旺镇一村有 500 名青壮年报名参军，交河县的郝村一次有 130 人入伍，饶阳县的大官亭组建了一个连的人马。冀东区从 6 月上旬到 7 月底，各县均超额完成了征兵任务，全区共有 1.3752 万人参军。在这次参军热潮中，边区的一大批工人也积极响应党的号召报名参军。冀中容城县组成 3 个营 700 多人的工人队伍。在短短两个月左右的时间内，仅热察、冀晋、冀中、冀东几个地区就有 11 万名翻身青壮年入伍。冀南区共有 3.6206 万名翻身青壮年参军，占晋冀鲁豫边区 10 万参军健儿的 1/3 还强。这样，不仅壮大了人民解放军，并且进一步加强了军民之间的血肉联系。为了加强对新战士的领导，同时进一步充实野战军的领导力量，各地均选调了一批优秀的县区党员干部和地方武装骨干参加了野战部队。

河北各解放区的党组织在掀起参军热潮的同时，还掀起了支前热潮。在每次战役中，各解放区都组织了大批担架队、运输队和广大民兵开赴前线，为部队运送伤病员、武器弹药、粮食、慰问品和其他军用物资，以及帮助部队看管和押解俘虏。1946 年 9 月和 1947 年 1 月两次平汉战役，冀晋和冀中交界地区，几乎所有民兵都参加了战斗。冀南区在 1946 年下半年，全区民兵参战人数达 4.5 万多人。冀南第三分区仅两个多月的时间内，就支援前方米面 354 万多斤、柴草 527 万多斤、担架 2800 多副、大车 1.36 万余辆、麻袋 6400 条。此外，

① 中央档案馆等编：《晋察冀解放区历史文献选编（1945—1949）》，中国档案出版社 1998 年版，第 189 页。

河北各解放区广大群众为支援解放战争，积极响应政府的号召，争先恐后交纳公粮。冀东区第十三地区半个月就超额完成了全年公粮的征收任务，第十五地区的公粮任务是8000万斤，实际完成数超过1.2亿斤。在支前中，妇女更不甘示弱。遵化第二区、第三区37个村的妇女几天中献粮16.5万斤、军鞋3.5815万双；宝坻县几天中献鞋1.8万双，10天完成了献3万匹布任务。

河北各解放区广大翻身农民踊跃参军参战，成为解放战争取之不尽、用之不竭的力量源泉，为彻底打败国民党蒋介石奠定了基础。

三、第二条战线的开辟与斗争

党领导国民党统治区人民争取和平民主的斗争

日本帝国主义投降后，河北国民党统治区人民，仍然处在国民党的统治之下，特别是美国军队侵入平、津、唐、秦等大中城市之后，更给这些地区的广大人民带来了严重的灾难。

为了争取和平民主，建立一个独立、民主、富强的新中国，日本投降后，中国共产党在国统区的地下组织即向群众进行争取和平民主的宣传教育。除举办公开的政治演讲和召开各种类型的座谈会外，还通过党的刊物或民主进步报刊以及其他小型刊物等多方面宣传中国共产党的争取国内和平民主的真诚愿望，揭露国民党的内战图谋，介绍和宣传解放区的建设成就。冀东区、冀中区和冀南区的党组织，趁城市工人、学生、商人回家过节之机，通过开座谈会、茶话会和组织参观等形式，介绍解放区的情况，宣传党的各项方针政策，取得了良好效果。

经过中国共产党的宣传教育，国民党统治区的学生运动和工人运动逐渐活跃起来。抗日战争胜利后，国民党蒋介石为了实行独裁统治，曾颁布了对学生、毕业生的“甄审”办法。国民党的这一行径，激起了国民党统治区各大中城市学生的强烈不满。河北各大中城市的地下党组织因势利导，发动了反“甄审”运动，发动学生组织集会，发表宣言，通电全国，提出坚决反对“甄审”、拒绝登记，要求当局承认学历和给失业学生以就业保障等口号。保定市的地下党组织也先后发动各大中小学校的教师和学生开展反“甄审”斗争。100 多名小学教师为反对国民党的考询（即甄审），从 1946 年 3 月 26 日至 30 日，在中共地下党组织的领导下，经过 5 天的示威游行、罢教等斗争，迫使当局向教师妥协，放弃考询。

在广大学生、教师的坚决反对与社会舆论的普遍指责下，国民党反动当局实际上不得不偷偷地放弃对毕业生、在校学生以及教师的“甄审”。

河北国民党统治区的工人运动也在发展。1946 年 1 月 2 日，唐山启新洋灰公司工人进行了要求杂粮改面粉和提高工人工资待遇的请愿斗争。工人向资方提出五项条件，并选派代表 62 人向国民党滦榆公署请愿，经谈判斗争，迫使资方答应了条件，斗争取得了胜利。2 月 28 日，唐山铁路制造厂工人进行了反对国民党接收大员的斗争，使被该厂解雇的女工、童工 2000 多人的物质利益得到部分赔偿。3 月 28 日，在中共唐山市工委领导下，开滦林西矿、赵各庄矿、唐家庄矿，为要求增加工资，改善物质待遇，反对国民党御用工会，举行了三矿同盟大罢工，至 4 月 4 日，斗争取得了胜利。1946 年春，天津中纺工人，为反抗“黄色工会”的统治压迫，要求提高工资，几个厂千余工人举行罢工。中纺第四厂、第五厂的工人，在 8 月份的一次斗争中，推翻了“黄色工会”，建立起代表工人利益的工会。9 月上旬，天津还爆发了万名铁路工人反对路局疏散工人的斗争，也取得了胜利。10 月 18 日，秦皇岛 9000 多名码头工人集体罢工，反对当局长期拖欠工人工资，并要求每月每人发 3 袋面粉自己处理，大小把头不准干涉，斗争取得胜利。1947 年秋季，国民党为弥补兵力的不足，在河北广大农村和许多大城市开始了征兵、抓壮丁的活动。中国共产党城工部为了粉碎国民党的这一活动，在各大中城市领导广大工人开展了反对国民党强行征兵拉夫的罢工。秦皇岛煤厂全体工人，从 12 月

25 日到 28 日，罢工 4 天。码头装卸工人也积极响应支持罢工。罢工期间，有 100 多名工人砸毁了秦皇岛镇公所，提出三个条件：第一，煤厂工人不出兵；第二，不准训练工人当棒子队；第三，煤厂不要镇公所。斗争获胜。此外，山海关铁路工人为反对铁路警察的敲诈勒索而举行罢工，长城煤矿工人为反饥饿曾连续举行怠工或罢工，并取得了胜利。

城市爱国民主运动的蓬勃发展

国民党蒋介石坚持独裁、内战、卖国的方针，不仅遭到中国共产党和解放区人民的坚决反对，也遭到国民党统治区各界人民的唾弃。在共产党的领导下，河北国民党统治区的爱国民主运动迅速开展起来，推动了反对国民党独裁统治的第二条战线的发展。

全面内战爆发后，国民党反动派的和平欺骗已经宣告破产，国民党统治区人民越来越认清了国民党反动派的真面貌。特别是随着内战的不断扩大，国民党对其统治区人民的统治也越来越变本加厉。同时，美国兵在驻守城市到处横行，国民党为打内战而到处征兵抓丁，使国民党统治区各阶层人民，特别是广大劳动人民群众陷于饥饿和贫困的境地。反对美蒋的呼声日益高涨，工潮、学潮、抢米风潮等多有发生。特别是 1946 年 12 月 24 日，美军强奸北京大学女学生事件发生后，消息传到唐山、秦皇岛、保定、张家口等城市，学生纷纷罢课游行，抗议美军暴行。唐山交大学生为抗议美军的暴行，在校园内贴出了“谁无姐妹，岂能容忍?”等大幅标语，学生社团——民社的壁报《谈论圈》也纷纷发表了抗议美军暴行的文章。与此同时，河北国民党统治区的广大工人也踊跃参加了斗争。为抗议美军暴行和国民党蒋介石强行征兵抓丁，唐山市开滦煤矿数千名工人举行罢工，秦皇岛码头工人及耀华玻璃厂 1 万多名工人举行罢工游行，支援北平学生的反美爱国运动。以学生为中心的反美反蒋的爱国民主运动，在各阶层人民中发生巨大的影响，反对美帝国主义的罪行，反对国民党蒋介石的卖国政策，成为全国学生与一切爱国民主人士的共同呼声。

国民党的独裁、内战、卖国政策使国民党统治区的经济危机与政治危机日益严重。当时国民党统治区的物价狂涨，生活必需品昂贵，人民生活难以维持。因此在学生抗暴运动以后，各方面都在酝酿着更大的革命风暴。为了响应北平、南京等地学生的“反饥饿、反内战”斗争，唐山等大中学校的学生也纷纷走上街头演讲、散发传单、张贴标语和举行示威游行。5 月 20 日，天津南开、北洋等大中学校学生 1400 余人举行了“反饥饿、反内战、反迫害”的示威游行，支援北平、南京等地的学生爱国运动。唐山交大学生专门成立了“反饥饿、反内战委员会”，并发表《告全国同学书》。随后，他们走上街头举行“反饥饿、反内战”演讲和宣传。31 日，唐山交大学生在街头散发传单时，遭到三青团暴徒的围打。10 余名在校的学生闻讯冲出校门，救援被打学生。随后，校内学生集合 200 多人也赶赴现场，与几十名暴徒展开搏斗。在这次暴力事件中，共有 29 名学生受伤，其中 5 人重伤，造成五三一血案。

五三一血案后，学生“自治会”和“反委会”向国民党当局提出强烈抗议，要求惩办凶手，并提出六项要求。同时还发表了《为五三一血案告全国同胞书》，揭露反动派的罪行，呼吁全国支援。

唐山各大中院校的教职员工和广大工人对学生们的遭遇深表同情。他们纷纷自动捐款，写信和派代表到医院慰问受伤学生。6 月 6 日，华北学联为唐山五三一血案向国民党北平行辕提出强烈抗议。在学生的斗争和社会舆论的压力下，国民党政府教育部不得不拨来专款，补偿受伤学生的医疗费，斗争取得了胜利。

在爱国民主运动蓬勃开展的同时，中共河北地下党组织还开展了输送知识分子和青年学生到解放区学习和工作的活动。中共唐山城市工委从 1947 年 6 月起，就开始把向解放区输送青年学生作为一项重要工作任务。当时中共唐山地下党路南分工委在唐山工学院建立了学生接待站，在郊区设有联络点和交通员，由交通员把学生安全护送到解放区，形成了一条包括联系、接头、转送各个环节的交通线。

加强军事情报和瓦解蒋军工作

国民党军队大举进攻后，根据当时敌我斗争形势的需要，中共晋察冀中央局决定加强情报工作，提出锄奸与情报是社会部的两大任务，并确定了谋略工作、破坏工作为情报工作的重点，把一切对外活动统一到情报处。随后河北各解放区的各有关部门相继在北平、天津、唐山、秦皇岛、张家口、承德、保定、石家庄等大中城市恢复和建立了情报站。据不完全统计，仅中共冀中区党委城工部（含各地委）在各城市建立的情报站、点就达近千个。这些情报站都重点搜集国民党军队的兵力部署、武器配备、防御工事、陆海军军事运输及军队调动等情报，有效地配合了人民解放军的自卫反击和战略进攻。

1947年初，冀晋石门情报站获得了大量国民党驻军的军事设施、部队编制、武器装备等方面的情报，受到了上级的嘉奖。石家庄解放前夕，情报站通过情侦人员侦察绘制了一份敌城防图交给了解放军石门攻城指挥部，对弄清敌人的火力配备和军事部署，发挥了很大作用。另外，石东办事处还将搜集到的国民党在石门的有关军事、政治、特务组织等情报编印成册，这份资料为解放石家庄起了一定的作用。

1947年10月初，冀中军区第十一军分区情报北站情报员底玉卿、杨亚丽从国民党中的朋友那里获悉驻石家庄的第三军主力欲北上保北、夹击解放军的消息后，便以吊孝为名，闯过了敌人的层层关卡，及时送出了罗历戎第三军主力北上的情报。根据军区的要求，第十一军分区情报北站站长李春芳还带领所属情报人员，骑自行车尾随敌第三军北上，每天晚上向分区、冀中军区报告敌情，为部队及时了解敌人行动，并在清风店全歼国民党罗历戎部，做出了贡献，受到了冀中军区通令嘉奖。

1947年春，冀南军区情报处邯郸情报站，通过打入国民党第四十军内部的情报员宋琦，将侦察到的国民党第四十军及安阳周围敌人的兵力分布、武器装备等情报，及时报告冀南军区，刘邓大军按照情报站提供的情报，于 1947 年 4 月连续攻克了盘踞在崔家桥地区的王自全匪部、吴章村等地的郭清匪部、菜园等地的程道生匪部；5 月又攻克了安阳桥、飞机场、南下关，直逼安阳城下。

冀东区情报处唐山情报站，为了准确掌握国民党军队和武器弹药的调动情况，他们将唐山火车站站长及挂钩、打旗的铁路工人发展为情报关系，对国民党军通过铁路调动兵力及运输装备等情况都能及时掌握，真正做到了耳目灵通。在辽沈战役中东北野战军攻打锦州时，华北傅作义部奉命派兵乘火车增援锦州，火车刚一离站，即被情报部门获悉并电告上级。上级有关部门迅速组织民兵破坏了北河、晓庄一线的铁路，致使 12 辆军列一辆也未开过去。唐山情报站还利用武装与秘密侦察等手段，把北平到山海关铁路沿线城镇的地形地貌、国民党军队的兵力部署、武器装备及明碉暗堡等资料，绘制成了一部国民党军态势地图，为东北野战军入关提供了极其重要的军事情报。天津情报站也通过打入天津国民党军统系统的中共地下工作人员，搞出了天津市城防工事图，为部队攻打天津提供了宝贵的情报资料，受到了上级的表彰。

情报工作的恢复和加强，对于配合河北军民粉碎国民党的军事进攻和人民解放军的战略反攻，配合内地锄奸和接管城市清俘肃特起了重要作用。

河北各解放区在恢复、建立和加强军事情报工作的同时，还遵照中共中央的指示精神，广泛开展了分化瓦解敌军工作。国民党蒋介石大举进攻后，中共中央在《1946 年解放区工作方针》中指出：“为着粉碎国民党的进攻，我党必须对一切准备进攻和正在进攻的国民党军队进行分化的工作。一方面，……进行公开的广泛的政治宣传和政治攻势，以瓦解国民党内战军的战斗意志。另一方面，须从国民党军队内部准备和组织起义”，使他们“站到人民方面来，反对内战，主张和平”。河北解放区各级党组织根据中共中央的这一指示精神，积极开展了对国民党军队的分化、瓦解等工作。

为了加强对这一工作的组织领导，各区党委先后建立了“国民党工作部”（简称“国工部”）。各地委、县委根据本地区任务情况也相应设立了“国工部”。有任务的区和村支部还设有“国工”委员或“国工”小组。自内战爆发到1947年初，仅冀东区就有各级“国工”干部及村“国工”委员、“国工”小组成员709人。由于全党动手做“国工”工作和“国工”干部的艰苦努力，从1946年下半年到1947年初，据不完全统计，仅冀东区就瓦解国民党军2954人，获机枪4挺、步枪和手枪303支、子弹3.057万发。

随着自卫战争的胜利发展，对国民党军的瓦解工作越来越重要。为此，1947年2月7日，中共晋察冀中央局发出了《关于加强国军工作的决定》，指出：国民党“军队是国内外反动派压迫中国人民革命维持其统治的主要工具，没有对顽军的外部歼灭与内部瓦解持久深入的工作，就不能最后战胜敌人”。“当前，国军工作的目的是，从思想上、组织上瓦解敌军，取得战争的胜利。在方针上，是以组织起义、拖枪为主，同时，进行长期埋伏的工作。”① 为贯彻这一方针，在工作方式上，实行了“公开号召高树勋运动与秘密打入相结合”“中上层组织起义与下层零星拖枪相结合”“合法的方式与非法的方式相结合”“拉与压相结合”。为了实现以上任务，各区党委在进一步充实健全各级组织的同时，还抽调地方和部队中与国民党军有关系的人进行训练，然后打入国民党内部，待机开展工作。还从俘虏、逃亡、投诚人员中物色有爱国思想有胆识的人，经过教育后，再派遣打入国民党军中。利用这种方式及时掌握国民党军队内部的情况，或策动反正、逃亡，或战斗时里应外合，收到了好的效果。

在进行争取和打入的同时，河北各级党组织还放手发动群众，开展群众性的争取瓦解工作。在内地组织召开群众大会、小会，向群众宣传人民解放军在各个战场的胜利消息，并组织群众做“国军”家属的工作，让他们给当“国军”的亲人写信，劝说他们弃暗投明。民主政府也通过演剧、写标语、散发传单、张贴布告等形式，宣传共产党

① 中央档案馆等编：《晋察冀解放区历史文献选编（1945—1949）》，中国档案出版社1998年版，第229页。

和人民政府的俘虏政策和奖励投诚人员办法。在边缘地区，则结合武装斗争，开展攻势。要求国民党军政人员离敌转业，并提出携枪投诚的给予奖励等。群众性的瓦解敌军运动效果十分明显。冀中固安县仅十几天就有携枪归来的“国军”人员 60 名，空手归来的 34 名，离敌转业的 16 名，和中共建立联系的 3 名。冀东密云县六区在瓦解程各庄据点的“伙会”时，通过家属写信、喊话，十几天后就有 17 名“伙会”士兵打死不愿反正的小队长后，带枪反正。据冀中新城、永清、安次、霸县、大兴、雄县等 7 个县的不完全统计，仅在 3 个月左右的时间内，就瓦解敌军 3215 名。

军事情报和瓦解蒋军工作的广泛深入开展，有力地配合了对国民党军事上的打击，加速了国民党军的溃败。

四、解放区各项建设的发展

解放区的民主政治建设

抗日战争胜利之后，晋察冀边区行政委员会在抗日战争时期制定的《晋察冀边区目前施政纲领》和《晋察冀边区目前施政纲领实施重点》的基础上，又公布了《晋察冀边区行政委员会施政要点》（简称《施政要点》）。《施政要点》从抗战胜利后晋察冀边区的实际情况出发，将解放区人民经过全国抗战争得的政治、经济、文化等方面的权利，将抗日民主政权所推行的行之有效的举措，以法律的形式确定下来，不仅顺应了历史发展的总趋势，而且反映了人民渴求和平、民主、团结的愿望。因此，它成为动员解放区人民保卫抗战胜利果实、重建家园的宣言。《施政要点》的主要内容为：彻底摧毁敌伪组织，建设人民政权，实行民主政治；保障人权、财权、政权。对于人民生命财产的安全，政府均依法予以保障。各界人民，除汉奸特务外，均有言论、集会、结社、出版、信教、居住自由及政治权利，非依政府法令，不得加以限制；对敌人公私财产及伪组织公有财产，悉由政府查封管理，分别处置；迅速恢复农工商业，取消配给制度及组合制度。实行减租减息，保障佃户土地使用权，保障地主土地所有权，以提高农民生产积极性；边币为边区法定的流通货币，实行边币一元化政策；实行合理税收制度。对敌伪所征一切苛捐杂税悉予废除，实行有免征点和累进最高率的农业统一累进税及合理的工商业税；摧毁敌伪奴化教育，实行民族的民主的科学的大众的文化教育政策；对边区境内蒙回藏少数民族一律平等对待，并帮助其在政治上、经济上、文化上的解放与发展，尊重其语言、文字、风俗、习惯及宗教信仰。晋察冀边区行政委员会发布《施政要点》，“皆在实行民主，改善民生，使我各界人民均能各得其所，各安其业，发挥各阶层人民的能力与特长。即我各界人民，一致奋起，群策群力，为建设新中国的伟大事业而奋斗”①。

晋察冀边区所属各行政区也都根据《施政要点》及《政治协商会议》民主改革精神，相继制定了“施政方针”，召开或建立了参议会。如热河省于1945年11月1日，在承德召开了第一次省人民代表大会，到会代表174名，代表18个县的选民。经过民主选举，李运昌、李子光、杨雨民等15人当选为省政府委员，选举李运昌为省政府主席，李子光、杨雨民为省政府副主席。会议期间，中共热河省委向人民代表大会提交了《热河省目前施政纲领》，并经热河人民代表大会讨论通过。这些都有力地推进了边区的民主政治建设。

晋察冀边区在民主政治建设中，继续贯彻了抗战时期普遍实行的“三三制”原则，如张家口市第一届参议会选举的91名正式参议员中，党政干部只占12名。“而且选举过程中，根据地来的干部为了执行中共‘三三制’民主政策，使本市贤达获得更多机会参政，前后自动要求退出候选人者达30余人。”② 张家口市第一届参议会选举的议员，各方面人才都有。如，有皮毛业经理李靖南，大学教授、科学家恽子强，医生洪子良，以前从事教育、以后做各方面工作的王荣仁，

① 《晋察冀日报》，1945年9月27日。
② 《晋察冀日报》，1946年5月20日。

有丰富政治经验的李杰三，还有地主开明士绅李秋圃，副议长有回民老人于德海，有老工人、时为电业公司副经理的陈儒仁。各界人士广泛参与民主政权建设，不仅体现了中国共产党的人民民主统一战线政策深入人心，同时使得共产党、民主政府和各阶层的团结，以及各阶层群众之间的团结大大加强了。

晋察冀各解放区在建立和充实各行政县、区、乡政权机构的前提下，及时开展了废除“保甲”，民选基层政权工作。河北各解放区，自八路军反攻以来，恢复与解放了大批城镇、乡村。这些地区有两种情况：一部分是原来的抗日根据地或游击区，但在抗战时期，被日伪侵占；另一部分，则是日伪统治的地区，这些地区没有中共组织，也没有建立过人民政权。各地党组织和行政区根据不同情况采取了不同的工作方针。

对于新解放区，由于不具备民主选举基层政权的条件，所以在肃清反革命的政权，取消“保甲”制度，建立革命秩序的基础上，乡以上政权机构由中共的各级组织委派任命；村一级政权在条件逐渐具备的情况下由村民选举或自荐产生。到 11 月底，张家口市区村政权已大部分掌握在各阶层人民手中。对老区和半老区的各级政权有条件的逐渐改为委员制，区村以下进行民主选举，县及专署委员会由上级委任，能进行选举的，就进行选举，县成立县议会，专署成立代表会进行选举，以少数服从多数，个人服从组织，发扬民主，建立民主制度。经过区村选举，许多优秀的工农积极分子和青年妇女、知识分子当上区长、村长，从而有力地保证了中国共产党各项政策法令的贯彻执行。边区开展的废除“保甲”，民选基层政权工作，保障了人民最基本的民主权利，推动了边区民主化进程。但是，由于各解放区条件和环境不同，这一工作的进展和完善也不尽相同。即使是同一解放区，也因中心区、边缘区、游击区的区别而存在差异。这一工作随着解放战争的胜利发展，不断地得到充实和完善。

解放区的文教艺术出版事业

晋察冀边区、晋冀鲁豫边区文化教育事业的建设和发展，首先是从教育的恢复和改造开始的。1945 年 9 月 26 日，晋察冀边区行政委员会在《施政要点》中指出："摧毁敌伪奴化教育，实行民族的民主的科学的大众的文化教育政策。审查与改造师资，审查与改编教材，敌伪所设学校须经政府审查立案，始准开课。奖励并扶助人民大众的文化事业之发展。"为此，晋察冀边区行政委员会于 1946 年四五月，先后发出了《关于整理、改造小学教育与推行"民办公助"方针的指示》《关于目前教育工作的指示》，指出，边区教育总的方针仍是"坚定不移的新民主主义的方针。具体的来说就是坚持人民的民族的立场，根据群众需要与自愿，从实际出发，实事求是，学以致用，适应和平民主建设需要，为人民服务的方针"。总的任务是："进一步建设民主政治，大力开展经济、文化建设。"中心任务是："培养大批小学师资及一部分中等学校师资，培养大批领导农业生产的干部、水利人才，部分的工业干部及合作贸易、会计干部、行政干部，并加强在职干部的教育，提高其政治、文化水平及工作能力。"① 晋察冀边区、晋冀鲁豫边区的教育大体分为以下几个方面：

在职干部教育。晋察冀边区行政委员会在《关于目前教育工作的指示》中指出："加强在职干部教育，健全学习制度，各级机关领导，应视为重要任务之一。"根据指示精神，边区进一步加强了在职干部教育。1946 年 5 月，晋冀鲁豫边区政府指示"加强干部时事教育"，指出干部应抓紧学习时事政治，"了解三大协议的成就，与国民党反动派破坏阴谋及其反动实质"。并要求把学习时事与当前群众运动结合起来。这些指示既重视政治理论学习，又重视文化学习、业务学习，对于不同的学习对象提出了不同的学习要求，文化水平低的干部要加强文化学习，新来的干部注重政治思想和政策的学习。在职干部教育主要采取在职自学，办业余学校、短训班和"以会代训"等几种形式。在职自学是指按照规定的书目学习，定期考试，专人督促检查。"以会代训"则是把大家组织起来，以开会的形式请领导作报告，

---

① 中央档案馆等编：《晋察冀解放区历史文献选编（1945—1949）》，中国档案出版社 1998 年版，第 116 页。

而后讨论学习，这种方式时间短，收效快，针对性强，很受欢迎。

干部学校教育。干部学校包括两个方面：一方面，抗日战争时期的干部学校在解放战争时期继续办学，并且一般的都扩大了，人数增加了。同时新创办了一些干部学校。主要干部学校有：

北方大学。1946 年 1 月，晋冀鲁豫边区成立了北方大学，校址在邢台市城区，1946 年 10 月迁往太行区潞城县境内，1948 年 5 月又迁回邢台市区，同年 8 月与原晋察冀边区的华北联合大学在河北正定合并成立华北大学。

晋察冀军政干部学校。1946 年 2 月，以原抗大二分校的干部为基础组建了晋察冀陆军军官学校，校址在张家口，主要培养营团级干部。1948 年 5 月，学校合并到华北军政大学。

冀东建国学院。1945 年秋在河北玉田县创建。学院创建初期设政治、文教和财经 3 班。政治班培养中等基层干部，文教班培养文化教育干部，财经班培养财会人员。后来又创办了司法班和研究班，都属在职干部教育。共办 5 期，培养干部 2000 多人。

冀中“五一”学院。1945 年在河北河间县创办，又称冀中建国学院。设政治队、教育队、司法队、会计队。学员都是从各地保送来的青年干部。

张家口农科职业学校。1945 年 8 月在宣化职业中学基础上建立。设有林牧和农业 2 个专业，修业年限 3 年。1946 年 10 月由于战争形势紧张，该校解散。

白求恩医科大学。1939 年 9 月，在河北唐县成立晋察冀军区卫生学校，同年冬，为了纪念白求恩大夫，军区决定改名为“白求恩卫生学校”。1946 年 1 月，改名为“白求恩医科学校”。同年 6 月，白求恩医科学校与延安中国医科大学部分师生及原张家口医院合并，成立“白求恩医科大学”。学校初创时期共有 9 个班，分为 4 年制和 2 年制，并附设教学医院和护士学校。1948 年 2 月，白求恩医科大学与晋冀鲁豫北方大学医学院合并，成立了华北医科大学。

华北军政大学。1948 年 5 月，晋察冀军政干部学校和晋冀鲁豫军政大学合并成立华北军政大学，校址石家庄。学员从战士到旅团级干部都有：有军事指挥员、政治工作人员、后勤和地方武委会干部，还有刚解放过来的青年军官。1950 年 9 月，华北军政大学改组为华北陆军军官学校。

除上述干部学校以外，还有冀鲁豫革命干部学校、冀鲁豫建国学院、华北职工干部学校、北方大学医学院、冀热辽联合大学、晋察冀边区行政干部学校、冀中行政干部学校、张家口工科专门学校等。

社会教育。主要教育对象为农民群众。冬学、民校、识字班等是主要教育形式。第一，农民教育为支援战争服务。教育的主要内容是提高农民的阶级觉悟和战争观念，动员他们踊跃参军、参战、拥军、优属，负担战争勤务；第二，农业教育密切地为土地改革服务。通过冬学、民校、识字班等组织、动员广大农民群众，积极参加土改斗争；第三，农民教育与生产劳动密切联系。另外，结合生产，灵活机动地安排教学时间和教学方法，学习组织形式与生产组织形式密切结合。河北各解放区的社会教育不仅宣传教育了广大民众，提高了他们的思想觉悟，而且培养了大批干部，有力地支援了战争。

中等学校教育。包括高级中学、初级中学、师范学校和各种职业学校等。这些学校既要适应解放战争的迅速发展和当前各种建设工作的需要，又要为长远的发展逐步走向新型正规化。解放战争初期的中等学校，大都带有干部学校的性质，虽然学生毕业以后，也有升入大学的，但多数都直接参加了工作，师范学校亦是如此。学校的教学内容，政治课与文化课的比重，相对来说政治课重于文化课；在学制年限上，一般的都规定实行三三制，即初中三年，高中三年。师范学校分为三年制和一年制两种，以满足当前教师的急需。在课程设置上，中学有政治常识、国语、数学、史地、生理卫生、理化、体育、美术、工艺、音乐、自然等。师范学校有政治常识、国语、数学、理化、史地、生理卫生、自然、体育、美术、工艺、音乐、小学教学法、教育实习等。自 1945 年抗日战争胜利到 1946 年上半年，晋察冀边区中学由 8 所增至 43 所，学生由 1644 人增至 6000 余人。至从张家口撤离前夕，又发展到56处，学生增至10350名。

小学教育。抗日战争胜利后，河北各解放区的小学教育一方面是老区小学的发展与提高，一方面是新区小学的恢复与改造。老区小学教育重点注意提高学校的教育质量，加强文化写作等基础知识和技能的教育与训练。同时引导学生参与土改斗争，提高他们的政治觉悟和阶级觉悟，并且增强认识事物的能力；新解放区的小学教育，在恢复正常教学秩序的同时，逐步肃清各种落后的甚至反动的思想。对于旧的课本或教材进行逐步改造，先取消反动内容，保留一般文化知识内容。在师生觉悟的基础上，学习革命的课本或教材。在办学方面，解放区小学继续贯彻与执行了抗日战争后期提出的民办公助的教育方针。1946年6月，晋察冀边区行政委员会制定的《小学暂行规程》（草案）中明确指出："小学除公立外，应履行民办公助的政策，奖励群众办学，私人或团体亦得兴办小学。"在民办公助政策的推动下，各地民办小学都有了新的发展。小学的课程内容，主要是加强了文化、写作、自然和社会科学基础知识的学习，同时，正确安排政治学习的内容比例；在学制方面，小学教育定为四二制，即初小四年、高小两年，初级小学可以单独设置，高级小学以与初小合设为原则，称为完小；在课程设置方面，有国语、算术、常识、体育、音乐、美术等。

新闻出版机构，是晋察冀边区、晋冀鲁豫边区文化事业建设的又一个重要组成部分。解放战争时期边区的新闻出版机构包括两个方面：一是抗日战争时期的新闻出版机构在解放战争时期继续办下来，并有较大发展。二是新创办了一些新闻出版机构。《人民日报》是中共晋冀鲁豫中央局的机关报。1946年5月15日创刊。1948年6月14日与《晋察冀日报》合并，改出新的《人民日报》。此外，晋察冀边区从区党委到地委，都先后相继办起了自己的报纸。如区党委一级的《冀中导报》《冀晋日报》《冀东日报》《冀热辽日报》《察哈尔日报》《大众日报》等；各地委办的如冀中区的《团结报》《黎明报》《火线报》，北岳区的《时事图说报》《前线报》《新张家口报》，冀热辽区的

《民声报》《热中报》《人民报》等。这些报刊，逐步由油印、石印发展到铅印，其中边区和各解放区党委机关报的印数也由初期的几百、几千份发展到几万份。它们是边区和河北各解放区舆论界的权威，同时也是解放战争时期新文化的传播者。这些报刊的共同特点是，“紧密配合党的中心工作，在内容和编排上讲究通俗、新颖、活泼，成为边区政治、军事、经济、文化、教育等事业方面最重要的宣传鼓动工具”①。

晋察冀边区和河北各解放区创办的刊物杂志丰富多彩。党刊《战线》《工作通讯》，群众团体主办的机关刊物《群众》，综合性的教育刊物《教育阵地》，综合性的文化刊物《北方文化》，反映妇女新文化要求的综合刊物《时代妇女》，反映青年政治文化的综合刊物《时代青年》，反映工农生产科学文化知识的刊物《生产通讯》，在文学方面有《长城》，在摄影、画报方面有《晋察冀画刊》《晋察冀画报丛刊》等。这些刊物，向广大群众宣传中国共产党的政治主张，反映晋察冀人民的战争生活，对反动的腐朽文化和一切反和平、反团结、反民主、反进步的思想，进行了有力的揭露和打击，对解放区的巩固发展发挥了重要作用。

在文化生活方面，最活跃的是戏剧工作和文学创作。抗战胜利后，一大批文艺团体、作家艺术家云集晋察冀首府张家口市。文艺团体有：晋察冀边区文化界联合会，鲁迅艺术文学院，延安文艺通讯团，华北文艺工作团，华北联合大学文工团，中华全国文艺界协会晋察冀文、音、美、剧分会，中国民间音乐研究会，晋察冀军区抗敌剧社，晋察冀军区政治部前进剧社，冀中军区火线剧社、前哨剧社，察哈尔省群众剧社等。为了配合各地群众的清算斗争和土地改革运动，各文艺团体深入到广大农村、工厂、学校、商店等地，利用广播、演唱、口头宣传等形式向群众宣传党的方针政策。特别是针对群众中存在的共同问题，创作了《李甲长》《枪》《看看再说》《墙头草》等短剧，在田间、街头和剧场演出后，使各阶层群众受到了生动而深刻的

① 《聂荣臻回忆录》（中），解放军出版社1984年版，第480页。

教育。尤其是给边区广大群众全新感觉的解放区话剧、歌剧、秧歌剧，如《血泪仇》《王秀鸾》《子弟兵与老百姓》《白毛女》《兄妹开荒》等，引起了强烈的反响。1945 年 10 月 12 日，在张家口广场演出人们“热盼已久的名剧”《血泪仇》时，到场观众竟达 1 万多人。

晋察冀边区汇集了有作为的作家、艺术家和文化战士近百人，他们在民族革命战争的前线，在民主革命的洪流中，经受了锻炼，受到了教育，拿起枪杆打仗，拿起笔杆撰文，他们以自己的作品鼓舞群众，为国家独立、民族解放、人民民主，为推倒压在人民头上的三座大山做出了贡献。他们坚决地遵循为工农兵服务的方针，将晋察冀边区的文化艺术工作推进到了一个全新的阶段，创作了一大批充满晋察冀乡土气息和反映人民群众英勇斗争的真实感人的作品。如《白毛女》（歌剧）、《血泪仇》《李有才板话》《李家庄的变迁》《吕梁英雄传》《王贵与李香香》《王秀鸾》（剧本）、《弹唱董存瑞》《荷花淀》等。

抗战胜利后，晋察冀新华书店、出版局及边区其他机关团体的新闻出版工作进入了一个新的时期。自 1947 年 3 月新华书店独立分设、边区出版局成立到 1948 年 6 月晋察冀和晋冀鲁豫两大区书店合并，在这一年多的时间里，晋察冀新华书店编印、发行了大量的图书，计有以下几个方面：马列著作和毛泽东著作，如出版了《共产党宣言》（马克思、恩格斯）、《唯物论与经验批判论》（列宁）、《农村调查》（毛泽东）、《中国人民解放军宣言》（毛泽东）、《毛泽东选集》（续编）。政治理论读物，如《发动群众例说》《中国土地法大纲》《大众哲学》（重印本）、《平分土地文献》等。文艺读物，如《刘志丹故事》《中国红军长征的故事》《患难余生记》《幸福》，还有翻译作品《被开垦的处女地》《丹娘》等。除了晋察冀日报社、新华书店晋察冀分店出版了大量的图书期刊外，边区党政军机关和各群众团体，也根据自身的特点和条件，油印、石印、铅印了大量的图书和刊物。晋察冀边区出版局、新华书店晋察冀分店和边区党政军民各团体出版发行的大批图书，为提高边区干部群众的理论水平和思想觉悟，为丰富和活跃边区的文化生活，为边区政治、经济、文化等各项建设事业，做出了一定贡献。

中共晋察冀中央局、中共晋冀鲁豫中央局和边区政府，依靠全区中共党员和干部，领导边区广大人民群众，团结各阶层人士，大力开展边区各项建设事业，恢复和建立了各级民主政权，克服了困难，发展了生产，繁荣了文化，改善了人民物质文化生活，取得了显著成绩，为夺取解放战争的胜利奠定了坚实的基础。

第 十 八 章

为加强和巩固河北解放区而斗争

一、河北解放区军民转入战略进攻

转入战略进攻前的河北形势

人民军队经过一年的内线作战，歼灭了国民党军大量的有生力量，使双方力量对比发生了显著变化。到 1947 年 6 月，虽然国民党军在数量上与装备上仍优于人民军队，对解放区的重点进攻，也仍在进行，但由于人民军队的机动兵力多，以及其他有利条件，实际上已经开始掌握战争的主动权。

随着全国战争形势的发展，河北各解放区的形势也发生了巨大变化。经过一年的对敌作战，晋察冀军民已歼灭国民党正规军近 20 万人，收复县城 39 座，使解放区不断扩大和日益巩固。国民党军虽然仍盘踞着北平、天津、保定、石家庄、张家口、承德等大中城市和铁路沿线以及平、津、保三角地区，但是却处于人民军队的包围之中。冀南区除了约 2100 多名国民党地方部队困守永年这一孤城外，全区已基本解放。冀东区除了北宁铁路沿线之山海关、秦皇岛、唐山及部分县城仍为国民党军队占据外，广大山区和大部分乡村则获得解放。

与此同时，晋察冀所属部队也有了很大发展。1947 年 6 月 2 日，中共中央决定重建晋察冀野战军指挥机构。杨得志任司令员，罗瑞卿任政治委员，杨成武任第二政治委员，耿飚任参谋长，潘自力任政治部主任。下辖第二纵队、第三纵队和第四纵队。同时还成立了由野炮团、山炮团、迫炮团等 3 个团编成的炮兵旅。地方部队也有了很大的发展。冀中军区辖 4 个军分区和 3 个独立旅，部队由内战爆发时的 2.5 万人增加到 4.48 万人；冀晋军区辖 4 个军分区和 2 个独立旅；察哈尔军区辖 3 个军分区和 1 个独立旅；冀东军区辖 5 个军分区和 4 个独立旅，部队由内战爆发时的 2.06 万人，增加到 5.438 万人。

当时，河北军民面对的国民党军队，一个是保定绥靖公署孙连仲集团 4 个军 11 个师及整编第六十二师、青年军第二〇八师等，其主力分布于平、津、保三角地区；一个是张垣绥靖公署傅作义集团 8 个师又 3 个旅，分布于平绥铁路沿线。盘踞在河北地区的国民党军队虽然数量上仍占优势，但已被解放军压缩在平汉、津浦、北宁铁路沿线和孤立据点之中，完全处于被动地位。

在过去的一年中，晋察冀解放区虽然取得很大成绩，但同其他战区相比仍有差距，这主要是整军、整师、整旅的歼灭战打得少。当时兼任总参谋长的周恩来在 1947 年 7 月 21 日的陕北小河会议的讲话中说，我军各区成绩次第为：华东、晋冀鲁豫、东北、晋绥和陕甘宁、晋察冀。晋察冀战绩不大，其原因是多方面的。就作战而言是对中央军委运动战、歼灭战的思想领会不深刻，运用不得法。正像聂荣臻指出的，战争爆发后，“军事指导上犯了一些错误，执行大踏步前进、大踏步后退的运动战方针不够大胆。那时有一种保守性，‘怕失地盘’”。“在这样的思想下，主动性不足，集中主力主动进攻敌人，大量歼灭敌人，这种指导思想不明确，因而运动战的思想就不能很好贯彻。这使得我们的自卫战争，在这一年中胜利是很不足的。”① 中共晋察冀中央局面对本区与其他大区之间存在的差距，在保北战役后，集中全军在无极、任丘、深县地区进行了为期两个月的整训。进行了形势和任务教育，进一步明确了“为谁而战”“为何而战”的道理，树立了反对国民党内战政策的胜利信心与勇气；健全了组织，调配了

① 《聂荣臻军事文选》，解放军出版社 1992 年版，第 259—260 页。

干部，取消了纵队和旅的后方机构，充实了连队；在进行射击、刺杀、投弹和土工作业等技术训练的基础上，着重训练了攻坚战术与组织指挥能力。经过整训，野战军和各地方部队都渴望能像其他友邻战区一样，打大歼灭战，整军、整师、整旅地歼灭国民党军，以自己积极有效的行动，取得反攻作战的胜利，有力地支援和配合东北民主联军和晋冀鲁豫野战军作战。

支援刘邓大军反攻作战

1947 年 6 月，人民解放战争的形势发生了根本的变化。中共中央、中央军委及时捕捉战机，决定实施战略进攻。1947 年 4 月，中央军委命令晋冀鲁豫刘邓大军在冀鲁豫和晋南预备船只，做好转入战略进攻的准备。为了完成中共中央赋予的战略进攻任务，5 月间，中共晋冀鲁豫中央局在冶陶召开会议，讨论了转入战略进攻的各项准备工作，并组成了中共中央中原局，由邓小平任书记，刘伯承、李先念、张际春、郑位三、李雪峰、刘子久、陈少敏等为中原局常委。6 月 3 日，中央军委发出指示，要求刘邓大军积极准备，务于 6 月底渡过黄河，完成中央赋予的中央突破、挺进中原的任务。

1947 年 6 月，在冀南军区基础上组建的第二纵队奉命南征。在刘伯承、邓小平的指挥下，于 1947 年 6 月 30 日夜，与其他兄弟部队一起在鲁西南地区的张秋镇至临濮集 300 里的地段上强渡黄河，揭开了战略进攻的序幕。

为了保证刘邓大军顺利实施挺进大别山的战略任务，冀南区各级党政军民克服一切困难，全力支援前线。不仅把两万多名优秀青年直接输送补充到前线部队，同时在人力、物力、财力上全力支援前线，成为刘邓大军前线作战的强大后方基地。早在刘邓大军发起鲁西南战役前夕，中共冀南区党委就向全区党政军民发出了准备力量支援大军南征的号召，要求全区必须咬紧牙关，全力支援前线，决心在人员、物资、弹药、干部各方面给前线以充足的供应，特别是在干部和兵员的补充上，区党委提出：缺多少干部、战士，全部予以配齐。缺什么干部，补什么干部，要什么干部，给什么干部。在刘邓大军南下前，冀南区共抽调 1753 名排以上干部和大批战士补充到冀南第二纵队，不仅使纵队和各旅司、政、供、卫机关得到充实，而且一线作战部队也空前满员，全纵队人数达 3.1 万人。为了创建大别山根据地，中共冀南区党委、行署还抽调和动员了 800 多名优秀党政群干部，包括部分地、专级干部和县委书记、县长随军南征，挺进大别山。他们克服了工作和实际生活中遇到的种种困难，与当地人民一道，出生入死，忘我工作，为创建大别山根据地做出了不可磨灭的历史性贡献。

除此之外，冀南区还组织了大批担架队、运输队和广大民兵群众参加战勤工作。鲁西南战役时，冀南区后方指挥部为保障前线部队的供应，专门组建了辎重和担架两个战勤团。辎重团由 120 辆大车组成，担架团由 1000 副担架组成，团长、政委都由县级干部担任。冀南区后方指挥部还在黄河北岸 45 里的河防线上，选拔组织 11 个民兵突击连和担架队，冒着国民党军队的枪林弹雨，抢运物资、弹药和伤病员。在刘邓大军挺进大别山时，冀南区有 162 名民兵和 2000 余名民工组成 200 副担架、118 辆大车随军南征，并有 2351 名党员、干部和 648 名群众到作战现场支前，全区为部队织布 234 万匹，做军鞋 69 万双。河北解放区军民为支援刘邓大军南下作战做出了重要贡献，圆满完成了任务。

清风店战役

1947 年 9 月 1 日，中共中央和毛泽东根据战争形势的发展变化，确定了中国人民解放军第二年作战的基本任务是：举行全国性的反攻，即以主力打到外线去，将战争引向国民党区域，在外线大量歼敌，……各解放区部队第二年作战的部分任务是：以一部分主力和广大地方部队继续在内线作战，歼灭内线敌人，收复失地。河北各解放区的党组织根据中共中央的指示和河北的形势，领导广大军民投入了大反攻。

1947 年 9 月初，晋察冀野战军结束了为期两个月的整训，向大清河北地区国民党军发动了进攻。9 月 2 日至 6 日，晋察冀野战军第三纵队向涞水外围据点及东、南两关发动攻势，国民党进犯大清河北之主力迅速回师增援。这样，大清河北就只有国民党第十六军、第九十四军各一个团和两个保安总队守备。9 月 9 日，第二、第四纵队在冀中地方部队配合下，向留守的国民党第十六军和保安团发动进攻。在咎岗、板家窝、吴家台、开口、霸县城等地歼灭国民党军 3000 余人。12 日，敌急调第四十三、第二十二师和独立第九十五旅前来增援。晋察冀野战军为避免被动，于 12 日晚撤出战斗，返回大清河南岸。

1947 年 9 月中旬，东北民主联军对国民党军队发动了猛烈的秋季攻势，国民党统帅部急调傅作义部等 4 个师驰援东北。这样，国民党军在华北机动兵力不足的弱点更加暴露。晋察冀野战军为配合东北民主联军的秋季攻势，乘国民党军队调兵增援东北出现空虚之际，决定发动保北战役。10 月 4 日，晋察冀野战军发布作战命令：决心“乘东北我军大举出击，敌北平行辕为应援东北，在我区采取守势之际，我再度发动保北战役”。

按照预定计划，晋察冀野战军和地方部队于 1947 年 10 月 11 日发动了保北战役，次日晨，扫清北河店至徐水间敌之据点。13 日晚，第二纵队向徐水守敌第五师第十五团和所属炮兵营发起猛烈进攻，攻占南、北两关，紧逼城垣。14 日，第十五旅一部曾于北面一度突入城内。国民党保定绥署见晋察冀野战军攻势猛烈，徐水危在旦夕，于是急调第九十四军 2 个师、第十六军 2 个师，以及独立第九十五师驰援徐水。同时，还急令驻石家庄国民党第三军罗历戎部北进，企图从南北两面夹击围攻徐水的晋察冀野战军和地方参战部队。

国民党第三军军长罗历戎接到命令后，即以第三十二师留守石家庄，自己率军部、第七师和第十六军第二十二师六十六团，于 10 月 15 日北上。正在完县参加土地会议的晋察冀军区司令员兼政治委员聂荣臻得知这一情报后，即电告杨得志等人：“石门敌七师并六十六团由罗历戎率领于昨（16 日）晚渡河北进，当晚停止于正定东北三蒲城一带。今（17 日）续向北进，上午在拐角铺一带休息。”① 同日，

① 《聂荣臻军事文选》，解放军出版社 1992 年版，第 265—266 页。

聂荣臻等令野战军主力急速南下打敌，“勿失良机”。并告“已令冀晋、冀中用一切努力滞阻该敌”①。

野战军主要领导杨得志、杨成武、耿飚等接到上述敌情通报和军区命令后，决定抓住这一难得的战机，歼灭罗历戎部。在哪里围歼罗历戎部？杨得志等分析后认为：清风店以北是望都、保定，以南是定县、新乐，对我们来说是个比较理想的战场。但当时罗历戎距清风店只有约 45 公里，而晋察冀野战军主力离清风店最近者约 75 公里，最远者约 125 公里。所以，能不能打好这一仗，关键是我军能不能以最快的速度赶在罗历戎的前边，到达清风店。野战军司令部将作战计划和遇到的困难，向晋察冀军区司令员兼政治委员聂荣臻作了汇报，聂荣臻接到电报后，立即回电同意了野战军的作战部署，并发布命令，命冀中区独立第八旅和冀中、冀晋军区的部队及该地区的民兵，死死拖住第三军，迟滞其前进，同时又要阻止其后退，防止他们回石家庄，为聚歼创造有利条件。

地方各部队遵照命令，对第三军沿路进行节节阻击，迫使敌人不能速进。从新乐到定县 25 公里的路程，罗历戎部用了一昼夜的时间才到达。这就为晋察冀野战部队及时赶到清风店地区赢得了时间。

19 日晚，晋察冀野战军把罗历戎部紧紧包围在清风店一带 20 多个村子里。为保障战役的胜利，冀中区和冀晋区都成立了支前指挥部，在保定至石家庄铁路两侧 10 多个村动员民兵和民工 9.8 万余人，牲畜 9600 余头，大车 3400 余辆，担架 1 万余副。清风店附近几十个村庄的民兵和广大群众，还主动请求承担当向导、修工事、运粮草等战勤保障任务。

20 日拂晓，晋察冀野战军发起攻击。杨得志、杨成武、耿飚发布命令：北面阻援兵团“用一切手段，求得在敌前进中歼灭其一部，大量杀伤消耗敌人，坚决阻敌南援”。“待我南面将第三军 4 个团歼灭后，再放敌南来”，“南面各兵团，坚决歼灭北进之敌，集中兵力、火力，发扬三猛战术。对北面不要顾虑，即使北面之敌进到望都，我仍

① 《聂荣臻军事文选》，解放军出版社 1992 年版，第 265—266 页。

要继续打下去，一直歼灭这股敌人为止”。由于罗历戎第三军集中在以西南合村为中心的几个村子里，形成了梅花形的防御体系，兵力、火力较集中猛烈，因此，激战一天战果不大。20 日晚，晋察冀野战军决心将其分割，予以各个歼灭。决定以第十旅并指挥第十一旅第三十一团攻歼南合营的国民党军，第十一旅主力攻歼东同房和西同房的国民党军，第九旅攻歼高家佐之敌，第四、第六旅攻歼第三军军部和第七师主力据守的西南合。

21 日 4 时，第十旅首先发起攻击。晋察冀野战军 35 门火炮猛烈轰击，将国民党军前沿工事大部摧毁。第二十九团从西、北两面，第二十八和第三十团从东南及东北面突入村内。南合营战斗历时 40 分钟即告结束。

第九旅第二十七团第三营，在北支合民兵引导下，于 21 日拂晓潜入高家佐。激战至中午，将国民党军全歼。与此同时，第十一旅攻克东同房和西同房，第十二旅攻克胡房。

负责攻打国民党第三军军部和第七师主力据守的西南合的第四、第六旅最为英勇顽强。21 日晨，第四旅第十、第十二团一举攻入西南合村内。罗历戎亲自指挥部队以密集队形反扑，企图夺回第四旅撕开的突破口。突击部队在第十二团一个连的掩护下占领村沿 50 米处坟地等有利地形。当日 19 时，进攻部队再次组织兵力发起攻击，一举突破了西南合村东北角前沿阵地。经过 12 个小时的激战，打退了国民党军 9 次反扑，巩固了西南合村东北面和西南面的突破口。

21 日晚，第三军军部所在地西南合被解放军团团包围。在不满 400 户人家的村子里，国民党军万余人马乱成一团。罗历戎苦苦向保定绥署主任孙连仲和第三十四集团军司令李文求救。但上述两支援兵部队被第三纵队和其他地方部队阻击在百里之外。

22 日 3 时 40 分，晋察冀野战军集中 5 个多旅的兵力，在强大炮火掩护下，向西南合之敌发起总攻。22 日 11 时 30 分，战斗胜利结束。

在围歼国民党第三军的同时，晋察冀野战军第三纵队主力，以及第二纵队第五旅、冀中军区独立第七旅和其他地方部队在保定以北地区与国民党援军展开了激烈战斗。10月18日，国民党蒋介石从空中侦察得知晋察冀野战军主力南下后，立即命令第三十四集团军总司令李文指挥第九十四军、第十六军共5个师和1个旅的兵力到保定以南营救罗历戎部。19日拂晓，敌第九十四军第四十三师在高林地区与打援的第七旅展开激战。阻击部队在“挡住敌人，保证保南，决战胜利”的口号下，英勇阻击，先后7次打退了国民党军队的进攻。

20日，国民党第十六军第一〇九师向徐水以南的李庄、刘庄阵地猛烈进攻。晋察冀野战军二纵五旅顽强阻击。21日，保定绥署主任孙连仲在蒋介石的亲自命令下，飞临徐水上空督战。国民党军集中大炮向解放军阻援阵地狂轰，每小时发射炮弹达千发以上，继以密集队形冲击，企图突破第五旅和第八旅坚守的徐水以南清庙营、十里铺、史各庄一线阵地。阻援部队发扬英勇顽强的牺牲精神，打退了国民党军一次又一次的冲锋。直到22日上午，国民党军虽然付出了伤亡4200余人的代价，但仍没能突破解放军的阵地，无法挽救第三军被歼灭的命运。

清风店战役俘虏国民党第三军军长罗历戎、副军长杨光钰及以下官兵1.1万人，打死打伤2700余人。连同阻击部队歼灭国民党军共计1.8万余人，缴获各种炮72门、轻重机枪489挺、长短枪4338支、电台8部。这次战役是河北军民转入战略进攻后取得的第一次大胜利，对扭转华北战局起了关键作用，有力地配合了东北民主联军的秋季攻势，并为以后夺取石家庄创造了条件。

清风店战役胜利之后，中共中央给晋察冀野战军发来嘉奖电：“你们领导野战军在保定南歼灭敌第三军主力，俘虏军长罗历戎，创晋察冀歼灭战新纪录，极为欣慰，特向你们及全军指战员致庆贺之忱。”① 朱德赋诗祝贺：“南合村中晓日斜，频呼救命望京华。为援保定三军灭，错渡滹沱九月槎。卸甲咸云归故里，离营从此不闻笳。请

---

① 中共中央文献研究室编：《毛泽东年谱（一八九三——一九四九）》下卷，人民出版社、中央文献出版社1993年版，第247页。

看塞上深秋月，朗照边区胜利花。”① 聂荣臻也于当天赶到野战军前线指挥部表示祝贺，称这一仗是晋察冀军区军事上的“翻身仗”。中共中央东北局和东北民主联军、中共中央华东局和华东野战军，以及刘伯承、邓小平等，亦发电祝贺清风店大捷。

国民党第三军主力的覆灭，为晋察冀解放军夺取石家庄铺平了通往胜利的道路。在此期间，冀中独立第九旅和第十军分区的地方部队为配合保南、保北战役，挺入大清河北，打击国民党地方武装王凤岗部，开辟新区。10 月 8 日至 17 日，先后收复霸县、雄县两城，摧毁王凤岗部在涿（县）固（安）新（城）之间 80 里封锁线上的碉堡 30 余座，并连续破坏了北宁、平汉铁路。

在冀南，被冀南区地方部队围困在永年县城长达两个月之久的 2000 多名国民党地方武装守城部队和还乡团，在孤立无援的情况下，于 1947 年 10 月 3 日弃城，企图向安阳突围。冀南区地方部队将其截困于大堤内，歼灭 600 余人，并于 10 月 5 日晨进入永年县城。10 月 6 日在邯郸以南吕家庄，将其全部歼灭。此役击毙河北保安第一、第二纵队司令王泽民、许铁英，生俘国民党永年区指挥官钟玉麟等以下官兵 1800 余人。永年县城收复后，冀南解放区东起运河、西至平汉铁路，南临漳河、北顶石德铁路的广大平原地区已全部解放。

攻克石门

清风店战役胜利结束后，守备石门的国民党军如同惊弓之鸟。因此，乘胜夺取石门，对河北军民来说已是势所必然。当时石门守军连同地方杂牌军仅有 2.4 万余人，且军心不稳。1947 年 10 月 22 日，晋察冀军区司令员兼政治委员聂荣臻等向中央军委、中央工委请示攻打石门。中央工委朱德、刘少奇和中央军委经研究批准了攻打石门的请示。25 日，朱德赶到驻河北安国县南关的晋察冀野战军司令部，同野战军领导人一起，进行了紧张的战前动员和攻坚准备。

---

① 中共中央文献研究室编：《朱德传》，人民出版社、中央文献出版社 1993 年版，第 576 页。

石门市是平汉、石德、正太铁路的枢纽，是华北战略要地。1945年日本投降后，国民党为确保这个战略要地，派第三军从日本手中接管该城。长期以来，国民党军在日本统治时期修建加固工事的基础上，不断修建加固防御工事。石门虽无城墙，但却设有三道防线：第一道防线为深2.3米、宽2米、周长约60余里的外市封锁沟。沟外铺设地雷群、铁丝网等防御设施，并在外围村庄构筑工事，最坚固地区为东三教、西三教、大郭村飞机场、云盘山，交通壕与地堡、暗堡、散兵坑相连接；第二道防线以环市区的大建筑物和北兵营为依托、周长36里的内市沟，深、宽各5米，市沟间修筑大量碉堡和交通壕、暗沟，使点与点、碉与堡、村与村相贯通。此外，在内外市沟间，修筑一条周长50里的铁路，危急时铁甲列车昼夜巡逻，为活动地堡；第三道防线以市区之正太饭店、大石桥、铁路工厂、电灯厂和火车站等构成核心阵地。国民党军曾扬言：共产党军队一无飞机，二无坦克，国军凭着工事可以坐打3年！

国民党第三军主力北上后，留守石门的兵力由第三十二师师长刘英统一指挥。第一道防线及其前沿阵地由石门外围19个县的地主和流氓分子等组成的武装防守；第二道防线、第三道防线由第三军直属坦克两个连、山炮连、汽车连、野炮营和第三十二师防守。另外，河北保安第五团、第六团和第十团分别防守元氏、获鹿、大郭村飞机场和西焦、北焦诸要点。后来，保定绥署还从保定空运一个步兵团和一个炮兵排及7.8吨弹药至石门，以增加防守力量。

解放军夺取像石门这样坚固设防的城市，在解放战争中还是第一次。朱德对攻打石门格外重视。他不仅亲自出席了晋察冀野战军前委扩大会议，还亲自听取了攻打石门的战斗方案，并对方案中存在的一些问题提出了具体修改意见。最后决定集中第三纵队、第四纵队及冀中军区独立第七旅、第八旅，冀晋军区独立第一旅、第二旅以及军区炮兵旅共5.6万余人攻打石门；以第二纵队及独立第九旅，第三军分区、第九军分区部队展开于定县南北地区，选择有利地形，构筑多道防御阵地，抗击从保定方向来援的国民党军。

11 月 1 日，晋察冀军区司令员兼政治委员聂荣臻发布了《配合石家庄战役给各军区的指示》。命令冀中军区副司令员周彪统一指挥冀中独立第七旅、第八旅、第十一军分区及太行部队的作战行动。命令冀晋军区司令员唐延杰率独立第一旅、第二旅到石门前线后，直接归野战军司令部统一指挥。命令冀中其他地方部队在大清河南北阻击敌人，并破坏平汉路。命令察哈尔地方部队威胁北平，在保定北、涿县南不断破击平汉路。命令保定南各县民兵于战役开始后随时阻滞国民党军南下。为了保证石门战役的胜利，聂荣臻要求各解放区党政机关和人民群众克服一切困难，以极大力量投入当前工作。此役参战民兵达 1.1 万余人，民工 8.2 万余人，担架万余副，大车 4000 余辆，牲口 1 万余头。在战役期间为部队运送炮弹 8 万余发，各种枪弹 150 万发，炸药 6 万斤，攻坚器材 20 万斤，主副食 24 万余斤。

在完成一系列准备之后，11 月 6 日晨，晋察冀野战军和各地方部队对石门发起攻击，至 8 日，全部肃清外围据点，8 日 16 时，各攻城部队在强大炮火掩护下，结合坑道爆破，迅速突破外市沟，至 9 日晨，内外市沟之间除少数几个据点外，其余均被攻占。10 日 16 时，各攻城部队对国民党守军第二道防线发起攻击，至 11 日 12 时，攻城部队全部进入市街战斗。12 日晨，各攻城部队对大石桥附近的火车站、正太饭店等核心阵地展开攻击，激战至 11 时，国民党军停止抵抗，刘英等被俘。历时六昼夜的石门攻坚战胜利结束。石门市解放后，于 1948 年 1 月改称石家庄市。

11 月 13 日，中共中央发电，“庆祝晋察冀我军攻克石门，歼敌两万余人之大胜利”。此役共毙伤国民党军 3156 人，俘刘英以下官兵 21132 人，缴获各种炮 133 门、轻重机枪 745 挺、长短枪 1.3122 万支及其他众多弹药物资。石门攻坚战的胜利，不仅是晋察冀野战军和河北军民而且也是全体人民解放军自战略进攻以来攻克的第一个较大城市。朱德称之为“是夺取大城市之创例”。

石门战役胜利之后，11 月 17 日，冀中军区独立第七旅、第八旅乘胜南进，在太行军区第三十四团、第三十五团配合下，在军区炮兵营和第三纵队工兵营支援下，对距石家庄南约50里的元氏县城发起攻击。12月3日全歼守城敌军5000余人。

至此，晋察冀解放区和晋冀鲁豫解放区连成一片，南北千余里无国民党军队的据点，解放军后方更加巩固，华北局面为之一新。

破击平汉路重创国民党王牌第三十五军

晋察冀解放区和晋冀鲁豫解放区连成一片，华北战局对国民党军更加不利。蒋介石为挽救华北地区的被动局面，于1947年11月26日飞抵北平，决定撤并调整华北军事指挥机构，强化统一华北军事指挥系统。12月2日，蒋介石宣布撤销保定、张垣两绥署，成立华北“剿匪”总司令部（简称“华北剿总”），任命傅作义为总司令，统一华北军事指挥。冀、晋、热、察、绥五省军队归“华北剿总”管制指挥，只有太原绥署仍旧保留。

傅作义就任“华北剿总”总司令后，立即大量扩编地方武装，把各地杂牌部队、地主武装统一编成保安团、保安旅，或守护团和守护旅，以替代主力部队担任地方守备，以增加机动作战兵力。与此同时，派兵保护地主组成还乡团进行反攻倒算和反土地改革，破坏解放区的后方工作。在其占领区强化保甲制度和特务控制，实行所谓从军事到政治的“总体战”。在作战方针上，推行所谓“以主力对主力”的新战法。将正规军编为机动兵团，以李文的第三十四集团军为平汉兵团，以侯镜如指挥的第九十二军和第六十二军为津浦兵团，以直属各军为平绥兵团，分别在这三个方向实行“机动防御”，以主力兵团与晋察冀野战军相对抗。傅作义一面调第十六、第六十二、第九十四军各一部连续“扫荡”大清河北地区，一面到处推广“王凤岗式”的工事（即在平原开阔地带修筑隐蔽、小型堡垒群），企图确保平、津、保三角地带。

为适应敌变我变和作战任务的需要，晋察冀军区决定加强野战军、地方军的建设，将原有地方部队适当集中，新组建三个野战部队：把原冀晋军区与察哈尔军区合并为北岳军区，司令员唐延杰、政治委员王平，并以原冀晋军区独立第一、第二旅和察哈尔军区独立第四旅编成第一纵队，纵队及纵队各部门领导均由北岳军区领导兼任，辖第一、第二、第三旅。以冀中军区独立第七、第八旅和察哈尔军区，冀晋军区的3个独立团、5个独立营编为第六纵队，司令员文年生，政治委员向仲华，辖第十六、第十七、第十八旅。以冀中军区独立第九旅及军区所属各军分区的6个独立团编为第七纵队，司令员孙毅兼，政治委员林铁兼。上述3个新编纵队，第六纵队隶属晋察冀野战军建制，第一、第七纵队为地方纵队，仍属军区建制。各军分区则编组新的独立团、营。炮兵补充了新缴获的火炮，并将迫击炮团改为自造15厘米的重迫击炮团。经过整编，晋察冀军区机动作战部队有4个纵队、2个地方纵队、1个炮兵旅，共计12.9万余人，较之1947年7月的8.5万余人，增加了近4.5万人。另有地方军4.4万余人，连同机关、学校，全军区总兵力达21万余人。

晋察冀军区所属各部队调整充实后，于12月6日致电中央军委和中央工委，决定“集中力量向平、保段击敌，以削弱敌人，孤立保定，抓住三角区之敌，配合东北为目的”。中央军委7日复电，“同意你们6日10时电所提下一步作战方针，以歼灭敌人为原则，至于何时在何地打及如何打法统由你们依情况决定，东北方面冬季作战本月中旬可打响，你们20日以后开始打甚为适宜。”据此，晋察冀野战军决定发起平汉铁路破击战役，以采取破击平汉路北段、进袭保定的手段，调动和分散敌人，求得歼敌主力一部。战役分两个步骤实施：第一步，全面破击平汉铁路北段和平绥铁路东段，孤立敌人沿线各点，开辟战场，创造在运动中歼灭敌人的条件；第二步，根据情况选择一点或几点攻击，如敌人来援就先歼灭援敌，而后攻点，如敌不援，就坚决歼灭被围之敌人。

1947年12月27日，晋察冀军区大规模的破击战役开始。第二纵队破击平汉铁路保定至徐水段，第三纵队破击高碑店到良乡段，第四纵队破击徐水至高碑店段，冀中军区部队破击平汉铁路保定段，并向津浦铁路、北宁铁路出击，第六纵队集结于定县以北，为战役预备队。冀热察、冀东和渤海军区部队分别向平绥、北宁、津浦各铁路线展开破击，加以配合。在这次破击战中，石家庄铁路工人随军行动，进行技术指导。在他们的帮助下，破击战进展十分迅速，仅三昼夜，就将平汉铁路保定到涿县段，津浦铁路静海到唐官屯段，北宁铁路黄村到魏善庄段，平绥铁路南日至清河、沙城至青龙桥、聚午堡至天镇各段，总长约400公里的铁路全部破坏，使平、津、保、张间的铁路交通陷于瘫痪。在破路的同时，部队还先后解放了铁路沿线和附近的一些国民党据点，为开辟战场，调动国民党军队创造了有利条件。

傅作义为确保铁路安全，急调第三十五军、暂编第三军、新编骑兵第四师和大清河北的第十六军向平汉路北段增援。为调动和分散国民党军队，寻机各个歼灭，第六纵队和第七纵队第十九旅奉命佯攻保定。1月7日，第六纵队在第七纵队第十九旅的配合下向保定西关、北关突然发起进攻。当天，第六纵队攻占了水碾头、七里店、东廉良等多处据点，第十九旅也按计划攻占了北关外的韩村。当把国民党第三十五军诱至保定、满城地区后，晋察冀野战军则以第三纵队主力进攻涞水，第二纵队于涞水、定兴间打援，第一纵队破袭琉璃河至松林店间铁路和松林店至涞水间公路阻击由北面增援的国民党军队，第六纵队暂停对保定的佯攻，转至保定西南牵制并吸引国民党军队向完县方向追击，第四纵队出击大清河北地区，向雄县、霸县进攻，以迫使国民党军队进一步分散。

傅作义接到涞水守军援救电报，急令第三十五军驰援。12日拂晓，第三十五军军长鲁英麟亲率新编第三十二师（欠1个营）由保定乘汽车直奔涞水。

晋察冀野战军抓住战机，将第三十五军新编第三十二师包围在庄町地区。1月21日23时，第三纵队第八旅、第七旅一部，会同第九旅进攻庄町，并连续打退敌人数十次反扑，巩固了突破口。为了迅速歼灭敌新编第三十二师，第三纵队第八旅从北面加入进攻，同时把纵队山炮营和集中起来的各团迫击炮连调来参战，以增强攻击力。13日5时，调整后的部队在强大炮火的掩护下，迅速向村内突击。激战至9时许，国民党军向村东溃逃。师长李铭鼎在溃逃中被炮火击中毙命，侥幸逃跑的军长鲁英麟慑于兵败，于次日在高碑店火车站的一节空车厢内开枪自杀。

在围歼新编第三十二师的同时，晋察冀野战军第二纵队也于12日向退守吴村、高洛的第三十五军第一〇一师发起攻击，激战至次日15时，歼灭600余人，敌军主力不敢恋战逃回定兴城。

国民党第三十五军在庄町地区遭如此损失后，傅作义急令第十六军、暂编第三军、第九十四军及新编骑兵第四师自保定北援，再次集结于高碑店、定兴、涞水地区，企图寻找晋察冀野战军主力决战。为保持主动，避免过早决战，晋察冀野战军适时放弃围攻涞水，撤出战斗，进行休整。至此，平汉路北段破击战胜利结束。

平汉铁路北段破击战和围攻涞水之战，前后历时26天，共歼敌1.4万余人，解放了大清河北广大地区，取得了重创第三十五军的胜利。这一胜利，无论是在军事上还是政治上都具有重要意义，它不仅大大抑制了傅作义的嚣张气焰，同时也极大地鼓舞了河北解放区军民的战斗意志。

察绥战役。1948年3月初，晋察冀野战军为打破国民党军在察绥的防御，动摇傅作义集团的后方，遵照中央军委的指示精神，集中5个纵队的兵力发起察绥战役。

为了配合野战军举行察绥战役，晋察冀军区于3月9日作出部署。各部队接受任务后，举行了誓师大会和各项准备。为了保证部队的供应问题，中共晋察冀中央局指示战区地方政府与所属部队联合组成了支前工作委员会或工作团，在中共地方党委统一领导下，动员战区人民支前，筹集作战物资，保障作战部队的后勤供应。这次战役仅随军出动的民兵、民工就达3.7万余人，担架5500余副，大车230余辆。

察南、绥东战役于1948年3月20日晚开始至5月24日胜利结束，历时两个月之久，歼敌1.8466万人，解放了察南、绥东地区1.3万余平方公里土地、80万人口，基本达到了预期的战役目的。

二、土地改革的深入开展和整党整军

《中国土地法大纲》在河北的深入贯彻执行

1947年7月至9月，在刘少奇主持下，中央工委在河北省建屏（今平山）县西柏坡村召开了全国土地会议，制定了《中国土地法大纲》，并于10月10日由中共中央正式公布实施。《中国土地法大纲》规定："废除封建性及半封建性剥削的土地制度，实行耕者有其田的土地制度。""废除一切地主的土地所有权。"在分配方法上规定："乡村中一切地主土地及公地，由乡村农会接收，连同乡村中其他一切土地，按乡村全部人口，不分男女老幼，统一平均分配，在土地数量上抽多补少，质量上抽肥补瘦，使全乡村人民均获得同等土地，并归个人所有。"在组织领导上规定："乡村农民大会及其选出的委员会，乡村无地少地的农民所组织的贫民团大会及其委员会，区、县、省等各级农民代表大会及其选出的委员会为改革土地制度的合法执行机关。"同时还规定了"保护工商业的财产及其合法营业不受侵犯"。《中国土地法大纲》的上述规定，比"五四指示"更加明确，更具有彻底性。它充分反映了中国数亿农民强烈的土地要求，为彻底消灭封建的土地制度，满足广大农民的土地要求，规定了行动纲领。

全国土地会议之后，根据中共中央的决议，在中共晋察冀中央局和中共晋冀鲁豫中央局的领导下，河北境内各解放区广泛开展了贯彻执行《中国土地法大纲》的土地改革运动。

1947年10月3日至11月9日，中共晋察冀中央局在阜平史家寨召开了边区土地会议。彭真在会上传达了全国土地会议精神，并作了关于边区整党问题的报告；聂荣臻代表中共晋察冀中央局作了关于在边区迅速贯彻《中国土地法大纲》的动员报告，并对晋察冀区的土地改革和整党工作作了部署。10月2日至12月26日，中共晋冀鲁豫中央局在武安县冶陶召开县团以上干部会议，就全区如何贯彻执行《中国土地法大纲》进行了动员和部署。这两次会议对于提高领导干部的阶级觉悟和转变工作作风，对于支持和领导广大贫苦农民迅速实行土地改革，彻底完成华北地区的土地改革起了重要的推动作用。

从1947年11月至12月，河北各区党委均相继召开了土地会议，传达与贯彻了全国土地会议和《中国土地法大纲》的精神，检查并总结了执行“五四指示”中的成绩、经验和缺点，根据不同情况规定了实行土地改革的步骤、方法以及各项具体政策。各区党委土地会议之后，各地、县也相继召开了扩大干部会议，冀中区有1.2万干部，北岳区亦有1万左右干部参加会议。经过一系列的会议和广泛宣传，平分土地运动很快在河北各解放区展开。中央工委、中共晋察冀中央局、中共晋冀鲁豫中央局，以及各区党委、地委、县委都抽出大批干部组成整党土改工作团（队或组），深入农村，领导土地改革运动。工作队到村后，紧紧依靠贫雇农，组织贫民团和新农会，向他们宣讲《中国土地法大纲》和其他有关土地改革文件。经过宣传和学习动员，广大贫雇农纷纷行动起来投入平分土地运动。他们广泛开展了查阶级、定成分、吐苦水、挖苦根、小会诉苦、大会控诉斗争等活动，很快形成了平分土地的高潮。特别是那些未经过土改复查的新收复地区，地主还乡团反攻倒算过的地区，以及复查搞得不彻底的地区，广大农民群众的平分土地运动发展得迅猛异常，其势如暴风骤雨，锐不可当，横扫地主、富农及一切封建势力。

在平分土地和没收地主、富农的多余土地财产时，广大农民群众还向有历史罪恶的、有过倒算行为或在土改运动中有过破坏行为的地主、恶霸和坏分子展开了声势浩大的政治斗争。许多罪恶累累、负隅顽抗的分子受到了惩处；对于低头认罪和一般的地主、富农分子，在他们经过一定的改造教育，表示遵守政府法令后，也分给他们一份同农民一样的土地财产，让他们在劳动中改造成为自食其力的人。

在中共中央的正确领导下，在中共晋察冀中央局、中共晋冀鲁豫中央局的具体指导下，河北各解放区的土地改革运动到1948年夏基本结束。冀中区和北岳区，除边沿区外，在能进行土地改革的

15.0066万个行政村、1068万人口的区域中，已有90%以上的地区达到了土地大体平分，一般贫雇农获得了大体相当于平均数的土地财产。冀中区的饶阳、深县、河间3县764个村，土地改革中没收地主土地和征收富农的多余土地5.933万亩，加上抽补土地共16.2882万亩，贫雇农所分得的土地占86.31%。原热河80%的地区，农民共分得土地240万亩，每户贫雇农平均分到3亩以上土地。在热北许多农民分到10亩至20亩土地。冀东、冀南等地区，经过土地改革运动，贫雇农平均获得了大量土地财产，适当满足了农民的要求。

河北各解放区的老区和半老区土地改革运动的成功，不仅实现了“耕者有其田”，同时使农村的阶级关系发生了根本的变化，并从根本上消灭了几千年来的封建剥削制度，改变了封建主义的生产关系，解放了生产力，推动了社会的向前发展。农民不仅在经济上翻了身，而且在政治上也翻了身，真正当家做了主人。在政治、经济、文化、生活等方面，广大农村都显示出了欣欣向荣的新局面。土地改革运动提高了广大农民的阶级觉悟，他们为保卫胜利果实，以忘我的精神积极参军、参战和支前。从1947年10月至1948年4月，据冀东、冀中、冀南、渤海（南皮、东光等6个县）、热河（承德、围场等8个县）、太行（邢台、元氏等11个县）等区不完全统计，有16.5万翻身农民参军，为夺取解放战争的胜利做出了贡献。

整党和新式整军运动

河北各解放区的党组织是在艰苦卓绝的革命斗争中逐步发展壮大起来的。抗日战争胜利后，全省已有党员38.7万人。到1947年底，仅据冀中（缺第十地委的统计）、冀南、冀东三区的不完全统计，党员即发展到将近60万人。在北岳区，一些村庄的党员人数已达到该村总人口的3%以上。河北各级党组织就是凭着这支队伍，密切联系群众，依靠群众，粉碎了国民党反动派的军事进攻；在老解放区和半老解放区领导广大人民群众反奸清算、减租减息、开展大生产运动，使广大贫苦农民获得了一些土地，在生产和生活方面有了很大改善，巩固了解放区。但是在战争和土改激烈进行的条件下，许多党组织特别是农村基层党组织中暴露出思想作风不纯和成分不纯等许多问题，这些问题严重地妨碍了土地改革的顺利进行。为此，在全国土地会议确定结合土改进行整党的方针后，河北各解放区党组织开展了全面的整党。

1947 年 10 月初，晋察冀边区史家寨土地会议和中共晋冀鲁豫中央局冶陶会议之后，河北各区党委、地委都先后召开了区以上的党员干部会，认真分析了党员队伍的状况，对开展整党有了深刻的认识。

河北各解放区的整党，是按照中共中央肯定并推广的河北平山县的整党典型经验展开的。整党的主要内容是“三查三整”，即查阶级、查思想、查作风；整顿组织、整顿思想、整顿作风。整党的方法和方针是在党内开展批评与自我批评，本着打通思想、改进作风、严肃党纪、纯洁组织，以及对犯错误的党员，采取“惩前毖后，治病救人”的方针，坚持教育挽救为主；对混入党内的坏人，则坚决清除出党。

河北各解放区整党运动的具体做法有以下几点：

一是集中时间，自上而下有步骤地进行。中共冀东区党委、中共冀中区党委、中共冀南区党委、中共北岳区党委和中共太行区党委，在中共晋察冀中央局和中共晋冀鲁豫中央局分别召开的贯彻《中国土地法大纲》会议后，集中半个月到 20 天时间进行整党。大体经过三个阶段：第一阶段建立整党领导小组，在整党领导小组组织下，认真学习和讨论文件，统一对整党的认识，明确整党的目的；第二阶段由领导干部带头反省和检查土地改革中的问题，开展批评与自我批评，个人写出检查；第三阶段是对每个党员干部进行鉴定，并对犯错误的干部，按其错误轻重分别进行批评教育和组织处理。

二是领导带队，深入基层，亲自领导整党工作。各区党委、地委和县委整党结束后，均立即选派大批干部组成整党土改工作团（队或组）深入基层和农村整顿党的组织。如晋察冀边区史家寨土地会议结束后，中共晋察冀中央局和边区的一些主要领导刘澜涛、杜理卿、吴德峰、刘秀峰、金城、冯文彬，还有些地委书记，都深入到基层去亲自领导土地改革和整党工作。冀南区机关整党结束后，区党委从直属机关抽调 400 名干部，组成工作团，各地、县也抽调干部组成工作组，深入到基层帮助整党和平分土地。仅第四地委就抽调 2700 名干部，深入所属 890 个村庄，指导整党和土改工作。在农村整党过程中，对那些混进党内的阶级异己分子和坏分子，利用职权袒护、包庇地主、富农甚至是自己的亲属，破坏土地改革运动的坚决清除出党；对党的组织基础薄弱的地方，着重帮助建立健全党的组织和各种制度，并吸收土改积极分子和贫雇农入党，壮大基层党的队伍；对党的组织基础比较健全的地方，主要是指导其广泛开展“三查”“三整”，解决党内存在的一些不良倾向，纯洁和巩固党的肌体和组织。

三是发动群众，并吸收非党贫雇农参加整党。各级整党土改工作团（队或组）到基层后，分别召开党员干部大会和群众大会进行动员，深入群众，访问贫雇农和军烈属，帮助他们打消思想顾虑，吸收他们中的一些代表列席党的支部大会，虚心听取他们的意见和建议。北岳区阜平县在整党土改中，吸收了 20 多个非党贫雇农参加，这一做法后来被晋察冀边区政府作为经验向全区广泛推广。在基层发动群众帮助整党，所采取的方法是：（一）由整党土改工作团（队或组）主持支部工作，充分发扬民主。这样，使党员干部和群众消除顾虑，当众发表自己的意见和建议；（二）对利用职权打击报复，骑在群众头上作威作福的党员干部，首先撤销他们的职务，使广大群众敢于揭发他们的问题和错误。然后根据党员和群众揭发的问题轻重程度进行处理；（三）邀请土改积极分子、贫雇农代表和党员干部一起开会，干部先自我批评，群众提意见，然后由整党土改工作团（队或组）研究审查，再交群众评议，取得一致意见后再进行处理。

经过整党运动，从基层党组织中清除了一批混入党内的地主、富农、阶级异己分子和蜕化变质分子，严肃批评了一些党员干部的官僚主义、强迫命令作风，揭发和处理了某些党员干部包庇坏人、贪污腐化和侵犯群众利益等违法乱纪行为。同时吸收了一批在运动中表现积极、立场坚定的贫雇农骨干分子入党，克服了党内的成分不纯、思想不纯、作风不纯的问题。从而提高了党组织的战斗力，发挥了党员的先锋模范作用，有力地推动了土地改革的彻底完成和解放战争的胜利进行。

遵照中共中央和毛泽东关于在全军开展新式整军的指示精神，晋察冀野战军和晋察冀军区所属各部队，从 1947 年 11 月到 1948 年 3 月，开展了整军运动。晋察冀所属各部队的新式整军运动和其他兄弟部队大体一致，分为四个阶段：

第一阶段，土改教育。其过程分为四步：第一，学习文件。主要学习文件有：《中国土地法大纲》、刘少奇的《在全国土地会议上的总结》，以及毛泽东的其他有关报告和指示，如《中国人民解放军宣言》《关于目前党的政策中的几个重要问题》等；第二，由部队首长和地方政府领导作报告和介绍土改情况，然后让土改后参军的战士介绍农村土改情况，以及分配土地后他们家庭的经济情况；第三，召开全体军人大会，宣誓拥护土地改革运动；第四，在认识提高的基础上，引导指战员初步检查有无损害贫雇农利益、包庇地主富农、干涉土地改革的言行，为以后整顿思想做准备。通过土改教育，全体官兵对中国共产党开展的土地改革运动的目的、意义，有了一个比较全面的认识，提高了阶级觉悟。

第二阶段，诉苦教育。中共晋察冀中央局和晋察冀军区在《关于整党整军及执行土地改革任务的决定（草案）》中指出，在全军内开展诉苦运动并参加地方群众的清算诉苦会，通过这种教育，启发与提高阶级觉悟，认清压迫的总根源是封建势力，并由此认识今天战争与土地改革内容目的的一致性。通过诉苦教育，提高了解放军官兵的阶级觉悟，加强了军队与人民群众的密切团结，对取得解放战争的胜利起了巨大作用。

第三阶段，三查三整。三查三整的过程分为三步：第一，进行思想动员。提高全体指战员对三查三整的认识，提高辨别是非的能力，清除顾虑；第二，从上而下、从下而上地开展批评与自我批评。一般是营、团以上干部在党委扩大会议上进行，连、排干部在支委扩大会议上进行。采取个人检查与群众揭发相结合，普遍检查与重点批判相结合的方法；第三，进行组织整顿。对有这样和那样问题的干部，经组织审查和群众评议以后，对违抗命令、贪生怕死、泄露军情和混进军内的坏分子、蜕化变质分子分别清除出军队，对犯有官僚主义作风、打滑头仗、侵犯群众利益、违反俘虏政策和有自私自利错误的党员干部，经批评教育后，在战斗中考验，以提高其思想、改进其作风。通过三查三整，清除了混进军队和党组织中的阶级异己分子和其他坏分子，纯洁了党的组织，巩固了部队，提高了战斗力，为解放战争的胜利奠定了基础。

第四阶段，练兵立功。经过新式整军运动，晋察冀所属各部队的指战员，在阶级觉悟和思想水平提高的基础上，全军上下掀起了轰轰烈烈的群众性大练兵运动。在练兵中，充分地贯彻了群众路线的练兵方法，开展了军事民主。战士苦练射击、刺杀、投弹、爆破、土工作业，干部以提高战术指挥为主。各级干部专心研究战术指挥，战士纷纷提出意见，使战术学习形成了群众运动。经过练兵，部队的军事技术水平有了很大提高。有的旅85%的人射击弹弹中靶，手榴弹投掷由练兵前平均26米左右，提高到32米左右。新式整军运动所焕发出来的战斗力，不仅表现在大练兵运动中，更突出地表现在随后的杀敌立功中。

纠正平分土地与整党整军中的偏差

河北各解放区和所属各部队在平分土地与整党整军运动中所取得的成绩是显著的。但是，在运动中特别是初期一度发生了严重的“左”倾错误，这些“左”的错误主要表现在政策和组织路线方面。

在平分土地运动中出现的偏差主要是侵犯了中农利益。首先是划分阶级标准不清、敌我界限不分，在划分阶级成分时，普遍就高不就低。有些地方不是以生产关系和剥削程度来划分阶级，而错误地用比吃、比穿、比住、比三代等作为划分阶级的标准，将一些生活好些或有轻微剥削的中农，划为地主、富农。甚至有些地区的贫农团为了多分土地和浮财，有意识地把一些中农的成分定为富农或地主。其次是有些干部群众单纯满足贫雇农的要求，提出“群众要怎么办，就怎么办”的口号，找各种理由斗争中农，结果伤害了中农的利益。在冀南区被伤害的中农占被斗争面的40％左右。再次是土改已经彻底或基本彻底的老区、半老区，也重新平均分配土地，致使大量平分了中农的土地。在冀东有些地区不让中农参加新农会，参加了的也“一切事由贫农说了算”，违背了中共中央“必须团结农村中户数92％、人数90％左右，即全体劳动人民”的政策，挫伤了中农生产、支前的积极性，搞乱了农村的阶级阵线。

在整党运动中出现的主要问题是放弃和搬掉了党组织的领导。在农村整党运动中除少数地区外，多数整党工作团（队或组）到农村后，普遍地停止了农村党支部生活，甚至解散了党支部，提出“贫农团高于一切”的错误口号。“把党的领导核心为贫农团所代替，不让党员进行组织贫农团工作，贫农党员不经贫农团许可不得入团。如冀南区宁南县提出‘党员犯错误罪加一等’，村公所是贫农的政权，民兵是贫农的武装，还对干部进行了盲目的清洗，只三区被清洗的村干部就有151人，对没有清洗的，利用调虎离山与‘让位’教育等办法转给贫农领导权，因而造成贫农团对党、对村组织的对立。”① 有些地方甚至把党员交给群众审查处理，以致有些地方，在坏分子煽动、操纵下，批斗、吊打、辱骂党员。这不仅挫伤了许多党员、干部的积极性，也使党在群众中的威信受到损害，削弱了党对平分土地运动的领导，助长了平分土地运动中的错误。此外，在整党运动中，采用“查三代”定成分的方法，给许多党员干部错误地戴上地主、富农的帽子。对于出身不好，又犯有错误的，按照中共中央土地会议的规定调离本地工作或给以适当的处分是必要的，但在实际工作中，过于急躁和草率，对干部的历史和一贯表现缺乏必要的了解和分析，致使把一些不该处分、不该调离的干部当“石头”搬走，有的甚至当作敌我

① 中共河北省委党史研究室编：《冀南历史文献选编》，中共党史出版社1994年版，第718—719页。

矛盾，交给群众斗争或交给公安部门“专政”。

在整军运动中出现的主要问题是不适当地搬用农村土改整党的经验，没有分清整军与农村土改整党的性质，致使个别部队机械仿效农村土改斗争、建立贫雇农组织、排斥中农出身的官兵、搬“石头”等不适当做法，给新式整军运动一度带来不良影响。如整顿组织，有的部队“以成分出身为主，忽视了思想和其他条件。甚至有的只看成分出身”。对地主富农成分或其他非劳动家庭出身的，“一般偏于洗刷，干部则大部调训”。晋察冀野战军司令员杨得志、政治委员罗瑞卿在《关于部队新式整军情况的报告》里说：“三查中有不着重思想而过分强调近乎唯成分论的偏差，个别单位机械搬运农村整党一套，组织贫农团，并实行吊人打人捆人。”不论大小问题，都喜欢往政治问题上追，致使有的团政治处主任、团长自杀。

上述各种“左”倾错误一发生，就引起中共中央和毛泽东的高度重视，并发出了一系列指示，采取各种措施进行纠正，使各种“左”的偏差逐步得到纠正，使土改、整党和整军沿着正确的轨道发展下去。

1947 年 12 月，中共中央召开了政治局扩大会议。毛泽东作了《目前形势和我们的任务》的报告。报告深刻分析了人民解放战争转入战略进攻以后的国内形势，阐明了伟大转折时期党的政治、军事、经济各方面的纲领和政策。会议还根据各解放区在土改、整党和整军中出现的“左”的偏向，制定了纠正偏向的具体政策。1948 年初，又相继发表了任弼时《关于土地改革中的几个问题》的报告，中共中央《关于在老区、半老区进行土地改革工作和整党的指示》，以及毛泽东《在晋绥干部会议上的讲话》。同时中共中央重新公布了毛泽东 1933 年写的《怎样分析农村阶级》和《关于土地斗争中的一些问题的决定》。这就为全国各解放区的土改和纠偏工作指明了必须遵循的基本政策和原则。

河北各解放区根据中共中央的一系列指示，采取具体措施，纠正“左”倾错误。1948 年 2 月 2 日，中共冀东区党委发出《关于目前继续发动群众给各级党委及工作团的信》指出：平分运动错划阶级成分、侵犯中农利益的错误是严重的。要求各地“必须深入检查，克服孤立关门倾向”，“坚决保护中农，以贫雇农、农村工人为基础、为领导，联合全体中农进行土地改革”。2月26日，中共冀东区党委还就整党中出现“左”的偏差发出了《关于整党中一些问题的意见》，批评了对党员干部不加区别、完全否定，对基层支部党员不分好坏一律停止党籍的错误做法，要求“一般的支部应先恢复党的生活”，“经过整顿后，进行民主改选，健全党的生活”，必须区别党员干部的成分、思想、历史、作风好坏以及犯错误的干部自觉与非自觉、一贯与偶然等情况，妥当处理。中共冀中区党委、中共冀南区党委和中共北岳区党委，也都先后召开会议，针对本区在土改整党中存在的问题，深入学习中共中央和毛泽东的有关指示，多数干部对平分土地和整党中所犯错误的性质及其严重后果，逐步有了明确的认识。各地委、县委在区党委的统一部署下，派工作组深入基层和农村调查了解情况，组织和领导纠偏工作。第一，恢复了农村党支部的党内正常生活和工作，被停止和开除党籍的党员，都予以恢复党籍。第二，对于侵犯中农利益和错划阶级成分的，凡能退还弥补的一律退还弥补和改正。如冀南区魏县东红庙斗了26户，只有6户是地富。在纠偏工作中普遍地改正了错定成分，政治上摘掉了“被斗户”帽子，使他们参加了农会。经济上的损失，进行了退还与弥补。如宁南县斗错的1008户中农，其中有13个村被扫地出门的225户，都摘了“被斗户”帽子，退还了宅子。四区艾辛庄被斗的中农每人留3亩地，全村水平线是3.97亩，退还后每人最低补到全村水平线，共退给1017亩土地、22头牲口、544件衣被、435件农具、114石粮食。第三，各级领导干部诚恳地承认了整党中的错误，主动承担责任，使有思想包袱的党员干部放下包袱，振奋精神，重新上阵。第四，对凡属不应没收而被没收的工商业，各地都先后进行了发还或赔偿，并帮助他们迅速恢复营业。如冀南区宁南一区、四区退还了20户，二区小马村退还了价值3000万元（边币）的一个大醋油店。

三、党的各项政策在河北解放区的贯彻执行

探索接收城市的工作经验

在日本投降后，河北军民曾经收复了邯郸、张家口、宣化、秦皇岛等中小城市，坚持了入城纪律，得到了广大城市居民和工商业者的拥护。后来当蒋介石背信弃义向解放区大举进攻的时候，在集中优势兵力，消灭敌人有生力量，不计较一城一地得失的方针指导下，又主动地撤出了一些城市，并有计划有组织地将必需和没收敌伪的一切物资搬运到解放区。这在当时是必要的，也是正确的。但在进入战略反攻以后，情况已经发生了巨大变化，对于新解放的城市，凡是能够巩固的，就必须加以保护和发展，以发挥它的作用，使城市生产支援军需民用。

1947 年 11 月，石家庄解放后，中共中央根据全国与河北的战争形势，采取了保护与发展的政策，为后来接管大中城市提供了经验，为城市工作创造了良好的开端。

石家庄在解放初期，逃亡地主、汉奸和国民党特务等社会渣滓大量存在，在主要工业部门，反动党团员占有很大数量。而中国共产党的基础、革命力量虽有一定的发展，但是还很薄弱。

为了正确贯彻执行党的城市政策，并在执行政策过程中取得经验，中共中央工委和中共晋察冀中央局直接领导了石家庄的接管工作。早在石家庄解放前夜，鉴于收复井陉、阳泉等重工业区，因部队、民兵、民夫与后方机关乱抓物资、乱搬机器，因而使这些工业受到致命破坏的教训，又鉴于收复张家口，领导机关随即迁至城市，因而引起许多干部均往城市跑，在城市乱抓乱买东西，贪污腐化，严重放松了乡村工作，引起士兵与乡村干部极大不满的教训，中共中央工委和中共晋察冀中央局，对从中央机关和各根据地抽调的大批优秀干部进行了入城教育，宣布了党的城市工作政策，规定了入城纪律，号

召大家要发扬艰苦朴素的工作作风。因此，入城负责接收的干部多数都较好地执行了党的城市政策。同时，在进攻石家庄之前及攻入城市过程中，即训令部队及民兵干部，注意保护机器物资及一切建筑物，不准破坏，不准自由获取物资。因此，部队进城的秩序是比较好的，但也出现了一些公物被抢，后来发展到抢劫私人财物的现象。此外，一些潜伏的特务、逃亡地主和地痞流氓等也趁机破坏捣乱。所以石家庄解放初期，曾一度出现了混乱。为了稳定社会秩序，防止敌特破坏，安定民心，全面执行党的城市政策，在1947年11月12日，石家庄战役胜利结束的同时，党政军各机关联名发布了一系列有关稳定社会治安、稳定社会秩序、保护工商业等紧急通知和布告。这些通知和布告从不同角度阐述了党的政策。

为了具体贯彻党的城市政策，迅速恢复和发展生产，建设新石家庄，1947年11月17日成立了以中共晋察冀中央局副书记黄敬为主任的“敌伪物资管理委员会”，下设铁路、工业财经、银行、军械、电讯、文化、交通、运输、卫生等组。后来因工作需要，又增设了缉私组。

党对于接管石家庄的方针是，保护与发展经济，迅速建立革命秩序，恢复与发展生产，以充分发挥城市的重大作用，支援解放战争。为此，一方面实行军事管制，彻底消灭一切反革命武装力量，登记并解散一切反革命组织，逮捕反革命罪犯，进行人民民主的管理；另一方面派出大批干部，分头将国民党政府和国民党战犯所经营的企业迅速清查没收，使原来属于国民党官僚资产阶级所有的铁路交通（平汉、正太、石德铁路）、铁路工厂、炼焦厂、铁工厂、织布工厂、面粉厂、自来水公司、电灯公司，以及中国、中央、农民、交通银行等企业收归国家所有。

在接管和没收官僚资本的同时，中共石家庄市委对民族工商业采取了坚决保护政策。向广大党员干部进行政策教育，使党员干部进一步明确了没收官僚资本和保护民族工商业的政策界限。在实践中，由于对个别私人资本主义工商业的底数不清，有的作为官僚资本进行了清查没收。对这种现象，中共石家庄市委立即作了纠正，采取了暂时代管的办法。对资本主义工商业，贯彻执行了“发展生产、繁荣经济、公私兼顾、劳资两利”的政策。由于中共石家庄市委正确地执行了中共中央保护民族工商业的政策，解除了民族工商业者的怀疑和恐惧，使工厂企业得到保护，保障了生产的迅速恢复和发展。

为了安定社会秩序，避免过渡期间的混乱和脱节现象的发生，保护了守法的文化宗教团体和外侨，有计划地接收了原有的机关、学校和医院。对于文化教育事业及官僚资本企业中留下的人员，采取了包起来的政策，调整了工资，除取消了个别人员的特殊待遇以外，一般不降低原来的生活水平。这样，不仅使生产得到迅速恢复，文化教育事业得以发展，同时对旧职员和技术人员的团结、教育改造也产生了很大影响。

在接管工作中，中共石家庄市委除对失业工人进行劳动就业安排，对贫苦市民实行社会救济以外，并稳步地进行了民主改革工作。在工厂中发动工人群众，对旧的生产管理制度进行了初步改造，取缔了封建把头以及反动的党团组织，建立工厂管理委员会，实行了企业民主管理。

为了肃清国民党的残余势力，摧毁反革命组织，建立革命秩序，除实行军事管制以外，从 1947 年 12 月 20 日开始，在全市开展了“挖蒋根”运动。充分发动群众，彻底揭发国民党发动内战和残害人民的行径，教育群众，分清敌我，控诉和检举隐藏的国民党的首要人员和汉奸特务分子。到 1948 年 1 月下旬，有近 6000 名国民党员和三青团员进行了登记。经过“挖蒋根”运动，镇压了继续与人民为敌的首恶分子，对胁从分子作了宽大处理，挽救了许多失足的人，在群众运动基础上，摧毁了国民党统治人民的“保甲”制度，建立起人民民主的基层政权。

根据石家庄市的城市工作经验，1948 年 2 月 19 日，中共中央工委发出《关于收复石家庄的城市工作经验》。2 月 25 日，中共中央发出《关于注意总结城市工作经验》的指示，要求全党切实注意做好城市工作，规定各地各军攻占接管城市后都应学习石家庄的城市工作经验。

党的土地政策在河北新解放区的贯彻执行

自战略反攻以来到1948年底，河北各解放区收复与解放了大批农村。这些农村有两种情况：一部分是抗日战争时期的沦陷区，日伪投降后，被国民党强行接收，并成为其统治的地区。这些地区的广大农村多数没有党的组织，有些村庄虽有党的点线联系和其他一些联系，但都没有建立过人民的村政权。另一部分，则是原来的抗日根据地或游击区，经历过减租减息或实行过土地改革，但在全面内战爆发后，或战争过程中，又被国民党蒋介石军队占领，地主、还乡团乘机反攻倒算，夺回土地。

为搞好新解放区的土地改革，毛泽东为中央起草了《关于一九四八年的土地改革工作和整党工作的指示》。指示中规定进行土地制度改革的地区，“必须是在下列三项条件下划定之：第一，当地一切敌人武装力量已经全部消灭，环境已经安定，而非动荡不安的游击区域；第二，当地基本群众（雇农、贫农、中农）的绝大多数已经有了分配土地的要求，而不只是少数人有此要求；第三，党的工作干部在数量上和质量上，确能掌握当地的土地改革工作，而非听任群众的自发活动。在上述三个条件中，任何一个条件不具备，即不应当将该地区列入1948年进行土地改革的范围”①。按照这一指示，各级党委根据不同情况采取了不同的工作方针。

对于保定以南和石家庄周围的广大地区，由于长期在解放区包围之中，广大群众受解放区的影响极为深刻，有迫切的土地改革要求，所以在消灭了反革命武装之后，又具备干部力量的条件下，即发动群众进行土地改革。

新解放区的群众，由于长期处在国民党封建势力的压迫与麻醉之下，对中国共产党的土地政策还缺乏应有的了解。对这些地区的土地

① 《毛泽东选集》第四卷，人民出版社1991年版，第1329页。

改革，中国共产党是比较慎重的。在新解放区的土地改革中，较好地吸取了老区和半老区的经验教训，严格地执行了党的土改政策。用尽各种方法充分启发群众的阶级觉悟（如诉苦方式），在其觉悟的基础上号召群众勇敢地参加反封建势力的斗争；在发动群众土改运动中不断地发现与培养积极分子，在他们中吸收一批优秀分子入党，建立党的基层组织和人民民主的村政权，形成统一的土改领导机构；在土改中稳固地掌握土改政策与斗争策略，对一般地主、旧式富农采取较缓和的斗争方式，严禁乱打乱杀，除特务奸霸外，不得乱加扣押；绝对不得侵犯中农利益，尊重其民主权利，农会的领导机关应吸收中农参加，发挥其骨干作用。由于各级党组织较好地贯彻了中国共产党的土地政策，这些地区基本上没有发生“左”的偏差。

对冀东、察南一些曾经贯彻过“五四指示”，进行过土地改革的新收复区，则采取了保证执行“五四指示”时农民的既得利益，并在此基础上，根据群众的要求进行调整和平分土地。为了保证新区土地改革的顺利进行，冀东区党委专门制定了新区土改政策，主要内容包括以下十个方面：“1. 确实掌握总的打击面户口不得超过8%、人口不得超过10%。2. 大中地主、恶霸、富农在没收其土地财产后，按平分原则分给其同样一份，使其分得必需的生产资料，以便令其从事生产，在劳动中求得改造。3. 旧式富农只征收其多余土地财产，并一律不挖底财，不赶出大院。4. 小地主、小富农除依照第三项之规定办理外，只征收其多余的土地、耕畜、农具、粮食，对其多余的衣服、布匹及一般日用家具等等均不动。5. 佃富农在其获得土地后，可征收其多余的牲口、农具，其他均按富裕中农看待。6. 中农（包括富裕中农）绝对不得侵犯其利益，并使一般中农多少分一些胜利果实，对缺少土地耕畜的中农分给其应得的一份，使其同情满意。7. 土改目的主要是满足贫雇农要求，对此必须牢记掌握，分配必须公平合理，防止干部多分。8. 地主、旧式富农欠农民（贫雇中农）的债务，应从其财产中扣除偿还，然后才能没收或征收。农民欠地主、旧式富农之债应予废除，农民（包括富裕中农）之间的债务不得废除。

工人工资亦从地主、旧式富农之财产中扣除。9. 禁止乱打乱杀，除特务奸霸及封建头子外，不得乱加扣押。个别罪大恶极须处死刑者，必须经县政府通过，专署审查行署批准后执行。10. 绝对不准斗争工商业（包括地主、富农的工商业）。对农场、矿业、较大的森林、果园、公路现有路基、铁道两旁所留之路基，均不得分配。”①

对一些已经收复，但暂时无力量与条件进行土地改革的新区，暂时实行减租减息合理负担等政策。规定地主、旧式富农的财产不准出卖隐藏或破坏，不准荒芜土地，违者严惩。对守法的地主及努力生产不荒芜土地之富农则给以必要的奖励。地主及旧式富农出租土地，规定原佃原租和减租。佃户可以退田，地主不准夺佃，雇主不准解雇。这类地区的主要任务是抓紧将来土改的准备工作，注意发现培养积极分子，争取在可能条件下，逐渐建立党的基层组织和人民民主的村政权。

对暂时尚不能巩固的平、津、唐等城市的周围，以及国民党军牢固占领的铁路沿线、交通要道和一些接敌区等，则根据当地情况，只是进行了一些有利于群众的暂时性社会工作，一般维持了社会秩序，避免了一些混乱现象的发生。这类地区的主要任务是反对敌人抢掠，宣传党的政策，开展对敌斗争。

由于河北各解放区党组织很好地吸取了老区、半老区土地改革的经验教训，认真贯彻执行了党对新解放区的政策和城市政策，在新解放区的广大农村和城市都保持了良好的社会秩序，工农业生产得到迅速恢复，民族资本主义工商业很快恢复经营，劳动人民的生活得到初步改善。从而使党的政策受到各界人民的热烈拥护与赞扬，扩大了党的政治影响，为大力支援解放战争，最后夺取全国胜利创造了条件。

党的请示报告和健全党委制的决定在河北的贯彻执行

人民解放军转入反攻以来，在华北地区解放了广大农村和大批城

---

① 中共河北省委党史研究室编：《冀东土地制度改革》，中共党史出版社 1995 年版，第 274—275 页。

市，石家庄的解放，使晋冀察和晋冀鲁豫两大解放区完全连成一片。由于革命的迅猛发展，解放区逐步扩大，中国共产党面临着一项极为迫切的任务：扫除过去由于战争割裂所造成的不统一的现象，将全国一切必须统一和可能统一的权力，完全统一于中共中央的领导之下，在不同地区、部门，则须统一于中央委托的领导机关——中央局及前线委员会的领导之下，以便集中力量进行全国规模的革命战争，进行政治、经济、文化等各项新的建设。但是，党内一些人在长期游击战争环境里产生的分散主义或地方主义习气，造成某些地区存有无组织、无纪律和无政府的现象。为了纠正这些不健康的现象，中共中央于 1948 年 1 月 7 日发出《中共中央关于建立报告制度的指示》。指示中规定了各地方党委向中央作定期报告的制度，并规定："从今年起，全党各级领导机关，必须克服对上级事前不请示，事后不报告的不良习惯。"为克服无纪律、无政府状态，坚持党的集中统一领导，毛泽东指示全党干部要学习列宁《共产主义运动中的"左派"幼稚病》一书的第二章。1948 年 9 月，中共中央又作出关于召开党的各级代表大会和代表会议的决议，以及关于健全党委制的决定。中央的决议指出，在一切巩固的解放区，党的各级委员会，必须遵照党章定期召开党的各级代表大会及代表会议，必须保证党章所规定的一切民主权利。

中共中央和毛泽东的上述指示和决定，对于促进河北各级党委克服无组织、无纪律、无政府状态起了重大作用。河北地区各级党的组织，在中共中央的领导下，认真执行中央的指示和上级党委的决定，保证了党的各项政策的实现，保证了人民解放战争在河北的胜利。但是某些地区和个别部队党的组织或多或少地存在着事前不请示，事后不报告的现象。如有的对中央"五四指示"的执行开始表现抵触、消极怠工，向地主及旧富农妥协，以致使这些地方的土改极不彻底，群众情绪消沉。当党中央和华北局批评之后，他们不是严肃地认真地实行自我批评，改正自己的错误，而是粗率地以"左"的态度贯彻执行党的政策，甚至违反党的政策。他们提高中农成分，侵犯中农利益，没收地主、富农的工商业。有的把革命政权的性质，简化为“贫雇农专政”，而不是无产阶级领导的，以工农联盟为基础的人民民主专政。排斥开明士绅，不要统一战线政策。在城市工作方面，邯郸、辛集等城镇均出现了违反党的工商业政策的行为，引起了私人工商业者对党的政策的怀疑，曾一度出现生产不振、市面萧条的现象。

在抗日战争和人民解放战争时期，河北各地党委贯彻执行党的一元化领导，因而取得了伟大成绩。但是在游击战争、农村分散、工作繁忙的情况下，某些地方在某种程度上也有个人包办，从而削弱和破坏了党的集体领导和分工负责的原则。战争环境的限制，使河北许多地区党组织未能按照党章规定召开党的代表大会和代表会议。这些地区曾召开过一些干部会议，并以充分的民主精神讨论党的政策和各项工作，在很大程度上起了党的代表会议的作用。但是这些干部会议毕竟不能代替党的代表大会和代表会议。

为了克服这些缺点，河北各区党委，根据中共中央关于请示报告制度的指示及健全党委制的决定，均召开了专门会议，研究了中央及华北局的有关文件，结合当地情况组织县以上干部学习了列宁《共产主义运动中的“左派”幼稚病》第二章及中共中央宣传部重印的《“左派”幼稚病》第一章前言，并且作出了具体执行关于建立请示报告制度及健全各级党委制的决定。决定中指出：（一）严格地执行党中央和华北局所规定的报告制度，做到每两个月有一次综合性报告。把报告制度认真地、严格地建立起来，并建立报告、检查工作制度、办公制度、会议制度、学习制度等；（二）健全各级党委制，认真建立定期的会议制度。对重大问题，党委书记事先与各委员交换意见，提出问题，充分酝酿后再开会讨论。党委书记在会议上报告决议执行程度，建立有批评和自我批评的会议生活。一切重要问题都要经过党委会讨论决定而后执行。反对个人包办，但也要防止一切琐碎的问题都提到党委会议上讨论，以致削弱分工负责、降低工作效率的偏向。必须把集体领导与个人负责很好地结合起来。

河北各级党组织通过学习有关文件，检查工作，开展批评与自我批评，改正了缺点和错误，建立起各种制度，进一步加强了全党的集中、统一与团结，为中国革命在全国的胜利，做了组织上和思想上的准备。

四、河北解放区成为迎接中国革命胜利的大本营

中共中央进驻西柏坡

早在1947年3月，国民党蒋介石发动对解放区全面进攻失败后，又对山东解放区和陕甘宁解放区进行了重点进攻。3月18日，中共中央主动撤离延安。29日，中共中央在陕北清涧县枣林沟举行政治局会议，决定成立中央前敌委员会（简称中央前委），由毛泽东、周恩来、任弼时率中共中央和解放军总部机关留在陕北，主持中央工作，指挥全国解放战争；成立中央工作委员会（简称中央工委），由刘少奇、朱德、董必武组成，刘少奇为书记，前往晋西北或其他适当地点，进行中央委托的工作。

枣林沟会议之后，中共中央、中央军委和所属机构便按照会议的分工和安排，开始行动。1947年3月31日，刘少奇、朱德率中央和中央军委干部5000余人，渡过黄河向华北转移。4月26日，刘少奇、朱德等到达晋察冀军区司令部所在地河北阜平县城南庄，在那里稍事休整后，于5月3日到达河北省平山县封城村与晋察冀军区司令员聂荣臻、副司令员萧克、副政委罗瑞卿等会合。针对晋察冀解放区当时的政治经济和军事情况，根据晋察冀军区负责人的建议，刘少奇、朱德于5月10日致电中共中央毛泽东，建议中央工委留驻在建屏县。中共中央、毛泽东当日回电表示："完全同意中央工委及工委工作机关留在晋察冀工作一时期，以便能够帮助中央局解决各项工作问题。"① 刘少奇、朱德等到达西柏坡村后，把中央工委其他机关分布

① 中央档案馆等编：《中共中央在西柏坡》，海天出版社1998年版，第81页。

在西柏坡村附近。为了适应战争环境，当时中央工委对外称“工校”和“劳大”。在西柏坡期间，中央工委于1947年7月至9月，主持召开了全国土地会议，制定了《中国土地法大纲》，领导了解放区的土地改革运动，具体指导了晋察冀野战军和晋察冀军区进行清风店、石家庄等战役，改变了晋察冀军事上的被动局面，并领导建立了华北财经办事处，指导了华北各解放区的财经工作。

1948年3月，全国和西北战场的战局开始越来越朝着有利于人民的方面转变，为了适应解放战争胜利发展的需要，毛泽东、周恩来、任弼时决定率中共中央机关和人民解放军总部离开陕北转移到华北。

1948年4月12日，毛泽东、周恩来、任弼时等到达河北阜平县西下关村。次日，到达晋察冀军区所在地阜平县城南庄。23日，周恩来、任弼时等率部分中央机关工作人员先期进驻西柏坡，同中央工委会合。4月30日至5月7日，中共中央在城南庄召开了中央前委和中央工委会合以后的第一次书记处扩大会议（亦称城南庄会议）。会议总结了人民解放军转入战略进攻以来的经验，分析了当前的战略形势，研究了夺取全国胜利的各项战略部署和方针政策。会议讨论通过了庆祝五一节口号，提出了“军队向前进、生产长一寸，加强纪律性”的任务。5月9日，中共中央和中央军委发出通知，“中央已与中央工委会合，中央工委即行撤销。”5月27日，毛泽东也到达西柏坡村。从此，西柏坡便成为中共中央、中央军委、人民解放军总部所在地，成了中国革命的领导中心。

在西柏坡，中共中央领导了伟大的土地改革运动，从根本上废除了中国几千年封建制度的根基，获得了足以战胜一切敌人的最基本的条件。针对土地改革运动中出现的偏差，及时发出了《新解放区农村工作的策略问题》《一九四八年的土地改革工作和整党工作》等，纠正了各种错误倾向，使土改和整党运动健康发展。

在西柏坡，召开了九月中共中央政治局扩大会议，提出全党的战略任务是：建设500万人民解放军，在大约5年的时间内（从1946年7月算起），歼灭国民党正规军500个旅（师）左右，从根本上推翻国民党的反动统治。1949 年 1 月 6 日至 8 日，举行了中共中央政治局会议，讨论通过了《目前形势和党在 1949 年的任务》的决议，对党的工作进行了新的部署，重申全党同志必须将革命进行到底，而不容许半途而废。1949 年 3 月 5 日至 13 日，召开了中国共产党第七届中央委员会第二次全体会议，规定了党的工作重心由乡村转移到城市和革命取得全国胜利后在政治、经济、文化、外交等方面的基本政策，指明了使中国由农业国转变为工业国、由新民主主义社会转变为社会主义社会的总任务和主要途径，绘制了新中国建设的蓝图。

在西柏坡，针对国民党反动派策划的和谈阴谋，中共中央、毛泽东发出了《将革命进行到底》《评战犯求和》《中共中央毛泽东主席关于时局的声明》等指示，对时局提出的问题作了最好的回答："敌人是不会自行消灭的。无论是中国的反动派，或是美帝国主义在中国的侵略势力，都不会自行退出历史舞台。"因此，人民除了同他们坚决斗争外，别无其他选择。

在西柏坡，中共中央、毛泽东先后组织指挥了辽沈、淮海、平津三大战役，同国民党军队进行了空前规模的战略决战。在战略决战的日日夜夜，一个个重要指示，一件件重要电文，都从这个小山村发出去。毛泽东在这里亲笔起草了《关于辽沈战役的作战方针》《关于淮海战役的作战方针》《关于平津战役的作战方针》等重要指示。三大战役历时 4 个月零 19 天，歼敌 154 万余人，基本上摧毁了国民党赖以维护其反动统治和发动反革命内战的主要军事力量，奠定了解放战争在全国胜利的牢固基础。除了指挥三大战役外，中共中央、毛泽东主席在西柏坡期间还指挥了冀热察、晋中、济南、太原、察绥等 20 余次战役。中共中央、毛泽东在西柏坡期间是人民解放军战绩最辉煌的时期，也是中国革命战争史上最为辉煌的时期。

周恩来 1973 年 2 月在一个批示中曾写道："西柏坡是毛主席和党中央进入北平，解放全中国的最后一个农村指挥所，指挥三大战役在此，开党的七届二中全会在此。"周恩来对西柏坡的这一历史评价，是十分精当的。和韶山、井冈山、遵义、延安这些革命圣地一样，西柏坡的光辉名字永载史册!

新中国的“雏形”华北人民政府在石家庄成立

自 1947 年 6 月人民军队转入反攻以来，在华北地区解放了广大农村和大批城市。华北重镇石家庄的解放，使晋察冀和晋冀鲁豫两大解放区完全连成了一片。

1948 年 2 月 16 日，刘少奇向中共中央提出了合并晋察冀、晋冀鲁豫两区的建议，认为，现在两区业已连成一片，并且相当稳定，继续保留两个解放区，“即显出其违反地理历史诸条件，严重妨害解放区经济、政治、军事与文化的发展，而成为一种完全人为的障碍”。因此提议：“晋察冀与晋冀鲁豫两区完全合并，邯郸局与五台局合并，成立华北中央局，管辖太行、太岳、冀鲁豫、冀南、冀中、北岳 6 个区党委，将来或者再与华东局商量合并渤海区，共辖 7 个区党委。此外两个军区司令部、政治部、财经办事处、银行贸易机关、后勤机关、党校、大学、报纸等亦均合并办理。两个边区政府暂不宣布合并，但可合并办公，待召集两区统一的人民代表大会时再宣布合并。”①

中共中央采纳了刘少奇的这一建议，于 5 月 9 日给各解放区发电，作出决定：“晋冀鲁豫及晋察冀两解放区合并为华北解放区。晋冀鲁豫及晋察冀两个中央局合并为华北中央局，以刘少奇兼华北中央局第一书记，薄一波为第二书记，聂荣臻为第三书记。”“晋冀鲁豫及晋察冀两军区合并为华北军区，以聂荣臻为司令员，薄一波为政委，徐向前为第一副司令员，滕代远为第二副司令员，萧克为第三副司令员，赵尔陆为参谋长，罗瑞卿为政治部主任，蔡树藩为副主任。”“晋冀鲁豫及晋察冀两边区政府在华北人民代表会议未召开前，暂成立华北联合委员会，以董必武为主席，黄敬、杨秀峰为副主席，宋劭文为秘书长。”②

① 中央档案馆等编：《中共中央在西柏坡》，海天出版社 1998 年版，第 374—375 页。

② 同上书，第 438—439 页。

中共中央华北局和华北军区的成立，为华北人民政府的诞生创造了条件。根据中共中央的指示，晋冀鲁豫边区政府和晋察冀边区行政委员会同时迁到石家庄联合办公。6月26日，两个边区的参议会驻会参议员，在石家庄举行联席会议，一致通过“适应客观需要，迅速召开华北临时人民代表大会，产生华北统一的政府”的决议。经过一个多月的紧张筹备，华北临时人民代表大会于1948年8月7日至19日，在石家庄人民礼堂隆重召开。出席会议的代表有工人、农民、革命军人、妇女、工商业者、自由职业者、新式农民、社会贤达、开明绅士及民主同盟盟员、少数民族和国民党统治区人民团体代表共542人。

大会开幕前召开了预备会议，推选董必武、聂荣臻、薄一波、彭真等33人组成大会主席团。他们中间既有中共党员代表，也有民主党派和社会贤达代表；既有少数民族代表，也有妇女和青年团代表；既有解放区的工人和劳动英雄代表，也有国民党统治区的代表。

1948年8月7日，华北临时人民代表大会胜利召开。董必武致开幕词，他说：“我们华北临时人民代表大会已经宣布开幕了，它是一个临时性的，而且也是华北一个地区的，但是，它是中国民主革命历史中划时代的一次大会，在中国民主革命历史上将占有光荣的篇幅。”① 从8月9日起，大会先后听取了杨秀峰、宋劭文关于晋冀鲁豫边区政府及晋察冀边区行政委员会两年来的工作报告。聂荣臻代表华北军区作两年来的军事报告，薄一波代表中共中央华北局作关于华北解放区施政方针的报告。会议还听取了杨秀峰、谢觉哉等关于《华北人民政府组织大纲草案》《村、县、市人民代表选举条例草案》《村、县、市人民政权组织条例草案》《华北解放区农业税暂行税则草案》等重要法案的起草经过及其精神的说明。

从13日起，大会对各种重要法案与提案进行审查及讨论。选出政府工作报告、人民政府组织大纲、施政方针、村县市人民代表选举法及政权组织法、军事报告、农业税则6个审查委员会；另选出提案

① 《人民日报》，1948年9月4日。

审查委员会，下分军事、政治、农业、工商、民政、财政、文教、交通、黄河水利 9 个组。各代表均分头参加各“会”或“组”，展开详尽热烈的讨论。8 月 16 日，大会听取和讨论了各个审查委员会和审查小组的审查报告，并对各项法案与提案进行表决。通过了《华北人民政府组织法大纲》等法案与提案。选举华北人民政府委员。18 日，经过无记名投票，董必武、聂荣臻、薄一波、徐向前、滕代远、黄敬、谢觉哉、范文澜、成仿吾、杨秀峰、宋劭文、南汉宸、戎子和、凌必应、张苏、陈瑾昆、蓝公武、于力、邢肇堂、薛迅、殷希彭、赵尔陆、贾心斋、晁哲甫、刘雨辰、徐正、王复初 27 人当选为华北人民政府委员。19 日晚，无党派人士蓝公武委员致闭幕词，大会在热烈欢呼声中胜利闭幕。

华北临时人民代表大会闭幕后，新当选的 27 名政府委员于 9 月 20 日至 24 日在建屏县王子村举行第一次委员会议。大会以最多数票选举董必武为华北人民政府主席，薄一波、蓝公武、杨秀峰为副主席。随即任命了各部、会、院主官。

正式当选的华北人民政府主席董必武在就职干部会上，明确地指出：“今后华北人民政府的中心任务，是要大力发展生产，照着毛主席所说的，把生产提高一寸。”“华北人民政府是一个正规的政府，它应当有一套正规的制度与办法……我们有人民力量的支持，今后我们要把市、县、村人民代表会组织起来，领导人民全力支援前线，迅速彻底消灭蒋介石。”

华北临时人民代表大会，是中国民主革命史上划时代的一次大会，它的召开充分体现了华北人民主人翁的历史地位，它对增强华北各族人民的团结，为恢复和发展华北地区的经济创造了良好的条件，为解放全华北和解放全中国打下了胜利的基础。同时，华北人民代表大会的成功召开，在民主政权建设上也积累了丰富的经验，它在中国民主革命政权史上写下了光辉的一页。

为巩固大本营河北军民继续进行战略进攻

晋察冀和晋冀鲁豫两大解放区合并后，河北军民在中共中央、毛泽东的直接领导下，向盘踞在河北境内和边沿地区的国民党军发动了更大规模的战略进攻。

转战热西、冀东。为配合东北解放军作战，中央军委要求华北人民解放军向热河、冀东地区实行机动。5月13日，华北野战军第二兵团遵照中央军委的指示率部由蔚县出发，越过平绥路向热西挺进。此次作战计划，以一个纵队在冀东部队的配合下，出击平古铁路，4个旅进入热河，配合第十一纵队先打丰宁、隆化、滦平等，截断平古路；第二步夹攻古北口，或围攻承德。中央军委批准了这一作战计划。5月29日至6月2日，挺进热西各部队与东北军区第十一纵队，独立第四、第五师相配合，攻克丰宁、隆化、平泉、鞍匠屯等地，对承德形成包围。热河作战计划的第一步基本实现。在解放隆化的战斗中，第十一纵队班长董存瑞在为部队开辟胜利道路的过程中，手托炸药包炸毁隆化桥上的暗堡，英勇牺牲。纵队党委追授他为“战斗英雄”“模范共产党员”，命名生前所在班为“董存瑞班”。朱德为他题词：“舍身为国、永垂不朽”。

与此同时，关于第二步作战计划的进攻方向，是承德还是夹攻古北口，杨得志等请示中央军委。中央军委认为：“我们觉得攻承德如无把握似以出冀东为适宜。”①

根据中央军委的指示和当前敌情，华北野战军第二兵团以一部在平谷地区牵制傅作义集团主力，另一部隐蔽行动，突然进入冀东地区作战。6月12日晚至15日，连克榛子镇、丰润、任各庄等12处，歼敌5379人，逼近唐山，对北宁铁路构成了威胁。傅作义急调第十六军、第九十二军和第九十四军等部7个师的兵力东援。当傅作义集中兵力增援北宁线的时候，平古线的守备兵力相对薄弱。第二兵团抓住机会，率部出击平古线古北口至怀柔段，6月19日攻克小营、石匣，20日至22日进攻古北口。这一行动，又迫使东援傅作义部西调，华北野战军第四纵队和第四旅协同东北第十一纵队，于6月23日夜开

① 中共中央文献研究室编：《毛泽东年谱（一八九三——一九四九）》下卷，人民出版社、中央文献出版社1993年版，第313页。

始，对滦县至山海关段北宁铁路发起攻击，至 25 日攻克昌黎县城及石门街、景家庄、安山镇、后封台等据点，破坏了该段铁路，歼灭保安团队共 4856 人。

此次转战热西、冀东，历时 43 天，收复隆化、平泉、延庆、丰宁、滦平、丰润、昌黎 7 座县城（后 4 座又被国民党军重占），毙伤俘国民党军共计 2.4392 万人。

再战保北。华北野战军第一纵队、第二纵队、第六纵队和第七纵队等部，乘平汉铁路涿县至保定段敌人防守兵力薄弱之际，抓住战机，再次发起了保北战役。这是解放战争以来，华北人民解放军对保定以北地区的第五次出击。保北战役从 7 月 15 日至 20 日，历时 6 天，歼灭国民党军 1 万余人，解放涞水、定兴、徐水、新城 4 座县城及一些据点，孤立了保定，调动和牵制了傅作义集团的主力，有力地配合了冀东作战。

在华北野战军向盘踞在河北境内和边沿地区的国民党军大规模进攻的同时，河北各解放区的地方部队和广大民兵也积极主动地配合主力部队作战。同时，为了保卫胜利，河北人民积极踊跃支前，为战役的胜利做出了应有的贡献。在热西战役中，冀察热辽人民在各级党委的领导下，出动了上万民工组成担架队、运输队，为前线运送粮草 200 多万斤。在冀东战役中，冀东区各级党委动员了 4 万多民工组成 8000 副担架。兵站系统把近 2000 万斤粮秣物资及时运到前线，保证了部队的供应。

河北各解放区地方部队配合野战部队转入战略进攻以来，到 1948 年 11 月，已经取得了巨大胜利。在河北境内的国民党军被压缩在北平、天津、保定、唐山、张家口等战略据点。河北解放区获得迅速扩大与相对稳定，成为迎接中国革命胜利的巩固的大本营。

第 十 九 章

河北全境解放　迎接全国胜利

一、决战平津解放河北

河北军民配合策应东北野战军解放东北

1948年夏，解放战争进入到战略决战阶段。中共中央、中央军委将战略决战的突破口选在东北，把华北野战军置于战略配合的地位，即全力控制关内傅作义集团的部队，不使其出关，以支援东北野战军夺取辽沈战役的胜利。

1948年7月，中共中央、中央军委认为进行战略决战的条件已经具备，于是决定发动辽沈战役，并要求华北野战军进行更大规模的战略牵制，以配合北宁线作战。8月3日，华北军区司令员聂荣臻和华北野战军第三兵团司令员杨成武到西柏坡受领任务。毛泽东亲自向聂荣臻和杨成武交代了任务，讲明中央的战略决策，是先解放东北，然后再回过头来解放华北。

在西柏坡受领任务之后，聂荣臻亲自到第三兵团驻地易县远台村，为团以上干部作了《配合东北进军绥远》的战役动员。他在动员报告中指出："消灭北线之敌是东北与华北的共同任务。二兵团打到冀东去就是为了配合东北。"并说："二兵团到冀东一打，傅作义立刻把兵调过去，我们在保北一打，他马上把兵调回来，狼狈不堪。有人称傅作义为'调兵司令'。现在傅部老巢空虚，根据军委指示，三兵团要排除一切困难，坚决抄掉他的老巢，给他以大的威胁。解放绥远，使华北与东北连成一片，对解放全国有战略意义。"① 华北野战军第三兵团立即投入了战前准备工作。

9 月 5 日，第三兵团和配属的北岳军区部队，分别从易县、涞源地区出发。9 月 25 日前完成了预定计划，攻占了隆盛庄、丰镇、集宁和绥南的新堂、凉城、和林等城，主力直逼归绥城下。第三兵团这一突然行动，打乱了傅作义的战略部署，他急忙调其主力第三十五军、暂编第四军、新编骑兵第四师等 10 个师的兵力由北平、张家口地区星夜西援。与此同时，第二兵团为了配合第三兵团的行动，也向平绥铁路北平到张家口段沿线发动了攻击，连续破坏宣化、怀来、南口一线铁路，攻克赵川堡、贾家湾等敌重镇，迫使西援之敌返回张家口地区。第三兵团趁机于 10 月 12 日转战绥西、绥北，至 11 月初，攻占包头、武川等地。

为配合策应东北野战军发起辽沈战役，冀东军区主力部队（一部分主力部队调归东北野战军）和地方部队协同友邻部队在冀东东西两线先后出击。西线，第十四军分区部队配合华北野战军第四纵队和第四旅，于 9 月 7 日攻克三河县城和白庙桥、沿口两据点。9 月 8 日再度收复平古路上石匣、小营两据点，并控制古北口至密云间铁路百余里。东线，第十五军分区部队配合东北野战军第十一纵队，从 9 月 13 日起，对北宁铁路滦县至北戴河段发起攻击，相继攻克石门、安山、后封台、张家庄等车站，收复昌黎县城、北戴河、烟筒山、留守营。10 月 2 日攻克石门寨，解放长城煤矿，经九门口出关作战。

10 月 14 日，东北野战军对锦州发起总攻。为配合东北野战军攻打锦州，北宁铁路两侧的滦县各区小队、民兵和群众近千人在卑家店至雷庄一线展开破交战。冀察热辽军区骑兵师一个团以火力压制驻雷庄据点的国民党军，掩护地方武装破交。此时，锦州进入白热化，华北国民党军在蒋介石的亲自督战下拼命而至，企图夺路增援锦州。骑

① 《聂荣臻军事文选》，解放军出版社 1992 年版，第 290 页。

兵团和滦西县大队在毛家山、巍峰山、石佛山等地坚决阻击华北国民党援军北上。国民党军集中约 4 个师的兵力，在强大炮火掩护下，向骑兵团和县大队阵地轮番疯狂进攻。在敌众我寡的情况下，广大指战员浴血奋战，战斗持续 40 小时之久，数次打退国民党军的进攻，打死打伤国民党军 3000 多人，全歼一个加强营，阻止了国民党军向锦州增援，有力地配合了辽沈战役，受到冀察热辽军区的通令嘉奖。

辽沈战役期间，河北各解放区的人民群众，特别是冀东区的各级党组织及全体人民全力以赴地投入到支援辽沈战役的战勤和支前工作中。据不完全统计，辽沈战役期间，仅冀东区就先后动员 15 万人、3 万副担架、1 万辆大车，由各县、区主要领导干部带队，陆续开赴前线。尤其是靠近辽沈战役附近的各县，支前、战勤任务更为繁重，仅卢龙县先后出动民工 1.2796 万人、担架 1820 副，加上其他勤务人员，共有 2.14 万人参加支前，占全县总人口的 10%。乐亭县调集了 100 个大车队、5700 余辆大车，往前线运送粮食 750 万公斤。这些支援不仅保证了部队作战急需，而且极大地鼓舞了部队的士气。

粉碎傅作义国民党军对石家庄的偷袭

1948 年 10 月，接连遭受人民解放军沉重打击的蒋介石，为扭转处处挨打的被动局面，与“华北剿匪总司令”傅作义密谋搞了一个异想天开的军事行动——偷袭石家庄。蒋介石认为，如果这一战略意图实现，全国整个战局将会出现新的转机，最后消灭共产党仍然指日可待。

1948 年 10 月 23 日，华北“剿总”司令长官傅作义遵照蒋介石的面谕，在其司令部召开秘密军事会议，部署偷袭石家庄的军事计划，任命国民党第九十四军军长郑挺锋为总指挥，骑四师师长刘春芳、新二军暂第三十二师师长刘化南为副总指挥。

参加偷袭石家庄的国民党军各部队于第四天下午在保定集结，当晚总指挥郑挺锋下达了偷袭石家庄兵力部署的命令。为了使这次偷袭成功，免遭 1948 年 5 月阎锡山突袭石家庄未果，还损失一个师的命运，傅作义把这次军事行动，对外佯称“援晋兵团”。同时，进行了严格保密。

然而，蒋介石、傅作义万万没有想到，他们密谋策划的这一偷袭计划，在制定的当天就被北平地下党获悉。华北军区司令员聂荣臻和政委薄一波得到这一情报后，感到情况很严重，因为国民党军队的奔袭目标，直指中共中央所在地西柏坡，严重威胁着中共中央、中央军委的安全。而华北野战军所属第三兵团远在绥远，第二兵团远在平绥线一带。而敌军行动很快，其先头部队已经越过涿县。

聂荣臻立即将这个紧急情报，报告给中央军委副主席兼总参谋长周恩来。周恩来迅速向毛泽东报告，并根据毛泽东的指示精神，起草了一份给华北军区、第二兵团并告第三兵团的指示，对粉碎国民党军队偷袭石家庄作了部署。

聂荣臻、薄一波等根据中共中央的指示，当即采取行动，制定了以下几项应急措施：

电令第七纵队及冀中、北岳两军区，命令第七纵队主力当晚立即转至保定东南地区，统一指挥地方军和民兵迅速沿平汉路两侧布防，力争把敌人挡在滹沱河以北，发动群众、民兵和地方部队破坏高阳至安国、望都至定县公路，敷设地雷、设置路障，迟滞敌人向南推进。

组织民兵、游击队打敌人的骑兵，使其不能快速行动，为主力部队迅速到来争取时间。

调距离最近的第二兵团第三纵队由平绥线矾山堡地区出发，以 4 天行程赶到满城阻击敌人。

聂荣臻还作了万一主力部队不能及时赶到的准备，他请萧克向华北军政大学校长叶剑英转达他的意见，把学员组织起来，应付情况。同时在正定附近蓄水，抬高滹沱河水位，阻滞敌人前进。

10 月 26 日、27 日，聂荣臻、薄一波连续电示冀中、北岳两军区、中共石家庄市委及第七纵队、第三纵队，提出：破路是迟滞敌人汽车前进的关键，冀中须派人掌握。平汉线两侧附近及路东归第七纵队、冀中统一进行；路西由北岳负责。要求在完成破路和村落联防之战役任务中，县长、县委书记要担任民兵总指挥和政委，军分区司令员、专员分任分区之正、副指挥，地委书记任政委，均须亲赴破路地区指挥、检查。

华北野战军和华北军区所属之部队，以及广大民兵、人民群众，接到中共中央、中央军委和华北局、华北军区关于粉碎国民党军偷袭石家庄的指示后，立即行动，按期到达自己的阻击阵地。北岳区第三军分区独立团，在民兵的协助下，从徐水地区至定县、望都之间展开破路和布雷工作；冀中第八军分区、第九军分区和第十军分区的 3 个团，以地雷战、游击战阻滞敌人前进，同时，从保定至石家庄沿途 10 余县的民兵，由北向南破坏了高阳至安国、望都、定县平汉线两侧的公路；第七纵队一个旅和第八军分区所属之部队及石家庄的中央警卫团、警卫第一旅、警卫第二旅、步兵学校的指战员，分别在唐河、沙河、滹沱河南岸，构筑防御工事。

在平绥路东段南侧矾山堡一带的第三纵队司令员郑维山，接到华北军区命令后，立即率部兼程南下。终于在 30 日拂晓，提前一天赶到望都。此时国民党军先头部队已突破了望都防线，其一部在炮火掩护下，渡过唐河，曾一度侵占了定县城北唐河南岸的定县城和清水河、奇连屯、小奇连及安国以北约 10 里的段庄村。由于第三纵队主力部队及时赶到，至 11 月 2 日，傅作义部署的偷袭部队终于惧于被歼而中途撤退，偷袭石家庄的阴谋宣告破产。

偷袭石家庄、西柏坡的国民党军之所以急急忙忙撤退，除发现华北野战军主力部队已集中于望都一带，其偷袭计划已无法实施外，中共中央、毛泽东从政治上巧妙地揭露国民党的偷袭阴谋，也起了十分重要的作用。10 月 25 日，当得知蒋介石、傅作义偷袭石家庄的消息后，毛泽东于 25 日、26 日、29 日、31 日，接连写了《蒋傅军妄图突击石家庄》《华北各首长号召保石沿线人民，准备还击蒋傅军进扰》《蒋傅军已进至保定以南之方顺桥》《评蒋军傅匪军梦想偷袭石家庄》四则消息稿，通过新华社予以公布、揭露。毛泽东详尽地披露了傅作义部偷袭石家庄的国民党军的兵力、番号和主要装备；公开告之保石沿线军民，已做好了迎头痛击的一切准备。新华社这些消息和评论播出后，对偷袭石家庄、西柏坡的国民党军产生了极大的威慑作用。副总指挥刘化南听到毛泽东为新华社亲自撰写的这些消息后，吃惊地说："我们认为这是一次极为秘密的行动，可是部队尚未出发，解放军对一切了如指掌，登在报上，只怕此举是有出路，无回路。"

粉碎蒋介石、傅作义国民党军对石家庄、西柏坡的偷袭，除军事打击、政治上揭露威慑外，与冀中、北岳广大民兵、游击队和群众开展的破袭战也是分不开的。为了粉碎国民党军对石家庄、西柏坡的偷袭，冀中、北岳两区一共动员了近 20 万民兵和群众，开展了破交战，他们在铁路两旁凡 30 里以内的公路，每隔 30 步至 50 步挖一道横沟，拆除一切桥梁。在 8 天的破交阻击战中，共破路 1265 里，挖沟 5360 条，拆毁桥梁 113 座。同时，广大民兵还直接参加打阻击，迟滞了国民党军的南下，为主力部队及时赶来赢得了时间。

解放新保安、张家口

辽沈战役一结束，中央军委即刻部署平津战役。根据中央军委指示，战役第一阶段，华北军区和东北野战军部队把国民党傅作义集团分割包围于张家口、新保安、北平、天津、塘沽等地区，并歼灭其 2 个军部 6 个师，封闭了该部主力西逃和南撤的道路。之后，按照毛泽东的指示精神，采取先打两头，后取中间的战法，逐次歼灭被围的傅作义集团。

12 月 21 日，华北第二兵团奉命对新保安之敌发起进攻。新保安是平张公路上一个有千余户人家的小镇，面积约 1 平方公里，筑有城堡，城墙坚固，易守难攻。国民党第三十五军军部及所属 2 个师和地方军共 1.9 万余人，除依托城墙、房屋构筑碉堡、火力点外，还把 400 多辆汽车置于各主要街道口，作为防御屏障。华北第二兵团第三、第四、第八纵队 6 万余人，在既无打援顾虑，又经过充分准备的情况下，以绝对优势兵力对新保安外围守敌发起攻击，21 日当天即扫清了外围据点。22 日 7 时，开始总攻。百余门大炮从四面八方同时向国民党军前沿阵地和新保安城墙上的工事进行猛烈轰击，很快在东面城墙上炸开一个大缺口。9时许，第四纵队第十一旅率先突入镇内。与此同时，第十旅也炸开了东门，突入镇内，协同第十一旅分路向镇内猛插。

突入镇内的各部队勇猛穿插，很快将国民党第十师和第二六七师分割开来。第四纵队适时将预备队第十二旅投入巷战，经过激烈争夺，终于在正午突破核心工事钟鼓楼，围歼了第三十五军军部和第二六七师，生俘少将副军长以下8000余人。随后第三纵队第七旅即向敌第一〇一师猛攻，与突入城内的第九旅并肩突击。第八纵队于14时在镇北重新发起进攻，至16时许，相继由西北角和城北突入城内。第四、第三、第八纵队协同作战，逐屋逐堡争夺。战至17时，将傅作义赖以起家的“王牌”第三十五军1.6万余人全部歼灭，军长郭景云自毙。

新保安的国民党军被歼后，驻张家口的国民党军愈加惶恐。国民党军第十一兵团司令官孙兰峰根据傅作义“张垣被围已无守备意义，可相机突围转进绥远”的密令，于23日开始突围。

华北野战军第三兵团司令员杨成武接到张家口国民党军突围的报告后，立即下达了围歼的命令。第一纵队第三旅坚守西甸子、朝天洼阵地，不惜一切代价坚决堵住敌人向商都、绥远逃跑；第六纵队由朝天洼至大境门以北阵地由北向南攻击；东北野战军第四纵队一个师迅速插到朝天洼、西甸子东南，由南向北攻击，与第六纵队形成南北夹击；第二纵队主力和第一纵队一个旅，从黄土梁地区向大境门出击；东北第四纵队主力与第二纵队向张家口以北地区出击；第一纵队一个旅，北岳军区部队及内蒙古、察北2个骑兵师，插到五十家子、麻地营子、汉诺坝、甸门口、广土坝及其东南地区，构筑第二、第三道阻击阵地。

23日拂晓，国民党张家口守军5万多人在第十一兵团司令孙兰峰的指挥下出大境门，沿着河滩向西甸子方向突围。

在华北第三兵团和东北野战军第四纵队，以及北岳军区等部队的围追堵截下，张家口突围之敌数万人全被压缩包围在西甸子、朝天洼、乌拉哈达、黄土窑子之间的狭窄山沟内。各路人马混成一团，争相夺路逃命。时值天降大雪，寒冷恶劣的天气把西甸子、朝天洼这一地区变成了人间地狱。

24 日拂晓，第三兵团和东北野战军第四纵队各路人马展开全面围歼。至 16 时，除第十一兵团司令官孙兰峰率少数骑兵逃脱外，其余一个兵团团部、一个军部、5 个步兵师、2 个骑兵旅，及察哈尔保安第四、第五团共 5.4 万余人全部被歼灭。

张家口、新保安的国民党军被歼，使傅系主力丧失殆尽，平绥铁路东段全部被华北解放军控制，张家口重新回到人民手中。

1949 年 1 月 31 日，随着北平和平解放，平津战役宣告结束。战役前后历时 64 天，歼灭或和平改编国民党军 52 万余人，河北全境解放。

河北军民为平津战役胜利做出重要贡献

为了保障平津战役的胜利，支前和后勤保障工作成为这一时期河北各级党组织的中心任务。早在 1948 年 10 月辽沈战役期间，中共中央华北局就着手准备支前和后勤保障工作。10 月 14 日，中共中央华北局为了加强各级党委对支前工作的统一领导，作出了《关于组织统一后勤机构的指示》，决定从军区到农村，在各级党委领导下成立统一的后勤组织，分区以上各级后勤的司令员、政委，均由各级党政军负责干部亲自兼任，县以下后勤指挥部主任、政委，分别由县、区长和县、区委书记亲自兼任。华北军区也于 12 月 23 日作出《关于支援东北人民解放军入关作战后勤保障的决定》，要求华北广大军民，尤其是冀东、冀中、北岳，要尽一切力量踊跃支前，保证东北部队入关后在粮草、油盐、蔬菜供应上和伤员、弹药的运送上，不受影响。河北各解放区特别是中共冀东区党委和中共冀中区党委、行署、军区领导机关，根据中共中央华北局和华北军区的指示精神，为支援平津战役发布了总动员令。

从 1948 年 10 月 5 日到平津战役胜利，中共冀东区党委、冀东行署和冀东军区先后发布了《对战勤组织机构及领导关系的决定》《支援前线具体工作的决定》《关于建立冀东区战勤委员会的决定》《关于欢迎东北大军入关的几件具体工作的通知》等。根据上述决定，各军分区、县、区都建立了战勤委员会（简称“战委会”），由同级党委书记、专员（县长、区长）分任正、副主任。“战委会”代表党委和政府，统一领导和执行支前任务。同时健全了各级“战委会”的工作机构。冀东区在此前地、县、区三级战勤委员会的基础上，建立了冀东区战勤委员会，区党委副书记李楚离为主任，行署主任张明远为副主任，区党委民运部部长刘慎之、军区副司令员覃国翰、军区后勤司令部副司令员刘亦如、区农会主任韩东征为委员，并将冀东军区后勤司令部、人民武装动员部、供应部和交通管理局等归属区战勤委员会直接领导和指挥。这样，在平津战役开始前，冀东区从上到下，形成了一套完整的战勤机构，从组织上保证了支前工作的顺利进行。为了保证平津战役供给的统一和及时，中共冀东区党委和行政公署还决定，在战区及靠近战区之中心地区建立供应站。全区设 40 个供应站。供应站的任务是：平时负责粮、油、盐、菜、柴草等军需物资的准备与调剂工作，战时则以保证战争供应为主，在“战委会”指挥下完成支前供应任务。

中共冀中区党委、冀中行署、冀中军区根据中共中央华北局的指示精神和要求，也相继建立了各级“战委会”。1948 年 12 月 6 日，中共冀中区党委、行署、军区为了做好支前工作，召开了全区的后勤会议，作了支前工作的紧急部署，还拟根据平津战役的进展情况，适时地在平南、津西、津南建立三个后勤指挥部，并决定抽调 4420 名干部担任支前任务。会后，中共冀中区党委书记林铁、行署主任罗玉川、军区司令员孙毅等党政军领导同志亲自率领大批干部奔赴平津前线，组织指挥战勤和支前工作。

在中共中央华北局的领导下，河北各解放区广大人民，为了保证平津战役的胜利，克服一切困难，不惜一切代价，以“倾家荡产”的牺牲精神支援前线，出色地完成了艰巨的支前任务。

抢修铁路公路、桥梁、架设通信线路。为了让东北野战军70万大军入关作战，自1948年10月至12月底，冀东全区27个县，先后动员民工200万人次，修通、拓宽、碾平、新修公路近万里，其中主干公路1500余公里。将东起山海关、西到平古路，北起长城外兴隆、承德、凌源地区，南到渤海沿岸公路干线和支线，全部按时整修完毕。同时修通、加固公路桥梁500余座，并在公路两侧、桥梁两端和主要路口修建了防空壕（洞）、掩体和战车掩蔽棚。为了修复迁安县南爪村滦河大桥，广大民工冒着国民党飞机的轰炸扫射，下水打桩，昼夜抢修，仅用10天就修复了这座载重10吨的百孔大桥。在修路架桥中，许多地方的妇女、儿童和老人也自动参加，仅据百余村的统计，参加修路、架桥的妇女就有1.1万余人。

冀中区也有6万多民工参加抢修公路、架设桥梁任务。据不完全统计，平津战役期间，冀中区人民共修筑公路3026里，架设新桥64座，修复旧桥21座，架设电话线路1113里，撤收线路803里，增设电话站16处。此外，冀中区“战委会”，为了解决车辆运输不足的矛盾，组织了新雄县（雄县和新镇一部合成）、雄县、文新（文安、新镇合成）、胜芳、静海、任丘等县4.4394万人的砸冰队，将大清河安新县端村至杨柳青间268里的冰全部砸碎，开辟了水上运输线，及时保障前线的供给。

筹集粮草副食。为保证东北野战军入关作战，中共中央华北局和东北野战军总部提出，河北、东北特别是沿途地区要准备70万人、7万匹牲畜3个月的粮草副食。11月9日，冀东行署发出《迅速完成秋征工作的指示》，全区群众积极响应，踊跃交售公粮。当时，东北野战军入关必经的冀东北部山区多是贫困地区，群众生活十分困难，但广大群众宁可自己忍饥挨饿，也要保障前线的粮食供应。宽城、迁西一带许多群众一年四季有大半时间是吃野菜、橡子面和糠糊糊度日，而家中缸里、柜子里装满了公粮，却一粒不动。秋收刚过，群众就忙着碾公粮，几万盘碾子、石磨昼夜转动。截止到12月底，冀东区就完成秋收公粮总数的90%，不少县都超额完成了征收任务，如顺义县所交公粮超过任务总数的47%。据统计，在平津战役期间，冀东全区共筹集军粮1.32亿公斤，食油60万公斤，食盐75万公斤，猪两万头，马料2500万公斤，马草3000万公斤，烧柴8500万公斤，军鞋100万双、军装数十万套。由于东北野战军提前入关，加之地方运力不足，备用在供应站的公粮一时调运不及，群众就自愿借出自己的口粮，有的甚至借出粮种支援解放军。受灾严重的第十二专区即借粮2250万公斤，其中灾情严重的迁西县借出粮食175万公斤。

冀中区人民群众，从1948年12月13日东北野战军进入平津前线，至1949年1月31日北平和平解放，共筹集军粮4295万公斤，马料1400多万公斤，马草1350多万公斤，木柴2500多万公斤，食油115万公斤，食盐56万公斤，连同各种蔬菜、器材、被服等物资，共计1亿多公斤。

运送粮草，抢救伤员。为了把筹集到的粮草等军需物资及时运往前线和部队驻地，冀东区人民从东北野战军入关到平津战役总攻开始前，全区共出动70万个车工、70万个驴工①，向仓库和前方运送粮食1亿多公斤。其中直接运往前线的粮食3000万公斤、蔬菜100万公斤、油盐70万公斤、柴草1000万公斤。在战役最紧张的12月份，投入军需运输的马车平均每天近2万辆。组织担架队抢运伤员是支前的又一项重要任务。平津战役期间，冀东区共动员了30万群众，组成270个前方担架团（队）轮流出动，随军上前线。其中前方担架团26个，担架营1个，28728人，担架4597副。仅遵化县即组织了6个前方担架团近万人，乐亭县8个团7000人，丰润县4个团4000余人。前方担架队员冒着枪林弹雨，往返于火线和临时救护所之间，抢救和转运伤员，尽力做到“走稳、抬稳、放稳”，保证伤员不受冷，不挨饿，使他们得到及时转运和精心护理。有时自己受了伤也不下火线，不少干部和队员献出了生命。

冀中区人民群众，从1948年12月13日到1949年1月31日北平

---

① 两人一畜一套车出车一天为一个车工；一人一畜出工一天为一个驴工。

和平解放，往前线运送小米 3850 万公斤、白面 404.5 万公斤、饲料 3900 万公斤、柴草 6000 万公斤、蔬菜 850 万公斤，还运送肉、油、盐和被服、器材、弹药等物资 1 亿多公斤。在运送粮草、物资过程中，民工们提出了“一切为了前方的需要，一切为了前方的胜利，多拉快跑，叫战士们吃饱吃好”的战斗口号。文安县民兵 3 天就把 20 万公斤粮食送到了前线。武强县一夜就出动大车 1250 辆，运送粮食几十万公斤。在抢救伤员中，安国县担架团提出“四不怕”：不怕露地扎营，不怕飞机大炮，不怕山高路远，不怕千里出征。许多担架队总结提出了“两快三稳”的口号，即抢救快、转送快，稳抬、稳走、稳放。在平津战役中，安国县担架团有 360 人立了功，并荣获“钢铁担架团”的光荣称号。雄县担架团 420 人，路过永定河时，因桥被敌人炸断，他们在担架团团长、政委带领下，破冰下水，蹚过了 40 米宽、1 米多深的冰河，按时完成了任务。

河北各解放区，尤其是冀东、冀中两区，除了动员大批男青壮年参加支前外，还组织和发动了广大妇女参加支前。冀东区仅第十三军分区、第十四军分区就有两万余名妇女参加了后方担架队，组成千余副担架。广大妇女除了支前外，还是战勤工作的主力军。冀东、冀中区广大妇女普遍参加了碾粮、运粮、修路和护理慰问伤病员等工作。她们给伤病员喂饭、换药、端屎端尿，像照料自己的亲人一样无微不至。在“保证部队吃饱穿暖”口号的鼓舞下，她们还积极赶制被服鞋袜。此外，广大群众节衣缩食，筹集各种物资慰劳子弟兵。

在平津战役中，刚刚获得解放的张家口、唐山、秦皇岛，以及石家庄市等地的广大工人阶级也都全力以赴地参加支前战勤工作。张家口市刚刚解放第二天，平绥铁路工人就在市工会的组织领导下，开始抢修遭战争破坏的铁路，经过昼夜突击，仅用 4 天的时间就修复了张家口至清华园段的铁路，保证了察哈尔、张家口一带的人民解放军从平绥路迅速开赴前线。南口铁路工人冒着生命危险，在 26 天时间内抢修铁路 45 里，抢修桥梁 9 座，完成军运任务 1.78 万吨。张家口各行各业的工人还日夜为平津前线赶造作战器材和物资。从 1949 年 1

月初到月底，共制作木桥45座、登城云梯230架、麻袋3万条、棉衣800多套。还为前线部队修理了许多机动车辆、大炮、枪支和铁镐、撬棍等攻城器材。面粉厂工人还日夜不停地为平津前线的解放军磨制面粉。一个仅有50多名职工的张垣面粉厂，在23天时间里，就为平津前线生产面粉28.5万公斤。

刚刚获得解放的秦皇岛、唐山等城市的广大群众也积极行动起来，拥军支前。唐山市成立了临时兵站，负责转运伤员，生产和筹集支前物资。自1948年12月下旬到1949年3月中旬，唐山共动员车工1130个、民工4853个，购买的锅、缸、火炉、镐、锹等折价5亿元边币。唐山铁路机厂从解放的第二天至年底，10余天修好机车8台，并装修了以毛泽东、朱德头像为标志的新唐山第一、第二号两台机车；修理客货车82辆、新制机车配件2180件。该厂工人积极赶制被国民党军炸毁的滦河大桥桥架和零件1.12万多件，并为入关的东北野战军装置和修理军用卡车50余辆，修理榴弹炮、平射炮若干门。除此之外，其他城市的工人阶级也都积极行动起来，全力以赴支援平津战役。仅冀中区的广大工人阶级，在20余天的时间里就修复了平汉、津浦两大铁路路基200余里，抢修好纵横于冀中地区的公路3250余里，桥梁40余座，保证军队行动和支前物资运输畅通。

总之，在解放天津、北平的战役中，河北各解放区特别是冀东和冀中区的广大人民群众，在各级党组织的领导下，克服一切困难，积极支援前线，以忘我的牺牲精神，圆满地完成了支前任务，再一次显示了河北老区人民的勤劳勇敢和高度自觉的革命精神。

二、支援全国的人民解放战争

接管城市安定社会秩序

河北各城镇解放以后，进城的部队和负责接管城市的党政机关，迅速采取措施，建立各级政权，稳定社会秩序，积极恢复和发展生产，支援全国的解放战争。河北各地的政权建设在解放初期基本有两种类型。一是成立军事管制委员会（简称军管会）。河北各城镇解放以后，市、县委和政府机构人员随参战部队进城，并立即建立军管会，实行戒严，以军管会的名义开展工作。军管会成为军管期间的最高权力机关，其主要任务是消灭一切反动武装，取缔一切反革命组织，肃清一切反动残余势力，迅速安定社会秩序。随着社会的稳定，生产的恢复，一切生产、生活就绪以后，军管会便把权力交由随军入城的，或是新建立的市、县政府。随着工作的深入开展，在各区、村建立了区、村委和区、村政府，取消了国民党的“保甲”制度。河北省解放区大部分市、县属于此种类型。二是进城前夕抽调干部配备各级领导机构，待解放后立即入城开展工作。例如：1948 年 11 月中旬，中共冀东区党委从各地、县抽调了几百名干部和学生，在丰润县王官营举办训练班，了解和研究敌占城市的有关情况，学习有关新解放区和城市工作的各项政策以及沈阳、济南等城市的接管经验，制定入城守则和接管要求。与此同时，组建了唐山、秦榆、塘大①三市的市委、军管会和市政办事处的领导班子，选派了各市工厂、矿区的接管干部，并按系统组成工作机构，研究制定具体接管方案。随后，他们按照预先部署进入刚刚获得解放的城镇，并立即展开了工作。

各接管机构、各类接管人员进城后，在接管工作中，军管会和党政军领导机关严格执行了中共中央制定的各项对新收复城市的工作方针和政策。对一切守法的文化宗教团体和外侨予以保护，对教职人员、官僚资本企业中的管理人员采取了“包”下来的政策。让他们继续供职，以使工矿企业、事业单位照常维持生产、经营和正常工作。在工矿企业、事业单位的接管工作中，对各种不同的企业，区别不同性质，作了不同处理。对于那些原属国民党政府的工矿企业、事业单位和铁路、公路、交通运输等单位，一律由民主政府派员接管。对于民族资产阶级和小资产阶级经营的工商企业，一律予以保护，并鼓励、帮助其继续经营。对帝国主义各国经办的企业、事业单位则通过

① 塘大市是指塘沽、大沽及周边的几个城镇。

军管会派代表对其进行监督，实行间接管理。

获得解放的河北各市、县在稳定社会秩序过程中，主要采取了以下一些措施：

一是发布训令，张贴布告，宣传中国共产党制定的各项对新收复城市的工作方针和政策，制止和打击一切违反政策的行为和做法。为了使广大指战员和参加支前的广大民兵、民工和城市市民，了解中国共产党的城市工作方针政策，军管会或市、县政府以及公安机关，通过召开各种类型的会议，如庆祝会、庆功会、报告会以及深入机关、学校、厂矿、市场、家庭院落等场所，宣传贯彻和执行党的城市工作方针政策的重要性。另外还通过发布告，广贴安民告示、紧急通知等，宣传党的政策，安定民心。

二是对国民党军警宪特人员、档案文件、武器弹药等进行清查登记。为了巩固新生的人民政权，取缔一切反革命组织，肃清一切反动残余势力，各市、县军管会以及公安机关发出布告，责令国民党军警宪特人员立即到政府登记悔过，并交出其隐藏的枪支弹药。接着开展大清查、大侦破工作。唐山市在全市开展了“清俘肃特”运动，并于1948年12月22日和1949年1月底进行了两次集中大搜捕，共破获国民党特务组织26个，逮捕中统、军统特务99名，缴获潜伏电台8部。张家口市军管会设立了“敌伪机关人员和蒋军官兵登记处”，从1948年12月28日至1949年1月5日，仅9天的时间，就有各类人员482名（其中包括高级官吏等105名）登记。承德在全市开展了侦破运动，先后破获了2个军统特务潜伏组，抓捕特务分子、土匪及其他犯罪分子103人。此外，还通过清理登记，发动群众举报，清理出国民党党员、三青团员、警察、谍报人员等1000多人。之后，按照党的“首恶必办，胁从不问”“立功受奖”的政策，对自首登记人员根据其罪恶大小采取宽大与镇压相结合的政策，对拒绝登记，甘心与人民为敌的反革命分子予以惩办。从而安定了社会秩序，维护了社会治安。

三是开展了打击会道门和治理“三大公害”的斗争。解放前，河北的封建会道门在日伪及国民党反动派的长期扶植下，基础深厚，名目繁多。据统计，共有反动会道门 19 个，其中尤以一贯道、白阳古教、大佛教、佛教居士林最为猖獗。这些会道门不仅从精神上麻醉人民的思想，同时，在行动上进行了一系列有害于巩固和建设新生人民政权的反革命活动。为此，1949 年 3 月，华北人民政府向全区发出了《关于取缔反动会道门的指示》。4 月上旬，河北省各市、县普遍开展了瓦解与打击敌特利用封建会道门进行反革命活动的斗争。在党的政策的感召和人民民主专政的威慑下，会道门的典传师、坛主和道徒纷纷到军管会或人民政府登记自首。在承德市区，125 名反动会道门的典传师、坛主登记自首，4860 名道徒宣布脱离反动会道门，3000 多名教徒的家礼会顷刻即解。在秦皇岛，19 个反动会道门组织基本被摧毁，3000 多名道徒宣布脱离反动会道门。石家庄军管会通告取缔大刀会、红枪会、一贯道、黄香道等几十个封建迷信组织，勒令其停止一切活动。

在取消会道门的同时，河北各市、县政府还对旧社会的“三大公害”（妓院、烟馆、赌场）进行治理，令其停止营业和活动，并进行登记，没收赌金，烧毁赌具和一切妓女的卖身契约。

河北获得解放的各市、县，经过短时间的恢复和发展，很快都稳固下来，又进入一个新的历史时期。

依靠工人、农民恢复和发展生产

1948 年 12 月 30 日，毛泽东在为新华社撰写的新年献词中指出：“无论是中国的反动派，或是美国帝国主义在中国的侵略势力，都不会自行退出历史舞台。”① 我们要“将革命进行到底”。为了完成历史赋予我们的这一历史使命，毛泽东提出：“1949 年我们在经济战线上将要获得比 1948 年更加伟大的成就。我们的农业生产和工业生产将要比过去提高一步。”② 中共中央华北局根据中共中央、毛泽东的指

① 《毛泽东选集》第四卷，人民出版社 1991 年版，第 1374 页。
② 同上书，第 1379 页。

示及华北地区工农业生产情况，于1949年1月29日发出了《华北目前形势与一九四九年的任务》的指示，指出："我们必须提高警惕，在中央正确领导下，把革命进行到底。"为此，必须"继续努力支援全国解放战争，继续输出人力、物力、财力，把巩固华北和建设华北的任务与支援全国解放战争，争取全国胜利，密切地联系起来"。支援全国解放战争，必须要"开展大生产运动，认真做到使生产在现在基础上提高一步。否则支援全国战争，就会变成空谈。华北局所制订的1949年的生产计划必须认真执行。各地生产计划的制订，要适合全国革命形势和革命任务的需要"。①

河北解放区各区党委根据中共中央和中共华北局的指示，于1949年2月间先后召开了党的代表会议或县委书记、县长联席会议，确定了1949年的工作方针与任务。各区党委均指出党的基本任务是继续努力以人力、物力、财力支援全国解放战争，切实做到把农业生产在现有基础上提高一寸，开展大规模的生产运动，以加强支援全国解放战争的物质基础。

为此，河北各级党组织紧紧依靠工人、农民恢复和发展生产，以支援全国解放战争的最后胜利。

解放战争时期，河北各大中城市的工厂、矿山、交通运输等企业、事业单位都程度不同地遭到了破坏。各市、县所属的工厂在解放不久，便在各级党组织的领导下，开始积极恢复和发展生产。张家口市解放后，各行业工人以高度的革命热情，积极投入到恢复生产和建设工作之中，仅一周的时间，全市90％的工矿企业就恢复了生产，各项事业蓬勃发展。下花园发电厂的工人，用9天时间将所有被破坏的发电机检修完毕，保证了全市工业生产及人民生活用电。下花园宝兴煤矿设备陈旧落后，再加上战争的破坏，日生产能力很低。张家口解放后，广大工人精心维护保养机器设备，使煤炭日产量由解放前的100吨左右猛增到300余吨。唐山钢厂工人，在"支援大军南下，解

① 中央档案馆等编：《晋察冀解放区历史文献选编（1945—1949）》，中国档案出版社1998年版，第583—584页。

放全中国”口号鼓舞下，加班加点工作，不要工资，月炼钢产量超过解放前月平均产量的220%。开滦各矿工人获得解放后，政治觉悟空前提高，他们以主人翁的态度积极努力生产，使全矿日产煤量由7000吨上升到1.2万吨以上。秦皇岛市的装卸工人，在市工会领导下，开展了劳动竞赛活动，生产效率不断提高，创造了昼夜24小时出口各种货物1.528万吨的新纪录。港口技术工人也坚持出全勤、干满点，不到一周时间，就修好被国民党破坏的30节车皮和轨道、电灯等，使港口生产得以迅速恢复。

在城市工人积极恢复发展生产的同时，广大分得土地的新老解放区农民也以极大的热情投身到大生产运动中去。中共中央华北局根据解放战争的发展形势，确定了大力生产、大力支前，支前与生产相结合的工作方针，按老区、新区不同情况进行了工作部署。

老解放区主要任务是在继续动员人力、物力完成支前任务的同时，广泛开展大生产运动。各区党委都及时制定了当年生产任务和增产措施。例如，中共冀南区党委在《关于恢复发展生产的决议》中提出：1949年的农业生产应在现有基础上（常年产量）提高一成；粮食增产，要每亩增加5升到1斗（市斗，粗粮），以便保障军需民食；扩大植棉面积至600万亩（现有约400万亩），争取全区平均每亩棉田产80斤籽棉；扩大花生种植面积达80万至100万亩。关于增产的措施，主要是“深耕细作与开垦荒地”。为了深耕细作提高产量，第一，增加肥料；第二，增加耕畜，采取繁殖与向外区购买办法，增加10万头牲畜；第三，修理与增加农具。另外，改良农具、改良土壤、改良种子、改良肥料等，同时还努力兴修水利、储水灌溉。

为了调动农民群众的生产积极性，河北各解放区普遍开展了选举劳动模范、奖励劳动英雄等活动。如冀东区于1949年初召开各级劳模大会，树立典型，交流生产经验，宣传党的鼓励生产政策，消除群众不敢劳动致富的顾虑，动员和鼓励农民努力恢复和发展生产。中共冀南区党委在调动群众开展竞赛中，提出“比劳动、比庄稼、比光景，反对好吃懒做、越穷越光荣的二流子思想”。为了调动人民群众的生产积极性，稳定农民的生产情绪，中共冀南区党委决定，土地改革后颁发土地证固定了地权，以后永远不再分；一切男女老少人口（包括土改后之地富成分）的地权、财权，保障其不受侵犯；承认土地买卖之自由，承认雇佣劳动（长工、短工）的自由（雇佣条件除法令已有规定者外，双方自由约定），允许特定条件下的租佃关系，不准懒汉出租）；要确保自己劳动、雇人经营、正常租息收入、正当的工商业收入与特定条件下出租土地之所得完全归自己所有，任何人不得侵犯。

由于河北各解放区的党组织，制定了一系列发动农民群众生产积极性的政策和措施，广大翻身农民的生产热情空前高涨。河北各地的翻身农民积极地备种、积肥、购买牲畜，兴修水利、储水灌溉，织席、烧炭、搞运输，决心搞好农副业生产，为全国解放战争的胜利做贡献。

大力支援解放华北全境

平津战役胜利结束后，华北地区只剩太原、大同、安阳、新乡等少数孤立的几个敌人据点未获解放。为了保证第四野战军顺利南下，中央军委、华北军区决定迅速歼灭华北境内的一切国民党军队。

1949 年 3 月，整编后的中国人民解放军 32 万大军云集太原城下。太原战役发起前，中共中央华北局向全区党政军民提出：“继续努力支援全国解放战争，继续输出人力、物力、财力，把巩固华北和建设华北的任务与支援全国解放战争，争取全国革命的彻底胜利，密切地联系起来，反对关门建设、太平观念、本位主义、地方主义等。”①

河北各解放区的地方部队和广大人民，特别是冀南区、冀中区的人民，在中共中央和中共华北局的统一领导下，组织了庞大的支前队伍。

---

① 中央档案馆等编：《晋察冀解放区历史文献选编（1945—1949）》，中国档案出版社 1998 年版，第 584 页。

冀南区专门成立了后勤司令部，负责指挥、统筹支前的战勤工作。军区司令员王光华亲自兼任司令员。冀南区参加支前的民工共计2.9万余人。其中组织担架3500副、大车296辆（组成大车团）、民兵8个连960人，另民工8800多人。支前大军分三批先后到达山西榆次。为了更好地完成支前任务，冀南军区专门组织了“冀南民工指挥部”，由军区政治部主任陈伯禄任司令员，许旭任参谋长，下辖3个军分区指挥部，指挥参战民工及时完成上级交给的任务。衡水支前指挥部为加强对支前队伍的领导，抽调了县以上干部7人、区干部30余人、分区和武装部现役干部22人，亲自率队西征。为保证支前队伍的质量，在出发前进行了“四查”“三定”活动。“四查”是：查担架，查装备，查体格、年龄，查思想；“三定”是：定担架人数，定任务，定战场纪律。支前队伍进行了编组，配备了干部，建立了党的组织，规定了各种制度。

在两个多月的支前活动中，冀南大车团共运送弹药、粮草365万公斤。按规定两天运一次，而大车团是三天运两次。民工搬运弹药，规定每人每次一箱，但多数民工一次扛两箱。冀南支前民工80％参加了火线运输。衡水支前民工担架队不怕牺牲，在参加扫除太原外围据点的激烈斗争中，深入到最前沿阵地抢救伤员。从3月25日到月底，他们从火线上抢救伤员437名，并转送到榆次城北；在7天的时间里，运输队往前线运送各种弹药2700多箱、食物7500多公斤、器材7700余件。在攻打太原城的战斗前夕，支前队伍还给部队挖战壕、交通壕5300多米。攻城战斗打响后，作战部队打到哪里，支前的民工就支援到哪里。在10个小时的攻坚战斗中，他们一共抢救伤员3270人。在这次攻坚战中，支前人员荣立特等功者221人，荣立大功者350人，荣立小功者711人，有11个担架连、运输连被评为“战斗红旗连”。太原战勤指挥部授予衡水地区支前民兵“战斗红旗单位”的光荣称号。太原解放后，冀南支前队伍连续四昼夜将伤员运到后方，平均每副担架往返632里。在执行任务时，武装民兵还抓获了大量的俘虏，缴获了大批枪支弹药。民工张二春在追歼敌人的战斗中，缴获了 1 挺重机枪和 3 箱子弹。

在这次支援解放太原战斗中，冀中区也动员了 7700 余名民工参加支前队伍。这些支前民工组成了 15 个担架团，有 1421 副担架，大车 500 辆，分为 3 个大车队，还有 3 个民兵连。为了加强对支前工作的领导，冀中区这支支前队伍中，仅县、区干部和医生就达 250 余人，另外还有村干部 700 余人。在全体民工和民兵中，共产党员占 1/4。这些都有力地保证了支前任务的顺利完成。在华北人民特别是河北人民的大力支援下，中国人民解放军于 1949 年 4 月 24 日，解放了华北重镇太原，全歼守敌 13 万余人。

在华北野战军所属之部队解放太原的同时，冀南军区地方部队 1200 余人奉命开赴安阳地区，配合第四野战军第四十二军围困安阳守敌，1949 年 5 月 6 日拂晓发起总攻，激战至 8 时，全歼守敌 1.4 万余人。与此同时，被华北军区第十四纵队等部困守了数月的新乡守敌，在中国人民解放军南下大军兵临城下的强大威慑下，被迫接受和平改编，新乡宣告和平解放。9 月 19 日，残留在绥远省西部的国民党部队通电起义。至此，华北全境解放。

克服困难积极支援过境野战军南下

平津战役胜利之后，中央军委命令第四野战军和华北野战军立即集中主力准备向南进军，协同全国各野战军彻底干净全部地歼灭中国大陆境内的一切反动军队，夺取全国革命的彻底胜利。

1949 年 3 月 17 日，中央军委发出《关于第四野战军主力应于四月一日前完成出发准备的指示》指出，沿途的粮草供应问题，请第四野战军与“华北局及中原局协商确定”。

河北的冀中、冀南大部分地区是南下大军的必经之路。当时这两个解放区的党政军民正在陆续组织大批民工支援太原前线，几千名南下干部也正在集中，准备到南方新解放区工作，同时又赶上春耕农忙季节，要顺利完成大军过境的粮草供应等任务，困难确实很多。中共中央华北局和华北人民政府及时地向全区人民发出指示，号召全区党政军民紧急动员起来，完成南下大军过境及各项支前战勤任务，同时保证完成春耕生产任务，使战勤、生产两不误。河北各解放区党政军民，遵照中共中央、中共华北局和华北人民政府的指示精神，迅速投入到支援大军过境南下的各项准备工作之中。

冀中区将其所属第八专区、第九专区和第十一专区原支前组织机构改为支援第四野战军南下的组织机构，统一领导筹措粮草、副食，以及道路桥梁的架设、整修和加宽等工作。同时，大军途经的县、区、村也建立了相应的机构，负责进行供应、慰问、缝补浆洗、欢迎和欢送等事宜。

为了保证南下大军途经的平汉、津浦两铁路和平汉公路三大交通干线的畅通无阻，冀中区先后动员了民工 5.6 万人，将沿线的路基、桥梁普遍进行了加固和修建。为了保证部队的供应，在独流、青县城、高顺店、冷饭店、西子牙、郝村、新城、三合、安国、深泽、固城、安次、新镇、任丘、藏桥、武强等地，设立了供应总站和分站共 60 余处，并备有面粉 29.067 万公斤、小米 440.169 万公斤、柴 135.629 万公斤、饲料 115.7063 万公斤、草料 124.4537 万公斤以及一部分食油和食盐等其他物品。此外，在南下大军可能路过或借宿的村、镇中，要求群众一般每户储存小米 7.5 公斤、柴 15 公斤、菜 2.5 公斤、盐半斤，就地供给，以便及时保证供应。

冀南区为了保证第四野战军顺利过境，在冀南军区后勤司令部的统一指挥下，各军分区均成立了战勤指挥部，有关的县、区都抽出若干主管领导负责粮草及物资的筹措和道路的维修、拓宽、桥梁的架设，以保证南下大军沿途所经地区畅通无阻。中共冀南区党委还要求各地、县、区对南下大军经过的地区要进行普遍深入的动员，向人民群众说明支援第四野战军南下的意义，并提出在物资准备和供应上做到户户为仓，村村为营。

为了保证南下大军沿线道路畅通，冀南区组织了数万民工修碾公路 1000 多公里，拓宽平大公路 1/3，修筑和加固大桥 7 座、小桥 5 座、涵洞 32 处，并派大批民兵看护沿线的铁路、公路、桥梁、仓库、电线。为了保证南下大军的粮草供应，沿线设立了 43 个供应站。

从 1949 年 3 月 2 日至 5 月 31 日，第四野战军共计 13 个军和大批工作团近 20 多万人，分三批途经冀南 36 个县。冀南区为过境部队和工作团供应了小米 675 万公斤、小麦 210 万公斤、饲料 225 万公斤、草料 650 万公斤、柴 1050 万公斤、肉 32.5 万公斤、食油 2.3 万公斤、食盐 1.4 万公斤。在这次支援大军南下过程中，较早获得解放的邯郸市人民为此做出了重大贡献。从 1949 年 3 月至 5 月，共有 5.5346 万人、6189 头牲畜、912 辆军车在邯郸市宿营。为了搞好接待和供应，在市委、市政府领导下，成立了南下大军过境后勤指挥部，组织群众修补路面 1.5799 万平方米，积土 1.0942 万立方米，修复桥洞 13 座，动用民工 4134 人，动用车辆 681 辆次。同时设立了西门里、张庄桥、柳林桥、王郎 4 个兵站，储备小米 35 万公斤、饲料 9.5 万公斤、柴 22.5 万公斤、草 15 万公斤、炭 2.5 万公斤及部分油盐蔬菜。同时为了保证南下大军休息好，他们还腾出住房 7432 间次，供应被褥 9163 床次。妇女还为战士浆洗缝补衣服 2318 件，组织大型慰问演出 4 场，写慰问信 5341 封，使南下大军深为感动，极大地鼓舞了士气。

在支援第四野战军南下过程中，河北人民尤其是冀中、冀南区广大人民群众，不仅在人力、物力、财力上进行大力支援，而且在南下大军所经过的村镇的村头道口搭起花彩牌楼，悬挂欢迎标语口号，组织秧歌队，敲锣打鼓欢迎、欢送大军南下。在部队所驻村庄，村干部和妇女会组织慰问组，赠送慰问袋、慰问信；组织缝洗组，为战士浆洗衣帽鞋袜。儿童团组织了引路组、遛马组。第四野战军南下途中，到处都是人民群众的欢迎锣鼓声和军民团结的欢笑声。

成建制抽调干部南下支援新解放区

随着解放战争的胜利发展，解放区不断扩大，需要大批优秀干部到新解放区开展工作。1948 年 10 月 10 日，中共中央在《关于九月会议的通知》中提出："夺取全国政权的任务，要求我党迅速地有计划地训练大批的能够管理军事、政治、经济、党务、文化教育等项工作的干部。战争的第三年内，必须准备好 3 万至 4 万下级、中级和高级干部，以便第四年内军队前进的时候，这些干部能够随军前进，能够有秩序地管理大约 5 千万至 1 万万人口的新开辟的解放区。”① 紧接着，10 月 28 日，中共中央又作出了《关于准备五万三千干部的决议》，明确提出：“此五万三千个左右的干部，分配华北一万七千人。”② 中共中央华北局也作出了《关于外调一万七千干部及补足干部缺额的决定》。根据中共中央和中共华北局的决议精神，河北解放区各区党委做了充分准备工作：（一）大胆提拔了村干部及较好的党员参加区级领导工作；（二）各级党政领导机关均增设了副职（如副书记、副专员、副县长、副部长、副科长等），扩大了各级党的委员会人数；（三）加强了党校工作，轮训县、区级干部及确定提拔之村级党员干部；（四）有计划地慎重地动员在乡知识分子，参加各项建设工作；（五）扩大中等学校，认真地有计划地培养无产阶级知识分子，扩大了干部的来源。

中共冀南区党委、中共冀东区党委、中共冀中区党委、中共北岳区党委和中共太行区党委根据中共中央的指示精神和中共中央华北局的具体部署，开始抽调大批干部准备随军南下，到新解放区工作。

到 1949 年 3 月，根据中共中央和中共华北局的指示，中共冀南区党委从全区抽调 4000 人组成了一个区党委、6 个地委、30 个县委、200 个区委的工作班子，成建制地准备到新解放区进行接管工作。3 月底，被抽调准备南下的全体干部，集中进行整编学习。经过近一个月的整编、学习和训练，这批南下干部在新组建的区党委书记王任重、副书记乔晓光等率领下，带着冀南人民的殷切厚望，于 4 月 4 日踏上了南下开辟湖南、湖北和广西等新解放区的征途。

中共冀东区党委在全区党员干部范围内，采取个人自愿报名、组织审查批准的办法，抽调南下干部。中共冀东区党委为了确保南下干部的质量，专门制定了南下干部的条件：年龄在 40 岁以下，有一定

---

① 《毛泽东选集》 第四卷， 人民出版社 1991 年版， 第 1347 页。

② 中央档案馆等编：《中共中央在西柏坡》， 海天出版社 1998 年版， 第 648 页。

文化基础，身体好，能坚持长途行军。并要求：不准带家属，夫妇都是干部的，可一同去，但不准带小孩。1949 年 2 月中旬，各地开始动员报名。由于准备充分，思想工作深入细致到位，全区范围内很快掀起了报名南下的热潮。经过充分的动员和组织工作，冀东区从区、地、县、区四级党政机构中抽调近 1/2 的领导骨干和一般干部，并从冀东建国学院、冀东党校、公安干校、兵站系统和唐山、秦皇岛两市抽调 900 多人，从唐山市招收数百名工矿管理与专门技术人员，总计 3410 人，组成冀东南下工作总队（即南下区党委），编成 6 个大队（其中 4 个是南下地委）、38 个中队（其中 23 个是南下县委）。南下工作总队党委书记、总队长为李楚离，委员为田星云、王大中、刘慎之、张孟旭。3 月中旬，首批南下干部集中到中共冀东区党委驻地开平进行短期培训。5 月 25 日，南下干部总队全体人员分乘两列专车启程，带着冀东人民的期望，奔赴湖南、广西两省新解放区工作。

河北其他各解放区与冀南、冀东区一样，遵照中共中央和中共华北局的指示，抽调大批党员干部南下，支援新解放区工作。冀中区调出地委级干部 25 人，县级干部 182 人，区级和一般干部 1754 人，太行区组织了约 4000 人的南下工作团。总之，河北各解放区，把一批优秀干部抽调到新解放区，支援那里的革命和建设，为夺取全国的最后胜利和中国革命建设事业做出了重大贡献。

三、迎接新中国的诞生

党的七届二中全会决议在河北地区的贯彻

1949 年初，辽沈、淮海、平津三大战役胜利结束以后，国民党反动派已基本上被打败，中国人民革命已处于即将在全国胜利的前夜。在此情况下党和全国人民的中心任务，就是继续努力，彻底摧毁国民党的反动统治，建立人民民主专政的国家政权，完成反帝、反封建的新民主主义革命的任务，并继续把革命推向前进。为了适应这一形势的需要，中共中央于 1949 年 3 月 5 日至 13 日，在河北省平山县西柏坡村，召开了第七届中央委员会第二次全体会议。毛泽东代表中共中央向会议作了重要报告。

毛泽东在报告中，提出了促进革命迅速取得全国胜利和争取这个胜利的各项方针，说明了在全国胜利的局面下，党的工作重心必须由乡村转移到城市，规定了革命在全国胜利以后，党在政治、经济和外交等方面应采取的基本政策，使中国由新民主主义社会转变为社会主义社会的总的任务和主要途径。毛泽东指出："中国革命在全国胜利，并且解决了土地问题以后，中国还存在着两种基本的矛盾。第一种是国内的，即工人阶级和资产阶级的矛盾。第二种是国外的，即中国和帝国主义国家的矛盾。"① 及时地警告全党，资产阶级的"糖衣炮弹"将成为无产阶级的主要危险。毛泽东特别着重地分析了当时中国经济各种主要成分，提出了发展社会主义的国营经济，逐步地进行对农业、手工业和资本主义工商业的社会主义改造，逐步地完成国家的社会主义工业化的基本路线。这是使中国的人民民主革命转变为社会主义革命，使中国由新民主主义社会转变为社会主义社会，由农业国转变为工业国的正确路线。同时，也为中国共产党在过渡时期的总路线奠定了基本的思想基础。

中国共产党的七届二中全会，根据毛泽东的报告，通过了关于当前形势和党的任务的决议。会议指出，我国人民民主革命在全国胜利以后的任务是："迅速地恢复和发展生产，对付国外的帝国主义，使中国稳步地由农业国转变为工业国，由新民主主义国家转变为社会主义国家。"还指出："从现在起，开始了由城市到乡村并由城市领导乡村的时期。党的工作重心由乡村移到了城市。"必须努力学会管理城市和建设城市。会议确定了城市工作的方针：在领导城市人民斗争时，必须全心全意地依靠工人阶级，团结其他劳动群众，争取知识分子，尽可能争取能够和我们合作的自由资产阶级及代表人物。还指出："只有将城市的生产工作恢复起来和发展起来，将消费的城市变

① 《毛泽东选集》 第四卷， 人民出版社 1991 年版， 第 1433 页。

成生产的城市，人民政权才能巩固起来。”

中国共产党的七届二中全会，号召全党必须警惕资产阶级的腐蚀，防止因为胜利而骄傲自满，指出：“中国的革命是伟大的，但是革命以后的路程更长，工作更伟大，更艰苦。这一点现在必须向全党讲明白，务必使同志们继续地保持谦虚、谨慎、不骄、不躁的作风，务必使同志们继续地保持艰苦奋斗的作风。”①

中国共产党的七届二中全会，及时地为全党指出了前进的方向。这是一次极其重要的会议。

七届二中全会闭幕后，河北各区党委均召开了专门会议，传达贯彻了毛泽东在七届二中全会上的报告和中共七届二中全会决议。经过传达和学习，在河北县以上干部中明确了党的任务和党的工作重心转移到城市，以城市领导乡村，城乡兼顾，以及学习管理城市等工作方针。为了迅速恢复和发展工业生产，各区党委抽调了一批强有力干部转移到工业部门，增强了城市和工业的领导。同时，为了防止在干部中造成只重视城市忽略农村的片面观点，正确地对待城乡关系和工农关系，各区党委决定，地委以下各级党委的领导重点仍然在农村，大力恢复和发展农业生产。从而使党的城市工作和农村工作，工业和农业均获得迅速的恢复与发展。

1949 年 3 月 23 日，中共中央、解放军总部的车队浩浩荡荡地离开西柏坡，前往北平。中共中央和毛泽东在西柏坡时期，是中国革命的伟大转折时期，也是最辉煌成功的时期，“中国命运定于此村”，“新中国从这里走来”。

恢复和建立中共河北省委、河北省人民政府

为了适应大规模生产建设和支援全国解放战争的需要，河北各区党委遵照中共中央的决定，并在中共中央华北局的直接领导下，经过充分的准备之后，于 1949 年 7 月 12 日在保定市举行了第一次中共河北省委全体会议，正式组成了中国共产党河北省委员会。

① 《毛泽东选集》 第四卷， 人民出版社 1991 年版， 第 1438—1439 页。

中共河北省委员会由林铁、马国瑞、杨秀峰、孙毅、罗玉川、王光华、薛迅、金城、谷云亭、李子光、吴德、刘秀峰 12 人组成。林铁任书记，马国瑞任副书记，并由林铁、马国瑞、杨秀峰、孙毅、罗玉川 5 人组成常委会。

中共河北省委员会第一次全会通过了林铁作的《河北省基本情况与当前基本任务》的报告。报告分析了河北党组织的状况，指出：河北省是革命老根据地，有长期的革命斗争传统，由最早的共产主义小组，已经发展到 81 万多党员，占总人口的 2.7%，农村有党员 72 万人，占农村总人口的 2.55%。农村支部 3.1713 万个。城市党员共 1.7 万余人，占城市人口的 1.7%，党的基础在一般城市中还不够雄厚。

报告指出，全省有经过彻底土改的村庄 3.43 万左右，约占农村总数的 80%强，这里消灭封建剥削制度的历史任务已基本完成。但另有大部分新区尚未进行土地改革。经过土地改革的地区，农民的生产积极性大为提高，为农业生产的发展打下了深厚的基础。报告还指出：由于敌我长期斗争的结果，公开的武装敌人已被消灭，但隐蔽的敌人依然存在；在新解放区敌人的残余势力还在继续进行武装破坏活动。对敌人这种由公开斗争转入隐蔽斗争的状况绝不许有丝毫麻痹。

会议根据河北的基本情况，规定了当前的基本任务：肃清反动派的残余，镇压反动派的捣乱，尽一切可能用最大力量从事人民经济事业的恢复和发展，同时，恢复和发展人民的文化教育事业。会议提出，要在两三年内恢复到战前的农业生产水平，对一切有发展前途的工业、手工业、家庭副业均应有计划地恢复和发展，大力发展文化教育和卫生事业，加强社会治安，肃清残匪和暗藏的特务奸细，取缔会道门，加强民主建设，加强党的建设。

1949 年 7 月 28 日，华北人民政府发出了成立河北省行政机构的决定。据此，河北省人民政府于 8 月 1 日在保定市正式宣告成立。华北人民政府任命杨秀峰、罗玉川、李锡九等 22 人为河北省人民政府委员，组成河北省人民政府委员会，并任命杨秀峰、罗玉川分任河北省人民政府正、副主席。

同时，河北省军区和河北省总工会筹委会、新民主主义青年团河北省工作委员会、河北省妇联筹委会等地方武装、群众团体领导机关，亦正式宣告成立。

1949 年 8 月 1 日，在保定市举行了隆重大会，热烈地庆祝中共河北省委员会及河北省人民政府的成立。到会的有省、市（保定市）各机关、部队、团体干部及各界代表、民主人士共 5000 余人。中共河北省委员会书记林铁和河北省人民政府主席杨秀峰先后在会上讲了话。

随着河北省人民政府的成立，原冀东、冀中、冀南和太行（河北部分）等行政区党政军领导机关同时撤销。全省划分为 10 个专区 4 个省辖市、133 个县和 10 个县级镇，其划分如下：

保定专署驻保定市，辖 17 县：清苑、徐水、定兴、涿县、固安、新城、雄县、容城、安新、高阳、望都、唐县、完县、满城、涞水、易县和涞源。

定县专署驻定县，辖 12 县：定县、安国、博野、蠡县、饶阳、安平、深泽、无极、新乐、行唐、曲阳和阜平。

石家庄专署驻石家庄，辖 14 县：正定、灵寿、平山、建屏（平山县西部 1945 年析置）、井陉、获鹿、藁城、晋县、束鹿、赵县、栾城、元氏、高邑、赞皇和辛集镇。

邢台专署驻邢台镇，辖 15 县：邢台、内丘、临城、柏乡、宁晋、新河、南宫、威县、广宗、平乡、巨鹿、隆尧（隆平、尧山两县 1947 年合并而成）、任县、南和、沙河和邢台镇。

邯郸专署驻邯郸镇，辖 16 县：邯郸、磁县、永年、鸡泽、曲周、肥乡、成安、广平、大名、魏县（大名县西部 1940 年析置重建）、临漳、武安、涉县、馆陶、邱县、临清和邯郸、临清二镇。

衡水专署驻衡水县，辖 13 县：衡水、深县、武强、武邑、阜城、景县、冀县、枣强、清河、故城和武城、夏津、恩县。

沧县专署驻沧县镇，辖 10 县：沧县、交河、献县、建国（河间、献县两县部分地区 1939 年析置）、肃宁、河间、任河（任丘、河间两县部分地区 1940 年析置）、任丘、青县、黄骅（新海 1945 年改称）和沧县、泊头镇。

天津专署驻杨柳青镇，辖 10 县：天津、宁河、宝坻、武清、安次、永清、霸县、文新（文安、新镇两县 1947 年合并而成）、大城、静海和杨柳青、胜芳、汉沽三镇。

通县专署驻通县镇，辖 13 县：通县、顺义、怀柔、平谷、密云、昌平、宛平、房山、良乡、大兴、香河、三河、蓟县和通县镇。

唐山专署驻昌黎县，辖 13 县：丰润、丰南（丰润县南部 1946 年析置）、滦县、滦南（滦县南部 1946 年析置）、乐亭、昌黎、临榆、抚宁、卢龙、迁安、迁西（迁安县西部 1946 年析置）、遵化和玉田。

省辖市：保定、唐山、石家庄、秦皇岛。

随着中共河北省委和省人民政府的成立，河北人民进入了一个新的历史时期。

河北各界人民热烈庆祝新中国的诞生

1949 年 4 月 21 日，中国人民革命军事委员会主席毛泽东和中国人民解放军总司令朱德发出了《向全国进军的命令》，命令各野战军全体指战员、南方各游击区人民解放军，“奋勇前进，坚决、彻底、干净、全部地歼灭中国境内一切敢于抵抗的国民党反动派，解放全国人民，保障中国领土主权的独立完整”。随后，第一野战军和华北野战军一部进军西北，第二野战军和华北野战军一部进军西南。4 月 23 日，南京解放，宣告了国民党统治的覆灭。南京解放后，人民解放军各路大军继续向盘踞在中国境内的一切负隅顽抗的国民党军队进攻，到 9 月底基本上完成了解放中国大陆的伟大事业。这样，建立新中国的条件业已成熟。经过充分准备后，9 月 21 日至 30 日，中国人民政治协商会议在北京召开了第一届全体会议。毛泽东在开幕词中豪迈地宣布：“占人类总数四分之一的中国人民从此站立起来了。”会议通过了《中国人民政治协商会议共同纲领》《中华人民共和国中央人民政府组织法》《中国人民政治协商会议组织法》。会议选举毛泽东为中华人民共和国中央人民政府主席，朱德、刘少奇、宋庆龄、李济深、张澜、高岗为副主席，选举了由 56 人组成的中央人民政府委员会，决定北京为中华人民共和国的首都。

1949 年 10 月 1 日下午 3 时，首都 30 万群众在天安门广场集会，隆重举行中华人民共和国的开国大典，毛泽东亲手升起了第一面五星红旗，向全世界庄严宣告中华人民共和国的诞生。

1949 年 10 月 1 日，在北京隆重举行中华人民共和国开国大典的喜讯传到河北广大城乡后，全省人民莫不欢欣鼓舞。驻省会保定各机关、团体、部队、工厂、学校，以各种形式庆祝中华人民共和国诞生。唐山、石家庄、秦皇岛等省辖市，邢台、衡水、定县、通县等专区领导机关、群众团体和工厂、学校，亦纷纷于 10 月 2 日举行庆祝大会和盛大游行。从此，全省人民在党的领导下，开始了为迅速恢复和发展国民经济，为新民主主义向社会主义革命和建设过渡的新征程。

后　记

在庆祝中国共产党成立100周年之际，《中国共产党河北历史（第一卷）》（修订本）出版面世了。

《中国共产党河北历史》（第一卷）是由河北省委党史研究室组织编著，于2001年印刷出版，距今已经近20年了。随着党史资料挖掘日益丰富，党史研究逐步深入，对《中国共产党河北历史》（第一卷）有进一步补充修订的必要。

从2013年起，省委党史研究室组织省内有关专家和室内业务骨干开始着手对《中国共产党河北历史》（第一卷）进行补充修订。经过多次组织有关专家进行研讨、座谈，确定了本书的编写大纲。在书稿的撰写中，王晓梅、贾景辉负责导言、第一、二、三、四、五章；王林芳负责第六、七章；王晓平负责第八、九章；谢忠厚负责第十、十一、十二、十三、十四、十五章；张伟良负责第十六、十七、十八、十九章。省委党史研究室原主任胡庆胜、张福建对本书的修订非常重视，给予了有力的支持和长期的指导。初稿撰写历时三年多的时间，于2016年完成。2017、2018两年内，省委党史研究室组织业务人员对初稿进行了修改。赵胜军、宋学民对全部书稿进行了审读，并提出修改意见。期间也将书稿发至各市委党史研究室征求意见。2018年，书稿交原中央党史研究室（现中央党史和文献研究院）有关专家和中共党史出版社有关人员进行了认真审阅。2020年，河北人民出版社有关同志对书稿进行了再次审阅。在此，我们向他们表示衷心的感谢。根据审读意见和修改建议，我们对书稿又进行了修改和内容补充，最后由孙增武审定。

此次修订本着“尊重历史、充实内容、突出特色”的原则，在保持原第一卷基本观点、总体结构、主要内容的基础上，进行补充修订。主要是：从时间跨度上向前延伸至辛亥革命前后；在建党及大革命时期、土地革命战争时期，从内容上充实了河北基层党组织的创建过程，突出了河北基层党组织领导群众进行的革命活动；在抗日战争时期，增加、充实了日军在河北进行细菌战、毒气战、掳掠劳工、建立“无人区”等侵华罪证，吸收了河北省抗战时期人口伤亡与财产损失调研的有关成果，强调了党组织在敌后抗日战场上的中流砥柱作用；在解放战争时期，突出了河北党组织和人民群众的重要贡献和对全国解放战争的巨大支持。

新民主主义时期河北党史内容非常丰富，党史资料浩如烟海，修订《中国共产党河北历史》（第一卷）是一项艰巨的工作。同时，由于我们的水平所限，本书难免存在缺陷和遗漏之处，恳请广大读者批评指正。

编　者

2021 年 2 月

丛书后记

党的十八大以来，习近平总书记高度重视学党史、用党史，多次强调“历史是最好的教科书”，并指出学习党史、国史是坚持和发展中国特色社会主义、把党和国家各项事业继续推向前进的必修课，这门功课不仅必修，而且必须修好。

贯彻落实习近平总书记的指示，全国党史系统深入开展中国共产党历史的研究工作，近年来取得丰硕成果。截至目前，全国已有28个省（自治区、直辖市）编纂出版了反映本地区新民主主义革命时期的中国共产党历史基本著作，为编修红色家谱，传承红色基因，展现中国共产党历史在全国波澜壮阔的图景，提供了很好的文本。

为便于读者学习了解中国共产党在全国各地领导新民主主义革命的历史，我们整合党史资源，打造精品工程，组织汇集了《中国共产党历史（地方卷）集成·新民主主义革命时期》这套丛书，由原中共中央党史研究室著《中国共产党历史（第一卷）1921—1949》打头，包括26个省（自治区、直辖市）的中国共产党历史第一卷（西藏在1949年之前没有中国共产党组织活动，未编修中国共产党历史第一卷；内蒙古自治区党史一卷正在编修过程中，预计今年7月出版；青海和新疆党史一卷内容较少，合并在党史二卷中，待今后出版；宁夏自治区党史一卷因内容修订，待今后补入）。

为组织这项工作，原中共中央党史研究室于2017年给各省（自治区、直辖市）委党史研究室发出通知，做了安排部署。各地党史部门加快了本地区党史一卷的编纂、修订工作。其间，适逢党和国家机构改革，中央党史和文献研究院成立，各省（自治区、直辖市）党史部门也进行了机构改革。这项工作在中央党史和文献研究院院务会领导下继续有序推进。曲青山院长对该丛书的整体工作给予了高屋建瓴的指导，第七研究部进行了具体指导和组织协调，各地党史部门给予有力配合。作为庆祝建党100周年的献礼项目，经过几年的努力，终于出版面向广大读者了。

《中国共产党历史（地方卷）集成·新民主主义革命时期》出版后，我们还将继续努力，进一步做好《中国共产党历史（地方卷）集成·社会主义革命和建设时期》丛书的编辑出版工作，赓续红色家谱，讲好党的历史，为广大党员干部群众学习党史、坚守初心提供好的资料文本。

中共中央党史和文献研究院第七研究部

2021年2月